中国古代社会生活史书系

隋唐五代社会生活史

李斌城　李锦绣　张泽咸
吴丽娱　冻国栋　黄正建　●著

中国社会科学出版社

图书在版编目(CIP)数据

隋唐五代社会生活史/李斌城著.—修订本.—北京：中国社会科学出版社，1998.7（2019.1重印）

（中国古代社会生活史书系）

ISBN 978-7-5004-2224-2

Ⅰ.①隋… Ⅱ.①李… Ⅲ.①社会生活—历史—中国—隋唐时代②社会生活—历史—中国—五代（907-960） Ⅳ.①D691.9

中国版本图书馆CIP数据核字（2017）第058567号

出 版 人	赵剑英
责任编辑	李炳青
责任校对	李 莉
责任印制	李寡寡

出　　版	中国社会科学出版社
社　　址	北京鼓楼西大街甲158号
邮　　编	100720
网　　址	http://www.csspw.cn
发 行 部	010-84083685
门 市 部	010-84029450
经　　销	新华书店及其他书店

印刷装订	环球东方（北京）印务有限公司
版　　次	1998年7月第1版
印　　次	2019年1月第4次印刷

开　　本	710×1000 1/16
印　　张	29.25
字　　数	578千字
定　　价	99.00元

凡购买中国社会科学出版社图书，如有质量问题请与本社营销中心联系调换

电话：010-84083683

版权所有　侵权必究

目 录

第一章　绪论 ……………………………………………………（001）
 第一节　时代特点 ………………………………………………（002）
 第二节　人口分布及其阶级结构概况 …………………………（007）
  ㊀人口分布概况 …………………………………………………（007）
  ㊁阶级结构的变化 ………………………………………………（012）
 第三节　民族关系与对外政策对社会生活的影响 ……………（017）
  ㊀开明的民族政策 ………………………………………………（017）
  ㊁明智的对外开放政策 …………………………………………（020）
 第四节　基层政权、宗族乡里与社会生活的关系 ……………（024）
  ㊀县乡基层政权 …………………………………………………（024）
  ㊁宗族乡里 ………………………………………………………（027）

第二章　衣食住行 ………………………………………………（031）
 第一节　饮食 ……………………………………………………（031）
  ㊀主食 ……………………………………………………………（031）
  ㊁副食 ……………………………………………………………（034）
  ㊂饮食的社会性 …………………………………………………（038）
  ㊃宴会 ……………………………………………………………（042）
  ㊄茶、酒 …………………………………………………………（049）
 第二节　衣冠服饰 ………………………………………………（057）
  ㊀男服 ……………………………………………………………（057）
  ㊁女服 ……………………………………………………………（064）
  ㊂妆饰 ……………………………………………………………（067）
  ㊃服饰的社会性 …………………………………………………（070）
 第三节　居住用具 ………………………………………………（083）
  ㊀城市、宫殿 ……………………………………………………（083）
  ㊁官衙、住宅 ……………………………………………………（089）

001

㈢ 张设与家具 …………………………………………………… （097）
　　　㈣ 居住、用具的社会性 ………………………………………… （103）
　第四节　行生活 ……………………………………………………… （109）
　　　㈠ 道路设施 ……………………………………………………… （110）
　　　㈡ 交通工具 ……………………………………………………… （114）
　　　㈢ 馆驿、旅店及其他 …………………………………………… （125）
　　　㈣ 其他一些制度 ………………………………………………… （134）
第三章　婚丧 ……………………………………………………………… （139）
　第一节　妇女 ………………………………………………………… （139）
　　　㈠ 隋唐妇女各阶层状况概观 …………………………………… （139）
　　　㈡ 隋唐时期妇女的业绩与生活 ………………………………… （168）
　第二节　婚姻 ………………………………………………………… （181）
　　　㈠ 结婚年龄 ……………………………………………………… （182）
　　　㈡ 选择配偶的标准 ……………………………………………… （184）
　　　㈢ 选择配偶的方式 ……………………………………………… （190）
　　　㈣ 婚礼在傍晚举行 ……………………………………………… （191）
　　　㈤ 婚礼内容丰富多彩 …………………………………………… （192）
　　　㈥ 婚姻生活 ……………………………………………………… （195）
　　　㈦ 冥婚 …………………………………………………………… （205）
　　　㈧ 少数民族婚姻 ………………………………………………… （206）
　第三节　丧葬 ………………………………………………………… （208）
　　　㈠ 顺其自然的生死观 …………………………………………… （208）
　　　㈡ 丧葬风俗 ……………………………………………………… （210）
　　　㈢ 各阶层的丧葬 ………………………………………………… （227）
第四章　社会风俗与精神生活 …………………………………………… （254）
　第一节　文化教育 …………………………………………………… （254）
　　　㈠ 官学 …………………………………………………………… （254）
　　　㈡ 私学 …………………………………………………………… （269）
　第二节　风俗习惯 …………………………………………………… （276）
　　　㈠ 爱牡丹 ………………………………………………………… （276）
　　　㈡ 折柳等送迎亲友 ……………………………………………… （283）
　　　㈢ 投刺 …………………………………………………………… （285）
　　　㈣ 黥体 …………………………………………………………… （287）

❺ 旅游 ………………………………………………………（290）
　　❻ 三日洗儿 …………………………………………………（293）
　　❼ 灵鹊报喜 …………………………………………………（294）
　第三节　礼仪 …………………………………………………（295）
　　❶ 名目繁多的礼仪 …………………………………………（297）
　　❷ 君臣之间礼仪 ……………………………………………（308）
　　❸ 官员之间礼仪 ……………………………………………（311）
　　❹ 官民之间礼仪 ……………………………………………（312）
　　❺ 社会交往礼仪 ……………………………………………（313）
　　❻ 对外交往礼仪 ……………………………………………（314）
　　❼ 不遵礼仪 …………………………………………………（315）
　第四节　文娱活动 ……………………………………………（317）
　　❶ 百戏 ………………………………………………………（318）
　　❷ 其他文娱活动 ……………………………………………（329）
　第五节　医药卫生与保健 ……………………………………（354）
　　❶ 医疗组织 …………………………………………………（354）
　　❷ 医学教育 …………………………………………………（361）
　　❸ 医学成就与卫生保健 ……………………………………（364）
　第六节　宗教生活 ……………………………………………（367）
　　❶ 佛教生活 …………………………………………………（368）
　　❷ 道教生活 …………………………………………………（384）
　第七节　行第 …………………………………………………（401）
　　❶ 行第之称的普及与发展 …………………………………（401）
　　❷ 行第的称用特点与排行依据 ……………………………（405）
　　❸ 行第之称的流行原因及社会基础 ………………………（410）
　第八节　避讳 …………………………………………………（413）
　　❶ 避讳的渊源发展及方式原则 ……………………………（413）
　　❷ 避讳涉及的范围与方面 …………………………………（422）
　　❸ 隋唐五代避讳的发展特点及社会反响 …………………（429）
　第九节　休假 …………………………………………………（432）
　　❶ 各类公休常假的安排与活动 ……………………………（432）
　　❷ 礼律指导下的事故假及其执行 …………………………（441）

第十节　节日 ……………………………………………………（450）
　　　　❶诞节 …………………………………………………………（451）
　　　　❷季节性节日 …………………………………………………（452）
后记 ………………………………………………………………………（462）

第一章

绪论

　　生活在文明社会的人们，每个人都希望自己生活舒适。现实生活却并非如此。在存在等级与阶级的古代社会里，等级制贯穿于社会生活的各个方面，严重制约着人们的生活。人们的饮食和服饰，婚配与丧葬，无不存在着重大的差异。人们日常所用床、桌、椅等大批生活用具也因为身份等级不同而有着巨大差异。当然，我们也注意到，文明社会的生产力发展水平在几千年中前后大不一样，它必然要相应地影响着人们的衣、食、住、行等方面的生活水准，古今中外，无不如此。同样，人们的生活习俗也必然存在着时代的特点。例如唐人作品中，不时提到拔河、秋千、击球、斗鸡等社会习俗，墓葬出土唐代仕女肥胖健美形象，便很有时代的特点，如此等等，都可以从唐人的生活中寻求解答。因此，我们在具体研讨隋、唐、五代时期人们的社会生活之前，先按下列四点极为粗略地勾画一下这一时期的整个社会面貌：

　　一、时代特点及其与前后朝代异同的比较；

　　二、人口分布及其社会阶级结构概况；

　　三、民族关系与对外政策所给予人们生活的影响；

　　四、基层政权、宗族乡里与社会生活的关系。

　　通过上述简略叙述，庶几有助于揭示这几百年间人们生活的社会背景，借以阐明社会生活诸特点形成的前提。

第一节　时代特点

我国封建社会，如果从战国时代开始计算，至隋代建国，已是长达千年。隋唐时期进入了一个重要转折阶段。20世纪四五十年代，陈寅恪先生曾先后指出："论唐史者必以玄宗之朝为时代划分界线，其事虽为治国史者所得略知，至其所以然之故，则非好学深思通识古今之君子不能详切言之也。""唐代之史可分前后两期，前期结束南北朝相承之旧局面；后期开启赵宋以降之新局面，关于政治社会经济者如此，关于文化学术者亦莫不如此"①。陈先生的意见有力地揭示了隋唐史的时代特色。我们想沿着这一思路，以唐代为中心，上下钩索，进行考察，力求说明唐代历史所具有的重要转折性的变化。

等级制的突出特点是特权。没有特权也就不存在等级制。皇帝是等级制的主宰，皇帝个人虽随政治风云而随时变换，然皇帝制度以及建立在等级制度基础上的官僚机构，却长期强有力地支撑着皇权专制主义的统治。

秦统一六国，确立了中央集权的专制主义国家，在朝廷和地方树立了金字塔式的等级机构。就朝廷最高机构而言，秦和西汉前期，三公（丞相、太尉、御史大夫）拥有决策大权。汉武帝以后，丞相与御史权力逐渐移于尚书，太尉实权归于大将军。三公大权由系尚书的大将军、侍中、尚书所组成的中朝所取代，三公终于转化为司徒、司马、司空一类徒具虚名的说道之官。东汉以后，尚书台地位加重，组织日趋完备。魏晋以来，渐渐加重中书权力。中书监、令进而割取尚书令的部分相权。魏晋时创置的门下省在南北朝时期地位相当高。北朝隋唐之际，三省正式确立，中书受命，门下封驳，尚书执行。中书门下机构都设在皇宫内，中书直接参与决策，起草诏敕；门下职司封驳。二者相互牵制，不使相权过分集中，尚书负责行政。三省分立，互相制约，这是政制史长期发展的结局，同时又酝酿开展新的变化。

唐初已有政事堂会议，三省长官集中议政，集思广益，有利于加强集体决策能力和减少失误。高宗武后以来，不时选用他官参与议政，由是参知机务、参知

---

① 《唐代政治史述论稿》上编，1942年；《论韩愈》，1954年。

政事以及同中书门下平章事等等多人并存。唐玄宗统治时期,这一体制获得广泛发展,翰林学士也逐渐分割了中书舍人起草诏敕的权力。中唐后,三省长官渐演变为荣誉职的阶官,剥夺了参政决策权。宦官、翰林学士等参与宰相们召对延英殿的会议,成为君臣议政的重要形式。既无品秩又无定员直接由皇帝任免的使职差遣在中唐后大为盛行,出现了为使则重为官则轻的局面。中唐后似乎是朝政不纲、皇帝懦弱,实际上,建基于皇帝制度的中央专制主义体制是在增强,并为尔后的赵宋王朝所沿袭。

中央最高机构下面有着庞大的官僚机构,从中央到地方,存在大量分掌各个部门职事的官员。自魏晋以来,以九品定官阶。其后,品又划分"正""从",区分层次,官品便成为官员职位高低、等级尊卑的重要标志。由是,官僚们的服饰、住房以至车马、坟墓等等,都有着严格的等级,绝不允许僭越。

品官而外,各机构还有更多并无品级的吏员,他们是大量社会工作的办事人,是基层组织的统治者。官僚和胥吏组成了官僚机构,制定大大小小的各种法规并加以贯彻,进行有效的政治统治,使金字塔式的官僚机构运转正常。各级官僚机构下的众多官吏便分别享有与其职务相应的政治与经济特权。对广大民众来说,现官不如现管,处于神经末梢的众吏员对民众的生活有着不可藐视的重大作用。不妨说,地方各级官吏对广大民众统治的好坏,决定了整个政治的好坏。

治国要用人,如何选拔人才,是执政者非常关切的事。纵观我国古代用人,不外乎推举与考试两途。西汉开创察举制,沿用至魏晋南北朝时,它包括了科目试和对策。官府征辟僚属,通常是实行推举。九品官人法实施于魏晋南北朝,所在州郡县分设大小中正,负责品评人物为九等,计品授官,这也是推举。当时士族门阀实力强大,推举有利于他们把持政权,产生了以家世选官的门阀政治。科举制兴起于隋唐之际,至唐中叶开始盛行,采用分科考试,取士授官,强调按才质选用人才,这是适应门阀士族实力衰颓、庶民地主力量壮大的一种选官制度。不论是学馆生徒或是州县乡贡成员都要参加京师的吏部试,及格后,再参加礼部试。唐人非常重视进士考试,但不容易获得通过。此外,另有殿试,如武则天载初元年(689),策贡士于洛城殿。但并非经常进行。经历晚唐五代,至宋朝时,科举选人已有了重大发展,它分为解试、省试、殿试。解试以秋试最重要,后世称为乡试。省试即是唐代的礼部试,常于春季进行,明清时称为会试。殿试即是御试,已是常例,实已成为省试的复试。科举而外,唐代按父祖官资选用人的门荫制颇为完备,按官品高低分别荫子、荫孙乃至曾孙。由是官品高下,代替了魏晋南北朝时的门第贵贱,充分显示门阀士族在唐代已是衰颓。

民众服兵役是历代军事制度的重要组成部分。东汉以来,过去兵农合一的征兵制已日趋崩坏,不时招募人员补充兵力。魏晋南朝时,世兵世将的兵户制一度盛行，兵士世代为兵，身份不自由，地位低下。南北朝后期，世兵制日趋没落。创始于西魏北周的府兵制延续至隋唐前期，属于义务兵役制。兵士用于出征，或戍守边防以及宿卫京师，都取得了很大成绩。但自武则天以至唐玄宗时，现役府兵或死或逃，征召又无着落，兵员严重缺乏，出于需要，只好将过去的临时招募兵员方式改为全面推广实施，经五代至宋，募兵便日益系统和条理化了。兵员不论来自征召或招募，除个别人有缘进升高职而外，众多士兵处于社会底层，生活很贫困。

土地所有制是生产关系的基础。土地私有制是战国以来日趋发展的。东汉郑玄说，"汉无授田之法，富者贵美且多，贫者贱薄且少"①。说明当时的土地等级占有很盛行。西汉中后期以至东汉时，屡见以公田赋贫民，假民公田，可知社会上无地的农民为数很不少。曹魏时，分等级赐给公卿以下多少不一的租牛客户，晋朝颁行了授官品占田、占客的法令，还规定按官品分别授予多少不等的菜田。北魏田令，按官员等级分别给予公田。隋代的朝廷命官和地方高官都依官品给予职分田，低级品官所得职分田只有高级品官的五分之一。唐代，勋贵与各级官吏都拥有可以世袭买卖的永业田，还可拥有多少不等的职分田。唐户婚律称："其官人永业准品，及老小寡妻受田，各有等级。"某些贵族官僚还可法外得到若干赐田与勋田。一般百姓是在均田制下，"丁男、中男给一顷"。但这并非实际占有，可见分等级占有土地十分明显，那些仅有少量土地的农民大为生活所迫，卖舍贴田，流浪外地。因此，隋唐时均田令虽然是面向全国广大地区颁布，实际没有触及并损害私有土地。到了唐代中叶，均田令并未明令废除，实际已不复存在。如果说，中唐以前仍不时颁布禁止土地兼并之类的诏书；那么，中唐以后再也不见有类似的敕令。不抑兼并，放纵土地买卖便成为两宋"田制不立"的根本。

税役是国家财政收入的主要源泉。汉代田租三十税一，税量不多。民众负担最重的是人口税。晋代，丁男、女和次丁男分别课田，"夫五十亩，收租四斛，绢三匹，绵三斤"，实质是计丁收租，计户征调。南朝梁、陈仍是按丁征租调。北朝至隋推行均田制，租调按床（一夫一妇）计征。唐代妇女不授田，实质仍是计丁征租，说明北朝隋唐间依然存在丁租户调。中唐后行两税法，按亩征地税斛斗，且区分夏秋。这是适应粮食生产发展所作出的税收的新变化，其时夏熟作物增多，反映在税收上，正式创新征收夏税。户税是按户等高下征收钱币，征税时往往要折征纺织品等实物。税钱要按每户资产多少区分户等，按户等高低分别征收不同数量的钱。资产包括动产与不动产，评估不易准确。田地已按亩征收了实物税，又要将它列入户资，重叠征税，很不合理。唐代两税体制还包括了商税。商人收

---

① 《周礼注疏》卷13，《地官·司徒下》。

入与季节性关系不大,它在晚唐五代,实已从两税分离为单独税收,到了宋代,两税已只是单纯田亩税,不再征收包括田产在内计算户资的户税钱。因此,唐、宋时的两税名称相同,实际内涵已有了重大的变化。

徭役极端残害人民,自秦汉至隋唐前期,国家每年征收大批民丁服现役。中唐以来,朝廷允许百姓输庸代役,国家出资雇役,使现役征发大量减少。宋朝继续沿此道路发展,它有利于促进生产发展以及经济文化的繁荣。

中古时的生产领域主要是农业,自汉至唐,黄河流域是全国政治经济中心。关中富庶,黄河中下游地区人口众多,耕作业发达。东汉以来,江淮地区开始垦殖,六朝时期长江下游和两浙地区乃至长江中游的两湖地域,逐渐有了较大发展。隋和唐前期的一百几十年全国大统一,在和平环境下,人们生息繁衍,纷纷采用较为先进的耕犁与铁耙进行耕作,华北不少地方,原为榛棘之地,变为粳稻之乡。南方江淮两浙乃至江西两湖地区,也有不少耕地开发,中唐人形容为"四海之内,高山绝壑,耒耜亦满"。安史之乱后,华北地区藩镇割据,生产颇受不利影响。同时期的江淮以南,仍在继续向前发展,这种趋势,经两宋至元而日益显著。

手工业产品关系国计民生甚大。家庭工业和其他种种私营工业在唐以前的整个国民经济中并不占很大比重。秦汉以来,包括盐铁、纺织、铸铁、制酒等有关国计民生的重要行业例由官府直接控制,使用士卒、刑徒、工匠、奴隶等从事生产。这一基本状况至唐代并未根本改观。那时,少府监、将作监、军器监的组成及其人员配备,相当典型地反映了官府集中生产的壮阔场面。不过,生产者的身份已有了重大变化,在中唐以后表现尤为突出。他们具有较高的技巧,有相当数量是来自雇佣,原来是奴婢操作的也分化出番户和杂户,他们原则上分番服役,有的还允许纳资代役。到了宋代,官府工业使用雇役尤为广泛。

和前代相比,唐朝不少工业部门,尤其是与民生关系密切的私营工业已有了蓬勃发展,加上农业各部门生产的兴旺,便为市场提供了较为丰富的货源,随着国内水陆交通的发展,中唐以后,各地区间的贸易活动十分频繁,南北各地的城乡集市贸易有了新的发展。早市、晚市纷纷涌现,集中居住达9万人左右的经济性都市屡见不鲜,这是汉、魏六朝时所极为罕见的。

唐代社会的文化领域可说是异彩纷呈,万紫千红,蔚为壮观。

我国古代文化是以儒家为代表的经学文化。自汉武帝独尊儒术以来,儒家经典备受尊重。汉设五经博士,待遇优厚,成为儒生进身的重要阶梯。钻研儒经的人日渐增多,魏晋时,何晏、王弼以玄理注解儒经,杜预、范宁博采众长,分别讲解《春秋》、《谷梁》,摆脱汉儒墨守成规的程式。此后,南朝治经多继承魏晋,注意讲解义疏,沾清谈风气。北朝多承汉朝治学方式,持重朴实。随着政治上南北的统一,儒学也日趋统一。唐太宗使颜师古校定五经,孔颖达编撰《五经正义》,正是适应政治统一的学术思想的统一。早在汉代,礼已分成三礼(周礼、仪礼、礼记),春秋为三传(左传、公羊、谷梁),外加周易、尚书、诗经,称为九经。其后,孝经、论语、尔雅也列为儒经。唐代已正式有十二经。赵宋时再加入孟子,形成十三经。唐代科举考试很重视儒经,明经科着重贴经、墨义,进士科在贴经外,还有时务策,并加试诗赋。谈经通经成为适应时代的需要。陆德明撰《经典释文》,既注音,又训义,很便于谈经使用。

儒家长期成为官方的正统学术,在于它很重视礼仪规范和典章制度。它对社会存在的尊卑长幼、亲疏贵贱之别,很注重整体调节。儒学的本质是进行社会治理,尊重社会等级的客观存在,调和稳定社会的秩序,用以强化统治的力量。

魏晋人士以玄理治经,玄学崇尚老庄,人们把老、庄、周易合称"三玄"。它由老庄道学发展而成,崇尚清谈,猛烈抨击儒家。就其探求发挥义理而言,比汉儒琐碎治经是有进步。佛教传入我国内地后,经汉魏南北朝长期传播消化,形成中国化的佛教并获得迅速发展。南北朝时,儒、释、道三教鼎盛,彼此间进行猛烈的斗争,但又互相渗透,佛学思想影响儒学颇大。人们对经书不拘泥于训诂,可以自由讲说。中唐时,韩愈等人取佛老思想融入经学,开创了宋代新儒学的基础。

唐代佛教寺院向大众宣讲佛经故事,为了获取良好效果,力求做到通俗易懂。人们便将这种文体称为"变文"。敦煌出土的变文,既有宣传佛经的,也有一些是讲唱文学的。这一文学形式对后世的弹词、话本以及长篇白话小说的产生,都起着良好的作用。

文学诗歌的创作,唐诗与汉赋并称。唐诗现实主义的色彩很浓,反映社会真实远比只重艺术技巧的汉赋为佳。汉人开创五七言诗写作,现在传世作品不多。晋人以玄理入诗,逃避现实,表明作者在门阀政治下的苦闷。其后,山水诗开始出现,南北民歌盛行。北朝房歌具有强烈草原气息,南朝民歌多儿女缠绵之作。南朝后期至隋唐之际,缺乏新意的宫体诗流行一时。初唐四杰(王、杨、卢、骆)与陈子昂等相继崛起,拓广了诗作题材,突破了描写宫廷享乐和应制诗的狭窄天地,诗风便由柔弱卑靡转为清新活泼,注重现实。自此直至安史之乱前,颂扬积极进取、浪漫气息浓厚的诗作增多,李白便是其中的突出代表。其他如高适的《燕歌行》,爱憎分明;岑参的边塞诗,颂扬官军英勇作战,都很有时代的特色。安史之乱后,反映社会现实的诗作众多,杜甫诗,世称"诗史"。白居易公开倡导"文章合为时而著,诗歌合为事而作",在汉魏乐府基点上创作了新乐府,吸收了民间文学的营养,作品通俗易懂,传播相当广泛。另有韩愈等人以散文为诗,不甚修饰音律辞藻,别具风格,北宋苏轼、王安石等人的诗作便是沿袭这一传统。还有以温庭筠等人为代表的诗作,崇尚艳丽,常以长短句入诗,经五代至宋有新的发展,开拓了词的写作。

散文和音乐、舞蹈、绘画、雕塑、书法乃至百戏等等文学艺术形式都在我国有着悠久的发展历史。到了唐代，出现了五彩缤纷的盛况。所有这一切，足可充分说明，开放型的唐代社会中，精神生活的炽热活跃。例如唐代的舞蹈，在安定、强盛的社会环境中，汇集了南北朝各族民间风俗的舞蹈，又大胆吸收了国内外的各种乐舞，富于创新，既丰富了当代的乐舞，且为宋元戏曲的发展准备了良好的条件。

第二节 人口分布及其阶级结构概况

人是社会的主体，但任何人也不能离开自然界而单独存在。为了维持人类的生存，必须进行生产。生产永远是社会的生产，人们在生产过程中，必然要产生某种相互的关系；这种相互关系有着不同时代的重大差异，它可能是互助合作的平等关系，也可能是统治与服从的剥削压迫关系。每一个活着的人谁也不能随心所欲地超越时代进行自我选择。

㊀ 人口分布概况

为了维持社会安定和保证官府财政和赋役征收等方面的需要，官府总是力图尽可能多地控制户口。因此，户口数量对某一历史时期的社会发展有着重要的作用。

隋唐时期的中央政权力量强大，史籍所保存当时编户数字较多，今抄录如下：

时 间	编户数（户）	资料出处
隋大业五年（609）	8907546	《隋书》卷29
唐武德时	2000000	《通典》卷7
贞观时	3000000	《通典》卷7
贞观十三年（639）	3041871	《旧唐书》卷38—41
永徽元年（650）	3800000	《通典》卷7
神龙元年（705）	6156141	《通鉴》卷208

续表

时　间	编户数（户）	资料出处
开元十四年（726）	7069565	《旧唐书》卷8
开元二十年（732）	7861236	《通典》卷7
开元廿二年（734）	8018710	《唐六典》卷3
开元廿八年（740）	8412871	《新唐书》卷37
天宝元年（742）	8522763	《旧唐书》卷9
天宝十三年（754）	9619254	《旧唐书》卷9
天宝十四年（755）	8914709	《通典》卷7
至德元年（756）	8018710	《唐会要》卷84
乾元三年（760）	1933174	《通典》卷7
广德二年（764）	2933125	《旧唐书》卷11
大历中	1200000	《通典》卷7
建中元年（780）	3805076	《唐会要》卷84
元和二年（807）	2440254	《旧唐书》卷14
元和十五年（820）	2375400	《旧唐书》卷16
长庆元年（821）	2375805	《旧唐书》卷16
长庆时	3944959	《唐会要》卷84
宝历时	3978982	《唐会要》卷84
大和时	4357575	《唐会要》卷84
开成四年（839）	4996752	《旧唐书》卷17下
会昌元年（841）	2114960	《新唐书》卷52
会昌五年（845）	4955151	《通鉴》卷248
周显德六年（959）	2309812	《旧五代史》卷146

　　先秦两汉以来，全国经济文化的重心长期在黄河流域，所在人口密布；同时期的江淮以南地区开发落后，居民稀少。《隋书·地理志》所记隋代户口分布，表明黄河中下游地区的人口密度高，关中平原和汾水流域次之，这和隋政府在华北大力进行貌阅及输籍定样有关。隋灭陈时，陈国有五六十万户。至大业五年，江南户口仍不满70万户，是和江南没有认真清查户籍有关。江淮以南以三吴为核心的长江下游地区，六朝以来，人口增长较快，经济开发也相应加速；西南成都平原在汉晋之世，已是户口较多，隋代情况仍然如此。上述诸地域以外的南北广大地区，编户相对稀少，反映出这些地方的开发程度仍然较低。

　　经历隋末社会大动乱，唐初户口只及隋代四分之一，可见隋唐之际的全国户口已急剧减少。唐朝建国后，历届政府制定了一系列增加户口的政策。

（一）大力吸引或收赎平民。隋唐之际，与高丽多次交战，不少华夏民众陷没。唐高祖给高丽王写信，建议遣返，回归者"前后以万数"。太宗贞观时，陈大德去高丽，在其境内看到不少华人。"子孙盈室，与高丽错居"①。唐政府进行大力招引，贞观三年，自塞外回归以及诸族内附编籍达 120 万人。贞观五年，用金币赎还 8 万人②。六年，党项羌内属者 30 万人。贞观中，平定高昌，新增 8000 户。铁勒归服，又派使带物往赎，给予程粮，归还乡里③。

（二）括户。针对逃户、隐户进行搜括。武德四年九月，"诏括天下户口"。贞观十六年正月，"敕天下括浮游无籍者。限来年附毕"。其后，武则天时，"十道使括天下亡户"。玄宗开元中，宇文融出使括出 80 万户，都是著名事例。

（三）奖励人口自然增殖。贞观元年敕，男子 20 岁，女子 15 岁，"并须申以婚媾，令其好合"。开元二十二年二月令，男年 15，女子 13 岁以上，一律进行婚配。妇女生了男孩的，赐粟一石。

（四）以户口增减考核政绩。贞观时，"准户口增多以进考第，如劝导乖方，失于配偶，准户减少附殿"。开元二十四年三月敕，"考论政绩，在户口存亡"，"自今已后，天下诸州户口或刺史县令离任者并宜分别交付，州县仍每至年终，各具存亡及增加实数同申，并委采访使重复报省，所司明为课最，具条件奏闻。随事褒贬，以旌善恶"。

通过一系列措施，在相对安定的统一局面下，唐前期一百多年内，编户数逐年上升，由唐初的 200 万户，天宝中增至 960 万户，成绩非常显著。

自安史叛乱以至唐亡，长安政府直接控制地方的力量大为衰退。《通鉴》卷 226 云："安史之乱，数年间，天下户口十亡八九。"王应麟《困学纪闻》卷 20，曾将汉、晋、隋与唐代永徽、天宝以及乾元时的户数作了对比，深有感触地说："兵祸之惨如此！"天宝十三年（754），全国管 321 州；乾元三年（760）193 万户乃是所管 169 州的编户。可见，它不是全国民户的总数。广德元年（763）初，安史乱事结束。次年二月诏令国内所有地方官能增多境内户口者，"超资进改"，实际并未认真贯彻。大历中，仅有 120 万户。当时有人说，"有司议户口减耗，请省州县。百姓诉云，州县废则所隶阔远，罢人益困，请省官员"④，反映割据势力强大时不少地方是民少官多。两税法实施，按地收敛，朝廷控制编户有了较大增多。元和二年（807），李吉甫撰《元和国计簿》，全国 48 道 295 州，其中 15 道 71 州，"不申户口"。余下诸州为 244 万户，每年税收主要限于东南 8 道的 49 州，说明这

---

① 《资治通鉴》卷 190，武德五年；卷 196，贞观十五年。
② 《旧唐书》卷 2，又卷 3，《太宗纪》。
③ 《册府元龟》卷 42，《仁慈》。
④ 《文苑英华》卷 535，《省官员判》。

些民户是来源于国计簿,而不是实在的民户统计数。那时,河朔、陇右已为吐蕃所占,易定、魏博、镇冀、范阳、沧景、淮西、淄青七道为强藩所据。唐政府未能掌握它们的户口数。

穆宗以后,除河北三镇外,其他地方实力民微。宣武李齐叛乱,一向苟且偷安的李逢吉(宰相)也认为不能再容忍,不然,各地效尤,"江淮以南皆非国家有也"①。乱事由是迅速平定。穆宗、敬宗之世,朝廷所控编户400万。文宗派王彦威去山东12州勘定两税,全国编户增至435万。武宗时,讨平昭义,并且大力毁佛,会昌五年(845)有495万户,乃是唐后期最高编户数字。

武宗以后,史籍没有留下具体编户数。宣宗即位,敕令"刺史交代之时,非因灾难,大郡走失七百户以上,小郡走失五百户以上者,三年不得录用。兼不得更与治民官,增加一千户以上者超资迁改,仍令观察使审勘诣实闻奏"②。朝廷为了税收增加而重视增户,赋役重又必然促使更多农民破产,国困民穷,官府直接控制编户数自然不会增多。

晚唐以来,全国再次南北分裂,长期战乱,南北诸国虽很注意加强户口控制,却不见户口数字。后周显德六年(959)春,共检查出230万户,为现今所知五代的唯一编户数。南方诸国一个数字也没有遗存。战乱给民众带来灾难是极为严重的。

南北各地户口分布状况,我们也可约略考察。唐太宗时,曾依山川形势分全国为十道。玄宗开元时,进而分划为十五道。"道"虽然并非地方行政建制,作为监察区,所辖郡县比较固定。十道与十五道时,每道所辖地域也有某些变更;从总体来看,影响并不大。诸道划分大体符合我国地理上的南北自然分野。关内、陇右、河东、河北、河南、京畿、都畿七道地处秦岭淮水以北,属于北方;剑南、山南东、山南西、淮南、岭南、江南东、江南西、黔中八道地处秦岭、淮水以南,属于南方③。南北诸道的户口分布很不平衡,都存在着众多的宽乡和狭乡。例如陇右道长期地广人稀,全道似是宽乡。可是,它所属西州地区,却明显是狭乡。河南道地处中原大地,人口众多,似是狭乡,而在豫、鲁交界地带,在唐代无疑是宽乡,如此等等,难以一一详细讨论。

以黄河中下游为中心的北方地区自汉、魏以来长期是全国经济重心所在,生产发达,人口稠密,隋唐之际,由于战争的灾难使华北民户总数在贞观时竟屈居

---

① 《资治通鉴》卷242,长庆二年七月。按,《册府元龟》卷320《宰辅部·识量》记同一事称李逢吉云:"若以节付之(李齐),则长淮以北,从此难制。"文义大不相同,但亦可通解。

② 《唐会要》卷69,《刺史》;《旧唐书》卷18下,《宣宗纪》。

③ 以上十五道,是开元建制。贞观时,南北各分五道,北方无京畿、都畿,此二道,分别是从关内、河南道分出;南方之江南东、西及黔中是从江南道分出,山南东、西是从山南道分出。

江淮以南之后。此后，经过一百几十年安定和平环境的休养生息，北方经济恢复发展比南方新垦区开发相对较快，天宝时，北方州（郡）县虽少于南方，民户总数却多于南方。今按贞观十道、开元十五道所辖州（郡）县和民户数，分别列简表如下：

时间	地区	州（郡）	比率	县	比率	民户数	比率
太宗贞观时	（全国）	306		1408		3041871	
	北（5）	111	36.3%	554	39.4%	1370569	45.1%
	南（5）	195	63.7%	854	60.6%	1671302	54.9%
玄宗天宝时	（全国）	321		1570		8973634	
	北（7）	117	36.4%	634	40.4%	4922183	54.84%
	南（8）	204	63.6%	936	59.6%	4051154	45.16%

盛唐时户口分布，北方诸道以河南道境内较为均匀，河北道户口集中于海河以南，尤以运河沿线为多，北方沿边、长城内外和关外的民户稀少。河东道编户集中于汾水流域小平原地区，长城以外及四周山地居民很少。关内道居民集中于关中及泾、渭、洛水下游，在河套地区，高宗、武后及玄宗盛世也有过较多居民；关内道其余地区，人烟稀少。陇右道除凉、甘等州曾有过户口增长而外，大多数地区是地广民稀。因此，笼统地说盛唐时北方户口多于南方，表述并不十分确切。

持续八九年的安史叛乱使黄河中下游地区受到极大破坏。北人大批南流。其后，强藩割据主要是在华北东部，户口密集的两河山东地区，生民惨遭蹂躏。晚唐以来，军阀混战，直至后周时，才基本统一这一地区，并向南发展，攻占淮南。赵宋建国时，包括淮南在内，北方仅有96万户[①]，加上北汉的3万余户，亦仅100万户。户口不包括盛唐时的陇右道在内，可以充分肯定，北方民户减耗极为严重。

南方诸道编户按上表所列，太宗贞观时，州县和编户数所占比率都比北方为高，玄宗天宝时，南方州县数仍多于北方，民户却比北方少87万，可能是南方未垦地多，民户稀少，但也可能是山湖密布，逃户隐匿，未能检括出来。

讨论南方诸道户口，江东以外，应密切注意川西地区。唐以前，那里早已是天府之国，唐初，剑南道户口居全国首位。天宝盛世，剑南户口也仅次于河南、

[①] 《文献通考》卷11，《户口》："建隆元年，户九十六万七千三百五十三。"但《册府元龟》卷486记后周显德六年，"总计简到户二百三十万九千八百一十二……淮南郡县不在此数。"《旧五代史》卷146文同。非常奇怪，先年已有230万户，翌年却只有96万户。马端临说，此数字出自《通鉴长编》，而今本《长编》并无此条，未知孰是？何况建隆元年编户数，是包括了唐代淮南和山南道地域在内，因疑此数有误。

江南、河北，居全国第四位，比帝京所在关内道为多。但在剑南道内部，各地户口分布也同样是很不平衡。

县是地方政府的基层，史书不记县级的户口，我们只能按州（郡）的户数考定等第。全国各州（郡）所领县数相差很大，例如，北方兖州辖十县，有87987户，580000人。南方润州辖四县，有10203户，662706人。二州的总人数相近，同列一级。若按县平均，润州诸县为25505户，兖州诸县为8798户，每县均户口相差很大。尽管各县面积也不一致，但按县平均比按州平均要相对合理。天宝时，县平均在万户以上者，北方有二十三州，南方有二十州①。北方编户数最多的三州府，县平均18000户以上，其中京兆是京都所在，汴、瀛为漕运中心，瀛州还是农业生产发达地区，南方润、常、婺三州诸县，县均超过20000户，润州县均竟高达25500户以上，而同时的华北诸县，竟无一超过19000户。

开元中规定，县户6000以上者为上县。上面已统计了全国县均10000户以上的南北诸州县。现在再考察10000户以下，6000户以上诸县。按天宝籍计算，北方有三十二州，南方有三十五州②，准此而言，南方州县户口已不比北方逊色多少。盛唐时，南方民户密集于今苏、皖南部、浙江、成都平原以及两湖平原、鄱阳平原、南阳盆地和汉中地区，是一些水利灌溉好和地势低平处，至于湘、鄂西山地、云贵高原和两广大地，还是人烟稀少，有待两宋以后历代开发垦殖。

值得注意的是，自中唐以来，南方福建地区开发迅速，唐末王氏兄弟进据以后，注意保境息民，宽刑薄赋，敦劝农桑，奖掖茶叶生产，增进海上贸易，户口随之急速增长。《太平寰宇记》所录五代十国时期全国新增五十九县，绝大多数是在江淮以南，其中闽增十三县，南唐新置二十六县（内有十八县在江西境内），吴越与蜀各置五县，可知福建、江西等地是在迅速发展之中。

⚫ 阶级结构的变化

人类进入了文明社会，便已存在不同的等级与阶级。不过，任何等级与阶级都不能与世长存。隋唐时期是我国中古的盛世，也是社会内部等级与阶级发生显著变动的重要转折时期。处于相互对抗的地主阶级和农民阶级都可划分出某些不

---

① 二十三州是京兆、滑、郑、陈、汴、宋、亳、齐、曹、濮、青、淄、绛、汾、怀、魏、相、贝、洺、冀、沧、德、瀛，二十州是杨、润、常、苏、湖、杭、越、明、衢、婺、温、台、宣、饶、成都、彭、蜀、汉、合、连。

② 三十二州是：华、同、凤翔、陇、泾、宁、洛阳、汝、颍、许、蔡、徐、泗、濠、郓、莱、棣、兖、沂、密、晋、太原、忻、潞、博、卫、邢、赵、定、易、幽、莫。其中濠州三县，地居淮南，贞观时属淮南道，今依天宝为准，列入河南道。三十五州是：朗、襄、唐、隋、邓、汉中、洋、果、楚、滁、和、寿、庐、舒、光、蕲、申、睦、处、泉、歙、洪、江、吉、袁、抚、永、邵、眉、邛、简、梓、逐、绵、陵。

同的等级。大致说，地主阶级可划分为贵族官僚地主与庶民地主两大阶层。创造物质财富的农民阶级和小手工业者也可分为数个阶层。从事商品流通的商人约略可分为大、中、小商人，而以中小商人居多。

长期以来，人们认为士族地主是隋唐时期最主要的地主阶级，实际未必尽然。那时，地主阶级当权派主要由皇帝及皇室、外戚、勋贵、旧士族、衣冠户、品官、使职差遣、宦官、寺观地主等九类人员组成。他们大多可列入贵族行列。士族也是贵族，但贵族并不一定是士族。众多贵族分等级合法享受多少不一致的政治和经济诸特权，并使其既得利益合法传袭于其子孙。

其一，皇帝、皇室及其外戚是最显赫的贵族地主。隋唐立国者杨氏、李氏都是北朝的勋贵。建国以后，一跃而为地主阶级总头目，处于各个等级的最尖端。它拥有大量荒地、官田，有的皇帝还自有私庄。皇帝集立法、行政、司法、监察诸权于一身。唐代宫中设内侍、殿中二省，为皇帝私人服役者多达七八万人，这是其他贵族官僚所无法与之相比的。由于皇位世袭，皇太子权限很大。其他皇子也都照例封王，开府置官属，宗室子孙分布各地，享受高级贵族生活。和皇室有姻亲关系的母系、妻系人物，通称外戚。往往后妃一人得宠，其亲属的身份地位随之改观。因此，皇室及其外戚乃是全国最为显赫的贵族地主，隋唐时期的这批人很难一律划归门阀士族行列。

其二，勋贵、士族、衣冠户也是重要贵族地主。勋贵是协助皇帝取天下和管理朝政的权贵。隋唐时期的勋贵臣僚变动、更换比较快，和以往时期士族地主长期尸位素餐者差异很大。隋唐时，爵分九等，郡公以上高爵可回授子孙，县公以下诸爵也可荫庇亲属，享有某些特权。有爵位者可按爵位高低分享多少不等的永业田。唐中宗时，勋贵大量食实封，经济力量膨胀；玄宗对它进行改革，分割赋税收入的食实封制，自是有了明显削弱。门阀士族在两晋时处于极盛，他们重视血缘，讲究门第，注重儒经礼法，易于步入官场，拥有不少特权。自晋末以来，士族历经冲击，至隋唐之际，士族已不再拥有合法荫户、荫亲属的特权。如果说他们在隋代仍具有较重要的地位，那么，经历了隋末农民战争对山东、江南士族地主的严重打击，再难恢复往日的雄风。当时，关陇贵族受打击较小，并在统一战争中扩展实力，力量曾有所扩大。唐太宗敕编《氏族志》，规定按现任官爵高下分等，二十多年后，高宗、武后重订《姓氏录》，也是按现行官品高下为准。但在这几十年间，官员们的姓氏已有了很大的变化。从《氏族志》至《姓氏录》，显示旧士族垄断政权的局面已经改观。再过四十年，柳冲认为官员兴衰变化极大，已不能为当今楷模，于时重修姓族系录，便不追究血统渊源，只以各地望族为右姓，说明它和世族谱已是很不相同。过去，士族势力强大时，社会上常有一些姓氏崛起跻身士族行列，并很快获得社会的公认。而在隋唐时的几百年间，新进姓氏无一被社会上公认为士族。唐太宗和高宗都力图建立新的门阀秩序，都没有成功。至唐中叶，旧士族已是彻底衰败。但它的社会影响经唐末五代以至宋初依然存在，到了北宋中叶，人们大多认为姓氏已非当世先务，便再也不为史家所重视了。

衣冠户的产生和科举制密切相关。唐代自高武以后，科举受到人们的重视，进士及第被认为是衣冠之家。由是逐渐有人因缘假冒，唐武宗敕令："前进士及登科有名闻者"才是标准的衣冠户①。30年后，僖宗重申武宗敕令的规定。又过了十年，杨夔给宰相写信又一次提到它。凡是进士科及第的人不论什么家庭出身都可享受同样的法定特权，表明衣冠户与门阀士族没有内在的必然联系。会昌法定衣冠户享受过去门阀士族所能庇护一家的优复特权，他们倚仗其不差不科的权势，恣意横行。衣冠户不讲究门第出身，只看是否科举及第，自中唐以至宋仁宗以前近二百年间长期存在于社会中。宋仁宗时，官户正式登场，衣冠户称号由是绝迹。这也说明衣冠户并不等同于六朝时的门阀士族，它是宋代官户的前身。

其三，品官和使职差遣是地主阶级当权派。隋唐时，朝野品官分为九等，官品的上下之差，标志着官员等级与贵贱之别；即使是最低级九品官仍享有不少特权，坐食百姓。大量散官、勋官并无实职。唐制，文武官均可带散位，散位区分品阶高低，可分享若干特权。勋官是指以军功受勋者。唐代勋官有十二等，亦分品第。高宗以后，由于授勋太滥，勋官地位下降。使职官没有品阶，由朝廷派遣临时主持某项工作。自唐初至玄宗时，使职差派日多，中唐以后，举凡地方军政、国家财政以及宦官充使都很广泛。隋至唐初，没有品秩的诸种差遣开始盛行。其后，某些品官若不兼差遣，很难正常办事。中唐后，尚书六部公务例由副职侍郎主持。户部、度支原来分属户部尚书所属四曹，到晚唐五代，户部、度支与盐铁合称三司，设置三司使，成为国家理财大臣，地位显赫，仍然没有品级。唐代，元帅、都统、盐铁、转运、延资库诸使，内而翰林学士、弘文、集贤、史馆诸职都是差遣，并无品秩，因此常以他官兼领。节度使常兼观察、支度、营田、经略、转运、招讨等使。中唐以来，使职差遣与省台寺监所属职官以及地方州县长官，可以互相迁转，说明使职差遣和其他职官都是声威赫赫的当权派。需要指出的是，众多的品官和使职差遣官，只有极少数人是出身于旧门阀士族。

其四，少数执掌大权的宦官头目也是贵族地主成员。宦官本是皇帝家奴，朝夕侍候人君，身受奴役。某些宦官获宠，受提拔，玄宗时，已有参与谋议的宦官，可以进退将相，权势渐大。中唐后，宦官直接掌握禁卫神策军，陵暴宰相大臣，迫胁皇帝。他们充当内外使职，掌握军政大权，甚至自称定策国老，视天子为门

---

① 《文苑英华》卷429，《会昌五年正月三日南郊敕文》。

生，唐后期的八位皇帝都是由宦官所立，权势显赫一时。

其五，寺观地主也是隋唐时的地主阶级当权派。随着佛、道二教的日趋盛行，自十六国南北朝以来，寺观内逐渐产生了一批特权分子。隋文帝对灵藏和尚说："弟子是俗人天子，律师是道人天子。"① 可知宗教头领具有崇高地位。寺观内设有三纲，"共纲统众事"，不许奴婢、部曲触犯。宗教头领由朝廷统一管辖。僧正、左右街功德使、僧录等僧官也都由国家任命，僧正秩同侍中，其余依次有所降低。是知众多僧官是拥有特权的。

庶民地主是地主阶级中人数最多的阶层。他们在法律上与农民大众同属编户齐民，原则上要交税服役，没有合法享有的政治、经济特权。这批人大致可分为寄庄户、形势户和工商地主三大类。

寄庄户是脱离了本地户籍在外乡寄居的人，其中包括了不少已卸任或免职的官僚，他们在外乡往往拥有寄庄，只交纳很少象征性的赋税。

分散在全国各地的许多土豪、乡村上户和豪强地主，家富拥有奴婢，他们鱼肉乡里，称霸地方，但他们没有法定的特权，只能恃强逃避赋役。晚唐时，常称这批人为形势户。

商人从事商品流通，只有少数能发家。还有少数经营工业因而致富的人，在商品经济没有大量发展的条件下，这些人只能投资土地成为工商兼地主或工商地主。

农民阶级是封建时代社会物质财富的主要创造者，在全国居民中人数最多。由于他们的经济、政治状况并不整齐划一，大致包括了乡村中户、下户、客户佃农和屯田兵民、乡村雇佣等四种人。乡村中户和下户通常称为自耕农阶层。

乡村中户是农民中比较富裕的部分，或称次户。大致说，隋和唐前期的社会存在较多的次户，中唐以后，随着农民破产的增加，次户人数是在日趋减少。

乡村下户是一些田地很少的农民，似乎可以说，隋唐之际有由二三十亩的农民是贫困民户。随着土地兼并的迅速发展，中唐以后藩镇割据所加给民众的苦难是在不断加重，乡村下户因之失业者更会增多。

另一方面，隋唐五代时期的国内还存在不少可供垦殖的荒田。特别是某些战乱较少时期，农民常占有一定的耕地，比较充分地发挥了自己的生产积极性。因此，在隋唐五代数百年间，自耕小农的变化甚大，有人没落，也有人崛兴，社会上始终存在着不少自耕农，正是这一阶层的存在，成为发展农业生产力的重要力量。

客户佃农和屯田兵民都是佃农。隋唐以前早已存在租佃。隋唐均田制实施期

---

① 《续高僧传》卷 21，《释灵藏传》。

间，少地无地农民仍要租佃为生。公田中的职田、公廨田、驿田、屯营田、荒废地、官庄、没官田等都可出租。耕作者称为"百姓""浮客"。屯营田是官府组织兵民耕垦大田，除少数使用罪犯耕作外，通常是以"浮客"、"食粮健儿"、"百姓"耕作，他们是国家的编民齐民，并非农奴。私田出租，唐律允许租佃者是半自耕、半租佃式的农民，也有完全依赖佃食为生的贫苦农民。佃农经济地位比自耕农差，是农民阶级中的贫困阶层。玄宗天宝末年，贵族地主与庶民地主的庄田都纷纷使用客户佃食。王梵志诗称，"妇即客舂捣，夫即客扶犁……如此硬穷汉，村村一两枚"。晚唐时，有人指出，民有五去，包括了"势力侵夺"和"降人为客"，逃户相继沦为佃食客户成为比较普遍的现象。

乡村雇佣劳动在我国上古先秦时即已出现。隋唐五代时，乡村雇佣劳动广为流行。武则天时，不少贫穷编户，"佣力客作，以济馕粮"。玄宗时，贫民离乡背井，"或因人而止，或佣力自资"。开元诏敕，"贫下百姓有佣力买卖与富儿及王公以下者，任依常式"①。说明官府对于佣作者已制定了一定的程式处理。元和时的一道试题云："今疆畛相接，半为豪家；流佣无依，率是编户。"② 可见当时土地兼并形势极为严峻，失业者出卖劳力，已成为严重社会问题。他们在从事农作以外，还进行粮食加工、采摘茶叶、饲养牲畜以至土木作工等等。当时在民间广泛存在雇佣契约，有的地方还出现了劳动力市场，盛行日佣、月佣；雇佣劳动比前代是更为发展了。

手工业者也创造物质财富，通常都具有一定技艺。隋唐时期的官府工业和城市作坊工业中都有不少工匠。官府的工匠多为番役匠与和雇匠，城市作坊的工匠常来自雇佣与招募。某些从事开采矿山（如邓公场银矿）和经营盐业的有力之家以及动辄能献出绢布二万段的安州彭氏家，大概分别是矿业主、盐业主和纺织主。大作坊主的社会地位颇似农户中的地主。代宗大历四年（769）制，对"百姓有邸店、行铺及炉冶"者加等收税，这些不是官僚而称为"百姓"的人，他们和一般工匠的等级与阶级的地位大不一样。

商人的组成很复杂，就其资财多少及其与土地的关系而言，约可分成四类：

一是经商致富，投资土地的工商地主，主要是征收地租为其生活源泉。另有一些以经商致富的人，以营放高利贷为生，这些人也是工商地主。

二是富商，他们经商致富，既不投资土地，也不混入官场，资本比较多，成为某一地区的著名富户。

三是中等商人，他们自有一定资本，雇人进行商品流通，从中取得利润，但

---

① 《册府元龟》卷70，《务农》；又卷147，《恤下》。
② 《唐大诏令集》卷106，《元和三年试制举人策问》。

其地位并不稳固,少数可上升为富商,多数可能地位下降甚至破产。

四是小商,他们的资本少,从生产者或从商人中购进少量商品进行买卖,或居城镇,或四出流动,本小利微,是商人中的下层。他们分散在全国,人数甚多,给各地人们的生活带来不少便利。

隋唐时期,存在处于社会最底层受奴役最重的官私奴婢、官户、杂户以及部曲、随身等,他们被称为"贱民"。在寺观中有称"家人"与"净人"的贱口,他们都是低贱的仆役,社会地位不能与良民百姓等同。

综上所述,上自皇帝、贵族,下至良民百姓一类的劳动者和终生受奴役的各种仆役,构成了金字塔式的严密的等级结构。

第三节 民族关系与对外政策对社会生活的影响

隋唐时期是我国历史上有名的盛世,是统一多民族国家进一步发展的重要阶段。也是当时在国际上有着很大威望的国家。它的出现是和隋唐政府执行开明的民族政策和友好的对外开放政策密切相关联的。

● 开明的民族政策

我国大地上,长期居住着多种民族。自秦汉建立中央集权制的国家伊始,历代掌握中央政权的统治者都很重视调整国内的民族关系以维护稳定的政治局面。自那时以来,国境内各民族之间,除了较短时期存在对抗,兵戎相见之外,各族人民之间,始终保持着相当密切的政治和经济往来,中原汉族政权与周边诸族互通有无的商贸联系也是早已存在,正如《唐六典》卷22《互市监》所云:"汉魏已降,缘边郡国皆有互市,与夷狄交易,致其物产。"

非常清楚,互市交易必须具有和平的社会环境。因此,处理好与边境各族的关系自是头等重大政治问题。隋唐政府继承了历代重视和周边民族友好的优良传统,制定了比较开明的民族政策;绥怀弱者,抑制强横,使朝廷与各族之间长期保持相当密切和比较融洽的政治经济联系。

就唐代而言,边境诸族的分布,东北有奚、契丹、靺鞨等族,除契丹族在武周时曾数度侵扰,并在五代初独立建国,创立契丹文字,制定法律,攻灭渤海国,发展为"东至海，西至于流沙，北绝大漠"的强大辽政权，与中央诸王朝兵戎角逐而外，东北边境长期是比较平静。在北方，先后有突厥、薛延陀、铁勒、回纥诸族，突厥自北朝后期以来，不断威胁中原诸政权。唐太宗时，先后击败突厥与薛延陀，稳定了北方防务。突厥衰败以后，故地为回纥所有。铁勒、回纥长期与唐朝和好，很少武装对抗。西方的西突厥在唐初控制了西域诸国，扼制唐朝与西方的交往，随着唐朝声威的迅速远播和伊、西、庭诸州的设置，增强了西域与内地的联系；高宗出兵击败了西突厥，恢复了唐与西域地区的友好相处。在西南，吐蕃崛兴于隋唐之际，攻灭吐谷浑后，向北与唐争夺今西北地区。在云南地区兴起的南诏，在唐前期也不时进兵西川与安南，对唐屡和屡战。晚唐时，吐蕃、南诏相继转衰，西北、西南相对转入宁谧局面。西方的党项羌人在唐代虽已日趋强大，但和唐五代政府大体仍维持相安无事的局面。

唐朝拥有当时世界上最进步的经济文化，又有强大的武装力量为后盾，它采取了远比前代更为宽松怀柔的羁縻政策，诸如册封、和亲、互市以及其他优待边境诸族上层人士的种种办法。隋代，"西域诸蕃，多至张掖与中国互市"，炀帝派裴矩"监知互市"。矩撰《西域图记序》称："皇上膺天育物，无隔华夷，率土黔黎，莫不慕化，风行所及，日入以来，职贡皆通，无远边至。"① 这同样是一种羁縻办法。

唐政府将公主与缘边诸族 如突厥、吐谷浑、回纥、奚、契丹、吐蕃等族上层人物进行联姻。有如恩格斯所云，"是一种借新的联姻来扩大自己势力的机会"，因而是一种重大政治活动。唐朝把大批降附或征服的边地少数族人纷纷移入内地，如太宗时的东突厥十余万，武周圣历时的西突厥六七万，武宗时的回鹘人数万，分别降附，"自太宗平突厥，西北诸蕃及蛮夷稍稍内属，即其部落列置州县，其大者为都督府，以其首领为都督、刺史，皆得世袭，虽贡赋版籍多不上户部，然声教所暨，皆边州都督、都护所领，著于令式"②。所称以部落置州县乃是唐朝新创造的羁縻州制度。唐朝先后在沿边置羁縻州府857个，大大超过内地所置328个州府。"唐置羁縻诸州皆傍塞外，或寓名于夷落，而四夷之与中国通者甚众"。都督刺史由当地首领担任，允许他们世袭。唐在边地设置了六个都护府，任命边州都督统辖羁縻州府。《唐六典》卷30称："都护副都护之职掌，抚慰诸蕃，辑宁外寇，觇候奸谲，征讨携离。" 社会实践表明，设置羁縻州府的政策比较适合边疆民族地区的经济状况，对多民族中央集权国家力量的加强，全国大一统局面的相对安定以及各族地区社会经济文化的发展具有积极的意义。

---

① 《隋书》卷67，《裴矩传》。
② 《新唐书》卷43下，《地理志》。

羁縻州府的分布，关内道有突厥、回纥、党项、吐谷浑共计二十九府九十州。河北道有突厥、奚、契丹、靺鞨和高丽降户，共计十四府四十六州。陇右道有突厥、回纥、党项、吐谷浑、河西内属诸胡、西域诸国及四镇所属共五十一府一百九十八州。剑南道有羌、蛮，分设二百六十一州。江南、岭南有蛮人，分别设五十一州和九十三州。此外，还有置地不明的党项州二十四。综合看来，所置诸州府有着如下重大特点：

1. 诸州府设置于中原政权的四周边境，中原内地与东南沿海地域不设。

2. 它设于唐初以至玄宗盛世，中唐以后，国力转衰，此制不再具有强大力量。

3. 在突厥、回纥、吐谷浑、契丹、靺鞨等族人聚居地设置州府大多经历了双方实力较量而后设置，成为唐朝在边地的政权机构。

4. 江南、岭南、剑南诸蛮族居地所设州府四百余，约占全国总数的一半，除极少数例外，大多没有动用武力。蛮人慑于威力自动归降而置州，如东谢蛮、南谢蛮在贞观初归附，牂柯、兖州蛮主动入贡而置州，即是显著事例。

5. 关内道北部、陇右道西部、剑南道南部、岭南道西南部与河北道北部所设若干羁縻州越出了现今中国的疆域，唐朝对于周边诸族及其相邻的远方诸国采取同等对待。唐朝盛世，域外广大地区归唐所有，例如黑龙江以北包括窟说部（今库页岛）在内的广大俄国西伯利亚东部地区为黑水都督府所治，威力远及流鬼国（今堪察加半岛）。又如葱岭以西、波斯以东诸羁縻州府是在灭亡西突厥后，"其所役属诸国皆置州府，西尽波斯，并隶安西都护府"。其后，"以吐火罗、𠺕哒、罽宾、波斯等十六国置都督府八、州七十六、县一百一十、军府一百二十六，并隶安西都护府"[①]。

羁縻州府的创置自是封建的统治政策，并非实施现行的民族区域自治，且为尔后的赵宋王朝所沿用。《旧唐书》卷 195《回纥传》记史臣云："太宗幸灵武以降之，置州府以安之，……盖以狄不可尽，而以威惠羁縻之。"非常清楚，羁縻政策必不可免地带有某些民族压迫性质。鉴于周边诸族的社会明显落后，朝廷屡行优惠，只责成贡纳当地的某些土特产品。《通典》卷 6 记唐代，"诸边远州有夷僚杂类之所应输课役者，随事斟量，不必同之华夏"。《唐六典》卷 3 记"诸国蕃胡内附者"分为九等，按上、中、下三等输轻税，岭南诸州征税原则不同于内地。在这一体制下，各族首领为所在地的都督刺史，世袭其职，统一听命于唐朝廷。先进的中原文化迅速传入边远诸地，有助于推动各族的向前发展。

通过羁縻州建制，推行了一系列怀柔政策，大大提高了唐政府的威望。贞观

---

① 《通鉴》卷 200，显庆元年十一月，龙朔元年六月。

四年（630）四月，俘颉利可汗，"自是西北诸蕃咸请上尊号为天可汗，于是降玺书册命其君长则兼称之"。贞观二十年六月，打败薛延陀，"八月，幸灵州……铁勒、回纥、拔野古、同罗、仆骨、多滥葛、思结等十一姓各遣使朝贡，……归命天子，乞置汉官……九月甲辰，铁勒诸部落俟斤、颉利发等遣使相继而至灵州者数千人，来贡方物，因请置吏，咸请至尊为可汗"①。贞观四年诏，"今后玺书赐西域北荒之君长，皆称皇帝天可汗，诸蕃渠帅有死亡者，必下诏册立其后嗣焉"②。这里清楚地表明，天可汗是西北诸族对唐帝的尊称，东北、西南诸族，不在其列。

贞观二十一年（647）五月，太宗自称"自古皆贵中华，贱夷狄，朕独爱之如一，故其种落皆依朕如父母"③。那时，回纥等请于回纥以南，突厥以北置邮驿总66所以通北荒，号为参天可汗道，"俾通贡焉，以貂皮充赋税"④。邮驿是"逐水草"而置，"各有群马酒肉以供过使"，它就是《新唐书·地理志》所说的中受降城入回鹘道，直通回鹘牙帐，极大地密切了唐朝与西北诸羁縻州府的联系。由是，"四夷大小君长争遣使入献见，道路不绝，每元正朝贺，常数百千人"。太宗很高兴地对臣僚说："汉武帝穷兵三十余年，疲弊中国，所获无几，岂如今日绥之以德，使穷发之地尽为编户乎！"⑤唐朝实施开明的民族政策，确实带来了前所未有的积极成果。李渊在贞观中说："当今蛮夷率服，古未尝有。""胡越一家，自古未之有也。"⑥随后，李世民也说："我今为天下主，无问中国及四夷皆养活之，不安者我必令安，不乐者我必令乐。"⑦清除其自夸的成分，应该承认，唐初建立起来与周边诸族的友好关系，在我国古代历史上实是比较罕见的。

㈡明智的对外开放政策

隋唐时期特别是唐朝盛世，国威远播，吸引了很多外国使节和商旅，出入频繁。如果说隋和唐前期陆上丝绸之路畅通，那么，中唐以后，海上通路空前活跃。唐代，官方和民间的对外活动频繁是和中央政权执行一条对外友好开放的政策密切相关联的。

隋唐时期所面临的国际环境。东亚朝鲜半岛上，汉晋以来，长期存在三国（高句丽、新罗、百济）鼎立，互相攻击，隋唐政府多次用兵，战败高句丽与百

---

① 《旧唐书》卷3，《太宗纪》。
② 《唐会要》卷100，《杂录》。
③ 《通鉴》卷198。
④ 《唐会要》卷73，《安北都护府》。
⑤ 《通鉴》卷198，贞观二十二年二月。
⑥ 《旧唐书》卷1，《高祖纪》。
⑦ 《册府元龟》卷170，《来远》。

济，新罗臣服。其后，新罗统一半岛与唐朝抗衡，晚唐五代时，又分裂为三国，936年，高丽王建攻灭新罗、百济，再次统一半岛，以开州、平壤为东西二京，与五代诸国关系密切。隔海相望的日本国与我国汉代已有了联系。隋代曾四次派使来华。唐初，孝德天皇在位，推行大化革新，其后模仿唐朝，颁发了大宝令（701）、养老令（722）。奈良时期，国力开始增强，二百多年间先后派遣唐使18次。

南亚印支半岛上，北部安南当时是唐帝国所属，南部林邑（占婆、环国），西南真腊（柬埔寨），其时国力都很弱。南亚印度半岛上，印度笈多王朝（320—647）自戒日王死后，国内长期分裂，近五百年间，内战频繁，国力较弱。

亚洲西部，葱岭以西昭武九姓诸国力量薄弱。原先国力较强的波斯，隋末，其国王为西突厥所杀，国内混乱，萨珊王朝为新兴的大食所灭亡。王子卑路斯来唐求援，争取复国，但没有成功。大食即是阿拉伯帝国，，它崛兴于西亚，乌美亚家族统治时（661—750），迁都大马士革，曾西向战败东罗马，西至大西洋，东至葱岭，南濒印度洋，北抵黑海，地跨欧亚非三洲，成为唐朝在西方的劲敌。

唐朝在对外交往中，比较严格区分"蕃"与"绝域"①。对绝域在原则上不使用武力。武德七年（624），中亚康国、曹国派使来唐，说唐恩德远播，故不远万里来唐；或说是敬佩李世民功勋神武，愿听其指挥②。这种认识乃是唐在中亚顺利设置羁縻州的思想基础。

大食打败波斯，雄踞中亚时，安西诸国自为唐之保护国，主动请求唐朝的帮助。《册府元龟》卷999记安国王表称："被大食贼每年侵扰，国土不宁。伏乞天恩滋泽，救臣苦难，仍请敕下突厥施令救臣等，臣即统领本国兵马计会翻破大食，伏乞天恩依臣所请……赐一员三品官。"俱密国王表云："臣曾祖父叔兄弟等旧来赤心向大国。今大食来侵，吐火罗国及安国、石国、拔汗那国并属大食，臣国内库藏珍宝及部落百姓物并被大食征税将去，伏乞天恩处分大食，令免臣国征税，臣等即得久长守把大国西门。"康国表文说："大食兵马极多，臣等力不敌……伏乞天恩知委，送多少汉兵来此救助臣苦难……如有汉兵来此，臣等必是破得大食。"开元十五年（727），吐火罗叶护受大食侵欺，派使来唐求救，"奴身今被大食重税，欺苦实深，若不得天可汗救活，奴身自活不得，国土必遭破散，求防天可汗西门不得，伏望天可汗慈悯，与奴身多少气力，使得活路"。这些事例说明，中亚诸国认为唐朝是保护他们独立的靠山，是支援他们打败侵略者的可靠保证，也可看出唐朝在中亚诸地设置羁縻州很受当地人民欢迎。诸表都说大食在当地侵

---

① 《唐会要》卷100；《新唐书》卷221，《西域传赞》。
② 《唐会要》卷98，《曹国》；卷99，《康国》；《册府元龟》卷170，《来远》。

扰害民，他们主动乞援于唐，足以显示唐政府没有对他们进行苛敛与征求。

《册府元龟》卷964记唐玄宗先后遣使册封在安西以西建国的乌苌国王、骨咄国王、俱立国王，"皆赐彩二百段"。不久，又接受康国王上表所提请求，分别封其子为曹国王和米国王。又册封个失蜜国王，许其"兄亡递袭"。天宝元年（742）石国王遣使表，请唐授其长子官，"诏拜大将军，赐一年俸料"①，四年（745），曹国王上表自陈，"宗祖以来，向天可汗忠赤，尝受征发，望乞慈恩将奴国土，同为唐国小州。所须驱遣，奴身一心忠赤，为国征讨"②。天宝三年，唐以宗女为和义公主，出嫁宁远国王，诏书说他"志慕朝化，誓为边扞，渐声教而有孚，勤职贡而无缺，诚深内附，礼异殊邻，爱锡嘉偶，特申殊渥"③。由此可见，中亚不少国家愿意内属于唐，受唐册封，愿受唐调发，这是和唐政府执行较好的外交政策密切相关的。

当然，也应指出，唐在中亚的友好政策也曾出现波折，声誉受到影响。天宝九载（750），安西节度高仙芝俘斩石国王，杀其老弱，掳掠黄金、良马、宝玉、杂货等。石国王子乃乞兵大食，大食兵与唐在坦罗斯城大战，唐兵战败，存者数千人。由是大食境内，"绫绢机杼，金银匠、画匠、汉匠起作画者，京兆人樊淑、刘泚，织络者河东人乐䰉、吕礼"④。可见唐代士兵中杂有不少手工业者，被俘后，为大食服务，唐代先进生产技术赖以西传，增进了唐与阿拉伯人的友谊。其后，大食人李彦升"以进士第名显"⑤。阿拉伯人参加唐代科举考试，并且得以中举，表明不少阿拉伯人学习汉文化的虔诚。

还应当指出，在高仙芝战败不久，唐在中亚与大食争雄中仍保持着良好的声望。天宝十一载（752）正月，唐册封骨咄国王，诏称"顷者以群丑拨动，方欲胁从，而忠悫不渝，始终弥固"。十二年十月，唐"封石国王男邦车俱鼻施为怀化王"⑥。天宝十三载（754）"闰十一月，东曹国王设阿及安国副王野解及诸胡九国王并遣上表，请同心击黑衣（大食），辞甚切至。帝方务以怀柔，皆劳赐慰啖遣之，以安西域"⑦。这时已是安史之乱前夕，国内形势紧张，自顾不暇，唐政府只

---

① 《册府元龟》卷975，《褒异》卷999，《请求》。
② 《册府元龟》卷977，《降附》。《新唐书》卷221下《康国传》作"愿同唐人受调发，佐天子征讨，"文义相同。
③ 《册府元龟》卷979，《和亲》。按，宁远国，即汉代的大宛，北魏时称拔汗那。开元二十九年，其王请改名为宁远，见《册府元龟》卷999《请求》。
④ 《通鉴》卷216，天宝十年；《新唐书》卷221下，《石国传》；《通典》卷193，《边防》引《经行记》。
⑤ 《文苑英华》卷364，陈黯《华心》；《全唐文》卷767。
⑥ 《册府元龟》卷965，《封册》。
⑦ 《册府元龟》卷973，《助国讨伐》。

好采用慰劳赏赐方式敷衍了事。此后不久，安史乱事方炽，"乾元初，（吐火罗）与西域九国发兵助天子讨贼。肃宗诏隶朔方总管"①。西域诸国地小力微，派兵援唐只有象征性意义。由此亦可说明，唐在西域有很高威望，毗邻葱岭以西诸国甚至和唐朝境内边疆诸族一样，乐于接受唐朝的调发。

距离唐帝国较远且无臣属的不少国家也和唐朝友好往来。

贞观二十二年（648），唐遣右卫率府长史王玄策出使中天竺，恰逢天竺王尸罗逸多去世，"其臣那伏帝阿罗那顺自立，发兵拒玄策。时从骑才数十，战不胜皆没，玄策挺身奔吐蕃西鄙，檄召邻国兵，吐蕃以兵千人来，泥婆罗以七千骑来。玄策部分进战茶镈和罗城，三日破之，斩首三千级，溺水死万人……东天竺王尸鸠摩送牛马三万馈军及弓、刀、宝、璎珞玄策执阿罗那顺献阙下。帝曰：婆罗门不劫吾使者，宁至俘虏邪！"②。唐朝派出的使臣受辱之后，临危之际，竟能发檄召到吐蕃、泥婆罗等国兵，又得到东天竺的物质支援，得以一举击败印度的叛臣。由此可以清晰地看到，唐帝国在当时国际上的崇高地位。

唐玄宗"开元八年（720），南天竺国王尸利那罗僧伽请以战象及兵马讨大食及吐蕃等，仍求有以名其军，帝甚嘉之，名军为怀德军"③。当时大食东侵中亚，处于分裂中的印度竟请求唐政府为其军赐名，其目的在于提高它在国内的声望。出军虽仅有其名，颇可借以考察印度对唐朝的友好和信赖。

通览史籍，可以看出，唐对泥婆罗、波斯、日本以及南海诸国，都没有使用武力。诸国与唐友好往来非常密切。唐对中印度用兵，只是报复它对唐使臣的劫掠，战胜以后，没有进一步干涉支配其内政；唐朝出兵攻打过高丽，但也帮助它阻止了日本对半岛上的侵扰。从整体上看，唐朝对四邻诸外国是实施很友好的外交政策的。

《唐六典》卷4记唐代四蕃有三百余国向唐朝贡，玄宗开元时，仍具名七十余蕃，"各有土境，分为四蕃"，除日本、新罗而外，绝大多数是中亚和南亚诸国。《新唐书》卷221下《西域传》云："唐兴以次修贡盖百余，皆冒万里而至，亦已勤矣。"唐灭高昌以后，设西州及安西都护，陆路中西交往畅通，大批中亚诸国使臣和商人纷纷进入中原内地。南方的广州成为主要对外窗口，大批海舶来唐，进行种种商贸活动。可以概括地说，中唐以前，陆上交往较盛。安史之乱后，吐蕃在西方作梗，陆上往来困难加大，原已存在的海上交通便大为发展了。

唐政府执行对外开放政策，朝廷有专人负责接待外来使者。《新唐书》卷46

---

① 《唐会要》卷99，《吐火罗国》；《新唐书》卷221下，《吐火罗传》。
② 《新唐书》卷221上，《天竺国传》。
③ 《册府元龟》卷973，《助国讨伐》；又卷995，《交侵》。

云：" 殊俗入朝者，始至之州给牒，覆其人数，谓之边牒……乘传者日四驿，乘驿者六驿。供客食料，以四时输鸿胪，季终句会之……西南蕃使还者给入海程粮，西北诸蕃则给度碛程粮。""凡蕃客至，鸿胪讯其国山川、风土，为图奏之，副上于职方；殊俗入朝者，图其容状、衣服以闻。"《新唐书》卷221下《西域传赞》云："中国（对朝贡国）有报赠、册吊、程粮、传驿之费……视地远近而给费。"《唐会要》卷100具体记录了按路程远近分别给六月、五月、三月的程粮。正因为唐政府的外事活动如此开放和优惠，给程粮、驿马、食宿等费，并尊重各国的风俗礼仪，自己国力强盛，且能扶危济困，由是很是吸引"绝域"的外国。"天宝末，西域朝贡酋长及安西、北庭校吏岁集京师者数千人"①。滞留长安的贡使如此之多，反映西方来唐人数很多。

由于对外交往频繁，隋以前中原文化便已很受西方影响。《隋书》卷15《音乐志》记开皇初的七部乐就包括了高丽、天竺、安国伎，"又杂有疏勒、扶南、康国、百济、突厥、新罗、倭国等伎"，疏勒与突厥而外，全部都来自外国。炀帝大业中的九部乐，包括了天竺、康国、安国、高丽等外国乐舞。唐代的十部乐，也包括上述诸乐舞。近几十年来，在国内南北各地出土不少波斯银币与东罗马金币，可以从侧面看出西方文明对我国人民社会生活所发生的影响。

第四节　基层政权、宗族乡里与社会生活的关系

县、乡是贯彻朝廷政令的基层政权组织。宗族乡里是指同一血缘系统的宗族成员大多集中居住，他们通常分属不同的等级和阶级，却又蒙上薄薄的血缘亲情面纱。一切政令的贯彻有待最底层的乡里去执行。由是基层政权与宗族乡里便对人们的社会生活产生不可估量的重大影响。

● 县乡基层政权

秦汉以来，我国长期实施中央集权制，县是地方行政的基层单位。隋代，县区分为京县（大兴、长安、河南、洛阳）与诸县。唐代，按县城的政治地位与人

---

① 《新唐书》卷170，《王锷传》。

口多少区分为京、畿、望、紧、上、中、下七等。县设县令、丞、主簿、尉以及相关的吏员。县令负责户口管理，将民户按资产区分为九等，并亲自注定差科簿。在实施均田制期间，县令要进行"民田收授"。县丞是县令的副职，"主簿，掌付事勾稽、省署抄目、纠正非违、监印、给纸笔杂用之事"。"县尉分判众曹，收率课调"。唐代盛世，"县有功佐、司仓佐、司户佐、司兵佐、司法佐、司士佐、典狱、门事等"吏员，各有其职事。

县是代表中央在各地行使统治权，它掌握全县政治、经济、民事等大权。杜甫《兵车行》："县官急索租，租税从何出。"《新安吏》云："借问新安吏，县小更无丁，府帖昨夜下，次选中男行。"《无家别》说："县吏知我至，召令习鼓鞞，虽从本州役，内顾无所携。"充分看出县政权对民众的社会生活有着直接的重大干扰。

户籍是官府向民间推行一切政令的依据。在制定户籍和划分户等时，县级是很重要的一环。《通典》卷3云："三年一造户籍，一留县，一送州，一送户部。"《唐六典》卷3记："每三年县司定定，州司覆之，然后注籍，申之于省。"1973年，西州出土开元廿一年十二月蒲昌县定户等案卷称："蒲昌县，当县定户。右奉处分：今年定户，进降须平，仰父老等通状过者。但蒲昌小县，百姓不多，明府对乡城父老等定户，并无屈滞，人无怨词；皆得均平，谨录状上。"① 表明造定户等都以县为单位制定。《唐会要》卷85记开元十八年（730）敕，造籍时，"县司责手实、计账，赴州依式勘造，分别为卷，总写三通。其缝皆注某州某某乡某年籍，州名用州印，县名用县印"。敦煌和蒲昌县出土残户籍，均印有敦煌县印、蒲昌县印，即是实证。

县以下是乡。隋唐时，县以下存在乡里建制。《隋书》卷2记"开皇九年（589）二月，制五百家为乡，正一人；百家为里，长一人。""五百家乡正专理辞讼"。大业五年（609），裴蕴奏称，见阅户口，"若一人不实，则官司解职，乡正里长皆远流配"。可知乡正里正的职责非轻。

唐代同样长期存在乡里。《通典》卷33记："大唐凡百户为里，五里为乡……贞观九年，每乡置长一人，佐二人，至十五年（641），省。"在此以前，并州富人刘义节曾"补晋阳乡长"，益州都督窦轨逼署成都人朱桃椎为"乡正"。自贞观十五年废乡长后，便很难见到乡长的记载。但仍然存在乡的建制。例如，开元中规定户籍，"依式勘造，乡别为卷"，即以乡为户籍编造的基础。敦煌出土文书常记有乡。如沙州效谷乡圣历三年（700）籍，沙州神沙乡天宝三载（744）籍，效谷乡、龙勒乡天宝六载籍，悬泉乡宜禾里大历四年（769）手实等。西州出土高昌县太平乡永淳元年（682）百姓按户等贮粮账，内有"并令乡司检量封署"语，另

---

① 《吐鲁番出土文书》第9册，第98页。

一件西州高昌县下太平乡符为检兵孙海藏患状，其中"太平乡主者，得上件人辞称，先患风痛，坐底冷漏"①，这都是废除乡正后，乡司仍有一定权利的事例。今存《元和郡县图志》书中，大多分别记录了玄宗开元和宪宗元和时的不同户数和乡数，是可表明乡的建制在唐朝仍长期存在。《旧唐书》卷45记乡正、里正的服饰与州县佐史相同。乡正废除后，乡仍有耆老。纵观唐代行政和刑事法典，较少记耆老的行事，而只着重里长职责。

里是乡以下的建制，一切政令行于民间，依赖里正贯彻。《通典》卷3云："诸户以百户为里，五里为乡，四家为邻，五家为保，每里置正一人，掌按此户口，课植农桑，检察非违，催驱赋役。""诸里正，县司选勋官六品以下，白丁清平强干者充之"。乡正废除后，里正是地方政权最基层的要职。《唐律疏议》卷12云："里正之任。掌按此户口，收手实，造籍书"，严禁脱漏增减户口，"里正及州县官司，各于所部之内，妄为脱漏户口，或增减年状，以出入课役"者，分别给予不同的惩处。

与里制相关的是邻保制。四家为邻并无异言，"五家为保"则有异说②，于是一保便有5家、16家、20家诸说，何者为是，难以辨明，五家为保的记事为常见。在借贷文书中，常见"连保"及保人均摊代纳等情况。《宋刑统》卷26收唐元和五年（810）十一月六日敕，卑幼不禀告家长，私举公私钱物，有凶恶徒党作保，"及征收本利，举者便东西，保人等即称举钱主见有家宅、庄业，请便收纳，喧诉相次，实扰府县。今后如有此色举钱，无尊者同署文契，推问得实，其举钱主在与不在，其保人等并请先决二十，其本利仍令均摊填纳，冀绝奸计"。同书卷13"典卖指当论竞物业"条，宋初人参酌唐元和、长庆敕令精神，"应典卖、倚当物业，先问房亲，房亲不要，次问四邻，四邻不要，他人并得交易"。由此不妨认为，唐代的乡里制，更切实际的说是里邻制。

法令规定百户为里，所在乡豪自应同样编入里籍。同里的人（包括乡豪乃至官僚在内）如果犯法，或是亏欠赋役，理应同等对待。《宋书》卷42《王弘传》记他与八座丞郎疏称："同伍犯法，无士人不罪之科，然每至诘谪，辄有请诉。"是知东晋南朝时，门阀士族原则上同样编入符伍制，法令上也无同伍犯法，士人不连坐的优待。但在实际执行中，自有变通。从刘宋时大臣议论可知，最多只是将士族家的奴宗代为受罪。唐代的门阀士族已不复享有法定特权，诸色地主自应一律编入里籍。《通典》卷3记唐制，"在邑居者为坊……在田野者为村，别置村正一人……其村正取白丁充，无人处，里正等并通取十八以上中男、残疾等充"。

---

① 《吐鲁番出土文书》第7册，第392—394页。
② 《旧唐书》卷42，《职官志》作"五邻为保"，《通鉴》卷190作"四邻为保"。

杜甫说,富家子弟"尽在节度衙府州县官长手下,村正虽见面,不敢示文书取索,非不知其家处,独知贫儿家处"①。玄宗天宝八年诏称:"调赋之际,旁及亲邻,此弊因循,其事自久。"② 是知邻保制主要是束缚众多贫困户。

㊁ 宗族乡里

家族宗法关系在我国历史上是长期顽固存在,直至近代进行民主革命时,仍很强烈地感受到它有严重的消极作用。毛泽东《井冈山的斗争》云:"无论哪一县,封建的家庭组织十分普遍,多是一姓一个村子,或一姓几个村子,非有一个比较长的时期,村子内阶级分化不能完成,家族主义不能战胜。"由是,"社会组织是普遍地以一姓为单位的家族组织。党在村落中的组织,因居住关系,许多是一姓的党员为一个支部,支部会议简直同时就是家族会议……各县之间地方主义很重。"

宗族关系通常是指父系宗亲血缘关系,即同姓宗亲聚居,在政治、经济乃至文化思想等方面有着宗法性的群体要求,大家同宗共祖,散布南北各地城乡,血缘关系是联结宗族的共同纽带。同族内存在尊卑、长幼、嫡庶、亲疏等区分,族人各有很不同的身份地位。宗族内部各个家庭分居,各自享有私有财产的所有权,温情脉脉的血缘联系并不能阻挡宗族内部贫富的两极分化,宗族内部各家经济实力的大小彼此很不相同,社会地位的高下也大有区别,各个宗族间的利益关系又极不一致,却同样在族长、宗主的统率下,成为社会生活的一个实体。

白居易描写过徐州古丰县离城百余里的朱陈村,"一村唯两姓,世世为婚姻"。在那里,"机梭声札札,牛驴走纷纭"。"县远官事少,山深人俗淳,有财不行商,有丁不入军,家家守村业,头白不出门,生为陈村民,死为陈村尘。田中老与幼,相见何欣欣……亲疏居有族,少长游有群,黄鸡与白酒,欢会不隔旬。生者不远别,嫁娶先近邻,死者不远葬,坟墓多绕村"。这简直是一派民风淳厚安居乐业的田园景象。

然而,中古时期的社会里,宗族内部早已不是氏族公社时期那样全体成员完全平等,非常融洽的时代了。宗族成员、亲属关系在社会生活中有着不同的利害关系,说明有同姓的人亲如一家,欢乐相处,实在是根本不可能的。白居易《村居苦寒》记大雪年,"竹柏皆冻死,况彼无衣民!回观村闾间,十室八九贫,此风利如剑,布絮不蔽身,唯烧蒿棘火,愁坐夜待晨,乃知大寒岁,农者尤苦辛"。由此可知,另外十分之一的人便是富家,并不苦辛的了。安定人梁思因战功"累加

---

① 杜甫:《东西两川说》,《全唐文》卷360。
② 《唐会要》卷85,《逃户》。

上柱国，锦衣彩服，宗族为荣"①。梁思的荣华富贵，他的族人哪能沾半点光？

南朝晚期以来，世居湖州武康的沈氏，"宗族数千家，为远近所服"，有数千家族的沈氏当有数万人。隋唐之际，沈法兴能利用社会动乱之机，迅速占领江东十余郡，首先要依赖其同宗为他卖力。中唐时，家居关中周至县的李观，当吐蕃入侵长安，代宗出奔陕州时，他迅速组织"乡里子弟千余人守黑水之西"，吐蕃不敢临近。朱泚之乱，唐德宗出奔奉天（陕西乾县），乱兵追击德宗，奉天人赵植"率家人奴客奋力拒守，仍献家财以助军赏"②。唐末，黄巢农民军在南北各地，遭遇不少豪强带领乡兵土团进行对抗，盐州五原人孙惟最在黄巢军攻克长安后，"率其乡里子弟得义兵千人，南攻巢于咸阳"③。南唐政府任命锺章为虔州（江西赣州）刺史，虔州赣县人廖偃"领其族暨部等三千余人具铠仗，号令而后行，章不敢逐"④。这些事例说明，隋唐五代长时期内，南北各地的宗族势力非常强大。随时可以拉起武装队伍的乃是控制着宗族广大贫苦大众的头面人物。那些宗族族大人多，散居村闾间，很自然地和乡里有着密切联系，宗族首领利用广大宗族乡里的关系，蓄积并扩大力量以达到他们预期的政治目的。

宗族首领的实力可再举事例说明。梓州射洪县（今四川射洪北）陈子昂的一家不是士族地主。据陈子昂追述，其家是南朝齐、梁以来世居新城郡射洪县的土著。他的六世祖陈太平"兄弟三人，为郡豪杰"，叔祖陈嗣辟良田，务农政，"九族以亲之，乡党以欢之，居十余年，家累千金"，在85岁去世时，"乡里会葬者千余人"⑤。这位"非公事未尝至于州县"的隐士，一生不事农耕，却得到族党的拥戴，所称"九族"，不论是高曾祖考子孙曾玄，还是父母妻族，都不外是一大批血亲，作为家长和族首，他利用同宗共祖的关系得到大众拥护。陈嗣没有作官，占有众多良田，家累千金，宗族强大，是当地的乡豪。他偶尔因公事去州县官府，极有可能是去磋商，以便按其意图处理宗族乡里纠纷。在妥善地处理了宗族内部的纠纷，稳定了基地以后，才能维护好社会秩序。地方政府很借重宗族组织维持各地的社会稳定，授予宗族头领以某些行政职能，协助处理不少民事纠纷，借以维护统治。

射洪陈氏家族的实力还可从陈子昂父亲陈元敬身上看出来。元敬"年弱冠，早为州闾所服"。"邦人驯致，如众鸟之从风也。时有决讼，不取州郡之命，而信公之言，四方豪杰望风景附。朝廷闻其名，或以君为西南大豪，不知深慈恭懿敬

---

① 《山右石刻丛编》卷8，《梁思墓志》。
② 《旧唐书》卷56，《沈法兴传》，又卷144，《李观传》；又卷178，《赵植传》。
③ 《新五代史》卷43，《孙惟最传》。
④ 《五代史补》卷4，《廖氏世胄》。
⑤ 《文苑英华》卷873，《梓州射洪县东山陈居士碑》。

让以德也"①。按《元和郡县志》卷 33 所记，梓州东北去长安 1846 里，这位年轻土豪，并没有做官，名声却远闻近二千里的长安。他裁决当地诉讼纠纷的声望比地方官府大，众多唯命是听的人自是其亲从九族与邻里乡党，充分显示了地方土豪干预政事的权力。《新唐书·陈子昂传》："父元敬，世高赀，岁饥，出粟万石赈乡里。举明经，调文林郎。"陈元敬 22 岁乡贡明经擢第，只是一位九品散官文林郎。他居家 50 年，至 74 岁身死。在荒年竟能出粟万石赈济乡里贫困户，足以看出这位宗族主通过赈贷更便于控制乡里。陈子昂本人在其父去世后，县令段简，"闻其富，欲害子昂，家人纳钱二十万缗，简薄其赂，捕送狱中"，以至于死。陈子昂的叔父早卒，其子陈孜也只活了 35 岁，也是"乡里长幼，望风而靡，邦国贤豪，闻名而悦服"②。上述种种情况说明，梓州陈氏家族成员的官位不高，甚或完全没有做官，却是地方上有权势的世家。当地百姓驯顺地受其支配，这是宗族首领凭借其血缘纽带关系对他们进行软硬兼施的结果。五代后唐时，有人上疏说："宗族之间，或有不义，凌其孤弱者，请行止绝。"③ 实际上，宗族中的强者、富者（常为族长、族首之类）欺凌贫弱族众乃是那时很自然的现象。恩格斯说得很正确："劳动愈不发展，劳动产品的数量从而社会的财富愈受限制，社会制度就愈是在较大程度上受血缘关系的支配。"④ 以血缘关系为基础的宗族结构在门阀士族制度盛行的魏晋南北朝时期表现极为突出。随着士族地主的没落，隋唐时的宗族血缘关系相对已有所削弱，但其实力仍是根深蒂固。世以礼法传家的崔祐甫给宰相常衮写信说，自有兄姐十人，"顷属中夏覆没，举家南迁，内外相从，百有余口"⑤。《国史补》卷上记："元结，天宝之乱，自汝瀵大率邻里南投襄汉，保全者千余家。""千余家"，颜真卿撰《元结表墓碑铭》作"招集邻里二百余家奔襄阳"。数字虽有差异，元结从河南汝州南下襄汉，纠集大批邻里同行是实。唐末，丰州（内蒙古河套地区）人顾彦朗、彦晖兄弟由小校而升为东川节度使，和王建争夺西川失败，顾彦晖自杀，"宗族诸将皆死"，临死前，彦晖对王琛说，"尔非我旧，可自求生"，让他逃生⑥。这是有血缘的宗族成员而相牵连的事例。

一批批有血缘亲属的成员分散全国，各有其乡里与近亲。唐肃宗时，监察御史毛若虚推问赃贿嫌疑犯时，"每推一人，未鞫，即先收其家资，以定赃数。不满

---

① 《文苑英华》卷 961，《陈元敬墓志》。
② 《文苑英华》卷 961，《陈孜墓志铭》。
③ 刘虔腐：《上时务奏》，《全唐文》卷 848。
④ 《马克思恩格斯全集》第 21 卷，第 30 页。
⑤ 《全唐文》卷 409，《上宰相笺》。
⑥ 《新唐书》卷 186，《顾彦朗传》，《通鉴》卷 261，乾宁四年十月。

望,即摊征乡里近亲"①。乡里近亲即是指宗族乡里。陆贽说,各地征收两税不均,常将"逃死阙乏税额,累加见在疲甿,一室已空,四邻总尽"。邻里连带负责制通常难以触及有权势大地主的利益。混乱的五代后晋时,饥荒而生盗贼,大臣"苏逢吉自草诏,意云:应贼盗,并四邻同保,皆全族处斩"。使者张令柔竟杀郓州平阴县(山东东平南)十七村民②。在这种特殊情况下,势力较小的豪强很可能和平民一道遭殃。

唐代有关高利借贷、舍宅买卖、田地租赁、财产继承等财经事务,照例打上了宗族乡里烙印。沙、西二州出土诸借贷契,每件都载有亲邻等人作担保。《唐会要》卷93载德宗诏:"应征息利本钱,除主保逃亡,转征邻近者放免,余并准旧征收。"充分体现出统治者巧妙地利用宗族邻里关系,有效地控制广大平民群众。那时有不少诏敕,允许"近亲"或"邻近人请射承佃"逃户的物业。五代后周时,"所有货卖宅舍,仍先问见居人,若不买,次问四邻,不买,方许众人收买"③。诸如此类的规定,充分体现了邻里宗亲关系的连带负责制,并为尔后的赵宋王朝所沿用。

《宋刑统》卷26记唐杂令,"诸家长在,而子孙弟侄等不得辄以奴婢、六畜、田宅及余财物私自质举及卖田宅"。从而保证了一家内男系家长的权威统治地位,也有力地制止了同一家族内弟侄等人的分裂破坏活动,以维护封建家长制的统治。同书卷12引丧葬令,"诸身丧户绝者,所有部曲、客女、奴婢、店宅、资财,并令近亲转易货卖,将营葬事及量营功德之外,余财并与女。无女均入以次近亲,无亲戚者官为检校"。它以法令形式保证了地主家财产的合法承袭权,不许族人及其邻里分占。

总之,宗族乡里是封建势力利用人们固有的血缘、地缘关系进行封建统治的有力工具。还是封建政权很需要的一种重要辅助力量。同一血缘关系的宗族内部实际存在着很不相同等级与阶级的人。宗族内有势力和声望的地主凭借血缘关系,用封建纲常伦理进行说教,借以掩饰他们对同一血缘关系内的农民所进行的各种压榨。乡里是地方基层组织,是官府所需一切赋役征调的取给地,也是各地地主豪强剥削农民的基地。唐代的乡里邻保组织非常严密,在自然经济生产条件下,乡里的负责人或由地主阶级人士承担,或是为地主阶级所信任并接受了封建教化的农民充当。处于最下等级的农民大众在宗族乡里的严密控制下,政治上受奴役、经济上受剥削,陷于毫无权利与自由的悲惨状态。

---

① 《旧唐书》卷186下,《毛若虚传》。
② 《通鉴》卷287,晋天福十二年七月。
③ 《五代会要》卷15,《户部》。

第二章

衣食住行

第一节　饮食

隋唐五代的饮食比前代更加丰富多彩，首先是当时对不同燃料与烹饪的关系有了更深的理解。隋朝王劭曾说过："温酒及炙肉用石炭、柴火、竹火、草火、麻黄火，气味不同。"[1] 从理论上总结出了烹调技术的基本准则。第二，烹调原料越来越丰富。这主要指各种海鱼海产和各种牲畜禽类的下水脚料都已入馔。此外，调味品中还增加了从国外引入的蔗糖以及胡椒等调料，其中胡椒在唐代大受欢迎。

● 主食

这一时期主食的种类仍可分为饼、饭、粥、糕等数种。从史籍中的出现频率看，饼最多，饭、粥次之，糕较少。

第一，饼。饼是一个类概念，种类繁多。既包括现在的饼类食品也包括现在的馒头、包子、面条类食品。粗略计算，这一时期出现在史籍上的饼就有胡饼、

---

[1]《隋书》卷69，《王劭传》。

蒸饼、煎饼、环饼、汤饼、薄饼、鬻饼、馅饼、烧饼、笼饼等，以及不以饼称的饼类食品如饆饠、馂头、馒头、馎饦等，下面介绍其中几种食用普遍又具本时期特色的饼。

胡饼。胡饼在隋唐五代食用的非常广泛。日本和尚圆仁的《入唐求法巡行礼记》记唐文宗开成六年（后改年号为会昌元年，即841年）"立春节，赐胡饼、寺粥。时行胡饼，俗家亦然"。据敦煌文书记载，当时在敦煌地区的僧人和工匠都吃胡饼，每个饼用面半升，个头很大。1969年新疆吐鲁番阿斯塔那唐代墓葬中曾出土一枚直径19.5厘米、类似今新疆地区流行的素馕的食品，那就是唐代胡饼的实物。今天的"馕"有馕、油馕、素馕之分，唐代的"胡饼"也有胡饼、油胡饼、肉胡饼几类。

当时又有胡麻饼，类似今天的芝麻烧饼。也有人称此为胡饼。关于胡麻饼最有名的史料是白居易的诗《寄胡麻饼与杨万州》。诗中写道："胡麻饼样学京都，面脆油香新出炉。寄于饥馋杨大使，尝看得似辅兴无。""辅兴"是唐代长安城内一个坊的坊名。它那里的胡麻饼非常有名。

饆饠。饆饠也是一种胡食，是唐代新传入的食品。据考证，它是一种带馅的面点。饆饠又称毕罗。李匡乂在《资暇录》中说："毕罗者，蕃中毕氏罗氏好食此味。今字从食，非也。"饆饠在北方尤其是关中地区比较流行，长安就有许多饆饠、饆饠店专卖饆饠。明经、进士、城市平民都去店中吃，而衣冠家自己做饆饠，有些就做的非常好。例如属于"衣冠家名食"中韩约所作的"樱桃饆饠"就是饆饠做好后，馅里的樱桃能够做到"其色不变"①。

蒸饼。蒸饼在这一时期的食用也很普遍。《朝野佥载》卷5记长安人邹骆驼"常以小车推蒸饼卖之"，可知蒸饼在街市上到处有卖。武则天时的四品官张衡正是因为"路旁见蒸饼新熟，遂市其一，马上食之，被御史弹奏"②，因而未能升入三品官的。鉴真和尚东渡日本，也随船带了"干蒸饼一车"③。蒸饼就是今馒头一类的面食，形状大约上圆下平，与今天的圆馒头差不多。

汤饼、馎饦。汤饼就是面条。夏天吃的叫"冷淘"，也就是凉面，当时南方和北方都吃。《唐六典》卷15记光禄寺供百官膳食有云："冬月则加造汤饼……夏月加冷淘。"杜甫大历年间在成都草堂也曾写过一首"槐叶冷淘"的诗。诗中说："青青高槐叶，采掇付中厨。新面来近市，汁滓宛相俱。入鼎资过熟，加餐愁欲无。碧鲜俱照箸，香饭兼苞芦。经齿冷于雪，劝人投此珠……"从"经齿冷于雪"

---

① 《酉阳杂俎》前集卷7。
② 《酉阳杂俎》前集卷4。
③ 《唐大和尚东征传》。

宴饮图　西安　唐　韦氏家族墓

看，这"冷淘面"是够凉的。汤饼中还有一种被称为馎饦，又称不托。宋人欧阳修在《归田录》中曾说："汤饼唐人谓之不托，今俗谓之馎饦矣。"其实汤饼与馎饦似仍有区别，后者从形制上说可能稍宽一点①。

第二，饭。饭也是一个种类甚多的类概念。若就饭的原料而言，主要有粟米饭（黄米饭）、稻米饭（糯米饭）、麦饭（荞麦饭、大麦饭）、雕胡饭等。北方多吃粟米饭，南方多吃稻米饭，而菰米做的雕胡饭则只为诗人和文士们所喜爱。大致说来，平民百姓只能吃到一般的粟米饭或糙米饭，如圆仁在《入唐求法巡礼行记》中说海州到登州之间的"山村县人，飧物粗硬，爱吃盐茶粟饭，涩吞不入，吃即胸疼"。但皇帝贵族们的饭就十分讲究了，例如有"用水晶饭（糯米饭）、龙睛粉、龙脑末（冰片）、牛酪浆调事毕，入金提缸垂下冰池，待其冷透供进"的清风饭②，是唐敬宗食用的消夏食品；而同样是黄米饭，也有将肉丝鸡蛋等"杂味"浇在饭面上的"御黄王母饭"③，这是韦巨源"烧尾宴"中的一道主食。

---

① 关于馎饦、不饦、不托的得名有种种说法。有人认为是外来食物的不同译名。参见《中国烹饪》1991年第3期。
② 《清异录》卷下。
③ 同上。

第三，粥。粥的原料与饭差不多，有粟米粥、稻米粥、麦粥、面粥等。粥的食用也极普遍，上自皇帝官宦、下至僧俗民众，没有不食用的。粥的名目也很多。据《唐六典》卷 15 记光禄寺为百官供膳，"夏月加……粉粥，寒食加饧粥"。《云仙杂记》卷 5 引《金銮密记》云："白居易在翰林，赐防风粥一瓯。"其他还有杏酪粥、云母粥、胡麻粥、地黄粥、茶粥、葱粥等，至于后唐时宰相上朝前堂厨准备的小吃中，有所谓"粟粥、乳粥、豆沙加糖粥"①，那就是十分高级的粥了。宰相卢澄将三种粥一起吃，呈现三种颜色，所以当时有"相粥白玄黄"的说法。

第四，糕。糕在主食中属于点心类比较精细的食品。谈"糕"之前，我们先说一下"点心"。"点心"一词虽在唐代已经出现，但当时是作为动词使用的，并且它不专指现代意义上的点心。当时称现代意义上的点心为"菓子"。例如圆仁在长安过新年，"众僧上堂，吃粥、馄饨、杂菓子"②。这里的"杂菓子"就是点心。1966—1972 年在新疆吐鲁番阿斯塔那唐代墓葬中曾发现有许多精美的花式点心，它为我们认识唐代点心提供了实物资料。糕也是点心的一种，也有许多名目，在韦巨源《烧尾宴食账》中就有"七返膏（糕）、水晶龙凤糕（即糯米枣糕）、玉露团（酥糕）"③ 等数种。到后周年间，开封甚至出了个以做糕出名并因而入赀为官的"花糕员外"。据《清异录》卷下记载，他卖的"糕"有："满天星（金米）、糁拌（夹枣豆）、金糕糜员外糁（外有花）、花截肚（内有花）、大小虹桥（晕子）、木蜜金毛面（枣狮子也）"等。

关于这一时期的主食还要指出以下两点。第一，这时的节日饮食中有些主食与该节日已经形成了固定的搭配。举最典型的一例就是前述《唐六典》所述光禄寺对百官的供膳。其中有关节日的供膳有："寒食加饧粥；正月七日、三月三日加煎饼；正月十五日、晦日加糕糜；五月五日加粽糈；七月七日加斫饼；九月九日加糕"等。第二，前述主食中的大部分前代已有。除此之外，这一时期还出现了一些面点新品种，如春䊦、包子、饺子等。其中"包子"一词最早见于《清异录》所记"绿荷包子"，而饺子的实物已为考古工作者在新疆吐鲁番的唐代墓葬中发现，其形状与今日的饺子完全一样。

副食

这一时期副食④的原料更为丰富。例如蔬菜有新近引进的莴苣、菠菱等；海

---

① 《清异录》卷下。
② 《入唐求法行礼记》卷 3。
③ 《清异录》卷下。
④ 这里所谓"副食"的概念较宽泛，指除粮食制品即主食以外的所有饮食。

味有鲵鱼、海蟹、比目鱼、海镜、海蜇、蚝肉、乌贼、鱼唇、石花菜等；动物下水如鱼肚、马肠等也有人烹用。除此之外，还有一些地方的人吃蝙蝠、蜂房、象鼻、蚁子、老鼠，甚至吃蛇蝎、蚯蚓、蜣螂、蝼蛄乃至臭虫，这就为丰富多彩的菜肴提供了物质来源。

这一时期的烹调方法仍以蒸、煮、烙、烧、煎、炸、烤为主，很少使用或尚未出现氽、扒、酿、贴等方法。肴馔主要仍然是炙品、脍品、脯鲊品、羹臛、菹齑这些前代已有的品种。此外还有素菜与花式菜肴。

（一）炙品。炙品在这时仍是食用最多的肴馔品种。如前所述，隋朝人就已知道用石炭、柴火、竹火、草火炙肉，味道不同。从史籍上看，当时用来"行炙"的有牛、马、驴、羊、鹿、鹅、蛙、鱼、蚝、蚌蛤、蟥蛴、大貊、茄子等。"衣冠家名食"中有"驼峰炙"①，韦巨源烧尾宴上有"升平炙"②；懿宗皇帝赐同昌公主有"灵消炙"③等。

（二）脍品。这一时期食脍依然成风，有关食脍的逸事也很多。《大业拾遗记》详载有吴郡的干脍加工法，说隋时吴郡曾贡干脍于隋炀帝。这种松江鲈鱼干脍，配上香柔花叶，就是"所谓金齑玉脍，东南之佳味也"。当时能割脍是很了不起的，因为割脍时刀工要求很高。《酉阳杂俎》记"南孝廉者，善斫鲙。縠薄丝缕，轻可吹起，操刀响捷，若合节奏"。由于吃生鱼很容易得病，所以史籍中有关食脍生病的事就屡见不鲜。例如《酉阳杂俎》和《明皇杂录》都记载了宰相房琯因食脍而病死在阆州的故事。由于故事有些荒诞，因而《旧唐书·房琯传》不取，但也说他"在路遇疾……卒于阆州僧舍"。当时著名的脍品有隋朝的"飞鸾脍""天孙脍"④ 唐代的"丁子香淋脍"⑤、五代时的"缕子脍"⑥。

（三）脯、鲊品。脯鲊品在这一时期也有进一步的发展。除一般大众化的脯鲊外，还有鹿脯、蚌肉脯、蜈蚣肉脯、芦服鲊、野猪鲊等。著名的脯品有宫廷中的"红虬脯"，《杜阳杂编》记同昌公主家人所吃的"红虬脯，非虬也，但贮于盘中，缕健如红丝，高一尺，以筋抑之，无三、四分，撤即复故"，的确很奇妙；前述的"野猪鲊"是唐玄宗赏赐给安禄山的，可能为胡人安禄山所喜爱。

（四）羹臛。羹臛在这一时期仍很重要。唐玄宗召征李白，"以七宝床赐食，

---

① 《酉阳杂俎》前集卷7。
② 《清异录》卷下。
③ 《杜阳杂编》卷下。
④ 谢讽：《食经》。
⑤ 韦巨源：《烧尾宴食账》。
⑥ 《清异录》卷下。

御手调羹以饭之"①，民间新嫁娘也是"三日入厨下，洗手作羹汤"②，以羹汤的好坏代表烹饪技艺的高低。见于史籍的羹臛有许多名目，例如有羊羹、鱼羹、虾羹、荠菜羹、香芹羹、蛤蜊羹、鳜鱼臛等。榆叶羹不用说是平民吃的；皇帝赐臣下的则有月儿羹、甘露羹、用动物的蹄做的羹如䝙蹄羹、驼蹄羹都是高级羹汤。

（五）菹齑。菹齑在史籍中记载虽不多，但实际上却是食用非常普遍的一种菜馔。《清异录》卷上有"百岁羹"条云："俗呼齑为百岁羹。言至贫亦可具；虽百岁，可长享也"。常见的菹齑有芹齑、蒜齑、荠菹等。五代时有所谓"翰林齑"，其做法和吃法为："用时菜五、七种、择去老寿者，细长刀破之，入满瓮，审硬软作汁，量浅深，慎启闭，时检察，待其玉洁而芳香则熟矣。若欲食，先炼雍州酥，次下干齑及盐花，冬春用熟笋，夏秋用生藕，亦刀破令形与齑同。既熟，搅于羹中，极清美。"③ 这是官员们吃的比较高级的齑。

（六）素菜与花式菜肴。素菜在这一时期也有新的发展。"豆腐"一词已正式出现在史籍中，说明了它的普及④。这时还出现了以素料制作成动物形象的菜点。《北梦琐言》卷3云："唐崔侍中安潜，崇奉释氏，鲜茹荤血……镇西川三年，唯多蔬食。宴诸司，以面及蒟蒻之类染作颜色，用象豚肩、羊臑、脍炙之属，皆逼真也"。这恐怕是我国素料荤作的最早记录。至于花式菜肴，最典型的例子是《清异录》所记唐代的"辋川小样"。其说云："比丘尼梵正，庖制精巧。用鲊、鲈脍、脯、盐酱瓜蔬，黄赤杂色，斗成景物。若坐及二十人，则人装一景，合成辋川图小样。"《辋川图》是唐代诗人王维为他自己游居的辋川景区画的图。能把《辋川图》二十景再现于花式冷盘之中，实在是绘画艺术与烹饪技艺相结合的一大杰作，反映出唐代花式菜肴已达到了一个较高的水平。

这一时期由于南北统一，国内南北饮食不断有所交流。《十国春秋》卷32记一个北方（唐长安）御厨跑到南唐，南唐"御膳宴设赖之，略有中朝承平遗风。其食味有鹭鸶饼、天喜饼、驼蹄馄、春分馄、密云饼、铛糟炙、珑璁馄、红头签、五色馄饨、子母馒头诸法"。这条史料中提到的食品属北方饮食系统，说明北方饮食受到南方欢迎。不过一方面是南北的饮食交流，同时饮食的地区差异在这一时期仍很明显，只是限于史料和篇幅，这里仅仅能就副食的南北差异作一简单介绍。

唐崔融在《禁屠议》⑤中说："江南诸州，乃以鱼为命；河西诸国，以肉为斋。"这就概略说出了南北饮食中菜肴的差异。当时北方确实吃肉多吃鱼少。日本

---

① 李阳冰：《唐李翰林草堂集序》。
② 王建：《新嫁娘词三首》。
③ 《清异录》卷上。
④ 同上。
⑤ 《全唐文》卷219。

学者篠田统在《中国食物史》中对隋谢讽《食经》和唐韦巨源《烧尾宴食账》中的副食作过统计，结果羊、乳制品多于鱼、鲊制品，证明它们记录的是北方菜。由于隋唐五代时北方仍受西、北游牧民族"胡食"的影响，因此在北方饮食中羊肉甚多，羊肉的地位也高于鸡肉和猪肉。《唐六典》卷4记载了唐朝政府供给各级官员的食料，其中对亲王以下所赐食料中有"每月给羊二十口、猪肉六十斤、鱼三十头"的规定，可知羊肉远远多于猪肉，至于鱼，不过一天只能吃上一条而已。北方肴馔中还有很多品类带有浓郁的少数民族味道，例如浑羊殁忽、于阗法全蒸羊、野猪鲊等，其中唐代突厥血统的著名将领哥舒翰特别爱吃一种叫做"热洛河"的菜。

与北方爱吃羊肉等肉不同，南方爱吃鱼类水产。例如前述隋代的吴郡以"金齑玉鲙"闻名于世；唐朝苏州好烧鲤鱼；"杜甫在蜀，日以七金买黄儿米半篮、细子鱼一串"，这"细子鱼"是"蜀人奉养之粗者"①；怀素在《食鱼帖》中也说："老僧在长沙食鱼，及来长安城中，多吃肉"，用亲身经历说到了南北饮食习惯的区别。到五代，吴越有位判官毛胜曾戏为《水族加恩簿》，提到数十种浙地所产水族，并说自己"生居水国，餍烹海鲜，尝以天馋居士自名"②，也反映出南方人喜食水产类的特点。

另外与北方相差比较大的食馔是黔中、岭南地区的菜肴。唐高力士被贬巫州，"于园中见荠菜，土人不解吃。便赋诗曰：两京秤斤卖，五溪无人采。夷夏虽有殊，气味应不改"③。《云仙杂记》记载说桂林风俗日日食蛙，当地人认为它比"黑面郎（猪）"味道好。《北户录》、《岭表录异》是专记岭南风物的著作，其中也记载了当地的一些名菜。例如"象鼻炙"，是捕捉循州、雷州的黑象炙成的，颇为"肥脆"。又有"不禄羹"，味道肥浓不算，尤其是吃法奇特，要用鼻子饮，即"满斟一杓，内箸入鼻，仰首徐倾之。饮尽传杓，如酒巡行之"。此外，"容南土风好食水牛肉……或炮或炙……既饱，即以圣齑销之"，而这"圣齑"实际是"牛肠胃中已化草"，难怪"北客到彼……但能食肉，罔有啜齑者"。《十国春秋》卷87记吴越孙承祐"常馔客，指其盘曰：'今日，南之蜂蟛、北之红羊、东之虾鱼、西之佳粟，无不毕备，可云富有小四海矣'。"这可说是反映当时各地饮食特色的一段很好的史料，同时它也告诉我们当时饮食生活中出现的交流和融合。

这一时期的水果与前代大致相同。据唐张鷟《游仙窟》记载，唐前期常吃的水果有葡萄、甘蔗、枣、石榴、橘、柰、瓜、梨、李、桃等。到盛唐以后，有名

---

① 《云仙杂记》卷1。
② 《清异录》卷上。
③ 《高力士外传》。

的水果还有樱桃和荔枝。这两种水果在北方很名贵，皇帝常将它们赐给臣下。荔枝因杨贵妃喜爱而占尽风流，樱桃则以樱桃宴最为出名。这一时期的水果中又有西瓜。尽管关于中国何时有西瓜目前尚无定论①，但"西瓜"一词见于五代却是确定无疑的②。

这一时期除自然糖、饴糖外，又多了一种蔗糖。唐贞观年间太宗曾派人去印度学习制糖法，高宗时又去学习，结果使中国人学会了制造红糖和白砂糖这两种蔗糖的技能。由于引进了蔗糖，这时的饮馔风味变得更加丰富，特别是加速了各式甜食的发展。同时，日常吃的块糖除"大扁饧、马鞍饧、荆饧"等饴糖外，市上也开始有蔗糖出售，当然这种糖的价钱很高。到唐大历年间（766—779），四川地区还出现了冰糖。

这一时期或许受游牧民族饮食影响，北方吃"乳酪"类食品甚多，例如有马酪、羊酪、杏酪、酪樱桃、酪雕胡等，以至舆论都用酪酥类来褒贬人物。《唐国史补》卷中云："穆氏兄弟四人，赞、质、员、赏。时人谓赞俗而有格为酪；质美而多入为酥；员为醍醐，言粹而少用；赏为乳腐，言最凡固也。"

三 饮食的社会性

饮食的社会性包括许多方面，这里主要是指阶级、民族与饮食的关系。

在阶级社会中，各阶级乃至各阶层的人们，其饮食生活有相同的一面，也有很不相同的一面，隋唐五代也是如此。受史料限制，我们只能最简单地勾勒一下当时各阶级的饮食生活，准备分四个阶层来论述。

（一）皇帝与贵族。皇帝和贵族是这个社会的最高统治阶级。他们的饮食生活总的说来是奢侈挥霍、刻意求精。

例如隋炀帝。隋炀帝以生活奢侈闻名后世。据说他特别喜欢吃糖蟹，而这糖蟹"一枚直百金。用毡密束于驿马，驰至于京"③。当"炀帝幸江都"时，"吴中贡糟蟹、糖蟹。每进御，则旋洁拭壳面，以金缕龙凤花云贴其上"④。可能隋炀帝屡去江都直至死在那里的原因之一，是他想能经常吃到南方的各种风味水产吧。

其他奢侈的皇帝还有许多，仅从当作逸事记载下的史料看，就可知唐武则天爱吃冷修羊；德宗爱吃玉尖面。十国时楚王马希声"常闻梁太祖嗜食鸡臛，私心慕之，命庖人日烹五十鸡以供膳"。负责皇帝饮食的是殿中省尚食局。唐宰相舒元

---

① 现大致有三种说法，即汉朝说、五代说、宋朝说。据《文博》1993年第5期，近年发现了有西瓜图案的唐代陶瓷器，可见唐时已有西瓜了。
② 见《新五代史》卷73，《四夷附录》。
③ 《酉阳杂俎》前集卷17。
④ 《清异录》卷下。

舆的弟弟舒元褒在考贤良方正时上策说："尚食之馔,穷海陆之珍以充圆方。一饭之资,亦中人百家之产"①,而后蜀尚食仅所掌《食典》就达百卷之多。现存皇家食谱只有隋朝的《食经》,其作者谢讽就是尚食直长。从这本《食经》我们可以看到当时尚食供御馔的一些食品名目,其中如"咄嗟脍、白消熊、拖刀羊皮雅脍、露浆山子羊蒸、金丸玉菜膶鳖、帖乳花面英"等想来都是些极费时费料的珍馐名菜。

关于贵族饮食的记载要比皇帝多。这大约是因为无须太顾忌的缘故。其中记载最多的是韦陟。史称其"门等豪华……衣、书、药、食,咸有典掌"②;"其于馔羞,犹为精洁,仍以鸟羽择米。每食毕,视厨中所委弃,不啻万钱之直。若宴于公卿,虽水陆具陈,曾不下筋"③。又说"韦陟厨中,饮食之香错杂,人入其中,多饱饫而归。语曰:'人欲不饭筋骨舒,夤缘须入郇公厨'"④,以至"郇厨"在后代成为一固定名词,用书函谢人宴席即称"饱饮郇厨"。其他如裴冕"性本侈靡……每会客,滋味品数多有不知名者"⑤;吴越孙承祐"恣为奢侈。每一燕会,杀物命千数。家食亦数十器方下箸"⑥ 如此等等,不胜枚举。

皇族们在奢侈挥霍上也不亚于权臣。唐"天宝中诸公主相效进食……水陆珍羞数千。一盘之贵,盖中人十家之产"⑦。中书令韦巨源,附入韦后三等亲。他为我们留下了一份不完整的进食食谱——《烧尾宴食账》,其中除前面提到的外,还有"生进二十四气馄饨(花形馅料各异,凡廿四种)、金银夹花平截(剔蟹细碎卷)、素蒸音声部(面蒸。像蓬莱仙人,凡七十事)、升平炙(治羊、鹿舌拌,三百数)、雪婴儿(治蛙、豆英贴)、清凉膶碎(封狸肉夹脂)、五生盘(羊、豕、牛、熊、鹿并细治)、遍地锦装鳖(羊脂、鸭卵脂副)"⑧ 等共58种。从原料和做法看,这些肴馔是极精美的,同时也可看出这些皇族的饮食极其奢侈。

(二)一般官史、富豪、侠士。一般官吏的饮食生活因其家产情况而有所不同。大致说来,家无产业又在中央非重要机构任职的官吏比较清苦。例如韩愈为国子博士,"冬暖而儿号寒,年丰而妻啼饥",乃至常常"晨炊不给"⑨ 而大理评

---

① 《全唐文》卷745。
② 《旧唐书》卷92,《韦陟传》。
③ 《酉阳杂俎》续集卷3。
④ 《云仙杂记》卷3。
⑤ 《朝野佥载》补辑,中华书局点校本。
⑥ 《十国春秋》卷87,《孙承祐传》。
⑦ 《明皇杂录》补遗,上海古籍出版社标点本。
⑧ 《清异录》卷下。
⑨ 《旧唐书》卷160,《韩愈传》。

事刘瞻甚至落到"饘粥不给,尝于安国寺相识僧处谒飡"①的地步。官吏中那些在地方上任刺史、县令的人就不相同了。他们中的很多人颇富产业,因此生活很是奢侈。例如《太平广记》卷350记浮梁县令张某"家业蔓延江淮间,累金集粟,不可胜计。秩满,如京师,尝先一程致顿,海陆珍美毕具"。

遍布城乡的富豪们,其饮食生活大都较奢靡。例如有个富商"好食竹鸡,每年不下数百只"②;又有位名黄升者,"日食鹿肉三斤,自晨煮至日影下门西,则喜曰:'火候足矣。'如是者四十年"③,这就是说他一生要吃掉43800斤鹿肉!

侠士们吃起饭来则是另一风格即胡吃海吞,例如有吃蒸牛犊子的;也有生吃猪和猫的。最典型的一例恐怕要说是隋末二位豪侠的比吃。《朝野佥载》这样记载:"隋末深州诸葛昂性豪侠,渤海高瓒闻而造之,为设鸡肫而已。瓒小其用,明日大设,屈昂数十人,烹猪羊等长八尺,薄饼阔丈余,裹饮粗如庭柱,盆作酒盌行巡,自为金刚舞以送之。昂至后日屈瓒,屈客数百人,大设,车行酒,马行炙,挫碓斩脍,硙辘蒜齑,唱夜叉歌,师子舞。瓒明日设,烹一奴子十余岁,呈其头颅手足,座客皆攫喉而吐之"。这最后的一次"设"就不是比什么饮食上的豪气,而是他们残忍性格的大暴露了。

(三)平民、举子、士卒。平民阶层的范围比较广泛,限于史料,这里仅指那些家中较穷的百姓。一般说来,没有官资、田产又少的人家就属此类。他们吃不起肉,只能菜食;不能总吃干的,经常要喝粥,文雅之士耻言自己穷得只能喝粥,就给粥起了个好听的名字叫"双弓米";甚至有人只好在寺院随僧斋食。即使这样,贫穷的平民们还要经常负担对官吏的宴请。《朝野佥载》卷4记"卫镐为县官下乡,至里人王幸在家……催食欲前。适所亲有报曰:'王幸在家穷,无物设馔,有一鸡见抱儿,已得十余日,将欲杀之。'"这就是说,里人王幸在家里穷得只剩一只抱窝的鸡,也要杀了来招待县官。

士卒们所吃粮食在唐玄宗以后基本由国家供应,"官健给家粮,团结兵给身粮酱菜"④。除节度牙兵们吃的比较好以外,一般的士卒吃的较差。唐代高适曾以此作为"安史之乱"时哥舒翰兵败潼关的原因之一。他说:"监军李大宜与将士约为香火,使倡妇弹箜篌、琵琶以相娱乐,樗蒱饮酒,不恤军务。蕃浑及秦、陇武士,盛夏五六月于赤日之中,食仓米饭且犹不足,欲其勇战,安可得乎?"⑤

来长安投考明经、进士及各科制举的举子们,其中资装雄厚者声色犬马、一

---

① 《北梦琐言》卷3。
② 《北梦琐言》卷10。
③ 《云仙杂记》卷2。
④ 《资治通鉴》卷225。
⑤ 《旧唐书》卷111,《高适传》。

掷千金，饮食十分考究，但也有许多人生活日见贫困，吃饭上自然只好将就了。前述"楼罗"一词即起因于穷进士"多会于酒楼食饆饠，故有此语"①。还有些秀才游学十余年，"羁旅穷愁"其中最典型的例子是杜甫。杜甫在求官不得、旅居京师的十年间，生活相当贫苦，以至"日籴太仓五升米"②，进入了吃减价太仓米的穷人行列。

（四）贫民、奴婢。贫民的饮食生活就是尽量要填饱肚子。他们常常只能淡食、吃不起盐，或者只吃一些酱菜。日本圆仁和尚路过淄州，沿途化斋，竟有人家"极贫，无饭可吃"③。如果遇到战乱或灾荒，他们的生活就更加困苦，举凡豆屑杂糠、树皮树叶、蓬实橡面，什么都吃，甚至沦入人相食的悲惨境地。

奴婢处于社会最底层，不仅饮食恶劣，还要受到种种非人待遇。《朝野佥载》卷1记广州录事参军柳庆家"奴有私取盐一撮者，（柳）庆鞭之见血"，又记夏侯彪家"奴盗食脔肉，（夏侯）彪还觉之，大怒，乃捉蝇与食，令呕吐之"。更有制毒药的方法是"令奴食冶葛死，埋之土中。蕈生正当腹上，食之立死；手足额上生者，当日死"。这时的奴婢简直就不是人。在统治者看来，奴婢根本没有什么饮食生活，让他们吃冶葛类毒药，他们也必须吃。前面屡屡提到的那些精美的炙、脍、羹、脯，又哪里能有他们的份儿呢？

民族与饮食的关系反映在当时饮食生活的两个方面。一方面是某些边地民族饮食对内地的影响，例如胡饼、饆饠等，这在前节已有所涉及；另一方面则是边地各民族本身的饮食特点。这里只谈后者。由于史料极少，我们的介绍也就只能是非常简单的了。

西北民族主要吃稻麦，喜吃羊，爱以酪拌饭，多葡萄酒，其中于阗的羊肉菜闻名于内地。北方的突厥、回纥也喜欢大量吃肉，但似乎突厥人饮酪而回纥中的摩尼教徒则否。《国史补》卷下说摩尼寺"晚乃食，敬水而茹荤，不饮乳酪"。

东北的靺鞨善养猪，"食肉而衣其皮"④；室韦则兼吃犬。奚的风俗似突厥，稼却多穄。契丹也是如此，唯腊日要吃牛头。

西方的吐谷浑吃大麦较多，同时也以肉酪为粮。吐蕃则地寒不生粳稻，以青稞麦、荞麦、小麦为主，常"以毡为盘，捻麨为椀，实以羹酪，并而食之"；如果宴请客人，"必驱犛牛，令客自射牲以供馔"⑤。到唐代中叶，吐蕃国内已盛行饮茶了。

---

① 《酉阳杂俎》续集卷4。
② 《醉时歌》。
③ 《入唐求法巡行礼记》卷2。
④ 《旧唐书》卷199下，《北狄传》。
⑤ 《旧唐书》卷196，《吐蕃传》。

南方的蛮夷多吃稻谷，其中五溪蛮居丧三年不吃盐；山獠吃米肉盐酪；有些獠民爱吃"蜜唧"，也就是老鼠。南诏饮食与容、桂一带大致相当，史记其有道菜名"鹅阙"，做法是"脍鱼寸，以胡瓜、椒、菝和之。"若宴请宾客，则"吹瓢笙，笙四管，酒至客前，以笙推盏劝釂"①。

由于史籍中有关边地民族饮食的记录很少，这就使我们无法了解其饮食生活的全貌。此外要注意的是，隋唐五代近四百年，各周边民族的饮食习惯或多或少都会发生变化，特别是像契丹、南诏等政权，越接近这一时期的末期，其饮食生活就越接近与之邻近的汉民族地区的饮食了。

四 宴会

宴会是饮食形式之一。从它在社会生活中占有重要地位这一点出发，可以说宴会是饮食生活中最具社会性的一种形式，它实质上是人们在社会活动中的重要交际方式之一。隋唐五代的宴会种类繁多，可以大致分为皇帝赐宴（包括大酺）、官员会食、其他各种公私宴饮等三大类。在研究这三类宴会之前，我们有必要先看看影响宴会盛衰的一些社会因素。这些社会因素主要有以下一些：

一是饮食业的发达。隋唐五代农业、商业、交通的发展促进了饮食业的发展，而饮食业的发展对宴会的兴盛又起了一定的积极作用。具体说来，发达的饮食业可以为各种类型各种规格的宴会提供食店、酒楼等活动场所，同时还能够在饮食店以外的地方为宴会主持人迅速准备好一应佳肴，以招待为数众多的宾客。

饮食业的发达表现在以下几个方面。第一是各种饭馆、酒楼等供应膳食的店肆日益普及。隋时洛阳的丰都市都有"一百二十行、三十余肆……市四壁有四百余店，重楼延阁，互相照映，招致商旅"②。隋朝的食店还大部分集中在都城的各个市内，但是到唐代就打破了"市"的界限，长安、洛阳的许多坊、里中都有店肆出现，例如长安长兴里有饆饠店、洛阳殖业坊有酒家等等。此外，除长安洛阳之外的都市如成都、扬州、金陵、广州、汴州、并州等大城市中酒家、店肆也很普遍。第二，这一时期饮食行业的经营更加多样化。首先看经营的品种，有卖粥、饭的，有卖胡饼、蒸饼的，有卖饆饠、卖肉、卖浆水、卖糖的，还有卖酒卖茶的。名称或为"店"，或为"肆"，或叫"酒家"，或称"酒楼"，后二者其实也都提供饭菜，均属餐馆一类。若就饮食质量看，高级一点儿的是酒楼，其次是一般的店、肆，再次就是推小车卖蒸饼之类的流动售货摊。第三，出现了为人承办宴席的饮食服务行业。《唐国史补》卷中记"德宗非时召吴凑为京兆尹，便令赴上。

---

① 《新唐书》卷147上，《南诏传》。
② 《大业杂记》。

凑疾驱诸客至府，已列筵毕。或问曰：何速？吏对曰；两市日有礼席，举铛、釜而取之，故三五百人之馔常可立办也"。能够将三五百人的宴席立刻办成，这提供饭菜的店肆规模一定很可观。

另一个社会因素是社会交往环境的优劣。由于宴会是社会交往的一种方式，因而社会状况尤其是统治者对社会交往的限制与否就成了影响宴会盛衰的重要因素。这一时期对宴饮交往的限制与开禁有几次较大的起伏，主要反映在以下几个皇帝的统治时期。

第一，唐玄宗时期。唐玄宗以非长子即位，即位之初政局不稳。他自己也惧怕臣下联盟谋反，曾于开元五年下《禁止街坊轻浮言语诏》①，又于开元十年下诏说："自今已后诸王、公主、驸马、外戚家，除非至亲以外，不得出入门庭，妄说言语。"又下制，约百官不得与卜祝之人交游来往②，以这些措施来限制人际交往，为巩固自己的统治服务。到开元中后期政局逐渐稳定后，玄宗就开始开禁了。他在开元十九年下诏说："三品已上……每至假日，宜准去年正月二十九日敕，赐钱造食，任逐胜赏。"③此后又于开元二十五年、二十六年频繁下诏重申此意，并把"三品已上"降为"百官"，逐步放宽了对各种社会交往（包括宴饮）的限制。

第二，唐德宗、宪宗时期。德宗是唐朝有名的猜忌心极强的皇帝，因此他对人际交往特别是官员交往限制很严，"朝官或相过从，金吾皆上闻"④，到贞元（785—804）末甚至形成了"人家不敢欢宴，朝士不敢过从"⑤的社会交往环境。到唐宪宗即位，随着平定刘闢、李锜以后藩镇听命、政治稳定局面的形成，宪宗就开始开禁了，让"百寮士庶等亲友追游、公私宴集……自今以后各畅所怀……禁吏司之苛察、尽朝野之欢泰"⑥。

第三，唐武宗、宣宗时期。宪宗以后唐朝政治局势中牛李党争、南北司之争均日趋激烈，统治者更加担心臣下因相互交往而结成各种政治势力。到武宗朝，甚至连新及第的进士宴会也都被禁止，理由是怕他们"怀赏拔之私惠，忘教化之根源。自谓门生，遂成胶固"⑦。直到宣宗朝这种情况才有所改变。大中元年（847）宣宗下诏说："自今进士放榜后，杏园依旧宴集，有司不得禁制"⑧。这就是又一次开禁了。

---

① 《唐大诏令集》卷109。
② 《旧唐书》卷8，《玄宗本纪》。
③ 《唐大诏令集》卷80。
④ 《旧唐书》卷13，《德宗本纪》。
⑤ 《白氏长庆集》卷60，《论左降独孤朗等状》。
⑥ 吕温：《代百寮谢许游宴表》，《全唐文》卷626。
⑦ 李德裕：《停进士宴会题名疏》，《全唐文》卷701。
⑧ 《旧唐书》卷18，《宣宗本纪》。

除去史籍记载的这些中央对交往乃至对宴饮的限制外，地方上有些藩镇势力出于巩固自己统治、防止结党谋叛的考虑，也在自己控制的地域内采取了一些限制措施。例如吴元济父子在淮西，"禁人偶语于途，夜不然烛，有以酒食相过从者罪死"①；李师道在淄青也是"禁郓人亲识宴聚及道路偶语，犯者有刑"②。待到裴度、田弘正们率军平定二处藩镇后，才将禁令解除，一任民众交往宴游，结果那里的官民"始知有生民之乐"③。由此可知，社会交往环境的优劣是影响宴会盛衰的重要因素。

（一）皇帝赐宴与会食

皇帝赐宴在宴会中占有很大比例，赐宴的目的基本是为了赐恩于臣下，让臣下报恩效忠，造成一个君臣和同一致治理国家的政治局面。皇帝赐宴有各种形式，除去赐宴嫔妃近臣外，主要有大酺、节日赐宴、赐宴功臣等。

1. 大酺。由皇帝赐天下大酺的事例集中在这一时期的前半特别是唐玄宗以前。从《隋书》、《旧唐书》、《新唐书》、《旧五代史》各皇帝《本纪》的记载统计，隋炀帝赐大酺一次、唐太宗九次、高宗十三次、武则天二十次、中宗六次、睿宗五次、玄宗十五次、肃宗一次、后梁太祖一次。赐大酺比较多的是武则天和唐玄宗，这或许反映了前者在位期间致力于宣扬武周代唐革命的合理性，后者则是为了显示自己统治期间万民同乐的太平盛世。

大酺一般为三至五日（武则天时则多为七至九日），在全国城乡举行。大酺期间百官、庶民可任意聚饮、歌舞嬉戏，其中尤其热闹的是像长安、洛阳这样的大都市。例如唐玄宗时的长安大酺，聚乐中心在勤政楼下。届时除有乐舞外，还有山车旱船、寻橦走索、丸剑角牴、戏马斗鸡，"百戏竞作，人物填咽"，以致常常弄的秩序不算太好，虽"金吾卫士白棒雨下，不能制止"。有一次玄宗就对高力士说："吾以海内丰稔，四方无事，故盛为宴乐，与百姓同欢，不知下人喧乱如此，汝何方止之？"结果高力士出主意请来了京兆尹严安之。"安之到则周行广场，以手板画地示众曰：'逾此者死！'以是终五日酺宴，咸指其地画曰'严公界境'，无一人敢犯者"④。

2. 节日赐宴。这一时期皇帝对臣下的节日赐宴很频繁，但从诸正史皇帝《本纪》看，赐宴主要集中在唐玄宗以后，尤以唐德宗至文宗时为最盛。节日赐宴主要包括正月晦日、寒食、上巳和重阳，正月晦日后来改为中和节。《旧唐书》卷13《德宗本纪》记贞元四年（788）九月诏云："其正月晦日、三月三日、九月九

---

① 《资治通鉴》卷240。
② 《资治通鉴》卷241。
③ 《资治通鉴》卷240。
④ 《开天传信记》。

日为三节日，宜任文武百僚选胜地追赏为乐"，同年癸丑重阳节，"赐百僚宴于曲江亭，仍作重阳赐宴诗六首赐之"。到贞元五年（789）又诏"自今宜以二月一日为中和节，以代正月晦日，备三令节数，内外官司休假一日"。这三令节的赐宴后来一直延续到唐末。

这一时期除"中和节"是新的节日赐宴外，还有一种新的节日出现，那就是皇帝诞辰日的赐宴。这一制度形成于唐玄宗时期。《旧唐书》卷8《玄宗本纪》记开元十七年（729）"八月癸亥，上以降诞日，燕百僚于花萼楼下。百僚表请以每年八月五日为千秋节……天下诸州咸令燕乐，休假三日，仍编为令，从之"。此后或"天长节"、"天兴节"、或"庆成节"、"庆阳节"，这皇帝生日期间的休假宴乐一直延续到这一时期末并更进一步延续到明清时代①。

3. 赐宴功臣。赐宴功臣是皇帝赐宴中最具政治性或功利性的宴会，其目的无非是为了笼络大臣、密切君臣关系，有时也为调节各将相之间的矛盾。

对功臣的赐宴无一定之规，完全取决于皇帝个人的意愿以及政治形势的需要。例如隋朝宴韩擒虎、高颎，唐朝宴郭子仪、李晟、田弘正是为了酬劳功臣；隋宴贺若弼，后晋宴范延光是为了安反侧，以示无间；而唐玄宗时宴安禄山、哥舒翰则是调节武将间关系的著名赐宴。《资治通鉴》卷216唐玄宗天宝十一载（752）记："哥舒翰素与安禄山、安思顺不协，上常和解之，使为兄弟。是冬，三人俱入朝，上使高力士宴之于城东。禄山谓翰曰：'我父胡，母突厥，公父突厥，母胡，族类颇同，何得不相亲？'翰曰：'古人云，狐向窟嗥不祥，为其忘本故也。兄苟见亲，翰敢不尽心！'禄山以为讥其胡也，大怒，骂翰曰：'突厥敢尔！'翰欲应之，力士目翰，翰乃止，阳醉而散，自是为怨愈深"。这次以调节安、哥舒之间矛盾为目的的赐宴未能获得成功，影响了唐玄宗时期的政治结构，甚至影响到此后发生的"安史之乱"的进程。

会食。会食是一种极具时代特色的宴会形式。所谓"会食"，指官员们在自己的办公处会餐，同时商议政事，很有些像现代的工作午餐。会食起源于唐代。当时唐太宗发现来上朝者退朝稍晚就要饿肚子，因此决定赐一顿饭，称为"廊下餐"。廊下餐后来逐渐发展成各官司各具本钱、备公厨，以供百官聚餐的会食，上自宰相，下至郡县官员无不如此。会食因此成了诸种宴会中社会性甚强的一种宴会。它的社会性质主要表现在以下几个方面。

（1）议政事。这是会食的主要目的。例如宰相会食，就在其办公场所的"政事堂"，会食期间百官不得谒见宰相。韩愈在《顺宗实录》中记载说："（郑）珣瑜与诸相会食于中书。故事，丞相方食，百寮无敢谒见者。（王）叔文是日至中

---

① 参见张泽咸《唐代的诞节》，载《魏晋南北朝隋唐史资料》第11期。

书，欲与（韦）执谊计事……（执谊）竟起迎叔文，就其阁语良久，宰相杜佑、高郢、珣瑜皆停筯以待。"王叔文敢于打扰宰相会食，在当时就是极有权势的一种象征了。其他各州、县诸司也都设食堂为会食场所，同时它也是议政事处。例如录事参军食堂的墙上就有关于审判犯人的条文，甚至"令刻石置于会食之所，使官吏起坐观省，记忆条目，庶令案牍周详"①。因此蔡词立在《虔州孔目院食堂记》中说："京百司至于天下郡府，有曹署者则有公厨。亦非惟食为谋，所以因食而集、评议公事者也……事有疑、狱有冤，化未洽、弊未去，有善未彰、有恶未除，皆得以议之，然后可以闻于太守矣。冀于小庇生灵以酬寸禄，岂可食饱而退，群居偶语而已。"② 这就明确指出了"议政事"是会食的主要目的，而宴饮不过只是一种手段、一种形式罢了。

（2）观礼仪。通过会食时的礼节来教育百官自觉遵守并维护统治秩序，是会食的另一重要目的。李翱在《劝河南尹复故事书》中论证了河南府府僚在会食之际，司录进来后应该站在什么位置、对判司诸官应如何行礼的问题③；《唐语林》卷8也详细记述了御史台"每公堂食会，杂事不至则无所检辖，唯相揖而已；杂事至则尽用宪府之礼"的情况。所以崔元翰在谈到会食时说它可以"由饮食以观礼，由礼以观祸福"④，柳宗元也说在食堂会食时的"升降坐起、以班先后"可以"正位秩之序"⑤。

（3）和僚友。会食归根到底是一种宴饮形式。它通过僚友相聚会餐的活动追求同事之间、上下级之间的团结协力。李翱在《故河南府录事参军卢君墓志铭》中说："（君）召主馔吏约之曰：'司录、判官、文学、参军，皆同官环处以食，精粗宜当一，不合别二。'"⑥ 这位录事参军就是在有意识地通过会食来密切上下级之间的人事关系。所以柳宗元还说会食时的"筵席肃庄，笾豆静嘉，燔炮烹饪，益以酒醴"，可以"获僚友之乐"⑦。

从柳宗元的话看，会食时的饮馔一定相当不错。由于史料缺乏，我们无法找到会食时饮食的详细记载，估计它虽不如权臣富豪家的家庭饮馔那么丰富，但其水平一定高于一般的官吏家，可以说是一般官员生活中一种重要的饮食补充，因此也可以说是间接的家用补贴。《清异录》卷下说五代的南汉"会僚属不设席，而

---

① 刘濛：《请石刻准勘节目奏》，《全唐文》卷791。
② 《文苑英华》卷806。
③ 《李文公集》卷8。
④ 《全唐文》卷523，《判曹食堂壁记》。
⑤ 《蓝屋县新食堂记》，《柳河东集》卷26。
⑥ 《李文公集》卷15。
⑦ 《蓝屋县新食堂记》，《柳河东集》卷26。

分馈阿堵,号润家钱。"这甚至就是直接的家用补贴了。

(二) 其他宴会

除去上述几种宴会外,这一时期还有许多各种类型各种规格的公私宴会。例如有进士宴会、各种节日宴会、人生礼仪宴会,以及各种家宴和迎送宴会。这些宴会中最具时代特色的是进士宴会,其他从内容看,大致可分为有某种政治目的的宴会、处理各种人事关系的宴会、赏玩游乐的宴会、其他家宴和迎送宴会等类型。

1. 进士宴会。进士宴会始于唐代,最初只是及第的生徒们谢恩后与主司有些小规模的宴饮,同时在长安城的曲江为落第举人设有安抚性宴会,后来则变成以及第进士为主、参加者多为高官的大型宴会。据《唐摭言》记载,当时的进士宴会种类甚多,仅宴名就有大相识、次相识、小相识、闻喜、樱桃、月灯阁打毬、牡丹、看佛牙、关宴。其中最热闹的是关宴。

关宴也叫杏园宴或曲江大宴,因设在长安东南曲江池西边的杏园而得名。到中、晚唐,专门有"进士团"负责筹备这种宴会,"水陆之珍,靡不毕备",还要请教坊的伎乐来助宴。到宴饮那一日,皇帝也要到紫云楼去垂帘观宴。整个"曲江之宴,行市罗列,长安几于半空。公卿家率以其日拣选东床,车马阗塞"①。杏园宴后有时还要撤馔而移乐泛舟,然后集于慈恩寺塔下登塔题名。

2. 具有政治目的的宴会。这种宴会的目的或是结成政治同盟,或是消灭政敌。借助宴会来杀掉叛乱的军将士卒等也属此类。例如唐文宗时(827—840)兴元军乱,杀节度使李绛。后来文宗派温造任兴元尹、山南西道节度使。温造赴镇后在牙门置宴招待叛乱的士卒,暗以牙兵围住,然后"拔剑呼曰:杀。围兵齐奋,其贼首教练使丘铸等并官健千人皆斩首于地,血流四注"②。这是宴杀叛乱者的一例。又如晚唐泽潞节度使刘稹叛乱时,其母"裴氏召集大将妻同宴,以酒为寿,泣下不能已。诸妇请命,裴曰:'新妇各与汝夫文字,勿忘先相公之拔擢,莫效李丕背恩,走投国家。子母为托,故悲不能已也。'诸妇亦泣下。故潞将叛志益坚"③。这是因宴而结成政治同盟的一例。至于通过宴会来杀掉政敌,其事例也不少。像隋末义军领袖李密宴请另一领袖翟让并将其杀掉、吞并了翟让所领部队的事件就是其中一例。

3. 处理各种人事关系的宴会。这种宴会的目的是调节不太和谐的人事关系,或利用宴会时有多人在场的机会褒贬人物,也有许多是求人办事的。例如唐太宗

---

① 《唐摭言》卷3。
② 《旧唐书》卷165,《温造传》。
③ 《旧唐书》卷161,《刘从谏传》。

曾设宴调节他女儿与女婿的矛盾。《唐语林》卷5记载说："薛万彻尚平阳公主。人谓太宗曰：'薛驸马无才气，因此公主羞之，不同席者数月。'帝闻之大笑，置酒召诸婿尽往，独与薛欢语，屡称其美。因对握槊，赌所佩刀。帝佯为不胜，解刀以佩之。酒罢，（主）悦甚，薛未及就马，主遽召同载而还，重之逾于旧日。"又如唐宰相李德裕曾打算借宴会之机为白敏中扬名。《剧谈录》记载说："白敏中在郎署，未有知者。虽李卫公器之，多所延誉，然而无赀用以奉僚友。卫公遗钱十万，俾为酒肴，会省阁诸公宴"。后来白敏中由此成了宰相。借宴会来处理棘手问题的例子我们也举一个，即《唐国史补》所说："崔膺性狂。张建封爱其文，引为客。随建封行营，夜中大叫惊军。军士皆怒，欲食其肉，建封藏之。明日置宴，监军曰：'某与尚书约，彼此不得相违。'建封曰：'唯。'监军曰：'某有请，请崔膺。'建封曰：'如约。'逡巡，建封又曰：'某有请，亦请崔膺。'合座皆笑，乃得免。"

4. 赏玩游乐的宴会。这种宴会数量多、种类杂。各种节日宴会如寒食、上巳、端午、七夕、重阳的宴会均属此类。尤其有特色的是春时的各种游宴。这种宴会多于春暖花开季节（如三月上巳前后）在花园或郊外举行，设宴者多为有钱的官宦或富豪家。春时游宴，形式繁多，有人还有意变出新奇花样。例如有轻薄的进士们带上女妓、乘着牛车，"指名园曲沼，藉草裸形，去其巾帽，叫嚣喧呼，自谓之'癫饮'"①。

5. 其他家宴与迎送宴会。这二种宴会更为频繁②。仅就家宴而言，举凡与人生礼仪有关的宴会如诞辰、洗儿、满月、婚丧等均属此类。此外祝贺家人登第做官，以及宴请宾客等也属家宴。例如唐西平王李晟过生日，就在中堂大开家宴，已嫁出去的女儿也要回家来参加贺宴。在家中宴请宾客有时候是山珍海味，有时也不过是家常便饭。作为唐代清俭典范的郑余庆有一次宴请宾客，"朝僚以故相望重，皆凌晨诣之。至日高，余庆方出，闲话移时，诸人皆嚣然。余庆呼左右曰：'处分厨家，烂蒸去毛，莫拗折项。'诸人相顾，以为必蒸鹅鸭之类。逡巡，舁台盘出，酱醋亦极香新。良久就餐，每人前下粟米饭一碗，蒸胡芦一枚。相国餐美，诸人强进而罢"③。这个家宴多少像是有些戏弄人的味道。

家宴而外，迎送宴会相伴着兴盛的诗歌，在这一时期也很盛行。一曲"劝君更进一杯酒，西出阳关无故人"④，吟出了宴饮送别的千古绝唱。其他还可举出李白带有浪漫色彩的离别宴："风吹柳花满店香，吴姬压酒劝客尝。金陵子弟来相

---

① 《开元天宝遗事》。
② 所谓其他是指除去上述一些节日家宴之外的家宴。
③ 《太平广记》卷165，郑余庆条。
④ 王维：《送元二使安西》。

送，欲行不行各尽觞"①，以及韩愈与友人在岳阳楼宴别时的悲伤："怜我窜逐归，相见得无恙。开筵交履舄，烂漫倒家酿。杯行无留停，高柱送清唱。中盘进橙栗，投掷倾脯酱。欢穷悲心生，婉娈不能忘"②。

五 茶、酒

饮茶饮酒在隋唐五代的饮食生活中占有重要地位。饮茶的重要性在于它在这一时期才普及到北部中国，并逐步形成了专门的饮茶艺术。饮酒则与唐代诗人千古流芳的吟唱结为一体，成为这一时代饮食生活的一个突出象征。

（一）饮茶

1. 茶的饮用。我国古代茶的饮用到唐朝始普及到北方。隋及唐初，北方饮茶的人还不多，但到唐玄宗开元以后，由于僧人坐禅的需要，饮茶逐渐普及起来。在饮茶普及的基础上，唐德宗时（780—805）出现了世界上第一部茶叶专著，即陆羽的《茶经》。

根据《茶经》记载，当时人工栽培的茶树已遍及今四川、陕西、河南、安徽、湖北、湖南、江西、浙江、江苏、贵州、福建、广东、广西等省。陆羽在"八之出"一节中先列举了三四十个产茶州，然后分为五组，按"上"、"次"、"下"、"又下"定出茶叶的几个等级，以峡州茶、光州茶、湖州茶、彭州茶、越州茶为"上"。囿于见闻，陆羽对福建、岭南的茶不甚了解。

再以后到唐穆宗（821—824）时，李肇在《唐国史补》中再具体地谈到了一些名茶。他说："风俗贵茶，茶之名品益众。剑南有蒙顶石花，或小方，或散牙，号为第一。湖州有顾渚之紫笋，东川有神泉、小团、昌明、兽目，峡州有碧涧、明月、芳蕊、茱萸簝，福州有方山之露牙，夔州有香山，江陵有南木，湖南有衡山，岳州有㵲湖之含膏，常州有义兴之紫笋，婺州有东白，睦州有鸠坑，洪州有西山之白露，寿州有霍山之黄牙，蕲州有蕲门团黄"。这就把名茶产地又扩大到了岳州、洪州、夔州，并且对福州的茶也有了较详细的说明。

除了上述名茶外，史籍中常见的名茶还有天柱茶、阳羡茶、紫英茶、祁门茶等。据说唐时常鲁公前往吐蕃，"烹茶帐中，赞普问曰：'此为何物？'鲁公曰：'涤烦疗渴，所谓茶也。'赞普曰：'我此亦有。'遂命出之，以指曰：'此寿州者，此舒州者，此顾渚者，此蕲门者，此昌明者，此㵲湖者。'"③吐蕃赞普喝的茶都是当时的名茶，由此亦可知饮茶在唐代的普及。

---

① 李白：《金陵酒肆留别》。
② 韩愈：《岳阳楼别窦司直》。
③ 《唐国史补》卷下。

饮茶的普及还表现为茶对民众生活的重要性上。唐穆宗时（821—824）左拾遗李珏在反对盐铁使王播增加茶税的表疏中论述到："茶为食物，无异米盐，于人所资，远近同俗。既祛竭乏，难舍斯须，田闾之间，嗜好尤切"①。茶已成为斯须不可离、和米盐相同的食物，其普及的程度就可想而知了。

下面看茶的饮用。

这一时期存在着不同的饮茶方式。一种是将茶末放在瓶缶中用开水冲灌后即饮用，被陆羽称为"庵茶"，另一种则是陆羽作了科学概括和总结的"煎茶（煮茶）"法。所谓煎茶法，大

团花纹带盖银碗　唐

金鸳鸯团花纹双耳银盆　唐

致可分为这样几个步骤：首先是把饼茶炙干、碾碎、罗好，使之成为极细的粉末。所谓"碾成黄金粉，轻嫩如松花"②。说的就是这种茶末。第二步是煎水。煎水首先要找好水。据张又新《煎茶水记》，当时南方煎茶用的七种水，按等级高下依次为"扬子江南零水，第一；无锡惠山泉水，第二；苏州虎丘寺泉水，第三；丹阳县观音寺水，第四；扬州大明寺水，第五；吴淞江水，第六；淮水最下，第七"。

---

① 《旧唐书》卷173，《李珏传》。
② 李群玉：《龙山人惠石廪方及团茶》，《全唐诗》卷568。

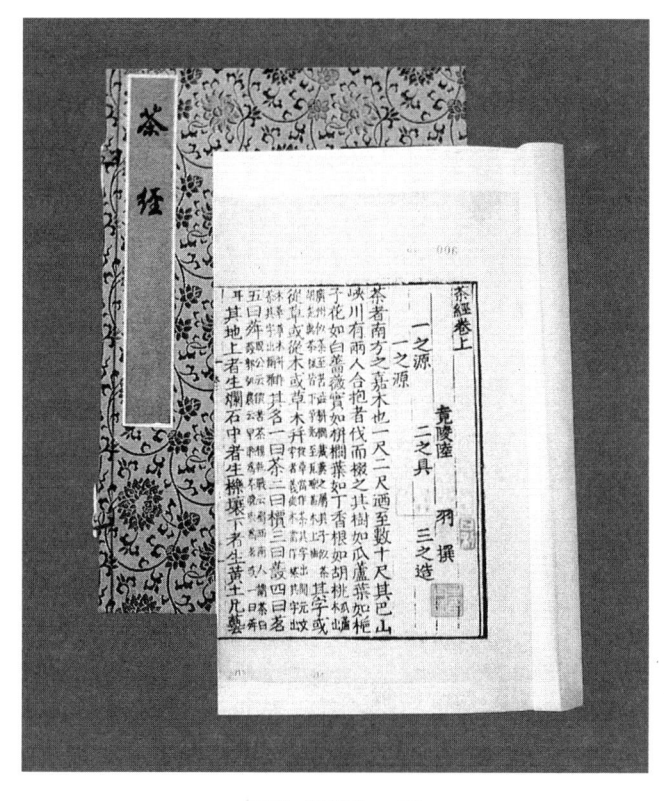

陆羽《茶经》 唐

找到好水后把它放在茶釜中煎,这时要注意煎的"汤候"。陆羽认为煎水过程中水有三沸:"其沸如鱼目微有声,为一沸;缘边如涌泉连珠,为二沸;腾波鼓浪为三沸",到第三沸就是"水老"而"不可食"了。前述李群玉诗中又有"滩声起鱼眼,满鼎漂轻霞",说的就是第一沸即"鱼目"沸。第三步,当水出现一沸时,适量加入食盐以调味;到第二沸时,先留出一瓢汤来,随即用竹夹搅动釜中水,使水的沸度均匀,然后用小勺取一定量的茶末放入,同时再搅动。第四步,在搅动的过程中水继续沸腾并浮出泡沫,这种泡沫一般称为"汤花"。这时把水初沸时舀出的一瓢水投入釜中,以缓和水的沸腾并培育出更多的汤花,然后将釜从火炉上拿下。第五步,向茶盏中分茶。分茶的妙处在于分汤花。汤花有三种:细而轻的叫"花",薄而密的叫"沫",厚而绵的叫"饽"。一般说来,一壶水一升为一釜,一釜茶汤可分为五碗,不能再多,多就没有味道了。至此,煎茶分茶全部结束。1987年陕西省扶风县法门寺曾出土了一套唐僖宗时代(874—888)的茶具,包括有烘焙器、碾罗器、贮茶器、烹煮器、饮茶器等,为我们展示了唐人煎茶用器具的实物,可以印证上述煎茶过程。唐代诗人刘禹锡曾描绘过喝这种汤花浮于水面的煎茶的心情。他作诗说西山一位僧人煎茶招待他,"骤雨松声入鼎来,白云满盏花徘徊。悠扬喷鼻宿醒散,清峭彻骨烦襟开"[①]。

陆羽提倡的煎茶法使茶叶的真味保留的更多,从而受到社会欢迎并由此形成了初步的品饮艺术。这样,社会对煎茶技术有了更高的要求。到晚唐五代,在与

---

① 刘禹锡:《西山兰若试茶歌》。

051

上述煎茶流行的同时又出现了点茶。点茶法与煎茶法的不同处在于不是将茶末放在茶釜里煮，而是先挑出茶末放在茶盏中调膏，然后注入沸水。这时的技术要求主要是注汤时"注"的速度和落点，所以这种饮茶法叫点茶。据《清异录》记载，五代闽国的建州茶膏已很有名，而沙门福全"能注汤幻茶，成一句诗，并点四瓯，共一绝句，泛乎汤表"。又有"茶百戏"，指注汤时以竹器搅动，"使汤纹水脉成物象者，禽兽虫鱼花草之属，纤巧如画。但须臾即就散灭……时人谓之'茶百戏'"。这种点茶饮茶实在被说得十分玄妙，但也说明这时的饮茶更加艺术化了。

2. 茶与社会生活。如上所述，这一时期饮茶已十分普及，但是，真正嗜茶并作为一种澄心静虑、畅心怡情的艺术来欣赏的还是那些闲暇无事者阶层，特别是僧人和文人。《茶经》在开章第一篇"一之源"中就说："茶之为用，味至寒，为饮最宜精行俭德之人"；元稹在《茶》一诗中也说茶"慕诗客，爱僧家"。

现存史籍中记载僧人、文人与茶有关的事迹颇多。僧人文人嗜茶主要由于茶可以去困解乏、有助于坐禅或作文章。此外更重要的，饮茶本身也被看作是一种高雅的饮食活动甚至是待客交友的手段。前述刘禹锡作《西山兰若试茶歌》就描述了僧人与文人在品茶过程中体验淡泊自然的一种心情。诗中除了讲摘茶、煎茶、饮茶外，还说好茶不能拿到世俗中去喝。诗云："僧言灵味宜幽寂，采采翘英为嘉客。不辞缄封寄郡斋，砖井铜炉损标格。何况蒙山顾渚春，白泥赤印走风尘。欲知花乳清泠味，须是眠云跛石人"。好茶如"蒙山顾渚春"怎么能封上泥、盖上印，寄到都市中去喝呢？除刘禹锡外，为我们留下与饮茶有关的诗歌的文人还有不少，例如李白、柳宗元、颜真卿、韦应物、钱起、白居易、杜牧、卢仝、皮日休、陆龟蒙等人。这些人或崇尚道佛、与僧人道家唱酬往来，或本身就是隐居者。他们喜欢饮茶甚至到了崇拜的地步。我们举卢仝为例。卢仝在《走笔谢孟谏议寄新茶》一诗中说那饮茶的好处是："一碗喉吻润，两碗破孤闷。三碗搜枯肠，唯有文字五千卷。四碗发轻汗，平生不平事，尽向毛孔散。五碗肌骨清，六碗通神灵。七碗吃不得也，唯觉两腋习习清风生"。

作为社会的最高统治者，这一时期嗜茶的皇帝也有不少，但似乎集中在唐玄宗以后。例如唐德宗。据说当时煎茶煎的好的宫女才能受到德宗赏识，才能经常在他左右侍候。甚至当德宗遭逢朱泚之乱、出逃奉天时，镇守浙东西道的节度使韩滉首先想到的是"以夹练囊缄封茶末，遣健步进御"[①]。唐懿宗也喜好喝茶。在他赐给同昌公主的各种酒食中，就有号为"绿花""紫英"的许多名茶。

---

① 《唐国史补》卷上。

以茶待客在这一时期已很普遍。虔诚点儿的就是"扫室添香，煎茶待之"①，碰上十分想见的客人就"命茶甚急"②。正是在茶的帮助下，宾主或朋友们得以倾心交谈，彼此更加加深了他们的友情。唐代诗人钱起在《与赵莒茶宴》中说："竹下忘言对紫茶，全胜羽客醉流霞。尘心洗尽兴难尽，一树蝉声片影斜"。从诗中我们可以感到一种十分坦诚的友情。到晚唐五代，以茶会友逐渐发展为茶社一类的更广泛的品饮交际形式。

　　中国古代的饮料本来主要是酒。宴会也好，待客也好，都是酒在唱主角。这种情况直至唐代初期仍然如此。到唐玄宗以后，茶的异军突起，使酒在许多场合下降低了它的作用。唐诗中那些"茶为涤烦子，酒为忘忧君"、"驱愁知酒力，破睡见茶功"的句子说明当时人已经开始把茶与酒相提并论。再后来甚至待客一般以茶为主，宴会上有时以茶代酒，都市坊里中的茶店茶肆也开始成为人们常去的聚会场所了。

　　饮茶的普及是这一时期乃至中国古代饮食生活中的一件大事。它丰富了我们的饮料品种，客观上抑制了酒的无所不在的影响，对国人的身体乃至心理健康都起到了一些良好的作用。

　　另外要指出的是，唐代已出现了"茶道"一词③。这种以高深饮茶品茶技艺和陶冶情操相结合的茶道，不仅对后世，而且对国外都产生了十分深远的影响。

　　（二）饮酒

　　1. 酒的种类与饮酒的习俗。这一时期酒的种类又有一些发展，除传统的黄酒、果子酒如葡萄酒外，还从波斯引进了些外国酒。《唐国史补》在谈到唐代的名酒时说："酒则有郢州之富水，乌程之若下，荥阳之土窟春，富平之石冻春，剑南之烧春，河东之乾和蒲萄，岭南之灵溪、博罗，宜城之九酝，浔阳之湓水，京城之西市腔、虾蟆陵郎官清、阿婆清。又有三勒浆类酒，法出波斯。三勒者谓菴摩勒、毗梨勒、诃梨勒"。这其中的三勒浆类酒都是外国酒。至于蒸馏酒，虽然这时已有"白酒"、"烧酒"等词语，但它们是否指蒸馏酒，学术界还有不同意见④。

　　这时的黄酒有清浊之分，大多带有酒糟，临饮时要进行压榨或过滤。所以李白有诗曰："风吹柳花满店香，吴姬压酒劝客尝"⑤。这"压酒劝客"就是将酒糟压榨掉，再请客人喝的意思。当时饮酒还讲究温热了喝，到寒冷的冬天，更要喝

---

① 《太平广记》卷67，妙女条。
② 《唐国史补》卷中。
③ 见皎然《饮茶歌诮崔石使君》诗及《封氏闻见录》卷6。
④ 最新的研究意见认为唐代已有蒸馏酒了。参见《历史研究》1993年第5期，李华瑞《中国烧酒起始探微》一文。
⑤ 李白：《金陵酒肆留别》。

烫沸了的沸酒。据说唐代大臣裴度"盛冬常以鱼儿酒饮客。其法：用龙脑凝结，刻成小鱼形状，每用沸酒一盏，投一鱼其中"①。

这时的黄酒有的着色，颜色发红。李贺有诗道："琉璃锺，琥珀浓，小槽酒滴真珠红。"② 形容的就是当时好酒的颜色。另外当时酒的味道有的很甜，所谓"酒味浓于饧"、"酒似饧"讲的都是这种甜酒。唐代诗人如杜甫、韩愈均喜欢喝甜酒。韩愈在《芍药歌》一诗中说："一尊春酒甘若饴，丈人此乐无人知。花前醉倒歌者谁，楚狂小子韩退之"，把他饮甜酒赏芍药醉倒花前的情景生动地展现在我们面前。

聚宴饮酒，一般要设有"酒纠"（或称"觥录事"）监酒，维持宴饮秩序，此外还有许多佐饮活动，例如有吟诗、唱曲、观舞、击鼓、行令、狎妓等，其中要多说两句的是酒令。按酒令至唐代才制定为法，名目繁多。最初有"平、索、看、精"四字和"律令"等令，后因繁难而废止，代之以更为简单的令，比较流行的有骰盘、卷白波、莫走、鞍马，以及旗幡令、闪压令、抛打令、手打令。前几样多用骰子或筹箸。据皇甫松《醉乡日月》，骰盘（或骰子）令的玩法是："聚十只骰子齐掷，自出手六人，依采饮焉。"1982年江苏省丹阳丁卯桥曾出土了一副酒令筹具，其中令筹50枚，各枚均刻有《论语》词句，并注上诸如"劝主人五分"、"自饮七分"、"在座劝十分"等规定字样，抽筹者须依筹上字意饮酒。最后一种"手打令"，据说只行于倡楼中，似是后代的划拳类酒令，也称为"手势令"。除酒令外，吟诗是文人宴饮时必不可少的佐酒活动。唐代诗篇中许多名篇佳作，都是在酒席上即兴吟就的。再有，唱曲、舞蹈也是宴饮中的一项活动。不过在这一阶段的前期，饮者多自唱自舞，《旧唐书》卷86《燕王忠传》记"（唐）太宗酒酣起舞，以属群臣。在位于是遍舞，尽日而罢"。后来，观舞听曲的比较多了，传世名画《韩熙载夜宴图》画的就是宴饮时官僚文人们欣赏歌舞的情景。

2. 饮酒与社会各阶层。这一时期饮酒在社会上非常普遍，但若仔细分析，其中又略有差别。例如就皇帝而言，唐代皇帝嗜酒的程度不如五代的帝王。通观这一时期，隋炀帝是喜欢喝酒的，他造的酒叫作"玉薤"。唐代皇帝中喜饮酒的似乎不多。除去唐太宗能喝酒、穆宗喜饮葡萄酒外，不闻其他善饮者。到五代时期，或许因为北方政权的皇帝多是少数民族出身、又多是武人出身，因此嗜酒的皇帝很多。例如《旧五代史》卷72《张承业传》记有后唐庄宗饮酒失事、几乎杀了张承业的事；《旧五代史》卷84《少帝纪》也有关于后晋少帝"醉甚，赐群官器帛过差"的记载。南方的十国也有许多帝王嗜酒，而且似乎文明程度越低就越嗜酒。

---

① 《清异录》卷下。
② 李贺：《将进酒》。

据《十国春秋》卷92《景宗本纪》记载，闽帝王羲"好为牛饮，荒淫无度"，常于醉中杀人，并强迫臣下饮酒，结果"群臣醉不胜，以酒过被杀者无算"。

接下来看官宦文人的饮酒情况。从制度上说，官宦饮酒起码有两点应该引起我们的注意。第一，按照《唐六典》的规定，当时在配给百官的常食料中，职位越高给酒就越多。亲王每月给酒九斗，五品以上给四斗半，六品以下则不给。这说明朝廷对官员的饮酒有所限制，用意在于防止他们贪杯误事。同时也说明朝廷给官员酒实际上是一种待遇、一种荣誉。第二，皇帝对亲近的供奉官特别是早期的门下省官和后期的翰林学士，都是要给酒或经常赐酒的。对门下省官员给酒的记载主要在唐初。据《东皋子后序》，唐高祖武德年间（618—626）"（王绩）待诏门下省。时省官例日给良酝三升"。这一定量比三品官的日饮酒定量还要高。赐酒给翰林学士，史籍记载较多。例如《云仙杂记》卷5记唐"玄宗置麹清潭，砌以银砖，泥以石粉，贮三辰酒一万车，以赐当制学士等"。

有关官宦饮酒嗜酒的记载非常多。前述王绩就是其中的一位。据说他在门下省的禄俸"殊为萧瑟，但（日给）良酝三升，差可恋尔"①。其他如苏晋，《云仙杂记》卷4记"苏晋作曲室为饮所，名酒窟。又地上每一砖铺一瓯酒，计砖约五万枚。晋日率友朋次第饮之，取尽而已"。这苏晋是酒中八仙之一，历任户部、吏部侍郎、太子左庶子，政事文章都不错，看来他还是一个大富翁。谏议大夫阳城也以嗜酒出名。据说他曾"约其二弟云：吾所得月俸，汝可度我家有几口，月食米当几何，买薪菜酱米，凡用几钱，先具之。其余悉以送酒媪，无留也"②，也是嗜酒如命。

有关文人饮酒的记载就更多了。当然这些文人大多数同时也是官宦，只不过他们是文人所以留下的记录多一些，似乎在饮酒时也更浪漫一些。杜甫有著名的《饮中八仙歌》云："知章骑马似乘船，眼花落井水底眠。汝阳三斗始朝天，道逢麹车口流涎，恨不移封向酒泉。左相日兴费万钱，饮如长鲸吸百川，衔杯乐圣称世贤。宗之潇洒美少年，举觞白眼望青天，皎如玉树临风前。苏晋长斋绣佛前，醉中往往爱逃禅。李白斗酒诗百篇，长安市上酒家眠，天子呼来不上船，自称臣是酒中仙。张旭三杯草圣传，脱帽露顶王公前，挥毫落纸如云烟。焦遂五斗方卓然，高谈雄辨惊四筵。"这八个人中，贺知章、李白、张旭酒名最高，都是著名文人，其他人也大多是官宦文人，只有焦遂是个布衣。除酒中八仙外，嗜酒的文人还有王维、杜牧、萧颖士、吴道子、白居易、皮日休等。他们边饮酒边作诗文书画，在为我们留下了大量佳作名篇的同时也留下了许多逸事和趣闻。

---

① 《东皋子后序》。
② 韩愈：《顺宗实录》。

最后看一下武人阶层，包括军官和士卒。这一阶层嗜酒者更多，特别要指出的是从史籍看晚唐五代时有关武人嗜酒的记载多于以往。例如《旧五代史》卷96记节度副使胡饶素不知书，"每乘酒于牙门诟（冯）道"；同书卷94记郭金海"好酒，所为不法"；同书卷123记骁将陈绍光"恃勇使酒，尝乘醉抽佩剑，将刵刃于（郑）仁诲"。这时的武人嗜酒与五代时北方政权皇帝的嗜酒是相一致的，它们都说明在晚唐尤其是五代时期，嗜酒使气是一种社会风尚。

隋唐时期有关将士们饮酒的记载主要是各种劳军、犒军、享军宴会。《资治通鉴》卷236唐德宗贞元二十年（804）春正月条记天德军都防御团练使李景略"尝宴僚佐，行酒者误以醯进。判官京兆任迪简以景略性严，恐行酒者得罪，强饮之，归而呕血，军士闻之泣下"。这里之所以错把醋当作酒，是因为当时酒的颜色也很重。

除了上述一些阶层外，平民百姓饮酒嗜酒的想亦不少，但史籍记载不多，令人遗憾，这里试举两例如下。一例是唐代诗人杜甫和他的朋友卫处士的小聚。他在《赠卫八处士》的诗中写那位卫处士"驱儿罗酒浆"，然后"主称会面难，一举累十觞。十觞亦不醉，感子故意长"，以饮酒来抒发友情和久别重逢的喜悦。另一例是长安卖凶器家伙计们的饮酒。他们吃的是"大猪五头，蒜齑数瓮，薄饼十拌"，喝的是"白醪数斛"，数百人边吃边喝，最后"及暮皆醉"①，气势颇为壮观。

这一时期饮酒的场所除在公堂、家中或郊野外；还有许多是在酒肆和酒店里。这一时期酒肆的特色之一，是在都城的酒肆中有些老板娘或女招待是少数民族或外国的姑娘。关于这一点，唐代诗人写了许多诗歌来吟颂，其中最负盛名的是李白的诗。例如李白在《送裴十八图南归嵩山》中说："何处可为别，长安青绮门。胡姬招素手，延客醉金樽"。这诗写在酒肆与朋友相别，使我们看到了一幅由"酒—酒肆—胡姬—相别"构成的、颇具时代特色的饮酒生活画卷。关于当时酒店的普及，我们再举两条史料。一条讲的是京城长安。据《开元天宝遗事》记载，当时"长安自昭应县至都门，官道左右村店之民，当大路市酒，量钱数多少饮之，亦有施者与行人解之，故路人号为歇马杯"。另一条讲的是远在南方的广州。据《岭表录异》记载："广州人多好酒，晚市散，男儿女人倒载者，日有二三十辈。生酒行郎，两面罗列皆是女人，招呼鄙夫，先令尝酒。盘上白瓷瓯谓之瓵，一瓵三文。不持一钱，来去尝酒致醉者，当垆妪但笑弄而已。"根据这一南一北的两条史料我们可以想象一下：在炎热的夏天或寒冷的冬天，那些赶路的游子们渴了就能在路边随处买到酒浆解渴；而生活在都市中的人们到晚上出去散步，

---

① 《太平广记》卷260，李佐条。

也可以在市场上随意喝到美酒。晚市结束,醉倒在地上的男女们竟达二三十人。这种情景告诉我们,在这一时期由于酒的低度数和含有甜味,使它既具有刺激性同时又具有很重要的解渴功能,因此才能在饮食乃至社会生活中起着十分广泛的作用。

第二节 衣冠服饰

隋唐五代的服饰在中国古代服饰中起着承前启后的作用。它将魏晋以来特别是北朝的服饰发展固定下来,形成为法令制度,影响直至宋代并延至明朝。如果拿隋唐五代的服饰与秦汉服饰相比较,我们就会发现二者有着显著不同。这就是说,隋唐五代的服饰在服饰史上具有十分明显的阶段性特点。

● 男服

隋唐五代的男子服饰从大的方面可分为两部分,即礼服和便服。礼服亦称冠服,包括有朝服、公服、祭服等。便服也叫常服,曾称为讌服和褻服。冠服主要是高冠革履、褒衣博带,常服则由幞头、袍衫、靴带组成。受传统礼仪影响,当主要是冠服制度,但常服也逐渐在令式中占有了一定地位。

(一)服饰制度及其演变

我们先看冠服。从总的情况看,隋唐五代的冠服沿袭了汉魏服制而有所减略,虽被详细规定在法律上但除少数几种场合外一般并不服用。

隋朝初建,隋文帝杨坚舍弃了北周服制,采北齐服制制定了《衣服令》,规定皇帝服饰有衮冕、通天冠、武弁、白纱帽、白帢等数种,皇太子、百官的服饰也各有规定。这一套服制是十分简陋的。到开皇九年(589)平陈以后,杨坚又采用了南朝梁陈服制重新定令,在皇帝服饰上增加了大裘冕、鷩冕、絺冕等项,但这一套礼制"皆藏御府,弗服用焉"①。到隋炀帝大业元年(605),炀帝杨广命牛弘等人依据古制、参照实际、增删旧令,重新制定了一套服制,定皇帝服饰有大裘冕以下八等,对皇太子、百官服饰也作了整理,废去了前代已有但实际已不服用

---

① 《隋书》卷12,《礼仪志》。

的"建华、鹬鹙、鹖冠、委貌、长冠、樊哙、却敌、巧士、术氏、却非"等冠服。这套服饰自大业二年（606）开始实行。

唐朝初年，高祖李渊也下令制定了《衣服令》，武德七年（624）颁行。根据此令，皇帝衣服有大裘之冕、衮冕、鷩冕、毳冕、绣冕、玄冕、通天冠、武弁、黑介帻、白纱帽、白帢共十二等。其中衮冕最重要，其形制主要是冠上有冕板，板宽八寸、长一尺六寸，垂白珠十二旒，以组为缨；身穿玄衣（深色或即黑色衣）纁裳（纁为赤和黄色），有十二章纹饰：衣上有日、月、星、龙、山、华虫、火、宗彝等八章，裳有藻、粉米、黼、黻四章；内穿白纱中单；腰束革带、玉钩䚢，垂大带、蔽膝；佩鹿卢玉具剑；脚穿朱袜、赤舄，舄上加金饰。

胡人牵驼俑　陕西礼泉　唐　昭陵郑仁泰墓

彩绘贴金铠甲骑马武士俑　陕西乾县　唐　乾陵懿德太子墓

武德令又规定皇太子有衮冕、远游三梁冠、远游冠、乌纱帽、平巾帻共五等；百官有衮冕、鷩冕、毳冕、绣冕、玄冕、爵弁、远游冠、进贤冠、武弁、獬豸冠共十等。不同的冠与朝服（亦称具服）、公服（亦称从省服）相配合，服用于不同场合。按照《武德衣服令》的规定，朝服是头上戴冠（上述各冠之一，主要指远游、进贤、武弁），冠下有帻，冠上有缨、有簪导；外穿绛纱单衣、白裙襦（或裙衫）；内穿白纱中单；束革带，垂蔽膝；脚穿袜、舄；佩剑等。公服比朝服要简单，也是冠、帻、缨、簪导、绛纱单衣白裙襦、革带，但没有白纱中单，没有蔽膝，脚上穿履不穿舄，佩鞶囊等而不佩剑。遇大事如陪祭、朝飨等穿朝服，其余公事穿公服，换句话说就是礼重时穿朝服，礼轻时穿公服。

武德令颁行以后，虽历经高宗、武后特别是玄宗时期对令文做了些微修改，但冠服制度大体不出武德令范围。不过令文归令文，在实际的社会生活中这些规定常常是徒有虚名。下面简单介绍一下武德以后对服制的修订及其在实际生活中的施用。

太宗时曾制定了翼善冠，与常服配合使用于朔望视朝，到唐玄宗开元十七年（729）废。显庆年间（656—661），高宗听取长孙无忌等修礼官的建议，在皇帝十二等服饰中只保留了大裘冕和衮冕，其他全部废而不用，但令文并不作删改。到开元十一年（723），玄宗又废除了大裘冕，除个别场合仍使用通天冠外，其余如元正朝会、大祭祀等全用衮冕，但令文仍未作删除。

皇太子服在唐高宗永徽（650—655）以后也只剩下衮冕、具服和公服。如果穿袴褶则戴进德冠，其余并废。

彩绘文官俑　西安灞桥　唐　金乡县主墓

由此可知冠服在这一时期的发展趋势，即一方面趋于简单，如皇帝除衮冕外一般不再服用其他；另一方面则是像翼善冠、进德冠出现所表示的那样，冠服有向常服靠拢的势头。

冠服中还有一种非正统的冠服称"袴褶"。按袴褶服源于胡服，普及于魏晋，经过几百年的改造和南北服饰的交流，到隋唐时代成为一般朝参时的服饰而被列入令中。据《武德令》，袴褶服主要是这样：头上戴平巾帻，上身穿紫褶（五品以上）或绯褶（六品以下），加裲裆；下身穿白袴；束起梁带；脚穿靴。这是武官、卫官陪立大仗时的服饰。如果文官乘马时也可以服，但须去掉裲裆。此外流外官无官品的人以及品子任杂掌者，在朝集从事时都要服产巾帻、绯衫、大口袴。《武德令》对袴褶的规定主要限于武官，但到唐太宗贞观二十二年（648），下令百官朔望日上朝都要服袴褶。高宗永徽以后，皇太子若乘马穿袴褶，要戴进德冠。武后文明元年（684）规定在京的百官每日入朝要穿袴褶服，诸州县长官在公廨也要穿袴褶。玄宗开元二十五年（737）御史大夫李适之建议冬至、元日大礼时六品以下通服袴褶，后来在开元二十五年《仪制令》中就规定道：诸文武九品以上，应朔望朝参者，十月一日以后二月二十日以前，并服袴褶。从这一发展过程看，袴褶服似有代替公服、朝服的趋势。但是，由于袴褶服既非传统冠服，又不如常服方便，所以它最终不能逃脱逐渐消亡的命运。唐代宗宝应元年（762）前后，归崇敬"以百官朔望朝服袴褶非古，上疏云：'按三代典礼、两汉史籍，并无袴褶之制，亦未详所起之由，隋代以来始有服者。事不师古，伏请停罢。'"① 归崇敬提出的理由虽是传统的，但他实际顺应了袴褶逐渐消亡的趋势。自此以后，虽有时还偶能见到服袴褶的记载，但一般说来，在实际生活中已没有袴褶的地位了。

冠服而外，自隋朝以来还有常服。这种常服是受北朝影响发展起来的，主要由幞头（也叫折上巾）、袍衫、靴带组成。由于它便于行事，因此普及得很快。隋朝初年，上自皇帝下到庶民都穿黄袍，不同的是贵臣束九环带，帝王束十三环带。开始时帝王还戴乌纱帽，到后来才"贵贱通服折上巾"②。到大业六年（610）后隋炀帝整理服饰制度，才初次在常服中划分等级，规定官员五品以上穿紫袍、六品以下穿绯或绿袍、胥吏穿青袍、庶民穿白袍、屠夫商人穿黑袍、士卒穿黄袍。这次规定一方面意味着将常服正式纳入律令格式体系，另方面又反映了将北朝贵贱通用的常服等级化。虽然这次对常服等级的划分十分简略，但它却具有很重要的意义。

到唐初，皇帝不让士庶穿赤黄色，自己则以赤黄袍衫、折上头巾、九环带、六合靴为常服。武德四年（621），唐高祖下敕规定官员三品以上穿紫袍衫、五品以上穿朱、六品以下直至庶民均穿黄袍。幞头和靴仍是贵贱通用。到唐太宗贞观四年（630），更详细规定了常服的服色，即三品以上服紫、五品以上服绯、六品七品服绿、八品九品服青，并仍然允许都穿黄袍。同时唐太宗制定了翼善冠（皇帝用）和进德冠（贵臣用）与常服相配。这二种冠到唐玄宗时废除。

贞观四年以后常服又经历了一些变化，到上元元年（674）八月，唐高宗再次下诏完善服色等级，规定"文武三品已上服紫、金玉带十三銙，四品服深绯、金带十一銙，五品服浅绯、金带十銙，六品服深绿、七品服浅绿、并银带、九銙，八品服深青、九品服浅青、并鍮、石带、九銙，庶人服黄，铜铁带、七銙"③。这次诏令还有一项重要规定，即禁止流内官穿黄袍衫。自此以后，唐代官员常服的服色基本都按品级以紫、绯、绿、青为准了。不过要注意的是，这里的"按品级"指散官品级，即隋唐时期的常服均以散官官品为准。因此白居易虽身为从五品下的江州司马（职事官），但并不穿绯衫，而是依散官将仕郎的官品从九品下，穿青衫，所以才有"江州司马青衫湿"的著名诗句。到五代，随着散官地位的下落，

---

① 《旧唐书》卷149，《归崇敬传》。
② 《旧唐书》卷45，《舆服志》。
③ 《唐会要》卷31。

服色也逐渐向依职事官品的方向发展，到宋代就全都依职事官官品了。

唐代的常服在其发展过程中逐渐配有一件物品即鱼袋。按鱼袋本来用于装鱼符。鱼符是刻有官员职务的身份证明书，要随身佩带，最初只发给职事官，退休后要交回。到武则天时期，因玄武与"武"姓相合，遂改佩鱼为佩龟，并初次规定龟袋按品级不同分别用金、银、铜饰。到中宗时恢复佩鱼及鱼袋，并与滥授官职同步，开始让散官佩鱼。到睿宗朝，正式将鱼袋与常服服色相连，规定穿紫袍衫者，鱼袋用金饰、穿绯者用银饰。到玄宗开元九年（721），再规定一切检校、试、判、内供奉官均可佩鱼袋，官员退休后也不交回。从此以后鱼袋就成为常服中绯紫服的一项重要组成部分，凡是赏赐绯紫服同时也要赏鱼袋，二者连在一起，称章服。这时的鱼袋基本上变为一种表示身份地位的装饰，所以韩愈有诗说："开门问谁来，无非卿大夫。不知官高卑，玉带悬金鱼"①。韩愈是在说来做客的都是佩金鱼袋的大官，透着一股得意的口气。到五代后周时，周世宗正式下诏停废鱼袋中装的铜鱼，章服中的鱼袋就成为名副其实的"鱼袋"了。

常服之外还有异文袍。其实异文袍也是常服，不过是在普通常服上增加了一些图案而已，但它似也有走向制度化的趋势。异文袍最初只是作为赐物。武则天天授三年（692）赐都督、刺史袍，上皆绣有山形，山周围并有铭文十六字，字为"德政惟明、职令思平、清慎忠勤、荣进躬亲"。以后凡是新任命的都督、刺史，都赐这种带铭文的袍。两年后，武则天又赐给诸文武三品以上者以铭文袍而且各自都绣有动物图案，例如诸王是盘龙和鹿，宰相是凤，尚书是对雁，十六卫将军是对麒麟、对虎、对鹰、对牛、对豹等。到玄宗时将这种绣有动物图案的袍的服用扩大到诸卫郎将。德宗时又扩大到节度使、观察使，规定凡赐节度使袍，所绣图案为鹘衔绶带，观察使则为雁衔仪委（一种瑞草）。这以后我们看到鹘衔绶带紫袍和雁衔瑞草绯袍向一般中央文官中普及。此后到文宗时，又将异文袍的服用超出赏赐范围，制度化为三品以上依官职不同可服鹘衔瑞草或雁衔绶带或对孔雀绫，四品五品可服地黄交枝绫，六品以下常参官可服小团窠绫。再以后不闻有关于异文袍的敕文。大约终隋唐五代时期异文袍始终没有完全形成为制度，但它对明清时期袍服的影响却是显而易见的。

（二）服饰名色

现在介绍几种主要的服饰。

1. 幞头。幞头就是"用全幅皂（帛？）而向后幞发，俗人谓之幞头"②。北朝周武帝将上述全幅皂绢裁出四脚，两脚系于头前、两脚垂于脑后。隋以后，这种

---

① 韩愈：《示儿》。
② 《隋书》卷12，《礼仪志》。

裁出四脚裹头的幞头，"通于贵贱矣"①。最初的幞头直接裹在发髻上，因此从外观看比较低平、似贴在头上。后来大约在隋末唐初出现了一种叫"巾子"的东西，将它罩在发髻上，外面再裹绢罗之类的幞头，就能裹出各种样子，外观看上去也变的直立起来，有些像帽子的模样了。后人一般统称幞头和巾子为幞头，但如果分开来看，巾子的变化多于幞头，特别是自唐初到玄宗这一时期，巾子变化的花样最多。例如武则天时的巾子比较高，叫"武家诸王样"；中宗时的巾子高而且向前倾，叫"英王踣样"；玄宗时巾子的上头是圆的，叫"官样圆头巾子"。与巾子相比，幞头的变化不大，主要表现在幞头罗的厚薄、特别是后面幞头脚的软硬和长短上。就长短而言，大致是尊贵者脚长、士庶脚短。到晚唐，由于每天要裹一次太费事，于是出现了木围裹头，即做一个幞头形的木帽子，刷上漆，外面蒙上纱，用时一戴即可，非常方便。相应地，幞头脚也变得硬起来，即在脚上加些铁丝之类，让它平伸出来。这时只有皇帝贵人才用硬脚幞头。到五代，这幞头的脚是越伸越长，后汉高祖刘知远的幞头脚左右长尺余；湖南楚国马希范的幞头脚左右竟长有一丈。不用说，这后一种绝不会是日常实用的幞头。

2. 帽。帽在这一时期种类繁多。有冬天戴的，也有夏天戴的，各地区也不一样。由于"帽"向来是"野人之服"，因而对其形制记载不多。实际上隋唐五代时期上自皇帝下至百官士庶，甚至包括妇女，都有戴帽的。帽子中记载较多、流行时间较长的是席帽。席帽本是西北少数民族的服饰，最初叫帏（或围）帽，以藤织成，有檐，四周下垂网以障尘土。后来女子戴者称帏帽；男子戴者将网去掉，称席帽。到唐宪宗前后，改用罽或毡织成，仍有檐，所以又叫毡笠。唐宪宗元和十年（794）宰相武元衡被刺时，御史大夫裴度也遭不测。但由于裴度戴着毡席帽，"刃不即及而帽折其簷"，结果不死。"既脱其祸，朝贵乃尚之。近者布素之士亦皆戴焉"②，在大都市甚至出现了"席帽行"以经营席帽，可见其流行。席帽之外见于记载的还有搭耳帽、浑脱帽（一种羊毛毡帽）、黑纱方帽、豹皮帽、大裁帽、危脑帽、轻纱帽等等。其中列在减样方平帽之后的是五代十国时期的帽子，如大裁帽、危脑帽是蜀国人戴的（危脑帽的样子可能是帽顶比较尖），而轻纱帽则出自韩熙载，为南唐人所喜戴。

3. 袍衫袄子。袍衫是这一时期男子最常穿的衣服。袍衫都是圆领，长过膝。衫是春夏穿的，袍是冬天穿的。武则天时溱州刺史杜景佺曾碰到一个算命的，说他能够入相，得三品，但穿不着紫袍。结果"夏中服紫衫而终"③，可见穿袍和衫

---

① 《隋书》卷12，《礼仪志》。
② 《资暇录》。
③ 《朝野佥载》卷1。

有季节差别。袍或衫在近膝处加有一横襕的，叫襕衫，为士人所穿。关于最初在袍衫上加襕的人，史籍有三种说法，即北周宇文护、唐朝马周和唐朝长孙无忌。从考古图像资料看，隋朝人的袍上已有襕了，可知北周宇文护说最为可信，而马周不过是将襕衫升作士人之服罢了。衫中还有一种叫"汗衫"，是贴身穿的衣服，比袍衫的衫要短。唐中宗时刘幽求"著白襕衫，底著短绯白衫"①。这短绯白衫就是穿在内的汗衫。这一时期还有袄子，也是冬天穿的，比袍短，有棉的，有夹的。武官和士兵穿袄子的比较多，一般官员、百姓也穿。唐高宗时就曾下诏严禁"于袍衫之内，著朱紫青绿等色短小袄子"②。

4. 半臂。半臂是隋唐五代特有的一种男子服饰，大约是从西北传入中原的。半臂的形制有些类似今天的坎肩，但比坎肩多了个袖子，其长度在半袖与无袖之间，襟大多开在右边。半臂的穿法主要是穿在内衣之上外衣之下，即唐代马周所说的"中单上加半臂"③。这样它就起到了一种垫肩的作用，使男子显得肩宽而雄武。如果半臂的质地很好，如像"锦半臂"那样，那么穿半臂的人就常常脱掉一只袖子以夸耀自己的半臂。当然为劳作方便，也有人将一只或二只袖子全脱掉。唐陕县尉崔成甫为了在万众面前出风头，就"自衣缺胯绿衫、锦半臂，偏袒膊，红罗抹额"④。这"偏袒膊"就是为了将锦半臂显示出来。

5. 裤。裤的种类很多。有一种与"褶"相配合，称为袴褶服，属于百官礼服，说已见前，此不赘述。其他从形制看有单裤、复裤（或称棉裤）、短裤、裈裤等。裤主要穿在袍衫里面，裈大约是内裤。从原材料看，当时又有布裤、纱裤、罗裤、皮裤、绸裤等。唐代人似乎喜爱穿白色裤，而白花罗裤就是进贡给皇帝的礼品了。又由于裤是穿在袍衫内的，因此当时人常常把这两种衣服对举。例如白居易就有"裤花白似秋云薄，衫色青于春草浓"⑤的诗句。这其中的裤又轻又薄，当是夏天所穿的裤。

6. 靴鞋。靴在这一时期为男子常穿之服。隋朝初始，皇帝贵臣就多服乌皮六合靴。唐初将靴的长勒改为短勒，允许上朝时穿，李白让高力士脱靴的故事就是穿靴上朝的一个证据。后来，这种乌皮六合靴就"贵贱通用"了⑥。六合靴用七块皮子拼成，看上去有六个缝。所以叫六合靴，也叫六缝靴。六合靴的靴勒上有带可系，靴口较宽，可以往靴里藏刀、书信。除六合靴外，唐代还流行有吉莫靴、

---

① 《唐语林》卷3。
② 《全唐文》卷13，《禁僭服色立私社诏》。
③ 《中华古今注》卷中。
④ 《旧唐书》卷105，《韦坚传》。
⑤ 《元九以绿丝布白轻褣见寄制成衣服以诗报知》。
⑥ 《旧唐书》卷45，《舆服志》。

蛮靴等。

鞋在这一时期有麻鞋、丝鞋、皮鞋、藤鞋、棕鞋、绣鞋、草履、木屐等。一般说来，穿鞋比穿靴要随便一些。从形制上说，除了作为冠服的履舄在鞋的前面要上翘很多之外，一般的鞋头也稍有上翘。有些鞋要用鞋带来固定。《旧五代史》卷7《梁太祖纪》引《五代史阙文》说唐昭宗"佯为鞡系脱，呼梁祖曰：'全忠为吾系鞋'梁祖不得已，跪而结之，汗流浃背"。可见皇帝所穿的鞋也是有带的。近年新疆吐鲁番地区的唐代墓葬中曾出土有系带的麻鞋，使我们看到了当时人所穿系带鞋的实物。

最后简单讲一下军衣的情况。

军衣分两类。一类是平常穿的衣服，一类是作战时穿的。前者与一般男子服饰大致相同。据敦煌文书记载，唐玄宗天宝年间（742—756）一个士兵所需衣服的种类有衫、汗衫、裈、袴奴、半臂、绵袴、袄子、幞头、鞋袜等。这其中袴奴比较特殊，似是裤口扎紧的一种裤子，基本为军人所独有。还有一种头饰叫"抹额"，也为军人专用。另外，这些衣服在颜色上与一般服饰也稍有不同。到唐代宗朝（762—779）前后，军中士兵还流行戴压耳帽子。除士兵外，将军不在军而在朝廷时也要服长袍。这种长袍绣有花纹，如瑞牛、瑞马、虎、豹、鹰之类。在唐睿宗时，还曾规定武官五品以上要佩戴刀子、砺石、针筒、火石袋等七种实用的佩物，称作钻鞢七事①。

第二类作战时穿的服装包括有战袍和盔甲。战袍中有的质量很好，例如五代时后晋皇帝就曾穿有"红罗真珠战袍"。盔甲中的头盔在此时仍称兜鍪，戴上它时能将大半个脸遮住。甲的种类很多，最常见的仍是明光甲，它在《唐六典》卷16"武库令"条所引十三种甲中名列第一，其他还有光要甲、细鳞甲、白布甲、皂绢甲、木甲、锁子甲等。唐初名将李勣协助李世民平定王世充，二人一起服金甲告捷太庙，这金甲恐怕是最显赫的戎服了。

㊁女服

女子服装就法令规定而言较男子服装简单。隋唐五代的妇女服装亦可分为礼服和便服。礼服为律令格式所规定，便服则不然。

（一）礼服

隋唐五代妇女的礼服主要指皇后、妃嫔、内外命妇在正式场合下的衣着。它既不同于汉魏传统的六服之制，也不同于北周系统的十二等之服，而是比它们都简单的多。隋初文帝立制，定皇后服为四等，即袆衣、鞠衣、青服、朱服，隋炀

---

① 《旧唐书》卷45，《舆服志》。

帝沿而不变。到唐代，可能嫌青服、朱服之名不合体统，唐高祖便将皇后服简省为三等，即袆衣、鞠衣和钿钗礼衣。据《武德令》，衣和鞠衣都是头上饰花十二株。袆衣为青色，上有十二行翟翚（锦鸡）花纹，系蔽膝，大带，腰悬白玉珮，足着青色袜、舄，舄上有金饰物，凡受册、助祭、朝会等大事时服用。鞠衣为黄色，无翟纹，亲蚕时服用。钿钗礼衣是头上饰十二钿，服色不定，无翟纹也无珮，足着履。宴见宾客时服用。皇后以下如皇太妃等均与皇后同而降等。内外命妇则有所不同，又有翟衣、钿钗礼衣、公服、宴服等名目。据《武德令》，内外命妇五品以上着青色翟衣，首饰与翟数各有不同，在受册、从蚕、大朝会、婚嫁时穿用；钿钗礼衣仍为杂色，钿数有不同而无翟，外命妇朝参、辞见或内命妇寻常参见时服用。宫内女官也有杂色礼衣，没有首饰，七品以上有大事则服用，平常供奉穿公服，七品以下至九品则无论大事与否均穿公服。至于宴服，其颜色亦不定，皆据丈夫或儿子的服色为宴服服色。《武德令》对妇女礼服的规定一直延续了下去，到这一阶段的末期也没有什么大的变化。

（二）便服

礼服是指有官品的贵妇人在参加典礼时所着的服饰，而便服则指她们平时所穿的衣服。一般百姓的服饰也可归入便服的范畴。《旧唐书》卷45《舆服志》讲命妇们"既不在公庭，而风俗奢靡，不依格令，绮罗锦绣，随所好尚"。结果"上自宫掖，下至匹庶，递相仿效，贵贱无别"。这种"贵贱无别"的妇女服饰或曰便服，就隋唐五代而言，主要由衫（襦）、裙、帔组成。

1. 衫、襦。衫、襦都是短上衣，为此阶段妇女最常见的衣服。衫一般较薄，襦则较厚，多是夹或棉的。就形制而言，隋及唐初衫襦比较短小，窄袖，掖在裙腰内。后来衫襦变得逐渐宽大，以致到唐文宗时不得不下诏，限制襦袖不得超过一尺五寸，而在此之前，很多地方妇女的衣袖都阔达四尺。当然这只是衫襦的大致趋势，实际上在唐前期也有大袖衫襦，后期也有穿窄袖罗衫的。衫襦的颜色大致有白、青、绯、绿、黄、红等，尤以红衫为多。一般的衫子用布做，好的则用罗，上有金银线；襦则多绣有各式花样，所以当时诗中常有"薄罗衫子金泥缝"、"连枝花样绣罗襦"的说法。

2. 裙。这一阶段妇女的裙子总的说来比较长。《事物纪原》"长裙"条引《实录》说"隋炀帝作长裙十二破，名仙裙"。当时又时兴将裙腰系在胸上，这就使裙子显得更长。隋及唐初的裙子比较瘦，上面有许多褶，有单色裙也有间色（两种或数种颜色间隔排列）裙。由于褶多了比较浪费，唐高宗时曾下诏禁止，说"天后我之匹敌，常著七破间裙，岂不知更有靡丽服饰，务遵节俭也"[1]。唐玄宗也作

---

[1] 《全唐文》卷13，《令雍州长史李义元禁僭侈诏》。

过类似的限制。到唐中后期，这种带褶的间色裙不再流行，取而代之的是比较宽肥的裙子，但束胸仍然很高。裙的材料多种多样，好的就有绸裙、纱裙、罗裙、金泥簇蝶裙、百鸟毛裙等。裙的颜色以红、黄、绿为多。红裙即石榴裙，常为诗人们所歌咏，而黄裙据说是杨贵妃所特别爱穿的裙子。

3. 帔。帔是搭在肩背上的长帛巾，当时多称为"帔子"，也叫"帔帛"、"披帛"、"领巾"，大约由西域传入内地，在隋唐五代使用的很普遍。从形制上看，有的帔较长、有的又较短，并似有不同的样式。《事物纪原》说："唐制，士庶女子在室搭帔帛，出适披帔子。"《太平广记》卷31"许老翁"条记益州士曹参军柳某的妻子不披帔帛而披帔子可能就与此有关。帔的材料有绫、帛、丝、罗等，颜色以红、绿、黄为多，其中像单丝罗红地银泥帔子，就是红色的比较高级的帔子。不同颜色的帔与衫、裙相搭配，构成了当时妇女虽然很普遍但又是五彩缤纷的服装。

4. 半袖。半袖是隋及唐前期妇女常穿的服装，样子与男子所穿的"半臂"相似而有所不同。半袖比半臂的领口更低，且多为对襟，套在窄袖衫外。后期由于衫袖变宽，半袖套不进去，穿的人就少了。半袖也是域外传入的服装，史籍记载不多。据《旧唐书》卷45《舆服志》，当时的女官们平时供奉要穿"半袖裙襦"，其样式从陕西出土的唐代永泰公主墓壁画中可以看得很清楚。

5. 帽。妇女戴帽似为这一阶段前期的时尚。帽的种类有多种，其中有特色的是羃䍦与帷帽。羃䍦似亦来自西域，样子是笠状帽，帽檐周围下垂有布帛，长可过膝，将全身遮蔽。这种羃䍦风行于隋及唐初的北方地区。李密在唐高祖武德年间（618—626）领兵赴黎明，在桃林县附近立意反叛，"乃简骁勇数十人，著妇人衣，戴羃䍦，藏刀裙下，诈为妻妾，自率之入桃林县舍"①，可知中原地区也戴这种帽子了。到唐高宗永徽（650—655）以后，戴羃䍦的少了，帷帽开始流行。所谓帷帽，也是斗笠状帽子，四周垂布帛或网，比较短，只垂到脖子，或即由羃䍦发展而来，原也为旅人蔽风沙所用。到中宗朝（705—710）羃䍦彻底消失，帷帽大行于世。再往后到唐玄宗开元年间（713—741），戴帷帽的也不多了，很多妇女又喜戴胡帽。这胡帽不用说原是西域或吐蕃人所戴的帽子，种类有许多，一般说来都是顶比较尖，有帽耳但常上翻，有的缀有毛皮或毡，多数都绣花。再以后，妇女们又喜欢什么帽子都不戴，"露髻"出行了。以上叙述了自羃䍦到帷帽到胡帽到露髻的演变过程，似乎在唐玄宗以后妇女不再戴帽。但根据《旧唐书》卷45《舆服志》的说法，唐后期仍有戴帽如戴笠或戴柘枝花帽子的妇女，不过终究比较少。此外，这一时期妇女尤其是宫女戴花冠的很多，例如有碧罗冠子、芙蓉冠子等。

---

① 《旧唐书》卷53，《李密传》。

当然这些花冠一般平民是戴不起的。

6. 鞋。鞋类服饰在这一时期有履、鞋、靴、屐等。从史籍记载看，大多数情况下称鞋为履。履有高头和小头、平头之分，唐玄宗天宝（742—756）末年时兴小头的履。从制作材料看，则有草履、锦履、帛履等。除履之外，唐代多称"线鞋"为鞋。线鞋隋代就有，男女皆穿，而唐初妇女穿得更多。到唐玄宗时，"妇人例著线鞋，取轻妙便于事"①。履、鞋之外，靴则有红锦靴，屐则有木屐皮屐。大致说来这一阶段前期穿靴履的多，后期穿鞋的多，而穿屐的则无论前后期都比较少。

三 妆饰

隋唐五代妆饰中的大部分继承了前代传统但又有所不同，表现比较明显的是面饰中的面靥、花子。不同的发饰、面饰互相配合，形成了各种"妆样"，分别反映了本阶段某一时期的特色。

（一）头饰

头饰包括头发的样式和头发上的钗簪类装饰。据《中华古今注》，隋唐时的发髻名称有凌虚髻、祥云髻、朝云近香髻、归秦髻、奉仙髻、归顺髻、愁来髻、飞髻、百合髻，这些髻的样式今天已不能知晓。若就唐人诗文来看，当时的发髻还有交心髻、鸾凤髻、抛云髻、慵来髻、抛家髻、倭堕髻。其中倭堕髻出现的次数最多，我们也大致可知它的形状，据唐代诗人温庭筠词"倭堕低梳髻"②，可知它比较低。又据《中华古今注》卷中"梁冀盘桓钗"条"堕马髻今无复作者。倭堕髻一云堕马之余形也"的说法，可知它和堕马髻很像，而堕马髻的样子是"侧在一边"③，因此倭堕髻是一种低而偏斜的发髻。从正面看呈一边多一边少形状的发式大致可断为倭堕髻。除以上名称外，这一时期诗文中还有大量有关"高髻"的描写。这种高髻恐怕形状各有不同，共同的特点只是高。此外以形状名髻的还有丱髻、丸髻，多为儿童所束；带有少数民族特点的有乌蛮髻、椎髻，而出自宫内的还有宫人髻、宫样（官样）髻等。发式除髻外还有鬟。梳鬟者多为年轻妇女，形状有双鬟、三鬟，最热闹的是扫闹鬟。

这一时期还流行假髻，也叫义髻、特髻等。用假髻最有名的是杨贵妃。据《明皇杂录》，杨贵妃尝以假髻为首饰，而好服黄裙。天宝末童谣曰：义髻抛河里，黄裙逐水流。假髻有用木做的，就像近年新疆吐鲁番地区唐墓中出土的那样。也

---

① 《旧唐书》卷45，《舆服志》。
② 《南歌子》。
③ 《后汉书》卷34，《梁统列传》。

有用头发做的。《旧唐书》卷185《薛季昶传》记"藁城尉吴泽者，贪虐纵横，尝射杀驿使，截百姓子女发以为髢，州将不能制"。这一事例或者还说明当时戴假发的也包括男子。

　　头发上的装饰有两种。一是插些钗簪之类。无论男女，均有插者。男子插的比较简单，女子则很繁缛，有插梳的，也有插金钗、搔头、步摇的。唐王建《宫词》说"玉蝉金雀三层插"、施肩吾《收妆词》说"柱插金钗十二行"都是形容头上插饰的繁多。所以唐文宗在大和二年（828）曾专门对公主宣旨道："今后每遇对日，不得广插钗梳"①，以限制这种趋势。除钗梳外，当时头发上装饰的另一种是插花，称作"头花"。《太平广记》卷448"李参军"条即记有萧公向县官借头花钗绢的事。从诗文中看，当时在头发上插的花有石竹花、栀子花、酴醾花等，即主要以红花和白花为主。这也是当时审美情趣的一个反映。

　　（二）面饰

　　面饰就是脸上的妆饰。这一时期的妇女与前期一样，在脸上也要涂粉抹胭脂。一般涂的粉是白粉，有时也涂红粉，前蜀后主的宫人就常在脸上"渥以朱粉"②。还有些妇女自炫美貌，不涂脂粉，最著名的就是杨贵妃的姐姐虢国夫人。史称其"不施粧粉，自炫美艳，常素面朝天。当时杜甫有诗云：虢国夫人承主恩，平明上马入宫门。却嫌脂粉涴颜色，淡扫蛾眉朝至尊"③。另有一种不涂粉的情形，那是受吐蕃影响的妆饰，也就是唐元和时候（806—820）"腮不施朱面无粉"的时世妆④。除女子外，当时的男子也有施粉的，例如唐武则天时（684—704）的张易之兄弟就经常"傅朱粉，衣锦绣"⑤。

　　涂脂抹粉之外，我们将面部的妆饰自上而下介绍如次。

　　1. 额黄。额黄就是在额上涂黄粉。唐五代诗词中常用"半额微黄金缕衣"⑥、"额黄侵腻发"⑦等诗句来描述。至于所涂黄粉由何物制成，目前尚不清楚，推测可能由某种植物研制，或者使用的是金粉。

　　2. 画眉。画眉在这一时期仍是妇女面饰中很重要的一部分，当时人常以它作为化妆的代称。前述"淡扫蛾眉朝至尊"是一例，朱庆余"妆罢低声问夫婿，画眉深浅入时无"⑧就更为明显了。画眉有种种样子，仅《清异录》就记唐五代眉

---

① 《旧唐书》卷17,《文宗本纪》。
② 《十国春秋》卷37《前蜀后主本纪》。
③ 《杨太真外传》。作者按：或以为此诗实为张祜所作。
④ 白居易：《时世妆》。
⑤ 《资治通鉴》卷206。
⑥ 《太平广记》卷200李蔚条。
⑦ 《全唐五代词》卷5。
⑧ 《云溪友议》。

样有"小山眉、垂珠眉、分梢眉"等数种。又有所谓"西蜀十眉图"。这些眉具体作何样子今天已不可详知，而从史籍有关画眉的描写看，大量的可分为蛾眉（阔眉）和柳眉（细长眉）两种。这两种眉存在于这一时期的始终。虽然白居易说天宝（742—756）末年流行"青黛点眉眉细长"[1]，但天宝诗人杜甫在《北征》里却说"狼藉画眉阔"，可知两种眉样同时并存。比较特殊的倒是唐元和年间（806—820）受吐蕃影响的画眉。那是将"双眉画作八字低"[2]的一种倒八字眉样，画好后看上去像是在哭泣。画眉用的颜色主要是黑色，但也曾流行过绿眉，即所谓的"朱唇翠眉"[3]。更有甚者，是将眉毛刮去后在眼的上下用红紫色涂画，看上去血肉模糊，号称"血晕妆"[4]。这种去眉的做法在唐文宗时曾被禁止。

3. 花子。花子也叫花钿、媚子，是将各种花样贴在眉心的一种装饰。《续玄怪录》"定婚店"条讲相州刺史王泰的女儿"眉间常帖一花子"就是一例。从出土的图像资料看，花子有十余种样子，如圆形、菱形、月形、牛角形等，颜色以红、绿、黄为主。

4. 面靥。面靥是用丹或墨在颊上点点儿的一种妆饰，点出的点儿很像一颗痣。这种化妆法在唐代很流行。元稹《春六十韵》中即有"醉圆双媚靥"的诗句。不过唐人诗文中有时也将眉心处点的圆点儿称作"靥"。

5. 点唇。点唇是用唇膏涂在嘴唇上。一般说来是涂成红色即所谓的"朱唇"，但也有将嘴唇涂成黑色的。那是受到吐蕃风俗影响的结果。白居易在《时世妆》一诗中提到过这种点唇，即"乌膏注唇唇似泥"。这种"乌唇"是唐元和年间（806—820）的时髦妆饰。

面饰主要就是以上这些。不同的发饰与面饰相配合，就出现了许多不同的妆样，反映出各个时代的特色。例如唐玄宗天宝末年的流行妆样是"青黛点眉眉细长"；唐宪宗元和年间的流行妆样是椎髻、乌唇、八字眉。此外还有泪妆、啼妆、落梅妆、血晕妆等。五代前蜀的"醉妆"是"其髻鬘然，更夹面连额，渥以朱粉"[5]；南唐的"北苑妆"是"缕金于面，皆淡妆，以茶油花饼施额上"[6]。

头饰、面饰而外，五代时又出现了另一种妆饰陋俗，即妇女的裹脚。据《十国春秋》卷18记载，南唐后主的宫人"窅娘纤丽善舞，后主作金莲，高六尺，饰以宝物细带，璎珞莲中，作品色瑞莲，命窅娘以帛绕足，令纤小屈上作新月状，

---

[1] 《上阳白发人》。
[2] 白居易：《时世妆》。
[3] 岑参：《玉门关盖将军歌》。
[4] 《唐语林》卷6。
[5] 《十国春秋》卷37，《前蜀后主本纪》。
[6] 《南唐拾遗记》。

素袜舞莲花中,回旋有凌波之态,由是人皆效之"。这一陋俗是一种以摧残妇女肌骨为代价的妆饰,自五代时产生直到一千年后的20世纪才逐渐消亡。

㈣ 服饰的社会性

服饰的社会性包括很多内容,这里主要指它的等级性、地方性和民族性。服饰具有等级性是封建社会服饰制度的本质之一,隋唐五代亦不例外,但这一阶段又有它自己的特点。地方性和民族性实是两个互相交叉的概念,所以我们也将它们放在同一节讨论。

(一) 等级性

服饰的等级性主要是指用服饰来标示某类人的等级,或某一集团的类别。隋唐五代以前,各朝的冠服制度对等级都规定很详细,在这一时期也没有什么变化。但是自从中国历史经过魏晋南北朝到达隋唐以来,冠服之外的常服日益受到重视,并在大多数场合取代了冠服的地位。于是统治阶级就面临着一个十分紧迫的课题,即如何将常服等级化或者说如何以常服来标示等级和集团。经过隋以及唐初数位皇帝的不懈努力,这个过程终于在唐玄宗朝前后大致完成了。

1. 统治者对服饰等级的重视。在第一章第一节中我们曾经说过,隋炀帝首次规定常服服色具有十分重大的意义,这意义就在于使常服的等级化变为制度。但是,由于隋末大乱,致使常服的等级制度不能有效实行。唐朝建立后,统治阶级继续重作常服的等级制度化工作。唐太宗贞观四年(630)下《定服色诏》说:"车服以庸,昔王令典。贵贱有节,礼经彝训。自末代浇浮,采章讹杂。卿士无高卑之序,兆庶行僭侈之仪……朕继踵百王……思宏典制……其冠冕制度,已备令文。至于寻常服饰,未为差等。今已详定,具如别式。宜即颁下,咸使闻知。"①这里要注意的是,唐太宗在诏书中明言要制定常服而非冠服的"差等"。这一方面说明常服的地位已经提高到和冠服平起平坐,另方面说明在唐太宗之前常服还处于一种无制度的混乱状态,而这种混乱状态影响了"贵贱有节"的高卑之序,所以必须改变。唐太宗制定了紫、绯、绿、青的服色等级后,就从大的方面完成了常服的等级制度化,但执行过程中还屡有差乱。到唐高宗咸亨五年(674)就又有诏敕说:"如闻在外官人百姓有不依令式,遂于袍衫之内,著朱紫青绿等色短衫袄子。或于闾野,公然露服。贵贱莫辨,有斁彝伦。自今以后,衣服下上,各依品秩。上得通下,下不得僭上。仍令有司,严加禁断。"②这就是说,在唐高宗咸亨年之前,官员与百姓常常在自己应服的衣服内穿上不合自己等级的各色衣袄,或

---

① 《全唐文》卷5。
② 《唐会要》卷31,《李镣传》。

在非官衙处公然服用非本色衣服，造成了"贵贱莫辨"的情况。但这又从反面说明当时的官员和百姓也知道这样做是非法的，所以总有些隐隐藏藏，说明常服的等级制从总体看已经基本被遵守了。再以后到唐玄宗时，服色的僭用主要不表现为非法服用不符自己等级的服色，而是利用合法手段诈取高品服色，即所谓"借色"。这就说明常服的等级化至此已成为普遍的行为规范了。但是，由于"借服""借色"造成了服色的另一种僭滥，也影响到正常的贵贱秩序，所以开元四年（716）唐玄宗颁《禁僭用服色诏》对此予以限制。从这以后，似乎服色僭越问题除借服外大致获得解决，实际则不尽然。唐玄宗以后，对服饰等级秩序的破坏换了一种形式，即多表现在用料或样式的僭越上。由于这种僭越也影响了尊卑秩序，因此也为统治者所深恶痛绝，于是有唐代宗、敬宗、文宗等皇帝屡屡颁布的禁车服逾侈的诏敕。到五代后唐庄宗时，统治者所要制裁的还是那些"有力之家，不计卑贱，悉衣锦绣"的状况。不过在唐末五代，由于时局大变，当时的服色制度出现了一些混乱。例如有某低级官员为受人礼遇，自己就"脱绿被绯"①的情况。但从总的方面说，紫、绯、绿、青的服色制度已经成为不可更改的等级规范了。

通观隋唐五代统治者对服饰等级化的重视，会发现一个有趣的现象，即在唐高宗以后，正是最高统治者自己在不断制造着服色等级的混乱。这就是适才提到的"借色""借服"问题。

按"借服"就是允许低品官员在某种条件下可以借穿高品的服色，事毕归还。被允许借服的主要有三种人。一种是军将在战场上立了功，作为赏赐，允许穿绯或紫服。第二种是派遣入蕃使。为了提高他们的地位，允许穿绯或紫服。第三种是都督或刺史中的官卑者，可以借穿绯服。本来这些借服都是临时性的，事后要归还，但在执行过程中出了许多弊病。例如军将在战场上借的绯紫服，本不过是战袍类战时服装，但他们打完仗后不仅不还借服，反而另行制作同样绯紫色的常服袍衫公然服用；入蕃使穿着绯紫服出使回来后也不归还借服，继续服用。对于这两种情况，唐玄宗都曾下诏，勒令严加纠察，但对另一种即第三种刺史借绯，则考虑到刺史为一方之长的权威问题，遂于开元八年（720）定制，将刺史借穿绯服制度化了。唐后期白居易在杭州当刺史就是借的绯服。刺史不当了，绯服并未归还。他在事后若干年曾作诗对那件旧的绯衫感叹道："暗淡绯衫称老身，半披半曳出朱门。袖中吴郡新诗本，襟上杭州旧酒痕。残色过梅看向尽，故香因洗嗅犹存。曾经烂漫三年著，欲弃空箱似少恩。"②

---

① 《旧五代史》卷108。
② 《故衫》。

"借服"作为统治者的赏罚手段之一，一直到唐末五代亦未能禁绝。这时借服的大部分主要是赏赐军将。这样，借服终于还是和皇帝对臣下滥发的赐服一起，经常制造着服色等级的混乱，形成了《旧唐书》卷158《郑余庆传》所说的情形，即"以军功借赐命服而后入拜者十八九，由是在朝衣绿者甚少，郎官谏官有被紫垂金者"。

以上所述服饰的等级化主要局限在百官范畴，至于其他阶层，由于史料缺乏无法作概括论述，只能在叙述有关阶层的具体穿着时略加提及。

2. 各阶层的服饰状况。这里所说各阶层的服饰，主要不是说它们的样式和用料，而是说那些具有各自阶层或集团特点的服饰。以下分皇帝和贵族、一般官吏、平民商贾、劳动者奴婢、军人、其他（包括乐舞人、僧道处士、妇女等）共六个层次来介绍。

（1）皇帝和贵族高官。皇帝在隋唐五代时期除去大的典礼要穿冕服外，其他一律穿袍衫，而且主要是赭黄（或作柘黄）袍衫。换句话说，赭黄在这一时期是皇帝的专用服色。唐玄宗时安禄山称帝，穿的也是赭黄衫。当安庆绪战败，欲让帝位给史思明时，亦先将赭黄衣送去。终隋唐一代，这赭黄袍衫上不见有带花纹的记载，但在五代后唐时期，楚马殷曾献给同光帝"盘龙御衣"，或许这时皇帝所穿的袍衫上已经有龙的图案了。

贵族高官指诸王及五品以上官。这些人的冠服已见第一章。就常服而言，他们主要穿绯、紫二色。五品以上穿绯、三品以上穿紫，有了绯袍紫袍就属高级官员。于是时有"佩服上色紫与绯"的诗句①。上面所谓"借色"实际也就是借紫借绯。唐颜真卿为县尉时曾对一尼姑表达过自己的愿望："官阶尽五品，身著绯衫……其望满矣。"那尼姑指着一块紫色的桌布对他说："颜郎衫色如此。"② 这也是以绯紫来指代高官即贵族的例子。

为了更好地标示贵族高官这一等级，自唐中叶以后开始在绯紫服上增加图案。从史籍记载看，这一做法的制度化是从唐德宗时开始的。当时他命令在节度使袍上绣鹘衔绶带、在观察使袍上绣雁衔仪委。后来这种图案扩大到非节度使、观察使所穿的绯紫服上。例如刘禹锡任苏州刺史时被赐紫，紫袍上就有"鹘衔瑞带势冲天"③；翰林学士蒋某所授绯袍上也是"瑞草唯承天上露，红鸾不受世间尘"④，由此可见前述雁衔仪委中的"仪委"是一种瑞草。上述例子说明唐中期以后贵族高官所穿绯紫袍上更增加于一些图案以区别于其他官吏。

---

① 韩愈：《送区弘南归》。
② 《唐语林》卷6。
③ 白居易：《喜刘苏州恩赐金紫遥想贺宴以诗庆之》。
④ 王建：《和蒋学士新授章服》。

（2）一般官吏。一般官吏包括六品以下至九品的流内官以及流外官、胥吏、低级宦官等。从制度上看，六品七品穿绿袍衫、八品九品穿青袍衫（一度改青为碧）是其基本服色。虽然由于品级服色按散官官阶计算，有时与职事官不合，但一般情况下六品以下的职事官均穿绿或青的袍衫。据史籍记载的实例，例如鸿胪寺丞（从六品上）是绿袍；下州参军（从八品下）是碧衫；补阙（从七品上）是绿服；拾遗（从八品上）是青袍等。又据《唐会要》卷31所引《礼部式》，服青碧者许通服绿，所以我们在诗文中看到穿绿袍衫的官吏最多。由穿青绿袍的低级官吏跃入穿绯袍的高级官员很不容易，所以滞于仕途的官员们常有"青袍白头"的感慨，其中唐于良史《自吟》一首说的尤其悲凉。诗云："出身三十年，发白衣犹碧。日暮倚朱门，从朱污袍赤。"

隋及唐初，一般官员还可以著黄袍衫。当时令式规定，不管其本来服色是什么，百官上朝时都可以服黄。后来到唐高宗上元年间（674—676）洛阳县尉因穿黄服夜行为人殴打，所以特下诏令："朝参行列，一切不得著黄。"[①] 自此以后官吏中穿黄衣衫的只能有三种人了。一种是流外官以及无品的参选者，所以当时有"黄衣选人"的说法。第二种是宫内的低品宦官，所谓"黄衣使者白衫儿"[②] 即是。第三种是里正等各种胥吏。《太平广记》卷104"卢氏"条说卢氏"昼日闲坐厅事，见二黄衫人入门。卢问为谁，答曰：里正"。总的说来，穿黄衣衫多少带有些使役职能的味道。

（3）平民商贾。所谓平民就是无官的百姓（这里还将其与体力劳动者稍加分别）。商贾本来也应算平民，但自前代以来历朝统治者均贱商贾，所以这里将其单独提出来作为一个有特色的集团与平民并列。隋炀帝定服制，规定庶人服白、屠商服皂，是将二者区别对待。入唐以后，唐高祖武德四年（621）规定庶人服黄，以后直至唐高宗上元元年（674）再定服制，这一规定也没改变，而对商人则一直无所限制。从史籍记载的实例看，当时庶人服白衣的要多于服黄者。所以百姓应举叫"白衣举人"，剥夺官职又允许效劳叫"白衣从事"或"白衣从征"。白衣而外，平民还有穿皂穿褐、甚至穿绿穿紫的。穿绿、紫袍衫违背了《令》《式》的规定，但若穿"绿绫袭""紫绮袭"之类似乎在允许之列。商人按规定要服黄、白，但其中的富商大贾经常因衣服过制而被批评，到唐后期他们竟托名军籍、穿起了紫衣。这种情况沿至五代，后唐明宗对此十分不满，曾下诏不许百姓商人服紫、皂，只许他们服白衣，以区别于官员和军人。商人而外，唐代的举子在去谒见座主时要穿缝掖麻衣；街上的豪侠则朱、紫、黄、绿无所不穿。这些都

[①] 《唐会要》卷31。
[②] 白居易：《卖炭翁》。

是平民中某类人的服色特点。

（4）劳动者、奴婢。关于劳动者、奴婢服饰的史料不多。就服色而言，我们只知道在唐文宗太和六年（832）王涯的条奏中曾引《礼部式》，说奴及部曲通服黄、白、皂，客女及婢通服青、碧，所以时人称婢女为"青衣"。就样式而言，一般劳动者如农夫、工匠大都穿短衣，仆人的衣服也不能宽长。这些可能是这一阶层服饰的特点，至于衣不蔽体等状况我们放在下章探讨。

（5）军人。隋炀帝初定服色，规定军人服黄。唐崇土德，不愿以黄为兵，改军人服黑。唐代宗广德二年（764）三月曾有"禁王公百吏家及百姓著皂衫及压耳帽子"的诏书，目的是"异诸军官健也"[①]。除压耳帽子外，当时的军人还常在头上戴红色抹额以区别于其他人。军人服黑，只是指一般正规边军官健，至于禁军则不受这个限制。例如飞骑就穿五色袍、神策军吏还穿紫衣。此外，将军们身穿各式绣袍也是他们区别于文官的一种显著标志（详前）。到唐末五代，各路诸侯纷纷变换衣饰。于是穿黄衣、白衣，乃至穿青衫白裤的军队都曾出现，反映了乱世中各霸一方的割据性服饰特色。

四蝶银步摇　安徽合肥　南唐　汤氏墓出土

---

① 《唐会要》卷72。

（6）其他。其他各色人等也都因史料缺乏无法——细说，只能一并说个大概。先看乐舞倡优。按乐舞倡优是专门为皇室贵族服务的。他们的服饰很特别，依乐舞名目的不同而不同。例如乐工著淡黄衫，参军戏则著绿衫；演傩戏的是画裤朱衣，斗鸡者则冠雕翠金华冠，锦袖绣襦裤；霓裳舞是虹裳霞帔步摇冠，柘枝舞又是罗衫锦靴绣帽，如此等等，不一而足。其次看妇女。按妇女的礼服有品级规定已见前述，其他常服则在颜色上没有作等级限制，紫、红、绿、黄，无所不可。如前所述，《礼部式》规定了贱口的客女和婢通服青、碧，从史籍所载实例看，似乎不仅婢女，许多贫穷的妇女也大都穿青色衫裙。第三看僧、道、处士。僧人的服装是袈裟，依等级有三条五条乃至更多条的规定。就颜色而论，一般僧人只能穿缁（黑）色，只有被皇帝赐紫的和尚才能衣紫袈裟。道士有穿紫的也有穿黄的，似乎以穿黄的为多。处士们的服装大都简陋，或鹿巾纱帽、杖藜草屦，或纱巾藤鞋、短褐犊鼻，既要高雅又要有些野趣。

服饰的等级性使不同层次、不同职业的人变得有所区别，以致当时人常以服饰来代表等级。例如一提"白衣"就知指无官的百姓，一提"青袍"就知是低品级小官；"紫袍犀带"那定是贵族无疑，"皂衣抹额"不用说就是军人。唐独孤郁在《对才识兼茂明于体用策》文中说有这么几种人是不劳而食的：一是"绛衣浅带"者，二是"缦胡之缨、短后之服"者，三是"髡头坏衣"者[①]。作者没有直接点出"官吏、军人、僧侣"这不同的集团或等级，但我们已经理解了。这就是服饰中等级性、集团性特色所起到的作用。

3. 奢侈与贫穷。等级性还表现在服饰的消费上。奢侈性消费是统治阶级的消费特性，我们只要举几个例子就可知其大概。例如唐睿宗有一年正月十五观灯时打扮了千余宫女，"一花冠、一帔皆万钱。装束一妓女皆至三百贯"[②]。唐玄宗时每月给韩国、虢国、秦国三夫人钱十万"为脂粉之费"[③]，而宫中掌杨贵妃刺绣的就有700人。尽管如此，从社会总的方面看，隋唐前期的奢侈还是比不上唐后期、五代。唐后期时文宗就曾对大臣们说过这样的话："朕闻前时内库唯二锦袍，饰以金鸟。一袍玄宗幸温汤御之，一即与贵妃。当时贵重如此。如今奢靡，岂复贵之？料今富家往往皆有。"[④] 我们看到唐后期的奢侈确实是远远超过了前期。例如唐德宗嫁皇女，一笼花要花70万；宰相元载妻天晴时晒衣裳，用了"青紫丝绦四十条，各长三十丈，皆施罗纨绮绣之饰。每条绦下排金银炉二十枚，皆焚异香，香

---

① 《全唐文》卷683。
② 《朝野佥载》卷3。
③ 《杨太真外传》。
④ 《旧唐书》卷123，《郑郎传》。

至其服"①。具有如此奢侈消费水平的大臣在唐前期是找不到的。难怪当时很多大臣、文人纷纷写诗著文对这种奢侈进行批评，所谓"一丈毯、千两丝，地不知寒人要暖，少夺人衣作地衣"②，所谓"美人梳洗时，满头间珠翠。岂知两片云，戴却数乡税"③讲的都是这个道理。有些皇帝也曾下诏令禁止奢侈，例如唐高宗、玄宗、肃宗、代宗、文宗都有这方面的诏书。不过这些诏书往往只能收到一时之效，不可能从根本上禁住奢侈，因为奢侈的消费是由当时封建等级社会的本质特性所决定的，是皇帝贵族乃至富商大贾们必定要去追求的一种消费方式。

但是当时的一般官员在穿衣戴帽上并不富裕。因此隋唐五代史籍上就有许多官员之间互赠衣服、互送布料、互借衣物的记载。例如有国子监四门助教欧阳詹十分贫穷，"素乏衣服"，朋友送了一件紫罗半臂，"不暇藏箧笥，联绵在身二十年间"④；白居易任江州司马时，元稹寄给他一段布料。白居易将布做成衣服后写诗作答。诗的前半云："绿丝文布素轻社保褣，珍重京华手自封。贫友远劳君寄附，病妻亲为我裁缝"⑤，诗中一个"贫"字揭示了白居易生活中的匮乏。当然还有更差的。例如官任左拾遗（从八品上）的杜甫和国子博士（正五品上）韩愈。前者的子女们"垢腻脚不袜，补绽才过膝……天吴及紫凤，颠倒在短褐"⑥，后者也是身穿"破袄"，儿女们"裤脚冻两骭"的⑦。

当然最贫穷的还是劳动人民。像"出入无完裙"⑧的石壕村媳妇、"平生未获一完全衣"⑨的镇州民家妇就都是穿不起衣服的劳动妇女，而民间诗人王梵志更是为我们描画了穷苦人衣生活的实况。他在《贫穷田舍汉》一诗中说："贫穷田舍汉……今世作夫妻……幞头巾子露，衫破肚皮开。体上无挥裤，足下复无鞋。"这种衣不遮体的衣物消费与皇帝贵族们的消费之差不啻为天上地下。那些个织着对凤缠枝的锦罗绢纱对于贫穷百姓们来说究竟又有多大关系呢？

（二）地方性与民族性

地方性指各地区的服饰特点，民族性则指各少数民族的服饰特点。有时这两种特性是交叉的，比如某地区住的都是少数民族，这时讲地方性也就是讲民族性，反过来讲民族性也就是讲地方性。但是为叙述方便我们仍要将二者分开，因此这

---

① 《太平广记》卷237，芸辉堂条。
② 白居易：《红线毯》。
③ 郑邀：《富贵曲》。
④ 欧阳詹：《有所恨二章》。
⑤ 白居易：《元九以绿丝布白轻褣见寄制成衣服以诗报知》。
⑥ 杜甫：《北征》。
⑦ 韩愈：《崔十六少府摄伊阳以诗及书见投因酬三十韵》。
⑧ 杜甫：《石壕吏》。
⑨ 《太平广记》卷158，贫妇条。

■ 隋唐五代社会生活史

上左：红衣舞女图　西安　唐　执失奉节墓壁画
上右：唐三彩骆驼载乐俑　西安
下：青釉彩斑腰鼓　故宫博物院藏

隋唐五代社会生活史

上：乐舞图（局部） 陕西西安 唐 苏思勖墓壁画
中：彩绘骑马带豹狩猎俑 西安灞桥 唐 金乡县主墓
下：彩绘打马球俑 新疆吐鲁番 阿斯塔那墓

隋唐五代社会生活史

张议潮出行图 敦煌莫高窟156窟 唐壁画

隋唐五代社会生活史

上：备骑出行　山东嘉祥　隋　徐敏行墓出土壁画
下：彩绘骑马抱犬狩猎胡俑　西安灞桥　唐　金乡县主墓

上：礼宾图　陕西乾县　唐　乾陵章怀太子墓壁画
下左：晋昌郡太守乐廷瓌夫人行香图
　　　敦煌莫高窟130窟　唐壁画摹本
下中：彩绘釉陶贴金文官俑　陕西礼泉　唐　昭陵郑仁泰墓
下右：唐三彩文官俑　西安西郊

隋唐五代社会生活史

隋唐五代社会生活史

上左：仪仗图（局部） 陕西乾县 唐 乾陵章怀太子墓壁画
上右：彩绘釉陶贴金武官俑 陕西礼泉 唐 昭陵郑仁泰墓
下：三彩牵驼俑 陕西乾县 唐 乾陵章怀太子墓

上左：周昉簪花仕女图　传　唐
上右：舞乐屏风　新疆吐鲁番　阿斯塔那墓　唐
　下：吐蕃赞普听法图　敦煌莫高窟159窟　唐壁画

隋唐五代社会生活史

隋唐五代社会生活史

上左：晋昌郡太守乐廷瓌夫人行香图
上右：敦煌莫高窟130窟 唐壁画摹本
下左：永泰公主墓 壁画
下右：戴面纱女骑俑 新疆吐鲁番 阿斯塔那墓
泥头木身女俑

里所谓的地方性就变得专指非少数民族居住地区的地方特点。由于史籍上关于这两种问题的史料都不多,而且这些仅存的史料在时代前后上又缺乏一贯性,不能窥见其发展脉络,因此我们以下所述只能是一个大概的轮廓了。

1. 地方性。隋唐五代时期的主要服饰已见第一章,各地区服饰的共性仍以那些服饰为主,但互相之间又多少有些差异即个性。这些差异主要反映在南北差别上。按道理讲,所谓的南方又有江南、剑南、岭南,北方又有东北、西北、关中、山东的不同,但因史料缺乏我们只能统而言之,偶或发现更细一点的区别,自然会在有关部分着重指出来。

南北方差别在衣服上的表现恐怕主要是用料的不同。例如毛褐在北方很多,在南方就比较少。宣州人曾以兔毛为褐,那不过是有钱人家穿着玩,一般人一定织不起。五代时南唐大臣徐铉到汴京出使,见到穿毛褐的就嘲笑,那是因为南唐没有。后来南唐降宋,他到邠州,虽冷也不穿毛褐,以至于因冷染疾,病死在邠州。徐铉看不惯北人的毛褐可能有某种政治或社会的因素,但同时也反映出南北方服饰的不同。在用料上最讲究的是益州即四川。《太平广记》卷31引《仙传拾遗》,说妇女所穿的"益都盛服"是:"黄罗银泥裙、五晕罗银泥衫子、单丝罗红地银泥帔子",并称"世间之服,华丽止此耳",也就是说人间最好的衣服要属益州的服饰了。除益州外,桂州地方用棉布作的布衫,北方最初也没有。唐文宗时夏侯孜穿着桂管布衫上朝,文宗问他这布衫怎么如此粗涩,他说桂布厚,很抗寒,于是"上嗟叹久之,亦效著桂管布,满朝皆仿效之,此布为之贵也"[①]。这就是说在唐文宗以前,北方人尤其是京都人还不知道棉布衣衫的妙处,此后受南方影响才开始穿棉布衫。现在看服装样式。从史籍结合出土文物看,似乎南方男子穿半臂的不多,穿圆领长袍的时间也比北方为晚,例如湖南地方在隋炀帝大业六年(610)还没有圆领长袍。另外,江南地方似乎一直就喜欢大袖,而蜀地直到五代时仍著窄袖衣衫。湖南长沙地区袍衫的下摆比较宽大也是地区特点。

玉带　四川成都　前蜀　王建墓出土

---

① 《太平广记》卷165,夏侯孜条。

至于史籍所言蜀人所穿的"袜头裤"、楚人所穿的"不缝裙",虽不明其形制但想来一定也是颇具地方特色的服装吧。

南北之异表现在头饰上的差别主要是帽子。北方流行的席帽是毡做的,但南方确切说吴地的席帽却是结丝织成,华丽些的还要在上面织上花鸟。这种风俗后来对北方也有影响,使席帽向越来越轻变化。另外还有一点需要注意,即我们所言北方流行毡帽是指在唐宪宗以后。在唐代,扬州的毡帽非常有名但一直不为北方人重视。后来由于唐宪宗时裴度戴着扬州毡帽免被刺杀,从此长安人才变得爱戴毡帽了。由此看来,同样是南方,扬州与吴越又有所不同。另外北方常戴的羊毛帽如第一章介绍过的"赵公浑脱帽",恐怕南方不会有。不过从史籍以及文物资料看,南方人似乎比北方人更喜欢戴帽,特别是五代时期比较流行。例如韩熙载"在江南造轻纱帽,匠帽者谓为韩君轻格,人多效之"①,这在第一章中已经介绍过了。此外据《十国春秋》记载,"蜀人富而喜游,俗竞为小帽;而帝好戴大帽",而南汉又流行平顶帽。20世纪70年代福建省曾经发现了闽国惠宗之后刘华的墓,墓中陶俑所著帽颇具地方特色,例如,筒形帽、角状帽、扇形帽等在北方都不曾看到。因此似乎可以说南方人戴帽的比北方多。而且南方人戴的帽普遍比较轻薄,这当然与天气的冷暖有直接关系。

南北之异在鞋上的表现也很明显。北方所穿的鞋中以靴最重要,因此有关穿靴的记载就比较多。这大约与北方畜牧业发达、骑马者多有关。与此不同的是南方穿靴的较少,穿鞋的较多,其鞋中最具特色的是草鞋。《旧唐书》卷45《舆服志》记载了刘子玄一段很有名的上疏,内容主要是说服饰中冠服与常服的不同、帷帽创于隋代等,其中说到"芒屦出于水乡,非京华所有"就指出了南北在穿鞋上的不同。从史籍记载看,吴越、湖南等地都盛行草鞋。例如《全唐诗》卷861伊用昌诗《题茶陵县门》有注曰"江南有芒草,茶陵民采之织履";《旧唐书》卷105《韦坚传》记"驾船人皆大笠子、宽袖衫、芒屦,如吴越之制"。由于吴越人穿草鞋的多,因而有些人就织成了各种式样华丽的草鞋,以至唐文宗时专门下诏要禁止过于奢侈的"吴越高头草履",只许穿平头小花草履②。南方除穿草鞋外,穿屐的也很多,李白就有专门描绘越女不穿袜光穿屐的诗。诗云:"长干吴儿女,眉目艳新月。屐上足如霜,不著鸦头袜"。此外广州、潮州一带还有木屐。《岭表录异》卷中记潮州循州多用枹木根"刳而为履。当未干时刻削易如割瓜,既干之后桑韧不可理也。或油画或漆,其轻如通草。暑月着之,隔卑湿地气"。这种木屐颇具地方特色。

---

① 《清异录》卷下。
② 《新唐书》卷24,《车服志》。

总的说来，南方服饰和北方有所不同，南方中各地区又各有特点，例如江南的轻巧、蜀地的华丽就很突出。此外，南北间的交流或互相仿效也是我们应该注意的，上述扬州毡帽与桂管布衫在北方的流行就是极好的两个例子。

2. 民族性。民族服饰是这一时期服饰的一个重要方面。隋唐五代近四百年间不仅民族众多，而且其间还有不少兴衰变化。受篇幅和史料的限制，我们只能介绍其中一些最重要的民族服饰，至于各民族服饰之间的互相影响和交流，我们放在最后做一简单综述。

（1）渤海。渤海国的建立者是靺鞨族。虽然渤海最后也没有征服黑水靺鞨，但为方便起见我们将其放在一起叙述。靺鞨在隋时社会文明程度还不高，妇女穿布，男子则穿猪皮或狗皮衣，其中黑水靺鞨的习俗是"编发，缀野豕牙，插雉尾为冠饰"①。到大祚荣建立渤海国以后，渤海的社会不断发展，到9世纪初期成为"海东盛国"。这时渤海人的服装已与唐朝服装十分接近了。据1980年发掘的渤海贞孝公主墓（公主死于公元792年）壁画，当时的渤海人穿各色圆领长袍、腰束革带、足着靴或麻鞋。唯一与唐朝服饰不同的是头饰，即除了戴幞头的外，还有梳高髻、札抹额的男子，幞头的样式也与唐幞头略有不同。渤海国也有百官的章服制度，规定三秩（相当于唐之三品）以上服紫、牙笏、金鱼；五秩以上服绯、牙笏、银鱼；六秩七秩浅绯衣、八秩（九秩）绿衣、皆木笏。这也说明渤海的服饰已经与唐十分接近了。

（2）契丹。契丹发展到唐后期已成为北方大族。关于契丹早期服饰史籍记载甚少，仅《隋书》卷84《北狄传》说"其俗颇与靺鞨同"，但《新唐书》卷219《北狄传》却说它"风俗与突厥大抵略侔"。到唐末五代，契丹社会发展迅速。后唐明宗时（926—933）使人去见契丹皇帝，阿保机已经是"被锦袍，大带垂后"了。不过契丹的锦袍与唐五代帝王所服的袍还有不同，因此耶律德光灭了后晋后穿着后晋皇帝的袍靴，登崇元殿，还是赞叹"汉家仪物"的威盛。由于契丹地处北方寒冷地区，因此穿各种裘、袄的比较多，高级一些的就有貂裘、狐裘。五代的大臣冯道出使契丹，被赐予锦袄、貂袄、羊裘、狐裘、貂裘各一。白天谒见时要穿上四件袄衣，晚上睡觉要盖三层裘被，可见契丹的寒冷。

（3）回纥。史籍中有关回纥早期服饰的记载也很少。到8世纪中叶，回纥人已经穿着一种混合本民族装束与唐装束的服饰。例如回纥最强大的可汗之一毗伽可汗在唐肃宗时（756—761）的服饰就是"衣赭黄袍、胡帽"。其中赭黄袍是汉式服装，胡帽则是本民族的。到唐宪宗时（806—820），回纥皇后（可敦）的服饰为"绛通裾大襦，冠金冠，前后锐"。到五代时，史籍又记载回纥"妇人总发为髻，

---

① 《新唐书》卷219，《北狄传》。

高五六寸，以红绢囊之。既嫁，则加毡帽"。这些通裾大襦、前后锐的冠，以及高五六寸用红绢囊裹的发髻等服饰在甘肃敦煌莫高窟现存壁画中都能看到。从这些壁画看，所谓通裾大襦就是一种不分衫、裙的长袍类服饰，式样是对襟、桃形领，绣有花纹，给人以宽松、华贵的感觉。

（4）西域诸民族。西域各民族包括有高昌、焉耆、龟兹、于阗等。这些民族中高昌、于阗比较接近内地中原服装。高昌本来是辫发垂后的，隋炀帝大业八年（612）高昌王下令国中"庶人以上皆宜解辫削衽"，从此以后高昌的衣冠与中原就很接近了。于阗服装到五代时也是"衣冠如中国"。此外焉耆、龟兹则是男子剪发不留，穿锦袍，似受波斯服饰影响较大。唐朝势力到达这些地区后，或许他们的服装会有一些改变，但也可能仍保留着本民族的服饰。

（5）吐谷浑、党项。吐谷浑的男子穿长裙缯帽，或戴幂䍠；妇女以金花为首饰，辫发垂后，上缀以珠贝；君王则椎髻戴黑帽，妻子穿锦袍织裙。党项人多服裘褐；以披毡为上好的装饰。党项社会后来也发展得很快，以至建立了西夏国。有关西夏的服饰请参见下一卷。

（6）吐蕃。吐蕃的服饰很有特点，对中原王朝也有影响。据记载，吐蕃人穿毡衣或皮衣，喜欢以赭涂面，妇女辫发。官员的等级标志是在手臂上依等级高下分别缀以瑟瑟珠、金、金涂银、银、铜等。居丧时要断发，以黛涂面，穿黑衣。文成公主到吐蕃后不喜欢赭面，赞普于是下令禁止，可是似乎并未禁绝。不过不管怎么说，由于文成公主的努力，吐蕃人开始学穿中原式服装。吐蕃使者入朝，唐皇帝也赐给他们紫袍鱼袋，但使者只接受紫袍却不受鱼袋，说本国没有这种章服，说明吐蕃人在吸收别民族服饰的同时还保留着自己的服饰特点。到唐穆宗长庆（821—824）会盟时，赞普穿素褐、戴布帽。到五代时，"男子冠中国帽"，但

联珠对鸭纹锦　新疆吐鲁番　阿斯塔那墓

宝相花印花绢褐裙　新疆吐鲁番　唐墓出土

妇女仍然辫发，戴瑟瑟珠。终唐五代，吐蕃人穿裘皮衣的很多，其中最上等的是穿虎皮衣，其次有貂裘、鼠裘等。

（7）南诏。在南诏基本统一云南之前，当地分布着许多蛮夷少数民族。这些民族的服饰种类繁多，例如有寻传蛮，不穿衣服不穿鞋，以竹笼头为盔；有裸蛮，以木皮遮身；有施蛮，男子衣缯布，女分发至额，为一髻垂后；有茫蛮，以漆或金装饰牙齿，衣青布短裤，妇女披五色娑罗笼；有东谢蛮，椎髻，以绛布包住垂于后，男子服衫袄、大口裤，又用带斜挎右肩，饰以螺壳、虎皮等。以上诸蛮后来大都为南诏所统一。毫无疑问，这些少数民族有些为南诏服饰所影响，还有些仍保留着自己的服饰特点，至于其他一些未纳入南诏势力范围的蛮、夷、獠等自然还都穿着自己的民族服饰，在此就不一一叙述了。

南诏服饰与汉族大致相同。不同的一是男子一律披毡，二是头饰乃以红绫或皂绫缝成角状物、角内填木，然后包住头髻。此外就是南诏人都不穿鞋，虽贵如清平官、大军将也是如此。南诏俗贵绯、紫二色，这与唐朝相同。有大功的人在身上披锦，其次披虎皮。妇女不涂粉黛，贵者穿绫或锦的裙襦，头发则分辫为两股再作髻，上缀以珍珠、金、贝、瑟瑟、琥珀等。从现存剑川石钟山石窟中南诏王的服饰看，他们大都穿圆领偏襟长袍。这一点确实也与唐五代中原服装很接近了。

以上我们简单介绍了各民族的服装，其中已经接触到民族服饰之间的交流问题，即隋唐五代中原王朝的服饰对周边少数民族服饰的影响。例如前面提到的渤海国的品级制度与唐的章服制就很相像。文成公主将中原影响带到吐蕃，史称赞普"自裼毡罽，袭纨绮，为华风"①。这一方面的影响比较多。下面再谈另一种影响即少数民族服装对中原服装的影响，这就是"胡服"问题。

按唐五代的所谓"胡服"其实是一个很宽泛的概念。在不同时期，胡服的内容是不同的。从史籍记载看，似乎唐玄宗天宝时（742—756）人最爱穿胡服，其实不然。《安禄山事迹》卷下说："天宝初，贵游士庶好衣胡服，为豹皮帽，妇人则簪步摇。衩衣

胡服妇女残绢画　新疆鄯善吐峪沟千佛洞　唐

之制度，衿袖窄小。"这里指出胡服的主要特征是豹皮帽和窄袖衣是对的，但作者说它们流行在天宝初则不对，那是出于作者的五行概念，所以《新唐书》的作者径直将这段话放在《五行志》中。其实唐初最流行胡服。从图像资料看，胡服确实是窄袖袍衫，同时这种袍衫还多为翻领、对襟、上绣有花纹，下穿竖条纹裤、尖靴。帽子则多种多样，大致有毛皮帽、镶珍珠帽、花帽等。很显然，这种胡服是受西域一些民族服饰影响的结果。到唐宪宗元和年间（806—820）又有所谓"非华风"的时世妆，即椎髻赭面、嘴唇涂成黑色。这种装束是受吐蕃装饰的影响。后来，被称为"回鹘装"的胡服对内地也有影响。五代后蜀花蕊夫人作《宫词》，就有"明朝腊日官家出，随驾先须点内人。回鹘衣装回鹘马，就中偏称小腰身"的诗句，说明回鹘装已影响到皇帝宫中的宫女了。君主喜好，庶民中一定会流行起来，这是没有问题的。同是五代，在北方的胡服又指契丹式样的服饰。《册府元龟》卷160有后汉高祖的《禁断契丹装服敕》。敕中说"近年中华，

---

① 《新唐书》卷216，《吐蕃传》。

兆人浮薄，不依汉礼，却慕胡风……应有契丹样鞍辔、器械、服装等，并令逐处禁断"。这说明当时契丹式样的服装在民间已相当流行，不过后汉的皇帝不喜欢罢了。

由此可见所谓"胡服"问题不过是不同时期、不同民族（仅前述即有西域民族、吐蕃、回鹘、契丹等）的服饰对中原服饰的影响问题。历代史家专门提出唐玄宗天宝时的胡服来大做文章，不过是认为它是"安史之乱"的先兆罢了。其实各民族在服饰上的互相交流、影响是完全正常的事情，某一时期流行某种样式的装扮也是很正常的，它正能反映出我们这个多民族国家丰富多彩的服饰的发展情况，因此我们完全没有必要将它与某一政治事件联系起来。这就是我们单列一段探讨胡服问题的原因所在。

第三节　居住用具

研究居住生活离不开建筑。各种不同建筑形式不仅造就了人们居住活动的空间，而且影响着居住生活的面貌或习俗。隋唐五代在建筑上的成就主要表现在城市建设和宗教建筑上。其他如私人住宅中园林的兴起、建筑技术中建筑构件定型化的趋势等也都是当时建筑的特点。以下我们研究居住生活，将不去特别叙述那些建筑技术，而只注意与人们居住生活有关的部分，也就是从城市入手，通过各种建筑形式乃至家具、陈设等来看当时人居住生活的大小舞台及其环境。

● 城市、宫殿

宫殿与城市密不可分。城市特别都城的中心是宫殿，而宫殿的位置、状况不仅与皇族生活有关，而且影响着都市中其他人的生活，所以我们将二者放在一起研究。又因为城市是古代社会生活的中心，皇帝、百官、工商业者及其他各色人等都生活在城市中，因此有关城市的史料比较多，考古发现也比较多，这就使我们能够花较大篇幅来探讨这一问题。

隋唐五代的城市规划基本上仍是一种棋盘式的封闭规划。不过随着时间的推移，它在将密封式城市规划推向极致的同时，又开始向宋以后那种开放式的街道布局转化。隋唐的长安城是上述棋盘式规划的典型。

隋大兴唐长安城的特点首先是大，东西宽9721米、南北长8651米，周长约37公里。城中纵贯南北的朱雀大街宽150米，而宫城与皇城之间的横街宽达220米，是现在北京东西长安街宽度的二倍至三倍。在这巨大的城市内，除去宫城、皇城和东市西市外，其余的居民区被分成整齐的108个长方块，称108坊。这就是所谓的棋盘式布局。108坊各坊面积大小不一，最小的南北长500—590米、东西宽550—700米；最大的南北长660—838米、东西宽1020—1125米。各坊的四面街也都很宽，在100—150米之间。《乾䐱子》曾记载了一个故事，讲在崇仁坊的北街有上万人聚集一起围观一女子，可见街道之宽。

大明宫莲花纹瓦当　西安　唐

大明宫鎏金铜铺首　西安　唐

长安城规模宏大致使人口众多，估计城内大约居住着100万人，其中有固定人口也有流动人口。后者包括赶考的举人、赴选的官吏、上番的士兵以及经商的商人，外来的使节等。在唐朝前期，由于运粮道路不畅，固定人口口粮的供应是个很大的问题。遇到灾荒，常常不得不流浪到四方去找饭吃，当时叫做"逐食"，甚至连皇帝也不能幸免。唐高宗咸亨元年（670），关中地区遭到严重灾害。结果，"诏令任往诸州逐食"①。流动人口的粮食供应也是个大问题。唐宪宗元和年

---

① 《旧唐书》卷5，《高宗本纪下》。

昭陵鸱尾　陕西礼泉　唐　　　　　　　　　　羽人瓦当　青海民和　唐

间（806—820）的某一年，由于旱灾，无法保证流动人口的口粮，宪宗皇帝甚至下令暂时停止当年的各种选举活动。韩愈还为此写了篇辩解的奏状，叫《论今年权停举选状》。他在文中说："陛下怜悯京师之人，虑其乏食，故权停举选，以绝其来者，所以省费而足食也。臣伏思之，窃以为十口之家，益之以一二人，于食未有所费。今京师之人不啻百万。都计举者不过五七千人，并其童仆畜马，不当京师百分之一。以十口之家计之，诚未为有所损益。"[1] 从这里我们可以得知，长安人口有100万，而光是来赶考的举人连同仆隶就有1万人。

长安城的另一特点是布局井然有序。当时的统治者为了加强管理以及更有效地保卫自己，改变了过去民居与宫殿官府混杂在一起的布局，将长安的宫殿区、中央衙署区与居民区严格区分开来。在唐代，长安城的宫殿区主要有三个，即正北的太极宫、东北的大明宫以及东部的兴庆宫，一般将太极宫建筑群称为宫城。中央衙署集中在宫城南面，被称为皇城。宫城和皇城都有围墙环绕，各门都有士兵把守。皇帝及其家属主要生活在宫殿区。太极宫和大明宫是相通的，互相来往没有问题，就是大明宫与兴庆宫之间也有"复道"相连。所谓复道是一种城墙旁边的夹墙，始修于唐玄宗开元年间，宽处达20余米，皇帝们在里面行走，外面看不见，这样可以确保安全。这条复道还一直通到长安的游览胜地曲江。

太极宫宫殿区的北门叫玄武门，在唐朝前期皇帝生活特别是皇帝的政治生活

---

[1] 《全唐文》卷549。

中占有重要地位。这是由于唐朝禁军中就护卫宫殿来说，最重要的是北军。而玄武门就由北军将领把守。谁控制了把守玄武门的北军将领，谁就掌握了政治斗争的主动权。唐太宗杀死兄弟、夺取政权的"玄武门之变"所以能取得胜利，就是因为这一点。大明宫是唐高宗以后唐朝政治生活的中心。大明宫宫殿区的正殿是含元殿，举行最重大的典礼。一般常朝在含元殿北面的宣政殿。宣政殿的北面是紫宸殿，也叫便殿，是皇帝随意接见大臣的地方。宣政殿与紫宸殿之间有两道门，叫东西上阁门。不要小看了这两道门，它划开了内朝和外朝，给宫廷生活以重大影响。唐文宗大和九年（835）发生的"甘露之变"，反映了朝官和宦官的矛盾。宦官在这场斗争中获胜的原因之一，就是宦官抢在政变军

慈寺大雁塔　西安　唐

队赶到之前，把文宗皇帝拥进了东上阁门，然后"门即阖，内官呼万岁者数四"①，胜利心情跃然纸上。兴庆宫宫殿区是唐玄宗兴建的，占有两坊地。兴庆宫的西南盖有"花萼相辉楼"和"勤政务本楼"。勤政楼面向南，前面有个大广场，玄宗常在这里设宴观乐。从兴庆宫宫殿区与周围坊市的关系看，这一处宫殿区是比较开放的。

现在看一个具体的宫殿。唐长安城大明宫宫殿区的正殿含元殿无疑是当时最壮观的宫殿。它建筑在龙首原高岗上，高五十余尺、面阔十一间，左右立有栖凤、翔鸾两阁，形成为凹状。殿前有龙尾道，道长 75 米。《唐语林》说含元殿是："每元朔朝会，禁军羽杖宿于殿庭。金甲葆戈，杂以绮绣，文武缨佩，蕃夷酋长皆序立，仰观玉座，若在霄汉。"这种建筑适应了皇帝至高无上的政治生活的需要。

与宫殿的相对集中相呼应，长安城还出现了分区居住的倾向。这种分区居住大部分是自然形成的，但也有少部分出自统治者自身的需要。

长安城东高西低，相差约 30 米。低处常遭水灾，因此官僚们的住宅多集中在朱雀街以东。特别是大明宫、兴庆宫两处宫殿建在东北部和东部以后，那里更是

---

① 《旧唐书》卷169，《李训传》。

成为官僚尤其高官们向往的地方。宰相如李林甫住平康坊、杨国忠住宣阳坊、元载住大宁坊、郭子仪住亲仁坊等，就都在大明宫和兴庆宫附近。因而可以说长安城的东部是官僚居住区。长安城的西部则是庶民居住区。平民、举子、商人、手工业者多居住在这里。唐代有个靠精明发家致富的著名人物窦某。他种树卖木材、收购麻鞋做法烛、买地建食店，很快成了大富翁，而他活动的嘉会坊、崇贤坊、延寿坊、西市就都在长安城的西部。因此徐松《唐两京城坊考》说："万年县（万年县领街东户口，长安县领街西户口——笔者注）户口减于长安。又公卿以下居止多在朱雀街东，第宅所占勋贵，由是商贾所凑；多归西市。"又说："长安县所领四万余户。比万年为多，浮寄流寓，不可胜记。"讲的都是这种情形。

其他分区倾向还有以下一些：由于鸿胪寺在朱雀街西以及西北角数坊多建有祆寺、大秦寺等，导致那一地区成为西域等少数族人集中居住区；翊善、来庭两坊因靠近大明宫，成为宦官集中居住区。隋炀帝还曾将魏、齐、周、陈的乐人子弟集中在一坊居住，人为地安排了一个乐人居住区。此外，造乐器者集中在崇仁坊；士大夫入道多在亲仁坊；凶肆等为丧葬服务的机构多在丰邑坊。从史籍看，还有鸡坊、客户坊、籍坊、僧坊、铜坊、徒坊、患坊等字样，显然这些也反映了某一类人集中居住在某一处的倾向。由于长安城太大，城的南部居民很少，《唐两京城坊考》说"自兴善寺以南四坊，东西尽郭，率无第宅。虽时有居者，烟火不接，耕垦种植，阡陌相连"，于是有些官僚的别墅就建在城南。长安城的东南部是游览胜地，包括有慈恩寺、杏园、芙蓉园、曲江等。这样我们可以大致看出长安城分区居住的概况，即朱雀街东为官僚居住区，街西为庶民居住区，街西北一部为西域人居住区，城南多为农田、别墅，东南则为游览地。

长安城还有一个特点是封闭性强、便于控制。城里的居民区即每一坊都有高墙环绕，除去皇城南面四坊为避免冲了宫阙王气，因而只开东西二门以外，其他各坊都是四面开门。坊门由坊正负责开关。每天晚上鼓声一响，就准备关门，鼓响八百声，门就关上，再不许坊中人出坊。第二天五更二点自宫内"晓鼓"声起，诸街鼓顺序敲动，坊门就可开启。这鼓要敲三千下，到天亮为止。唐人小说《任氏传》讲郑六早晨从任氏宅出来想要回家，"及里门，门扃未发"，只好"坐以候鼓"，即等到鼓响门开才能出坊。各坊坊正如果违反规定开关坊门就要受到惩罚。坊中设有宽约15米的东西、南北大街各一条，形成十字街（但上述皇城南面的四坊只有东西大街），街内治安由左右街使负责。各坊在坊角处还设有武侯铺，由卫士把守，每铺的卫士依铺的大小不同有五人或三十人。这种铺有些像现代的派出所。坊里与坊里的隔绝限制了交往，对市民生活有一些影响。唐代著名传奇小说《李娃传》就对此有所描述。小说讲了这样一个故事：倡女李娃在平康坊租了间房待客。举子郑生喜欢李娃，就倾其所有，住在李娃处。一年后郑生财尽，李娃将他骗至宣阳坊李姨处，自己退掉平康坊住房搬走。郑生回到平康坊发现房锁人走，十分惊慌，急于返回宣阳坊质问李姨。但这时天色已晚，坊门将闭，他只好卖掉衣服，住店暂息一宿，第二天郑生赶到宣阳坊，才知李姨是李娃同伙，也已搬走。郑生打听不到李娃下落，穷困交加，只能乞食为生。一次要饭到安邑坊，被李娃发现。李娃救起郑生，最后帮助他考取了进士。从这篇小说可以看到，坊门的定时开关影响了郑生寻找李姨。而且安邑坊就在宣阳坊旁边，只是由于坊墙的相隔，互相来往不多，才使得郑生找到李娃十分困难，难怪唐代诗人白居易曾有诗叹道"隔墙如隔山"① 了。封闭的又是整齐划分的坊里制使长安的街道两旁满目皆是耸立的黄土墙，虽然各坊内相当热闹，但坊外的街景却是十分单调的。

以上介绍的城市和宫殿主要限于长安，其实隋唐的其他城市特别是各道治所也都很发达。当年隋炀帝曾在江都修建过新奇豪奢的"观文殿"和"迷楼"。据《大业拾遗记》，观文殿前两厢为书堂，各十二间，每一间有十二个装书的宝厨，隋炀帝就分别在各间读书。二十四间书堂中，每三间开一方门，门垂锦幔，上有两个飞仙，门的底下有机关。当隋炀帝到来时，有宫人在前引导。宫人离门一丈远时脚踩机关，仙人于是下来揭开幔帐，然后再升上去，门扇打开，书厨也随之相继打开。这一连串的动作都由一个机关操纵，很是奇妙。迷楼由浙人项升设计建造，"楼阁高下，轩窗掩映。幽房曲室，玉栏朱楯，互相连属；回环四合，曲屋自通。千门万牖，上下金碧。金虬伏于栋下，玉兽蹲于户旁。壁砌生光，琐窗射日，工巧之极"②。其他如武则天在洛阳建造的通天宫，又叫明堂，史称其"高二百九十四尺，方三百尺"③。这座宫殿竟然高达近百米，真不知当时耸立在洛阳城中是怎样的一种宏伟景象！到唐末五代，虽然北方战乱不断，南方却相对平静，各藩镇治所或各地方政权都城所在地都有长足发展。我们看福建王氏闽政权建的福州城。福州城由大城和南北夹城组成。大城周长二十六里四千八百丈，城墙高三十五尺，厚十七尺，外面包砖一千五百万片。城墙上建屋一千八百零十间，叫作"廊"。若干廊之间建一铺，置鼓报时，共三十六铺。又有六个角楼，一个敌楼，敌楼高二十三层。整个布局严谨有序。五代时南方各政权的君主们住在这样安全、严密的城内，更肆意挥霍，修建了一座又一座豪华的宫殿。例如南汉的昭阳殿，"用金为仰阳，银为地面，檐楹榱桷皆傅白金，殿下设水渠，浸以真珠。又琢水精琥珀为日月，列于东西玉柱之首"④；南熏殿"柱皆通透刻镂，础石各置炉

---

① 白居易：《酬吴七见寄》。
② 《迷楼记》。
③ 《资治通鉴》卷205，《南汉高祖本纪》。
④ 《十国春秋》卷58。

燃香，有气无形"①。闽国的东华宫，"以珊瑚为棁楣，琉璃为棂瓦，檀楠为梁栋，真珠为帘幕，范金为柱础"②；楚王作九龙殿，"刻沉香为八龙，饰以金宝，各长百尺，抱柱相向，己居其中，自言身一龙也"③。这些宫殿耗费了大量民脂民膏，满足了帝王们奢侈生活的需要，同时也在客观上反映出南方经济的发展。

隋唐五代大部分城市都与长安城一样，实行着封闭式的坊里布局。例如洛阳除宫殿和三市外有103坊。这些坊多为方形，每坊的面积比长安的坊小得多。洛阳的坊四周也有坊墙，坊中也有十字街。侍郎韦陟就住在洛阳履信坊十字街西道北。洛阳坊分区居住的状况不明显，但也并非没有。例如道术坊就是隋炀帝集中了大量五行、占候、卜筮等后设置的，而且"设使检察，不许出入"④，以利控制。观德坊在唐初也是"唯内臣所居，长寿中敕不许他人居止"⑤。除洛阳外，我们从史籍中还可以知道其他一些城市中坊的情形或坊的名字。例如吴县和长洲县各有三十坊；成都有花林坊、锦浦坊、金马坊、书台坊；长沙有鸡狗坊；越州有清道坊；幽州有来远坊、辽西坊、遵化坊；定州有博陵坊等。这些坊也与长安城一样设置坊墙，具有封闭性。所以隋朝不许汴州民居向大街开门，唐代定州也只有上元日才允许夜里开启坊门。

封闭式的坊里制在整个隋唐五代基本上被维持了下来。但是从唐朝中期开始，在各坊内部已不断出现了"侵街"现象。所谓侵街，就是居民将自己的住房向处扩展，侵占了坊内的街道，有些甚至在坊墙上向坊外街开门。由于自家向外开门，常常不能和坊门的开关保持一致，影响了治安，唐五代的统治者就屡下诏书，禁止侵街行为，但屡禁不止。到后周显德年间（954—959），大梁城内的街道因侵街而变得很窄，以至"通大车者盖寡"⑥。这种侵街以及后来兴起的夜市、草市，极大地动摇了坊里制的基础。到宋代，封闭式的坊里制就彻底崩溃了。

㊂ 官衙、住宅

官衙和住宅是当时社会的主要建筑形式，二者在使用上可以互通，例如唐朝宰相元载得罪诛死后，他的住宅被充作了"百司廨署"⑦，唐宪宗元和年间（806—820）长安宣平坊东南角的诸王府卖给了邠宁节度使高霞寓为住宅，因此官

---

① 《十国春秋》卷5。
② 《十国春秋》卷94，《闽康宗后李氏传》。
③ 《十国春秋》卷68，《楚文昭王世家》。
④ 《唐两京城坊考》卷5。
⑤ 同上。
⑥ 《资治通鉴》卷292。
⑦ 《旧唐书》卷118，《元载传》。

衙和住宅在结构与布局上基本相同。除此之外，由于别墅实际是住宅的一种，园林则是官衙、住宅的附属，寺院又常由住宅变来，所以我们也将在本节对这几种建筑有所涉及。

(一) 官衙

隋唐五代的官衙总的说比较宽敞。清代学者顾炎武在《日知录》中曾说到"予见天下州之为唐旧治者，其城郭必宽广、街道必皆正直，廨舍之为唐旧创者，其基址必皆宏敞。宋以下所置，时弥近者制弥陋"。顾炎武说的主要是地方官衙。如果分中央和地方来看，中央各衙署占地面积和房间数似均不多。除去国学有供学生住宿的学舍1200间、翰林学士每人有一间办公用房外，其他衙署的办公用房都很少，例如枢密使初建，办公处只有二三间房。不过尽管如此，中央各衙署内大都建有亭子供官员们休息、小酌。唐玄宗开元之前百司各部门还在长安游览胜地的曲江岸边建有许多亭子，供所属官吏和家属们游玩宴饮。中唐以后，这些亭子中只剩下尚书省的亭子了。地方上的衙署要比中央各部司大得多。就都畿而言，仅京兆府廨的修建就花了两万贯钱，极一时之壮丽，而河南府廨也占了洛阳宣范坊的半坊地。现在看各州县。一般说来，州的衙署包括有数重门、正厅堂、内厅寝室、诸曹司的若干院落、厩库、鞠场、传舍等。举南唐袁州为例，"所建立郡斋使宅、堂宇轩廊、东序西厅、州司使院、备武厅、毬场、上供库、甲仗库、鼓角楼、宜春馆、衙堂职掌、三院诸司，总六百余间"①。这些地方州县的官衙内除去房间众多外，还建有亭榭、池塘，种植有竹木。白居易为苏州刺史，曾写了大量诗歌吟咏在苏州官衙的生活。从其中《郡中西园》二诗中可知当时衙内西园有松竹、有池桥，可闲游、可泛舟，白居易于是感叹说："谁知郡府内，景物闲如此。"

不论中央官衙还是地方衙署，当时在官衙的墙壁上都有所装饰。这种装饰有三类：一类是壁画；大约画在正厅正面的墙上。所画内容以松、鹤、鹰、狮子为多，有时也有些小山水。第二类是写厅壁记。所谓厅壁记，是创自唐朝的一种文体，写在朝廷百司诸厅乃至郡县诸厅的墙壁上，内容为"叙官秩创置及迁授始末"，目的是"欲著前政履历，而发将来健羡焉"②。唐五代留下了许多厅壁记原文，我们举其中一例以见一斑。《文苑英华》卷797有唐元稹作《翰林承旨学士厅壁记》。文中说：

旧制学士无得以承旨为名者。应对顾问，参会班第，旋次以官为上下。宪宗章武孝皇帝以永贞元年即大位，始命郑公絪为承旨学士，位在诸学士右，

---

① 刘仁赡：《袁州厅壁记》，《全唐文》卷876。
② 《唐语林》卷8。

居在东第一阁。乘舆奉郊庙，辄得乘厩马自浴殿由内朝以从，揭鸡竿而布大泽，则升丹凤之西南隅，外宾客进见于麟德（殿），则直上禁中以俟。大凡大诏令、大废置、丞相之密画、内外之密奏，上之所甚注意，莫不专受专对，他人无得而参。非自异也，法不当言。用是十七年间，由郑至杜十一人。而凡参大政，其不至者，卫公诏及门而返，事适然也。至于张，则弄相印以俟其病间者久之，卒不与，命也已。若此，则安可以昧陋不肖之稹继居九丞相二名卿之后乎？……昔鲁恭王余画先贤于壁以自警，临我以十一贤之名氏，岂直自警哉！由是谨述其迁授书于座隅。长庆元年八月十日记。

元稹的这篇厅壁记写在"东庑之右"，后因年久而有所脱落，到十六年后的开成二年丁居晦就又写了《重修承旨学士壁记》。从这两篇壁记看，厅壁记所记确是此官厅官职的迁授和职掌，撰写者多为名人，写作的目的是自警、自励。壁记写在墙上，可为官衙增辉，实际已成为厅内的一种装饰了。官衙墙上的第三类装饰是将当时朝廷颁布的各项法规书写在墙壁上，使官吏处事时常常观览。例如后唐长兴二年（931）明宗就曾"诏有司及天下州县，于律、令、格、式、《六典》中录本局公事，书于厅壁，令其遵行"①。这种将政事与修饰结合起来装饰房屋、以便督促官吏照章办事并能增加厅堂美观的做法，是这一时期官衙室内装饰的一个特点。

官衙一般是办公场所，但与日常生活也有相当的联系。例如工作餐即会食多在官衙举行，各种官员宴会也常在官衙举办（参见第一篇《食生活》）。有些州县因官衙的公堂太小，就要另建专门的宴会厅，叫做"设厅"。唐沈亚之在《华州新葺设厅记》中说过去宴会在公堂举行，需要不停地挪动文具几案，有许多坏处："夫几砚者，公事之重器也。以宴而迁，以宴而复，则居不得常，屡更其所。政之为困，不由此耶？且吏入公门，望其居则必庄，是几砚之处，宜其严也。今朝彻而暮置，事之者既劳，固以慢矣。而况酒行乐作，妇女列坐，优者与诙谐摇笑，讥左右侍立，或衔晒坏容，不可罪也。夫狎久则不敬"，于是在正厅的西南另建设厅，专门用来举行宴会。

（二）住宅

隋唐五代的住宅虽有富贵等级的不同（这里当然不包括贫苦百姓），但从记载和残留下的文物资料看，其基本格局都差不多，即采用有明显中轴线和左右对称的平面布局。1959年陕西省西安中堡村唐墓出土有一套住宅模型就符合这一布局。这套模型是一个狭长的四合院，正中轴线从南到北分别排列着大门、亭、中堂、

---

① 《旧五代史》卷42，《唐书明宗纪第八》。

后院、正寝；东西两厢各有三处廊屋；后院中还有假山等。比这一模型所显示的住宅稍微复杂一些的就有两个院子，前院横长，主院方阔，四周均以廊屋环绕；前院与主院之间的门称中门；大门和中门多有门楼；院侧有马厩。更复杂的住宅由多重院落组成，每一院落的基本结构仍不出四合院式布局，只是多了些园池亭台。

这种四合院落式住宅，有的在大门处设有门屏。门屏起着遮挡门内景况的作用，高约八尺。一般客人前来拜访，首先被挡在门屏处。门屏过后是大门，大户人家门的颜色涂为朱红，所以杜甫有"朱门酒肉臭"① 的著名诗句。进大门之后又有中门。中门外设有外舍一类建筑，也叫门馆、宾馆，供客人小憩。远道来访的客人虽被接待但尚未得到主人接见之前，也必须在中门外的客舍内住宿。唐朝有秀才孙恪在洛阳访一大宅，见"户侧有小房，帘帷颇洁，谓伺客之所"②，指的就是这种门馆。进入中门一般是个庭院，这庭院有大有小。宰相杨国忠主持吏部铨选事时想逗人笑乐，在自己家中选官，"设席呼选人名，引入于中庭。不问资序，短小者道州参军，胡者湖州文学，帘中大笑"③。庭院中能设席点官，可知这是个不小的庭院。穿过庭院，就到了住宅主要活动场所的厅堂。按隋唐五代时期厅、堂都是招待客人的地方，往往互称，如果严格说来，似乎只有堂屋或堂屋的中间称"中堂"，其他都可称厅，因此有东厅、西厅、前厅、外厅等说法。一般来说，客人在厅中也不过是小憩，即如更衣、吃茶之类，只有到一定时候、够一定规格才能上堂去见主人，主人也只在堂上摆宴待客。由于中堂是宴请客人的场所，是住宅的门面，因此当时人住宅中最好的地方就是中堂。看一户人家是否富贵，就要看他们家中堂修的怎样。《旧唐书》卷152《马璘传》说："璘之第，经始中堂，费钱二十万贯……及璘卒于军，子弟护丧归京师。士庶观其中堂，或假称故吏，争往赴吊者数十百人。德宗……仍诏毁璘中堂。"一间中堂导致士庶争相参观，乃至被皇帝勒令拆除，可知这中堂豪华到什么地步。中堂之后就是一家人居住的卧室了。也有中堂待客，堂之东西间用作卧室的。堂屋左右一般都有厢房，是亲属或仆人居住处，有时也包括厨房，《乾𦠅子》记吴郡有一宅，除堂屋外，"西廊之北一房充库，一房即花红（女仆名——笔者注）及乳母，一间充厨"。于是可以说，门、厅堂、寝室、廊屋是构成一套住宅的最主要部分。所以当时人形容大官僚的住宅时就说是"朱门素壁""环廊曲阁""中堂高会"之类了。

住宅里当然还有许多其他设施。例如园林，这在下面我们还有详述。此外大

---

① 杜甫：《自京赴奉先县咏怀五百字》。
② 《太平广记》卷445，孙恪条。
③ 《刘宾客嘉话录》。

的住宅院落中还建有楼阁。唐朝人李晦"私第有楼，下临酒肆"①，就是一例。更大的住宅内还要有击毬的场所，《乾𦠆子》就曾记载了太尉李晟想吞并邻居宅屋建一个击毬之所的故事。住宅中还有厨房厕所，大致都在院落西侧。大户人家还有马厩，即拴马、喂马场所；在主院的外侧。正由于它外在于主院，所以是可以拆除的。住宅中还有井，一般情况下是数家人共用一口井，大户人家是自家用井。如果原是数家一井，后来自己在庭院中凿井，就会遭到众人的非议。唐朝诗人姚舍在《街西居三首》中就感叹道："浅浅一井泉，数家共汲之。独我恶水浊，凿井庭之陲。自凿还自饮，亦为众所非。"

　　隋唐五代住宅的内部墙上，有的装饰有壁画如奏乐图、骏马图等，但远不如前述官衙内的壁画多。这大约是由于住宅厅堂内部的画大都装饰在屏风或帷帐上，墙壁自然就不需要画什么了。当时官僚的住宅中有的还设有夹壁墙，称作"复壁"，其作用一是为了收藏金钱书画，另外也是为了自身的安全。《资治通鉴》卷215记李林甫"自以多结怨，常虞刺客……居则重关复壁，以石甃地，墙中置板，如防大敌。一夕屡徙床，虽家人莫知其处"。隋唐五代时宰相的住宅一般没有兵士守卫，因此李林甫才这么害怕刺客。到唐宪宗时（806—820），果然有刺客刺死了宰相武元衡，并刺伤裴度。为确保裴度安全进而保证对淮西藩镇的征讨，宪宗特别"诏以卫兵宿（裴）度私第"②。从这一点看，当时对高级官员住宅的安全保卫工作做得并不出色。

　　（三）园林别墅

　　隋唐五代的园林特别是私人园林较前代有所发展，很多官僚贵族都在自家或别墅内穿池堆山，树花置石。由于这种私人园林可分为城内自家住宅和城郊城外别墅两大类，所以我们将园林和别墅合并一起叙述。

　　先看官家园林。隋唐五代官家园林仍以皇家园林为最宏大最奢华。有代表性的是隋炀帝在洛阳建造的西苑。《海山记》这样描绘西苑说："乃辟地周二百里为西苑……内为十六院。聚巧石为山，凿地为五湖四海……每湖方四十里……湖中积土石为山，构亭殿，屈曲环绕……又凿北海，周环四十里，中有三山，效蓬莱、方丈、瀛洲，上皆台榭回廊。"唐时将西苑的大部分废掉，只留下了北海，改称凝碧池。从西苑的布局可知它继承了秦汉以来的造园传统，即在水中以人工堆积高山。但分为十六院和利用巧石则是它的新特点。官家园林还有些类似今天的公园，即由官家修建供士庶游览的园林。隋唐时这种园林以长安的曲江风景区最为有名。曲江位于长安城的东南角，包括紫云楼、芙蓉苑、杏园等景区，有山有水，有亭

---

① 《旧唐书》卷60，《李晦传》。
② 《旧唐书》卷170，《裴度传》。

有楼，花卉环绕，烟水明媚。每到春天，都城的士庶纷纷来曲江踏青，或登楼远眺，或池上泛舟，十分热闹。类似这种供游览的园林在隋唐其他大城市，以及五代十国各政权所在地都有一些。唐懿宗时（860—874）淮南节度使李蔚"以其郡无胜游之地"，"命于戏马亭西连玉钩斜道，开辟池沼，构葺亭台……都人士女得以游观"①。这是晚唐扬州所建供人游览的园林。此外如后蜀时代成都浣花溪一带也是供人游览的园林所在。史称"时百姓饶富，夹江皆创亭榭。都人士女倾城游玩。珠翠罗绮，名花异卉，馥郁十里"。后蜀后主孟昶甚至拿它与唐代长安城的曲江相比，说："曲江金殿锁千门，殆未及此。"② 官家园林还有一种是修在州县官府内的园林。这种园林一般不允许庶民擅入，是供官僚仕宦们悠游遣兴的场所。前面提到的白居易所吟《郡中西园》一诗，就是对苏州官署内园林的描绘。

私家园林也可分为二类。

一类园林建在城内，与住宅连在一起。由于隋唐五代还处在造园艺术的初级阶段，模仿自然的痕迹比较浓厚，因此园林占地面积较大，在城市里除大官僚外，一般家庭还没有自己的园林。又因为当时的造园风尚要求一定要有池沼水塘，而在缺水的地方就无法造园。比如说长安和洛阳，长安的名园就少于洛阳。这一时期私家园林的典型首推白居易。白居易在洛阳履道里有一套住宅，"地方十七亩，居室三之一，水五之一，竹九之一，而岛树桥道间之"③。白居易晚年为躲避党争，求得在洛阳任职，于自家园林中邀友吟咏，悠然自得，所作《池上篇》诗云："十亩之宅，五亩之园。有水一池，有竹千竿。勿谓土狭，勿谓地偏。足以容膝，足以息肩。有堂有亭，有桥有船。有书有酒，有歌有弦。有叟在中，白须飒然。识分知足，外无求焉。"④ 今天我们读此诗，还能真切地感到白居易那跃然纸上的优哉游哉心态。洛阳还有一处园林也值得一提，那就是离休宰相裴度的园林。他"立第于集贤里，筑山穿池，竹木丛萃。有风亭水榭，梯桥架阁，岛屿回环，极都城之胜概"⑤。由于这些大官僚家中的园林亭馆建筑得非常好，引得许多公卿大夫前往游玩，也使得各级官府常常借他们的园林宴饮宾客。例如路恕"私第有佳林园，自贞元初……迄于元和末，仅四十年，朝之名卿，咸从之游"⑥。又如张柬之

---

① 《桂苑丛谈》。
② 《十国春秋》卷49，《后蜀后主纪》。
③ 《旧唐书》卷166，《白居易传》。
④ 《旧唐书》卷166，《白居易传》。
⑤ 《旧唐书》卷170，《裴度传》。
⑥ 《旧唐书》卷122，《路恕传》。

华清宫莲花汤　西安临潼　唐

的园林在江陵，"公卿多假之游宴"①；马璘的家园"进属官司，自后公卿赐宴，多于璘之山池"②。后一种情况说明在唐后期皇帝的园林已经开始不如臣下的私家园林了。

私家园林的第二类是别墅式的或设在别墅中的。换句话说，自己的住宅在城内市中心，周围无从建园林，于是在城郊或城外山谷里建别墅，在别墅中建园林。唐朝宰相王起与兄弟王龟同住在长安光福里，而王龟又在城南荒僻的永达里建园林；御史中丞崔宽"有别墅在皇城之南，池馆台榭，当时第一"③。与这种别墅同类，当时还有"别业"一词，以及"庄"或"园"等，这些词汇有时可以通用，例如著名的王维辋川别墅，就曾被称作辋川别业；裴度在洛阳午桥建的别墅，白居易称它为午桥庄；至于将别业称为庄的就更多了。如果强要区分，似乎别业或庄、园在规模上可能大于别墅，其中除宅院园林外或许还颇有些田业。

别墅为寄意山水的官僚们休息宴乐而设，因而它的主要部分就是池馆台榭。隋唐五代时最著名的别墅是唐朝宰相李德裕的平泉庄。《剧谈录》说它："去洛城三十里。卉木台榭，若造仙府。有虚栏，前引泉水，萦回穿凿，像巴峡洞庭十二峰九派迄于海门江山景物之状。竹间行径有平石，以手摩之，皆隐隐见云霞龙凤草树之形。"李德裕营建此别墅时，"远方之人多以土产异物奉之……时文人有题平泉诗者：陇右诸侯供语鸟，日南太守送花钱（'花钱'一作'名花'）"。李德裕自己也作了大量的诗描述他苦心建造的平泉山庄，诗中提到了山石、亭台、竹木、飞泉，有双碧潭，有花药栏，有书楼晴望，有重台芙蓉，大小数十景。李德裕是唐代一位享有"山水癖"之称的官僚，因此他不惜花费大量人

---

① 《旧唐书》卷131，《李皋传》。
② 《旧唐书》卷152，《马璘传》。
③ 《旧唐书》卷119，《杨绾传》。

力财力建造了这片占地很大、场景颇多的园林。据说李德裕当时曾写了个《家戒序录》，"志其草木之得处，刊于石，云：移吾片石，折树一枝，非子孙也"①。到晚唐，洛阳几成废墟，李德裕平泉庄中的花木"多为都下移掘，樵人鬻卖，园亭扫地矣"②，就连李德裕最宝贵的"醒酒石"，也被一位监军使搬到自家的花园中去了。

这一时期园林中还有一种很常见但又很值得研究的建筑，即"亭"。按亭起源比较晚，这一时期正是它的发生发展期，因此有时我们觉得史籍中记载的亭和现在的亭不太一样，只是到了晚唐五代，亭的形制和功能才逐渐定型。在早期的园林中，亭的装饰作用不大，主要还是为了实用。湖洲有个游览胜地叫白蘋洲，在唐文宗（827—840）之前数百年中没有建亭，后来刺史杨君建了五座亭，白居易因此写了《白蘋洲五亭记》，说这五亭是"架大溪跨长汀者，谓之白蘋亭；介三园阅百卉者，谓之集芳亭；面广池目列岫者，谓之山光亭；玩晨曦者谓之朝霞亭；狎清涟者谓之碧波亭。五亭间开，万象迭入"。这是官家修建，目的为赏景的亭子。除此之外，在唐中后期用于赏景的私人亭子也很多，只要翻开唐代史籍，什么"孙氏林亭"、"郝氏林亭"等就会看到不少。当时的亭子除了供游乐观赏外，还是宴会的好地方。最有名的例子有新进士会宴的曲江亭子。其他如三司使在长安永达坊的亭子里宴丞郎；幕僚们饯朝客于折柳亭等，史不绝书。这种可以宴饮的亭子有的被称为"设亭"，形制比较大也比较特别，其形如飞鹏，"左右翼为厨为廊"③。除用作宴会厅外，亭子还是处理公务的地方，甚至是寄宿的所在，因此史籍中才有"夜憩××亭"、"旅寄×××亭子"的记载。唐德宗贞元十九年（803）白居易拔萃及第后，在长安找住处，结果"得常乐里故关相国私第之东亭而处之"④，就是亭子供居住的一例。"亭"作为一种建筑形式而有这么多用途，难怪当时就有人说"作一亭而众美具"，强调亭的功用好于"楼观台榭"，因而"贤人君子多建之"⑤。不过说到底，亭子作为园林中的建筑仍是主要的，只不过它在这一时期带有一些初期亭子的特征而已。到五代时，那种只容二人对酌的小亭出现了，小亭遂成为后世亭子的主流。

（四）寺观

最后附带谈一下寺观。寺观是僧侣、道士主要的居住生活空间。在隋唐五代，寺观建筑结构与宫殿、官署、住宅均基本相同。这从大量舍宅为寺、舍宅为

---

① 《旧五代史》卷60，《李敬义传》。
② 同上。
③ 《全唐文》卷718。
④ 《全唐文》卷676。
⑤ 《全唐文》卷597。

观等事例中可以清楚地看到。寺观与官署、住宅比较大的不同是寺院内建有塔和钟楼。

寺观一般也采取院落式组群布局，多以大殿为中心。大的寺观规模很大，例如大兴善寺、昊天观都占有一坊之地。慈恩寺有十余个院落，房间1897间；章敬寺更有48院，4130间房。寺观的大殿或廊院的墙上常画有壁画，著名画家如韩干、吴道子等人都曾在上面画过经变画。五代前蜀成都的上清宫还画王子晋像作为前蜀政权的远祖，并画唐朝二十帝像于殿堂的四壁。寺观中还有食堂，有澡堂，供僧道们饮食沐浴。寺观的园林也十分有名，有时甚至连朝廷宫殿需要的花木，都要从寺院中移植，像安国寺的牡丹当时已是名满洛阳了。

寺观又不仅是僧道们居住生活的空间，它和世俗世界，和世俗民众的生活发生着许许多多的联系。这种联系大致可分为两类。其一，寺观特别是寺院是当时城市中娱乐的中心，吸引着许多市民。例如民众要看戏，可以到寺院的戏场去；要欣赏壁画，可以到寺院去；要游览园林，也可以到寺院去。寺院的塔可以供士庶登高远眺，寺院的楼阁可以供进士摆酒设宴。过年过节，街市的男女老少也都要结伴到寺院去看灯观景。第二类联系是指寺观可以作为旅舍为世俗之人提供住处。到寺院居住的人或者是为读书，或者是途中求宿。大家熟悉的唐人小说《莺莺传》，描写了张生与崔氏女莺莺的一段爱情故事。当时张生与崔氏母女就都是在前往长安的途中，住在山西永济县的名刹普救寺中的。崔氏女住在寺院的西厢，张生住在何处不知。他们一直在这寺院住了一个月之久。唐人笔记《卢氏小说》还讲了一个举子在寺院读书的故事。故事说宋济在长安大寺的西明寺僧院读书，碰见微服来访的唐德宗。德宗"曰：所业者何？曰：作诗。又曰：闻今上好作诗，何如？宋济曰：圣意不测"，于是德宗夸他"宋五大坦率"。当时一般规模的寺院就有很多客房，实际就是个大旅店。还有的寺院建有病坊，收留病人达数百人之多。寺院的这些功能是当时社会居住生活的一种重要补充，与之相关的"旅舍、邸店、赁居"等居住方式，我们将放在下一篇，与"行生活"一并叙述。

三 张设与家具

这一节介绍隋唐五代时期室内的陈设。限于史料，我们只选择介绍其中一些最重要的张设和家具。

这一时期的室内居住生活与前代相似，仍然是由于厅堂阔大，需要张设一些遮蔽物以为屏障或挡御风寒。这些张设物主要有帐、幄、帷、屏、帘等，下面分别进行研究。

（一）帐

帐有多种含义，大略来看至少有三种。一种是行军或出游时携带的帐，类似现在的帐篷，供外出的军队或士庶休息、宴饮、居住用。《唐六典》卷11殿中省尚舍局记皇帝出行要准备五等帐，即古帐、大帐、次帐、小次帐、小帐。古帐由八十块毡布构成，高二丈，长、宽各二丈五尺，前有五梁、后有七梁。大帐以下各帐的高度和长度递减，到小帐，以二十块毡布组成，高八尺，长、宽各九尺。"帐皆乌毡为表，朱绫为履"。隋大业三年（607）七月，炀帝北巡到榆林郡，就"于郡城东御大帐……宴启民及其部落三千五百人"[1]。官司或百姓也常将这种帐支在屋外，用途多是举行各种仪式如迎送客人、婚丧嫁娶，以及外出时休息等，其形式则主要是宴饮。《旧唐书》卷133《李晟传》说赐李晟永崇里宅第，"入第之日，京兆府供帐酒馔"，吃完后"鼓吹迎导"，送进宅第。士庶出游，在游览处多设帐歇息。《开元天宝遗事》说："都人士女，每至正月半后，各乘车跨马，供帐于园圃、或郊野中，为探春之宴。"这时若放眼望去，"山顶林间，供帐帘幕，筵席甚盛"[2]。"帐"在这种意义上常和幄、幕连用，称作"帐幄"或"帐幕"。这时的帐与室内张设实际没什么关系。帐的第二种含义是指它被张设在室内即宫殿或厅堂中，起着保暖和遮蔽的作用。《隋书》卷85《宇文化及传》说宇文化及杀死隋炀帝后，"入据六宫……每于帐中南面端坐"。这里的帐就是张设在宫殿里的。《太平广记》卷52记张卓在京师进一宅的厅事，见"帐内妆饰一女，年可十五六"。这个帐是张设在厅里的。"帐"张在室内，作用与帷有些相似，因此常被连称为"帷帐"。帐的第三种含义也是帐在室内张设中最重要的含义，是指它被张设在睡床上，叫做"寝帐"或"床帐"。《开元天宝遗事》说王元宝华侈，"常于寝帐床前雕矮童二人，捧七宝博山炉"。《十国春秋》卷49讲后蜀高祖奢侈，寝室有"煌明帐，色浅红，类鲛绡……施之大小床皆称"。到后蜀后主初即位，比较节俭，"寝处惟紫罗帐"。这里的帐都是指寝帐或床帐。

（二）幄

幄与帐的第一义基本相同，不过更具有"屋"的含义，并特别使用于各种礼仪中。《旧唐书》卷110《辛云京传》说辛云京死时，"宰相及诸道节度使祭者凡七十余幄"。这是用于丧礼的一例。士庶游春，所设帐幕也可称幄，甚至有妇女"以红裙递相插挂，以为宴幄"[3]。这时的"幄"与"帐"很难区别，因此当时人就常将幄、帐混用。《十国春秋》卷20记南唐徐知锷"游蒜山，除地为场。联虎皮为大幄，号虎帐，与宾僚会饮其中"。这里的幄就是帐。因此敦煌壁画中的种种嫁娶图，描绘了在室外所搭帐篷中举行婚礼的情景，这些帐篷就可称为帐也可以

---

[1]《隋书》卷3，《炀帝上》。
[2]《太平广记》卷460，户部令史妻条。
[3]《开元天宝遗事》。

称为幄。幄也用于室内张设，这时仍与帐连称，相当于帐的第二种含义。前引《唐六典》在讲完五等帐后又说："凡致斋，则设幄于正殿西序及室内，俱东向，张于楹下。"后面注曰："若朔望受朝，则施幄帐于正殿。帐裙顶带方阔一丈六尺。"从注中可以明确看到幄在这里就是一种帐。幄帐张设在室内也主要是为了保暖和屏障，置于宫殿似乎还为增加些庄严的气氛。

（三）帷

按"帷"的用途最广泛，其含义也最不明确。在史籍中可以有帷帐、帷幄、帘帷、屏帷等多种用法，似乎所有张设都可以和"帷"发生关系，反过来说，也就可知"帷"具有着帐、帘、屏的作用。帷用作帐，这时的帷也写作"幬"。辽代字书《龙龛手镜》释"幬"为"单帐也"。帷用作帐时，既设在室内也用于室外。《太平广记》卷557陈癞子条说他"处于中堂，坐碧纱幬中"。这是用在室内。《隋书》卷67《裴矩传》说隋炀帝为夸示中国之盛，"令三市店肆皆设帷帐，盛列酒食……（蛮夷）所到之处，悉令邀延就坐，醉饱而散"。这里的帷帐就支在店肆的室外。帷在这一意义上常与帐、幄、幕、帘等配合使用。帷用于"帐"义，不是它的基本含义。帷的基本含义应该是"围也"①。《说文解字》说"在旁曰帷"，因此"帷"主要是指采用布帛为材料、以围绕为形式的屏障。它的目的是隔断。在这一含义上，帷常与屏、障等配合使用。《太平广记》卷182讲了一个有趣的故事。故事说赵悰的岳父是地方上一位大将。赵悰多年考进士不能及第，十分穷困，妻族也瞧不起他。有一年春天军中设宴，"大将家相率列棚观之。其妻虽贫，不能无往，然所服故弊，众以帷隔绝之"。后来有快马持春榜来报，说"赵郎及第矣。妻之族即撤去帷障，相与同席"。这个故事揭示出世态炎凉和唐代民众特别武人对进士的尊崇，同时告诉我们"帷"的遮蔽作用，因此这里将帷又叫做"帷障"。当时还有叫"屏帷"的。《太平广记》卷343说进士王胜闯入同州功曹某人的正堂，"其堂中，屏帷四合"，即用屏和帷围出一块天地。这里"帷"的围绕、遮蔽即"四合"的作用就看得很明显了。"帷"还可以挂在楹柱间，从室内的上部垂下来，其作用也是遮蔽和挡御风寒。这是帷的另一种含义。帷在用于这一含义上时，常和"帘"、"幕"等配合使用。《说文解字》释"幕"字时就说："帷在上曰幕。"《太平广记》卷455记王知古夜行至一甲第，厅舍内"栾栌宏敞，帷幕鲜华"。这种帷幕就是悬挂在室内栾栌上的。又前引进士王胜的故事，除描写堂中有四合的屏帷外，还写王胜等人看"见堂中垂帘帷"。一个"垂"字，也把"帷"悬挂在厅堂上部的特征描画出来了。这时的帷有些像今天的落地窗帘，但不仅置于窗前，更多的是置于门前或厅堂的后部正中。所以史籍中还有"闭户重帷""以

---

① 《释名》卷6。

翠屏画帷饰于堂门"、"帷飘白玉堂"等记载。总之,"帷"在隋唐五代的室内张设中十分重要,一间稍许像点儿样的房间,没有"帷"是不可想象的。

(四)屏风

屏风在隋唐五代时期室内陈设中也占有重要位置。屏风主要也起遮蔽与挡御风寒的作用,它与帷的不同处一是材料不同、二是不能悬挂在楹柱上。屏风不是用布帛做的,一般以木为骨,以纸为画。其他还有用铜做的,以及用玻璃、云母、玉石等材料做的。总之它由硬物组成,因此可以折叠或搬动。屏风分连地屏风和床上屏风两种。顾名思义,连地屏风放在地上,床上屏风放在床上。无论连地屏风还是床上屏风,它的装饰都有多种多样。最简单的是素屏风,即不做任何装饰。其他还有在屏风上饰以珍珠、玳瑁,或采用"金银平脱"工艺的。当时在屏风的面上时兴写字画画。写字有名的例子是唐太宗在屏风上写《列女传》和房玄龄在屏风上写《家诫》。绘画则以人物画如伎乐、仕女为多,但也有画云鹤、画奔马,以及山水和花鸟的。白居易写《素屏谣》,就说当时在屏风上多写画名家作品如"李阳冰之篆字、张旭之笔迹、边鸾之花鸟、张璪之松石"。连地屏风有时单独使用,有时则使用许多扇。例如隋炀帝放在迷楼中的乌铜屏,高五尺、宽三尺,数十面连在一起,环绕在寝室内。五代十国时后蜀孟知祥"作画屏七十张,关百钮而斗之,用于寝室"①。除去这种皇帝使用的、扇数颇多的屏风外,当时还流行六扇屏风,也叫"六曲屏风"。这在史籍中记载很多。至于床上屏风,又移床上屏、小屏、小山屏,不仅施于卧床也放在坐床(或榻)上,起到挡风寒的作用。所以当时的诗歌中就有"就日移轻榻,遮风展小屏"②、"低屏软褥卧藤床,升向前轩就日阳"③等诗句。

(五)帘

帘在这一时期也是室内张设中的必备物。帘的形制比较清楚,主要用在门上,也有用于窗前的。帘的材料有布、帛,也有竹、草等,颜色以红绿为主,即所谓"朱帘"、"翠帘"。高级一点的就施银钩、络珍珠。《唐国史补》卷上记尚书左丞李廙有清德,"门帘甚弊"。其妹夫刘晏正掌权,"令潜度(门帘之)广狭,以粗竹织成,不加缘饰,将以赠廙。三携至门,不敢发言而去"。这里提到的竹帘比较粗陋,而《清异录》卷下另记有所谓"赤紫色,人在帘间,自外望之,绕身有光"的瑞英帘,则是用于宫廷中的高级门帘了。帘的作用主要当然也是遮蔽。特别是妇女,当她们在会见男客时一般必须要隔着帘子。在这种场合下的帘子也就

---

① 《清异录》卷下。
② 杨衡:《春日偶题》。
③ 白居易:《就暖偶酌戏诸诗酒旧侣》。

不仅施于门口，也施于室内帷帐的开口处。当时不单一般妇女遵从着这种礼俗，尊贵如武则天也不例外。《刘宾客嘉话录》记河东张嘉贞"面奏天后，天后对之。河东请去帘，曰：臣生自寒微，今蒙召对，然咫尺天颜，犹隔云雾，伏乞陛下去帘。则天许之"。此外《旧五代史》卷24《罗隐传》还有一段有趣的记载，即说罗隐诗名满天下，但相貌极丑。唐宰相郑畋的女儿喜欢罗隐的诗，"讽诵不已。（郑）畋疑其女有慕才之意。一日，（罗）隐至第，郑女垂帘而窥之。自是绝不咏其诗"。由此也可知唐五代的妇女在正式场合还没有开放到任意抛头露面的程度。

（六）茵褥

茵褥在隋唐五代室内布置中属于铺设类，也十分重要。茵褥主要有两种。一种铺在地上，类似现在的地毯，当时也叫地衣。材料有竹，以及木棉、毛毡等。前者用于夏季，后者用于冬季。堂内有茵毯。可能属于比较富裕的宅第，而更奢侈一些的人家，甚至还将茵毯铺在台阶上。《唐国史补》记唐朝大臣韦陟贵盛、房琯清俭。有一次韦陟有病，"房尚书琯使子弟问之。延入卧内，行步悉藉茵毯。房氏子袜而登阶，侍婢皆笑之"。由此也可知道，连尚书这样的高官也可能并不铺设裀毯。著名诗人白居易写过有名的《红线毯》，批评宫廷里嫌太原和成都的茵褥都不好，非要每年让宣州进加丝毯。诗中说："宣城太守知不知，一丈毯，千两丝，地不知寒人要暖，少夺人衣作地衣。"茵褥的第二种是铺在榻等坐具上。《太平广记》卷346"李湘"条记李湘去见女巫，女巫"别置榻，设裀褥以延之"。

根据以上介绍，我们对当时室内张设的一些主要物品已有大致了解，而这些物品的好坏有无在当时就意味着这家主人居住生活乃至一般家庭生活的优劣程度。换句话说，当时就是以上述一些张设作为室内装饰的代表的。《太平广记》卷53记张茂实到一处宅院，入中堂，"屏帏茵褥之盛，固非人世所有"，这是说华盛；《旧唐书·岑文本传》说岑文本"居处卑陋，室无茵褥帷帐之饰"，这说的就是清俭。由此，上述帐帷帘屏茵褥在当时居住生活中的重要地位也就十分明确了。

这一时期使用频繁的家具主要有床榻、几案、橱柜等，下面逐一进行介绍。

1. 床

床在这一时期仍与前代一样，有寝床和坐床两种。寝床比较大，多以木制，好的就用柏木、沉香木，也有用象牙制作的。床的形制与前代差不多，腿有直脚和踞脚两种。有的床比较高，底下造有搘床龟或搘床石。床上一般还有帐子。坐床有许多种。一般的坐床与榻相似，有大有小，大的可以数人同坐。唐代小说《游仙窟》所记张郎和崔十娘、崔五嫂就是在中堂的坐床上饮酒作乐的。床上一般铺有席或茵褥，也有帷帐，有时在帐中还有屏风。坐在床上一般还是跪坐或盘坐。坐床中还有两种特别的床即胡床和绳床。这两种床前代也有，但到此时使用更加普遍。胡床是一种类似今天马扎的可折叠的轻便椅子，但到唐后期，可能有些不能折叠的椅子也被称作胡床。绳床与今天的靠背椅类似，原来仅在寺院使用，后来普及民间，先后有倚床、倚子等名称。《唐语林》卷6记颜真卿被李希烈拘留时所作的体育活动是："立两藤倚子相背，以两手握其倚处，悬足点空，不止地三二寸，数千百下。"这里把椅子的形象写得很清楚，实际就是藤靠背椅。到唐后期，"椅子"一词开始出现。日本僧人园仁所写《入唐求法巡行礼记》记录的是唐文宗至唐武宗时（827—846）事，书中所记"椅子"一词就有四五处之多。椅子的普及反映此时高坐具的流行，相应地，高脚桌子也出现了。高脚椅子和高脚桌子在唐代墓室壁画和敦煌壁画中都有反映。

除了卧床与坐床外，床还有其他许多用处。例如玩杂技时叠椅用的"朱画床子"，大的也只有一尺余。此外还有摆设字画的床，以及饭床、梳床、茶床等，这些床实际与后面将要介绍的"案"的用途基本相同。

2. 榻

榻和床有时很难区别。按照字书的解释，大的叫床，小的叫榻，但实际上床也有小的，榻也有大的，这里将二者分别叙述只是为了方便。榻也有寝榻和坐榻两种。寝榻与寝床相似。《太平广记》卷38"李泌"条记唐肃宗欣赏李泌，"寝则对榻，出则联镳"。这时的榻就是床。另有一种寝榻叫"土榻"，实际就是后来北方常见的火炕。榻的这种用法为床所没有。坐榻与坐床一样，常被放置在帷帐内，上面也铺席或茵褥，坐时一般不垂足，与客人同坐一榻表示对客人的尊敬和亲热。此外在敦煌壁画中有一种长条凳是垂足坐的。有学者认为这长条凳也是榻，它是低坐具向高坐具过渡时的产物。

3. 几案、橱柜

几案中的"几"有二义，一是凭几；一与案相同。这里我们不谈凭几。几案是类似后代桌子的平面家具。在席地而坐时，几案都较低矮。隋唐五代时期这种几案仍然存在，特别是百官宴会时，高官坐堂上，低官席地坐堂下，每人面前都有食案。不过随着床榻的普及，特别是高坐具的出现，几案也发生了变化。一种变化是将几案搬在榻上，用法如现在北方农村的炕桌。另一种是加高几案的腿，然后放在床榻或椅子、凳子前面，与今天的桌子相似。当时的官府已有这种高足几案了，官员们就在这案上堆放文卷，也在案上办公。有的案上还铺有案褥，案褥四周垂下来将案腿遮住。《太平广记》卷171"王璩"条记王璩判案时，就"先令一人伏案褥下听之"。这时的案一定是高足，否则底下不可能藏住人。从敦煌文书可以看到这种高足案的形象。此外敦煌壁画各种婚嫁图中还有许多高脚的长条桌，这些长条桌大约也是案的一种。不过隋唐五代似乎始终没有出现"桌子"一词。

当时在室内置放的家具中还有橱柜。橱与柜在形制上应基本相同，但橱似乎以存放书卷为多（如前面提到的隋炀帝观文殿中的书橱），而柜则存放衣物和钱财。在大多数情况下，柜是有门的，一般都较大。当时常有士庶为躲避盗贼而藏在柜中的事情。也有无门的大柜，比较罕见。《旧唐书》卷135《王怀传》说王怀接受贿赂，贪得无厌，"宅中为无门大柜，唯开一窍，足以受物，以藏金宝，其妻或寝卧于上"。这里所说的柜显然很大，同时从形制上看，它属于一种卧柜。隋唐五代墓葬出土随葬品中的明器柜大部分都是这种卧柜。除此之外，见于史籍的柜还有竖柜、床头柜、食柜等。从名称看，竖柜不同于卧柜。可能和现在的大立柜差不多；床头柜或许比较小；食柜则是专门存放粮食用的，根据敦煌文书，这种食柜大小不等，可装粮食二石至三十石。

隋唐五代室内家具除上述床榻（包括椅子、凳子）、几案（包括桌子）、橱柜之外，还有台（妆台、镜台、台盘等）、箱（巾箱）之类。由于有关史料太少，我们无法详细介绍，这里只提一下镜台。镜台是化妆时用的家具，质量好坏有很大差别，《太平广记》卷226"马待封"条就记载了唐玄宗开元年间皇后的一个镜台。文中说这镜台上下两层，"皆有门户。后将栉沐，启镜奁后，台下开门，有木妇人手持巾栉至。后取已，木人即还。至于面脂妆粉、眉黛髻花，应所用物，皆木人执。继至，取毕即还，门户复闭。如是供给皆木人。后既妆罢，诸门皆阖，乃持去。其妆台金银彩画，木妇人衣服装饰，穷极精妙焉"。这真是一个非常精巧的高级镜台，应说是隋唐五代家具中的佼佼者。

㈣居住、用具的社会性

住生活的社会性在这里主要指它的等级性、地方性和民族性，下面分别进行论述。

（一）等级性

如同前代一样，隋唐五代时期的住生活也体现出严格的等级性，突出表现是用法律形式即在律、令、格、式上将这种等级性固定了下来。《唐律疏议》卷26"杂律"说："诸营造舍宅……于令有违者，杖一百"。这里的"令"，指唐令中的《营缮令》等。仁井田陞《唐令拾遗》将《营缮令》复原了若干条，其中有一条说："宫殿皆四阿，施鸱尾"。"四阿"指屋顶的样式，"鸱尾"指屋脊的装饰，这二者都是宫殿专用的，一般官员甚至割据藩镇也不能随便使用。后唐明宗就曾下诏将魏州、汴州、益州原有的"宫殿悉去鸱尾，赐节度使为衙署"[①]。

《营缮令》还有一条专对官员及庶人宅舍制定的令文。令文说："王公已下，舍屋不得施重栱藻井；三品已上，堂舍不得过五间九架，厅厦两头，门屋不得过

[①] 《旧五代史》卷40，《唐书明宗纪第六》。

五间五架；五品已上，堂舍不得过五间七架，厅厦两头，门屋不得过三间两架。仍通作乌头大门。勋官各依本品。六品七品已下，堂舍不得过三间五架，门屋不得过一间两架。非常参官，不得造轴心舍，及施悬鱼对凤瓦兽通袱乳梁装饰……庶人所造堂舍不得过三间四架、门屋一间两架，仍不得辄施装饰。"① 这是从房屋间数架数和屋顶装饰来规定的等级界限，其中的堂舍指正堂、中堂、门屋即前面所说待宾客的门馆。"乌头大门"，《唐六典》卷23作"乌头门"。据研究，这乌头门的形制是左右立门柱，柱顶套黑色柱筒，柱上安衡木，柱内

定窑白釉葵口盘　西安火烧壁　唐

白釉边托把杯　浙江临安　唐

安两扇门。由于柱筒是黑色，所以叫"乌头门"②。乌头门在法律上只允许六品以上大臣使用，是当时等级限制的一个标志。

《营缮令》始于唐，隋朝还没有。不过即使在制定了详尽的律令制度后，贵族权臣们实际仍不会完全照此实行。下面就简述一下隋唐五代贵族官吏宅舍建筑的奢侈程度及其变化。

隋朝大约自隋炀帝以后建筑趋于奢丽，像杨素在洛阳的住宅，占有一坊之地。按每坊平均长宽500米算，是占地25万平方米。《隋书》卷48《杨素传》说他"负冒财

---

① 《唐会要》卷31。
② 萧默：《敦煌建筑研究》，文物出版社1989年版。

货，营求产业。东西二京，居宅侈丽。朝毁夕复，营缮无已"。到唐朝初年，由于社会相对比较贫穷，创业大臣又大多节俭，因而当时一些著名大臣如岑文本、魏征都是居处卑陋，没有像样的正堂正室。著名将领李靖的家庙后来成了杨国忠的马厩，也可知其简陋。到高宗武后时，大小官吏们开始着意修建自己的宅舍。《旧唐书》卷81《李义琰传》记李义琰为宰相，"宅无正寝，弟义璡为岐州司功参军，乃市堂材送焉"，并对义琰说："凡人仕为丞尉，即营第宅。兄官高禄重，岂宜卑陋以逼下也。"这时奢靡之风已逐渐兴起，像武延秀、宗楚客、张易之的宅舍就都很奢侈。到唐玄宗时期奢侈之风更盛，但据《旧唐书》所言，当时"犹存制度"，也就是说这时虽然奢侈，但大致仍能遵守《营缮令》等法律规定。但是"及安史大乱之后，法度隳驰。内臣戎帅竞务奢豪，亭馆第舍，力穷乃止"①。前节所述马璘的中堂，以及内官刘忠翼之第，就都因为太豪奢而被唐德宗下令毁除。德宗并命有司"条举格令"，重申"第舍不得逾制"。类似的诏命我们在唐文宗时也见到过。《旧唐书·马璘传》点出内臣和戎帅，说明此两类人是唐后期宅舍逾制的突出代表。实际上朝官而奢侈的也有，元载就是一个典型例子。史记其"城中开南北二甲第，室宇宏丽，冠绝当时。又于近郊起亭榭……城南膏腴别墅，连疆接轸，凡数十所"②。不过总的来说，还是节度使们的宅舍最奢豪最不遵法度，而且一般说来皇帝对节帅的这种"逾制"不太过问。到五代时，北方因为战乱，宅舍建筑的规模和奢侈程度均不如唐后期，以至后唐时有人感叹说："今大内楼观，不及旧时长安卿相之家。"③但是南方十国政权内的贵族大臣们却任意造作，不讲什么制度，宅舍十分奢侈。前蜀内给事欧阳晃"患所居之陋，纵火焚西邻军营，明旦召匠广其居，帝不问"④；徐延琼"经营土木，构第于锦水应圣桥西，横亘数坊，务极奢丽"⑤。

皇族贵族将相权臣的住宅最为奢华，这在上面讲发展过程时已提到几例。这些人住宅奢华的表现之一是占地面积大。除上述占一坊之地（如杨素）或占数坊地（如徐延琼）者外，又如程执恭为扩建居室，唐宪宗赐他20亩地，合今天的一万多平方米；郭子仪宅在长安亲仁里，居其里四分之一，占地达十四万六千多平方米。奢华的另一表现是宅舍的装修。《朝野佥载》卷3记"宗楚客造一新宅成，皆是文柏为梁，沉香和红粉以泥壁，开门则香气蓬勃。磨文石为阶砌及地，着吉莫靴者，行则仰仆……太平公主就其宅看，叹曰：看他行坐处，我等虚生浪死"。《杜阳杂编》卷上记："元载末年造芸辉堂于私第。芸辉，香草名也，出于阗国，其香洁白如玉，入土不朽烂，舂之为屑以涂其壁，故号芸辉焉。而更构沉檀为梁

---

① 《旧唐书》卷152，《马璘传》。
② 《旧唐书》卷118，《元载传》。
③ 《旧五代史》卷57，《郭崇韬传》。
④ 《十国春秋》卷37，《前蜀后主本纪》。
⑤ 《十国春秋》卷46，《徐延琼传》。

栋，饰金银为户牖，内设悬黎屏风、紫绡帐。"从这两条史料可知，当时贵族大臣建筑宅舍时，注意使用上好的木材如柏木、檀木，墙壁上时兴抹上掺有香料的泥，呈红色或白色，而唐前期似以红色为多。这种香料来自远方，一般大臣无力弄到。

除上述宅舍的等级和贵族大臣的奢华外，反映等级制度的还有门戟和行马。门戟置于宫殿门、州府门和王公、三品以上大臣门前，依等级不同戟数也不同，例如宫殿门立二十四戟、正一品门十六戟、三品门十二戟等。门前立戟可显示地位的高贵。唐玄宗朝张介然阶品已达三品，门前可以列戟，但他认为"若列于帝城，乡里不知臣贵。臣，河东人也，请列戟于故乡。"玄宗回答说："所给可列故乡，京城仂当别赐。"① 这样，张介然就在京城住所和故乡祖宅门前均列戟，充分显示了自己地位的尊贵。行马是由木条交叉而成拦阻人马通行的木栅，一般放在官署前，有时也放在宅舍前。门口有行马表示了此处地位的高贵，李商隐有《九日》诗说令狐绹"郎君官贵施行马，东阁无因再得窥"。因此当时也以"门施行马，庭列凫钟"等语言来形容某人家地位的高贵。

一般官吏住生活的具体情况我们不太清楚。据前引岐州司功参军李义琎的话，即所谓"凡人仕为丞尉，即营第宅"看，不少官吏在孜孜致力于营建宅舍。大约地方上官吏的宅舍稍好，京师的官吏就相对要差一些。韩愈到长安三十年后才有自己的一处住房。房子有中堂待客，有北堂治膳，还有东堂、南亭，西偏又有若干间房，庭中更有八九株树。这他已经很满足了，说虽然"此屋岂为华"，但"于我自有余"，因为"开门问谁来，无非卿大夫"②。这与刘禹锡《陋室铭》的旨趣是一样的。

百姓的宅舍也因贫富而有很大差别。巨富如长安的王元宝，"举以金银叠（垒？）为屋，壁上以红泥泥之。于宅中置一礼贤堂，以沉檀为轩栏，以碔砆甃地面，以锦文石为柱础。又以铜线穿钱甃于后园花径中，贵其泥雨不滑也"③。一般百姓的住宅占地，若按《唐令》规定是"良口三人已下给一亩，三口加一亩。贱口五人给一亩，五口加一亩"。但"若京城及州、县郭下园宅，不在此例"④。所谓"不在此例"，主要指贵族官僚可以超标准占地。《唐令》的规定不用说是理论上的，平民百姓所占宅地往往达不到这一标准。但即使如此，我们仍可以将其视为当时一户百姓的一种平均的园宅占地面积，即三口之家占地一亩、六口之家占地二亩、九口之家占地三亩。因此当时一户人家的宅院占地一至三亩或许是比较正常的。《太平广记》卷344"寇鄘"条说寇鄘是个占卜之人，花40贯钱买了个

---

① 《旧唐书》卷187，《张介然传》。
② 韩愈：《示儿》。
③ 《开元天宝遗事》。
④ 《唐六典》卷3。

谁也不敢住的凶宅。这宅在长安永平里西南，"有堂屋三间，甚庳，东西厢共五间，地约三亩"。这处住所应当是比较好的，只因传闻是凶宅才贱卖于寇邺，它的面积就是三亩。敦煌文书S4707是一件"马法律宅舍测量"残卷。据此文书，这位马法律的宅舍共有堂一口，东房一口，小东房一口，西房一口，厨舍一口，连台基共合82.44平方米，加上房屋间空地的51.75平方米，也不过是134.19平方米，只相当于唐亩的四分之一强。马法律在当地不算是穷人，他还有几间房，但他拥有的宅舍面积和前面讲到的官僚贵族们20亩或10万平方米的住宅面积不是有天壤之别吗？据此件敦煌文书，我们还可以知道当时一般平民住房中每间房的面积尺寸及其整体布局。若将它们画成图则大致如下图所示：

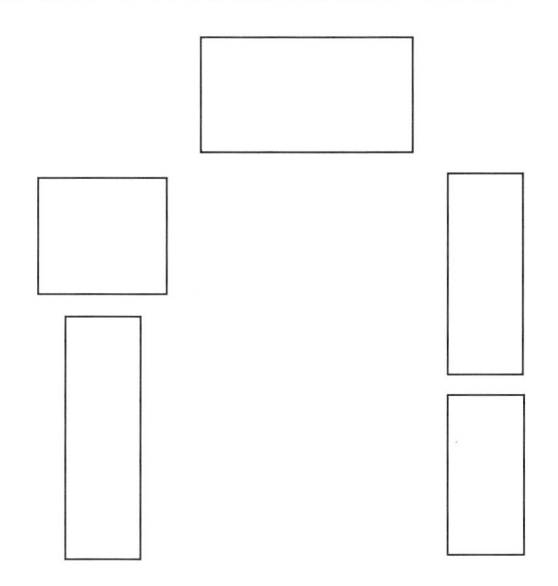

百姓中还有许多是租房而住。这其中也有贫富差别。富者如前引《李娃传》中的郑生，在长安除租房住布政里外，还一掷千金，寄居在妓女家达数月之久；穷的就只好租破旧房舍或在阔亲戚的外舍栖身。

比起马法律之类，贫民的住处更等而下之。他们大多住草房茅屋，也有借居寺庙的。洛阳振德坊是贫民聚集处。由于他们每日只吃些糟糠，因而被称为"糠市"。奴仆们多住在主人家的马厩中。《开元天宝遗事》卷下说苏颋少时常与仆夫杂处，读书时常借马厩灶中的火光，于是还有"吹火照书"的美谈。敦煌石窟85窟壁画中有一院落住宅，其中画一人卧于马厩前，那大约也是仆夫一类人的住处。当然还有无房可住四处流浪的穷人，一遇天寒雪落，就会出现"路有冻死骨"[①]的悲惨场面。

---

① 杜甫：《自京赴奉先咏怀五百字》。

(二) 地方性、民族性

地方性和民族性表现在地域上是交叉的。此处除几大民族聚集地外，其他均作地方性处理。

北方建筑多用土石。就建筑群而言，除前述宫殿、官衙、寺观外，在隋末和唐末五代的北方乡村还有许多堡、垒、棚、寨等。这些堡、寨有的建在险要处，是为避兵乱；也有的建在战场附近，是为了作战。黄巢曾撤民居以为寨屋，名"瓦子寨"，说明寨中房屋建筑与一般民居基本相同，都是用砖瓦构建的。后唐曾于博州营垒。垒刚刚建成，不料后梁军队兵压新垒，"时板筑虽毕，墙仞低庳，战具未备，沙城散恶"①，结果后唐军几乎大败。这垒是用夯土筑成的。

南方由于土质不好，即所谓"土薄"，因此建筑多用竹木，称为竹屋、草屋、茅屋等。前述杜甫在成都住的就是茅屋，元稹也说巴蜀是"短檐苦稻草"②。江西、湖南多竹屋，所以刘禹锡在《采菱行》中说"家家竹楼临广陌"。随着北方官员就任南方，也就有一些人试图改变当地的建房习惯。例如《旧唐书》卷96《宋璟传》说"广州旧俗，皆以竹茅为屋，屡有火灾。（宋）璟教人烧瓦，改造店肆，自是无复延烧之患"。不过这种改变风俗的事情看起来没能一下子完成，因此到唐德宗时李復在广州又"劝导百姓，令变茅屋为瓦舍"③。牛僧孺在湖北武昌也曾致力于改变当地民众板筑土墙的习俗，而代之以砖。正是由于这些北方出身的官员的不懈努力，到五代时南方地区的建筑已有了明显变化。这从第一章第一节"城市、宫殿"的介绍中可以看得很清楚。不过即使这样，各地的房屋样式与装饰仍然各有特点。例如南汉、闽的宫殿中多装饰海中珠宝；楚的宫殿中铺的地衣多为竹或木棉制作等。其他如屋顶的大小、颜色的素雅都与北方建筑有区别，只是由于史料太少，这里就只能从略了。

关于各少数民族住生活的史料也不多，下面大致按北方、西域、南方的顺序来介绍。北方包括突厥、回纥、契丹、奚等。这些民族主要住的是帐、庐。庐又叫穹庐，唐人慧琳在解释穹庐时说："戎蕃之人以毡为庐帐，其顶高圆，形如天象穹窿高大，故号穹庐。王及首领所居之者可容百人，诸余庶品即全家共处一庐，行即骧驰负去，毡帐也"。④ 敦煌壁画上有许多帐、庐的形象，大致是圆形穹顶，白色，开一方门。通过门可以看见在庐帐内部壁面有交叉的骨架。庐帐的顶上有天窗，有的天窗上加有毡盖，庐帐内则铺毡毯⑤。突厥在可汗大帐的牙门前建有狼

---

① 《旧五代史》卷29，《唐书庄宗纪第三》。
② 元稹：《酬乐天东南行诗一百韵》。
③ 《旧唐书》卷112，《李復传》。
④ 《一切经音义》卷82。
⑤ 参见萧默：《敦煌建筑研究》。

头纛，帐内坐皆向东。契丹到五代时由于"燕人所教，乃为城郭宫室之制于漠北……屋门皆东向"①。这种屋门东向的习惯是因为他们过去的车帐都是东向的。出兵打仗。契丹还是设穹庐。有一次曾在长百余里、宽五十里的地域内"布以毡帐"，致使后唐军队"但见穹庐如岗阜相属"②。

渤海文明程度较高，宫室建筑已如中原；室韦在居室上蒙皮或粗席；靺鞨则是居无室庐，只挖个半地窖式坑，然后"梁木其上，覆以土，如丘冢然，夏出随水草，冬入处"③。

吐蕃虽有城郭庐舍，但多不肯住，仍愿住毡帐，赞普住的叫大拂庐，高五丈，长宽各二十七步，部民住的叫小拂庐。吐谷浑居住习惯与吐蕃相类。黠戛斯虽住毡帐，但冬天住屋室，上面覆盖木皮。党项也有屋室，习惯却以毛毡盖在屋上。

西域指今新疆一带，其建筑的主要特点是没有木结构的城楼和角楼，代替它们的是一些筒拱顶。土结构的房屋占绝大多数，它们的顶多是平头。此外还有垒石为屋的。石屋有的垒得很高，可达八九层。西域各国国王的坐具带有明显的西方特色，例如有狮子座椅或金羊座椅等。于阗国王还喜欢住内部绘有壁画的房屋。

南方主要指南诏及各种蛮、獠。他们的居住特点是楼居。这是由于南方潮湿、草丛多毒蛇的缘故。这种楼居的建筑叫"干栏"。南诏王的座位方向也是朝东。这与突厥以及回纥可汗的坐向相一致。

上述民族的居住方式是在不断变动的。前述契丹就因为受到燕人的影响而改为屋居。这是一种情况。另一种情况是少数民族迁入内地，也就放弃了原来"毡墙毳幕"的居住习惯，改为"上栋下宇"了。这可以突厥启民可汗"于万寿戍置城造屋"，"思改戎俗"④ 为一显例。

第四节　行生活

行生活中的"行"指"出行"。出行是社会生活的重要内容，出行生活牵扯

---

① 《旧五代史》卷137，《外国列传第一》。
② 《旧五代史》卷70，《张敬迈传》。
③ 《新唐书》卷219，《北狄传》。
④ 《隋书》卷3，《炀帝上》。

到出行所需的道路设施，交通工具，以及为出行服务的住宿设施等。全面研究隋唐五代的出行需要很大篇幅，这里只能就其最一般的情况略作介绍。

● **道路设施**

（一）道路的一般情况

出行离不开道路。从道路的自然状态，可将道路大致分为陆路和水路，而若依道路的社会性质，又可将其分为官路（官河）和私路。隋唐五代时的道路以长安、洛阳两京为中心，向四方辐射。据《元和郡县志》，在每州之下记有"八到"，即四面八方各通往何处。无论何州，首先都要记录该州通往长安的道路，其次记录通往洛阳的道路。说到底这是政治的需要，同时也是经济的需要。中央集权的统治结构决定了道路的中心是政治统治的中心。隋唐五代道路干线的总长度由于资料缺乏不能精确计算。若抛开立国时间太短的隋朝和分为数个政权的五代不谈，仅就唐朝而言，有人据唐代"驿"的多少计算出唐代道路干线有五万里[①]，也有人计算为六七万里[②]。这些计算虽然都有根据，但除驿路外，唐代另外还有一些官路。因此唐代道路干线的总长度只会超出而不会少于六七万里。下面取《元

商人遇盗图　敦煌莫高窟 45 窟　唐壁画

---

① 白寿彝：《中国交通史》。
② 刘希为：《隋唐交通》。

和郡县志》中长安、广州这两个南北都市的"八到"来看看当时道路的四通八达。

长安：东至东都835里。东南至商州265里。西南至洋州630里。东至华州180里。南取库谷路至金州680里。正西微北至凤翔310里。西北至邠州300里。东北至坊州350里。正东微北至同州250里。

广州：西北至上都取郴州路4210里，取虔州大庾岭路5210里。西北至东都取桂州路5085里。东北至韶州530里。西北流至连州890里。正西微北至端州沿泝相兼240里。西南至恩州水路600里。西北至贺州876里。正南至大海70里。

这里我们看到了唐代州郡之间道路的四通八达，同时也知道通往某一地区常常有两条或两条以上的道路，《元和郡县志》对这种不同的道路作了详细记载，即如上述广州条中的郴州路和虔州大庾岭路。因此在计算道路总长度时就不能忽略通一处而多条路的情况。此外还要注意道路中的水路和水、陆相兼的道路。

隋朝道路，最重要的特点是开凿了大运河，贯通了南北交通。这里要特别指出，大运河的开凿是由于隋炀帝的巡幸也就是"出行"促成的，它开凿成功后又便利了隋炀帝的出行。这个例子突出说明了道路与出行的相互促进关系。隋朝还有其他一些道路如驰道、御道等也都是为隋炀帝巡幸而开辟的。

唐朝道路的特点是道路以及馆驿的发达。同时由于政治经济形势的变化，又使交通路线在前后期有些不同。例如安史之乱时由于安史军队占了河南，使淮河运路断绝，江南财物只能沿江路上行，从商山入关。这就直接促成了七百里商山路的开凿。自唐代宗大历末年李希烈占了蔡州，直到元和时宪宗平吴元济，蔡州的不通也导致了江淮至关中的中路即经合肥、寿春至函谷关的道路作废。

五代时全国范围有数个政权并存。这些政权之间有的互相封锁，致使五代时交通路线的特点是远距离交通如绕道路线特别是海路比较发达。例如吴越、闽要和中原王朝接触，不能通过敌对国的南唐，而要走海路，从青州登陆；闽若想从陆路到中原，必须绕道湖南；中原王朝到闽、吴越，有时也要从湖北、湖南入广东，再走海路到福建、杭州。

中原王朝到周边政权或国外的道路在隋唐五代也很发达，并各有特点。隋代除开大运河为北伐高丽外，主要的道路集中在西北边。据《隋书》卷67《裴矩传》，"自敦煌至于西海，凡为三道"，即经过北道（伊吾）、中道（高昌）、南道（于阗）分别可达地中海、波斯湾和印度洋。唐代社会空前开放，对周边的各条道路主要不是为了战争和游幸。据《新唐书》卷43《地理志》，这些道路主要有七条，分别是"一曰营州入安东道，二曰登州海行入高丽、渤海道，三曰夏州、塞外通大同、云中道，四曰中受降城入回纥道，五曰安西入西域道，六曰安南通天竺道，七曰广州通海夷道"。其实除这七道外，《地理志》还详细记载了从长安到吐蕃的吐蕃道和长安到南诏的南诏道。进入五代以后，无论南北政权，都把与契丹的关系看得很重要。于是吴、南唐、闽泛海通使契丹的道路就发达起来，中原王朝也专门开辟了通往契丹的道路。这是唐代所不曾有的，反映了契丹的强大，同时也反映出社会政治变化对道路发展的影响。

(二) 陆路

陆路在史籍记载中名目繁多，如有驰道、御道（御路）、帝道、官道（官路）、官街（天街、禁街）、国路、驿路、县道、村路、饷道（饷路）、贡道、运路、大路、次路、便道（便路）、私路、马道、堤路、盘道、栈道、甬道、夹道、复道、山路等等。这些道路有的以性质命名如御道、官道、驿道，有的以用途命名如贡道、饷道、运路，还有的以形态命名如堤路、栈道、复道。下面择其主要者略作介绍：

驰道、御道等是皇帝专用的道路。除宫殿中的御道外，其他一般说来都是为皇帝行幸准备的。例如隋炀帝"幸榆林，欲出塞外，陈兵耀武"，先告诉突厥染干，染干乃命"举国就役而开御道"，自"榆林北境至于其牙，又东达于蓟，长三千里"① 唐玄宗时咸阳有行宫名望贤宫。自行宫至长安有驰道。肃宗迎玄宗回长安，"乘马前引，不敢当驰道"②。这些驰道御道有些因社会政治形势的变化，后来就不再为皇帝专用了。官街、官路、驿路都是官方筑就的交通干线。官街主要指城市中的街道，官路则遍布于各州县，而驿路是指设有馆驿的官路。唐朝政府十分重视对官路的维护，不许在官路上耕种也不许砍伐路旁树木。不过有时也有例外，那就是在南方老虎猖獗之州县，官路两侧十步之内的树木必须伐光，以便行人防备老虎。便道、便路、私路是相对于官路、驿路而言的。在这些路上不设馆驿关卡。官员赴任若不许走驿路，就只好便道之官了。阁道、栈道、盘道大都是山路，以凿石搭木等方式建成。唐末僖宗逃奔成都时，李昌符将栈道焚毁，多亏了王建"控僖宗马冒烟焰中过"③，始得平安无事。复道也叫夹城夹道，主要建在城市，是为帝王服务的。长安的复道主要自大明宫沿东城墙而建。由复道南行可至曲江。在复道里行走既可避人耳目又十分安全。

隋唐五代的陆上道路，除去宫中有砖道外，其他多为土路，一下雨就成了泥路。道路太泥泞时，简直不能行走，以至朝廷常常放假三日，免去百官上朝的苦处。好一点的路，是在土路上铺上沙子，称"沙堤"。唐朝制度，凡拜相时要从被拜相者的家里用沙铺一条路，以示尊崇。当然也有别出心裁的富人，用铜钱筑路以防下雨路滑，这就属于奢侈一类子。当时道路中最宽的大约有150米，像长安

---

① 《隋书》卷51，《长孙晟传》。
② 《资治通鉴》卷220。
③ 《十国春秋》卷35，《前蜀高祖本纪上》。

城的朱雀大街就是如此。前述因隋炀帝去塞北而开的御道，也宽有150米左右。其他次一点道路的宽度，我们只知道长安和洛阳城内的道路情况，大致有35—65米、20—25米以及15米宽几种。道路的两旁多栽有树木，最多的是槐树、榆树和柳树。两京道路旁还种有果树。

（三）水路与桥梁

水路与陆路不同，自然状态的江河湖海本身就是水路。除去这些自然水路外，隋唐五代时期还开凿建设了许多新的水路。隋朝水路中最重要的是隋炀帝时开凿的大运河。这条运河南起余杭，中经江都、洛阳，北到涿郡，是贯穿南北的交通大动脉。

朝天关古驿道　四川

据《大业杂记》记载，大运河宽60余米，两岸有御道，道旁种有柳树。这大运河当时也被称为御河。到唐代以后，为通舟船而开河开渠的增加了许多，仅就《新唐书·地理志》所记，就达二十五六处。其中唐玄宗开元时宿县所开广济新渠长18里；天宝时陕州开凿的天宝河长5里、阔15米、深9米左右；而唐宪宗元和时卫州所开新河长14里、宽90米、深5米多，比隋时开凿的大运河还要宽一些。五代十国时期仍然继续开凿新的水路。后唐明宗时幽州曾开凿了东南河，河长165里、宽百米、深近4米，也是一条大河。水路没有陆路那么多名目，屡见于史籍的只有水路、水道、海路、海道、御河、官河、漕渠等。这其中"官河"的称呼最多，可能只要是官府开凿的新河均可称为官河。如果"官河填淤，行旅拥弊"，地方官有责任疏通河道①。无论官河还是自然河道，在河的两岸也多种有树木，树以杨柳为主。

桥梁架在河流上，是出行的重要道路。建桥由尚书省工部的水部司主持，有时还设有专门的桥道使，若在地方，则由各地方政府（主要是士曹）主持。建桥的资金是征收"桥道钱"，一般是每亩征5文。也有地方乡绅赞助的。还有孝子四处乞讨而修建的桥，称"义桥"。地方政府必须定时维修所属境内的各种桥梁，若"桥道不修"，要受到惩罚，负责的官员甚至可能被处死。隋唐五代时桥的种类很多，从原料区分，有石桥、木桥、竹桥、藤桥、绳桥、笮桥等。后面这几种桥多建在南方。此外还有浮桥。当时浮桥的建造很盛，一般的工程情况是"须竹笮大䋲，两岸石仓铁牛以固"②。当时最著名的浮桥是黄河上的蒲津桥（位于今天山西省永济县）。唐玄宗朝宰相张说曾写有《蒲津桥赞》，云："域中有四渎，黄河是其长。河上有三桥，蒲津是其一……其旧制横絙百丈，连舰十艘。辫修笮以维之，系围木以距之，亦云固矣。"但冬春之际未化之冰常将竹绠撞破，于是"以铁代竹"，并在两岸铸有铁牛以"鸷缆"。近年在山西省永济县发掘出铁牛铁人各四个，每个都重达三四十吨，从一个侧面反映了当时蒲津桥的宏大。除蒲津桥外，当时著名的桥还有京兆府的灞陵桥、东渭桥、中渭桥，洛阳的天津桥。其他如大渡河上的桥长50丈，陕州黄河上的太阳桥长76丈、宽2丈，洛水上的永济桥长40.3丈、宽2.6丈。这其中的灞桥位于长安之东，为历来送别之地。天津桥因正对洛阳宫门，被称为"御路之要"，隋时本为浮桥，用大缆维舟，两岸对起四楼，后冲毁。唐初改为石脚桥。到五代时，天津桥时有不通。中渭桥是"连横门，抵禁苑。南驰终岭商洛，北走滇池鄠畤。济济有众，憧憧往来……人思启行，吾其能济"③，实是长安出行的一座重要桥梁。

二 交通工具

（一）车

车在隋唐五代可分为礼仪用车和日常用车两种。就礼仪用车而言，隋唐时期严格规定了上自皇帝下至大臣，各个等级在各种礼仪场合的用车。这些礼仪用车绝大部分是沿袭前代的，从史籍上看其制度，连记述用语都原封不动。就天子的车来说，主要有"五辂"，即玉辂、金辂、象辂、革辂、木辂。这些辂车形制上差不多，不过在装潢、颜色以及纹饰上略有不同。辂车均驾六马，马的颜色各不相

---

① 《旧唐书》卷146。
② 《旧五代史》卷53，《李存敬传》。
③ 乔潭：《中渭桥记》，《全唐文》卷451。

牛车　湖北武昌　唐墓出土

同,分别用于祭祀、纳后、乡射、巡狩、畋猎等。此外还有驾四马的安车,驾六马的耕根车,驾一牛的四望车。这三种车分别用于耕藉、临幸、临吊、拜陵等。又有羊车(驾小马即果下马)、属车(驾一牛。隋时曾多达八十一乘,唐规定设十二乘)、指南车、记里鼓车、白鹭车、鸾旗车、辟恶车、轩车、豹尾车、黄钺车。这些车在唐代都用于仪仗,例如皇帝出行时就把它们放在卤簿内。皇后的车有重翟、厌翟、翟车、安车、四望车、金根车共六等;皇太子有金辂、轺车、四望车;百官臣僚则一品是象辂,二、三品革辂,四品木辂,五品轺车。隋朝百官只给犊车,等级的区别仅在车幔的有无和颜色的异同。

以上各种车特别是唐代的车主要是法律上规定的制度,实际已不常用。《旧唐书》卷45《舆服志》说:"自(唐)高宗不喜乘辂。每有大礼,则御辇以来往。爰洎则天以后,遂以为常。玄宗又以辇不中礼,又废而不用。开元十一年冬,将有事于南郊,乘辂而往,礼毕,骑而还。自此行幸及郊祀等事,无远近,皆骑于仪卫之内。其五辂及腰舆之属,但陈于卤簿而已。"这就是说,五辂之类的车,在唐代玄宗以后，不仅不是一般出行工具，甚至也不是礼仪出行工具，只是摆在卤簿内充数罢了。但是前面提到的犊车，作为礼仪用车一直延续下来，直到唐文宗太和年间（827—835）还有诏敕规定各级官员的犊车上有幰还是无幰，以及公主、郡主、县主和外命妇的犊车上用什么装饰。但其用途也只限于册拜、婚会、出降等。

犊车除作为礼仪用车外，从广义上说也属于一种日常用车，即牛车。按牛车在隋朝用得很普遍，重臣如牛弘出门也是乘坐牛车。一次，牛弘的弟弟"射杀（牛）弘驾车牛"，牛弘泰然自若，被时人赞为宽和大度①。唐朝刘子玄也说："魏晋已降，迄于隋代，朝士又驾牛车。"②但是到了唐代，朝士不坐牛车了。坐牛车的主要变成了妇女。贵者如杨"贵妃姊妹，竞车服，为一犊车，饰以金翠，间以珠玉。一车之费，不下数十万贯"③。此外如百官赴任，政府要提供牛车让家眷乘坐，也供装载行李。牛车用作运输，其例就更多了。虽然运输不是出行的重点，但也是出行生活的一部分，这里我们只举出公、私两个例子。一是唐代司农寺用于运输的牛车有1021乘，可见其多；二是唐代诗人白居易《卖炭翁》一诗中描写的卖炭老人。他赶着一牛车木炭，重达千余斤。这木炭这牛车无疑是老人出行生活的一部分，关系到他日常生活的好坏。

牛车而外，当时日常用车中还有马车、驴车、驼车等。若以形制或用途分，又有轩车、辂车、辎车、斋车、輀车、柩车、丧车、卧车、奚车、钿车、山车、宝车、画戟车、拜扫车，等等。其中的辂车是马车，在隋朝百官都乘牛车的情况下，它用于皇帝赐给退休的权臣。奚车本是契丹在塞外用的，"开元天宝中渐至京城"④，到中唐以后不仅流行，而且变得高贵起来，以至唐文宗时不许胥吏及商贾的妻女乘坐奚车。同是突厥喜用的毡车，到唐代也很普及，并也算高级车。《幽闲鼓吹》记"李师古跋扈，惮杜黄裳为相，未敢失礼，乃寄钱物百万，并毡车一辆"，后看杜黄裳的夫人十分俭朴，最终也没敢将车及钱物献上。辎车和钿车都是妇女坐的：唐代进士曲江大宴，公卿家倾城纵观，"钿车珠鞍，栉比而至"⑤；而杨贵妃得罪唐玄宗后，玄宗"令高力士以辎车载送还其家"⑥。需要说明的是，无论奚车、毡车，还是钿车、辎车，实际上它们都是牛车，只不过在样式和装置上有所不同而已。

---

① 《隋书》卷49，《牛弘传》。
② 《旧唐书》卷45，《舆服志》。
③ 《明皇杂录》卷下。
④ 《旧唐书》卷45，《舆服志》。
⑤ 《唐摭言》卷3。
⑥ 《太平广记》卷240，太真妃条。

当时的车从属有来分，可分为官车和私车。度支、司农所有的车是官车，前述配给赴任者的也是官车，而私车就是自家的车。隋唐五代时官方常常向私人租车借车以供运输。这种租借是有代价的，大约一天是三尺绢，或一里35文钱，所以当时也叫"雇车"或"和雇车牛"。唐宪宗时河南府为搬运粮草，就雇了牛车4035乘，每乘用牛4头。私人之间也有借车、赁车的，所借之车可用于载人也可用来运物，到唐代甚至出现了专门以车为人服务的人，叫做车家、车者或车子。典型的例子是崔练师租车事。《太平广记》卷314"崔练师"条说女道士崔练师"置辎车一乘，佣而自给……一旦，车于路辗杀一小儿。其父母诉官，追摄驾车之夫，械之，欲以其牛车偿死儿之家。其人曰：此物是崔练师处租来。官司召练师，并絷之"。这崔练师就是靠出租牛车为生的租车经营者，可见唐代租车业的发达。

由于车辆特别是运输用车甚多，需要有放置的地方，所以当时专门设置有车坊。车坊就是存放车辆的场所，分官府车坊和私人车坊两种。官车坊从中央各部到地方州府都有，主要用于存放车辆。由于车多，因此车坊的地方很大。唐代百官上朝，在待漏院设立之前，宰相就在光宅车坊避风雨。有些官府车坊装饰华丽，甚至成了送往迎来、备酒摆宴的场所。私人的车坊主要用于出赁，以便从中获利。因此唐朝皇帝在下发诏令时常将车坊与邸店等营利设施并举。唐玄宗开元二十九年（741）制就"禁九品已下清资官置客舍、邸店、车坊"[①]，可见私人特别是一些官员设置车坊已是很普遍了。

（二）马

马是这一时期的重要出行工具。由于战马的需求量很大，一般人家养马不多，因此马在这一时期又属于比较高级的出行工具。隋朝虽如前引刘子玄所言，"朝士又驾牛车"，但实际上骑马的也不少，从史籍记载看，例如皇帝，例如州长史、博士，都有骑马的。但是相对后代，隋朝私人骑马的还是较少，因此朝廷拥有的马匹就非常多，皇帝赐给大臣马动辄几百匹、上千匹，这在后代是不多见的。与此相适应，当时权臣因得到赏赐，家里的马就变得很多，像宰相杨素家里的马竟有上万匹，这在后代也是不能想象的。当然这上万匹马大多不是作为出行工具而是作为战马厮养，这就难怪被人看作是反逆的一个证据了。

到唐代，骑马出行变得普遍起来。前述刘子玄在讲到隋朝朝士驾牛车后又说："自皇家抚运，沿革随时。至如陵庙巡幸、王公册命，则盛服冠履，乘彼辂车。其士庶有衣冠亲迎者，亦时以服箱充驭。在于他事，无复乘车。贵贱所行，通鞍马而已。"这就是说，到唐朝，乘车就皇家礼仪而言只用于陵庙巡幸、王公册命；民间只用于婚礼，其他无论贵贱，都是骑马。例子就很多了，上自皇帝，中经朝臣

---

① 《旧唐书》卷9，《玄宗本纪下》。

百官，下至进士侠客、商贾无赖，无不骑马。特别要说的是唐代妇女虽然主要是坐车出行，但一度即唐玄宗开元天宝年间却又盛行骑马。《旧唐书》卷45《舆服志》说："开元初，从驾宫人骑马者皆著胡帽，靓妆露面，无复障蔽。士庶之家，又相仿效，帷帽之制，绝不行用。俄又露髻驰骋，或有著丈夫衣服靴衫，而尊卑内外，斯一贯矣。"作者本意是讲服饰，但也透露出盛唐时妇女骑马的风行状况。前述杨贵妃姊妹坐犊车随玄宗去华清宫，后因太重，"牛不能引，因复上闻，请各乘马。于是竞购名马，以黄金为衔勒，组绣为障泥。共会于（杨）国忠宅，将同入禁中"①。传世画卷《虢国夫人游春图》就描绘了唐代贵妇人骑马出行游春的景象。不过就一般情况看，唐代妇女还是坐车的多。如果是夫妻一起出门，则必是女坐车、男骑马。

五代时骑马更加普遍。由于当时北方马多、南方马少，因此南方诸政权例如荆南、楚国都屡屡以茶等物品交换马匹，当然主要为了换来战马。南方诸政权中马政较好的是前蜀，但即使前蜀，王建也是费了十年工夫才弄到官马八千私马四千匹。十国政权中后蜀后主不爱骑马，所以内厩只有一匹打毬马；但吴越国的钱镠和荆南的高季兴都好名马，其中高季兴一听说有名马就不惜千金去买，但直到他死，也没能遇到一匹好马。

说到名马，隋、唐、五代都有。唐太宗的"六骏"是十分出名的，其他还有唐代宗赐给郭子仪的九花虬。《杜阳杂编》卷上记此马"即范阳李德山所贡，额高九寸，毛拳如麟，头颈鬐鬣，真虬龙也。每一嘶则群马耸耳。以身被九花文，故号九花虬"。此外还有狮子骢、望云骓、照夜白等。唐代宰相裴冕"性本侈靡……名马在枥，直数百金者常十数"②。唐代人又喜欢"连钱"马。所谓"连钱"，指似连钱纹样的旋花毛。当时人喜欢青色的连钱马，而如果马的颜色与连钱的颜色不同如"白马紫连钱"，那就是上好的马，如果再配上黄金勒或锦绣障泥，就显得更加名贵。骑名马可以提高自己的身价，例如李白《赠从弟南平太守之遥二首》有云："承恩初入银台门，著书独在金銮殿。龙驹雕镫白玉鞍，象床绮席黄金盘。当时笑我微贱者，却来请谒为交欢。"读此诗可以想见李白骑在马上的傲然之气。除名马外，当时还有各种马，例如果下马、矮马、蜀马、草马、细马、胡马、款段马、牂牁马、打毬马、厅子马、筋脚马、鸣珂马等，名目繁多。其中果下马最小，只有羊大，用于拉羊车。蜀马和牂牁马都是南方马，比较矮。蜀马用得较普遍，但等级似比较低。唐代《礼部式》规定，一般官员的家属只能骑蜀马和小马。又有规定说给驿马若不宜大马处给蜀马，这是从马的适用性方面考虑的。款段马

---

① 《明皇杂录》卷下。
② 《旧唐书》卷113，《裴冕传》。

是一种行走缓慢、比较稳健的马,为俭朴的大臣所喜用,而鸣珂马则身佩美玉,是贵臣地位的一种象征。

(三) 驴

驴是比马低一等的出行工具。隋朝杜子春由富而贫,其出行工具相应地也就变成了"去马而驴,去驴而徒"①。所以当时把驴称为"劣乘"。不过由于驴比较便宜,因而它在民众中使用较普遍。百官一般骑马不骑驴,如果骑驴就十分可疑。李夷简任郑县县丞时,发现"有使走驴东去甚急"②,结果此使果然是叛军首领朱泚派往幽州的人。流外官中骑驴的不少,可能是因为国家不供给流外官马骑。举人进士中有钱的骑马,无钱的骑驴。十分饥贫的人,就三兄弟"共有一驴赴京"③。不过后来进士们追求车服的华奢,以至唐懿宗咸通年间特意规定进士不许乘马,只许骑驴,但这一规定估计没能贯彻下去。进士之外,百姓骑驴的就更多了。隋开皇五年(585)遭灾,文帝命"买牛驴六千余头,分给尤贫者,令往关东就食"④。其中有些驴恐怕就是供骑乘的。由于驴是一般人未作官时的出行工具,因此那些仕途不达的落魄英雄、没中第或虽中第但无官的诗人骚客都骑驴,甚至由于不作官的人才骑驴,致使它又成为隐士处士等高人的坐骑,给人以虽穷但很旷达的感觉。若举例来看,中兴宰相裴度微时就骑驴。诗人杜甫、贾岛、李贺都骑驴,其中杜甫骑驴骑了三十载,生活一直很穷困。此外唐德宗时的山人宰相李泌骑驴,甚至传说中的张果老也骑驴。除上以外,当时以驴为坐骑的还有俳优、乐工,以及一些妇女。唐天宝年间萧颖就曾遇见"一妇人年二十四五,着红衫绿裙,骑驴"⑤。

与马一样,驴也有官驴。百官赴任,只要符合条件,官方要给车马,也要给驴,大致是一品给十五头,二品十头,直至九品给两头。唐代驿中也有驴。另外官方要用驴时还可以派差,也可以借驴。《唐律》规定借驴的价钱是一日绢三尺,与庸一样。民间也有借驴或赁驴、雇驴的,十分兴盛。据日本和尚圆仁的经历,唐文宗时在海州,若雇驴的话,"驴一头行廿里,功钱五十文"⑥。雇驴的人多了,就有客店养了许多的驴供客人用。也有专门的租驴业,经营这一行业的多称"赁驴小儿"。《续玄怪录》说马震住在长安平康坊,一日听到有人敲门,开门一看,"见一赁驴小儿云:适有一夫人,自东市赁某驴,至此入宅,未还赁价"。从这一

---

① 《太平广记》卷16,杜子春条。
② 《唐语林》卷3。
③ 《云溪友议》。
④ 《隋书》卷24,《食货志》。
⑤ 《太平广记》卷242萧颖士条。
⑥ 《入唐求法巡行礼记》卷1。

记载还可知那出租驴的地方在长安的商业区即东市。

(四) 其他畜力及徒步

畜力出行工具除马、驴外还有牛、骡、骆驼、象等。牛主要用于拉车，单骑的也有。隋末英豪之一的李密辞了三卫的职后，"专以读书为事，尝欲寻包恺，乘一黄车牛，被以薄鞯，仍将《汉书》一帙挂于角上，一手捉牛靷，一手翻卷读之"①，为杨素所赞许。骡在当时还是使用比较多的，除用于战阵的"骡子军"、"骡子营"，用于运输的"骡纲"和用骡驮物外，史籍记载骑骡的有胡人、隐士、奴仆等。从制度上说，上述畜力骑乘的等级顺序是马、驴、骡、牛，因此骑骡的人的身份不高。骆驼主要用于北方特别是西北沙漠地区，骑者多是胡人。《资治通鉴》卷216记载哥舒翰"每遣使入奏，常乘白橐驼，日驰五百里"，速度还是够快的。南方骆驼很少，甚至到了五代的后蜀时还是"蜀地无骆驼，人不识之"②。像主要生活在南方特别是云南，那里的居民养象用于载物和出行，与中原地区养牛马一样。徒步出行是出行的最自然状态，这里只特别指出两点。第一，就有身份的人来说，出行而徒步意味着已经十分贫穷，前举"去马而驴，去驴而徒"可证。第二，当时很时兴雇夫、佣力等，也就是徒步行走为人负重以换取生活费用。这当然都是更贫穷者所做的事情，严格说它不算出行只算谋生，但也可算是雇人者出行的附属物或组成部分。《太平广记》卷23说"唐贞元初广陵人冯俊以佣工资生，多力而愚直，故易售。常遇一道士，于市买药，置一囊，重百余斤，募能独负者，当倍酬其直。俊乃请行。至六合，约酬一千文"。冯俊以其徒步负重，达到与道士一同出行的结果。

(五) 舟船

舟船是出行工具中很重要的一种。南方北方都使用舟船，而南方使用较多，有些地方简直就是惟一的出行工具。船的种类有多种，除去用于战争的战舰、战船外，若以原料分，有木船、竹船、竹木筏、皮船等，以形式分有海船、轮船、小斛底船、小舸子、大河船、篷船、舫船、舴艋舟、小舫、大舸、画舸、楼船、舶船、棹船等，以用途分，有偏重于运输的米船、粮船、盐船、租船、漕船、饷船、转运船；有偏重于游玩的龙凤船、竞渡船、行酒船、采花船、彩舫等。这其中的轮船指唐朝山南东道节度使李皋造的船，史称其"挟二轮蹈之，翔风鼓浪，疾若挂帆席"③。这种轮船在当时是很先进的。

就船的规模来说，隋炀帝乘坐的龙舟比较大。他一次出行，船队长达二百余

---

① 《旧唐书》卷53，《李密传》。
② 《十国春秋》卷115，《拾遗·后蜀》。
③ 《旧唐书》卷131，《李皋传》。

拱辰桥　杭州　古运河

里。《隋书》卷24《食货志》说隋炀帝"造龙舟凤𦩠、黄龙赤舰、楼船篾舫……以幸江都。帝御龙舟,文武官五品已上给楼船,九品已上给黄篾舫,舳舻相接,二百余里"。楼船一般也不小,有的上建三层楼,高百尺。巨船还有唐末成汭造的"和州载","三年而成……上列厅宇泊司局,有若衙府之制"[①]。一般的船中,小船长八尺,大船长三丈,三丈以上的船就有用作战船的危险。隋文帝开皇十八年（598）曾下诏说:"吴越之人,往承弊俗。所在之处,私造大船,因相聚结,致有侵害。其江南诸州,人间有船长三丈已上,悉括入官。"[②] 商船也有十分巨大的。著名的如俞大娘航船。《唐国史补》卷下说:"江湖语云:水不载万,言大船不过八九千石。然则大历贞元间,有俞大娘航船最大,居者养生送死嫁娶悉在其间。开巷为圃,操驾之工数百,南至江西,北至淮南,岁一往来,其利甚博,此则不啻载万也。"这船上不仅住有人家,而且还建有街巷、种有菜蔬,可谓大矣。官厅所有的转运船,一般载重在500—1000石之间,以十只为一纲。小船中有一种竞渡船,为了速度快,有时在船的底上涂漆。

　　隋唐五代的船也有官船和私船之分。中央一些部门和地方政府的船都是官船,

---

① 《北梦琐言》卷5。
② 《隋书》卷2,《高祖下》。

其他个人特别是商人所有的船是私船。官船包括驿船在内，就是官家使用的船，官府的长官就是官船的当然使用者。安禄山造反前回长安，怕遭暗算，得到允许回河北后，"疾趋出关，乘船沿河而下。令船夫执绳板立于岸侧，十五里一更，昼夜兼行，日数百里，过郡县不下船"①。安禄山乘坐的就是官船。由于官船往往不够使用，这就需要采用和雇、差雇等方式向私人借船。这种借船名义上是给钱的，但"州县虽云和雇，商人焉敢请钱？"② 实际上就是掠夺。如果此处

蒲津渡　桥头铁牛　山西永济　唐

官府想要雇彼处的官船还需要下帖才行。由于当时除富商外一般拥有船的人不多，所以隋唐五代时私人间佣借船只非常普遍，史籍称为雇船、赁船、佣船、僦船等。唐天宝年间，有个姓崔的县尉欲去吉州赴任，"乃谋赁舟而去。仆人曰：今有吉州人姓孙，云空舟欲返，佣价极廉"③。这个姓孙的大概是运货而来，空舟而归，顺便搭客，所以价钱便宜。这也是当时很普遍的一种雇船方式。日本和尚圆仁要往楚州，"遇新罗人陈忠船，载炭欲往楚州，商量船脚价绢五匹定"④。这也是搭货船前往，船价五匹绢，却并不便宜。

（六）辇、舆及其他

除去前述车船畜力等出行工具外，当时还有使用人力抬、扛、举的出行工具。

---

① 《资治通鉴》卷216。
② 《全唐文》卷89。
③ 《太平广记》卷121，崔尉子条。
④ 《入唐求法巡行礼记》卷4。

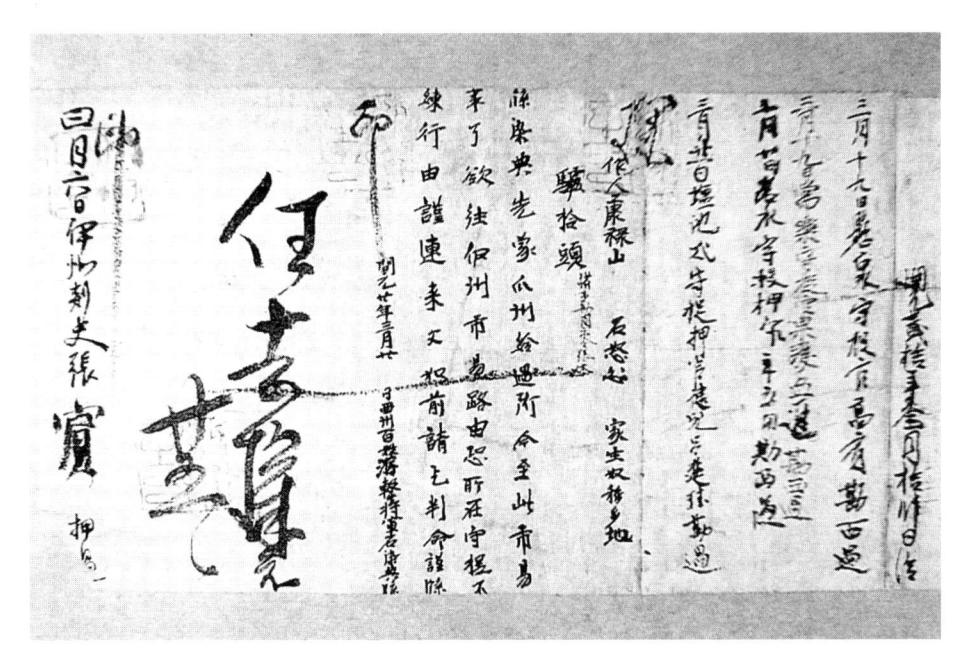

唐代过所　新疆吐鲁番　阿斯塔那墓

它们有许多种类和名字，主要的是辇、舆、担子、兜笼。辇和舆都是没有轮、用人抬或扛类似后世轿子的出行工具。《隋书》卷13《礼仪志》说："辇，制象轺车，而不施轮……用人荷之。""舆……制如辇而但小耳"。辇、舆特别是辇主要为皇族所用。唐代殿中省有尚辇局，掌管皇帝乘用的七种辇和三种舆，即"一曰大凤辇，二曰大芳辇，三曰仙游辇，四曰小轻辇，五曰芳亭辇，六曰大玉辇，七曰小玉辇。舆有三，一曰五色舆，二曰常平舆……三曰腰舆，则常御焉"①。这其中的七辇和舆中的前二种主要用于礼仪，但腰舆是平常用的，传世阎立本的《步辇图》，画宫女肩上搭带双手抬一辇舆，这种辇舆其实就是腰舆。前面讲过，隋与唐初礼仪大典多用辂车，唐高宗以后"每有大礼，则御辇以来往。爰洎则天以后，遂以为常。"正因为辇主要是皇族用的，所以在史籍记载中我们看到主要就是皇帝、皇后、得宠的妃子、公主等乘坐辇。如果抬步辇召学士，就是对学士的最大恩宠，而安禄山造反当皇帝，在军中也坐起"铁辇"来。史称其"乘铁辇，步骑精锐，烟尘千里"②。辇有各种种类，步辇是其总名，其他还有卧辇、重辇、运辇等，比较豪华的则有四环金饰辇、玉辇、金漆柏木镂金花版的御辇，赐给同昌公主的七宝步辇等。最初的辇比较简单，可能只上面有盖，后来则在四面有遮蔽，有垂帘，

---

① 《唐六典》卷11。
② 《资治通鉴》卷217。

123

所以才能有卧辇之类。

舆不是皇族独有的，种类也很多，如有软舆、板舆、竹舆、篮舆、彩舆、绿舆、藤舆、卧舆等。这些舆都可以用"肩舆"来概括，即它们都是用肩来抬的，只不过在材料、样式和颜色等方面有所不同。肩舆可说是后世轿的前身。肩舆最初只有老、病的贵臣才有资格坐，上朝时允许一直抬到大殿上。后来肩舆逐渐普及，上自皇帝、宰臣、节度使，下至县令、百姓都有乘坐，其中妇女坐的比较多。《因话录》卷3记郑怀古"初家青、齐间，值李师道叛命，扶老亲归洛，与其弟自舁肩舆，晨暮奔追，两肩皆疮"，可证肩舆是用肩抬的。白居易老时可能因为坐肩舆平稳没有颠簸，所以十分喜爱肩舆，在他的诗中提到各种舆的不下十余处。例如《出使在途所骑马死，改乘肩舆，将归长安，偶咏旅怀寄太原李相公》诗中有句曰："驿路崎岖泥雪寒，欲登篮舆一长叹。"这里坐肩舆是被迫的，但也可知篮舆就是肩舆。

担子也就是肩舆，主要为妇女坐，最初不合礼法，但随后也就普及了。唐德宗时名将李晟治家严谨，他的女儿不顾婆婆生病，在李晟过生日时前来祝贺，被李晟大骂一顿，"遽遣担子归"①。到唐文宗时，鉴于坐担子已很普遍，就只好在制度上作了规定。《唐会要》卷31引太和年间的敕文中有云"妇人本合乘车，近来率用担子。事已成俗，教在因人，今请外命妇一品二品、中书门下三品母妻……担子，舁不过八人，三品……担子，舁不过六人"，等等。但是商人或庶民妻女不能乘担子，只能坐兜笼，而且"舁不得过二人"。这是习俗变为礼法的一个很好例子。担子到唐末允许百官有限制地乘坐，即只能在有病时乘坐，而且必须自己雇用担夫。这大概一是因为男子乘担子不合制度，二是怕男子坐担子丧失了骑马驰骋的体魄和豪气。

太和敕中提到的兜笼，最初流行于今四川地区，也是妇女乘坐的出行工具，可能与滑竿之类相类似。到唐肃宗以后，由于它轻巧易抬举，开始在京城普及。史称"京城……兜笼，代于车舆矣"②。兜笼也叫兜子，以女子乘坐者为多，似乎四周有遮蔽，门上有帘子。《桂苑丛谈》记李德裕镇浙西时为辩明某寺僧人诬告事，"召兜子数乘，命关连僧人对事。咸遣蔽帘子毕，令门不相对"。这种形式的兜子也与后世的轿很相似。兜子而外，当时还有一种叫"背笼"的出行工具，只用于今贵州山区。《太平广记》卷483记刘隐到黔巫之南的南州去，"州多山险，路细不通乘骑……州牧差人致书迓之。至则有一二人背笼而前，将（刘）隐入笼内，掉手而行，凡登山入谷皆绝高绝深者，日至百所，皆用指爪攀缘，寸寸而进。

---

① 《唐语林》卷1。
② 《旧唐书》卷45，《舆服志》。

在于笼中，必与负荷者相背而坐。此即彼中之车马也。洎至近州，州牧亦坐笼而迂于郊"。设想一下坐在人背上笼里的使者和来相迎的同样坐在笼里的州的长官，会发现这是一幅很精彩的山区出行的风俗画。

三 馆驿、旅店及其他

出行生活的一个重要内容是因公或因私、要离开自己的居住处，到较远或很远的地方去。在这一过程中，出行者避免不了要在途中憩息或作各方面的补充。于是有供官方使者和官员出行，以及供私人行旅商贾住宿的种种设施出现。它们在隋唐五代被称为馆驿、旅店等。因此在研究行生活时，必须研究这些为出行服务的种种设施。另外，当时的政府还制定了一些有关出行的制度，我们也将其放在此处一并讨论。

（一）馆驿

馆驿，简单地说就是官方开办的供出行使者、官员们住宿并供应他们饭食和出行工具的场所。除馆驿外，见于当时文献的还有"邮亭、邮舍、亭侯、传舍"等。这些称呼基本都是延续了前代的叫法，实际指的就是驿、驿舍。需要特别注意的是"传舍"或"传"。按中国古代的邮驿发展到隋代，传和驿就开始合一，换句话说，专管住宿的传舍与专管通信的驿置逐渐合为一体了。到唐初，在法律上例如《唐律》中就不再有关于"传"的规定，到唐玄宗开元年间开始设有"检校两京馆驿"的官员，再以后，"馆驿"常常连称并成为这一时期这一类设施的固定称呼了。

1. 驿的一般情况

隋唐五代的驿以唐代留下的记录最多。隋代驿的情况我们不太清楚，从大量的"驰驿"记载看，驿的使用比较频繁，而其住宿则在传舍。到唐代，不见有关传舍的规定，对驿的制度记录比较详细。据《唐六典》卷5"尚书兵部"："凡三十里一驿，天下凡一千六百三十有九所。"这些驿中，有陆驿1297所，水驿260所，其他是水陆相兼的驿。不过这是唐玄宗时的数字，后来又增设或改设了一些驿。各驿之间的距离也未必都是30里。在都城附近大约10里至30里一驿，在西北如沙州等地有的驿相隔达上百里。除中原政权外，当时如吐蕃、南诏等各自也都置有驿。从史籍和敦煌出土文书中我们可以看到百余个驿的名字，其中重要的有都亭驿、长乐驿，是皇帝设宴送人之处；褒城驿是天下最大的驿；敷水驿因元稹而出名；上源驿揭开了朱全忠与李克用大战数十年的序幕；而陈桥驿兵变为五代十国时代画了一个句号。

驿的最初和最主要的任务是传递军事情报。因此在唐代，掌管驿的最高权力机构是尚书省兵部的驾部郎中。其他有关的管理者自下而上是："每驿皆有专知官"，这主要指州的兵曹和县的县令；然后"畿内有京兆尹，外道有观察使、刺史，迭相监临"；最后，御史"台中又有御史充馆驿使，专察过阙"①。到唐后期，又以宦官充任馆驿使，给馆驿的运行带来了许多问题。每驿的具体管理者叫驿长。唐初，驿长由富户担任。《朝野佥载》卷3记"定州何名远大富，主官中三驿"，就是一例。这样的富户往往连家口一起住在驿中。富户掌驿又叫"捉驿"，不仅陆驿如此，水驿也是一样。陈谏曾有上疏说："初，州县取富人……主邮递，谓之捉驿"，后来刘晏改革，"始……定吏主驿事"②。大致在唐代宗以后，驿的负责人就改为官府委派的驿吏了。除驿长驿吏外，驿中还有负责具体事务或曰服劳役的人，称为驿丁、驿子、水夫等，负责饲养马驴、维修船只、迎送过往官员。每陆驿都要配备马匹，这些马匹称为驿马。驿马的标记是在左肘上印有"驿"字，在脖子上印有州的名字。每驿给马的数目因"闲要"而不同，"都亭（驿）七十五匹，诸道之第一等减都亭之十五，第二、第三皆以十五为差，第四减十二，第五减六，第六减四，其马官给……凡水驿亦量事闲要以定船，事繁者每驿四只，闲者三只，更闲者二只"③。由上可知驿是分等级的，陆驿分六等，最高等有马75匹，最低等有马8匹；水驿分三等，最高等有船四只，最低等有船二只。等级的划分标准是驿的繁忙与否。凡在交通要道、来往者多的地方设置的驿，其等级就高，这种驿又叫"大路驿"，次等的相应就叫"次路驿"。例如从长安到汴州的驿为大路驿，从长安到荆南的驿称为次路驿。前面我们讲过，给官员驿马，最高是四匹，最低是一匹。一个有十余匹马的驿，只能接待两三个高官，这样的驿大概就不会在交通要道上。

唐代的驿规模都很大，有驿楼、驿厩、驿厅、驿库等。驿厅一般有好几个，驿库也有许多，例如有酒库、茶库、咸菜库等。大一点的驿如褒城驿中还有池沼，有舟船，有竹林，可同时容纳数百人住宿，难怪千年以后的顾亭林也感叹唐驿舍的宏敞了。到唐后期，由于过往使人的贪求无厌、不应住驿而住驿者的索要供给，以及藩镇将吏的横暴等，馆驿制度逐渐遭到破坏，驿的规模也就渐渐缩小了。晚唐时孙樵在讲到褒城驿败坏的原因时说："且一岁宾至者不下数百辈。苟夕得其庇，饥得其饱，皆暮至朝去，宁有顾惜之心耶？至如棹舟则必折篙破舷碎鷁而后止，鱼钓则必枯泉汩泥尽鱼而后止，至有饲马于轩，宿隼于堂，凡所以污败室庐，糜毁器用。官小者其下虽气猛可制，官大者其下益暴横难禁，由是日益破碎"。④这是当时人对天下第一大驿破败后发出的由衷慨叹。

---

① 《旧唐书》卷171，《裴潾传》。
② 《全唐文》卷684。
③ 《唐六典》卷5。
④ 《孙可之文集》卷2。

2. 有关驿的一些规章制度

隋唐之初，乘传发驿非常严格，只有使者才能乘驿，而且要得到敕命的允许。唐太宗令皇太子李治处理庶务，但"给驿"的权力不交给他，而要他"依常式奏闻"，可见这时给驿是非常重要的事。后来规定稍有放松，除使者外许多高级官员也能乘驿赴任等，与之相适应，给驿的凭证也由传符变为符券。按唐初规定，给驿要给传符，凭传符乘驿。这种传符是铜做的，依出行方向分为青龙（东方）、白虎（西方）、朱雀（南方）和玄武（北方）四种。传符分左右两半，左半藏在中央，右半付给各州、府等。发符时，派往何方就用何方的符，把符装在一个骨筒里，写上经过的驿数、行程、程粮等，然后用泥封上，盖上门下省的印。这种铜传符数量不多，与乘驿者的扩大不相适应，而且使用起来十分不便，于是很快就改为纸券，到唐玄宗时就规定"凡乘驿者，在京于门下给券，在外于留守及诸军、州给券"①。这以后基本上就都使用纸符券了。上引给券的权力，在京是门下省，在外是留守和诸军、州，这一规定直到唐末也没有什么变化。乘驿者拿到符券后，到了目的地要上交，等事情办完后再领回来，回京后交给门下省。如果不按期交回要依律论罪。到唐中后期藩镇势力增大，乘驿者更为增多，于是又出现了一种新的给券形式，叫"转牒"，实际就是各地节度使批的条子，凭此条子可在驿中受到招待和供给。这种转牒其实是非法的，相对它而言，门下省发的符券称正券、公券。《唐语林》卷6记述有于頔自夸的话："今之方面，权胜于列国诸侯远矣。且頔押一字，转牒天下，皆供给承禀。"非法转牒的著名例子是元稹为监察御史时劾奏的"武宁军节度使王绍六月二十七日违敕擅牒、路次州县馆驿"事。元稹在奏文中说："伏准前后制敕，入驿须给正券，并无转牒供拟之例"②。有些节度使还批出叫做"食牒"或"馆帖"的条子，凭此可以在馆驿吃饭，但不能住宿。这种条子对馆驿也是极大的骚扰，即如唐德宗时敕文所说："应缘公事乘驿，一切合给正券。比来或闻诸州使使，妄出食牒，烦扰馆驿。"③ 烦扰馆驿的一个典型例子是《卢氏杂说》中讲的一个故事。故事说交州广州间游客"各求馆帖，所至迎接甚厚，赆路每处十千。广帅卢钧深知其弊，凡求馆帖者，皆云：累路馆驿，供菜饭而已"。岭南节度使卢钧的意思是说馆驿只供给他们饭食，不要给路费了。但那些狡猾的游客欺负驿吏文化程度不高，在吃完饭后还要驿吏按照馆帖供应"而已"。驿吏不知"而已"为何物，客人说："大于驴，小于骡，若无可供，但还我价直……每一而已……三五千"。这真是巧取豪夺，十足的骚扰馆驿。由于存在

---

① 《唐六典》卷5。
② 《元稹集》卷38。
③ 《元稹集》卷38。

"转牒",致使唐后期对符券的称呼变得比较混乱,如有传券、券牒、驿券、传牒等。要之,它不外乎从正常途径得到的正券和从节度使那里求来的转牒两种。

从上述符券的发展已可看出利用馆驿者不断增多,对馆驿的骚扰也就日益严重,成为馆驿不堪忍受的沉重负担。这是馆驿加速败坏的一个重要原因。大致看来,对馆驿的骚扰有以下几种:一是滥给符券,加重馆驿负担。所以唐宪宗元和四年(809)曾有敕文说不许滥给券。若给"一百二十七道已上者,州府长官宜夺一季俸禄"①。二是使者不论是否有券都要求超额供给。《旧唐书》卷165《柳公绰传》说当河北用兵时,朝廷因"补授行营诸将,朝令夕改,驿骑相望",于是柳公绰上奏曰:"自幽镇用兵,使命繁并,馆递匮乏,鞍马多阙。又敕使行李人数,都无限约,其衣绯紫乘马者二十三十匹,衣黄绿者不下十匹五匹。驿吏不得视券牒,随口即供。驿马既尽,遂夺路人鞍马。衣冠士庶,惊忧怨嗟。"根据前述,我们知道当时按规定乘驿者最高只应供马四匹,供传马者也不过八匹,而这里则大大超过了上述规定。何况使者们还横暴无礼,不许驿吏察看券牒。此外,《全唐文》卷861边归说《请禁使臣骚扰馆驿奏》也说道:"切见使臣,于券料外,别要供侍,以紊纪纲。乱索人驴,自递行李,挟命为势,凌下作威。或付应稍迟,即便恣行打棒",真是横取暴夺了。三是上面提到的非法转牒。这种转牒有时是对可以享受馆驿的人的家属开的条子。按照规定,馆驿供应使者或百官家属是有限度的,非法转牒则要求供应大量家属,致使馆驿负担加重。于是有如唐宣宗大中六年(852)崔龟从所上的奏,重申"不许行转牒供券外剩人"。这也说明这是个长期存在的老大难问题。在合法取券非法要求和非法转牒强行要求的双重骚扰下,唐代的馆驿迅速败坏下去,前述褒城驿就是其中典型的一个。

乘驿时除了发驿要按规定领取符券外,还必须遵照符券上写定的行程,即走哪些驿,要走多少天等,如果耽误了要受到惩罚。一般的公事耽误了一天要笞三十,这已为敦煌出土的传马坊文书所证实。但驿使如要耽搁,处罚则要重得多。《唐律疏议》卷10《职制律》说:"诸驿使稽程者,一日杖八十,二日加一等。"至于一日走多少路,则因时因事而不同。《唐六典》卷3户部度支郎中条规定:"凡陆行之程:马日七十里,步及驴五十里,车三十里。水行之程:舟之重者,溯河日三十里,江四十里,余水四十五里;空舟溯河四十里,江五十里,余水六十里;沿流之舟则轻重同制,河日一百五十里,江一百里,余水七十里。"这是最一般的规定,不仅指驿,因此还规定有"步行"的程限。从史籍记载看,日行两驿和日行六七驿的都有。唐玄宗天宝年间由于流人和贬官者多在道途中逗留,于是

---

① 《唐会要》卷61。

规定："自今左降官，日驰十驿以上"①，也就是每天行300里以上。这样疲劳地连续赶路，使得"是后流贬者多不全矣"②。这种高速赶路，在当时称为"驰驿"或"飞驿"，比"乘驿"要快。隋文帝时王韶为秦王长史，"岁余，驰驿入京，劳弊而卒，时年六十八。高祖甚伤惜之，谓秦王使者曰：语尔王，我前令子相（指王韶。——笔者注）缓来，如何乃遣驰驿？杀我子相岂不由汝邪？"③。可见驰驿的速度相当快。当然最快的还是敕书赦书，按规定要日行500里。这原因也好理解，就是保证皇帝旨意的迅速下达，其中赦书若迟到，有些人就赦不了了。《朝野佥载》卷1记了这样的一件事："逆韦之变，吏部尚书张嘉福河北道存抚使，至怀州武涉（陟？）驿，有敕所至处斩之。寻有敕矜放，使人马上昏睡，迟行一驿。比至，已斩讫。"于是可知对乘驿或驰驿而违程的使者进行惩罚也是有必要的。

唐代法律对乘驿的规定还有许多，比如不许出使途中绕道回家或探亲访友，不许私自多带行李货物，不许在馆驿停留三天以上等等，规定严格而细密，其中最重要且有趣的一桩公案当属御史和中使对馆驿中上厅的争夺。唐宪宗元和四年（809）监察御吏元稹奉召入京，"宿敷水驿。内官刘士元后至，争厅。士元怒，排其户，稹袜而走厅后。士元追之，后以箠击稹伤面"④。后来为了避免这种情况出现，就规定"御史到馆驿，已于上厅下了，有中使后到，即就别厅。如有中使先到上厅，御史亦就别厅"⑤，也就是谁先来谁就住好房子。但实际上是"多不遵守"，所以在一年后又重申这一规定，并把互让的范围扩大到"三品官及中书门下尚书省官，或出衔制命，或入赴阙庭；诸道节度使观察使赴本道或朝觐；并前节度使观察使追赴阙庭者，亦准此例"⑥。

3. 驿的功用

驿的最主要的功用是传递公文书，包括诏书、赦文、各类奏、状、表等。由于驿行甚快，所以也有皇帝利用驿来贡物。著名的杨贵妃吃鲜荔枝的故事就是利用驿来贡物的一个例子。从行生活的角度看，驿的功用主要是接待担负有上述使命的使臣或使者，以及担负地方监察任务的各级御史。为他们提供食宿，以及鞍马、草料、人夫等。由于各级地方官吏对这些使臣都畏惧三分，驿吏就更不敢招惹他们，以致这些使臣常常在驿内外作威作福。《唐语林》卷2记高少逸为陕州观察使，"有中使于硖石驿怒饼饵黑，鞭驿吏见血。少逸封饼以进"，这是视驿吏如

---

① 《资治通鉴》卷215。
② 同上。
③ 《隋书》卷62，《王韶传》。
④ 《旧唐书》卷166，《元稹传》。
⑤ 《唐会要》卷61。
⑥ 同上。

仆吏。《唐国吏补》卷上记肃宗分遣女巫遍祷山川,"有巫者少年盛服,乘传而行,中使随之。所至之地,诛求金帛,积载于后。与恶少年十数辈,横行州县间。至黄州,左震为刺史。震至驿,而门扃不启。震乃坏襖而入,曳巫者斩之阶下……其中使送上",这是诛求金帛、伤风败俗。

除使臣、御史外,后来住驿者范围有所放宽,例如节度使、观察使、刺史、监军,以及一些别敕判官。他们赴任或回朝时不仅本人可在驿中食宿,而且可带家属。此外从史籍记载看,一些州的长史、节度使的部将,以及县令之类也都可以住驿。据《唐律疏议》卷26引《杂令》:"私行人,职事五品以上,散官二品以上,爵国公以上,欲投驿止宿者,听之。边远及无村店之处,九品以上,勋官五品以上及爵,遇屯驿止宿,亦听,并不得辄受供给。"这就是说,即使没有公事,上述人也可以在驿中安歇,只是不能享受供给罢了。除此之外,贬官、流人也可住宿,但后者属于被押送性质。又由于流、贬人多住在此,所以当时驿也成了行刑之地。杖杀、赐死等事往往发生在驿中。除上述官员外,凡皇帝特命召见或派出的各色人等也都可以住驿,例如一些道人处士等,但这都属于特例。

驿的接待来往官员功用,使它成了当然的设宴之处,特别是长安附近的长乐驿,往往是皇帝赐宴迎接官员或者欢送官员的固定场所。柳宗元曾为人写过《谢赐设表》,其中说:"臣某言,中使某乙至,奉宣圣旨,赐臣长乐驿者。恩荣特殊,宴饮斯及……属此昌时,任重方隅……庶当奉扬圣泽,覃布远人。"① 这是赴任前的赐宴。刘禹锡也为人写过《谢赐酒食状》。状中说:"臣今日至长乐驿,高品某奉宣圣旨,赐臣酒食者……未展仪于双阙,先受赐于八珍。"② 这是自地方入朝而末进长安时的赐宴。除皇帝赐宴外,各类使臣、高官也常在驿中摆宴饮乐,有时就闹出种种的政治阴谋和圈套。唐僖宗中和四年(884),朱全忠急请李克用出兵助破黄巢。战后宴请李克用于上源驿。"全忠就置酒,声乐、馔皆精丰。礼貌甚恭。克用乘酒使气,话颇侵之,全忠不平。薄暮……发兵围驿而攻之,呼声动地"③。这次上源驿之变导致了朱、李成为势不两立的仇敌,一直相互战争到后梁建立直至后唐的建立。从这里还可以看出到唐末,驿已在节度使掌握之下,举凡接待对象、接待方式、接待规格等已完全由节度使决定了。这就导致了驿的服务范围的扩大。所以在晚唐和五代十国时期我们看到在唐前期绝不能住驿的进士举人们也可以在驿中住宿了。

4. 馆

馆是招待客人的地方,有公馆也有私馆。本节所说的馆指公馆。就公馆而言

---

① 《全唐文》卷571。
② 《全唐文》卷603。
③ 《资治通鉴》卷255。

也有好几种。一种是驿中的驿舍，有时也称馆，叫驿馆。另一种是州县建立的招待宾客的宾馆，称州馆、县馆等。第三种是和驿平行的、设置于道路上的馆。本节主要讲这第三种馆。第三种馆和第二种馆有时不好区分，二者都是官方设置的，且都用于招待客人，区别恐怕只在于第三种馆大多有馆名。据史籍记载和敦煌吐鲁番文书，我们可以看到上百个馆名。这些馆名有以地名命名的，如柳中馆、交河馆、楚州馆、广陵馆；有以宾客对象命名的，如新罗馆、渤海馆；也有其他种类的，如招贤馆、凉风馆、甘棠馆等。

馆和驿的区别最初有两点：一是按照日本入唐求法的和尚圆仁的说法，馆是"侍供往还官客之人处"，即馆是招待过往官客的旅店，一般说来不是交通机构，只提供食宿不提供交通工具。由于它只招待"官客"不招待庶民，在这一点上不同于一般旅店。不过它招待的范围十分宽泛，只要是官客都可以接待，不像驿那样要有正式的符券才能住宿，除了百官之外，一般的进士、举人也都可以住宿，甚至作为官方客人的僧人如日本圆仁和尚也可以住馆。他在今山东境内赶路时经常住在馆中，有时只在馆里吃饭而不住宿。通过他的旅行记，我们可以知道有关馆的许多情况。例如他记道："县行卅里，到招贤馆宿……早朝出招贤馆行卅里到龙泉村斜山馆断中（即吃早饭。——笔者注）。知馆人梁公度在馆里住，不恶不好。缘脚痛不得发行，便于馆宿。"① 馆与驿的第二个区别是杜佑说的："其非通途大路则曰馆"②。这就是说在大路上建的叫驿，在偏僻处建立的叫馆。这在设馆当初可能是这样，但是后来这种区别变得不很明显，州城附近或官道上设馆的记载在史籍中能够找到许多。

馆与馆之间的距离在法律上没有规定。从圆仁所记山东的馆看，相隔30里左右是比较普遍的。但在西州，馆与馆之间常常相隔六十乃至百里以上。这大概是地方不同的缘故。馆的负责人在早期叫捉馆官，下有馆子等，后来有知馆人，多由县尉一类承担，具体的负责者则称馆吏。再上一级统管馆的官员与驿一样，称"馆驿使"。馆的功用是负责向官客提供食宿，招待对象有使者、赴任或卸任的官员、赴举的进士，以及其他官方客人。

（二）旅店

1. 旅店

旅店是设在道路两边或城郭内供来往客人饮食住宿的地方。旅店中的大部分为私人所经营，在隋唐五代已经发展得比较兴盛了。《通典》卷7说唐玄宗开元时"（自长安）东至宋、汴，西至岐州，夹路列店肆待客……南诣荆襄、北至太原、

---

① 《入唐求法巡行礼记》卷2。
② 《通典》卷33。

范阳，西至蜀川、凉府，皆有店肆以供商旅"。旅店在当时有许多种称呼，如逆旅、客舍、邸舍、馆舍、旅舍、旅馆、旅邸、旅店、邸店、村店等等。用得比较多的是逆旅、客舍、旅舍和村店，从法律用语看也是如此，知当时并没有什么固定称呼。从现在的习惯出发，我们统一称其为"旅店"。

  旅店有些设在道路两旁，店与店的距离不甚相等。从日本圆仁和尚在今山东山西的旅行经历看，二十至三十里一店，与馆驿之间的距离差不多。但也有十五里一店即位于两驿之间的。这说明店的设置大致有两个倾向。一是与驿设在一起，接待那些无权住驿的旅客。前面提到"主官中三驿"的富户何名远，"每于驿边起店停商"①，即在驿的旁边设旅店招待过往的商人。于是我们往往能看到一些同名的驿和店，如马嵬驿和马嵬店，敷水驿和敷水店等。这些驿和店都是设置在一处的。另一种倾向是旅店设在驿和驿之间，起到一种拾遗补缺的作用。唐孙樵在《兴元新路记》中记述了自扶风至褒城县的道路，其中说："又十里至松岭驿，逆旅三户"，这是和驿设在一起的旅店。又说："南行三十五里至灵泉驿，自灵泉平行十五里至长柳店，夹道居民。"这里的店和驿错开来了，相距驿是十五里地。除了沿路设置的旅店外，城市中也有许多旅店。像长安、洛阳、成都、扬州这样的大城市旅店就更多。《太平广记》卷179"阎济美"条说他到洛阳赴举，"更无相知，便投迹清化里店"。《李娃传》讲郑生应举赴长安，"居于布政里"，后来因嫖妓穷困，再回"布政旧邸，邸主哀而进膳"，当郑生病重时，"邸主惧其不起，徙之于凶肆之中"。这里的"邸"实即旅店。清化里店和布政里店都是设在长安和洛阳里坊中的旅店。

  旅店的主要任务是安置旅客住宿，与住宿相关，又要负责旅客的饮食。因此一般旅店总有好几间旅舍，每间旅舍都有床、榻，以及梳床之类。还有炉子可供取暖，如果自己有兴趣也可以自己烧饭吃。有的旅店有专门供人吃饭的地方，吃饭时大家集中在一起，或者也可以到外面专门的饮食店去买东西回来吃。《虬髯客传》说李靖携妓张氏回太原，"行次灵石旅舍。既设床，炉中烹肉且熟。张氏以发长委地，立梳床前"。李靖他们住的是单间，旅舍里有床和梳床，又有炉子可以做饭吃。后来虬髯客来，由于灵石旅店可能不供酒饭或供的酒饭不好，为招待客人，李靖又出去买了胡饼、打了酒，三人边吃边聊，最后切了个人的心肝下酒。当时有的旅店还允许包房。这种包房比较贵，有时有人可包住一年半载，而店主人无权过问包房内的事情。《太平广记》卷238"宁王"条记："鄠县食店，有僧二人，以万钱独赁房一日夜。"这个食店可以住人，当为旅店之类。以万钱包一个单间且只住一昼夜，其价钱实在是相当昂贵。当时还有些旅店称"温汤客舍"，可能

---

① 《朝野佥载》卷3。

相当于今天的温泉旅馆，负责为客人提供温泉浴。除了住宿和饮食这二大业务外，有的旅店还为旅客提供出行工具。《通典》卷7所谓沿路"每店皆有驴赁，客乘倏忽数十里"，讲得就是这种情形。

旅店在地方上由户曹管理。具体的旅店负责人称店主、邸主、店主人、店娃、店媪等。开设者大部分是私人，有些富人可以开很大的旅店。除私人开设的外，还有的旅店由官方开设但委托私人管理。这种旅店一旦有官客特别是高官来到，就要把普通客人轰走。《太平广记》卷37"韦仙翁"条讲唐代宗皇帝派监察御史"诣山寻访（皇帝坛）。至山下，州县陈设一店，具饭店中。所有行客，悉令移之"。这个店实际上就是由州县经营的。州县或私人所以要经营旅店，自然是为了求利。隋唐统治者都曾经以此为理由对旅店进行过限制。当然这种限制均以失败而告终，因为现实生活需要有旅店的存在。隋时大臣苏威曾"以临道店舍，乃求利之徒"为由，面奏隋文帝，要求遣散他们回家务农。后来李谔反对，认为逆旅是"行旅之所依托，岂容一朝而废？"① 结果苏威的建议没有被采纳。唐玄宗开元二十九年（741）也曾"禁九品已下清资官置客舍、邸店"②。这一禁令恐怕也不会得到彻底施行。

旅店招待的客人比前述馆驿要宽泛得多。无论官客私客、使者举子、商旅僧人，都可以在旅店住，不需要任何证明文件。当然由于馆驿招待的比旅店好而且可以不花钱，所以官员们还是愿意住在馆驿。只有那些不能住馆驿的人才住旅店。《旧唐书》卷200《史思明传》说史思明在陕州，"思明居驿，（史）朝义在店中"。这恐怕是史思明认为史朝义不够住驿的资格（这也可证明当唐玄宗时住驿资格限制得很严格）。《唐会要》卷61记唐德宗贞元二年（786）三月奏："使人如有家口相随，自须于村店安置"。这就是说，使人的家口不应住馆驿而应住在旅店。但到唐后期，似乎住旅店的官员有所增多。这大概是由于住旅店比较随便的缘故。《太平广记》卷160"李行脩"条说唐元和中李行脩为御史，"行次稠桑驿，已闻敕使数人先至，遂取稠桑店宿"。这位李御史为了避免和敕使发生什么矛盾，宁愿住旅店也不愿意住驿。住旅店的客人中商贾甚多。由于商贾都比较富有，因而他们为店主们所乐意接待，而那些贫穷的举子之类就常常受到冷遇了。《太平广记》卷164"马周"条说马周穷时"西行长安，至新丰，宿于逆旅。主人唯供诸商贩而不顾（马）周"，说明了旅店老板的喜富厌贫。

2. 其他住宿方式

出行人员在外除住馆驿、旅店外还有几种住宿方式。一是投亲靠友，住在亲

---

① 《隋书》卷66，《李谔传》。
② 《旧唐书》卷9，《玄宗本纪下》。

戚朋友的家中。《唐语林》卷六记李揆在京师"寓于远房卢氏姑之舍"就是一例。第二种情况是举子或各种欲求官者受到某些官员的赏识，被这些官员作为宾客请到自己的馆舍居住。例如马周到长安求官，就住在中郎将常何家里，并通过常何为唐太宗所赏识。第三种情况是在城市里租空的房子住。这主要是那些赴举的举子和调选的选人。这种租房叫做赁宅、赁舍、假居、僦居等。《太平广记》卷346"臧夏"条记"上都安邑坊十字街东有陆氏宅……有进士臧夏僦居其中"。这是赴举的进士。同书卷343"李僖伯"条说李僖伯唐宪宗"元和初调选时，上都兴道里假居"。这是赴选的选人。唐代长安许多坊都有空房出租，供来京城的旅行者居住，而比较集中的空房是在客户里或客户坊。第四种情况是在出行途中借住私人家里。这其中的原因或是因为找不到旅店或是因为旅店已住满。当然也有为追求田园风情而特意住在农夫家里的。杜甫夜宿石壕村可能是因为当地没有旅店或者杜甫没找到旅店，而《太平广记》卷343"窦玉"条说进士王胜等在同州，"时宾馆填溢，假郡功曹王翥第"，则是因为旅店客满，只好借住在某功曹家。借住人家，有时有的人家也要收钱，这已是变相的旅店了。日本和尚圆仁在青州境内"到寿光县界半城村李家宿。主人爱停客取宿钱"[1]。就是民家留客住宿但收取费用的一个例子。最后一种情况是借住在寺院道观，尤以住在寺院为多。一般说来，借住在寺院的多是贫穷士人。他们为读书应举，找这不花钱的地方长住。当然也有嫌市井"繁杂，颇妨肄业，乃诣昭应县长借石瓮寺文殊院"来读书的进士[2]。一般行人在途中也有住寺的。元稹《莺莺传》中的"崔氏孀妇，将归长安，路出于蒲，亦止兹寺（指蒲之东十余里的普救寺。——笔者注）"，结果在普救寺住了很长的一段时间。唐宪宗元和年间，白居易和元稹为应付制举，"退居于上都华阳观，闭户累月"作《策林》[3]，是在道观中读书的一例。由于过往的行人特别是军士、官吏等在寺观居住时不甚爱护庙宇，以至唐代宗时曾一度禁止天下公私行人在寺观居住，但从上述白居易的例子看，代宗朝的这一规定后来已变成了一纸空文。

㈣ 其他一些制度

（一）巡察和禁夜

巡察与禁夜主要施行在城市中。一般说来巡察有两种。一种是固定的，由各街道的助铺（也称巡划铺）负责。《唐律疏议》卷8引《监门式》云："京城每夕

---

[1] 《入唐求法巡行礼记》卷2。
[2] 《太平广记》卷373，杨祯条。
[3] 《全唐文》卷670。

分街立铺，持更行夜"。这些铺里的人都是军人，也称"铺卒"，主要负责本坊的治安。他们在持更巡夜时，若"晨夜有行人，必问。不应，则弹弓而响之。复不应，则旁射。又不应，则射之"①。唐宪宗朝宰相武元衡被刺时，"铺卒连呼十余里，皆云：贼杀宰相。声达朝堂"②，就是铺卒执行巡夜任务的一个例子。巡察的第二种方式是流动的，在坊中由巡使负责，在街中由街使负责。街使巡察，一般都带着从人和武器，即所谓"擐甲露刃，以十数骑自随，巡行于市"③，负责城内街道的治安，举凡打架斗殴、行路违禁、贸易非法，都在巡察之列。唐德宗时宦官主持宫中贸易，号称宫市，以巧取豪夺为事。一次有农夫卖柴，宦官只给数尺绢并要农夫的驴。"农夫曰：我有父母妻子，待此而后食。今与汝柴，而不取直而归，汝尚不肯，我有死而已。遂殴宦者。街使擒之以闻"。④ 由此又可见街使维护的是统治者的秩序。

当时又有禁夜制度。本来在唐初，"京城诸街，每至晨昏，遣人传呼以警众"。后来马周"奏诸街置鼓，每击以警众"⑤。按照规定，"五更三筹，顺天门击鼓，听人行。昼漏尽，顺天门击鼓四百槌讫，闭门。后更击六百槌，坊门皆闭，禁人行"。"闭门鼓后、开门鼓前，有行者，皆为犯夜"⑥。这就是说，早上听到鼓响，才能出门，一般上朝也在这个时候，所以有"鼓声初动未闻鸡，赢马街中踏冻泥"的诗句。不过上述出门的"门"不是家门而是坊门。《续玄怪录》记李俊举进士住在京师，将出坊访友人包佶。"初五更，俊将候佶，里门未开，立马门侧……俄而里门开，众竟出"。李俊五更前就到了坊门口，只是因为鼓未响而不能出门，可证禁夜的规定不适用于坊内。闭门鼓后开门鼓前出行叫做犯夜，也称冲夜、侵夜、冒夜，有关记载甚多。《启颜录》记"唐有人姓崔，饮酒归犯夜，被武侯执缚。五更初，犹未解。长安令刘行敏，鼓声动向朝，至街首逢之，始与解缚"就是一例。到了唐代晚期，长安、洛阳的禁夜制度已无形中被破坏了许多。唐宣宗、懿宗时人薛逢在《醉春风》一诗中甚至说："洛阳风俗不禁街，骑马夜归香满怀"了。最后要说明一点，即使在唐初禁夜最厉害的时候，到了上元节也不禁夜，允许百姓前后玩三个通宵。武则天时人苏味道曾写有《正月十五夜》的诗，描绘了上元节夜的情形。诗曰："火树银花合，星桥铁锁开。暗尘随马去，明月逐人来。游伎皆秾李，行歌尽落梅。金吾不禁夜，玉漏莫相催。"

---

① 《唐六典》卷25。
② 《旧唐书》卷158，《武元衡传》。
③ 《旧五代史》卷131，《孙晟传》。
④ 《旧唐书》卷140，《张建封传》。
⑤ 《旧唐书》卷74，《马周传》。
⑥ 《唐律疏议》卷26。

(二) 门禁与关禁

门禁指坊门、城门、宫殿门的进出都有一定限制。从大的分类看，门禁可简单分为禁中之门和坊市之门二种。禁中之门主要指宫城、宫殿之门，门禁非常严格。《唐律疏议》卷7《卫禁》有规定说："宫门皆有籍禁，不应入而入者，得徒二年。"这里的"籍"又称"门籍"，是可以进出宫门的人的通行证。《卫禁》律又说："应入宫殿，在京诸司皆有籍。其无籍应入者，皆引入。"长年宿卫的人有长籍。长籍一般三个月一换。如果是临时有事要入宫殿，需要有文牒。"若未受文牒而辄听入"，门司有罪①。如果是夜里要进入宫门，就更复杂了。一般说来即便有门籍也不能在夜里出入宫殿门。比如有人奉皇帝的敕书需要夜里进宫，此人就必须先将需要进入的门、出入人的数目，以及敕书本身均提交中书门下。然后由宫内城门郎和值班的诸卫、监门将军等人到阁下复奏。皇帝说："行"，才可以给开门的符券。开门前门司要将兵仗排好，点燃火炬，然后勘合符券，验明无误后才能开门。坊市门也不能"非时开闭"。"非时"指前面所说的晨鼓前暮鼓后实即夜间。一般说来，有下列一些情况时可以在夜间打开坊市门。一是使者传送公文。二是婚嫁，这时要有县里的文牒。三是奔丧或求医问药，这时要有本坊的文牒。四是追捕犯人或其他紧急事务。只有这几种情况才允许非时开坊市门，否则坊正、市令就有罪。

关禁是指度关卡时的限制。《唐律疏议》卷8规定："水陆等关，两处各有门禁，行人来往皆有公文，谓驿使验符券，传送据递牒，军防、丁夫有总历，自余各请过所而度。若无公文，私从关门过，合徒一年。"符券和递牒（递牒实即用于传送的转牒）我们在"馆驿"一节中已经提及。军防和丁夫的"总历"，我们尚不清楚是何物，或许与"行历"类似，即写明自己经过的地方以备勘查。日本僧人圆仁到唐朝求法，从扬州到登州后，被地方官"来请行由，仍书行历与之"。《入唐求法巡行礼记》卷2记录了这件行历的全文如下：

日本国求法僧圆仁，弟子僧惟正、惟晓，行者丁雄万。

右圆仁等，日本国承和五年四月十三日，随朝贡使乘船离本国界。大唐开成三年七月二日，到扬州海陵县白湖镇。八月廿八日，到扬州，寄住开元寺。开成四年二月廿一日，从扬州上船发，六月七日到文登县青乡，寄住赤山新罗院，过一冬。今年二月十九日，从赤山院发，今月二日黄昏到此开元寺宿。谨具事由如前。

---

① 《唐律疏议》卷26。

　　　　　　　　　开成五年三月二日　　　　日本国求法僧圆仁状

除符券、递牒、总历这三种公文外，一般人外出旅行必须要请"过所"。过所类似现在的通行证，上面要写明因何事到何处去，带有什么人或牲畜，每到一处还要有勘查后的签字。由于近年来出土了许多请过所的文书，使我们对这一制度有了比较明确的知识。一般说来，若在地方州县请过所，要分四个步骤。第一步，请过所的人向本县呈牒申请。第二步，请保人。保人要保证请过所者是合法编户、外出能如期返回、所带奴婢不是拐骗的、所带牛马不是偷盗的、所带工匠不是逃户逃兵等。第三步，县司收到请过所的文牒并核实后，由县尉或县令签署然后向州或都督府请给。第四步，州的户曹收到县申牒后逐一核查，若符合规定，由府史拟过所两份，户曹参军主判（若是僧人，由功曹参军判），录事参军勾检，然后在其中的一份上盖印发给申请过所者，另一份存档备查[①]。若是在京城，则先向本县或本部本司申请，县、司等再向尚书省请给。尚书省审核后，由刑部司门员外郎批给（若司门不在，由都官员外郎摄判）。现在日本存有一件尚书省批给日本僧人圆珍的过所原件，其形式如下：

（1）尚书省司门
（2）　　　福寿寺僧圆珍，年肆拾叁。行者丁满，年伍拾，并随
（3）　　　身衣、道具、功德等。
（4）韶广两浙已来关防主者，上件人贰，今月　日
（5）得万年县申：称今欲归本贯觐省，并往诸道州
（6）府巡礼名山祖塔。恐所在关津守捉不练行由，请
（7）给过所者。准状勘责状同。此正准给，符到奉行。
（8）　　　　　　　　　主事袁参
（9）都官员外郎　判依　　令史戴敬宗
（10）　　　　　　　　　书令史
（11）大中玖年拾壹月拾伍日下
（12）蒲关十二月四日勘出　丞郢

这其中所谓的"蒲关勘出"就是蒲津关勘查过所后的记录。按照唐代规定，对外国游客，只要有一处关津检查就可以了。《唐律》又规定，凡没有过所而从关门私过的，叫做"私度"。私度者徒一年。不应度关而给过所和冒名请过所者也都徒一年。过所制度一直延续到五代，后梁时就曾重申过所要由司门郎中和员外郎出给。

[①] 参见程喜霖《〈唐开元二十一年（733）西州都督府勘给过所案卷〉考释》载《魏晋南北朝隋唐史资料》第9、10期。

当时还有公验。"公验"在《唐律》中没有规定，可见它并非法律名词，在唐初也使用不多。《资治通鉴》卷249记唐宣宗大中六年（852）中书门下奏云：僧尼"欲远游寻师者，须有本州公验"。胡三省注曰："公验者，自本州给公文，所至以为照验"。据胡三省的解释，公验也是州给的，那它和过所有什么区别呢？一般认为公验是泛称。举凡因某事向官府申请得到批准的都称公验，没有特定的格式。作为旅行通行证的公验只是由府、州、县在旅行者的申请状上批上"任为公验"或"任为凭由"等字样并盖上印即可，不像过所那样有着固定的格式。而且除"公验"外，它又可称公凭、凭由等。公验广泛用于晚唐，是方便旅行的一种变通方式。甚至可以说在晚唐五代，虽然过所制度还在，但一般旅行通行证都采用公验方式，而不使用过所了。日本僧人圆仁到唐朝巡礼，沿路不断申请公验而没有申请过过所。据《入唐求法巡行礼记》，申请公验的手续是：先向县令请公验，然后县司状上州刺史，州又上报节度使府，最后由节度使府"一头给公验，一头闻奏"天子。整个申请花费了两个多月。

以上这些制度都是对出行所作的种种限制，同时，它们也都具有鲜明的时代特点。

第三章

婚丧

第一节 妇女

● 隋唐妇女各阶层状况概观

(一) 后宫妇女

中国古代后宫之制源远流长,早见于《周礼》记述,不拟详论。后宫妇女人数众多,汉魏时期已然,隋唐时代更有进一步发展。隋末宫人数,据《通典》卷34《职官典》"内官·命妇附"大唐条注引武德九年(626)诏(《唐会要》卷3《出宫人》武德九年八月十八日诏略同)称:"末代荒淫,搜求无度,悯兹深闭,久离亲族,一时减省,各从娶聘。"自是中宫前后所出三千余人。所谓"末代",应即隋末。《隋书》卷24《食货志·序》亦载:炀帝时"从行宫掖,常十万人",可知隋末后宫人数是十分庞大的。唐代亦然。太宗贞观初,李百药《请放宫人封事》提到:"窃闻大安宫及掖庭内,无用宫人,动有数万"[①],建议"离出宫人"。《旧唐书》卷51《后妃上·中宗韦庶人传》(《新唐书》卷76本传略同)载

---

① 《全唐文》卷142。

中宗景龙四年（710）正月望夜，"帝与后微行市里，以观烧灯，又放宫女数千，夜游纵观，因与外人阴通，逃逸不还。"仅外出观灯并逃逸者即达数千人。玄宗时可能更多，《太平广记》卷486杂传记二陈鸿《长恨传》曾提到"宫中虽良家子千万数，上无悦目者"；白居易《长恨歌》称："汉宫佳丽三千人，三千宠爱在一身。"都只是保守的估计。《新唐书》卷82《十一宗诸子传》云："开元后，皇子幼，多居禁内，既长，诏附苑城为大宫，分院而处，号十王宅"（以十，举全数也）；"既又诸孙多，则于宅外更置'百孙院'"，据称："宫人每院四百余，百孙院亦三四十人。"仅此十王宅、百孙院之宫人合计即达近万人。同书卷207《宦者传上·序》云："开元、天宝中，宫嫔大率至四万。"数量之多实属可惊。玄宗以后各朝，后宫妇女仍然众多，仅每次放遣出宫者即以数千、数百车计①，其总数可推而知之，就连唐末之咸通、乾符年间，仍是"六宫贵贱不减万人"②。

后宫妇女之来源或者说入宫方式大体是礼聘、采选、进献、罪没等四类。其中采选良家女入宫乃是主要途径之一。《隋书》卷45《文四子·房陵王勇传》载文帝责勇语："初平陈后，宫人好者悉配春坊，如闻不知厌足，于外更有求访。""求访"乃指采择民间女子。《全唐文》卷1高祖《罢放栎阳离宫女教》斥隋炀帝大业以来，巡幸过度，宿止之处，每起离宫"良家子女，充刃其间"。唐代亦然，相关事例屡见不鲜③。至于其他入宫途径，更是人所周知，无须多说。

在庞大的后宫妇女中，少数是位列于后妃者，其余绝多是普通宫人。她们之

---

① 《旧唐书》卷10《肃宗纪》至德三载（758）正月乙酉条下（《全唐文》卷42肃宗《放宫人诏》）云：宜放内人三千人；同书卷15《宪宗纪下》元和八年（813）六月辛丑条（《唐会要》卷3《出宫人》元和八年六月条同）："出宫人二百车，任从所适"；《唐会要》卷3《出宫人》敬宗宝历二年（826）十二月敕："在内宫人，宜放三千人。"此类事例还有一些，不拟赘引。

② 《资治通鉴》卷273后唐纪二庄宗同光三年（925）三月己酉条下记宦者言于庄宗："臣昔隶事咸通、乾符天子，当是时，六宫贵贱不减万人。"建议庄宗采择民间女子，以充后庭。

③ 《唐会要》卷3《内职·杂录》贞观十三年（639）二月二十五日尚书议（《通鉴》卷195太宗贞观十三年二月戊戌尚书奏略同）提到以往掖庭之选，或是"微贱之族"，或是"刑戮之家"，使她们入侍宫闱是很不合适的，建议今后内职员应选取有才行者主要是"良家"子女充任。太宗似乎采取了这一建议。《通鉴》卷197太宗贞观十七年（643）冬十一月条下载"敕良家女以实东宫"；并言："吾不欲使子孙生于微贱耳。"玄宗时，据《太平广记》卷486杂传记录薛调《无双传》提到"宫嫔选在掖庭，多是衣冠色女"；又陈鸿《长恨传》也说"宫中虽良家子千万数，上无悦目者"（《太平广记》卷486）。可略知一二。五代十国时期也是如此。如后唐庄宗曾命宦者和伶人"采选民间女子，远至太原、幽、镇，以充后庭，不啻三千人"（《通鉴》卷273后唐纪二庄宗同光三年［925］三月己酉条）；后蜀孟氏至后主祀时，曾搜选"民间女子有殊色者充之"宫掖，至有"民间惧其搜选，皆立求媒伐，而嫁之。谓之'惊婚'焉"（见阙名氏《五国故事》卷上）。

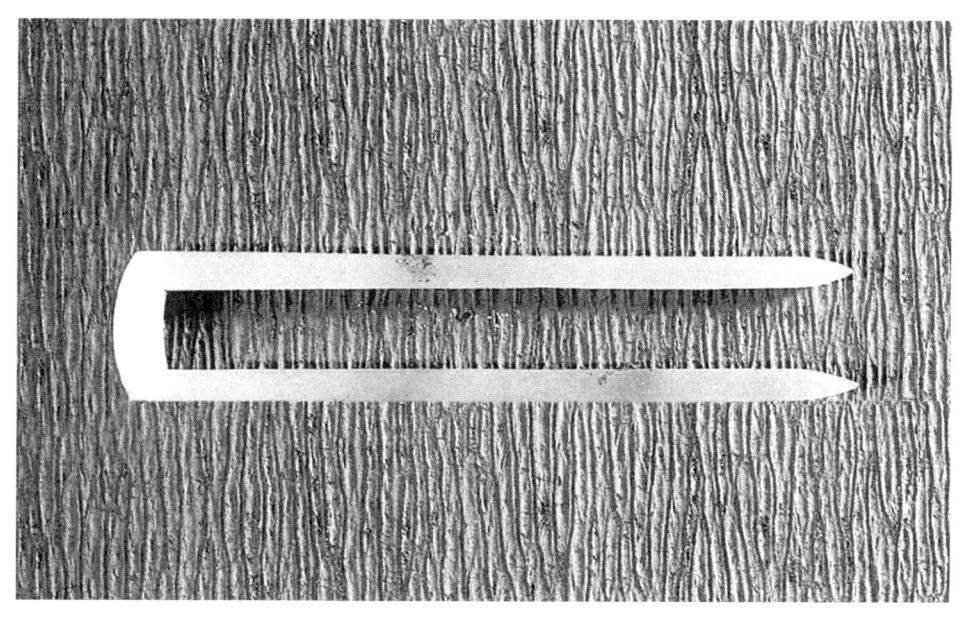

玉钗　陕西西安　隋　李静训墓出土

间的身份与生活情况有较大差异，兹简单分述如下：

1. 皇后与嫔妃

隋代后妃之制，兼采《周礼》及汉晋旧仪，而其间又略有变化。据《隋书》卷36《后妃传序》（《北史》卷13《后妃传上》）称：文帝初即位，改北周宣帝五后并立事，后宫中仅立皇后一人为正位，"旁无私宠"，但此时"妇官称号，未详备焉"。开皇二年（582），"著内官之式"，置嫔3人，世妇9人，女御38人。至此，隋后妃与内官制始见雏形。但由于独孤皇后甚妒，内擅宫闱，"虚嫔妾之位"，不设三妃，因而直到仁寿二年（602）独孤氏死后，"始置贵人三员，增嫔至九员，世妇二十七员，御女八十一员"。炀帝时，参详典故，立三夫人（三妃）、九嫔、婕妤、美人、才人、宝林、御女、采女，"总一百二十，以叙于宴寝"（并见《隋书》卷36《后妃传》）①。唐初因隋制，皇后之下，立四妃（贵妃、淑妃、德妃、贤妃）、九嫔（昭仪、昭容、昭媛、修仪、修容、修媛、充仪、充容、充媛）、婕妤、美人、才人各9人；宝林、御女、采女各27人。玄宗开元中略有改易②，不拟具列。

---

① 《大唐六典》卷12《内官·宫官·内侍省》叙内官沿革云："隋氏法周官，而悉置焉。则列夫人、嫔、婕妤、美人、才人、宝林、御女、采女等充百二十位。"此乃叙炀帝时制度，而非终隋之制。
② 分见《大唐六典》卷12，《内宫·宫官·内侍省》叙内官之制；《旧唐书》卷51，《后妃传上·序》；《新唐书》卷76，《后妃传上·序》；《唐会要》卷3，《内职》。

如此众多的后妃阶层，真正留下姓名、事迹的却甚少。《隋书》卷36《后妃传》(《北史》卷14《后妃传下》)仅列文帝独孤后、宣华夫人陈氏、华容夫人蔡氏、炀帝萧皇后四人，余并不载；两唐书《后妃传》共列26位皇后、10位嫔妃①，其余嫔妃名位散见于记载的还有一些②。

隋唐时代皇后之册立，乃有严格的标准。最主要的是出身与门第。比如隋文帝之独孤皇后是北周大司马、卫公独孤信之倡女，与文帝父杨忠同出于武川系军事贵族，这一家在北周为皇亲国戚，贵盛无比，出身高贵自不待言。炀帝萧皇后，乃梁明帝萧岿之女，这也是有着崇高政治地位和深厚文化传统的侨姓大族。唐代真正被册立为皇后的也明显恪守这一标准（某些因死后追赠和儿子后来登了帝位而尊其母为太后的另当别论）。比如高宗之立武则天为后，有人曾攻击她"地实寒微"③，其实则天之父贞观中曾为工部尚书，乃三品官，并不算微族。武宗王贤妃，家世不显，因"善歌舞，得入宫中"。武宗即位，进号才人，十分宠爱，欲立为后，宰相李德裕认为："才人无子，且家不素显，恐诒天下议"④，因而作罢。表明这一时期册立皇后对于出身与门第问题是甚为重视的。

册立嫔妃与册立皇后相比，有所宽泛。如玄宗赵丽妃本是潞州之倡女⑤，上举武宗王贤妃"善歌舞"，或即舞伎。看来标准并不十分严格。

毫无疑问，后妃这一阶层在生活上是极为富贵和安逸的，但命运却很不稳定。她们往往成为政治权力斗争的牺牲品。仅以唐代为例，据两唐书《后妃传》所载及今人研究，有事迹记述的唐代36个后妃中有15人不得善终，其中两人死于后宫争宠，两个因战乱而流落失踪，一个自杀殉葬，一个作为太后获罪于皇帝而死；其余9人全部死于宫廷斗争之中⑥。而且，作为封建帝王的附属物，后妃们的名位荣辱几乎全系于帝王的好恶与否；同时，当她们所依附的靠山皇帝去世之后，其命运便遇到极大的威胁。除少数因儿子做了皇帝而得以享皇太后之荣宠者外，大多则受到冷落或送入寺观⑦。因此，为了固宠，为了确保她们在宫中的地位，积极

---

① 《旧唐书》将则天皇后另立一卷，《新唐书》入于《后妃传》。此外，《新唐书》增懿宗皇后王氏、淑妃郭氏二传；《唐会要》卷3略同。

② 参见《新唐书》卷80，《太宗诸子传》；同书卷82，《十一宗诸子传》等，此不一一列举。

③ 《旧唐书》卷67《李勣传附孙敬业传》载敬业起兵，"移檄诸郡县"之檄文。《资治通鉴》卷203则天后光宅元年（684）九月条下略同。

④ 《新唐书》卷77，《后妃下·武宗贤妃王氏传》。

⑤ 《新唐书》卷82，《十一宗诸子·玄宗子瑛传》云："初，瑛母以倡进，善歌舞，尝在潞得幸。"

⑥ 参阅高世瑜《唐代妇女》第二章，第一节，三秦出版社1988年版。

⑦ 如隋文帝之宣华夫人陈氏，当文帝死后，被炀帝所烝，尔后出居仙都宫（见《隋书》卷36《后妃传》、《北史》卷14《后妃传下》）；唐肃宗韦妃，被弃后，遂削发为尼，居禁中佛寺（见《旧唐书》卷52《后妃下》，《新唐书》本传略同）。

参与宫廷斗争便构成了后妃们政治生活的重要内容。至于她们在宫中的具体生活情状乃至感情之饥渴，历代后妃并无二致，姑置不论。

2. 宫人

宫人，或称宫女、宫婢。这是后宫妇女中人数最多的一个阶层。

宫人的上层有各类宫官。宫官之置，也早见于前代。隋文帝开皇初，采汉晋旧仪，置六尚、六司、六典。炀帝时，又增置女官，准尚书省例，以六局管二十四司①。唐宫官之制因隋而来，置六局（尚宫、尚仪、尚服、尚食、尚寝、尚工），下统二十四司，另有二十四典、二十四掌及宫正、彤史、女史等各级女官②。

关于宫官之任，较为典型的主要是德宗朝的宋氏姊妹。《旧唐书》卷52《后妃传下》（参见《新唐书》卷77《后妃传下》、《唐会要》卷3《内职·杂录》）载："女学士、尚宫宋氏者，名若昭，贝州清阳人。父庭芬，世为儒学，至庭芬有词藻，生五女，皆聪慧，庭芬始教以经艺，既而深为诗赋，年未及笄，皆能属文。长曰若莘，次曰若昭、若伦、若宪、若荀。若莘、若昭文尤淡丽，性复贞素闲雅，不尚纷华之饰。尝白父母，誓不从人，愿以艺学扬名显亲。若莘教诲四妹，有如严师。著《女论语》十篇，其言模仿《论语》……其间问答，悉以妇道所尚。若昭注解，皆有理致。贞元四年（788），昭义节度使李抱真表荐以闻。德宗俱召入宫，试以诗赋，兼问经史中大义，深加赏叹。德宗能诗，与侍臣唱和相属，亦令若莘姊妹应制。每进御，无不称善。嘉其节概不群，不以宫妾遇之，呼为学士先生……元和末，若莘卒，赠河内郡君。自贞元七年（791）已后，宫中记注簿籍，若莘掌其事。穆宗复令若昭代司其职，拜尚宫。姊妹中，若昭尤通晓人事，自宪、穆、敬三帝，皆呼为先生，六尚嫔媛、诸王、公主、驸马皆师之，为之致敬。进封梁国夫人。宝历初卒……敬宗复令若宪代司宫籍。文宗好文，以若宪善属文，能论议奏对，尤重之。"本条记述宋氏姊妹史料十分丰富，下文还将提到。此仅指出，尚宫此类宫官之选任，主要侧重于良家出身、才德兼备者，对色、伎可能并不十分看重。同时，尚宫等虽为宫官，其身份却仍是宫婢。《新唐书》卷79《高祖诸子·舒王元名传》载："高祖之在大安宫，太宗晨夕使尚宫问起居，元名才十岁，保媪言：'尚宫有品当拜。'元名曰：'此帝侍婢耳，何拜为？'太宗壮之，曰：'真吾弟也。'"可知尚宫在名分上只是"侍婢"，德宗对宋氏姊妹"不以宫妾遇之"，也只是因其"节概不群"之故。两《唐书》将宋氏姊妹列入《后妃传》，大抵是由于"褒赠"③，自属特例。当然，由于此类宫官亲近于帝王，有时又颇有

---

① 《隋书》卷36，《后妃传序》。
② 《大唐六典》卷12，《宫官》。
③ 《唐会要》卷3《内职·杂录》记述宋氏姊妹事称："未为妃后，一旦褒赠，荣及祖祢，前例无之。"显然，她们实际上并非妃后。

较大权势。如文宗太和中,郑注、李训恶宰相李宗闵、李德裕,诬陷宗闵为吏部侍郎时,曾令驸马都尉通贿于尚宫宋若宪,求为宰相①,此虽为诬构,却表明尚宫因其特殊身份,有时甚至可通过皇帝,决定宰相的人选。

至于宫官之下的普通宫人,或侍奉皇帝、后妃起居、饮食诸事,或随侍视朝、出内宣命,或看守宫门、刺绣缝作及宫内扫洒等,此外当然也可能随时作为帝后之玩物,对此不拟详述。

这些宫人虽然衣食无忧,人格与人身却受到极大摧残。阙名氏《迷楼记》载隋炀帝时宫人侯氏《自伤》诗:"初入承明日,深深报未央。长门七八载,无复见君王。春寒侵入骨,独坐愁空房;飒履步庭下,幽怀空感伤。平日深爱惜,自待聊非常;色美反成弃,命薄何可量!君恩实疏远,妾意徒彷徨。家岂无骨肉,偏亲老北堂。此方无羽翼,何计出高墙。"竟自缢而死。白居易《上阳白发人》更是人所习知,诗云:"上阳人,红颜暗老白发新。绿衣监使守宫门,一闭上阳多少春。玄宗末岁初选入,入时十六今六十。同时采择百余人,零落年深残此身。"这大抵是宫人境况的真实写照。她们渴望爱情、幸福和自由,但九重深宫却使之一切化为泡影。唐代宫女红叶题诗及纩衣题诗事诸书多有传载②,并为当代学者历所征引。虽年代、人物稍异,但故事情节基本相同,大致反映了宫人之幽怨和对自由与爱情生活的向往。

宫人中当然也有因帝王宠幸而生子而成为后妃者。如隋文帝之宣华夫人陈氏,本为陈宣帝女,陈亡后配掖庭,显为宫婢③;唐中宗上官昭容,原先也是宫婢④;肃宗后吴氏、宪宗后郑氏、穆宗后萧氏、武宗王贤妃、懿宗后王氏原先并属宫婢(或称"宫女"),后得宠而为后妃。但这毕竟是少数。不少虽被帝王"宠幸"并生子者,照样名位不显。《新唐书》卷82《十一宗诸子传》载肃宗之后数代皇帝子息,多为宫人(或称"后宫")所生,多数并不标明其生母氏、位。这里有两种原因,一是确系史阙,氏、位无考;二是因宫人所生,身份低微,不被录名。后者原因或许是主要的。

不仅如此,宫人们所处深宫犹如牢狱,言谈举止均有极严格限制。《全唐文》卷149褚遂良《请宫中眼花浪见不得辄奏表》言:"宫中嫔列,谓之妇人,怔弱周章,眼光浪见,更相恐惧,动一惊百……宜敕宫中眼花浪见不得报告旁人,更相

---

① 《旧唐书》卷52,《后妃下·女学士尚官宋氏传》。
② 参见唐范摅《友溪友议》卷10、孟棨:《本事诗》(《太平广记》卷274,《开元制衣女》引《本事诗》稍异)、《太平广记》卷354李茵引《北梦琐言》、宋王绖《补侍儿小名录》贾全虚条、刘斧《青琐高议前集》卷5《流红记》诸条。
③ 《隋书》卷36,《后妃传》。
④ 《旧唐书》卷51,《后妃上·中宗上官昭容传》(《新唐书》卷76本传同)。

恐动,亦不得专辄奏闻。"虽是强调宫中之静谧、肃然,非吉祥事不得奏报,但亦包括警告宫人对宫中诸事端应视而不见、充耳不闻之意。而且,宫人还往往以"莫须有"之罪名被随意处死。《旧唐书》卷175《文宗二子·庄恪太子永传》载太子永暴薨(实为文宗所杀),"上意追悔,(开成)四年(839),因会宁殿宴,小儿缘橦,有一夫在下,忧其堕地,有若狂者。上问之,乃其父也。上因感泣,谓左右曰:'朕富有天下,不能全一子',遂召乐官刘楚才、宫人张十十等责之,曰:'陷吾太子,皆尔曹也。已有太子,更欲踵前耶?'立命杀之。"① 类似的事例还有一些,无须赘引。总之,宫人们虽身居九重,而实类牢狱,随时随地都可能有杀身之祸。

因此,在这种严酷的环境中,也确有一部分宫人敢于铤而走险,有的乘机结伙逃逸②,有的甚至敢于谋杀皇帝③。有时,皇帝为了表明所谓"德政",也下诏免放宫人,但所放者毕竟是少数,且多是年老病弱者,而新的宫人又不断地选入。因此所谓出宫人之"德政"只不过是表面文章而已。这在古代中国大体均属通例。

(二)公主

公主是皇族女性中地位极高的一部分,乃帝王天姬,拥有高贵的身份和权势。

隋代公主事迹较完备者仅兰陵公主与南阳公主二人④,唐代公主具见《新唐书》卷83,《诸帝公主传》、《唐会要》卷3《公主》及《杂录》,约211人(其余散见于诸书记载的还有若干)。名号众多,无须具列。

据唐制,公主属外命妇⑤,皇帝之姑母称大长公主,皇帝之姊妹称长公主,皇女则称公主。此统称公主,不拟细分。公主之外,又有郡主(太子之女)、县主(亲王之女)⑥,大致可列于同一阶层。

简而言之,公主出嫁前之生活,一切由宫廷供给;出嫁后则赐以封户或封物充衣食之资,并有各类赏赐。出嫁后之公主专设有公主邑司,下置令、丞、录事务一人,"公主邑司官,各掌主家财货出入、田园征封之事,其制度皆隶宗正焉"⑦。

公主既有巨大权势,又无衣食之虑,生活大都十分奢侈。唐代此类事例屡见不鲜。如高宗之太平公主权势显赫,豪奢无比,史载:"田园遍于近甸膏腴,而市

---

① 《新唐书》卷82《十一宗诸子·文宗庄恪太子永传》记载稍异,谓"禁中女倡十人毙于永巷",不言宫人张十十等。今从旧传。
② 见前引《旧唐书》卷51《后妃上·中宗韦庶人传》载中宗景龙四年(710)正月条。
③ 《新唐书》卷207,《宦者上·马存亮附严遵美传》。
④ 见《隋书》卷80,《列女传》各本传。
⑤ 《通典》卷34,《职官十六》内官·命妇附载"大唐外命妇之制"下原注。
⑥ 《旧唐书》卷43,《职官志二》载吏部尚书·司封郎中员外郎条下。
⑦ 《大唐六典》卷29,《公主邑司》。

易造作器物，吴、蜀、岭南供送，相属于路。绮疏宝帐，音乐舆乘，同于宫掖。侍儿披罗绮，常数百人，苍头监妪，必盈千数。外州供狗马玩好滋味，不可纪极。"死后，"籍其家，财货山积，珍奇宝物，侔于御府，马牧羊牧田园质库，数年征敛不尽。"① 此外，中宗女长宁公主、安乐公主②、玄宗朝诸公主③、懿宗女同昌公主④也都是挥金如土，豪奢出名的。公主中当然也有俭约者，如顺宗女汉阳公主、宪宗女岐阳庄淑公主等⑤，但为数甚少。

公主既宠贵，择婿自然有严格标准。大致自隋至中唐以前，"皆取贵戚及勋臣之家"，中唐之后，有所变化。宪宗时"始命宰相选公卿、大夫子弟及文雅可居清贯（清职）者"⑥择以尚主。这里大致包括二类：一类是选尚公卿大臣子弟；一类指进士出身者。参据《旧唐书》卷168《独孤郁传》及《新唐书》卷146《李吉甫传》则知，自宪宗朝开始，选尚范围亦及于山东门阀士族⑦。

尚主固然是荣耀的事，但时人却视之为畏途。太平公主初尚薛绍，绍兄顗以公主宠盛，"深忧之"，以问族祖户部郎中克构，克构曰："帝甥尚主，国家故事，苟以恭慎行之，亦何伤！然谚曰：'娶妇得公主，无事取官府。'不得不为之惧也。"⑧ 宣宗大中年间，曾"有诏于士族中选人才尚公主，衣冠多避之"⑨。据裴庭裕《东观奏记》卷上（《通鉴》卷249宣宗大中五年条下、《唐语林》卷7《补遗》略同）载宣宗女万寿公主将下嫁，"命择郎婿。郑颢相门子，首科及第，声名藉甚。婚卢氏。宰臣白敏中奏选上，颢衔之……敏中免相，为邠宁都统，行有日，奏上曰：'顷者陛下爱女下嫁贵臣，郎婿郑颢，赴婚楚州会有日，行次郑州，臣堂帖追回，上副圣念。颢不乐国婚，衔臣入骨'。"郑颢不愿国婚，被迫放弃与卢氏

---

① 《旧唐书》卷183，《外戚·武承嗣附攸暨妻太平公主传》（《新唐书》卷83，《诸帝公主·太平公主传》略同）。

② 《新唐书》卷83，《诸帝公主传》各本传参照。

③ 《明皇杂录》卷下。

④ 《杜阳杂编》卷下。

⑤ 《新唐书》卷83，《诸帝公主·顺宗女汉阳公主传》："时近戚争为奢侈事，主独以俭，常用铁簪画壁，记田租所入。"并常年服出嫁时旧衣；同卷《宪宗女岐阳庄淑公主传》载岐阳庄淑公主，不受所赐奴婢，而"丐直自市"，与夫杜悰赴澧州，从者不足二十婢，"乘驴，不肉食，州县供具，拒不受。"此两例大致是相对俭约者，但为数甚少。

⑥ 并见《资治通鉴》卷239，宪宗元和九年（814）六月条下。

⑦ 《旧唐书》卷168，《独孤郁传》载："权德舆作相，郁以妇公辞内职。宪宗曰：'德舆乃有此佳婿。'因诏宰相于士族之家选尚公主者。"又《新唐书》卷146《李吉甫传》："十宅诸王既不出阁，诸女嫁不时，而选尚皆系中人，厚为财谢乃得遣。吉甫奏：'自古尚主必慎择其人。江左悉取名士，独近世不然。'帝乃下诏皆封县主，令有司取门阀者配焉。"吕思勉先生亦曾引之，并认为此乃唐室愿婚士族之始，见所著《隋唐五代史》第16章，第1节，第790页。

⑧ 《资治通鉴》卷202，高宗开耀元年（681）秋七月条下。

⑨ 《旧唐书》卷149，《于休烈附曾孙琮传》。

之婚姻而被召为驸马，竟对白敏中"衔之入骨"。更为有趣的是王徽，《旧唐书》卷178《王徽传》载："时宣宗诏宰相于进士中选子弟尚主，或以徽籍上闻。徽性冲澹，远势利，闻之忧形于色。徽登第时，年逾四十，见宰相刘瑑哀祈，具陈年已高矣，居常多病，不足以尘污禁脔。瑑于上前言之方免。"由此可见时人对于"国婚"之畏惧。

害怕"国婚"，当然主要是惧怕帝王之权势及政治斗争的牵连①。其次是惧怕公主的骄横和无礼。唐代公主素以泼悍和不拘礼法著称②，公主中也确有一部分骄佚纵恣者，如太宗女合浦公主与浮屠辩机淫乱③；肃宗女郜国公主在德宗贞元年间与蜀州别驾萧鼎等多人淫通，"秽声流闻"④；顺宗女襄阳公主与薛枢、薛浑等市里士族子弟更是荒淫之极⑤，以致皇帝不得不严加处置⑥。大致而言，至宣宗朝之后，皇帝对诸公主骄恣不法的行为严加管束，注意于礼法训导⑦。

在公主这一类别中，还有和蕃公主。除零星见于诸书记述外，《唐会要》卷6曾为之另立一门（即《和蕃公主》及《杂录》）。这些和蕃公主大都是宗室女和皇亲国戚之女，有的是归附唐朝的少数族首领之女，只有少数是皇帝之女。这类公主对于促进和改善当时的民族关系，维持边境和平做出了重要贡献。当然她们本身也做出了很大的牺牲。这是不言而喻的。

（三）贵族宦门妇女

这类妇女包括范围较广泛，大凡皇亲贵戚、官僚贵族妇女和一般官宦之家的妻女。其间的生活、地位也有较大差异。

这一阶层中生活最为富裕豪奢的是皇亲国戚中的女性。人所共知，唐玄宗朝

---

① 如前引《通鉴》卷202，高宗开耀元年（681）七月条薛克构所说唐代谚语："娶妇得公主，无事取官府。"又如《新唐书》卷204，《方技·张果传》亦曾提到类似民谚："娶妇得公主，平地生公府。"均表明时人对"国婚"之惧怕。
② 如《隋唐嘉话》卷中载高祖女轻视驸马薛万彻，"不与同席数月"；又《新唐书》卷83《诸帝公主·宣宗广德公主传》载于琮，初尚永福公主，"主与帝食，怒折匕筯。"
③ 《新唐书》卷83，《诸帝公主·太宗女合浦公主传》。
④ 《旧唐书》卷125，《萧复传》。
⑤ 《旧唐书》卷142，《李宝臣传》。
⑥ 据《旧唐书》卷125，《萧复传》及同书卷142《李宝臣传》，郜国公主与襄阳公主宣淫事败露后，均被幽禁。
⑦ 此类事例甚多，此仅举一例。《新唐书》卷83《诸帝公主·宣宗女万寿公主传》载万寿公主嫁郑颢，"主每进见，帝必谆勉笃诲，曰：'无鄙夫家，无忤时事。'又曰：'太平、安乐之祸，不可不戒！'故诸主祗畏，争为可喜事。帝遂诏：'夫妇，教化之端。其公主、县主有子而寡，不得复嫁。'"按《通鉴》卷248宣宗大中二年（848）十一月庚午条下亦详载此事，并记："（郑）颢弟顗，尝得危疾。上遣使视之，还，问'公主何在？'曰：'在慈恩寺观戏场。'上怒，叹曰：'我怪士大夫家不欲与我家为婚，良有以也！'亟命召公主入宫，立之阶下，不之视。公主惧，涕泣谢罪。上责之曰：'岂有小郎病，不往省视，乃观戏乎！'遣归郑氏。由是终上之世，贵戚皆兢兢守礼法，如山东衣冠之族。"

147

的杨贵妃三姐妹韩、虢、秦三夫人，豪富无匹，史称："岁给钱千贯，为脂粉之资"，"甲第洞开，僭拟宫掖，车马仆御，照耀京邑，递相夸尚，每构一堂，费逾千万计，见制度宏壮于己者，即彻而复造，土木之工，不舍昼夜。"每随玄宗出游，列队而出，"照映如百花之焕发，而遗钿堕舄，瑟瑟珠翠，灿烂芳馥于路"①。

此外，《明皇杂录》卷上载虢国夫人大造宅第事②、《开元天宝遗事》卷下"百枝灯树"条载韩国夫人置百枝灯树、辉耀百里事，对其骄奢之态更有详细记述，不拟具列。

其他贵族官僚之妻女生活安逸富贵也是人所习知。

如《全唐诗》卷125王维《洛阳女儿行》所言："洛阳女儿对门居，才可容颜十五余，良人玉勒乘骢马，侍女金盘脍鲤鱼。画阁朱楼尽相望，红桃绿柳垂檐向。罗帷送上七香车，宝扇迎归九华帐。狂夫富贵在青春，意气骄奢剧季伦。自怜碧玉亲教舞，不惜珊瑚持与人……戏罢曾无理曲时，妆成只是熏香坐。城中相识尽繁华，日夜经过赵李家。"这是描写洛都贵族官僚之女出嫁前后母家及夫家豪奢富贵生活的情形，应带有较大的普遍性。

类似的题材在唐诗中还有一些，而敦煌所出《云谣集·杂曲子》也有相关记述，今举两首。斯1441号《竹枝子》："高卷朱帘垂玉牖，公子王孙女。颜容二八小娘，满头珠翠影争光。百步惟闻兰麝香。口含红豆相思语，几度遥相许。修书传于萧娘，倘若有意嫁潘郎，休遣潘郎争断肠。"又同编号斯1441《闺怨》："儿家本是，累代簪缨。父兄皆是，佐国良臣。幼年生于闺阁，洞房深。训礼习仪足，三从四德，针指分明。聘得良人，为国远长征。"③ 这里描述的"公子王孙女"、"簪缨"之家女当然是指贵族官僚之家的女性。可以知道她们的生活是十分富贵而安逸的。至于史籍记载若干贵族官僚妇女豪奢事，这里也无须一一列述了④。

这些官僚贵族妇女虽然生活富裕，大多无衣食之忧，但命运却很不稳定。一旦所依托之靠山（包括父、夫及亲族）失势，她们也便随之倒了霉。如杨氏三姐

---

① 《旧唐书》卷51，《后妃上·玄宗杨贵妃传》；《新唐书》卷76，《后妃传上》本传略同。
② 《太平广记》卷236，虢国夫人引《明皇杂录》略同。
③ 参见王重民辑《敦煌曲子词集》所收《云谣集杂曲子》，商务印书馆1950年初版，1954年再版；潘重规：《敦煌云谣集新书》，石门图书公司（台北）1977年版。
④ 较为典型的例子如张易之母阿臧，据《朝野佥载》卷3载：易之为母造七宝帐，"金银、珠玉、宝贝之类，罔不毕萃。旷古以来，未曾见见。铺象牙床，织犀角簟，羆貂之褥，蛮氎之毯，汾晋之龙须，河中之凤翮以为席。"又如元载宠姬瑶英"处金丝之帐，却尘之褥"（《云溪友议》卷12；《太平广记》卷237，芸辉堂引《杜阳编》），等等。

妹在贵妃缢死后，也先后在逃难途中被杀。肃、代两朝宰相元载贵盛无比，被戮之后，妻子落得十分悲惨①，女儿也被"纳入掖庭"②。这类史实是很多的。同时，隋唐时期（包括整个古代社会）婚姻极重"门当户对"，又重"聘礼（财）"③，而贵族官僚又多纳妾、姬，本无多少爱情可言；有的则是强娶而来④，因而大多只能是在悠闲而又寂寞的境况下了却一生。

一般官宦之家的妇女，情况大致有所区别。她们虽无衣食之虑，但生活却不一定优裕，有的甚至不能免于贫困拮据⑤。对此可以暂置不论⑥。

（四）一般劳动妇女

这类妇女是当时女性中的主体部分，大体包括农家妇女、专业织妇和其他从事工商业劳动的女性。兹分别简述如下：

1. 农家妇女

从事家务劳动与农业生产是历代农家妇女的共同特征，隋唐时代当然亦不例外。敦煌所出王梵志诗《用钱索新妇》写道："用钱索新妇，当家有新故。儿替阿耶来，新妇替家母。替人既到来，条录相分付。新妇知家事，儿郎承门户。"⑦ 所谓"知家事"乃主持或操持家务。又敦煌出《不知名变文》（编号伯3128号）也提到："自家早是贫困，日受饥恓。更不料量，须索新妇，一处作活。"下又云："忆得这身待你来，交人不省傍妆台。洗面河头因担水，梳头坡下拾柴回。煎水滓来无米煮，何时且遇有资财。"⑧ 这应是当时农家妇女家庭劳动状况的一般写照⑨。在诸般家庭劳动中，当然也包括家庭纺织业。我们知道这类家庭纺织业主要是由农家妇女承担的。而为了完成此类作业，她们必须从采桑、养蚕、缫丝、纺织整

---

① 见《云溪友议》卷12、《太平广记》卷237，芸辉堂引《杜阳编》载：元载被戮，妻王韫秀被"令入宫"，或云"上宥其罪"，或云"京兆笞而毙之"。总之，下场是十分悲惨的。
② 《唐国史补》卷上："元载之败，其女资敬寺尼真一，纳入掖庭。"
③ 《通典》卷58，《礼十八》公侯大夫士婚礼录唐显庆四年（659）十月诏；太极元年（712）十一月左司郎中唐绍上表。有关唐代婚姻聘财事，史料繁多，不拟列举。
④ 《朝野佥载》卷3："唐冀州长吏吉懋欲为男頊娶南宫县丞崔敬女，敬不许。因有故胁以求亲。敬惧而许之。择日下函，并花车卒至其首。敬妻郑氏初不知，抱女大哭，曰：'我家门户低，不曾有吉郎。'女坚卧不起。其小女白其母曰：'父有急难，杀身救解。设令为婢，尚不合辞；姓望之门，何足为耻。姊若不可，儿自当之。'遂登车而去。"
⑤ 官僚贵族之家，也有不少贫寒饥馁者，吕思勉《隋唐五代史》第15章第2节征引事例甚多，可以参见。
⑥ 有关唐代下层宦门妇女的情况，可参阅高世瑜《唐代妇女》，第46—47页。此不拟赘述。
⑦ 参项楚《王梵志诗校注》卷2，上海古籍出版社1991年版。
⑧ 《敦煌变文集》卷6，人民文学出版社1957年版。
⑨ 关于当时妇女从事家务劳动诸如汲水、煮饭事诗文中记载甚多，较具体的资料参见白居易《朱陈村》诗（《白氏长庆集》卷10）、《酉阳杂俎续集》卷2，《支诺皋中》载王申夫妻将一投宿求水女子作儿媳事及《太平广记》卷251，邹夫引《笑林》。

个工序投入大量时间，其产品一部分用于自给，一部分则是应付官府庸调之需。而且，由上引《不知名变文》所说索新妇，"一处作活"，应不限于一般家庭劳动，她们还是田间生产劳动的一支重要力量。袁高《茶山诗》记述他亲眼所见江东植茶农民采摘情状："眕缀耕农来，采掇实苦辛。一夫且当役，尽室皆同臻。扪葛上欹壁，蓬头入荒榛。"① 所说虽是采茶，但"一夫且当役，尽室皆同臻"应即小农生产的普遍情形。在一些贫苦的农家和战乱环境下，妇女甚至是重要的劳动力。她们耕田者有之②、卖薪者有之③。甚至不少妇女走上被雇佣的道路。王梵志《贫穷田舍汉》诗中所说"妇即客舂捣，夫即客扶犁"④。这是妇女为人客作舂米的事例。

此外"佣织"、"佣纫"者⑤也有一些，在某些官僚经营的茶园里，也多有妇女佣工者⑥，吐鲁番阿斯塔那178号墓出土有一件文书，记一未婚女子阿毛经军陈辞，自言与兄别籍异居，独自一身，"又无夫婿，客作佣力，日求升合养性命。"⑦ 可知当时女子雇佣事例较为普遍。不仅如此，在封建赋役的压迫下，不少贫民妇女还被驱入徭役征发的行列⑧。

2. 一般专业织妇与从事其他手工业的妇女

所谓专业织妇是指专门为朝廷、官府制作纺织物的"贡织户"之类的女性。王建《织锦曲》写道："大女身为织锦户，名在县家供进簿。长头起样呈作官，闻道官家中苦难……一匹千金亦不卖，限日未成宫里怪。"⑨ 这里所说的"织锦户"就是当时专业织妇之一，由于她们有较高的织作工艺，官府便专门造籍登录了她们的姓名，在限定的期限内按照官府指定的样式、品类进行纺织业生产。白居易的《缭绫》诗和《红线毯》诗⑩也都是描写有关这种织锦户、贡织户的篇章。元稹《织女词》也提到他于荆州所见贡织户有终老不嫁之女，"东家头白双女儿，为

---

① 《全唐诗》卷314。
② 戴叔伦：《女耕田行》，《全唐诗》卷273。
③ 杜甫：《负薪行》。
④ 项楚：《王梵志诗校注》卷5，上海古籍出版社1991年版。
⑤ 《太平广记》卷271贺氏引《玉堂闲话》记兖州农妇贺氏，里人谓之织女，"其姑（婆）已老且病……妇佣织以资之，所得佣直，尽归其姑。"此为"佣织"事例；又《酉阳杂俎续集》卷3，《支诺皋下》荆州百姓郝惟谅条，记唐武宗会昌年间一女妇与人佣纫事。同卷载汴州赵怀正妻贺氏在文宗太和年间，"尝以女工致利"，后段成式家曾"雇其纫针"。并属佣织、佣纫事例。
⑥ 《太平广记》卷37，阳平谪仙引《仙传拾遗》载九陇人张守珪在仙君山之茶园，"每岁召采茶人力百余人，男女佣工者杂处园中。"可知其中有不少是女性。
⑦ 《吐鲁番出土文书》第8册所收阿斯塔那178号墓出《唐开元二十八年（740）土右营下建忠赵伍那为访捉交河兵张玄仪事》。
⑧ 参见张泽咸《唐五代赋役史草》，中华书局1986年版，第285页。
⑨ 《全唐诗》卷298。
⑩ 同上书，卷427。

解挑纹嫁不得"①。可以知道此类贡物之繁重，要求之严格，以致某些专业织妇婚姻都耽搁了。

除此之外，从事其他手工业活动的女性还有一些，比如有造雨衣者②、有"以织鞋子为业"者③，等等。《太平广记》卷269韦公干条引《投荒杂录》曾记载唐琼山郡太守韦公干的私人作坊，"有女奴四百人，执业者大半，有织花缣文纱者，有伸角为器者，有熔锻金银者，有攻珍木为什具者，其家如市。日考月课，唯恐不程。"这是边远地区的落后的经营方式，其中"女奴"应主要是掠"良家子女"而来。（本文曾提到："公干，贪而且酷，掠良家子，为臧获，如驱犬豕。"）以妇女从事较大规模手工业生产的事例在当时并不多见。

3. 从事商业活动的妇女

在这一时期的商业活动中，也屡见妇女的足迹。其一是从事长途贩卖的行商。《唐国史补》卷下载："凡东南郡邑无不通水，故天下货利，舟楫居多……大历、贞元间，有俞大娘航船最大，居者养生、送死、嫁娶悉在其间；开巷为圃，操驾之工数百，南至江西，北尽淮南，岁一往来，其利甚博。此则不啻载万也。"这个俞大娘所率船队规模宏大，往来于江西、淮南之间进行长途贸易，显为富商④。其二是坐列贩卖、从事小商业活动的妇女。此类事例历见诸书记述，此仅举几例。《太平广记》卷382河南府史条引《广异记》："洛阳郭大娘者，居毓财里，以当垆为业。""当垆"即沽酒，这大致是自酿自销。同书卷286板桥三娘子条引《河东记》载唐汴州西板桥店，店主三娘子，"有舍数间，以鬻餐为业"，并自制烧饼，兼供商人停宿；同书卷283白行简条引《灵异记》载长安春明门旁有经营鬻饼店之店妇，"鬻饼怀妊"，怀抱婴儿营业；同书卷314司马正彝条引《稽神录》载司马氏，行溧水道中，"俄而遇一新草店数间，独一妇人迎客，为设饮食，甚丰洁"。这是草店迎客妇；又《唐国史补》卷上载王积薪棋术功成，将游京师，宿于逆旅，既灭烛，闻主人妪隔壁呼其妇下棋。似属婆媳二人开店之例。同卷又载杨贵妃缢于马嵬驿佛堂前之梨树下，"马嵬店妪收得锦鞴一只，相传过客每一借玩，必须百钱，前后获利极多，妪因至富。"此店妪所开不知何店。又《太平广记》卷350浮梁张令条引《纂异记》、卷367孟妪引《乾𦠆子》也分别提到华阴酒店之"店妪"及三原县南董店之店妇，并属妇女开店营商之例。当然，在唐代长安等大都市，还有不少"胡姬"（少数民族的女子）开店的事例，向达先生《唐代长安与西域文明》述之甚详⑤，可以参见。总之，在当

---

① 《全唐诗》，卷23。
② 《酉阳杂俎续集》卷3，《支诺皋下》荆州百姓郝惟谅条。
③ 《太平广记》卷62，何二娘条引《广异记》。
④ 高世瑜：《唐代妇女》，第55页，认为唐代"没有浮游四方的行商"，似非确论。
⑤ 向达：《唐代长安与西域文明》，三联书店1957年版。

时的商业领域内，妇女也是活跃于其中的一支力量。

（五）女尼、女冠、女巫

女尼、女冠（女道士）与女巫是隋唐妇女中较为特殊的一个阶层，兹亦分别简说如下：

1. 女尼、女冠

隋唐时期女尼、女冠在当时的全体女性中占有一定比例。《大唐六典》卷4《尚书礼部》祠部郎中员外郎条：＂凡天下观总一千六百八十七所。＂下分计道士观1137所；女道士观550所。又载：＂凡天下寺五千三百五十八所。＂其中尼寺为1113所。这是唐天宝以前的数字。另据《新唐书》卷48《百官志三》崇玄署下记天下寺、观总数与此全同，下分计女尼、女冠数分别为：＂女官（冠）八百八十八＂；＂尼五万五百七十六。＂《唐会要》卷49，《僧籍》录女尼数同，不具年份。但所录寺院总数和新唐志一样并与《大唐六典》相合，因而可以推定所列女尼、女冠数字均属唐代前期。估计中唐以后更有增加。在河西走廊的敦煌一带，据敦煌所出诸寺比丘尼名籍，女尼数字在吐蕃占领和归义军时期大增，如斯2614号《敦煌寺院僧尼名簿》总计诸寺女尼数为693人；又如斯2669号《敦煌诸寺比丘尼姓名年龄籍贯表》具列大乘寺尼209人，圣光寺尼79人，年龄自11岁至75岁不等①。虽不足以代表全国的情形，但想必内地诸州女尼数字应相去不远。

这些遁入空门的阶层，来源比较复杂，不拟细说②。大致包括一般百姓、官僚子女以及姬妾、妓女、宫人乃至嫔妃、公主之类。虽同为女尼、女冠，但其间的宗教意识与生活状况也有所区别③。

作为女冠、女尼中的上层分子（不包括嫔妃、公主等出家入道者）确有一部分生活十分豪奢，如刘长卿《戏赠干越尼子歌》所说的女尼得以＂自用黄金买地居＂，显然十分富裕。还有一部分得以出入宫掖、贵族豪门，如武则天时期的河内老尼④；玄宗至肃、代宗时期的女道士李季兰⑤；肃宗时的女道士许灵素⑥等。唐玄宗开元二

---

① 并见《敦煌资料》第1辑，中华书局1961年版。
② 李丰楙《唐代公主入道与送宫人入道诗》（收于《第一届国际唐代学术会议论文集》学生书局1989年版）曾言及唐公主与其他女冠的入道动机，大致归纳为慕道、追福、延命及夫死舍家与避世借口等。前揭高世瑜《唐代妇女》第2章第9节对此也有分析，可以参见。此不拟赘引相关史料。
③ 有关唐代公主之类入道之宗教意识，李丰楙氏上揭文中曾有分析，并据此将当时女冠区分为修真女冠和宫观女冠两大类。
④ 《资治通鉴》卷205则天后天册万岁元年（695）条。
⑤ 《唐才子传》卷2《李季兰传》载：天宝间，玄宗闻其诗才，诏赴阙，留宫中月余，优赐甚厚，遣归故山。余嘉锡《四库提要辨证》曾疑此事不在天宝间，而系代宗大历暮年之事。
⑥ 《旧唐书》卷52，《后妃下·肃宗张皇后传》。

年（714）七月十三日敕，曾严加禁止百官之家以僧尼道士为门徒，递相往还事①，可知其中女尼、道姑出入百官贵族之门者也颇有其人。同时我们也看到，若干才女道士风流放诞，游历四方，与达官文士过从甚密，或诗词酬答，或同床共饮，或调情戏谑，了无拘束。如鱼玄机②、李季兰③、元淳④、褚三清⑤等。但这毕竟属少数，大多数的女尼、道姑并不如此。王梵志《观内有妇人》诗中写道："观内有妇人，号名是女官。各各能梳略，悉带芙蓉冠。长裙并金色，横披黄僻单。朝朝《步虚赞》，道声数千般。贫无巡门乞，得谷相共飡（餐）。常住无贮积，铛釜当房安。眷属王役苦，衣食远求难。出无夫婿见，病困绝人看。乞就生缘苦，交即免饥寒。"⑥ 又《寺中几个尼》诗云："寺中几个尼，各各争威仪。本是俗人女，出家挂佛衣。徒众数十个，诠择补纲维。一一依佛教，五事总合知。莫看他（她）破戒，身自牢住持。佛殿原不识，损坏法家衣。常住无贮积，家人受饥寒。众厨空安灶，粗饭当房灶。只求多财富，余事且随宜。富者相过重，贫者往还稀。但知一日乐，忘却百年饥。"⑦ 显然，这里所描写的乃是下层贫苦女尼和道姑的生活情状。敦煌所出《唐咸通六年（865）尼灵惠唯书》（编号为斯2199号）载尼灵惠染疾日重，"恐一身无常，遂告诸亲，一一分析"。所立唯书（即遗嘱）云："灵惠只有家生婢子一名威娘，留于侄女潘娘，更无房资。灵惠迁变之日，一仰潘娘葬送营办，已后更不许诸亲悕护。"⑧ 这个尼灵惠有一家生婢女，在诸尼中可能是地位较高者，但"更无房资"，晚境凄凉。至于其他因家境贫寒被迫遁入空门的女尼、道姑自然可推而知之。

2. 女巫

在当时的妇女队伍中，还有一种与女尼、道姑身份相接近的"女巫"，她们或占卜吉凶，或看病求雨。以巫术为生。

在当时的历史条件下，自朝廷至民间大都笃信鬼神，因而"女巫"这种职业女性的存在自有其活动的市场。某些女巫甚至可出入宫廷，参与政治活动。如唐中宗时期的女巫赵氏、第五英儿等，曾深得韦庶人的重用，据说得以"出入禁中，势与上

---

① 《唐会要》卷49，《僧尼所隶·杂录》。
② 《北梦琐言》卷9；《唐诗纪事》卷78；《唐才子传》卷8，《鱼玄机传》。
③ 《太平广记》卷273，李季兰引《中兴闲气集》；《唐诗纪事》卷78；李季兰条，《唐才子传》卷2，《李季兰传》。
④ 《唐诗纪事》卷78，女道士元淳条；《唐才子传》卷2，《李季兰传》附。
⑤ 李白：《江上送女道褚三清游南岳》。
⑥ 项楚：《王梵志诗校注》卷2。
⑦ 同上。
⑧ 《敦煌资料》第1辑，"契约文书类"所收。

官埒"①。玄宗时东封泰山，道经华阴，也曾召女巫阿马婆等诸巫问岳神所在②。其他活动于各地的女巫据载亦信徒众多，生意甚好。如长安崇仁坊女巫阿来婆，"弹琵琶卜，朱紫填门"；德州平昌女巫何婆"士女填门，饷遗满道"③。但总的来说，操这种职业的女性在整个妇女中所占的比例可能并不大。

（六）官私婢女

奴婢在中古法律上属"贱民"阶层。对于隋唐时期的官私奴婢问题，日中学人论述其详④，这里仅就其大致状况分官婢、私家婢女及寺观婢女稍加考察：

1. 官婢

官婢之来源参据《唐律疏议》卷17《贼盗律一》、《大唐六典》卷6《刑部尚书》都官郎中员外郎条，主要是犯谋反及"逆"者的家属。所谓"妇人工巧者，入于掖庭，其余无能，咸隶司农"⑤。此例在唐代史籍中屡见不鲜⑥。按照规定，官奴婢的户籍另行登记，由官府支给"衣粮"⑦。

官婢成年后，可以与同类之官奴结婚，即所谓"男女既成，各从其类而配偶之"⑧。唐代史籍中多处出现所谓"户奴"、"户婢"之称⑨，似指业已结婚有家属的官奴婢⑩。

---

① 《新唐书》卷76《后妃上·中宗韦庶人传》载："封巫赵陇西夫人，出入禁中，势与上官埒"；《资治通鉴》卷209唐中宗景龙二年（708）条："安乐、长宁公主及皇后妹郕国夫人、上官婕妤、婕妤母沛国夫人郑氏、尚宫柴氏、贺娄氏、女巫第五英儿、陕西夫人赵氏，皆依势用事，请谒受赇，唯屠沽臧获用钱三十万，则别降墨敕除官。"

② 《朝野佥载》卷3。

③ 同上。

④ 较主要的论著有滨口重国《唐王朝的贱人制度》，京都大学文学部东洋史研究会1966年版；李季平《唐代奴婢制度》，上海人民出版社1986年版；王永兴《隋唐五代经济史料汇编校注》第1编上第1章第1节，中华书局1987年版。其他论著还有许多，不拟具列。

⑤ 《大唐六典》卷6《刑部尚书》都官郎中员外郎条："凡反逆相坐，没其家为官奴婢"，下注云："反逆家男女及奴婢没官，皆谓之官奴婢。"（参《唐会要》卷86《奴婢》引《旧制》）

⑥ 如隋代开皇十六年（596）合川仓粟丢失，主典被斩，没其家为奴婢（《隋书》卷25《刑法志》）；贺若弼大业三年（607）坐诛，妻子为官奴婢（《隋书》卷52《贺若弼传》）；阎毗在大业二年（606）坐太子勇事，与妻子皆没为官奴婢事（《隋书》卷68《阎毗传》、《通鉴》卷180隋炀帝大业二年条下）等。唐代此例记载更多，如李孝本坐李训诛，女儿没于掖庭（《旧唐书》卷176《魏謩传》）、殷裕妻崔氏等九人配于掖庭（《旧唐书》卷19上《懿宗纪》咸通十三年（872）五月条下）等。余不具列。

⑦ 《大唐六典》卷6《刑部尚书》都官郎中员外郎条、同书卷3《户部尚书》仓部郎中员外郎条下。参见《唐会要》卷86《奴婢》大历十四年（779）八月都官奏。

⑧ 《大唐六典》卷6《刑部尚书》都官郎中员外郎条；另参同书卷19《司农寺》："凡官户、奴婢，男女成人，先以本色媲偶。"

⑨ 《大唐六典》卷27《太子家令寺》典仓署令之职："凡户奴婢及番户、杂户，皆给其资粮及春冬衣服，等数。"另外《新唐书》卷47《百官志》叙内侍省掖庭局令之职下、《通鉴》卷205长寿元年秋七月条下均提到"户婢"。

⑩ 参见上揭滨口重国《唐王朝的贱人制度》第127页。

官婢作为"官贱民",没有独立的人格,她们可以随时被赏赐①而转化为私家婢女。按照赦宥所及,可依次免为番户、杂户、良人②,有时亦径遇赦放归③。但是否有放书,不明。

2. 私家婢女

私家婢女包括女婢与客女。客女身份高于奴婢而低于良人,乃是介于"贱民"与良人之间的一个阶层④。《文苑英华》卷531《判》类录一《婢判》称:"命官妇女阿刘氏,先是蒋恭家婢,被放为客女,怀阿刘娠,出嫁。恭死后,嫂将刘充女使,刘不伏,投匦诉。"显然,客女系由家婢放免而来,其法律地位接近于"妾",而与部曲妻相类。但史籍中关于客女的具体状况记载甚少,暂置不论。

至于隋唐时期私家婢女,则是一个数量较多的阶层。其来源大体不外赏赐、战俘、强掠、买卖典贴和家生⑤。这在历代恐均是如此。其中买卖或典贴乃是私家婢女的最大来源。买卖有自卖、掠卖之别。唐代法律规定,奴婢买卖,依令并立市券⑥,以证明这种交易是合法的。市券由官府发给,且须有人作保。吐鲁番阿斯塔那509号墓出《唐开元十九年(731)唐荣买婢市券》⑦、同墓出《唐开元二十年(732)薛十五娘买婢市券》⑧及敦煌石室所出《唐奴婢买卖文书》⑨提供了这方面的例证。市券下部具注买主(或称"练主")、卖主(婢主)、婢、诸保人的姓名、年龄及居住地点身份,并有市吏押署,加盖当州府印。表明所买卖之婢非"寒良炫诱"而来。

大量史籍及出土文书资料表明,隋唐五代时期自王公百官至普通百姓之家,拥有奴婢的事例是很普遍的。从隋代杨素"家僮数千"⑩,"侍婢罗列,颇僭于上"⑪。可知数量不小。唐太平公主贵宠骄滋,"侍儿披罗绮者常数百人,苍头监

---

① 有关唐赐官奴婢的规定与事例,参阅《大唐六典》卷6《刑部尚书》都官郎中员外郎条、《旧唐书》卷62《李大亮传》、《旧唐书》卷59《姜行本传》、同书卷60《河间王孝恭传》、卷67《李靖传》、卷9《玄宗纪》天宝十三载(754)春正月乙巳条。
② 《唐会要》卷86,《奴婢》录《旧制》。
③ 参见《册府元龟》卷42帝王部·仁慈门贞元二十一年(805)二月癸丑条,同卷同门穆宗即位大赦诏。
④ 《唐律疏议》卷13,《户婚律》卷14,《户婚律》参照。
⑤ 参见上揭李季平《唐代奴婢制度》、王永兴《隋唐五代经济史料汇编校注》第1编上第1章。不另赘引。
⑥ 《唐律疏议》卷26,《杂律》;《大唐六典》卷20,京都诸市令条。
⑦ 并见《吐鲁番出土文书》第9册。
⑧ 同上。
⑨ 敦煌文物研究所资料室:《从一件奴婢买卖文书看唐代的阶级压迫》,载《文物》1972年第12期。
⑩ 《隋书》卷48,《杨素传》。
⑪ 《太平广记》卷193,虬髯客引《虬髯传》。

妪必盈千数"①；元载则有"婢仆曳罗绮者一百余人"②；湖南观察使李庾有"侍婢数十"③，《新唐书》卷130《杨场传》载场："常曰：得田十顷，僮婢十人，下有兄弟布帛之资，上可供先公伏腊，足矣。"则拥有"僮婢十人"是一般官僚士大夫的最低标准之一④。富商邹凤炽嫁女，"侍婢围绕"，据称"犹艳丽者至数百人"⑤。甚至有些下层民户乃至贫困之家也有蓄婢之风。《太平广记》卷109李氏条引《原化记》载唐冀州封丘县一女妇李氏，"无子孤老，唯有奴婢二人"；同书卷444魏元忠条引《广异记》称"其未达者，家贫，独有一婢"。而出土文书中所见的情况也是如此。

如吐鲁番所出《唐贞观十四年（640）西州高昌县李石柱等户手实》［段六］载某户有一奴三婢；［段八］某户有丁奴二，丁婢五⑥；《唐西州高沙弥等户家口籍》所记的孟海仁，是一个县吏，家有一奴二婢⑦；阿斯塔那103号墓出《唐贞观十八年（644）西州高昌县武城等乡户口账》残存该乡贱口数，其中有婢72人⑧；同墓出《唐西州某乡户口账（草）》录当乡贱口116人，其中婢57人⑨。类似的资料还有一些⑩，不具列。

据此则知在一般民户中拥有婢女者不是个别事例。

婢女既属"贱民"，身份极为低下，《唐律疏议》卷6《名例六》疏议云："奴婢贱人，律比畜产"⑪，她们没有单独的户籍，而隶于主人的名下，这从敦煌所出西魏大统十三年（547）计账⑫及唐代各类户籍、手实、典籍样中都可以获得证明。婢女在主人家中，负责扫洒、主厨等家内劳动，也有少数似也从事农业劳

---

① 《旧唐书》卷183，《外戚·武承嗣附太平公主传》。
② 《旧唐书》卷118，《元载传》。
③ 《太平广记》卷275，却要条引《三水小牍》。
④ 其实，当时官僚士大夫拥有僮婢数恐远过于此。《文苑英华》卷531《判》类录《奴婢过制判》判文提到："得丁上言，豪富人畜奴婢过制，请据品秩为限约。或责其越职论事，不伏。"由此推测，"畜奴婢过制"的现象绝不是个别事例。
⑤ 《太平广记》卷495，邹凤炽条引《独异志》。
⑥ 《吐鲁番出土文书》第4册所收。
⑦ 同上。
⑧ 同上。
⑨ 同上。
⑩ 如吐鲁番阿斯塔那35号墓出《武周漏新附部曲客女奴婢名籍》(《吐鲁番出土文书》第7册)、阿斯塔那509号墓出《唐开元二十一年（733）十二月西州蒲昌县九等户籍》(《吐鲁番出土文书》第9册)、敦煌掘《唐大历四年（769）沙州敦煌县悬泉乡宜禾里手实》(斯514号，见《敦煌社会经济文献真迹释录》第1辑籍账类所收)，均见普通民户中拥有奴婢的事例。
⑪ 《唐律疏议》卷4《名例律四》也说："生产蕃息者，谓婢产子，马生驹之类。"
⑫ 唐耕耦：《敦煌社会经济文献真迹释录》第1辑籍账类所收，书目文献出版社1986年版。

动和其他役使①。

　　私家婢女的婚姻当然也只能"当色为婚",大致是由主人抑配②。所谓"家生婢"即指这类私家奴婢婚配后所生子女③。即便由主人所"幸"而生,也不能由此而摆脱其微贱身份④。主人对婢女拥有绝对的权力,他们可以将婢女"自由处分",或将其买卖、转易赠人,或支使婢女陪客侍寝⑤,有的甚至被多次易人⑥,乃至被随意虐待和宰杀⑦。

　　此外,婢女也可以被主人放良,摆脱贱民身份⑧。《唐律疏议》卷12《户婚律》放部典奴婢还压条,疏议引《户令》云:"放奴婢为良及部曲、客女者,并听之。皆由家长给手书,长子以下连署,仍经本属申牒除附。"可见奴婢放良是法律认可的。敦煌文书中有《放良样文》五件,其中件〔三〕是放婢为良的样文;件〔四〕为放奴婢样文,后有郎父、兄弟、子孙、亲保、亲见、村邻、长老、官人连署格式⑨,与唐《户令》规定相符。婢女经放良之后,方能免贱。当然有的虽然被放,仍被还压为贱。也有的放良后被主人留为妾者⑩,但为数不多。

　　3. 寺观婢女

　　寺观婢女有寺观所隶者,也有属于上层女尼、道姑个人所有者。其来源大致

---

① 如《太平广记》卷340,卢顼条引《通幽录》载唐贞元六年(790)十月,范阳卢顼家于钱士唐,假食于郡内郭西堰,"常令家婢小金主堰事"。又吐鲁番阿斯塔那184号墓出《唐请处分前件物纳官牒文稿》行5残存:"奴婢因兹逃避,田地无人浇溉。"(收于《吐鲁番出土文书》第8册),似乎也从事农业生产。

② 参见《唐律疏议》卷14,《户婚律三》疏议语。另外,主人将奴婢配为夫妻事,见《新唐书》卷196,《隐逸·张志和传》。

③ 《白氏长庆集》卷26《南园试小乐》云:"红萼紫房皆手植,苍头碧玉尽家生。"此"苍头"指奴,"碧玉"是婢,均为家生者。《太平广记》卷375李仲通婢条引《惊听录》载李仲通婢死后复活,仲通"驱使如旧,便配于奴妻,生一男二女"。

④ 见《唐律疏议》卷22《斗讼律》诸主殴部曲至死者条答问;同书卷4《名例律》诸以赃入罪者条答问。

⑤ 见《太平广记》卷333,黎阳客引《广异记》。

⑥ 《太平广记》卷219,梁革条引《续异录》载一婢女莲子前后被转易三次,虽曾一度得主人宠幸,但稍一笑语得罪,即被货卖。

⑦ 《朝野佥载》卷2录唐代妒妇多条,言主人幸婢而被主人妻所虐,有的被刀截其耳鼻,有的被杀死,见濮阳范略妻任氏条、梁仁裕妻李氏条、枝江县丞张景先妻杨氏条。另《太平广记》卷486薛调《无双传》载王仙客为救所爱无双,听从富平县古生之计,杀死无双侍婢采蘋,而假冒无双之尸。可知婢女可任意宰杀。

⑧ 《太平广记》卷275,韦桃符条引《朝野佥载》,隋开皇中,京兆韦衮有奴曰桃符,"以桃符之从驱使,仍放从良。"这是放奴从良之例,放婢应如之。又《旧唐书》卷192《隐逸·崔觐传》载觐"老而无子,乃以田宅家财,分给奴婢,令各为生业。"

⑨ 见《敦煌资料》第1辑,编号分别为:斯5706、斯0343、斯4374、斯6537号。

⑩ 参《唐律疏仪》卷12,《户婚律》放部曲奴婢还压条答问。

有皇帝所赐和买卖而来。唐武宗会昌五年收天下寺、招提、兰若所隶奴婢为两税户者达15万人①，这是奴婢并举，推知其中所隶婢女应占一定比例。《册府元龟》卷160帝王部·革弊门录顺宗即位大赦制提到："又贞元中，内要乳母，皆令选京都寺观婢以充之，而给与其直，例多不中选。"② 这是指的京城寺观婢。又《唐会要》卷86《奴婢》录会昌五年（845）四月中书门下奏："天下诸寺奴婢，江淮人数至多。"表明各地寺院多有奴婢。此外参据诸书所载及文书资料可以知道者，如长安某寺尼婢③、华山云台观婢④、彭州龙兴寺婢⑤、洛州景福寺比丘尼侍婢⑥、西州公主寺婢⑦、敦煌某寺婢⑧等等。寺观婢女之衣粮当由该寺观供给⑨，至于属于尼和女冠个人所有的婢女，大致由主人供给。这类寺观婢可以易人、继承⑩，可以买卖。主人死后，可以放良或出谪事人⑪。她们平时供主人役使⑫，主人对之有时甚至有生杀之权。《太平广记》卷100僧齐之条引《纪闻》载某寺中小僧何马师"与寺中青衣（婢）通。青衣后有异志，马师怨之，因构青衣于寺主。其青衣，不臧之人也，寺主亦素怨之，因众僧堂食未散，召青衣，对众且箠杀之。"据此可知寺观婢女的境遇与一般私家婢女大致相去不远。

（七）妓女优伶

中国古代"妓女"之始义，指擅长乐舞的妇女，与后起之义有很大区别。隋唐五代时期之妓女，情况十分复杂。这除了史籍及诗文记载多含混笼统之外，与当时称之为"妓女"者所操职业的复杂性也颇相关联。其中既有专以献艺为业者，又有以出卖肉体为职业者，同时也有兼售艺又卖身者。因此对于当时妓女的理解，

---

① 《旧唐书》卷18上，《武宗纪》会昌五年（845）八月条；《唐会要》卷84，《杂录》；《唐大诏令集》卷113。
② 《韩昌黎集外集》卷下，《顺宗实录》卷第二略同。
③ 《太平广记》卷338，朱自劝条引《广异集》。
④ 《太平广记》卷62，玉女条引《集异记》。
⑤ 《旧唐书》卷18上，《武宗纪》会昌六年（846）正月监察元寿奏。
⑥ 《太平广记》卷103，尼修行条引《冥报记》。
⑦ 《唐开元间（731）西州诸曹符帖目》，池田温：《中国古代籍账研究·概观·录文》第362页，东京大学出版会1979年版。
⑧ 《敦煌诸寺丁壮耆属名簿》，编号为斯0542号，《敦煌资料》第1辑所收。
⑨ 《流沙遗珍》一四《唐天宝六载（747）四月交河郡佛寺给家人春衣历》，其中所记有常住奴等，未及婢，但同为寺院依附人口，待遇应相同。
⑩ 前举敦煌所出《咸通六年（865）尼灵惠唯书》，即在遗嘱中将婢威娘转留给其侄女（见《敦煌资料》第1辑，编号斯2199）。
⑪ 详见敦煌所出《僧崇恩处分遗物凭据》，编号为伯3410号，《敦煌资料》第1辑所收。
⑫ 《太平广记》卷338，朱自劝条引《广异集》载某寺尼令婢"往市买胡饼，充斋馔物"。即是一例。

不可一概而论。通观这一时期称作"妓女"者凡有多种，如家妓、宫妓、教坊妓、官妓、艺妓以及事实上属私人营业之娼妓。她们的身份与职业、生活状况颇有差。此仅分别情况简要叙述如下（家妓另有特点，下文另述）：

1. 宫妓与教坊妓

宫妓早见于前代①。这是专门供奉宫廷的艺伎，以备朝廷节会筵宴之需。其来源大致不外选取色艺俱兼的乐户、倡优女子及一般民女，或者由外藩或朝臣所献以及由宫女中选充而来。隋代"宫妓"的情况史籍记载较少。开皇末，有唐令则"以弦歌教内人"②的记载，此"内人"是指宫人还是宫妓，不明。炀帝时，柳顾言曾建议增房内乐，"女奴肆业，朝燕用之"③。这里所说的"女奴"，或即宫妓。可能是由于此类伎人身份低下，与奴婢相类。唐代宫妓则大体分两类，一类是常居宫中的宫妓。这部分宫妓人数无确切记载。主要是由宫女中选充④，有的系选自州郡地方乐户之女⑤，皇宫、诸王宫均有之。她们平时为皇帝后妃提供耳目声色之娱，或列队戏斗，以为笑乐⑥。也有些则类于诸王之玩物⑦。其身份大致与宫女相若，被目为"笑谑之具"⑧。另一类是宜春院之"内人"⑨，这是由内教坊选来的妓女，身份略高于一般宫妓，兼有宫妓和官妓的双重性质。这一点，可以结合教坊制及教坊妓女的状况得到若干认识。

---

① 《唐会要》卷34《论乐》载先天元年（712）正月太子舍人贾曾上言，提到："后庭妓乐，或古有之。"此"后庭妓乐"当包括宫妓在内。此外，关于宫妓问题，参见王书奴《中国娼妓史》，商务印书馆1937年版。

② 《资治通鉴》卷179，隋文帝开皇二十年（600）十月条下。

③ 《隋书》卷15，《音乐志下》。

④ 《太平广记》卷271肃宗朝公主条引《因话录》："肃宗燕于宫中，女优弄假戏。有绿衣秉简为参军者。天宝末，蕃将阿布思伏法，其妻配掖庭。善为优。因隶乐工。是以遂令为参军之戏。公主谏曰：'禁中妓女不少，何必须得此人。使阿布思真逆人耶，其妻亦同刑人，不合近至尊之座；若果冤横，又岂忍使其妻与群优杂处，为笑谑之具哉！'"本条所说阿布思之妻配入掖庭，当是宫婢，但由于善戏优，故选为"艺伎"。本处用语甚混乱，既云此人"因隶乐工"，又说"禁中妓女不少，何必须得此人"，前后对举，未知孰是。

⑤ 段安节《乐府杂录·歌部》："开元中，内人有许和子者，本吉州永新县乐家女也。开元末选入宫，即以永新名之。"

⑥ 《开元天宝遗事》卷下《风流阵》条："明皇与贵妃，每至酒酣，使妃子统宫妓百余人，帝统小中贵百余人，排两阵于掖庭中，目为风流阵。以霞锦被张之，为旗帜攻击相斗，败者罚之巨觥以戏笑。"

⑦ 《开元天宝遗书》卷上《妓围》条："申王每至冬月，有风雪苦寒之际，使宫妓密围于坐侧，以御寒气，自呼为妓围。"同卷《醉舆》条："申王每醉，即使宫妓将锦彩结为一兜子，令宫妓辈抬舁归寝室，本宫呼为醉舆。"

⑧ 《太平广记》卷271，肃宗朝公主条引《因话录》。

⑨ 崔令钦《教坊记》叙制度与人事部分。此据任半塘《教坊记笺订》本，中华书局1962年版。

教坊之置可能始于隋代①，唐初武德年间，置内教坊于禁中②。教坊之始义乃泛指教习之所，不限于妓乐③，后乃专教妓乐。玄宗初年，诏云"太常礼司，不宜典俳优杂伎"，乃置左右教坊④。据崔令钦《教坊记》叙教坊之制度与人事部分云，"西京：右教坊在光宅坊，左教坊在延政坊。右多善歌，左多工舞。盖相因成习；东京：两教坊均在明义坊，而右在南，左在北也。"据此可知长安、洛阳两都均有左右两教坊。长安左右教坊掌俳优、杂伎，自是不隶太常，以中官为教坊使⑤。太常自与教坊分司以后，已无女乐。太常司礼，典雅乐，容男工；教坊主歌舞、俳优、杂伎，男女兼用，尤重女乐⑥。大致与此同时，玄宗又于禁苑内设置梨园，并自教法曲⑦，另自内教坊选技艺极精之妓女入宜春院⑧。梨园弟子，男女皆有⑨，而宜春院则专容女妓。崔令钦《教坊记》载："妓女入宜春院，谓之'内人'，亦曰'前头人'，常在上前头也。其家犹在教坊，谓之'内人家'，四季给米。其得幸者，谓之'十家'，给第宅，赐无异等。初，特承恩宠者十家；后继进者，敕有司：给赐同十家，犹故以十家呼之。"下又云："楼下戏出队，宜春院人少，即以云韶添之。云韶谓之'宫人'，盖贱隶也。非直美恶貌殊，佩琚居然易辨——内人带鱼，宫人则否。平人女以容色选入内，教习琵琶、五弦、箜篌、笙者，谓之'搊弹家'（原注：'宫人·搊弹家'）。"据此可以知道：其一，选入宜春院的"内人"，身份高于"宫人"⑩，内人佩琚带鱼，宫人则没有；其二，宜春院之妓女，其家居于教坊，由宫廷"四季给米"，而最为宠幸的所谓"十家"（此

---

① 《隋书》卷15《音乐志下》载炀帝大业六年（610），"乃大括魏、齐、周、陈乐人子弟，悉配太常，并于关中为坊置之"。任半塘《教坊记笺订》第16页疑此"关中为坊置之"之"坊"乃指教坊；王永兴亦主此说，见前揭《隋唐五代经济史料汇编校注》第一编，第113页。但是否如此，有待进一步考证。

② 《旧唐书》卷43，《职官志》内教坊条原注；《新唐书》卷38，《百官志》大乐署条引《孔帖》。

③ 《旧唐书》卷43，《职官志》习艺馆条；《资治通鉴》卷208，唐中宗景龙元年（707）十月条下胡注。

④ 同上。

⑤ 崔令钦：《教坊记·自叙》。

⑥ 任半塘：《教坊记笺订》，第23—24页。

⑦ 《旧唐书》卷28，《音乐志》；《唐会要》卷34，《论乐·杂录》开元二年（714）条。另参任半塘《唐戏弄》第922—923页，《梨园考》。

⑧ 任半塘氏认为，宜春院之妓女，乃色与艺均极精选者（见《教坊记笺订》第24页）。而实际上，至少在玄宗时期，主要是侧重于艺，对色并不十分重视。

⑨ 参阅任半塘《教坊记笺订》，第24页。

⑩ 这里所说的"云韶"，乃指云韶府。本为内教坊，武后时改名，中宗神龙年间复旧，见《旧唐书》卷43《职官志》内教坊条原注。任半塘氏认为：此处所叙，乃开、天间事。开、天间，云韶旧府之人与内教坊及宜春院等，并在宫中。但此时云韶虽仍为内府，其人却已沦为宫人贱隶。曰"云韶"，殆为教坊之代词耳。见《教坊记笺订》，第25—26页。

是概称，所宠幸之家虽多，亦以"十家"称之），并有宅第等物赐给；其三，选入宜春院的还有"平人女"，她们以容色选入，习琵琶、五弦等，称为"搊弹家"。则知宜春院之妓女也有选自平民女者。另据《教坊记》所说：宫内出戏时，"内妓出舞，教坊人惟得舞《伊州》、《五天》，重来叠去，不离此两曲，余尽让内人也"。显然，"内人"即宜春院妓女与教坊之人是有区别的。"内人"犹称"内妓"，与宫妓相当，但又不完全等同于前述一般宫妓[①]。

观崔氏《教坊记》所言"内人"及其他教坊妓，似主要侧重于伎艺，并不强求色艺俱全。如其中有"肥大年长者"，有"貌稍胡者"（即相貌类于少数族人），又如任氏四女皆善歌；庞三娘善舞，且"又有年，面多皱，帖以轻纱，杂用云母和粉蜜涂之，遂若少容"；颜大娘"亦善歌舞，眼重、脸深，有异于众"；筋斗裴承恩妹裴大娘善歌、苏五奴妻张四娘善歌舞，"亦姿色，能弄《踏谣娘》"；竿木家范大娘子"有姿媚，而微愠羝"（即腋气）等，均可证实此类妓女并非特注重于色。

教坊艺妓（教坊妓不限男女，这里主要谈女妓）大抵是举家供奉宫廷乐舞百戏之需。其生活大致均由宫廷供应。除随时准备应召入宫供奉外，似乎也开外雇之业。如苏五奴之妻张四娘，"有邀迓者，五奴辄随之前。人欲得其速醉，多劝酒。五奴曰：'但多与我钱，虽吃䭔子亦醉，不烦酒也。'"[②] 又如庞三娘，善歌舞与化妆，"尝大酺汴州，以名字求雇。使者造门，既见，呼为'恶婆'，问庞三娘所在。庞绐之曰：'庞三是我外甥，今暂不在。明日来书奉留之。'使者如言而至。庞乃盛饰，雇客不之识也。"[③] 这是售技求雇之例，其中当然不免有卖身之嫌。

玄宗之后，教坊屡有盛衰。有资料表明，中晚唐时期教坊妓女人数还很多。德宗贞元二十一年（805）三月，曾出后宫及教坊女妓六百人，听其亲戚迎于九仙门[④]，仅遣出者即达数百人，未出者当然可推而知之。唐敬宗宝历年间，曾于宣和殿，"对内人亲属一千二百人，并于教坊赐食，各颁锦彩。"内人亲属竟有千人以上，内人及其他教坊妓女的数字必然远过于此。但值得注意的是，教坊制度与教坊妓所操职业发生了变化。首先是教坊对所领妓女的控制趋于宽弛。孙棨《北里志》序称："京中饮妓，籍属教坊。凡朝士宴聚，须假诸曹行牒，然而能致于他

[①] "内人"大致在玄宗朝身份稍高于一般宫妓，以后有所变化，自当别论。同时，她们虽然备朝廷节会筵宴之需，但主要是献艺，偏重于歌舞。不过，由于宜春院设于禁中，固而"内人"出外应同样有严格限制。
[②] 均见崔令钦《教坊记》叙制度与人事部分。
[③] 韩愈：《顺宗实录》卷2；《新唐书》卷7，《顺宗纪》；《唐会要》卷3，《出宫人》，贞元二十一年三月条。
[④] 《旧唐书》卷17上，《敬宗纪》宝历二年（826）五月戊辰条下。

处。惟新进士设筵顾吏,故便可行牒追,其所赠之资,则倍于常数。"这里泛称"京中饮妓",显然不限于原先居住于教坊的妓女,但她们仍然隶名于教坊。大致是由于此时教坊日弛,除少数艺妓居于教坊长上供奉之外,其余或许是轮番,允许散居诸坊。在当番之外,可以对外自行营业。当然还需要有"诸曹行牒"。这一变化据前引《教坊记》,大概在玄宗时已开其端,敬宗宝历二年九月京兆府奏请,要求改变以往朝士宴游、大臣出领藩镇求雇教坊言声的惯例,而采取自行雇请的办法,"不令教坊收管。"① 表明教坊外雇业务乃是老早就有的传统。此时不再借重教坊,是由于各地均有音乐伎人②以及京师私人营业之妓女增加之故。《北里志》所述大致是宣宗时事,可以知道诸妓虽"籍属教坊",却多已分散居住,并可随时对外营业。其次是教坊妓女由"艺妓"向"饮妓"的变化。《唐语林》卷3《方正》类载:"武宗数幸教坊作乐,优倡杂进。酒酣,作技谐谑,如民间宴席,上甚悦。谏官奏疏,乃不复出,遂召优倡入,敕内人习之。"教坊妓本来是专习乐舞,而此时却形同酒令妓女③,与民间"饮妓"相若。武宗所幸之教坊应是外教坊,因而召优倡入禁苑,"敕内人习之"。值得一提的是,中晚唐时期"内人"也只注重色性,而艺并不特受重视,身份有所下降。德宗兴元年间,诏取散失内人,陆贽上议说:"夫以'内人'为号,盖是中壸末流。天子之尊,富有宫掖,如此等辈,固繁有徒,但恐伤多,岂忧乏使!……备耳目之娱,选巾栉之侍,是皆宜后,不可先也。"④ 这里所说"内人"乃"中壸末流",甚至是"巾栉之侍",与崔氏《教坊记》所说有很大不同,而类于前述云韶"贱隶"之辈。究其原因,恐与盛唐后内人之选偏重于色相有关。

唐末五代,教坊伶人、内人、内弟子等仍有零星记载⑤,但其详情已无法确知。总的趋向是教坊制日衰,教坊伎所操之业由专门的艺伎沦为兼充"饮妓",以及官妓向职业娼妓的转化。这一点将在下面继续讨论。

2. 官妓

官妓是指名隶于各级官府乐籍的妓女,她们在这一时期的妓女阶层中占有较大的比例。前面所说的教坊妓在某种意义上也可以说是官妓。除长安、洛阳两都

---

① 《唐会要》卷34,《论乐·杂录》宝历二年(826)九月条。
② 《唐会要》卷34《论乐·杂录》宝历二年(826)九月条京兆府奏:"伏见诸道方镇,下至州县军镇,皆置音乐,以为欢娱。"表明那时音乐妓人不限于京师一带。
③ 《唐语林》卷3本条下又载:"宦者请令扬州选择妓女,诏扬州监军取解酒令妓女十人进入。监军得诏,诣节度使杜悰,请同于管内选择。"按选择酒令妓女事亦见《新唐书》卷166《杜悰传》、《通鉴》卷247武宗会昌四年(844)七月条下。
④ 《陆宣公集》卷16,《兴元论浑瑊诏书为取散失内人等议状》。
⑤ 参见《全唐文》卷970,阙名氏:《重定正冬朝会仪奏》开成四年十一月;《旧唐书》卷20上,《昭宗纪》光化三年正月条。

的教坊妓之外，各地州县一般大都有官妓。仅手头所见散记于诸书并明确标明属各级州郡乐籍的官妓至少有：扬州[①]、成都[②]、浙西[③]、金陵[④]、歙州[⑤]、青州[⑥]、洪州、宣城[⑦]、池州[⑧]、晋州[⑨]、太原[⑩]、鄜州[⑪]、泸江[⑫]、潼梓[⑬]、潭州[⑭]、越州[⑮]、岭南[⑯]、湖州[⑰]等地。

各地州府所属官妓之来源一般不外以当地乐户子女选充以及良家女落入风尘者[⑱]。她们由地方"乐营"管辖，长官或称"乐将"[⑲]，妓女则呼作"营妓"或"乐营妓人"。其管理办法可由《云溪友议》卷12所载乐营事推知一二。本条载杜慆、韦仕符"二君皆以长年，精求释道，乐营子女，厚给衣粮，任其外住，若有饮宴，方一召来，柳际花间，任其娱乐。谯中举子张鲁封，为诗谑其宾佐，兼寄大梁李尚书诗曰：'杜叟学仙轻蕙质，韦公事佛畏青娥，乐营却是闲人管，两地风情日渐多。'"杜、韦二人为唐武、宣宗时人，已属晚唐。他们因事信佛道，不甚留意乐妓，允许所属乐营子女"外住"，并厚给衣粮，有饮宴时才召来侍陪。这自属特例，由此可以反证在此以前"乐营子女"大都是集中居住，不得随意外出，衣粮由州府支应，随时准备承接官差。

这类官妓大都能歌善舞，或长于酒令，精于乐器。其任务主要是应付地方官府各类庆典筵宴之需，以献艺、陪酒为主，当然还被支派为客人"侍寝"[⑳]。更值得注意的是她们往往事实上成为某些地方长官的私人财产。有的被长官独占以至

[①] 《云溪友议》卷7。
[②] 《云溪友议》卷9；《鉴诫录》卷10，《蜀才妇》。
[③] 《太平广记》卷274，戎昱引《本事诗》。
[④] 《太平广记》卷273，徐月英引《北梦琐言》。
[⑤] 《太平广记》卷252，李曜引《抒情诗》。
[⑥] 《太平广记》卷274，薛宜僚引《抒情集》。
[⑦] 杜牧：《张好好诗序》。
[⑧] 《云溪友议》卷12。
[⑨] 《太平广记》卷272，张褐麦引《北梦琐言》。
[⑩] 《太平广记》卷274，欧阳詹引《闽川名士传》。
[⑪] 《太平广记》卷273，罗虬引《唐摭言》。
[⑫] 《太平广记》卷273，曹生引《抒情集》。
[⑬] 《太平广记》卷264，李仁矩引《北梦琐言》。
[⑭] 《云溪友议》卷3。
[⑮] 《云溪友议》卷2。
[⑯] 《云溪友议》卷12。
[⑰] 《太平广记》卷273，杜牧条引《唐阙史》。
[⑱] 沦入地方"乐营"者当然不限此二类，还有些是丧失了其他亲人之后，生活无依，而自行"委身乐部"者（见《云溪友议》卷3，潭州乐妓舞柘枝条）。
[⑲] 同上。
[⑳] 如刘禹锡赴任姑苏，道经扬州，州师杜鸿渐特令二乐伎"侍寝"事，见《云溪友议》卷7。

生子①，有的则被转赠②。长官移镇，也可携妓同往，转置他郡乐籍③。甚至被某些官员或权贵子弟随意杀害④。其身份之低下是想而易见的。

一般情况下，乐营妓女要摆脱"乐籍"是十分困难的。文宗太和年间，李翱在潭州宴席上见一舞柘枝女妓，得知此妓乃旧亲韦夏卿爱姬所生之女，自言"昆弟夭丧，无以从人，委身乐部"，翱遂与夫人韩氏"于宾榻中选士嫁之"⑤。这当然属于特例，因为李翱曾为礼部郎中，此时又为潭州刺史兼湖南观察使⑥，自然有权将所部乐妓除籍嫁人。通常，这类妓女即便为某些官员或士人"属意"，仍需祈请州府长官，为其除籍⑦。从某种意义上说，这种州府官妓的地位大致与官婢相当。

3."半官身"的妓女与职业娼妓

这一时期的妓女除上述宫妓、教坊妓与州府官妓之外，还有一部分是都市中自行营业的娼妓以及由官妓向职业娼妓转变过程中的妓女，后者姑称之为"半官身"的妓女，主要集中于京师长安。前举孙棨《北里志》所说"籍属教坊"的京中饮妓有一部分即属此类。

《开元天宝遗事》卷上《风流薮泽》条载："长安有平康坊，妓女所居之地，京都侠少萃集于此，兼每年新进士，以红笺名纸游谒其中。时人谓此坊为风流薮泽。"据徐松《唐两京城坊考》卷3《西京·外郭城》平康坊条及所附西京外郭城图，平康坊傍皇城东南角，出皇城景风门经崇仁坊南向即是，东与东市相邻。本条所说是玄宗开、天年间，而我们知道此时也是唐教坊最盛时期，前面已经谈到开元初已分置左右两外教坊，一在光宅坊，一在延政坊，分别位于宫城外之东北部⑧，与平康坊相去甚远。可以知道平康所居妓女可能并非教坊所属⑨。《开元天宝遗事》卷上《颠饮》条又载："长安进士郑愚、刘参、郭保衡、王冲、张道隐等十数辈，不拘礼节，旁若无人。每春时选妖妓三五人，乘小犊车，指名园曲沼，藉草裸形，去其巾帽，叫笑喧呼，自谓之颠饮。"这里所说的"妖妓三五人"选自

---

① 如张褐典晋州，外贮所爱营妓，生一子。参《太平广记》卷272，张褐妻条引《北梦琐言》。
② 如武宗会昌年间，薛宜僚充使新罗至青州，对籍中饮妓段氏"颇属情"，节度使乌汉真遂将此妓置于驿中，赠与薛氏。见《太平广记》卷274，薛宜僚条引《抒情集》。
③ 杜牧《张好好诗序》云："牧太和三年佐故吏部沈公江西幕，好好年十三，始以善歌来乐籍中，后岁公移宣城，复置好好于宣城籍中。"
④ 《太平广记》卷273罗虬引《唐摭言》载罗虬唐末在鄜录州，曾手刃一籍中乐妓红儿；同书卷273徐月英引《北梦琐言》载金陵徐氏诸公子，曾宠一营妓，后竟将其烧死。
⑤ 《云溪友议》卷3（参见《唐语林》卷4）。
⑥ 参见《旧唐书》卷160，《李翱传》。
⑦ 《太平广记》卷273，韦保衡引《玉泉子》。
⑧ 关于左右教坊之方位，参阅任半塘《教坊记笺订》附录一《西京教坊位置图》。
⑨ 也有可能是名隶于教坊的妓女散居于此，但均无确据。

何处，不明。可能是"行牒所追"的教坊妓，也可能是长安的职业娼妓。中唐以后的长安妓女，则可以从孙棨《北里志》中获见其大致情形。《北里志》称："平康里，入北门，东回三曲，即诸妓所居之聚也。妓中有铮铮者，多在南曲、中曲。其循墙一曲，卑屑妓所居，颇为二曲轻斥之。其前曲、中曲门前通十字街，初登馆阁者，多于此窃游焉。二曲中居者，皆堂宇宽静，各有数十厅事，前后植花卉，或有怪石盆池，左右对设，小堂垂帘，茵榻帷幌之类称是。"这里所说的平康里，亦即平康坊，据前在开、天时已号称"风流薮泽"，可知此处妓女所居是远有历史的。她们主要集中在该坊（里）东面三曲，并有明显的等级性，南曲、中曲为名妓所居，另外一曲则是"卑屑妓"所居，因而居室及摆设有较大差异。参据《北里志》所记各条，对此处妓女的情况可以推知如下几点：（1）这些妓女有一定的组织性。《北里志》郑举举条原注云："曲内妓之头角者，为都知，分管诸妓，俾追召匀齐。举举、绛真皆都知也。"则"都知"乃是曲内妓女的主管，她们在官府或官吏追召妓女陪酒、侍寝时，负责占派、挑选之事，同时，妓女们也各有所属，并规定在"帝后忌日"不得作乐。（2）妓女以"家"为单位，由"假母"（即类于后世之"鸨儿"）管辖。假母多是色衰之妓，她们对其下的"养女"（即妓女）拥有很大的权力，对雏妓教歌可以责之乃至"鞭扑"；对妓女外出严加限制，需向其"纳缗"或"纳资"，一些尚未完全色褪的假母本人则又往往被各邸将所包占，"私蓄侍寝"。（3）里内妓女之来源大致有四类：一是自幼被"假母"收养；二是雇借"下里贫家"之女；三是被"不调之徒"渔猎而来；四是被所谓"良家子"所聘，后转而卖往里内，无以自脱。（4）平康之妓女，与东都洛阳诸妓及诸州馆妓略有不同，似更精于"羞态"和"参请之仪"。这些妓女平时或者被人召出侍奉宴游，或者在家中接客，一般以陪席和陪宿卖淫为主，以献艺为辅。某些妓女或色褪之妓可以被一些官吏所纳，"置于他所"[1]，或者被某些富豪之辈所"贾断"（即买断、包占），但由于一些妓女系"名隶"教坊者，仍然"未免官使"[2]，不过若干未列于教坊籍者则可由嫖客出钱赎出，或削去娼籍[3]。看来，平康里之妓女无论是未列于教坊籍的相对自由的娼妓和虽然名系教坊"未免官使"的妓女在某种程度上已具有后世职业娼妓的性质。《北里志》之外，有关长安妓女的资料还有一

---

① 见《北里志》杨妙儿条之莱儿、楚儿两例。
② 《北里志》王团儿条原注："曲中诸子，多为富豪辈，日输一缗于母，谓之贾断。但未免官使，不复祗接于客。"
③ 《北里志》王团儿条之福娘，即对一客说："某幸未系教坊籍，君子倘有意，一二百金之费尔。"又如《太平广记》卷419《杨娟传》载："长安里中之殊色也……名冠诸籍中，大售于时也。"岭南某帅"乃阴出重赂，削去娟之籍，而挈之南海，馆之他舍。"此杨娟之"籍"是属于教坊籍还是一般妓籍，不十分明确，但王团儿之养女福娘所说则显然是嫖客出钱，自可赎身。

些。如《太平广记》卷279李捎云条引《广异记》载李捎云好纵酒聚饮,与诸友"泛舟曲江中,盛选长安名倡,大纵歌妓"。这些"名倡"不知何所属。又同书卷484《李娃传》载李娃,"长安之倡女也",居于平康坊之鸣珂曲,"门庭不甚广,而室宇严邃",内有迟宾馆,"馆宇甚丽",其姥(养母)则居于"安邑里之东门北转第七八家处",后支给其"姥"二十年衣食之费赎身之后与所钟情之荥阳公郑氏之子"别卜所诣"。此"鸣珂曲"在平康坊,不知是否属《北里志》所言三曲之列。但有一点是明确的,即李娃并未列于教坊籍,只需向养母支付衣食之费外便可赎身。《太平广记》卷499郭使君条引《南楚新闻》载江陵大贾郭七郎往京师访一商贾,"耽悦烟花,迷于饮博,三数年后,用过太半"。这是唐末乾符初年事,可视为长安"烟花"巷的又一例证。

长安之外,东都洛阳也有一些私营娼妓。《太平广记》卷450薛迥条引《广异记》载:"唐河东薛迥与其徒十人于东都狎娼妇,留连数夕,各赏钱十千。后一夕午夜,娼偶求去,迥留诗赠,妇人躁扰,求去数四,抱钱出门,迥敕门者无出客,门者不为启锁。"这是以娼妇侍寝,并有赏钱,似是召娼于寓所。又同书卷331朱七娘引《广异记》载:"东都思恭坊有朱七娘者,倡妪也。有王将军,素与交通。开元中,王遇疾卒,已半载,朱不知也。其年七月,王忽来朱处,久之日暮,曰:'能随至温柔坊宅否?'朱欲许焉,其女弹唱有名,不欲母往……王以后骑载去,入院,欢洽如故。"此虽神异之事,十分荒诞,但此类娼妇自由卖身,应即事实。

至于扬州,各类娼妓之多是其他地方城市无法比拟的。《太平广记》卷273杜牧条引《唐阙史》载:"扬州胜地也,每重城向夕,倡楼之上,常有绛纱灯万数,辉罗耀烈空中。九里三十步街中,珠翠填咽,邈若仙境。(杜)牧常出没驰逐其间,无虚夕。"本条又记牛僧孺出镇扬州,遣卒三十人,微服随之,潜加保护杜牧。牧"所至咸欢,无不会意,如是且数年"。后僧孺取当时记录示牧,"乃街卒之密报也",凡数十百,悉曰:"某夕杜书记过某家,无恙;某夕宴某家,亦如之。"由此可知,唐扬州娼妓业之盛,这些娼妓是以"家"为单位营业的,显然并非"乐营子女"。参据《云溪友议》卷5所载:"唐崔涯,吴楚狂士也,与张祜齐名,每题诗于倡肆,无不咏之于衢路。誉之则车马继来,毁之则杯盘失措。"又记涯曾题诗嘲妓李端端貌寝。以致"端端得此诗,忧心如病",拜伏道旁乞求垂怜,于是便重赠一绝句以饰之,从而"豪富之士,复臻其门"。很清楚,这里的妓女是十分注重色相的,文人举子的品题直接影响着妓女的衣食来源和娼肆的营业收入,其商业性质是很浓厚的。因而称此类娼妓为职业娼妓似不致大误。

4. 隋唐时期各类妓女的特征

以上所列几类妓女,各有特点。官妓如前所说身份较低,乃宫廷"笑谑之具",除献艺外,亦有作为帝王之玩物者,她们丧失了人身自由,未遇免放不得出宫,境遇与宫婢相若;教坊妓的情况较复杂,入宜春院者基本同于官妓,她们的生活由宫廷支给,主要为帝王提供耳目之悦,起初注重于艺或色艺并重,以后则侧重于色相;至于其他教坊妓或仅是名隶于教坊的妓女自由度较大,除官差之外可以自行开业,某些仅仅名系教坊的半官身的妓女事实上介于官妓与职业妓女之间,她们既献艺,又卖身;至于地方州府乐籍所属官妓,一般集中管理,衣粮由官府供给,承应官差,以献艺为主,不以自由卖淫为业,但事实上又往往支派侍寝,她们可以被地方长官独占、转赠、与夺,身份类于官婢。至于自由营业的妓女,在当时的妓女中已占有一定比例,其商业性质十分浓厚,虽然兼献艺,但主要是卖身。这几种类型的妓女有某种相同之处,比如她们身份均较低下;都是各级官吏乃至富豪侠少的玩物等等。同时,各类妓女在爱情与婚姻方面也大多不幸,她们向往爱情和美满的婚姻,但现实给她们带来的却是痛苦和绝望。妓女中当然也有若干寻到自己所企盼的归宿者,如唐传奇中的李娃与郑生,终成"秦晋之偶"①,柳氏与李生也终成眷属②等;也有的妓女执著于爱情,并与所爱双双殉情者③,但此类事例毕竟是少数,更多的妓女则是在社会底层中挣扎,前途暗淡,吉凶未卜,被蹂躏、被遗弃④。不过,这一时期的妓女与后世妓女并不等同,她们大都拥有某种技艺、才智风雅,有一定的文学修养,谈吐诙谐风雅。如孙棨《北里志·序》记平康之妓:"多能谈吐,颇有知书言语者,自公卿以降,皆以表德呼之。其分别品流,衡尺人物,应对非次,良不可及。信可辍叔孙之朝,致杨秉之惑。比常闻蜀妓薛涛之才辩,必谓人过言,及睹北里二三子之徒,则薛涛远有惭德矣。"《北里志》所载平康妓女,貌佳姿美者固然有之,但相貌平平而名声大噪者为例甚多,如天水仙哥条记南曲妓女绛真"善谈谑,能歌令,常为席纠,宽猛得所。其姿容亦常常,但蕴藉不恶,时贤雅尚之,因鼓其声价耳";楚儿条云:"楚儿,字润娘,素有三曲之尤,而辩惠往往有诗句可称",并不言其貌美;郑举举条言"举举,居曲中,亦善令章","巧谈谐,亦为诸朝士所眷";颜令宾"居南曲中,举止风流","亦颇为时贤所厚,事笔砚,有词句";杨妙儿的几位养女,如莱儿"貌不甚扬,齿不卑矣。但利口巧言,诙谐臻妙,陈设居止处,如好事士流之家,由是见者多惑之……善章程";又如王团儿条言其养女小福"虽乏风姿,

---

① 《太平广记》卷484,《李娃传》。
② 《太平广记》卷485,《柳氏传》。
③ 《太平广记》卷274,欧阳詹引《闽川名士传》。
④ 如张生之弃莺莺,见《太平广记》卷488,《莺莺传》。陈寅恪《读莺莺传》一文曾详加辨之,指出张生实系撰者元稹托名,元氏之所以遗弃崔氏(莺莺)改娶,乃在于门第高下问题。见《吏语所集刊》第10册,1948年版。

亦甚慧黠","清谈雅饮，尤见风态"。有名的才妇蜀妓薛涛，据载相貌不扬①，但"才调尤佳"，诗达四方，"衔命使车，每届蜀，求见涛者甚众。"② 妓女们的这些才艺修养显然来自社会风气的熏陶，同时也表明当时的"狎客"包括朝士、文人举子乃至富豪侠少对妓女的评价标准并不完全限于色相。

5. 优伶

此所谓"优伶"，指隋唐时期民间专以卖艺、卖唱的女子。她们与娼妓不同，有人身自由，有家室，不以卖身为业，但又难免成为权贵的玩物③。隋唐时期民间这种优伶女子是很多的，但诸书记载十分混乱，或称"优"、"俳优"，或称"伶人"，或称"妓人"，甚至往往和娼妓混杂。唐代最为有名的优伶应首推刘采春。据范摅《云溪友议》卷9鹦鹉词条："俳优周季南、季崇及妻刘采春，自淮甸而来，善弄《陆参军》，歌声彻云。"其容华、歌技几使著名文士元稹为之倾倒。这个刘采春是有家室的。同书卷10又载："崔郎中（刍言）初为越副戎，宴席中有德华周氏者，乃刘采春女也。虽罗唝之歌，不及其母，而杨柳之词，采春难及。崔副车宠爱之异，将至京洛，后豪门女弟子从其学者众矣。"这里表明俳优或优伶一般是母女或父女相传的，或行乡入里，或往来都市，或应筵宴之召，以歌舞或其他技艺为生。偶遇某些权贵所赏，也可能免却卖艺生涯。但大多优伶却是很不幸的，她们动辄为人所辱④，或引为达官富豪"戏乐"的笑料⑤。有的则最终沦为官妓⑥。她们的命运与中国古代其他时期的卖艺、卖唱女大体相同。

二 隋唐时期妇女的业绩与生活

（一）妇女与政治

1. 宫廷妇女参政与干政

宫廷妇女主要是后妃、公主干政或参政事，历代皆有，隋唐时期似更为突出，

---

① 《太平广记》卷354杨蕴中条，载进士杨蕴中得罪下成都狱，夜梦一妇人，虽形不扬，而言词甚秀。曰："吾即薛涛也，顷幽死此室。"可证薛涛亦相貌平平。
② 《鉴诫录》卷10，《蜀才妇》条。
③ 《太平广记》卷273杜牧条引《唐阙史》又载杜牧出佐沈传师江西宣州牧，后闻湖州名郡，前往游之，湖州刺史某，投之所好，每为之曲宴周游，"凡优姬倡女，力所能致者，悉为出之"。这里所说的"优姬"当包括优伶在内，可知在某种情况下，优伶也被迫沦为权贵之玩物。
④ 《太平广记》卷251冯衮条引《抒情诗》载衮饮酬戏酒故事，同书卷256李宣古条、同卷杜牧条诗嘲酒纠事参照。
⑤ 《太平广记》卷236许敬宗条引《独异记》："唐许敬宗奢豪，尝造飞楼七十间，令伎女走马于其上，以为戏弄。"这里所说伎女，实乃弄杂技的优伶。
⑥ 《太平广记》卷273洛中举人条引《卢氏杂说》载举子某乙，在洛中与一弹弦的幼年乐妓茂英相识。多年之后，某乙到了江南，在宴席上又遇到茂英，弹弦酌酒，成为官使酒妓，后赠诗寄情，使得节度使所感，将茂英送之。这一故事虽以完满结局告终，但表明了某些优伶的遭遇。

不过其背景和形式颇有差异。

隋代后妃参政事首推文帝独孤皇后，史称："上每临朝，后辄与上方辇而进，至阁乃止。使宦官伺上，政有所失，随所匡谏，多所弘益。"又称："后每与上言及政事，往往意合，宫中称为二圣。"① 独孤氏死后，宣华夫人陈氏也曾"主断内事"。容华夫人蔡氏亦"参断宫掖之务，与陈氏相亚"②，但其影响所及远无法与独孤氏相比。入唐之后，后妃在政治舞台上颇为活跃，并出现了一批杰出的女政治家、中国历史上第一位女皇武则天。关于武则天的才华、心计、政治权术与政绩以及她入宫、夺取皇后之位乃至最终建立武周政权的问题，中外学人已论到烂熟。无须多说。总之，这是一位非凡的女性，她的政治才干在数十年间的宫廷政治中得到充分施展，是对男性专制社会的一大反动，而且她的政治作为对于唐代历史产生了重大影响。武则天之外，活跃于政治舞台的宫廷女性还有一些，如唐中宗之韦后，在中宗复位后欲行"则天故事"，并与则天侄武三思等结成"武韦集团"，打击朝臣中的反对派。并合谋毒死中宗③，改元唐隆，另立太子，自称太后临朝听政④，这一集团的中坚力量除韦、武（包括三思子武延秀，乃安乐公主驸马）及其他朝臣外，还有中宗女安乐公主、中宗上官昭容等。安乐公主据称："恃宠骄恣、卖官鬻狱，势倾朝廷，常自草制敕，掩其文而请帝（中宗）书焉。"⑤ 上官氏史载"有文词，明习吏事"，深为则天器重，"自圣历已后，百官表奏，多令参决。"中宗即位，"又令专掌制命，深被信任"⑥。另一位颇有政治头脑和才干的宫廷女性是武则天女太平公主。据称武后"爱之倾诸女"，"多阴谋"，历武后、中、睿三朝，多次参与组织宫廷政变，先后清除武后男宠二张（易之、宗昌）、迎中宗复位；与临淄王李隆基（即以后的玄宗）合谋诛杀武韦集团；并于先天二年（713）与诸将相合谋，欲"废太子"（李隆基），在睿宗时期，权倾天下，进退朝臣，由其裁决，甚至"宰相就第咨判，天子殆画可而已"。史称："时宰相七人，五出主门下。"⑦ 在唐代女性中，除武则天外，政治才干恐无出其右者。

唐玄宗之后直至唐末，宫廷妇女干政或参政者还有几例。一是肃宗张皇后，曾一度与宦官李辅国"持权禁中，干预政事"，挟持肃宗，并在肃宗病危时，与宦

---

① 《隋书》卷36，《后妃传》本传。
② 同上。
③ 《旧唐书》卷7，《中宗纪》景龙四年（710）五月、六月条。
④ 《新唐书》卷76，《后妃传上》本传。
⑤ 《旧唐书》卷51，《后妃传上·中宗韦后传》。
⑥ 《旧唐书》卷51，《后妃传上·中宗上官昭容传》。
⑦ 《旧唐书》卷183，《外戚·武承嗣附攸暨妻太平公主传》；《新唐书》卷83，《诸帝公主·高宗女太平公主传》；《旧唐书》卷8，《玄宗纪上》。

官朱辉光、马英俊等矫诏改立太子,后事败被幽禁而死①。二是宪宗后郭氏(即穆宗之母),"历位七朝,五居太母之尊"②,在宦官专政、朝政衰微的情况下曾发挥一定作用。穆宗死后,宦官曾谋划让其称制,怒而回绝,声称不愿效法武氏而干政③,敬宗宝历末,宦官权盛,先后加害昭愍、绛王,郭太后断然下令立江王(即文宗),并对宦官"蛊惑中外,扇诱群情"的行为大加抨击④,在中晚唐后妃中,郭氏可算作一位值得注目的人物。

此外,在宫廷妇女中,还有一些虽未直接参政、干政,却对政治颇有影响的人物。如太宗后长孙氏,曾对朝政多有规谏,以至死时太宗悲伤不已,称:"以其每能规谏,补朕之阙,今不复闻善言,是内失一良佐。"⑤太宗徐贤妃(惠)也曾对贞观后期军旅亟动、宫室互兴、百姓颇倦劳役之弊上疏规谏,主张"减刑役之繁",停"土木之工",戒奢侈之风⑥。这些后妃的言行对当时的政治和社会都有或多或少的影响。在公主中也有类似的女性。如肃宗女和政公主在肃、代两朝多次进谏,并在代宗初,屡陈人间利病,国家盛衰事;广德中,吐蕃犯边,公主方妊,入宫语备边计,次日免乳而死⑦。还有顺宗女汉阳公主,在文宗时曾力主禁切浮靡之风⑧,表明此类女性对国家政治是颇为关注的⑨。

2. 巾帼英杰与政治军事

这类女性在隋代最为突出的是岭南高凉(今广东阳江西)冼氏,史称她"幼贤明,多筹略",早在出嫁之前,已能"抚循部众,能行军用师,压服诸越",在本土拥有很高声望。后嫁于梁高凉太守冯宝为妻,宝死后,她"怀集百越,数州晏然",积极助陈统一岭南。永定二年(558)遣其子率诸首领见陈武帝,后以击败反陈的广州刺史欧阳纥,封信都侯,复册为中郎将、石龙太夫人。陈亡后,岭南未附,数郡共奉夫人,号为"圣母",保境安民。隋开皇九年(589)迎隋将韦洸入广州,不久又击平王仲宣叛乱,平定岭南。隋文帝封她为谯国夫人⑩。历梁、陈、隋三朝,对于维持岭南地区的安定、促成全国统一起了重要作用,是一位富

---

① 《旧唐书》卷52,《后妃下·肃宗张皇后传》;《新唐书》卷77《后妃传下》本传略同。
② 《旧唐书》卷52,《后妃下·宪宗后郭氏传》。
③ 《新唐书》卷77,《后妃下·宪宗后郭氏传》。按高世瑜《唐代妇女》第122页认为唐宪宗死后,太子年幼,宦官谋划让郭太后称制。是误将"穆宗"作"宪宗",其时,宪宗早死,《新唐书》本传中称"帝崩",乃指穆宗。
④ 《旧唐书》卷52,《后妃下·宪宗后郭氏传》。
⑤ 《旧唐书》卷51,《后妃传上》本传。
⑥ 同上。
⑦ 《新唐书》卷83,《诸帝公主·肃宗女和政公主传》;《唐语林》卷5。
⑧ 《新唐书》卷83,《诸帝公主·顺宗女汉阳公主传》。
⑨ 还有和蕃公主们,对于当时的政治、外交均有一定影响,自不待言。
⑩ 并见《隋书》卷80,《列女·谯国夫人传》。

有胆略、智谋和军事指挥才干的女中豪杰。

唐代堪称巾帼英杰的也有不少。较早的一位是高祖第三女平阳公主，在高祖太原起兵时，除力劝丈夫投奔太原义师外，自己则在长安鄠县一带散家资、招募兵勇，起兵以应高祖，先后平盩厔（周至）、武功、始平等地，法令严明，得兵七万，引兵与秦王李世民会于渭北，与丈夫柴绍各置幕府，俱围京城，营中号"娘子军"①。另一位是高宗永徽年间举兵反抗李唐封建统治的睦州女子陈硕真。自称"文佳皇帝"，连续攻克桐庐、睦州、于潜等州县，复进逼歙州（今安徽歙县）、婺州（今浙江金华）等地，虽最终被官兵镇压，但影响甚大，震撼了江浙一带的地方统治②，这是中国农民战争史上第一位称帝的女性领导人。此外，在抗击异族侵犯的战争中还有不少壮勇的女性，或刺血为誓，戎装从军，或冒飞箭流矢，固守城池③。当然也有一些女性虽未驰战沙场，却凭自己的见识和胆略帮助儿子或丈夫成就事业的所谓"贤妇"，对当时的政治（包括吏治）也产生了间接的影响④。

（二）妇女与文学

隋唐时期尤其是唐代文学在中国文学史上是一个辉煌灿烂的时期。遍及各个阶层的女性重文习诗文风也十分盛行，产生了一批优秀的女文学家和优秀的作品。胡文楷先生在《历代妇女著作考》一书中辑录隋唐五代妇女著述凡五十余种，虽大多已佚，但仍可见其大致轮廓⑤。这些著述的作者上自后妃女官，官僚妻女，下至女尼、道姑以及娼妓，当然不足以概括此期女性文学创作的全貌。事实上还有许多无名女性对诗文及其他创作领域颇有贡献。兹分类略述如下：

1. 宫廷女文学家

这类女文学家中著述最为丰富也最为庞杂的为武则天，多达二十余种数百卷，前人业已考订多为朝臣代为撰述，但她本人对文学颇有造诣也是事实。其文收于《全唐文》者为61篇，诗收于《全唐诗》者也有46首。唐中宗上官昭容也善文词，首劝广置昭文学士，盛引当朝词学之臣，数赐游宴，赋诗唱和。据说"每代

---

① 《旧唐书》卷58，《柴绍附平阳公主传》；《新唐书》卷83，《诸帝公主·高祖女平阳公主传》略同。
② 《旧唐书》卷4，《高宗纪上》永徽四年（653）十月戊申条；同书卷77，《崔义玄传》；《资治通鉴》卷199，唐高宗永徽四年冬十月条。另有相关记载，张泽咸《唐五代农民战争史料汇编》，中华书局1979年版（上），第21—25页征引甚详，不拟具列。
③ 参见《旧唐书》卷193，《列女·邹保英妻奚氏传》；同卷，《古玄应妻高氏传》；《太平广记》卷270，侯四娘条引《独异志》等。
④ 如《隋书》卷80《列女·郑善果母传》载：隋武德郡公郑善果，历任刺史，号为"清吏"，乃与其母崔氏的教示有关。崔氏"有节操，博涉书史，通晓治方。每当善果出听事，母则坐胡床，于帐后察之"。唐代有关事例参见《旧唐书》卷91《崔玄暐传》、同书卷193《列女·董昌龄母杨氏传》等。
⑤ 参见胡文楷《历代妇女著作考》隋唐五代部分，商务印书馆1957年版。

帝及后、长宁安乐二公主，数首并作，辞甚绮丽，时人咸咏之。"死后，玄宗令收其诗笔，撰成文集20卷，令张说为之序①，盛赞其"才华绝代"。太宗贤妃徐惠，据载四岁咏《论语》、《毛诗》，八岁好属文，词甚典美，遍涉经史，手不释卷。所属文"挥翰立成，词华绮赡"②。《全唐文》卷95存其《奉和御制小山赋》、《谏太宗息兵罢役疏》二篇。宫廷才女中有名的宋氏五姊妹据前所述皆能属文，若莘、若昭文尤淡丽，著《女论语》10篇，并善诗赋，通经史中大义③；与宋氏五女齐名的还有德宗时入宫的鲍君徽，亦善诗文④。此外，宫廷中留意翰墨、精于诗文的还有太宗长孙后⑤、玄宗江（梅）妃⑥、柳婕妤⑦、顺宗王皇后、宪宗郭皇后、昭宗何皇后⑧、五代蜀王建妃徐氏、花蕊夫人费氏⑨等。具名宫人的留下诗章的也有若干，如德宗时宫人凤儿、僖宗宫人等，日人平冈武夫氏《唐代的诗人》一书曾有统计⑩。

2. 娼妓文学

唐代娼妓甚盛，有人统计，在《全唐诗》中，有关妓女的篇章达两千余首，其中收录妓女作者21人诗篇共136首⑪。当然，实际创作的数量当远多于此。比如江淮名妓徐月英本有诗集行世⑫，而今只存二首。

在这些娼妓诗人中，最为著称的乃是薛涛。今人张蓬舟先生《薛涛诗笺》辑其诗达91首。当时诗坛巨擘如元稹、白居易、刘禹锡、张籍、李德裕、裴度、张祜、王建、杜牧等均与之唱和。《云溪友议》卷9《鹦鹉词》条载元稹"闻西蜀乐籍有薛涛者，能篇咏，饶词辩，常悄悒于怀抱也。后得相识，自登翰林，以诗寄曰：'锦江滑腻蛾眉秀，化出文君与薛涛。言语巧偷鹦鹉舌，文章分得凤凰毛。'"参据何光远《鉴诫录》卷10《蜀才妇》条、《唐诗纪事》卷79，可知她不仅能

---

① 《旧唐书》卷51，《后妃传上》本传。
② 同上。
③ 《旧唐书》卷52，《后妃传下》本传。本节（一）后妃部分参照。
④ 《唐诗纪事》卷79、《全唐诗》卷7分别录其诗数首，《全唐文》卷945载其《乞归疏》。又《唐才子传》卷2《李季兰传》附能词藻之女性中也列有其名。据所撰《乞归疏》知其出身下层家庭，德宗时入宫。《全唐诗》卷7小传亦叙此。
⑤ 《旧唐书》卷51，《后妃传上》本传载：尝撰《女则》十卷，自为之序。
⑥ 江妃亦善属文，《全唐文》卷98存《楼东赋》一篇，《全唐诗》录其诗数首。
⑦ 《唐语林》卷4《贤媛》载柳婕妤"有才学，上甚重之"。
⑧ 这几位皇后并有文存世，见《全唐文》卷98。
⑨ 王建妃徐氏有诗数首存世，今本《全唐诗》收录；花蕊夫人著《宫词》一卷，胡文楷氏上揭书曾有考证。
⑩ 见平冈武夫、市原亨吉二氏编《唐代的诗文》，[日]同明舍版，中译本见上海古籍出版社1991年版。
⑪ 见陶慕宁《青楼文学与中国文化》，东方出版社1993年版，第7页。
⑫ 《太平广记》卷273，徐月英条引《北梦琐言》。

诗，且能书，有相当好的文学修养，享"校书"美称。薛涛之外，知名的娼妓诗人还有上述江淮名妓徐月英、张窈窕①、常浩②等。还有一些失去姓名的妓女也有诗篇保存下来，如武昌妓③、太原妓④等，不拟一一列举。

3. 女冠诗人

这类女性诗人在当时文学领域内也十分活跃。其中成就最高的当推李冶（季兰）与鱼玄机等。李冶，字季兰，《唐诗纪事》卷78李季兰条曾云刘长卿"谓季兰为女中诗豪"。大致是玄宗至代、德宗时人⑤。《太平广记》卷273李季兰条引《玉堂闲话》称其"有才名"，五六岁时，其父抱于庭，作诗咏蔷薇，其末句云："经时未架却，心绪乱纵横。"父愤曰："此女子将来富有文章，然必为失行妇人矣。"后出家为道士，《唐才子传》卷2本传称她："美姿容，神情萧散，专心翰墨，善弹琴，尤工格律。"与当时文人雅士陆羽、皎然、刘长卿等均有交往⑥。曾因诗名被召入宫，无意久留，不久即归故山⑦。后因德宗朝朱泚之乱间，季兰被逼以献诗，德宗收复京师，责之并被诛杀⑧。《全唐诗》卷805录其诗一卷，计16首，又卷888《补遗》载其诗二首。鱼玄机，字惠兰、幼微，据说"甚有才思"⑨，咸通中嫁补阙李亿，后爱衰下山，隶长安咸宜观为道士。《唐诗纪事》卷78云：玄机"善属文"，皇甫枚《三水小牍》也说："西京咸宜观女道士鱼玄机，字幼微，长安里中女也。色既倾国，思乃入神，喜读书属文，尤致意于一吟一咏。"与李郢、温庭筠、李近仁均有交往，并有诗简赠答⑩。曾有怨李亿诗："易求无价宝，难得有心郎"⑪，曾登崇真观南楼，睹新进士题名，赋诗："自恨罗衣掩诗句，举头空羡榜中名"⑫，后因笞杀女僮绿翘被戮。

李冶、鱼玄机之外，留下诗文的还有女道士元淳、慈光寺尼海印等。《唐才子传》卷8《鱼玄机传》称："时京师诸宫宇女郎，皆清俊济楚，簪星曳月，唯以吟

---

① 《唐诗纪事》卷79载窈窕居于蜀，当时诗人，雅相重之。并录其诗二首；《全唐诗》卷802载其诗多首。
② 娼妓常浩，事迹见《又玄集》卷下、《唐诗纪事》卷79。诗见《全唐诗》卷802。
③ 《太平广记》卷273，武昌妓引《抒情诗》。
④ 《太平广记》卷274，欧阳詹引《闽川名士传》。
⑤ 关于李季兰生平，参傅璇琮主编《唐才子传校笺》卷2本传校笺（本书第1册，中华书局1987年版）。
⑥ 《唐才子传》卷2《李季兰传》并已提及。详情乃见《唐诗纪事》卷73、《刘随州集》卷2。
⑦ 见《全唐诗》卷805李季兰《恩命追入留别广陵故人》及《唐才子传》卷2本传。
⑧ 见赵元一《奉天录》卷1。
⑨ 《北梦琐言》卷9；《太平广记》卷271，鱼玄机条引《北梦琐言》同。
⑩ 参《唐才子传》卷8《鱼玄机传》。
⑪ 《北梦琐言》卷9。
⑫ 《唐才子传》卷8，《鱼玄机传》。

咏自遣,玄机杰出,多见酬酢云。"所谓"诸宫宇女郎"应指道姑,可见其中以"吟咏自遣"者甚众。又同书卷2《李季兰传·论》说:"历观唐以雅道奖士类,而闺阁英秀,亦能熏染,锦心绣口,蕙情兰性,足可尚矣。中间如李季兰、鱼玄机,皆跃出方外,修清静之教,陶写幽怀,留连光景,逍遥闲暇之功,无非云水之念,与名儒比隆,珠往琼复。然浮艳委托之心,终不能尽,白璧微瑕,惟在此耳。"这当然是后人的评价,是否中的姑置不论。而从"与名儒比隆"之语来看,她们在诗坛上的影响的确是很大的。

4. 其他才女

这类有文学造诣、濡染翰墨的女子为数甚多。辛文房《唐才子传》卷2《李季兰传》列举唐代能词藻的女性除李冶、鱼玄机、薛涛之外,还有刘媛、刘云、鲍君徽、崔仲容、道士元淳、薛缊、崔公达、张窈窕、廉氏、姚月华、裴羽先、刘瑶、常浩、葛鸦儿、崔莺莺、谭意哥、户部侍郎吉中甫妻张夫人、鲍参军妻文姬、杜羔妻赵氏、张建封妾盼盼、南楚材妻薛媛等。这些女子除前文提到者外,也各有事迹可考,并多有诗章传世。辛氏下文又云:此类女子"皆能华藻、才色双美者也。或望幸离宫,伤宠后掖,或以从军万里,断绝音耗;或祇役连年,迢遥风水;或为宕子妻,或为商人妇。花雨春夜,月露秋天,玄鸟将谢,宾鸿来届,捣锦石之流黄,织回文于湘绮,魂梦飞远,关山到难。当此时也,濡毫命素,写怨书怀,一语一联,俱堪堕泪。至若间以丰丽,杂以纤秾,导淫奔之约,叙久旷之情,不假绿琴,但飞红纸,中间不能免焉。尺有短而寸有长,故未欲椎理之云尔。"仅由辛氏此语,便可知唐才女乃遍布各个阶层,且诗文题材十分广泛。但仍有不少民间才女未为辛传所列,这里仅略举若干。如杨炯侄女杨容华,"幼善属文",尝为《新妆诗》传世①;牛肃女应贞,"少而聪颖,经耳必咏。年十三,凡咏佛经三百余卷,儒书子史又数百余卷",复著文章百首余,穷学三教,博涉多能,并工于赋、颂,曾撰有《遗芳集》②;关图妹,"甚聪惠,文学书札,罔不动人。图常语同僚曰:'某家有一进士,所恨不栉耳'"。后嫁常修,与修读书二十余年,对修甚有助。修死,自为文祭之,时人竞相传写③;又如进士孟昌期妻孙氏,"善为诗",有诗集④;张暌妻侯氏因夫防戍边镇十年未归,会昌中,绣回文作《龟形诗》诣阙进上,受到武宗表彰⑤;殷保晦妻封景文(名绚)"能文章草

---

① 《朝野佥载》卷3。
② 《全唐文》卷98,宋尚宫(若昭)《牛应贞传》;《太平广记》卷271,牛肃女条引《纪闻》。
③ 《太平广记》卷271,关图妹条引《南楚新闻》。
④ 《太平广记》卷271,孙氏条引《北梦琐言》。
⑤ 《太平广记》卷271,张暌妻条引《抒情诗》。

隶"①；李拯妻卢氏，"能属文"②，王琳妻韦氏曾著《女训》行于世③；宋庭瑜妻魏氏，"善属文，先天中作《南征赋》以叙志，词甚典美"④；范阳卢氏母王氏"精微道本，驰骛玄关"，撰《天宝回文诗》凡八百一十二字，"章句灿然"⑤ 宰相王抟妻杨氏著《女诫》一卷⑥；刑部郎中元沛妻刘氏，"贤而有文学，著《女仪》一篇，亦曰《直训》⑦"。其他善为文并留下篇章的还有李邕妻温氏、曹因妻周氏、女道士李元真、胡愔等⑧，至于散见于各类笔记小说中知书善诗章的女性更是举不胜举。这类才女的诗文与上述几种女性文学家、诗人的作品一道，构成了这一时期文学及各类著述的重要组成部分。

（三）妇女与艺术、科技

1. 妇女与艺术

在隋唐时期的艺术领域内，妇女也是一支不可忽视的力量，这突出地表现在乐舞、书画等方面。兹亦简单叙述如下：

（1）音乐与舞蹈

隋唐时代乐舞大盛，上自宫廷下至民间均极盛行。乐舞及散乐百戏名目繁多，具见诸书记载及近人考证⑨。

毫无疑问，乐舞最盛是在宫廷，其间荟萃了一大批优秀的乐舞艺术家。如著名的宫妓许和子（永新），据说"美且慧，善歌能变新声"，遇高秋朗月，台殿清虚，"喉啭一声，响传九陌"。玄宗曾召乐人李谟追笛逐其歌，"曲终管裂，其妙如此"。某日，玄宗"赐大酺于勤政楼，观者数千万众，喧哗聚语，莫得闻鱼龙百戏之音，上怒欲罢宴，中官高力士奏请，命永新出楼歌一曲，必可止喧。上从之。永新乃撩鬓举袂，直奏曼声。至是广场寂寂若无一人。喜者闻之气勇，愁者闻之肠绝"⑩。其歌技之绝妙由此可见一斑。又如沈阿翘，兼擅歌舞，曾为文宗舞《河

---

① 《新唐书》卷205，《列女·殷保晦妻传》；《太平广记》卷270，封景文引《新唐书》同。
② 《新唐书》卷205，《列女·李拯妻卢氏传》。
③ 《新唐书》卷205，《列女·王琳妻韦氏传》。
④ 《旧唐书》卷193，《列女·宋庭瑜妻魏氏传》。
⑤ 高适：《为东平薛太守进王氏瑞诗表》，《全唐文》卷357。
⑥ 《新唐书》卷58，《艺文志》。
⑦ 《因话录》卷3，《商部下》；《唐语林》卷4，《贤媛》略同。
⑧ 《全唐文》卷945分别录有李邕妻温氏《为夫谢罪表》、番阳曹因妻周氏撰其夫《曹君墓碑》、牛应贞《魍魉问影赋》李元真《请归葬祖父于越王垄次状》、侯莫陈邀妻郑氏《进女孝经表》、胡愔（号见素子）《黄庭内景五脏六腑补泻图序》等，可以参见。
⑨ 参见《隋书》卷14《音乐志》、《旧唐书》卷29《音乐志》。任半塘《校坊记笺订》存唐代曲名（含小曲和杂曲）凡278种，大曲名存辞存者，有11调，辞13套，而辞佚而曲名尚可考者约140余，合计150种。此外，关于舞蹈种类，唐段安节《乐府杂录》及唐人诗文中均有记载，任半塘《唐戏弄》有详考。可以参见。
⑩ 段安节：《乐府杂录·歌部》。

满子》,"声词风态,率皆宛畅";"奏《凉州曲》,音韵清越,听者无不怆然",以至文宗谓之为"天上乐"①。宫妓念奴,善歌唱,"每啭声歌喉,则声出于朝霞之上,虽钟鼓笙竽嘈杂而莫能遏"②。至于宫中舞蹈,由杜甫《观公孙大娘弟子舞剑器行》、白居易的《霓裳羽衣舞歌》等自可略知概貌,不拟细说。宫廷、教坊之外,民间妇女善歌舞者也几乎遍布各个阶层。唐睿宗曾于正月望夜,"妙简长安、万年少妇千余人",于京师安福门外灯轮下"踏歌三日夜"③,这些"少妇"应即民间妇女;《唐国史补》卷下载于頔之嫂,知音乐,辨乐器,于頔令客弹琴,其嫂听于帘下,叹曰:"三分中,一分筝声,二分琵琶声,绝无琴韵。"④可知其对音乐造诣之深。五代王蜀时期,王保义女"善弹琵琶",据说夜梦异人,频授乐曲,故"其声清越,与常异"。其兄为之制序,所传曲名甚多,达二百以上⑤;至一位店家女妇,对女工之事罔不心了,而"于音声特究其妙"⑥。当时的一些富贵人家的家妓精于歌舞者则更常见。如武三思妓窈娘,其歌舞被誉为"天下至艺也"⑦;于修女妓善六佾舞,"声态壮妙,号'孙武顺圣乐'"⑧。余不毕录。

(2) 书法与绘画

这一时期的妇女善书法与绘画者也颇有其人。其中成就较高的似为武则天、吴彩鸾、詹鸾、薛涛等人,宋阙名氏《宣和书谱》、元陶宗仪《书史会要》多有论列。据称武则天曾得晋王导十世孙方庆家藏其祖上二十八人书迹,摹拓把玩,自此笔力益进,"其行书骎骎稍能有丈夫胜气"⑨;吴彩鸾善正书,"书《唐韵》字画虽小而宽绰有余,全不类世人笔,当于仙品中别有一种风气"⑩;詹鸾书法风格与彩鸾相类,据说所书《唐韵》,"极有功"⑪;薛涛书法则"有林下之风致",而且,字无女子气,笔力峻激,"其行书之妙,颇得王羲之法。少加以学,亦卫夫人之流也"⑫。可知其书艺修养甚高。除了上述几人外,见于记载的还有若干,如前述殷保妻封氏"能文章草隶"⑬,可见也知书法。又如韦陟之侍婢,据说陟每令之

---

① 苏鹗:《杜阳杂编》卷下。
② 王仁裕:《开元天宝遗事》卷上,《眼色媚人》条。
③ 《朝野佥载》卷3。
④ 《太平广记》卷203,于頔条引《国史补》略同。
⑤ 《太平广记》卷205,王氏女引《北梦琐言》。
⑥ 《太平广记》卷451,李馨引《广异记》。
⑦ 《太平广记》卷361,素娥引《甘泽谣》。
⑧ 《唐国史补》卷下。
⑨ 《宣和书谱》卷1,《历代诸帝王书·后附》武则天条。
⑩ 《宣和书谱》卷5,《正书三》女仙吴彩鸾条。
⑪ 《宣和书谱》卷4,《正书二》詹鸾条。
⑫ 《宣和书谱》卷10,《行书四》妇人薛涛条。
⑬ 《新唐书》卷205,《列女·殷保晦妻封氏传》。

"主尺牍，往来复札，未尝自札，受意而已。词旨重轻，正合陛意。而书体遒利，皆有楷法"①。也像是对书道颇有造诣。此外，太平公主似也对书法有所涉及②。

至于绘画，史籍所载十分有限。《云溪友议》卷1载南楚材妻薛媛，"善书画，妙属文"，知楚材有异志，乃对镜图其形，并诗四韵以寄之。楚材得妻写真及诗歌，遂与妻和好如初。里语曰："当时妇弃夫，今日夫弃妇，若不遇丹青，空房应独自。"薛媛《写真寄夫诗》云："欲下丹青笔，先拈宝镜端，已经颜索寞，渐觉鬓凋残。泪眼描将易，愁肠写出难。恐君浑忘却，时展书画图看。"③由这一记载及薛媛诗来看，这是自画像，乃端镜自描，似乎十分逼真。我们相信当时善于绘画的女性断不止薛氏一人。

2. 妇女与科技

这一时期的妇女在科技领域内也颇有行迹可寻。较为突出的大致是在染织、刺绣业方面。如唐玄宗柳婕妤妹，"性巧慧，因使工镂板为杂花，象之而为夹结"。这是一种新的织染法，据说婕妤生日时，曾献王皇后一匹。玄宗见后十分欣赏，命宫中依样制之。当初只在宫中服之，后此法渐传至民间，"乃为至贱所服"④。另有一位南海女子卢眉娘，年仅14岁，却工巧无比，能于一尺绢上，绣《法华经》7卷，而且"字之大小，不逾粟粒，而点画分明，细如毛发，其品题章句，无不具矣。"唐顺宗惊异不已，称之为"神姑"⑤。这种刺绣工艺的确有巧夺天工之妙。联系到白居易诗中所写贡织户之女所织缭绫"不似罗绡与纨绮"，"天上取样人间织"⑥，虽是官府"土贡"所迫，但织妇们在纺织技术方面所体现的才智也是显而易见的。印染、纺织业之外，妇女在其他科技领域大致也有所贡献。比如医药方面，女道士胡愔曾著有《黄庭内景五脏六腑补泻图》一卷⑦，虽属道家养生驱病之作，却是作者探索实践的结晶，其医学价值是应当充分肯定的。又如范阳卢氏母王氏所撰《天宝回文诗》虽是言祥瑞之作，但其中却涉及"寒暑之递迁"，阴阳之变化的问题⑧，表明了作者对自然现象的思考与认识。

（四）妇女教育与修养

中国封建社会，历来重视女教。隋唐时期妇女教育自然有进一步发展，女教

---

① 《西阳杂俎续集》卷3，《支诺皋下》。
② 《太平广记》卷209 二王真迹条引《谭宾录》："长安中太平公主奏借出外拓写，因此遂失所在。"似表明太平公主亦善书，但缺乏其他例证。
③ 《太平广记》卷271，薛媛条引《云溪友议》同。
④ 《唐语林》卷4，《贤媛》。
⑤ 《杜阳杂编》卷中。
⑥ 白居易：《缭绫》，《全唐诗》卷427。
⑦ 见《全唐文》卷945，胡愔《黄庭内景五脏六腑补泻图序》。此书《新唐书·艺文志》有注录，今存《道藏》洞玄部·灵图类·国字号。
⑧ 高适：《为东平薛太守进王氏瑞诗表》，《全唐文》卷357。

著述较之前代也有所增加①。保存下来的少数几种如侯莫陈邈妻郑氏之《女孝经》和宋氏姊妹之《女论语》，大致沿袭汉班昭《女诫》，其内容自陈东原氏以来论述已详②，不拟详说。参据相关记载可以知道女教的基本精神主要是节操礼法、诗书笔札、教习女工等。这其中，核心问题是节操礼法。时人对女性的评判也主要恪守这一标准。着重强调其节义、孝慈，以礼自防③，认为这是"纲常"所系，按照这些原则方可对女性乃至对整个社会"风化陶淬"④。很明显，这种妇德的教育，前提是必须懂礼法，而懂礼法则必须读诗书。同时，习女工、务纺织，乃是自古以来"母仪"、"妇则"的重要内容，因此需要并行不废。观此期诸史《列女传》之入传标准，大致是按照这些要求而取舍的，帝王所表彰的贞妇烈女也侧重于这些方面。这里可以列举几例。如《隋书》卷80《列女传》载郑善果母崔氏："性贤明，有节操，博涉书史"，恪守于礼，并以礼教子，"恒自纺绩，夜分而寐"，善果说："儿封侯开国，位居三品，秩俸幸足，母何自勤如是耶？"答曰："丝枲纺织，妇人之务，上自王后，下至士大夫妻，各有所制。若堕业者，是为骄逸。"可知崔氏乃是节操、书史、礼法、女工俱至。《曲石精庐藏唐墓志》录《郑夫人陈氏志》载唐西充县尉郑惺佺妻侯莫陈氏："闺闱之美，不耻廉俭"，"克和琴瑟，常以娱日"，"展转莫堕于女工，斯须岂违于妇教"⑤。颜真卿撰钱塘丞殷履直之妻颜氏志，说颜氏"聪慧明达，发乎天性，孝仁敬让，回出人表，精究国史，博通礼经，问无不知，德无不备"，并对二弟"躬自诲育，教以《诗》、《书》，悉擅大名"⑥；又撰《曹州司法参军秘书省丽正殿二学士殷君墓碣铭》，提到殷夫人萧氏："贤和齐肃，秉修礼度。能读《论语》、《周易》，泛观史传，率诸妇以和义，故闺范修睦焉。"⑦王顼撰《唐故颍川陈夫人墓志铭并序》："夫人少习诗礼，长善笔札，自孩提至筓年，不离堂阈。""其于针刀之功，罔不尽妙"⑧；杨俭撰

---

① 这一时期，属于女性所撰述的女教作品如唐太宗长孙后《女则》十卷、眉州司功参军王琳妻韦氏撰《女训》一篇、韦温女、薛蒙妻韦氏《续曹书大家女训》十二章、刑部郎中元沛妻《女仪》一篇、宰相王搏妻杨氏《女诫》一卷、侯莫陈邈妻郑氏《女孝经》一卷、宋若莘、若昭姊妹《女论语》十篇等。前文多已提及，其存佚情况参见胡文楷《历代妇女著作考》隋唐部分。
② 参见陈东原《中国妇女生活史》第五章之七，《班昭以后的圣人》，商务印书馆1937年版。
③ 参见《隋书》卷80，《列女传·序》及《史臣论》；《旧唐书》卷193，《列女传·序》及《赞》；《新唐书》卷205，《列女传·序》。
④ 《新唐书》卷205，《列女传·序》。
⑤ 李希泌《曲石精庐藏唐墓志》第63号，《郑夫人陈氏志》（齐鲁书社1986年版）。此陈氏死于唐天宝十三载五月十三日。
⑥ 颜真卿：《杭州钱塘县丞殷府君夫人颜君神道碣铭》（此人死于开元二十五年），《全唐文》卷344。
⑦ 颜真卿：《曹州司法参军秘书省丽正殿二学士殷君墓碣铭》，《全唐文》卷344。
⑧ 《唐文拾遗》卷31（此人死于大中十年二月）。

《杨公女子书墓志》载女子杨子书童年不随秩辈戏游，寡玩好，但"诸兄所习史氏、经籍、子集、《文选》，必从授之，览不再绎，尽得理义，勤□骖学，巧于女功，喜不形色，愠□□容"①；徐胶撰《祖君夫人杨氏墓志铭并序》载杨氏："夫人家奉《诗》、《书》，门续青紫，渍润从生之善道，听闻未教之清规。故动叶《礼经》，言作世躅。"② 以上所录各条载诸女妇"懿行"及个人修养当然有许多夸饰之辞，不尽事实，但也约略透露出当时妇德与妇教的大致情形，基本上是包括知礼、诗书、女工三大内容。

不过，在隋唐时期，真正恪守于礼法的恐主要是山东士族和某些"贵门"③，至少在中唐以前是如此④。李华《与外孙崔氏二孩书》提到："妇人也要读书解文字，知古今情状，事父母舅姑，然可无咎。"认为"妇人但当主酒食，待宾客而已，其余无自尊之礼"，并大加感慨："今此礼凌夷，人从苟且，妇人尊于丈夫，群阴制于太阳。世教论替，一至于此，可为堕泪"，要求外孙"汝等当学《诗》、《礼》、《论语》、《孝经》，此最为要也"⑤。李华所说大致是唐玄宗年间的事⑥，可知那时能够恪守于"礼"的女性是很少的。直到宣宗大中年间，还有人感慨："闾里之中，罕知礼教；女子之性，尤昧义方。"⑦ 表明礼教之"风化陶淬"是十分有限的。如前所说，作为唐代最高统治阶层的皇室之女大都不拘礼法，直到中晚唐才"兢兢守礼法，如山东衣冠之族"⑧，皆可说明当时女性所受礼法、礼教的约束远不如后世严格。

（五）妇女社交与结社

隋唐时期妇女既较少受于礼教束缚，其社会交往与活动场所自然要相对宽泛。前文业已提到，这一时期各阶层之妇女外出经商者有之、坐列贩卖者有之，诣阙

---

① 杨俭：《唐故山南节度使右常侍杨公女子书墓志》（死于乾符五年），《唐文拾遗》卷32。
② 徐胶：《大唐故幽州节度要籍祖君宏农杨氏墓志铭并序》（死于广明二年七门），《唐文拾遗》卷32。
③ 参见陈寅恪《唐代政治史述论稿》中篇，《政治革命及党派分野》，上海古籍出版社1982年版；吕思勉《隋唐五代史》第16章第1节，[上海] 中华书局1957年版；另参上海古籍出版社1959年版。
④ 《唐语林》卷1《德行》录崔枢夫人、西平王李晟女，夫家亲属病，而为晟"作生日"祝寿，晟怒而遣之归夫家，并亲自至崔家问疾。因"治家整肃"，注重礼法，因而深为勋臣推重，据说"勋臣之家，称'西平礼法'"。此事亦见《旧唐书》卷133《李晟传》。李晟为代、德宗时人，可知此时注重礼法者，在勋臣官僚之家犹凤毛麟角，故特受推重。
⑤ 《全唐文》卷315。
⑥ 李华为开元二十三年（735）进士，天宝中为监察御史，安禄山陷京师，慝从不及，陷贼署伪官，长安收复后，贬官，卒于家。可知《书》中所述乃是玄宗年间事。
⑦ 《旧唐书》卷193，《列女·孝女王和子附郑神佐女传》，载大中五年（851），兖州郑神佐女自往庆州护父丧还乡，守墓自誓。节度使萧俶状奏表彰。奏语中言及"闾里之中，罕知礼教"事。
⑧ 《资治通鉴》卷248，宣宗大中二年（848）十一月庚午条。参见本节"公主"部分。

进诗者有之。至于道姑、娼妓、优伶由于职业特点与各类男性自由交往当然更不必说。同时我们还看到，妇女出外游乐、聚观似乎也毫无限制，《开元天宝遗事》卷下《裙幄》条载："长安士女游春野步，遇名花则设席藉草，以红裙递相插挂，以为宴幄。"其自由与开放的程度惊人。同卷《探春》条："都人士女，每至正月半夜，各乘马跨马，供帐于园圃，或郊野中，为探春之宴。"这是夜游，不仅在城内，而且至郊外。这种情形当然不只限于京师。《太平广记》卷497吴武陵条引《本事诗》载唐穆宗长庆年间，桂管观察使（治所在桂州，今广西桂林）李渤于毬场置宴，旁边看棚内多有妇女聚观。显然，当时妇女虽有"自孩提至笄年不离堂阃者"[1]，但公开抛头露面、外出活动的女性人数众多乃是事实[2]。最值得注意的是，当时妇女中还有结社的迹象。《云溪友议》卷5载一无名氏诗集，其中有作者原《序》，写道："余本若耶溪东，与同志者二三，纫兰佩蕙，每贪幽闲之境，玩花光于松月之亭，竟昼绵宵，往往忘倦。"下云此人后"从良人西入函关，寓居晋昌里第"，后良人死去，举目无亲，吊影东迈，涉浐水、历渭川、背终南、陟泰华、经虢路、抵陕郊，"遂命笔题聊题，终不能涤其怀抱，绝笔恸哭而去。以翰墨非妇人女子之事，名字是故隐而不书。时会昌王戌岁仲春十九日"。显然，作者是位女性，故乡则在越州若耶（今浙江绍兴东）一带。所说"同志者二三"，应皆为女性，她们相结在附近的幽闲之地玩花赏月，甚至"竟昼绵宵"。这当然不是结社，但透露出若干志气相投的女性有交友结聚的风尚。敦煌所出两件"女人社"文书则提供了一个饶有兴味的问题。其中件一（编号为斯527号）《后周显德六年（959）正月三日女人社再立条件》提到："女人社，因滋新岁初来，各发好意，再立条件。蓋闻至城（诚）立社，有条有格。夫邑仪者，父母生其身，朋友长其值，遇危则相扶，难则相救，与朋友交，言如信，结交朋友，世语相续。大者若姊，小者若妹，让语交登，立条件如后。山河为誓，中不相违。"以下所立条件大致是说，平时社内诸人应吉凶与共，亲人死时根据"社格"应由社内每人出油、面、粟若干，以"济造食饭及酒者"；本人死亡时则由诸社人负责料理丧事；另外每年正月一日，每位社人应出粟、灯油若干，举行祈福活动。规定在酒席上不得喧闹，违者罚出筵酒之费。如果有人要脱离本社，则社内各人均要对之决杖三棒，

---

[1] 王琡：《唐故颍川陈夫人墓志铭并序》，见前引《唐文拾遗》卷31。
[2] 前引《资治通鉴》卷248唐宣宗大中二年（848）十一月条，载宣宗女万寿公主在慈恩寺戏场看戏事；另《北里志》载平康诸妓出里艰难，"每南街保唐寺有讲席，每以月之八日，相牵率听焉"。这两例所说一类是公主，一类是妓女，出外观戏与听讲，由此可以知道一般居民之女子观戏与听讲者应更属常见。除此之外，妇女外出进香供奉者也人数众多，除散见于诸书记载外，《房山云居寺石经题记》中有大量妇女题名，可资旁证。见北京图书馆金石组等《房山石经题记汇编》，书目文献出版社1987年版。

并罚其出一筵席之费。以下分别有社官、录事、社老及诸社人署名画押①。件二《戊辰年正月廿四旌坊巷女人社社条（稿）》内容大致略同②。敦煌所出此类立社条件、社约及入社、退社状甚多③，大都是当地下层民户的自愿结社，其性质均属"遇危则相扶，难则相救"的互助组织。而这种"女人社"则是以性别为特征的结社。自属少见。敦煌所出有关社的文书写本，最早的是斯5823号吐蕃占领敦煌时期的④，其他绝多是归义军时期的写本。因此这种结社自有其产生的历史背景，有待于进一步探讨。这里只是说明敦煌的这种"女人社"为我们认识隋唐时期的妇女社交与结社提供了一个颇有价值的例证。

第二节 婚姻

隋唐五代婚礼仪式，承袭古代传统的"六礼"。《旧唐书》卷54《舆服志》云："士庶亲迎之仪，备诸六礼。"实际上，上起天子，下至庶民，无不按此"六礼"办理婚事，只不过尊卑、贫富不同，繁简排场相异而已。

所谓"六礼"，即纳采、问名、纳吉、纳征、请期和亲迎。纳采，男方请媒人到女家提亲，如其家有意，则由媒人携礼物正式求婚。问名，男方询问女方姓氏及出生年月。纳吉，男方至祖庙占卜婚之吉凶；若占得吉兆，则通告女方，并送财礼，缔结婚约。纳征，男方向女方送纳聘财，双方婚姻关系正式确立。请期，男方向女方请示结婚的吉祥日期。亲迎，新郎亲往女家迎娶新娘⑤。

唐人婚礼，既承袭古代"六礼"，又根据社会现实需要，有些新规定。唐律规定：凡许嫁女，若"已报婚书，及有私约而辄悔者，杖六十（男家自悔者不坐，不追聘财）。""虽无许婚之书，但受聘财亦是"。如果另许配他人，杖一百。已经

---

① 见唐耕耦《敦煌社会经济文献真迹释录》第1辑，书目文献出版社1986年版。
② 本件编号为伯3489号，见上揭《敦煌社会经济文献真迹释录》第1辑。
③ 上揭《敦煌社会经济文献真迹释录》第1辑（五）社邑文书之一《立社条件》收文书15件；社邑文书之二《请求入社退社状》录文8件，其余有关《社司牒状及处分》、《各种转帖》件数甚多，可以参见。
④ 参见郭锋《敦煌的"社"及其活动》，载《敦煌学辑刊》1983年，第4期。
⑤ 《仪礼》卷4—6，《士昏礼》，《艺文类聚》卷40。

成婚，徒刑一年半，后娶者知情减罪一等，女子追归前夫。前夫不娶，则退还聘财，"后夫婚如法"①。违反婚律或强制为婚，主婚人、媒人要受到法律制裁②。

⊖结婚年龄

唐初，承隋末大乱之后，经济萧条，社会残破，人口大量死亡，"比于隋时，才十分之一"③。中国自古以农立国。人口在农业生产中占有极其重要的地位。为恢复被战乱严重破坏的社会经济，唐统治者采取了休养生息的政策，在发展生产的同时，鼓励百姓及时婚嫁，以增殖人口，为社会经济的恢复与繁荣，提供尽可能多的劳动力。

贞观元年（627），唐太宗发布《令有司劝庶人婚聘及时诏》，规定"庶人男女之无室家者，并仰州县官人以礼聘取，皆任同类相求，不得抑取"。"男年二十、女年十五以上，及妻丧达制之后、孀居服纪已除，并须申以媒媾，命其好合。"对于那些穷困者，"仰于其亲近及乡里富有之家，裒多益寡，使得资送"。60岁以上鳏夫、50岁以上寡妇，以及妇人年轻而有男女，和有志守贞洁者，也任其情愿，不得抑制其嫁娶。诏令还规定，是否劝庶人婚聘及时，作为地方官员考核依据："刺史、县令以下官人，若能使婚姻及时，鳏寡数少，量准户口增多，以进考第"，即获得好的等弟，可以升迁，或获得奖励；相反，"如其劝导乖方，失去配偶，准户口减少"，则"以附殿失"，即判为不良的等第，受到处罚。④

唐太宗规定的结婚年龄男20、女15以上，比《周礼》规定的男子三十而娶，女子二十而嫁，《礼记》所云二十而嫁，显然要低得多；而与孔子主张的"男子二十而冠，有为人父之端；女子十五许嫁，有适人之道"⑤ 相吻合。有的唐人主张"三十男有室，二十女有归"⑥，也有人认为女14、男16岁就可结婚。"女子十四有为人母之道，四十九绝生育之理；男子十六有为人父之道，六十四绝阳化之理"⑦。开元二十二年（734），唐玄宗敕令"男年十五，女年十三以上，听婚嫁"⑧。则将婚龄又降低了。有唐一代有关婚龄的官方规定和社会舆论大体上就是这样。

唐人的实际婚龄，文献和考古资料关于男子婚龄记载较少，大抵年二十成人

---

① 《唐律疏议》卷13，《户婚中》。
② 《唐律疏议》卷14，《户婚下》。
③ 《唐会要》卷83，《租税上》。
④ 《唐大诏令集》卷110。
⑤ 《通典》卷59，《嘉礼四》、《男女婚嫁年几议》。
⑥ 白居易：《赠友五首》。
⑦ 《新唐书》卷147，《李叔明传》。
⑧ 《唐会要》卷83，《嫁娶》。

而婚者居多。

唐代女子的实际结婚年龄，比法律规定的要复杂得多。据《唐代墓志汇编》所载 3200 余人（不包括女尼、女冠和宫人）中，女子出嫁情况如下：

表 1

出嫁年龄	人数
11	2
12	3
13	9
14	7
15	14
16	23
17	18
18	25
19	21
20	8
20 余	3
21	7
22	8
23	2
24	2
25	4
27	2

表 2

出嫁年龄	人数	备　考
笄年（15）	44	
登笄（15）	4	
既笄（15）	12	中国古代女子至 15 岁，将发用簪束起，表示成年，可以出嫁，故笄年指 15 岁。登笄、既笄、逮笄、成笄和始笄与笄年年龄基本相仿。《谢小娥传》云："时小娥年十四，始及笄。"弱笄、幼笄、将笄、近笄和副笄大体也属此年龄。实际上，以上两类笄年很难区分。
逮笄（15）	1	
成笄（15）	1	
初笄（15）	53	
始笄（15）	3	
及笄（14）	20	
弱笄（14）	3	
幼笄（14）	2	
将笄（14）	1	
近笄（14）	1	
副笄（14）	1	

以上二表显示，唐代部分女子出嫁的年龄是：1. 年龄最小的 11 岁，最大的 27 岁，相差 16 岁。2. 13 岁以下的，20 岁以上的，均为少数。3. 14 岁至 19 岁出嫁者居多。4. 在 14 至 19 岁者中，又以 14、15 岁者居多。5. 在 14、15 岁者中，15 岁者居首位。

唐朝在政局稳定，天下太平时，人们婚姻以时。而在国家多事之秋，百姓不用说了，就是皇亲国戚的婚嫁，也会受到或多或少的影响。如安史之乱后，内忧外患不断，专为公主等贵族婚嫁而设置的礼会院废而不修，故公、郡、县主不能及时出嫁，殆三十年，至有华发而犹卯者，虽居内馆，而不获觐见皇帝长达十六年之久。"凡皇族子弟，皆散弃无位，或流落他县，湮沉不齿录，无异匹庶。及德宗即位，以时婚嫁。"岳阳、信宁、宜芳、永顺、朗陵、阳安、襄城、德清、南华、元城、新乡等十一县主同月出嫁，"敕所司大小之物，必周其用。至于栉、缃、笄、总，皆经于心，各给钱三百万，使中官主之，以买田业"，衣服之饰除外另造。一笼花首饰由原七十万改为三万、减少无益之费，以余钱六十万相赐，以备他用①。这些馈赐虽比同昌公主少得多②，但还是较丰厚的。

民间因天灾人祸而使百姓婚嫁不时，及其造成的影响就更大了。白居易说："近代多离乱，婚姻多过期。嫁娶既不早，生育常苦迟。儿女未成人，父母已衰羸。凡人贵达日，多在长大时。欲报亲不待，孝心无所施。哀哉三牲养，少得及庭闱。"③

二 选择配偶的标准

（一）讲究门第

这是汉魏以来风俗。但门阀士族经历代、尤其是隋末农民大起义的沉重打击，至唐初，其势已大为衰落。"名虽著于州间，身未免于贫贱"④。崔卢李郑等著名门阀士族，均"世代衰微，全无冠盖"⑤ 了。但是这些旧门阀士族仍"好自矜地望，虽累叶陵夷，苟他族欲与为昏姻，必我责财币，或舍其乡里而妄称名族，或兄弟齐列而更以妻族相陵"⑥。一些丰财之家和新宦之辈，受崇重门阀士族、婚姻讲究门第风气影响，喜攀高门、名族，"竞结婚媾"⑦ 于旧门阀士族，却不容易如愿，有的三品以上新贵，欲与他们结亲，也被压抑，旧门阀士族的社会威望不减。唐高祖和唐太宗对这种社会现象十分不满⑧。为了打击旧门阀士族在婚姻上以门第相高，唐太宗在命高士廉等修《氏族志》贬低崔卢李郑等旧士族、提高李唐宗室贵族和功臣新贵门第的同时，又命"王妃、主婿皆取当世勋贵名臣家"⑨。由于魏

---

① 《旧唐书》卷150，《德宗顺宗诸子传》。《资治通鉴》卷226建中元年十一月云：嫁岳阳等九十一县主。
② 《杜阳杂编》云同昌公主出嫁，唐懿宗赐"钱五百万贯，更罄内库珍宝，以实其宅"。
③ 《全唐诗》卷425，《赠友五首》。
④ 《唐大诏令集》卷110，《诫励氏族婚姻诏》。
⑤ 《旧唐书》卷65，《高士廉传》。
⑥ 《资治通鉴》卷195，贞观十二年正月。
⑦ 《唐大诏令集》卷110，《诫励氏族婚姻诏》。
⑧ 《旧唐书》卷61，《窦威传》；《资治通鉴》卷195，贞观十二年正月。
⑨ 《新唐书》卷95，《高俭传》。

晋以来门阀士族传统观念影响深远，贞观名臣魏征、李勣和房玄龄等犹不顾天子之意，热衷与其联姻，婚嫁中炫耀门第的现象仍然流行。高宗时，"关东魏、齐旧姓，虽皆沦替，犹相矜尚，自为婚姻。（李）义府为子求婚不得，乃奏陇西李等七家，不得相与婚"①。诏令规定后魏陇西李宝，太原王琼，荥阳郑温，范阳卢子迁、卢浑、卢辅，清河崔宗伯、崔元孙，前燕博陵崔懿，晋赵郡李楷等子孙，"不得自为婚姻"②。还是难以遏止人们攀附门阀士族的时尚。宰相李敬玄"前后三娶，皆山东士族。又与赵郡李氏合谱，故台省要职，多是其同族婚媾之家。高宗知而不悦，然犹不彰其过"③。武则天遭褚遂良等非议不是名门望族，因而入主中宫十分艰难。当皇后后门第观念也不亚于别人。她嫁太平公主于薛绍，以薛绍兄颢妻萧氏及颢弟绪妻成氏"非贵族，欲出之，曰：'我女岂可使与田舍女为妯娌邪！'"④。王梵志诗云："有儿欲娶妇，须择大家儿。纵使无姿首，终成有礼仪。有女欲嫁娶，不用绝高门。但得身超后，银财惚莫论。"⑤ 也反映了唐初民间重门第的婚姻观。当时人们"每商榷姻亲，咸就咨访"，"谙练士族，举朝共推"⑥ 的工部侍郎韦述。安史之乱后，社会上婚嫁讲究门第的风气依然存在。太常博士李吉甫对唐德宗说："'自古尚（娶）（公）主必慎择其人。江左悉取名士，独近世不然。'帝乃下诏皆封县主，令有司取门阀者配焉。"⑦ 唐文宗为庄恪太子选妃，朝臣家子女悉令进名，中外为之不安。文宗知道后对宰臣说："朕欲为太子求汝、郑间衣冠子女为新妇，扶出来田舍齁齁地。如闻朝臣皆不愿与朕作亲情，何也？朕是数百年衣冠，无何神尧打朕家事罗诃去，遂罢其选。"⑧ 唐文宗还欲以员源、临真二公主下嫁士族，对宰相说："民间修昏姻，不计官品而上阀阅。我家二百年天子，顾不及崔、卢耶？"⑨ 唐宣宗万寿公主将嫁，命择良婿。宰相白敏中奏选状元郑颢，郑正待婚门阀卢氏，不得已从君命，深恨白敏中。大中五年（851），白敏中免相任邠宁行营都统，行前奏曰："顷者公主下嫁，责臣选婿。时郑颢赴婚楚州，行次郑州，臣堂帖追回，上副圣念。颢不乐为国婚，衔臣入骨髓。臣在中书，颢无如臣何，自此必媒孽臣短，死无种矣。"⑩ 宣宗拿出一函郑颢告他状的文字赐给他，以

---

① 《旧唐书》卷82，《李义府传》。
② 《资治通鉴》卷200，显庆四年十月。
③ 《旧唐书》卷81，《李敬玄传》。
④ 《资治通鉴》卷202，开耀元年七月。
⑤ 《全唐诗外编》上，《全唐诗补逸》卷2，《王梵志》。
⑥ 《封氏闻见记》卷10，《讨论》。
⑦ 《新唐书》卷146，《李栖筠传附吉甫传》。此处"封县主"，乃指封诸王之女。
⑧ 《唐语林》卷4，《企羡》。
⑨ 《新唐书》卷172，《杜兼传附中立传》。
⑩ 《唐语林》卷7，《补遗》。

释其虑。郑颢不喜堂堂大唐天子的金枝玉叶,而汲汲求婚于没落门阀的小女,连皇帝也无可奈何,岂非咄咄怪事。其实不怪,原因除唐代有些公主骄纵不守礼法,凌辱夫家有关外,讲究门第是重要原因。

天子选驸马崇尚门第,臣民自然受到影响,直至唐末,有的人犹念念不忘"李郑崔卢,姓之名器。千古推高,九流仰视"①。唐人娶妇,多喜名门望族,人们撰写她们的墓志铭时,总要突出炫耀其门第的高贵显赫。如车骑周广的傅氏、朱氏二夫人,"并海内之名家,天下之盛族"②。李璩妻郑氏,"荥阳之著族"③。鄂州刺史卢府君清河郡夫人,自后汉以来,"十有八代,累侍金闺,咸分虎竹,焜煌簪组,炳耀台阶"④。剑南东川节度推官殿中侍御史卢公夫人崔氏,"世为望族,绵历千祀"⑤。工部尚书崔泰之妻陇西李氏,"崔李二门,皆自命氏已来,号为名族,婚姻绂冕,家牒详焉"⑥。清河县丞曲元缜妻陇西李氏,"历代名家,勋猷盛族"⑦。蔚州刺史马纾,"两娶裴氏、张氏,皆名族"⑧。洛阳县尉孙嗣初妻韦氏,"京兆杜陵人也。其先颛顼之后,至东西汉晋魏梁隋,洎于钜唐,弈叶相传,轩裳袭庆,官婚之盛,当今罕伦,姻党辉华,为时茂族"⑨。监察御史王公妻清河崔氏,"簪组蝉联,时为名族"⑩。朝议郎高湜妻郑氏,"族称著姓,家号甲门,人物轩裳,炳耀图牒"⑪。

唐中叶衣冠户出现后,特别是以黄巢大起义为中心的唐末农民战争的扫荡,旧门阀士族更加没落。五代十国当权者,大多是出身微贱之人,这个时期婚姻中,门第观念才不为世人格外看重了。当然,这不是说人们完全不讲究门第,有的人还是很重视的。如晋王李存勖妃刘夫人,"与诸夫人争宠,以门地(第)相高,耻其家寒微",竟不认亲父,并"命笞刘叟于宫门"⑫。

(二)多求聘财

嫁女讲究钱财,求婚不惜贷贿,在唐初门阀士族中相当盛行。"是时(贞观

---

① 《唐代墓志汇编》,第 2401 页。
② 同上书,第 636 页。
③ 同上书,第 877 页。
④ 同上书,第 1493 页。
⑤ 同上书,第 1986 页。
⑥ 同上书,第 2012 页。
⑦ 同上书,第 2222 页。
⑧ 同上书,第 2232 页。
⑨ 《唐代墓志汇编》,第 2376 页。
⑩ 同上书,第 2392 页。
⑪ 同上书,第 2403 页。唐代也有些人婚姻不攀门阀。太师李光颜女未聘,"从事许当及幕僚盛誉一郑秀才词学门阀,冀其选拣。谢曰:'李光颜,一健儿也,遭遇多难,偶立微功,岂可妄求名族?已选得一婿也。诸贤未见,乃召客司小将'。"(《北梦琐言》卷 3《李光颜太师选佳婿》)
⑫ 《资治通鉴》卷 270,贞明三年十月。

初),朝议以山东人士好自矜夸,虽复累叶陵迟,犹恃其旧地,女适他族,必多求聘财。太宗恶之,以为甚伤教义,乃诏(高)士廉与御史大夫韦挺、中书侍郎岑文本、礼部侍郎令狐德棻等刊正姓氏。士廉乃类其等第以进。太宗曰:'我与山东崔、卢、李、郑,旧既无嫌,为其世代衰微,全无冠盖,犹自云士大夫,婚姻之间,则多邀钱币。才识凡下,而偃仰自高,贩鬻松槚,依托富贵,我不解人间何为重之?'然而,"见居三品以上,欲共衰代旧门为亲,纵多输钱帛,犹被偃仰"①。为革除这种"既紊人伦,实亏名教"的弊风,贞观十六年(642)六月下诏:"自今已后,明加告示,使识嫁娶之序,各合典礼","自今年六月禁卖婚"②。显庆四年(659)唐高宗又颁布诏令:"仍定天下嫁女受财之数,毋得受陪门财(陪门财者,女家门望未高,而议姻之家非耦,令其纳财以陪门望)。然族望为时所尚,终不能禁,或载女窃送夫家,或女老不嫁,终不与异姓为婚。其衰宗落谱,昭穆所不齿者,往往反自称禁婚家,益增厚价(厚取陪门之财也)。"③

永徽初,礼部尚书许敬宗"嫁女与蛮酋冯盎之子,多纳金宝,为有司所劾,左授郑州刺史"④。许敬宗为卖婚不惜利用掌知国史之权篡改历史。他"嫁女与左监门大将军钱九陇。钱本皇家隶人,敬宗贪财与婚,乃为九陇曲叙门阀,妄加功绩,并升与刘文静,长孙顺德同卷。敬宗为子娶尉迟宝琳孙女为妻,多得赂遗,及作宝琳父敬德传,悉为隐诸过咎"⑤。大历年间,甲族卢氏,"嫁女于他门,聘财必以百万为约,不满此数,必在不行"⑥。有的人为攀高门名族,不惜借贷。陇西人李益,"家素贫",为娶甲族卢氏女,"事须求贷。便托假故,远投亲知,涉历江淮,自秋及夏",贷得钱百万完婚⑦。由于一些父母在为子女择偶时,看重钱财,不顾年龄相当,出现红颜白发夫妻。四品官崔玄综,"年五十八,乃婚侍郎韦陟堂妹,年始十九"⑧。

既是买卖婚姻,作为中介人同样唯财是视。唐玄宗时,诸王及其子女欲及时嫁娶,须贿赂权势显赫的杨贵妃姊虢国夫人和韩国夫人。"十宅诸王男女婚嫁,皆资韩、虢绍介,每人纳一千贯,上乃许之"⑨。唐德宗时,十宅诸王既不出阁,诸

---

① 《旧唐书》卷65,《高士廉传》。
② 《唐会要》卷83,《嫁娶》。
③ 《资治通鉴》卷200,显庆四年十月。《唐会要》卷83《嫁娶》云:自显庆四年十月十五日诏令发布以后,"天下嫁女受财,三品已上之家,不得过绢三百匹,四品、五品,不得过二百匹,六品、七品,不得过一百匹,八品以下,不得过五十匹,皆充听嫁女赍妆等用"。
④ 《旧唐书》卷82,《许敬宗传》。
⑤ 同上。
⑥ 《霍小玉传》。
⑦ 同上。
⑧ 《太平广记》卷159,《崔玄综》。
⑨ 《杨太真外传》卷下。

女嫁不及时，"而选尚皆由中人（宦官），厚为财谢乃得遣"①。

婚姻讲究聘财，贫女难嫁十分显著。"红楼富家女，金缕绣罗襦。见人不敛手，娇痴二八初。母兄未开口，已嫁不须臾。绿窗贫家女，寂寞二十余。荆钗不直钱，衣上无真珠。几回人欲聘，临日又踟蹰。""富家女易嫁，嫁早轻其夫。贫家女难嫁，嫁晚孝于姑。"② 白居易的这首诗，较典型地说明了富家女易嫁、贫家女难嫁，原因在于富、贫。王维的《洛阳女儿行》，说家富的洛阳女，才十五岁余，就"罗帏送上七香车，宝扇迎归九华帐"，当了新娘。对门而居的越女，虽颜如玉，家贫，只能江头自浣纱。有些拿不出丰厚嫁妆之家嫁不起女，其女只好痛苦终身。"夔州处女发半华，四十、五十无夫家。更遭丧乱嫁不售，一生抱恨堪咨嗟"③。这种社会现象当然不止夔州一地，反映贫家女难嫁及其哀怨之情常见于唐人诗文。秦韬玉《贫女》云："苦恨年年压金线，为他人做嫁衣裳。""残妆满面泪阑干，几许幽情欲话难。云髻懒梳愁拆凤，翠蛾羞照恐惊鸾。南邻送女初鸣珮，北里迎妻已梦兰。惟有深闺颤顿质，年年长凭绣床看。"④ 她们无可奈何地叹息："寒女命自薄，生来多贱微。家贫人不聘，一身无所归。"当她们看到"青楼富家女，才生便有主。终日著罗绮，何曾识机杼。清夜闻歌声，听之泪如雨。"向皇天发出"他人如何欢，我意又何苦"的疑问与不平，但是"皇天竟无语"⑤。

（三）以才取人

有些唐人择偶，并不特别看重门第、钱财，他们看重的是人才，一个人是否有才，是某些唐人选婿的标准。贞观初，薛万彻尚丹阳公主，"人谓太宗曰：'薛驸马无才气。'因此公主羞之，不同席者数月。帝闻之，大笑。置酒召诸婿尽往，独与薛欢语，屡称其美。因对握槊，赌所佩刀，帝佯为不胜，解刀以佩之。酒罢，悦甚。薛未及就马，主遽召同载而还，重之逾于旧日"⑥。薛万彻是唐初著名武将，唐太宗看中他是难得的将才。唐宪宗则非常欣赏翰林学士独孤郁的文才，无限感叹宰相权德舆得独孤郁为东床袒腹，"我反不及邪"⑦。"我悦子容艳，子倾我文章"⑧。"小娘子爱才，鄙夫重色"⑨，是民间某些少女喜欢风流倜傥的文人墨客的写照。李郢"闻邻女有容（美貌），求娶之。遇有争娶者，女家无以为辞，乃曰：

---

① 《新唐书》卷146《李栖筠传附吉甫传》。
② 白居易：《议婚（一作贫家女）》，《全唐诗》卷425。
③ 杜甫：《负薪行》，《全唐诗》卷221。
④ 薛逢：《贫女吟》，《全唐诗》卷548。
⑤ 邵谒：《寒女行》，《全唐诗》卷605。
⑥ 《唐语林》卷5，《补遗》。
⑦ 《资治通鉴》卷239，元和九年六月。
⑧ 李白：《代别情人》。
⑨ 《霍小玉传》。

上：蹙金绣裙
　　陕西扶风法门寺地宫　唐

下左：联珠戴胜鸾鸟纹锦
　　　新疆吐鲁番　阿斯塔那墓

下右：宝相花纹锦鞋
　　　新疆吐鲁番　阿斯塔那墓

隋唐五代社会生活史

隋唐五代社会生活史

上左：步辇图（局部） 唐 阎立本（宋摹本）
上右：于阗国王图 敦煌莫高窟98窟 五代壁画
下左：三梁进德冠 陕西礼泉 唐昭陵李勣墓
下右：绞胎骑马射猎俑 陕西乾县 唐 乾陵懿德太子墓

左上：金錾花栉　江苏扬州　唐代窖藏出土
左中：双鸾飞仙八曲菱花铜镜　西安陕西历史博物馆藏
左下：唐墓三彩女立俑　陕西西安中堡村
右上：金银平脱羽人花鸟铜镜　河南郑州
右下：唐三彩骆驼

■ 隋唐五代社会生活史

上：炊事俑　湖北武昌　隋墓出土
中：劳作妇女粉彩泥俑　新疆吐鲁番　阿斯塔那墓
下：纨扇仕女图　唐　周昉

隋唐五代社会生活史

隋唐五代社会生活史

上：捣练图　唐　张萱（宋摹本）
中左：观鸟捕蝉图　陕西乾县
　　　唐乾陵章怀太子墓壁画
中右：下棋图
下：三彩梳妆女坐俑
　　　西安东郊　王家坟唐墓

隋唐五代社会生活史

上：虢国夫人游春图 唐 阎立本（宋摹本）
下左：彩绘骑马带猞猁狩猎女俑 西安灞桥 唐 金乡县主墓
下右：彩绘女乐骑俑 西安灞桥 唐 金乡县主墓

上：西方净土变　敦煌莫高窟217窟　唐壁画
下左：三彩假山　西安中堡村　唐墓出土
下右：彩绘陶房　河南洛阳出土　隋

隋唐五代社会生活史

■ 隋唐五代社会生活史

上：三彩枕　陕西西安　唐墓出土
中：青釉烛台　湖南省博物馆藏
下：钱柜　陕西西安　唐墓出土

'备钱百万，先至者许之。'两家具钱，同日皆至。女家无以为辞，复曰：'请各赋一诗，以为优劣。'"李郢是有才华的诗人，那位争娶者不是对手，"郢乃得之"①。长安人姚颀不修容止，司空图以为奇才，遂将其女许配给他。润州刺史韦诜为女选婿，不以貌取人，而重才德。"会休日登楼，见人于后圃有所瘗藏者，访诸吏，曰：'参军裴宽居也。'与偕来，诜问状，答曰：'宽义不以包苴污家，适有人以鹿为饷，致而去，不敢自欺，故瘗之。'诜嗟异，乃引为按察判官，许妻以女。"次日，让其族人观佳婿，"宽时衣碧，瘠而长，既入，族人皆笑，呼为'碧鹳雀'。诜曰：'爱其女，必以为贤公侯妻也；何可以貌求人？'"②

（四）讲究"三从四德"

唐人为妇女撰写的墓志铭中突出显示：唐人择妻及品评妻贤的标志是"三从四德"。所谓"三从"，是未嫁从父，既嫁从夫，夫死从子。四德则是妇德（品德）、妇言（言辞）、妇容（仪态容貌）、妇功（家务技能）。这是封建礼教中针对妇女的一种道德规范。唐代少女从小受三从四德教育，如处士元公妻崔氏，"有女四人，夫人训导，咸备四德"③。宣德郎李符妻，"昔在闺闱，早闻四德；爱奉箕帚，克协三从"④。上轻车都尉李府君夫人左氏，"四德咸修，三从克备"⑤。楚州安宜县令王晋妻刘氏，"四德驰芳，三从着美"⑥。尚药奉御蒋府君夫人刘令淑，"三从早备，四德咸修"⑦。这种教育，使她们学会了作为妇人的礼仪、道德，和从事家务劳动的诸种技能，为到夫家能较好地恪尽妇道、适应新生活打下基础。如刘令淑到蒋家后，即能"举案申齐眉之礼，奉馐展如宾之敬"⑧。裴公夫人韦氏，"规训谨遵大家之教，三从礼备，四德有闻，方登笄归于裴氏，奉事舅姑，敬之以礼，顺从夫婿，相待如宾，外和六姻，内睦九族"⑨。洛阳县尉孙嗣初妻韦氏，"及来孙氏，妇道益周，事上以敬，抚下以慈，动循仪矩，尽合礼经，和睦温谦"⑩。沧州饶安县令侯君妻刘氏，"早承家训，少习女仪"，进侯门后，"崇舅姑之礼，敦长幼之风，模范发自闺门，声誉传于州里"⑪。

---

① 《唐语林》卷2，《文学》。
② 《新唐书》卷130，《裴漼传附宽传》。
③ 《唐代墓志汇编》，第2017页。
④ 同上书，第1032页。
⑤ 同上书，第1044页。
⑥ 《八琼室金石补正》卷53。
⑦ 《唐代墓志汇编》，第1032页。
⑧ 同上书，第1033页。
⑨ 同上书，第1646页。
⑩ 《唐代墓志汇编》，第2376页。
⑪ 同上书，第59页。

㊂ 选择配偶的方式

（一）父母之命，媒妁之言

唐朝法律明文规定："为婚之法，必有行媒。"① "嫁娶有媒"②，"命媒氏之职，以会男女"③。民间也有"无媒不得选"④ 之说。唐代媒人又称行媒等。将作录事郭玉女，"爱自媒侣"，嫁于广平郡程君⑤。洛阳令魏镳，途遇美女李云卿，"俾媒灼导意"其母，娶"贮于金屋"⑥。父母作主的嫁娶相当多。开皇初年，乐平公主之女娥英择婿，隋文帝"敕贵公子集弘圣宫者，日以百数，公主亲在帷中，并令自序，并试技艺，选不中者，辄引出之。至（李）敏而合意，竟为姻媾"⑦。唐京兆杜氏，"从先府君之命适我家"，即文林郎杨宇家⑧。冀州南宫县丞苏深之女，"及笄，奉命归于王氏"⑨。诗人姚合，赏识工于诗文的李频，遂自作主张将其女许配给他⑩。广平郡宋氏，"及嫁娶之年，父母匹配"于向家⑪。后梁义成军节度使贺璟的幕僚和凝曾救其命，遂"以女妻之"⑫。有些男子的婚姻也是由父母作主的。处士张从古，求仙学道多年不婚。后"奉严亲（父）诲令，年逾耳顺（60岁），敬命乃娶黄氏"⑬。

（二）婚事前定

婚事前定的宿命论观念在社会上有一定影响。《太平广记》卷159《定婚店》讲述了一个月下老人用红绳系夫妇之足而成婚的故事。

（三）自己择偶

有些青年男女，不受双亲和媒人的束缚，自己选择配偶。有的家长也尊重子女心愿，允其自主婚事。唐玄宗时宰相李林甫有六位千金，"各有姿色，雨露之家，求之不允"。李林甫在客厅墙壁间，开一横窗，装饰杂宝及绛色纱缦。"常日

---

① 《唐律疏议》卷13，《户婚中》。
② 《唐律疏议》卷4，《名例》。
③ 《唐会要》卷83，《嫁娶》。
④ 白居易：《续古诗》。
⑤ 《唐代墓志汇编》，第1599页。
⑥ 同上书，第2376页。
⑦ 《隋书》卷37，《李穆传附李敏传》。
⑧ 《唐代墓志汇编》，第2226页。
⑨ 同上书，第2234页。
⑩ 《唐才子传》卷7，《李频》。
⑪ 《唐代墓志汇编》，第2053页。
⑫ 《旧五代史》卷127，《和凝传》。
⑬ 《唐代墓志汇编》，第2225页。

使六女戏于窗下，每有贵族子弟入谒，林甫即使女于窗中自选可意者事之。"① 在唐人传奇中，男女自由择偶的故事就更多了。如《虬髯客传》中红拂妓私奔李靖。《莺莺传》中莺莺与张生的故事，更是流传千古的爱情悲剧。张生在普救寺邂逅崔莺莺，在侍婢红娘的牵线搭桥下，"待月西厢下，迎风户半开。拂墙花影动，疑是玉人来"，二人如愿以偿，后因张生"始乱之，终弃之"而告终②。

（四）婚礼在傍晚举行

古人云：昏者，昏时行礼之意。又云：凡娶以昏时，妇人阴也，故谓之昏。唐弘文馆学士贾公彦等在疏《仪礼》卷2《士昏礼第二》时说："郑目录云士娶妻之礼以昏为期，因而名焉。必以昏者，阳往而阴来，日入三商为昏。"又说："郑云日入三商者，商谓商量，是漏刻之名，故三光灵曜亦日入三刻为昏，不尽为明。案马氏云：日未出、日没后皆云二刻半，前后共五刻。今云三商者，据整数而言，其实二刻半也。"③ 唐人承袭古人婚礼传统，在晚上举行婚礼。"士庶亲迎之仪，备诸六礼，所以承宗庙，事舅姑，当须昏以为期，诘朝谒见"④，说的就是在晚上成婚，次日早上谒拜舅姑（即公婆）。春深娶妇家，"两行笼里烛，一树扇间花。宾拜登华席，亲迎障辎车。催妆诗未了，星斗渐倾斜"⑤。诗中描绘了男方打着灯笼去迎亲，催妆诗尚未朗诵完毕，天上的星儿已逐渐倾斜下坠了。唐僖宗时，据有江西的钟传，以女"适江夏杜洪之子，时及昏暝"⑥。杜洪家办喜事时，天已昏暗。唐人认为，婚礼若不在夜晚举行，则视为"黩礼"。如贞观年间，城阳公主下嫁杜荷。唐太宗命卜吉日，卜者说："二火皆食，始同荣，末同戚，请昼昏则吉"。马周谏道："朝谒以朝，思相戒也；讲习以昼，思相成也；燕饮以昃，思相欢也；婚合以夜，思相亲也。故上下有成，内外有亲，动息有时，吉凶有仪。今先乱其始，不可为也。夫卜所以决疑，若黩礼慢先，圣人所不用。"⑦ 唐太宗采纳了他的意见，还是在晚上举行城阳公主的婚礼。唐后期婚礼也有在白天举行的。

五代有些王朝婚礼仍在晚上举行。后唐同光二年（924）太常礼院奏皇子继岌纳妃，宗正卿摄婚主行礼，"其夕亲迎"⑧。

---

① 《开元天宝遗事》卷上，《选婿窗》。
② 元稹：《莺莺传》。
③ 《仪礼注疏》卷4，《士昏礼》。
④ 《旧唐书》卷45，《舆服志》。
⑤ 白居易：《和春深二十首》，《全唐诗》卷449。
⑥ 《唐摭言》卷10，《海叙不遇》。
⑦ 《新唐书》卷83，《诸帝公主传》。
⑧ 《五代会要》卷2，《婚礼》。

五 婚礼内容丰富多彩

《封氏闻见记》卷5《花烛》云:"近代婚嫁,有障车、下婿却扇及观花烛之事,又有卜地、安帐、并拜堂之礼。上自皇室,下至士庶,莫不皆然。""今上(唐德宗)诏令有司约古礼今仪。礼仪使太子少师颜真卿、中书舍人于邵等奏:'请停障车、下婿、观花烛及却扇诗;并请依古礼见舅姑于堂上,荐枣、栗、腶修,无拜堂之仪。又毡帐起自北朝穹庐之制,请皆不设。惟于堂室中置帐以紫绫幔为之。又,除俗禁子、午、卯、酉年谓之'当梁',嫁娶者,云'妇姑不相见'。"

该书所说"近代",当包括作者所处唐德宗以前的隋唐时代。婚嫁内容除他提及者外,还有催妆、转席等。唐德宗以后,人们也没有因颜真卿等奏请停罢障车等而不复行用。隋唐五代婚礼,仍按古礼和当时习俗操办。其中新郎亲迎是整个婚礼过程的关键环节。从亲迎到婚礼完结有以下主要内容:

(一) 催妆

迎亲队伍簇拥着骑马的新郎至新娘家,高声朗诵催妆诗,促使新娘尽快打扮停当,出来乘车去新郎家完婚。唐人段成式说:"夫家百余人挟车,俱呼曰:'新妇子催出来。'其声不绝,登车乃止,今之催妆是也。"① "妇上车,壻骑而环车三匝。"② "女将上车,以蔽膝伏面"③。催妆诗可以请达官贵人代作,也有新郎本人自吟。催妆诗写得诙谐、活泼、通俗易晓,朗朗上口,富有浓郁的生活气息,充满欢乐喜庆氛围。陈峤《自赋催妆诗》:"峤暮年仅获一名,还闽,(年)近八十,以身后无依,强娶儒家女,合卺之夕,文士悉赋催妆诗,咸有生薑之讽。峤亦自成一章,其末云:彭祖尚闻年八百,陈郎犹是小孩儿。"陈峤说他虽年逾古稀,但与八百岁的彭祖相比,还是小儿郎,为自己解嘲。

(二) 障车

障车的风俗,唐初就流行于上流社会。唐中宗时,安乐公主再嫁武延秀,"相王障车"④。障车也流行于民间。"往者下俚庸鄙,时有障车,邀其酒食,以为戏乐"。太极元年(712)左司郎中唐绍上疏奏称:"近日此风转盛,上及王公,乃广奏音乐,多集徒侣,遮拥道路,留滞淹时,邀致财物,动逾万计。"认为这种做法,"使障车礼贶,过于聘财,歌舞喧哗,殊非助感。既亏名教,实蠹风猷,违紊

---

① 《酉阳杂俎》续集卷4,《贬误》。同书前集卷1《礼异》。
② 《酉阳杂俎》前集卷1,《礼异》。壻,即新郎也。
③ 同上。
④ 《新唐书》卷83,《诸帝公主传》。

礼经，须加节制。望请婚姻家障车者，并须禁断。其有犯者，有荫家请准犯名教例附薄，无荫人决杖六十，仍各科本罪"①。十一月，唐玄宗敕令"王公已下嫁娶，比来时有障车，既亏风教，特宜禁断"②。此令未能遏止社会上盛行的障车风俗。建中元年（780）礼仪使颜真卿等再次奏请"停障车"③。唐文宗前后，曹州刺史崔畷娶妻李氏，"令兵马使国邵南勾当障车"④。僖宗时，钟传嫁女，"有人走乞障车文"，钟传幕僚汤筼"命小吏四人，各执纸笔，倚马待制，既而四本俱成"⑤。表明直至唐末，障车的风俗仍存在于婚礼过程中。

（三）下婿

是婿拜商日，"妇家亲宾妇女毕集，各以杖打胥为戏乐"，有的戏得过分，"至有大委顿者"⑥。

（四）转席

唐人婚礼中有转席风俗，因为新娘进门不能脚着地。春深嫁女家，"青衣传毡褥，锦绣一条斜"⑦。新郎家门前地上铺着几条毡褥，当新娘走上第二条毡褥后，青衣（妇人）将第一条毡褥转（即传）到最后一条毡褥后，以此类推，形成一条色彩斑斓之路，直至新娘走进屋里，象征传宗接代，前程似锦。

（五）坐鞍

唐人段成式说：今士大夫家婚礼，"新妇乘鞍，悉北朝余风也"⑧。新娘走过转席进门时，要从摆在门口的马鞍上跨过去，或坐一下，寓以婚后生活平平安安。

（六）青庐拜堂

唐人在新郎家外用青布幔临时搭一屋称青庐，新郎和新娘在此"夫妇并拜或共结镜纽"⑨。"我家新妇宜拜堂"⑩，新妇就是新娘。来贺喜的亲朋在青庐参加婚礼、饮宴、观赏歌舞。敦煌莫高窟第445窟（盛唐时修建）的嫁娶图，屋外有青庐，是帷布搭成，内有桌椅，客人有坐有站，庐中一人跳舞。

（七）躝新妇迹

新娘进门，"舅姑以下悉从便门出，更从门入，言当躝新妇迹"⑪。新娘则

---

① 《旧唐书》卷45，《舆服志》。
② 《唐会要》卷83，《嫁娶》。
③ 同上。
④ 《酉阳杂俎》续集卷3，《支诺皋下》。
⑤ 《唐摭言》卷10，《海叙不遇》。
⑥ 《酉阳杂俎》前集卷1，《礼异》。同书续集卷4，《贬误》。
⑦ 白居易：《和春深二十首》，《全唐诗》卷449。
⑧ 《酉阳杂俎》续集卷4，《贬误》。
⑨ 《酉阳杂俎》前集卷1，《礼异》。
⑩ 王建：《失钗怨》。
⑪ 《酉阳杂俎》前集卷1，《礼异》。

"先拜猪檙及灶"①。

（八）撒帐

新郎新娘并肩坐于床沿，妇人抛撒彩果金钱，供客人争抢。

（九）合卺

夫妻对坐同食，三饭而已，饭后以酒漱口。

（十）却扇

唐人成婚之夕新娘以扇遮脸，因有诵却扇诗之俗。李商隐曾《代董秀才却扇》："莫将画扇出帷来，遮掩春山滞上才。若道团圆似明月，此中须放桂花开。"② 诗人将新娘比作芬芳美丽的桂花。黄滔则把新娘喻为国色天香的牡丹："城上风生蜡炬寒，锦帷开处露翔鸾。已知秦女升仙态，休把园轻隔牡丹。"③

（十一）弄新妇

贺喜的亲朋戏弄新娘④。

（十二）拜舅姑

新娘拜舅姑是在婚后次日。"腊月娶妇不见姑"⑤。舅坐于堂东阶西向，姑则南向，新娘执竹器笲，盛枣栗。枣是谐音，早生贵子之意。栗也是谐音，立子之意。新娘以此拜见舅姑，是表示她将给他们尽早带来贵子，以延其家香火。这是中国人早生贵子、多生贵子的观念在婚礼中的体现。从西阶上，再拜，跪奠于舅席前。然后退下又执脤修，上阶，北面再拜，跪奠于姑席前，退下。

自古以来，在人们心目中，婚姻是人终身大事，备受重视。在隋唐五代上流社会办理婚事，一般都按传统"六礼"，违者，即使是天子，也会遭到非议。贞元十三年（797）六月，光禄少卿同正张茂宗，许尚义章公主，未婚，茂宗母死，遗表请终嘉礼，德宗许之。八月，起复茂宗左卫将军同正，准备完婚。左拾遗蒋乂谏，以为"兵革之急，古有墨衰从事者，未闻驸马起复尚主也'。上遣中使谕之，不止，乃特召对于延英，谓曰：'人间多借吉成婚者，卿何执此之坚？'"蒋乂说："婚姻、丧纪，人之大伦，吉凶不可渎也。委巷之家，不知礼教，其女孤贫无恃，或有借吉从人，未闻男子借吉娶妇者也。"太常博士韦彤、裴堪复上疏谏，上不悦，命趣下嫁之期。辛巳，成婚⑥。尽管臣下可以提出规谏，皇帝是否听从则是另一回事了。德宗就不顾蒋乂等的坚决反对，让张茂宗与公主完婚。

---

① 《酉阳杂俎》前集卷1，《礼异》。
② 同上。
③ 《全唐诗》卷540。
④ 《全唐诗》卷706，《去扇》。
⑤ 《酉阳杂俎》前集卷1，《礼异》。
⑥ 《资治通鉴》卷235，贞元十三年八月。

有的皇帝对婚嫁礼仪不大重视，随意而行。如唐中宗为御史大夫窦从一当"红娘"，没按"六礼"程序办理，而是简单从事，一手包办。景龙二年（708）除夕，中宗敕令中书、门下与诸王等进宫守岁。酒酣耳热之际，中宗忽然对窦从一说："'闻卿久无伉俪，朕甚忧之。今夕岁除，为卿成礼。'从一但唯唯拜谢。俄而内侍引烛笼、步障、金缕罗扇自西廊而上，扇后有人衣礼衣，花钗。令与从一对坐。上命从一诵却扇诗数首。扇却，去花易服而出，徐视之，乃皇后老乳母王氏，本蛮婢也。上与侍臣大笑。诏封莒国夫人，嫁为从一妻。"①

六 婚姻生活

（一）一夫多妻与妒妇

在中国封建社会里，一夫多妻是普遍现象。隋唐五代也是这样。以唐代而言，《唐律疏议》卷13《户婚律》有妻更娶条答问云："一夫之妇，不刊之制"，同时又云"妾通买卖，等数相悬"，即纳妾合法。唐代皇帝除正妻皇后外，"唐因隋制，皇后之下，有贵妃、淑妃、德妃、贤妃各一人，为夫人，正一品；昭仪、昭容、昭媛、修仪、修容、修媛、充仪、充容、充媛各一人，为九嫔，正二品；婕妤九人，正三品；美人九人，正四品；才人九人，正五品；宝林二十七人，正六品；御女二十七人，正七品；采女二十七人，正八品。"开元中，乃于皇后之下立惠妃、丽妃、华妃等三位，以代三夫人，为正一品②。

开皇十六年（596），"诏九品已上妻，五品已上妾，夫亡不得改嫁"③。说明隋朝官方承认贵族官僚纳妾合法。有些妾还是皇帝所赐，如隋文帝赐陈叔宝妹为贺若弼妾。唐朝法律虽明文规定"一夫一妇，不刊之制"，"诸有妻更娶妻者徒一年"，"以妻为妾，以婢为妻者，徒二年；以妾及客女为妻，以婢为妾者，徒一年半，各还正之"④。但又规定"若婢有子，及经放为良者，听为妾"⑤。此外，唐律中关于"诸居父母及夫丧而嫁娶者徒三年，妾减三等各离之"、"妻女作妾嫁人，妾既许以卜姓为之"⑥、"期服内男夫娶妾，女妇作妾嫁人并不坐"⑦，《唐律疏议》卷2《名例》关于五品以上妾有犯条，同书卷14《户婚下》关于各种奸罪、逃亡、诸监临官娶妾、和娶嫁妾、奴婢私嫁女与良人为妻妾；同书卷22殴伤妻妾、妻妾

---

① 《资治通鉴》卷209，景龙二年十二月。
② 《旧唐书》卷51，《后妃传上》。《隋书》卷36《后妃传》云：隋文帝时，因文献皇后嫉妒，不设三妃，自嫔以下置六十员。炀帝设三妃，加上九嫔等总一百二十员。
③ 《隋书》卷2，《高祖纪下》。
④ 《唐律疏议》卷13，《户婚中》。
⑤ 同上。
⑥ 《唐律疏议》卷13，《户婚中》。
⑦ 同上。

殴詈夫父母、妻妾殴詈故夫父母等条，都是在法律上承认妾的存在，允许贵族官僚等在正妻之外纳妾。

在现实生活中，贵族官僚纳妾成风。开皇初，治书侍御史李谔"见礼教凋敝，公卿薨亡，其爱妾侍婢，子孙辄嫁卖之，遂成风俗"。文帝下令"五品以上妻妾不得改醮，始于此也"①。可见隋"诸王及朝士有妾"②。皇太子杨勇，"多内宠，昭训云氏尤称嬖幸，礼匹于嫡"③。晋王杨广在其父来时便将美姬匿于别室，身边只留老且丑者。汉王杨谅"妓妾二十人"④。右武侯大将军贺若弼，"婢妾曳绮罗者数百"⑤。左仆射杨素"后庭妓妾曳绮罗者以千数"⑥。这数百至千数的婢、妓妾中，妾当不少。光禄大夫赵元淑，妻外尚有小妻，后者当为妾。京兆人达奚通有妾王氏能清歌，朝臣多相会而观。御史大夫张衡妾告其"谤讪朝政，诏赐尽于家"⑦。左仆射高颎妻病故，独孤皇后让隋文帝劝其纳室未果，"颎爱妾产男"，独孤言其面欺陛下而被疏远⑧。隋文帝下令禁酒，舒国公刘昉"使妾赁屋，当垆沽酒"⑨。

唐人称妻为内子。妾称外妇、姬、外宅妇（得名于另置宅住妾）、侧室等。唐代贵族官僚等在正妻之外蓄养姬妾相当普遍。罗崿"多蓄姬妾"⑩。以道术获淮南节度使高骈宠信而擅权的吕用之"侍妾百余人"⑪。宰相王铎"侍妾成列"⑫。太子少师李肃有"姬妾数十人"⑬。通化府折冲都尉袁秀严，有妻任氏、李氏、杨氏⑭。陪戎校尉崔相"夫人丁氏、苏氏、李氏"⑮。交州都督府行参军事樊玄纪有二夫人万俟氏、范氏⑯。白居易有侍妾绛桃、柳枝。吴通玄以宗室女为外妇。李德裕为妾谢秋娘作《谢秋娘曲》。中唐时人李涉，仕途不顺，隐居少室山，身自耕耘，经济条件可谓差矣，犹有一妻一妾。妾的来源五花八门。有买的。贞观元年（627）

---

① 《隋书》卷664，《李谔传》。
② 《隋书》卷36，《独孤皇后传》。
③ 《隋书》卷45，《文四子传》。
④ 《隋书》卷48，《杨素传》。
⑤ 《隋书》卷52，《贺若弼传》。
⑥ 《资治通鉴》卷179，仁寿二年十二月。
⑦ 《资治通鉴》卷181，大业八年。
⑧ 《隋书》卷41，《高颎传》
⑨ 《隋书》卷38，《刘昉传》。
⑩ 《北梦琐言》卷11。
⑪ 《资治通鉴》卷254，中和二年四月。
⑫ 《资治通鉴》卷256，中和四年十二月。
⑬ 《洛阳搢绅旧闻记》。
⑭ 《唐代墓志汇编》，第1976—1977页。
⑮ 同上书，第1258页。
⑯ 同上书，第518页。

"长安客有买妾者"①。风流才子杜牧,太和年间悦湖州一十余岁少女,以金币约定十年后来此处做官纳为姬妾。有利用职权占因犯为妾的。显庆元年(656),洛州妇人淳于氏,坐奸系于大理寺,宰相李义府"闻其姿色,嘱大理丞毕正义求为别宅妇,特为雪其罪"②。有别人赠送的。元和诗人张又新,在李绅酒筵上得一歌姬。杨行密侍其将李承嗣,史俨甚厚,"第舍、姬妾,咸选其尤者赐之"③。贵族官僚可以将妾任意嫁人。尚书李翱将酒筵上一舞柘枝女,于宾馆中擢士嫁之④。用妾换马,认为"一面妖桃千里蹄,娇姿骏骨价应齐"⑤,是价格相当的"公平"交易。妾与马相提并论:"伴凤楼中妾,如龙枥上宛"。"同年辞旧宠,异地受新恩"(卢殷《妾换马》)。以妾为赌博筹码。"一掷赌却如花妾"⑥。有的以妾殉葬。有的人"将死,命其子以嬖妾为殉"⑦。杀妾犒军。至德二载(757),张巡守睢阳抗击安史叛军,粮尽,"巡出爱妾,杀以食士"⑧。妾的生杀予夺完全操在别人手里,是妇女中地位卑下者之一。在隋唐五代贵族官僚中,不纳姬妾即视为清廉。唐文宗时宰相郑覃,"家无媵妾,人皆仰其素风"⑨。这种人毕竟有限。不纳妾者有的是出于啬。唐宪宗时宰相王涯,"性啬,不蓄妓妾"⑩。

妾的存在,对正妻是极大的威胁。因妾年轻、漂亮,备受宠幸,如其生子,在家中地位更是与日俱增。人老珠黄的正妻当然不能容忍来自妾的冲击,所谓"妒妇"应运而生。正妻为维护自己的利益,与丈夫抗争,虐待(有的手段极其残酷)妾,而妾往往是牺牲品。产生这种社会现象的根本原因,不是正妻与妾的矛盾,而是封建社会一夫多妻的不合理婚姻制度。隋文帝独孤皇后是出名的妒妇。"性尤妒忌,后宫莫敢进御。尉迟迥女孙有美色,先在宫中。上于仁寿宫见而悦之,因此得幸。后伺上听朝,阴杀之。上由是大怒,单骑从苑中而出,不由径路,入山谷间二十余里,高颎、杨素等追及上,扣马苦谏。上太息曰:'吾贵为天子,而不得自由'。"她"见诸王及朝士有妾孕者,必劝上斥之"⑪。薛国公长孙觉妾,是隋文帝灭齐后将齐氏嫔赐给他的。览妻郑氏"性妒,谮之于文献(皇)后,后

---

① 《唐语林》卷5,《补遗》。
② 《旧唐书》卷82,《李义府传》。
③ 《资治通鉴》卷261,乾宁四年十一月。
④ 《唐才子传》卷6,《殷尧藩》。
⑤ 张祜:《爱妾换马》,《全唐诗》卷26。
⑥ 贯休:《轻薄篇》,《全唐诗》卷25。
⑦ 《全唐文》卷673。
⑧ 《资治通鉴》卷220,至德二年十月。
⑨ 《旧唐书》卷173,《郑覃传》。
⑩ 《唐才子传》卷5,《王涯》。
⑪ 《隋书》卷36,《后妃传》。

197

令（长孙）览离绝（其妾）"①。唐"大历以前，士大夫妻多妒悍者"②。其实唐代妒妇并非大历以前士大夫妻多有妒妇，大量史载证实，大历以后至唐亡，包括士大夫在内的贵族官僚等妻，多有妒悍者。婢妾小不如意就在她们脸上刺点、圆等③。这种黥面破相，对妾来说，是极端要命的。因脸蛋是她们与正妻争宠的主要"本钱"，一旦印面，后果不堪设想。其实，还有比印面更残忍的手段。贞观年间，濮阳范略宠幸一婢，其妻任氏"以刀截其耳鼻"④。驸马裴巽有一外宠。宜城公主"恚，■（裴巽外宠）耳劓鼻，且断巽发"⑤。广州化蒙县丞胡亮喜一妾，其妻贺氏乘他不在，"乃烧钉烙其（妾）双目，妾遂自缢死"⑥。更有捉刀欲杀人者。贞观中，桂阳令阮嵩妻阎氏"极妒。嵩在厅会客饮。召女奴歌。阎披发跣足，袒臂拔刀至席，诸客惊散。嵩伏床下"，"女奴狼狈而奔"，幸免于难，这位县太爷却旋被上司考评为下等，丢了乌纱帽⑦。妒妇们的威风，使得有些懦弱的丈夫得了惧内病。张褐尚书典晋州，外贮所爱营妓，生一子，其"内子苏氏号尘外，妒忌，不敢取归"⑧。镇滑台的节度使李福姬侍甚多，因惧妻裴氏妒，不敢宠幸。一日乘裴氏沐发，伪称腹痛，召所喜女奴。裴氏以药投儿溺中。次日，李福对幕僚说："一事无成，还虚咽一瓯溺，闻者莫不大笑。"⑨ 对于这些妒妇，至高无上的天子也奈何不得。隋文帝如此，唐代有些天子无出其右。唐太宗赐兵部尚书任环两名国色宫女，任环妻妒，"烂二女头发秃尽"。太宗命上宫将金胡瓶酒赐她，说"饮之立死。环三品，合置姬媵。尔后不妒，不须饮。若妒即饮之。柳氏拜敕讫，曰：'妾与环结发夫妻，俱出微贱，更相辅翼、遂致荣官。环今多内嬖，诚不如死，饮尽而卧"。此人宁死不容其夫多妾，使皇帝也生畏惧，说"其性如此，朕亦当畏之"，只得诏令别宅安置二宫女⑩。贞观名相房玄龄妻也是宁妒而死，使得房玄龄屡辞唐太宗所赐美女。究其原因，妒妇不怕死是其一；有些天子本身同样染有惧内病是其二。最有名的惧内天子是唐高宗。他对武则天既爱其才貌，又怕其三分。武则天姊"韩国夫人及其女以后故出入禁中，皆得幸于上"。武则天妒其母女而将韩国夫人及其女魏国夫人谋害⑪。高宗在政治上"欲有所为，动为后所制"，"天下大

---

① 《隋书》卷74，《库狄士文传》。
② 《酉阳杂俎》前集卷8，《黥》。
③ 同上。
④ 《朝野佥载》卷2。
⑤ 《新唐书》卷83，《诸帝公主传》。
⑥ 《朝野佥载》卷2。
⑦ 《朝野佥载》卷4。
⑧ 《北梦琐言》卷8。
⑨ 《群居解颐》。
⑩ 《朝野佥载》卷3。
⑪ 《资治通鉴》卷201，乾封元年八月。

权，悉归中宫，黜陟、杀生，决于其口，天子拱手而已"①。唐明皇"三千宠爱在（杨贵妃）一身"②，固然在于他特别喜欢杨贵妃。而杨贵妃的妒性也不无关系。天宝五载（746）杨贵妃因"妒悍忤旨"③，被送还兄杨铦宅。闽王曦妻李氏妒贤妃尚氏之宠。闽王延翰妻崔氏"性妒，良家子之美者，辄幽之别室，系以大械，刻木为人手以击颊，又以铁锥刺之，一岁中死者八十四人"④。

（二）休妻

隋唐五代一般按古礼"七出"休妻。所谓"七出"，就是丈夫在妻子"无子、淫佚、不事舅姑、口舌、盗窃、妒忌、恶疾"⑤等七种情况下，均可出（休）妻。但在唐代，法律又规定，在以下三种情况下，丈夫不得出妻，即"三不去"："持舅姑之丧；娶时贫贱，尔后富贵者；有所受无所归。"⑥

在现实生活中，人们有按也有不按上述规定办的。武则天时，凤阁舍人李迥秀，因其妻"尝叱其媵婢，母闻之不悦，迥秀即时出之。或止云：'贤室虽不避嫌疑，然过非出状，何遽如此？'迥秀曰：'娶妻本以承顺颜色，颜色苟违，何敢留也'，竟不从"⑦。这是以"不事舅姑"为由出妻的。有人以"妻于姑（公婆）前叱狗"而出之⑧。"甲出妻，妻诉云无失妇道。乙云：父母不悦则出，何必有过"⑨。此二人也是以"不事舅姑"为由出妻的。以"无子"作借口出妻的例子有"景娶妻三年无子，舅姑将出之"，其妻"诉云归无所从"，即以"三不去"中的"有所受无所归"的法律为据，请求不出⑩。其实，这些人虽按"七出"出妻，理由并不充分。如白居易认为妻于姑前叱狗，"若失口而不容，人谁无过？虽敬君长之母，宜还王吉之妻"⑪。"乙在田，妻饷不至，路逢父告饥以饷馈之，乙怒，遂出妻"⑫。此人出妻理由也不充分。

所谓有些人不按"七出"出妻，是说他们没有正当理由，而随心所欲地抛弃妻子。贞观初，酃州都督张亮，"弃其本妻，更娶李氏"⑬。武则天时酷吏来俊臣

---

① 《资治通鉴》卷201，麟德元年十二月。
② 白居易：《长恨歌》。
③ 《杨太真外传》。
④ 《新五代史》卷68，《王审知传》。
⑤ 《唐律疏议》卷14，《户婚律》妻无七出而出。
⑥ 同上。
⑦ 《旧唐书》卷62，《李大亮传附迥秀传》。
⑧ 《全唐文》卷672。
⑨ 《全唐文》卷673。
⑩ 同上。
⑪ 《全唐文》卷672。
⑫ 《全唐文》卷673。
⑬ 《旧唐书》卷69，《张亮传》。

"弃故妻"①。开元、天宝时诗人崔颢,"娶妻择美者,稍不惬即弃之,凡易三、四"②。李白《去妇词》(一作顾况诗),述一女子年十五而嫁,十年后一夫有新宠,将其遗弃。

唐代,妇女也可提出离婚。唐代法律明确规定:夫妻"义绝则离"③。即如果夫妻感情破裂,合不来,允许离异。有些人离婚不是出于"义绝",而是其他原因,有的出于政治原因。天宝年间,宰相李林甫将不利皇太子李亨,其妃韦氏兄韦坚被李林甫害死后,李亨惧,上表"言与妃情义不睦,请离婚。玄宗慰抚之,听离"④。有的迫于天子命令。隋滕穆王瓒妃宇文氏,与独孤皇后有隙,及其夫坐事,"郁郁不得志,阴有咒诅",隋文帝"命瓒出之"⑤。有的因病。开成三年(838),左卫兵曹萧敏"心疾乖忤,因而离婚"⑥。有的为侍养亲人。刘寂妻夏侯氏,父眼失明,"乃求离其夫,以终侍养"⑦。

隋唐五代,复婚是允许的。会昌六年(846),萧敏病愈,向前妻乞求复婚,经前妻叔右庶子吕让向朝廷进状,得到唐武宗批准⑧。

(三)婚姻观念比较开放

从一而终的封建贞节观念不很强烈,一嫁再醮,人不为怪,从平民百姓到皇室贵族,莫不如是。唐代公主的婚姻在这方面是较典型的。据《新唐书》卷83《诸帝公主传》记载,从高祖至昭宗,传中有名的公主212名⑨。其中初婚者104名,二嫁者25名,三嫁者2名。此外婚姻情况缺载者39名,早薨者29名,未嫁者1名,出家为女道士者12人。公主二嫁的原因:1.原配寿终。2.原配被贬、杀。3.原配战殁沙场。4.原配情况不明。前三种改嫁应属大体正常,而非闺门失礼淫乱所致。三嫁的唐中宗女定安公主,原配王同皎获罪后,定安改嫁韦濯,韦濯被诛更嫁崔铣。唐玄宗女齐国公主原配"张垍,又嫁裴颖,末嫁杨敷"⑩。据《旧唐书》卷97《张说传附张垍传》载,安史之乱中,"张垍与陈希烈为贼宰相,垍死于贼中"。可见齐国公主改醮,可能与原配张垍任安禄山伪官并死亡有关。她为何再醮杨敷,史载阙如。唐代公主中,也有原配死后不改适他人的。如唐高宗

---

① 《大唐新语》卷3,《公直》。
② 《唐才子传》卷1,《崔颢》。
③ 《唐律疏议》卷14,《户婚律》。
④ 《旧唐书》卷52,《肃宗幸妃传》。
⑤ 《隋书》卷44,《滕穆王瓒传》。
⑥ 《旧唐书》卷18上,《武宗纪》。
⑦ 《旧唐书》卷193,《列女传》。
⑧ 《旧唐书》卷18上,《武宗纪》。
⑨ 《新唐书》卷83《诸帝公主传》所列诸帝公主为210名,实载212名,因传中列玄宗29女,实为30女。列穆宗8女,实为9女。
⑩ 《新唐书》卷83,《诸帝公主传》。

女高安公主，其夫王勖被武则天杀后，她始终未嫁。唐代公主中淫乱者只有唐太宗女高阳公主、唐中宗女安乐公主、唐肃宗女郜国公主及唐顺宗女襄阳公主①。公主二嫁、三嫁集中在唐前期，唐玄宗朝最多（9人）。唐代宗至唐亡不见公主再醮事。唐宣宗以后无公主改嫁，与宣宗"诏夫妇，教化之端。其公主、县主有子而寡，不得复嫁"②有关。

尽管改嫁比较自由，但大多数妇女对爱情是专一的。夫殁后，她们仍一如既往地钟情于死者，终身不改嫁，以照顾舅姑等亲属、抚育子女或拜佛为务。杨三安妻李氏，"及舅姑亡没，三安亦死，二子孩童，家至贫窭。李昼则力田，夜则纺绩，数年间，葬舅姑及夫之叔侄兄弟者七丧"③。樊会仁母，生会仁而夫丧，"事舅姑姊姒以谨顺闻"。抚育稚子，后母兄屡逼其改嫁，均誓死不从④。冀州女王阿足，无子而夫亡，求聘者甚多，王阿足"为姊年老孤寡，不能舍去，乃誓不嫁，以养其姊"⑤。

有些妇女在丈夫去世后，到佛教中寻求精神寄托，吃斋念佛，不再化妆打扮。如贞观十四年（640），右骁翊卫翟瓒妻刘氏，"良人捐背（死），以贞洁之操，逮孀孤之始。遂乃融精觉道，肃虑真源，照生灭于禅心"，"证空有于法性"，"宁俦专一"⑥。贞观二十二年（648）处士淳于才死后，其妻陈恭"蓬首孀闺，铅华不御，柏舟自勖，之死靡他，廿余年，克终贞元"⑦。武则天时，朝议郎周绍业妻赵氏，丧夫后，"屏绝人事，归依法门，受持金刚、般若、涅槃、法华、维摩等西部尊经，昼夜读诵不辍"，"又持戒行"⑧。开元时，张氏夫死后，"精心释门，使二子出家，家如梵宇"⑨。吴真妻夫死后"遵崇圣教，常读涅槃，惠悟一乘，智周万物"⑩。严氏夫死后，"深悟因缘，将求解脱，顿味禅寂，克知泡幻。数年间能灭一切烦恼，故大照和上摩预受记，号真如海"⑪。天宝年间兖州瑕丘县令妻朱氏夫死后"精心道门（指佛教）"，"舍钱十万，克修胜果，造端不二，深悟业缘"⑫。朝议郎妻万俟氏夫死后，"永断荤血，便习禅行，夜分而寝，将觉悟无生，昼分而

---

① 《新唐书》卷83，《诸帝公主传》。
② 同上。
③ 《旧唐书》卷193，《列女传》。
④ 同上。
⑤ 同上。
⑥ 《唐代墓志汇编》，第621页。
⑦ 同上书，第555页。
⑧ 同上书，第1330页。
⑨ 同上书，第1498页。
⑩ 同上书，第1507页。
⑪ 《唐代墓志汇编》，第1523页。
⑫ 同上书，第1535页。

食，必归依圣果"①。汝州刺史妻韦氏夫死后，"禅悦为心，尝依止大照禅师，广通方便，爱拘有相，适为烦恼之津；暂证无生，因契涅槃之境"②。房陵郡太守妻杨氏夫死后，"服绖缦，饭蔬食，焚炉香，专禅诵，将以誓志，期于终身"③。唐德宗时汝州鲁山县丞妻王氏夫死后，"发罢香油，面绝铅粉，经佛在心"④。秦州上邽县令豆卢喆妻魏氏，在夫等亲人死后，"仰苍昊而罔极，嗟人生如梦幻，欻然自悟，归信释门，斋戒不亏，卌（四十）余载。顷曾授指趣心地大圣善寺大晋禅师"⑤。京兆杜氏，丈死后数十年何，视粉黛如瓦砾，唯亲经佛，以道自乐。

（四）几种不同一般人的婚姻

1. 宫人

唐代宫人众多，玄宗时后宫多达四万。宫人从二八红颜入宫，直至青丝堆雪，能为天子宠幸者寥若晨星。绝大多数宫人数十载春秋，过着幽闭生活，故宫人怨多见于唐人诗文。《妾薄命》成为抒发唐代宫人怨的诗歌体裁。"虽入秦帝官，不上秦帝床。夜夜玉窗里，与他卷罗裳"⑥。这里说的秦帝，实喻唐皇。"草绿长门闭，苔青永巷幽。宠移新爱夺，泣下故情留"⑦。有的宫人有幸被天子宠幸，不久天子又去宠幸更年轻貌美的宫人。被遗弃者被冷落于清幽永巷，空有长门之怨。即使那些"常矜绝代色，复恃倾城姿"的宫人，在粉黛如云的女儿堆里，仍难逃"流景一何速，年华不可追。解佩安所赠，怨咽空自悲"⑧ 的悲惨命运。她们感叹"昔日芙蓉花，今成断根草。以色事他人，能得几时好"⑨。"争得一人闻此怨，长门深夜有妍姝。早知雨露翻相误，只插荆钗嫁匹夫"⑩。早知一入深似海的宫闱误了豆蔻韶华，还不如头插荆钗嫁给寻常布衣。

有些不甘花容玉貌白白憔悴的宫人，为追求爱情与自由，题诗于红叶，从御沟中浮出，以求宫外的知音。唐玄宗时，那些不备掖庭的宫人"常书落叶随御水而流，云'旧宠悲秋扇，新恩寄早春。聊题一片叶，将寄接流人'"。诗人顾况闻而和诗，朝廷因而"遣出禁内者不少"⑪。卢渥考科举，偶于御沟见一红叶，上吟

---

① 《千唐志斋藏石》823《大唐故朝议郎行洪府法曹参军荥阳郑府君故夫人河南万俟氏墓志铭并序》。
② 《唐代墓志汇编》，第1647页。
③ 同上书，第1677页。
④ 同上书，第1842页。
⑤ 同上书，第1914页。
⑥ 崔国辅：《妾薄命》。
⑦ 杜审言：《妾薄命》。
⑧ 武平一：《妾薄命》。
⑨ 李白：《妾薄命》。
⑩ 刘得仁：《长门怨》，《全唐诗》卷545。
⑪ 《云溪友议》卷下，《题红怨》。

有绝句，置于巾箱或传观于人。唐宣宗简省宫人，卢渥于范阳获一宫人，宫人见卢渥所藏红叶，正是她所书绝句"水流何太急，深宫尽日闲。殷勤谢红叶，好去到人间"红叶①。唐末，儒生于祐在长安于御沟边得题诗秋叶，存书筒中。并赋诗"曾闻叶上题红怨，叶上题诗寄阿谁"于红叶，从御沟飘入宫中，以求知音。宫人韩氏拾得，和诗一首："独步天沟岸，临流得叶时。此情谁会得，肠断一联诗。"珍藏箧里。后僖宗放宫女三千余出宫。韩氏住河中贵人韩泳家。于祐因累考科举不中，往依韩泳门馆。韩泳从中帮助于祐与韩氏联姻。在婚席上，韩氏吟"一联佳句题流水，十载幽思满素怀。今日却成鸾凤友，方知红叶是良媒"②。

像韩氏等这样喜结良缘者究属凤毛麟角。其他宫人，或当皇上驾崩，被驱入寺刹，削发为尼，在单调的木鱼声中，念经礼佛修功德，为已故天子乞求冥福，直至默默无闻地消逝。像武则天那样入感业寺，数年后又奇迹般地入主正宫，毕竟罕见。或被强制送到皇陵，侍奉地下亡灵③。或人老珠黄打入冷宫，苦度长阳白发人式的凄凉时光④。或被安置寺观⑤，有些宫人连个姓氏都没有留下，"卒于坊所"⑥。

2. 戍卒妇

在唐人婚姻中，征夫戍卒之妻怨在诗文中多有反映。唐代疆域辽阔。成千上万的将士，长年轮流上番，或屯田戍边，与妻儿常相离别，难以团聚。"谁家夫婿不从征"。"自从离别守空闺"，"北斗星前横度雁，南楼月下捣寒衣。夜深闻雁肠欲绝，独坐缝衣灯又灭。暗啼罗帐空自怜，梦度阳关向谁说？"刘元淑的这首《妾薄命》诗，充分显示了戍边将士妻的离情别绪。尽管她们"不愁寒无衣，不怕饥无粮"⑦，对于夫婿"君爱龙城征战功"的志向能够理解，并表示"与君一日为夫妇，千年万岁亦相守"⑧的坚贞不渝爱情，只是"所嗟不及牛女星，一年一度得相见"，更是"惟恐征战不还乡，母化为鬼妻为孀"⑨。有的人还说，记得当年纳彩求婚时，夫君"不言身属辽阳戍"。"早知今日当别离，成君家

---

① 《云溪友议》卷下，《题红怨》。
② 《全唐诗外编》下，《全唐诗续补遗卷十三·韩氏》。
③ 薛调：《无双传》。
④ 《全唐诗》卷419，元稹《上阳白发人》；同书卷426，白居易《上阳白发人》。
⑤ 如元和十年十二月，"出宫人七十二人置京城寺观"（《旧唐书》卷15，《宪宗纪下》）。开成三年六月，"出宫人四百八十，送两街寺观安置"（《旧唐书》卷17下，《文宗纪下》）。
⑥ 《唐代墓志汇编》，第424页。像这样的宫人，在这本汇编中有62人，都在唐开元年间以前（另有二宫人系残志所载，年代不详），此后至唐亡无载。
⑦ 施肩吾：《古别离二首》，《全唐诗》卷494。
⑧ 张籍：《妾薄命》，《全唐诗》卷382。
⑨ 施肩吾：《古别离二首》，《全唐诗》卷494。

计艮为谁？男儿生身自有役，那得误我少年时。不如逐君征战死，谁能独老空闺里"①。

一旦国家有事，发生战争，夫婿被征入伍上沙场，他们的妻子就更加为前方的亲人担心了。"老母别爱子，少妻送征郎。血流既四面，乃一断二肠"②。天宝年间，杨国忠派兵打南诏，强行征兵，"车辚辚，马萧萧，行人弓箭各在腰。耶（爷）孃（娘）妻子走相送，尘埃不见咸阳桥。牵衣顿足阑（一作桥）道哭，哭声直上干云霄"③。"嫁女与征夫，不如弃路旁。结发为妻子，席不暖君床。暮婚晨告别，无乃太匆忙。君行虽不远，守边赴河阳。妾身未分明，何以拜姑嫜"。杜甫这首《新婚别》，则抒发了安史之乱中，新郎被征发抗击叛军，新婚妻子复杂的心情。

安史之乱后，唐王朝由盛而衰。朝廷日弱，地方割据势力不断膨胀。为了削藩，从唐德宗起，朝廷相继调兵讨伐桀骜不驯的藩镇，战事连绵。吐蕃乘机侵占河西陇右，逐渐成为唐后期唐王朝主要边患之一。为遏止吐蕃秋高马肥时掠扰西北及剑南一带，唐统治者从关东等地征调大批将士"防秋"。尽管这些战争是被迫进行的，有利维护国家的统一和安全，但长年累月的征战、戍边，不仅造成数以千万计的将士伤亡，而且使其家属、尤其是妻子饱尝生离死别的痛苦。因此在唐人诗歌中，以卒妻怨为题材者屡见不鲜。"一朝嫁得征戍儿，荷戈千里防秋去。去时只作旦暮期，别后生死俱不知"④。"河湟戍卒去，一半多不回。家有半菽食，身为一囊灰。官吏按其籍，伍中斥其妻。处处鲁人髽，家家杞妇哀。少者任所归，老者无所携"，"其夫死锋刃，其室委尘埃"⑤。诗中所说的河湟戍卒，也是一位"防秋"兵。戍卒们"一半不回"。这些山东（太行山以东地区）妇人，其夫为国捐躯，官府还粗暴地对待她们。家家有悲哀的村妇，老少无依靠，死难的卒属只有死路一条。

3. 商人妇

隋唐五代、尤其是唐代，随着农业和手工业生产的发展，对外经济交流的活跃，交通的便利，商业也不断发展，长安、洛阳、扬州、广州和成都等地商业相当发达。逐利的商贾足迹遍天下。由于"商人重利轻别离"⑥，嫁与他们的妇人，

---

① 张籍：《别离曲》，《全唐诗》卷382。
② 施肩吾：《古别离二首》，《全唐诗》卷494。
③ 杜甫：《兵车行》，《全唐诗》卷216。
④ 薛蓬：《追昔行》，《全唐诗》卷548。
⑤ 《皮子文薮》卷10，《卒妻怨》。
⑥ 白居易：《琵琶引》，《全唐诗》卷435。

与商人夫"见少别离多"①。"嫁与商人头欲白，未曾一日得双行。任君逐利轻江海，莫把风涛似妾轻"②。浔阳江头的一位贾人妇，在船中孤苦伶仃地等待"前月浮梁买茶去"的丈夫③。但是，她们的愿望往往落空。有的丈夫还变了心。一位富家女资助贫贱夫。她虽"惠好一何深"，而"夫富贵多宠新"。经商在巴东的丈夫迟迟不归。"巴东有巫山窈窕神女颜，常恐游此山，果然不知还"④。有些"愁水复愁风"⑤的商人妇，只好求神庇佑："扬州桥边小妇，长干市里商人。三年不得消息，各自拜鬼求神"⑥。

七 冥婚

在唐代，上起皇帝，下至平民，男女未成年而夭折者，父母等为其择已殁者配为夫妻、合葬，名曰冥婚。唐人认为，这是"古之遗礼"⑦。古人已有冥婚，今行之符合礼仪。同时认为"父母哀其魂孤，为结幽契"⑧，冥婚能使这些年幼的亡人，在另一个世界里"幽途琴瑟"⑨ 和谐，同穴而安。有的甚至认为，这"等秦娥之奔月，□同萧史之□仙，岂谓共归于蒿里"⑩。冥婚实际上是对死者和生者都是一种精神安慰。

张楚贞观十九年（645）死，年20，显庆六年（661）"冥婚马氏"⑪。贾元叡，显庆五年（660）死，年17，"娉卫氏女为暝婚"⑫ 合葬。同年，尚书都事故息颜子，年16死，与"文林郎刘毅故第二女结为冥婚"⑬。张氏垂拱元年（685）死，年21，次年与永淳二年（683）年20死的陈冲"冥婚合葬"⑭。清庙台斋郎王豫，延载元年（694）死，年28，"冥婚梁吴郡王孙邢州司兵萧府君之第四女"⑮。淮阳郡王韦洞，如意元年（692）死，年16，因是韦皇后弟，唐中宗制令"冥婚太子家令清河崔道猷亡第四女为妃而会葬"，并赗赠"物□千段，米粟五百石，衣

---

① 李白：《长干行》，《全唐诗》卷26。此诗又说为张潮、李益所作。
② 刘得仁：《贾妇怨》，《全唐诗》卷545。
③ 白居易：《琵琶引》，《全唐诗》卷435。
④ 张潮：《长干行》，《全唐诗》卷26。
⑤ 李白：《长干行》，《全唐诗》卷26。此诗又说为张潮、李益所作。
⑥ 王建：《江南三台四首》，《全唐诗》卷26。
⑦ 《唐代墓志汇编》，第1084页。
⑧ 同上书，第1592页。
⑨ 同上书，第918页。
⑩ 同上书，第307页。
⑪ 同上书，第332页。
⑫ 同上书，第307页。
⑬ 同上书，第314页。
⑭ 同上书，第748页。
⑮ 《唐代墓志汇编》，第918页。

等九袭","赐东园秘器,葬日给班剑州（四十）人,羽葆鼓吹仪仗送至墓所。往还长由调卒,将作穿土"①,极为隆重。大足元年（701）,邵王李重润与其妹永泰郡主、婿魏王武延基等窃议张易之兄弟何得恣入皇宫,被武则天杖杀。唐中宗即位,"追赠皇太子,谥曰懿德,陪葬乾陵。仍为聘国子监丞裴粹亡女为冥婚,与之合葬"②。李璿天宝四载（745）死,年27,其父母"娶同县刘氏为夫人"③,合葬。《太平广记》记载了以下几则冥婚故事：其一,天宝初年,会稽主簿季攸外甥女,恨其舅只嫁亲生二女而不管她的婚事,结怨而死。死后勾引季攸手下胥吏同寝,要求季攸成全他们,季攸不得已,"乃设冥婚礼"④。其二,长洲县丞陆某之女,死后托人传语,云临颍李十八求婚,望其父许之。陆某"竟将女与李子为冥婚"⑤。其三,临汝郡人王乙,曾与李氏庄一女有私情,后王乙得官再过其庄,闻该女已亡,遂至殡宫祭奠,亡魂来会,王乙痛哭而卒,"二家为冥婚"⑥。三则故事均属子虚,却是唐人冥婚习俗流行的曲折反映。

安史之乱至唐亡,见于史载的冥婚数量大为减少。笔者仅见建宁郡王李倓冥婚事。李倓为唐肃宗第三子,安史之乱中被张良娣、李辅国诬死。大历三年（769）,唐代宗下诏"追谥曰承天皇帝,与兴信公主第十四女张氏冥婚,谥曰恭顺皇后"⑦,葬顺陵,祔主奉天皇帝庙。这个时期也有反对冥婚的。如李册（三十）三娘元和三年（808）死,年17,祔葬外兄之墓,其家人认为："若神而见知,幽魂有托,生为秦晋,没也岂殊,何必卢充冥婚然?"⑧

⑧少数民族婚姻

隋唐五代少数民族婚姻,各具特色,丰富多彩。

突厥 隋大业年间,突厥雄踞北边,"东自契丹、室韦,西尽吐谷浑、高昌诸国皆臣属焉"⑨。突厥的婚俗是"父兄死,子、弟妻其群母及嫂"⑩。启民可汗死,子始毕可汗立,上表隋朝,"请尚（娶）（隋义成）公主",隋炀帝允许其请,"诏

---

① 《唐代墓志汇编》,第1084页。《旧唐书》卷187下《崔元波传》云：唐中宗景龙年间,"时中书令、郑国公萧至忠才位素高,甚承恩顾,敕亡先女冥婚韦庶人亡弟"。
② 《旧唐书》卷86,《高宗中宗诸子传》。
③ 《唐代墓志汇编》,第1592页。
④ 《太平广记》卷333,《季攸》。
⑤ 《太平广记》卷333,《长洲陆氏女》。
⑥ 《太平广记》卷334,《王乙》。
⑦ 《旧唐书》卷116,《肃宗代宗诸子传》;《新唐书》卷82,《十一宗诸子传》。
⑧ 《唐代墓志汇编》,第1964页。
⑨ 《旧唐书》卷194上,《突厥传》。
⑩ 《隋书》卷84,《突厥传》。

从其俗"①,即按突厥的婚俗,让义成公主嫁给自己的儿子始毕可汗。

室韦 其国东至黑水靺鞨,西至突厥,南接契丹,北至于海。"婚嫁之法,男先就女舍,三年役力,因得亲迎其妇。役日已满,女家分其财物,夫妇同

胡人牵驼 敦煌莫高窟 唐画像砖

车而载,鼓舞共归"②。这是男方用为女方服役作为聘财而娶妇的风俗。"夫死,不再嫁"③。

南平獠 其地东与智州、南与渝州、西与南州、北与涪州接界,部落四千余户。"为婚之法,女氏必先货求男族,贫者无以嫁女,多卖与富人为婢"④。

东谢蛮 在黔州之西数百里。"婚姻之礼,以牛酒为聘。女归夫家,皆母自送之。女夫惭,逃避经旬方出"⑤。

松外蛮 地处夜郎、滇池以西。"居丧,昏嫁不废,亦弗避同姓。婿不亲迎。富室娶妻,纳金银牛羊酒,女所赍亦如之"⑥。

---

① 《隋书》卷84,《突厥传》。
② 《旧唐书》卷199下,《室韦传》。《新唐书》卷219《室韦传》文意同。《唐会要》卷96《室韦》所载不同:"婚嫁之法,二家相许,婿辄盗妇持去,然后送牛马为聘"(《隋书》卷84《室韦传》同)。
③ 《新唐书》卷219,《室韦传》。《唐会要》卷96《室韦传》同。
④ 《旧唐书》卷197,《南平獠》。《新唐书》卷222下《南平獠》同。
⑤ 《旧唐书》卷197,《东谢蛮》。《新唐书》卷222下《南蛮下》文意同。
⑥ 《新唐书》卷222下,《南蛮下》。

吐谷浑　在甘松之南，洮水之西，南极白兰，地数千里。"其婚姻富家厚出聘财，贫人窃女而去。父卒，妻其庶母；兄亡，妻其诸嫂"①。

党项羌　该羌之处，东至松州，北连吐谷浑，西接叶护，南杂舂桑、迷桑等羌族。婚法"妻其庶母及伯叔母、嫂、子弟之妇"，"然不婚同姓"②。

第三节　丧葬

一 顺其自然的生死观

隋唐五代不少人对死没有恐惧心态，认为这是天道常理。人既有生就有死，应顺其自然。隋文帝说：人死"乃人生常分"③。即人死是人生正常的本分。显庆三年（658），处士贾德茂"自识云亡，乃诫其子曰：'生者气聚，死者气散，聚散之间，天道常理'"④。总章三年（670）刑部尚书卢承庆说："死生至理，亦犹朝之有暮。"⑤ 开元时人司马洋说："死生夭寿天道常，达人大观庸何伤！"⑥ 京苑总监茹守福患病，"呼集家人，告以死日。"子女环泣，他制止道："生者物之始，死者物之终，终始循环，天之常道，又何足悲也。"⑦ 天宝年间一位佚名者说："贵者未闻终吉，贱者无曰无凶。生死之际，贤愚混同。"⑧ 即在生死面前，人人平等。唐穆宗时，襄州节度押衙卜璀说："崇山有崩，大川有竭。万物草木，既荣必枯。死生之理，昭然可见。"⑨ 唐宣宗时，越州处士叶再荣对妻子说："人生必有灭，有来必有往。"⑩ 受佛教一切皆空思想影响的泗州司仓参军刘某妻张氏认为："人之死生，岂殊蝉蜕。"⑪ 后梁崔涿认为死生有命。后唐常州刺史敬威对人

---

① 《旧唐书》卷198，《吐谷浑传》。
② 《旧唐书》卷198，《党项羌》。
③ 《隋书》卷2，《高祖纪下》。
④ 《千唐志斋藏志》164。
⑤ 《旧唐书》卷81，《卢承庆传》。
⑥ 《唐代墓志汇编》，第1329页。
⑦ 同上书，第1275页。
⑧ 《千唐志斋藏志》811。
⑨ 《唐代墓志汇编》，第2069页。
⑩ 同上书，第2314页。
⑪ 《千唐志斋藏志》1140。

说：生而有死，人孰能免？

这些人有上述认识，他们视死如归，能从容地生前安排后事。卜璀"愿及生前得备葬事"①。预掘坟墓者有之。长孙无忌自作墓于昭陵茔中。开元时太原人王氏，"自营墓所"②。卜璀家人为他营筑坟阙于襄阳县。叶再荣"欲逆修墓茔斋七，身后无扰"。开成四年（839）卜宅吉兆，选地得宝泉乡孝敬里新成村预造坟墓。于墓中起居、宴客者有之。《唐才子传》卷1《卢照邻》"豫为墓，偃卧其中"。司农寺主簿李源"穴地为墓，预为终制，时时偃仰于穴中"③。司空图"豫置冢棺，遇胜日引客坐圹中，赋诗酌酒，霑醉高歌。客有难者，曰：'君何不广耶！生死一致，吾宁暂游此中哉'。"④ 自撰墓志铭者有之。唐初人王勣，"身死之日，自为铭焉"⑤。太史令傅奕，"自为墓志曰：'傅奕，青山白云人也。因酒醉死，呜呼哀哉！'"⑥ 杜牧"临死自写墓志"⑦，心情平静恬淡。白居易《自撰墓志》云："其生也，浮云然；其死也，委蜕然。"⑧ 颜真卿被叛臣李希烈杀害前，自作墓志、祭文。辛秘自铭其墓。自撰墓志者还有御史大夫李栖筠⑨、宰相裴度⑩、枯校金部郎中柳子华⑪、欧阳秬⑫等。临终前与亲友诀别者有之。卢照邻"与亲属诀，自沈（沉）颍水"⑬。《唐才子传》卷2《王维》"临终，作书辞亲友，停笔而化"。茹守福"自为沐浴，衣以新衣，乃请诸名僧，造庐念诵，君端坐寝床，精爽不乱，言话如故，诫嘱无遗"⑭。欧阳秬临刑，"为书遍谢故人"⑮。

人们对死字还是忌讳的。数以千计的大量墓志铭显示，直言死字者寡，往往代之以别称。以唐代而言，计有亡、身亡、倾背、倾逝、迁化、迁神、舍寿、殒、夭年、伤逝、怛化、不禄、告尽、长逝、夭殁、夭逝、逝化、殄、捐世、捐生世、捐背、捐生、捐养、捐馆、不幸、寿终、易箦、启手足、背代、奄背、奄终、奄捐、奄没、如寐而往、朝露逝、殁、卒、薨、终、崩、谢世、暝、没、弃世、弃

---

① 《唐代墓志汇编》，第2069页。
② 《唐代墓志汇编》，第1388页。
③ 《旧唐书》卷187下，《李憕传附李源传》。
④ 《唐才子传》卷8，《司空图》。《旧唐书》卷190下《司空图传》文稍异。
⑤ 《文苑英华》卷961，《自撰墓志》。
⑥ 《旧唐书》卷79，《傅奕传》。
⑦ 《唐才子传》卷6，《杜牧》。
⑧ 《文苑英华》945。
⑨ 《新唐书》卷146，《李栖筠传》。
⑩ 《新唐书》卷173，《裴度传》。
⑪ 《旧唐书》卷165，《柳公绰传附子华传》。
⑫ 《新唐书》卷203，《欧阳詹传附秬传》。
⑬ 《唐才子传》卷1，《卢照邻》。
⑭ 《唐代墓志汇编》，第1275页。
⑮ 《新唐书》卷203，《欧阳詹传附秬传》。

养、不起、归人、告终、殂、即冥等。

丧葬风俗

（一）厚葬

厚葬之风，由来已久。它是帝王及富有者炫耀权力和财富、幻想死后像生前一样奢侈享乐在丧葬上的表现。

唐开国初期，由于承隋末战乱浩劫之后，社会残破，经济凋敝，崇尚节俭，厚葬者少。从贞观后期，尤其是武后执政时期，随着社会经济的恢复和发展，厚葬之风在以皇帝为首的统治阶级和商贾富人中开始抬头。唐太宗为高祖所修献陵、为自己所筑昭陵，武则天为高宗所建乾陵，就是典型之例（详后）。永隆二年（681），唐高宗诏雍州长史李义玄曰："商贾富人厚葬越礼，卿可严加捉搦，勿使更然。"[1] 皇帝专门诏令地方长吏严加处理商贾富人不遵朝廷规定，厚葬死者，表明这种现象已非个别。龙朔二年（662）宰相李义府改葬祖父是突出表现。当时三原令李孝节私课丁夫车牛，为其载土筑坟，昼夜不息。"高陵、栎阳、富平、云阳、华原、同官、泾阳等七县以孝节之故，惧不得已，悉课丁车赴役。高陵令张敬业恭勤怯懦，不堪其劳，死于作所。王公已下，争致赠遗，其羽仪、导从、辒辌、器服，并穷极奢侈。又会葬车马、祖奠供帐，自灞桥属于三原，七十里间，相继不绝。武德已来，王公葬送之盛，未始有也"[2]。至唐中宗时，"群臣务厚葬，以俑人象骖眩耀相矜，下逮众庶，流宕成俗"[3]。就是说，厚葬之风已成为风俗。神龙三年（706）陪葬乾陵，特恩"号墓为陵"的永泰公主墓，非常豪华。墓由墓道、甬道和墓室三部分组成。墓于平地堆卜夯筑，平顶。墓前，由北向南分立东西一对高阙、一对石狮、二对石人、一对华表。从墓口到墓室，是一条宽 3.9 米，长 87.5 米，高 16.7 米的斜坡形墓道。墓道两侧修有五个过洞、六个天井和八个便房。便房内散放着 1354 件唐三彩骆驼、马、人俑、碗、杯、壶、碟、房屋模型，以及铁、锡、铜、金、玉器等。壁画和藻井装饰，色泽艳丽、精美。如墓门两侧壁画上的仕女，均高髻、袒胸、长裙及地，着云头履，但二者发式、神态和服色不同。宫女行进画上的人物，妆饰典雅，仪态万千，充满青春活力。模仿苍穹的墓室顶上绘有天象图：点点繁星间，横亘一条从东北泻向西南的长长天河。永泰公主棺椁置于墓室正中，以青石雕成。椁呈屋形，庑殿式顶，飞鸟、花草和仕女等线刻画，遍布椁身。已发掘的章怀太子墓和懿德太子墓，修筑规格和豪华，

---

[1]《旧唐书》卷5，《高宗纪下》。
[2]《旧唐书》卷82，《李义府传》。
[3]《新唐书》卷113，《唐临传附绍传》。《旧唐书》卷45，《舆服志》，《通典》卷86《礼四六·凶礼八》所载更具体。

圜丘遗址　西安陕西师范大学内　隋唐

大抵同于永泰公主墓，而壁画则更加丰富多彩：有宫廷建筑、歌舞伎乐、出行仪仗、畋猎马毯、使节往来及王公贵族日常起居等。

唐玄宗执政时期，唐王朝已经经历了一个多世纪的休养生息，社会经济获得长足发展，出现了国家统一，经济繁荣，社会安定，国势富强的开元、天宝盛世。随着财富的日益增多，生活水平的提高，厚葬之风更加流行。开元二年（714）唐玄宗制书曰："自古帝王皆从厚葬为诫，以其无益亡者，有损生业故也。近代以来，共行奢靡，递相仿效，浸成风俗。既竭家产，多至凋弊。""今乃别造田园，名为下帐。又冥器等物，皆竞骄侈。失礼违令，殊非所宜；戮尸暴骸，实由于此"[①]。《封氏闻见记》卷6《道祭》亦云："明皇朝，海内殷赡，送葬者或当冲设祭，张施帏幕，有假花、假果、粉人、粉帐之属，然大不过方丈，室高不逾数尺，识者犹或非之。"

安史之乱后，厚葬之风"大扇。祭盘帐幕高至九十尺，用床三四百张，雕镂饰画，穷极技巧，馈具牲牢，复居其外。大历中，太原节度辛云京葬日，诸道节

---

① 《旧唐书》卷8，《玄宗纪上》。

度使使人修祭,范阳祭盘,最为高大。刻木为尉迟鄂公(尉迟敬德)与突厥斗将之戏,机关动作,不异于生。祭讫,灵车欲过,使者请曰:'对数未尽。'又停车,设项羽与汉祖会鸿门之象,良久乃毕。缞绖者,皆手擘布幕,辍哭观戏。事毕,孝子传语与使人,祭盘大好,赏马两匹。滑州节度令狐母亡,邻境致祭,昭义节度初于淇门载船桅以充幕柱,至时嫌短,特于卫州大河船上,取长桅代之。及昭义节度薛公薨,归绛州,诸方并管内县涂阳城南设祭,每半里一祭,至漳河二十余里,连延相次。大者费千余贯,小者三、四百贯。互相窥觇,竞为新奇。柩车暂过,皆为弃物矣。盖自开辟至今,奠祭鬼神,未有如斯之盛者也。"① 这是唐代宗、德宗时封疆大吏的厚葬。表现是祭盘的高大,饰画的穷极技巧,机关动作的新奇,馔具牲牢的奢侈,奠祭鬼神形式下的夸富斗贵。唐德宗即位初,即下制令为唐代宗治丧"山陵制度,务从优厚,当竭币藏以供其费"②。唐德宗在"朱泚之乱"流亡城固时,欲为去世的"唐安公主造塔,厚葬之"③。文敬太子、义章公主薨,他又"厚葬之,车土治坟,农事废"④。此后厚葬之事仍史不绝书。元和三年(808)京兆尹郑元修奏称:"是时厚葬成俗久矣,虽诏命颁下,事竟不行。"⑤ 左金吾大将军赵建遂夫人董氏、王氏,大中九年祔葬时,嗣子德行"罄生业就百金,力备丧事"⑥。节度副将吴清,咸通二年殁,家人"丧尽家财,以营大事"⑦。荆南同节度副使严筹殁,其家"致之厚葬"⑧。咸通十二年(871)正月葬同昌公主,其丧葬的排场之穷奢极侈是罕见的。"凡服玩,每物皆百二十舆,以锦绣、珠玉为仪卫、明器,辉焕三十余里;赐酒百斛,饼餤四十橐驼,以饲体夫(轝柩之夫)。上与郭淑妃思公主不已,乐工李可及作《叹百年曲》,其声凄惋,舞者数百人,发内库杂宝为其首饰,以绅八百匹为地衣,舞罢,珠玑覆地"⑨。敕祭同昌公主于韦氏之庭,"韦氏之人争取庭祭之灰,汰其金银"⑩。出殡时,唐懿宗与淑妃亲御延兴门,"出内库金骆驼、凤凰、麒麟,各高数尺,以为仪从。其衣服玩具,与人无异","刻木为数殿,龙凤花木人畜之象者不可胜计。"又"以绛罗绮绣,络以金珠瑟瑟,为帐幕者千队。其幢节伞盖,淋街翳日,旌旗珂珮卤簿,率多加等",

---

① 《封氏闻见记》卷6,《道祭》。
② 《资治通鉴》卷225,大历十四年六月。
③ 《资治通鉴》卷230,兴元元年四月。
④ 《新唐书》卷159,《吴凑传》。
⑤ 《唐会要》卷38,《丧》。
⑥ 《唐代墓志汇编》,第2318页。
⑦ 同上书,第2388页。
⑧ 同上书,第2395页。
⑨ 《资治通鉴》卷252,咸通十二年正月。
⑩ 同上。

"敕女尼、道士为侍从引翼，焚百灵香，击紫金磬"①。繁华辉焕，殆将二十余里。"冶金为俑，怪宝千计实墓中"②。唐懿宗还允许文武百官为同昌公主"祭以金贝、寓车、廐服"，祭后焚烧，"民争取煨以汰宝"③。

上述史实表明，隋唐五代厚葬之风主要流行于皇帝、贵族官僚。当然，在此风影响下，平民百姓中也有厚葬现象④。皇帝有条件厚葬不言自明。贵族官僚生前俸禄优厚，死时赙赠丰厚，为厚葬提供了经济基础。贵族官僚可以按官爵高低、功劳的大小，获得等级不同的俸禄、土地及赏赐的宅舍、奴婢和各种财物。所谓赙赠，乃是朝廷给予已故者的助葬费用（详后）。他们认为厚葬亡故亲人，才是符合葬礼的。有些人，昔人曾是官宦门阀，后家道中衰，但为符合丧礼，大办丧事。试左武卫率府兵曹参军张惟妻卢氏，贞元二十一年（805）为其夫及前妻王氏合葬，"营办丧事，罄竭家资"，博得"哀礼合仪，闾里称叹"⑤之誉。广平郡宋夫人，元和十四年（819）死，"罄竭家产而修葬仪"⑥。"禀气风儒"，"举措合规"的河南府巩洛府折冲骑都尉张昱，大中十三年（859）死，嗣子"营备葬事，罄竭有无"⑦。有些人厚葬死者，乃是为了表示竭诚哀悼之情。左龙武军宿卫杨择文，元和元年死，家属"倾财竭产，共营窀穸，以付哀诚"⑧。钜鹿人魏仲偡死于宝历元年（825），其兄为"追天伦之厚情，悲同器之生落，感孀妇之昼哭，念孤女之号擗，遂"尽力竭财，以资窀穸"⑨。当时人们相信灵魂的存在，认为人死进入另一个世界后，仍如生前一样生活，需为其准备大量生活用品。除粮食、钱币外，大批象征性冥器（墓出土实物难以数计）、日常起居的壁画，就是这种意识的反映。此外，有些人大作佛事，以追冥福。长庆初年，校尉刘明德次子刘进晟，为考妣（父母）"追福。请僧转读大乘（佛经）"，"大价召于良工，葬土殷丰，重遗酬于招匠"⑩。沧州饶安县令妻刘氏，夫死后，"修营佛像，造作经文，罄竭家资，

---

① 《杜阳杂编》。
② 《新唐书》卷83，《诸帝公主传》。
③ 同上。
④ 长庆三年（823）浙西观察使李德裕奏称："缘百姓厚葬，及于道途，盛设祭奠，兼置音乐等。闾里编甿，罕知极义，生无孝养可纪，殁以厚葬相矜，丧葬僭差，祭奠奢靡，仍以音乐荣其送终，或结社相资，或息利自办。生业以之皆空，习以为常，不敢自废，人户贫破，抑此之由。"（《唐会要》卷38《丧》）
⑤ 《唐代墓志汇编》，第1939页。
⑥ 《千唐志斋藏志》1017，《广平郡宋氏夫人墓志》。
⑦ 《千唐志斋藏志》1145，《大唐故河南府巩洛府折冲骑都尉吴郡张府君墓志铭并序》。
⑧ 《唐代墓志汇编》，第1952页。
⑨ 同上书，第2084页。
⑩ 同上书，第2065页。

石椁　陕西　三原碑林石刻艺术藏李寿墓

望垂不朽"①。

(二) 薄葬

隋唐五代也有相当多的各阶层的人反对厚葬,主张薄葬,并身体力行,其中唐人较多。从唐初至唐末,这种人不绝如缕。武德年间,内史令窦威死,"遗令薄葬"②。宋国公萧瑀遗书曰:"气绝后可著单服一通,以充小殓。棺内施单席而已,冀其速朽,不得别加一物。""诸子遵其遗志,殓葬俭薄"③。贞观十年(636)长孙皇后殁前对太宗说:"自古圣贤,皆崇俭薄,惟无道之世,大起山陵,劳费天下,为有识者笑。但请因山而葬,不须起坟,无用棺椁,所须器服,皆以木瓦,

---

① 《唐代墓志汇编》,第59页。
② 《旧唐书》卷61,《窦威传》。
③ 《旧唐书》卷63,《萧瑀传》。

雀甫墓志　河南开封博物馆藏　唐

俭薄送终。"① 万年宫监事赵宗麟德元年（664）死，"晗襚之礼，皆依俭约"②。乾封二年（667）太子太师李勣死前对其弟弼说："见人多埋金玉，并不须尔。惟以布装露车，载我棺柩，棺中殓以常服，惟加朝服一付"，"冥器惟作马五、六匹，下帐用幔皁为顶，白纱为裙，其中著十个木人，示依古礼刍灵之义，此外一物不用"③。总章三年（670）刑部尚书卢承庆遗嘱："殓以常服，坟高可认即可，有棺无椁，务在简要。"④ 孙思邈永淳元年（682）殁，"遗令薄葬，不藏冥器，祭祀无

① 《旧唐书》卷51，《后妃传上》。
② 《唐代墓志汇编》，第448页。
③ 《旧唐书》卷67，《李勣传》。
④ 《旧唐书》卷81，《卢承庆传》。

牲牢"①。天授二年（691）曹州离狐县丞高像护死"遗令薄葬，务取随时"② 睿宗时左仆射苏瓌"遗令薄葬，布车一乘"③。太极元年（712）宁州刺史裴扐遗命殓以时服，诸无所藏。开元、天宝年间遗令薄葬者颇多，如中书令崔知温妻杜氏、黄门侍郎卢藏用继母、尉氏县尉妻源氏、李少府妻窦氏、安平县主簿妻萧博、太原王晓妻崔淑、刑部尚书李乂、忠王府文学王固己、泉州龙溪县尉李某、开州刺史郑诉、渭南县尉张时誉、桂州都督府仓曹许义诚、梓州长史刘彦之、邕府长史周利贞、左武卫中郎将军石映及妻孙氏、毕氏夫人宋五娘、随州刺史源公、亳州临涣县丞赵琼琰、颍王府录事参军郜崇烈、相州临河县令贾令琬、京兆府功曹韦希捐、汾州长史沈浩丰等。元和十一年（816）邕管经略使张士陵"寝疾，乃著遗令，送终之具，务从俭薄"④。会昌六年（846）白居易死，语其妻、侄："殓以衣一袭，送以车一乘，无用卤簿，葬无以血食祭，无请太常谥，无建神道碑，但于墓前立一石，刻吾《醉吟先生传》一本可矣。"⑤ 大中年间，刘处士夫人梁氏殁前诫诸子弟："吾殁之后，务从俭薄，以素棺时口（服）"，"古来厚葬，无益死生"，"汝宜慎之"⑥。岭南节度使韦平卒前，"遗令无厚葬，无用鼓吹，无请谥"⑦。咸通六年（865）前东都北衙右羽林军副使魏俦，殁前诫诸子："切勿以奢侈为荣，乃广设祭祀之礼。"⑧ 咸通十五年，左拾遗孔纾病重，告家人"送终设祀，宜益俭削，无以金钚纤华为殉，无以不时之服为殓"⑨。昌黎韩绶，乾符五年死前诫子"送往之仪，务从俭约"⑩。

薄葬原因主要是：1. 一贯简朴。有些人生平不事奢侈，弥留之际嘱咐亲属丧事从俭。如贞观十七年（643）魏徵死，唐太宗赙绢布4段，米粟千石。魏徵妻裴氏曰："徵平生俭素，今以一品礼葬，羽仪甚盛，非亡者之志。"悉辞不受。竟以布车载、柩，无文彩之饰⑪。魏信生平不崇饰费，贞观十八年（644）死，遗嘱衣衾棺椁等务从清俭。文林郎杨训心安陋巷，体甘菲薄，如意元年（692）"临殁诫子：令其俭葬。座唯瓦器，殓以时服，素棺黄埌，归其速朽"⑫。卫尉少卿崔毗，

---

① 《旧唐书》卷191，《孙思邈传》。
② 《唐代墓志汇编》，第816页。
③ 《新唐书》卷125，《苏瓌传》。
④ 《唐代墓志汇编》，第2022页。
⑤ 《文苑英华》卷945，《自撰墓志》。
⑥ 《唐代墓志汇编》，第2272页。
⑦ 《新唐书》卷158，《韦皋传》。
⑧ 《千唐志斋藏志》1166。
⑨ 《金石萃编》卷117，《孔纾墓志》。
⑩ 《千唐志斋藏志》1202。
⑪ 《旧唐书》卷71，《魏徵传》。
⑫ 《千唐志斋藏志》400。

神龙元年（705）"遗令曰：吾家尚素薄，身殁之后，殓以时服"①。广府兵曹参军贾黄中，"稚性俭约，不好繁华"，开元六年（718）"遗令务从薄葬"②。2. 死者不应妨碍生者。主张薄葬者认为人死就不存在了，不应该花大钱厚葬，祸害活人的生活。处士贾德茂，显庆五年（660）死前诫其子："吾瞑目之后，称家还葬，不用送死妨生。"③ 证圣元年（695）处士朱简遗令"慎无厚葬伤生，小棺贝灵而已"④。大中十一年（857）泗州司仓参军刘某妻张氏，对其家人说："汝当节去哀情，无令害己，俭薄营葬，勿遣妨生"⑤。3. 薄葬符合礼仪。薄葬者认为这样做是符合礼仪的。天宝二年（743）李少府妻窦氏，"以厚葬非礼"，临终遗嘱薄葬⑥。左武卫郎将元镜远妻郑氏，大历四年（769）死，元镜远官居正五品上⑦，属中级官员，完全有条件把丧事办得体面，但他"单车送终"，认为"俭而得礼"⑧。从上述记载来看，唐代主张薄葬者，主要是中、下层官员及其妻子。

（三）归葬先茔

归葬先茔，是死后埋入父祖先人之茔。人们生前不能与父祖先人俱死，殁后希望葬于其旁，在另一个冥冥世界与亲人团圆，认为这是"不忘本也"，符合"昭穆顺叙，礼也"⑨。那些背井离乡在外仕宦、谋生者，临终之愿便是遗嘱子女将其骸骨送回故里，陪侍先人于九泉之下。活着的后人，则不畏艰辛，即使异国绝域，也要遂亡者之愿。中国人落叶归根之风，于兹可见。

归葬先茔，一是死时立即扶柩返乡安葬。隋开皇时，宗正卿李百药，"初侍父母丧还乡，徒跣单衣，行数千里，服阕数年，容貌毁悴，为当时所称"⑩。唐贞元八年（792）嗣曹王李皋死于山南东道节度使任所，嗣子护丧归于洛阳祔先茔后左。二是因战乱等原因，难以及时返乡，则就地权瘗，若干年后迁葬入土。右庶子刘升之子刘颖，唐开元二十一年（733）死，假殡十二年，反葬北邙先茔。魏县令崔夷甫，安史之乱举家南徙殁于汝阳，野殡其地，大历十三年（778）返葬北邙先茔。贺州长史赵沃心妻裴氏，唐大历九年（774）死于长沙，属中原多故，未克返葬。其母兄命人远赴江潭，"舟车万里"，于大历十三年将其迁葬邙山父茔侧⑪。

---

① 《唐代墓志汇编》，第1802页。
② 同上书，第1208页。
③ 《千唐志斋藏志》164。
④ 《唐代墓志汇编》，第872页。
⑤ 《千唐志斋藏志》1140。
⑥ 《唐代墓志汇编》，第1625页。
⑦ 《旧唐书》卷44，《职官志三·武官》。
⑧ 《唐代墓志汇编》，第1770页。
⑨ 《唐代墓志汇编》，第1904页。
⑩ 《旧唐书》卷72，《李百药传》。
⑪ 《唐代墓志汇编》，第1813页。

归葬先茔，一般是原籍。仪凤二年（677），行军总管彭城人刘审礼，军败被俘，死于吐蕃。其子"徒跣万里，扶护归彭城"①。而相当多的唐人，则因"仰嵩邙之奇峻，濯伊洛之清深"②等原因，特喜长眠河南府洛阳邙山一带。出生此地而殁于天涯海角者，回兹故土葬者难以数计。除前述诸例外，又如吉州长史定娄思，其先出自北裔，随魏文帝南迁成为河南洛阳人氏。他开元十二年（724）卒于扬州大都督府，返殡洛阳平阴乡。不少祖籍外乡者，只要考妣之茔在洛阳北邙，也必归骨于此。元和十一年（816）邕管经略使张士陵殁，其子"扶护神灵，匍匐万里"，归葬洛阳金谷原先茔墓次③。陇西李某，元和十五年（820）殁于宜春县尉官宅，其妻荥阳郑氏及子，扶棺归葬，夫人又殁于硖州，其子"号哭徒行二千余里，远之洛汭，克遂归穸"④。赵郡李烨妻荥阳郑氏，大中九年（855）病逝蒙州，权殡该州紫极宫南，四年后祔葬于洛阳县金谷乡先兆。祖籍琅邪，后定居吴地的鸿胪卿支竦嘱其子："如我死，则必葬我于邙山之下。申命之曰：吾思得陪祖祢埌兆之后，汝当上迁五世，从穸于斯，而为支氏阡也。"⑤ 其子泣奉遗告，自吴"启举高祖暨公（支叔向）及子齐六代廿五丧，同卜宅于河南府河南县平乐乡北邙"⑥。有些无先茔在洛阳北邙者，也愿卜墓于兹，才算穸得其所。上谷昌平人并州录事参军寇洋，唐中宗时"丁曹州府君忧，与弟溶等跣奉灵榇，戴涉冰雪，行路哀之，卜宅于邙山之下，躬畚坟土，手根墓木"⑦。湖州武康县主簿卫景初，开成元年（836）殁于舒州，旅殡于兹。会昌五年（845）秋，"启护归洛，卜地芒山"⑧，葬河南县平乐乡。唐宣宗时，太原人王脩来已抬至墓穴，犹嘱其妻颙它将其归葬洛师。大中年间，敦煌张审文从泉州将父尸"扈从归洛，湖山数千里，号恸不绝声，一止一行，未尝亏于丧礼"⑨。上述事例说明，人们归葬途中也要按丧礼行事：招魂、徒跣、哀哭。改葬则要按卜宅、启请、开坟、举柩、奠、升柩车、殓、奠、设灵、进引告迁、哭柩车位、设遣奠、輴车发、宿止、到墓、虞祭等⑩十六个程序行事。

这么多人看重河南洛阳北邙一带这块宝地，视为最佳安息处。"北邙山头少闲

---

① 《旧唐书》卷77，《刘德威传》。同书卷193，《列女传》载郑神佐女，大中五年（851）自庆州护战殁之父丧，还原籍兖州瑕丘县与母合葬。
② 《千唐志斋藏志》1133。
③ 《唐代墓志汇编》，第2022页。
④ 同上书，第2064页。
⑤ 《千唐志斋藏志》1132。
⑥ 《唐代墓志汇编》，第2338页。
⑦ 同上书，第1627页。
⑧ 同上书，第2248页。
⑨ 同上书，第2374页。
⑩ 《通典》卷140，《开元礼纂类三十五·凶礼七》。

工，尽是洛阳人旧墓。旧墓（一作洛阳）人家归葬多，堆著黄金无买处。天涯悠悠葬日促，冈坂崎岖不停毂。高张素幕绕铭旌，夜唱挽歌山下宿。洛阳城北复城东、魂车祖马长相逢。车辙广若长安路，蒿草少（一作多）于松柏树。涧底盘陀石渐稀，尽向坟前作羊虎。谁家石碑文字灭，后人重取书年月。朝朝车马送葬回，还起大宅与高台。"① 诗中显示，当时的北邙山，日以继夜地治丧，人们举着高高飘扬的铭旌，唱着哀婉凄凉的挽歌，一队队的车马，将崎岖的冈坂踏成了宽广的长安街路。这里坟茔成千上万，松柏遍布山岗，石羊、石虎立满坟前，碑文频繁更新，"堆著黄金无处买"葬地，出现上下迭压而葬的罕见景象。

（四）夫妇合葬

人们除喜归葬先茔外，夫妻则有合葬之风俗。尽管有些人不主张夫妻合葬，认为合葬非古。邢州任县主簿王君夫人宋氏，天授二年（691）临终对子说："合葬非古，与道而化，同穴何为？"遂葬其夫茔五十步处②。朝议郎周绍业妻赵氏，长安二年（702）死前，"以府君倾逝年深，又持戒行，遗嘱不令合葬坟陇"③。开元十年（722），随州刺史源果说："古无合葬，弗令重开（先亡妻墓）。"④ 开元十四年（726），杭州司士参军赵越宝妻张氏，死前诫曰："若逝者有知，虽异穴而奚妨；若逝者无知，纵合防而岂益！我殁之后，勿祔先茔。"⑤ 黄门侍郎卢藏用继母遗令："精气无所不之，安以形骸为累，不须祔葬。"⑥

但绝大多数人主张夫妇合葬。理由是：1. 夫妇合葬，符合周礼。他们认为："合葬非古，始自周公"⑦。"合葬非古，肇乎姬旦，积习生常，因为故实"⑧。"合葬非古，周人所述，始兆青乌，终伤白日，敬遵周公合祔之仪"⑨。"合葬非古，行自周年，遵礼而循，流之唐日"⑩。兴州刺史刘寂，神龙两年（706）死，与妻合葬，被称为"遵周公之制"⑪。青州长史孙安，与妻独孤氏于开元九年（721）合葬白鹿原，被视为"盖遵周公之典"⑫。开元二十二年（734）右威卫将军王景

---

① 王建：《北邙行（一作北邙山）》，《全唐诗》卷298。
② 《千唐志斋藏志》405，《唐故邢州任县主簿王君夫人宋氏之墓志铭并序》。
③ 《千唐志斋藏志》670，《唐故朝议郎周府君夫人南阳赵氏墓志铭并序》。
④ 《唐代墓志汇编》，第1258页。
⑤ 同上书，第1347页。
⑥ 同上书，第1309页。
⑦ 《唐代墓志汇编》，第1079页。
⑧ 同上书，第966页。
⑨ 同上书，第1709页。
⑩ 同上书，第506页。
⑪ 同上书，第1070页。
⑫ 《陕西金石志》卷11。

曜死，翌年"承诏葬之礼，依周公之仪"，与亡妻李氏、高氏合葬于河南平乐原①。同年，绵州司马白义宝，与妻李氏"用周公合葬礼也"②。开元二十三年（735），武骑尉王羊仁，与亡妻"依周公合葬之礼，同窆于河南县之平乐原"③。河阳军节度左马军虞侯秦士宁，元和七年（812）殁，家人移发其十年前权殡河阳县亡妻王氏棺，与其合葬于氾水县。元和十年（815）书香衣冠李岸与妻徐氏合葬，认为这样做是"周公所从也"④。盐铁转运等使杨仲雅元和十三年（818）与亡妻"同穴，从周礼也"⑤。吐鲁番唐墓多为夫妻合葬。2. 夫妻合葬为的是在另一个世界里再为夫妻，相依为命。如文林郎王顼夫人先死，他于墓"虚其左室"，准备死后与亡妻合葬于此，"冀泉埌再合，神魂相依"⑥。左卫兵曹参军裴孝仙，与妻诸葛氏"合葬幽冥，再调琴瑟"⑦，即死后再为伉俪。

　　由于当时存在一夫多妻制，又有原配与继室之别，故夫妻合葬颇有讲究：1. 与原配合葬，其中又分：（1）合葬一茔。怀州录事参军崔稔，与结发郑氏合葬。隰州大宁县令王纂，永徽元年殁于长安。妻吉氏贞观十三年死，乾封二年"招魂与君合葬邙山之阳"⑧。（2）同茔异穴。郑州刺史源光俗嗣子洧等，开元二十年（732）迎其于殡，迁夫人郑氏于堂，"同窆一茔，为庚、壬两穴，斯亦卫人之祔焉"⑨。荥阳郑氏，开元二十八年（740）殁，与夫同茔异穴。2. 与原配合葬，继室旁葬。河南县主簿崔程，贞元十四年（798）死，与夫人郑氏合葬同穴，继室郑氏葬于附近，"因生无并配，葬宜异处。先长同穴，情合理中，故后夫人（继室）之墓共域并阡，列于西次"⑩。工部尚书崔泰继妻李氏，元和十一年（816）死后，葬其夫坟旁，"不合葬者，以前夫人卢氏已同穴矣"，这是按礼仪行事⑪。3. 不与原配合葬，而与继室合葬。监察御史刘密，大和五年（813）死于宜城县，翌年启开十八年前去世的继室崔氏之殡，合葬于襄州襄阳县，未与先死37年的原配齐氏合葬。大中二年（848）分司东都郑镐字死，未与早卒原配合葬，而与后卒继室合葬。4. 与原配、继室一起葬，但葬法有别：（1）合葬一处。束城县令张景旦，夫人王氏死于总章四年，权殡并州祁县。后夫人皇甫氏，垂拱四年死于汝州鲁山县

---

① 《千唐志斋藏志》742，《唐故右威卫将军上柱国王公墓志铭并序》。
② 《千唐志斋藏志》741，《大唐故赠绵州司马白府君墓志铭并序》。
③ 《唐代墓志汇编》，第1445页。
④ 《唐代墓志汇编》，第2016页。
⑤ 《唐代墓志汇编》，第2031页。
⑥ 同上书，第2347页。
⑦ 《千唐志斋藏志》993，《前试左卫兵参军裴孝仙墓志》。
⑧ 《唐代墓志汇编》，第468页。
⑨ 《千唐志斋藏志》715，《大唐故郑州刺史源公故夫人郑氏志铭》。
⑩ 《唐代墓志汇编》，第1906页。
⑪ 《千唐志斋藏志》1008，《唐陇西郡君夫人（李氏）墓志铭》。

官舍，张本人死于开元五年汝州龙兴县庄所，开元九年，"大启茔兆"，合葬于河南府邙山①。郑滑节度十将孟维字，元和十二年死，与原配张氏、继室宋氏"合祔于北原"②。东都留守曹庆，大中元年（847）其侄将其与亡正室樊氏、继室李氏三棺同穴而葬。（2）原配、继室同墓异处。潘伯玄永徽二年死，大业十年先亡的正室张氏葬墓左，贞观五年后亡的继室姚氏葬墓右③。（3）与原配合葬，继室同兆异穴。怀州录事参军崔府君与"前荥阳郑夫人合祔之，周制也"；大中十三年（860）继室卢氏死，"则同其兆，异其穴，示不相黩，永康神人"④。5. 与三夫人合葬。陪戎校尉崔相，开元十年（722）死，与夫人丁氏、苏氏、李氏合祔于村西北二里平原⑤。6. 不与改嫁之妻合葬。定安公主初嫁王同皎，后嫁韦濯，又嫁崔铣。开元二十一年定安公主死，王同皎子驸马王繇请与其父合葬。敕旨依请。给事中夏侯铦认为定安公主一嫁再醮，已与前夫义绝，合从后夫礼葬，若依王繇之请，恐王同皎不纳，崔铣必诉于玄天。

民间夫妇合葬成风。而皇帝与皇后合葬在隋唐五代较少。隋文帝仁寿四年（604）死，与两年前先逝的独孤皇后"合葬于太陵，同坟而异穴"⑥。神龙元年（705）武则天将与高宗合葬乾陵，给事中严善思上疏认为："乾陵玄宫以石为门，铁锢其缝。今启其门，必须镌凿。神明之道，体尚幽玄，动众加功，恐多惊黩。况合葬非古，汉时诸陵，皇后多不合葬；魏晋已降，始有合者。望于乾陵之傍，更择吉地为陵。若神道有知，幽途自当通会；若其无知，合之何益。"⑦ 唐中宗未纳其谏，命人打开乾陵，把武则天的遗体安置陵中。唐武宗欲启穆宗陵祔葬宣懿皇后，"中书门下奏曰：'园陵已安，神道贵静。光陵二十余载，福陵则近又修崇。窃惟孝思，足彰严奉。今若再因合祔，须启二陵，或虑圣灵不安，未合先旨。又以阴阳避忌，并有所疑。不移福陵，实协典礼。'乃止。就旧坟增筑，名曰福陵"⑧。

（五）招魂葬

所谓招魂葬，是凡因横死不得尸者所行之葬。魏晋人曾就此种葬法展开过争论。干宝等人认为考稽经传无闻招魂葬，虚造斯事以乱圣典，应当禁止。沙歆《宜招魂论》则认为，"若五服有章，龙旂重旐，事存送终，班秩百品，即生以推

---

① 《唐代墓志汇编》，第1242页。
② 同上书，第2029页。
③ 《唐代墓志汇编》，第141页。
④ 《千唐志斋藏志》1157。
⑤ 《唐代墓志汇编》，第1258页。
⑥ 《隋书》卷2，《高祖纪下》。
⑦ 《资治通鉴》卷208，神龙元年十二月。
⑧ 《旧唐书》卷18上，《武宗纪》。

亡,依情以处礼,则近代之数密,招魂之理通矣"①。唐人太常博士静景直,在言及唐中宗和思皇后赵氏招魂葬时,论述了具体葬法:"古无招魂葬之礼,不可备棺椁,置辒辌。宜据《汉书·郊祀志》葬黄帝衣冠于桥山故事,以皇后祎衣于陵所寝宫招魂,置衣于魂舆,以太牢告祭,迁衣于寝宫,舒于御榻之右,覆以夷衾而祔葬焉"②。唐代招魂葬所在多有。唐高祖从父弟永安王孝基,武德二年(619)被刘武周杀害。"购其尸不得,招魂而葬之"③。显庆元年(656)可那氏与"贞观十囗年入辽身没"的丈夫上轻车都尉张府君招魂合葬杨绍宗妻王氏④,"父殁辽左,招魂迁葬"⑤。英王李显妃赵氏,坐其母罪废死,"求其瘗莫有知者,以祎衣招魂"⑥而葬。长寿二年(693),相王李旦德妃窦氏,为户婢团儿诬谮,被武则天暗害,"梓宫秘密,莫知所在",李旦即位,"招魂葬于都城之南"⑦。李旦另一妃刘氏,与窦氏同时遇害。景云元年(710)亦"招魂葬于东都城南"⑧。太原人王宝,死于求学他乡,坟陇无纪。其妻胥氏继亡。长安四年(704)其子以吉辰招魂将他们合葬。钱塘县尉元真,至德二载(757)殁,权厝于河阴县佛果寺果园,因史思明叛乱,失其墓处。大历四年(769)招魂归葬河南金谷乡。陇西李氏殁于兵乱,墓无志识,贞元四年嗣子"束茅像(李氏)形,号诉申论,谨招先妣之魂,合葬事终之礼"⑨。太原府都知兵马使武珍,贞元元年(785)战死于卫州,"寻访无所",贞元二十年(804),子志温等"奉夫人之裳帷,招府君之魂"⑩合葬。游击将军张晕,大历十三年(778)暴卒于蜀州金堤府左果毅都尉任上,"远之巴蜀,永别乡关,亡椟委灰,归魂未葬,岁月滋久,神识无依",嗣子季良等于贞元年间将其与夫人姚氏,"拜手招魂,合祔葬于万年县龙首乡原"⑪。张籍《征妇怨》所云"九月匈奴杀边将,汉军全没辽水上。万里无人收白骨,家家城下招魂葬",则是唐人对血洒战场亲人实行招魂葬的缩影。

(六)埋葬法多样化

隋唐五代埋葬形式多样,有土葬、火葬、层砖造塔葬、风干葬、饲鸟兽葬、裸葬和杀身殉葬等。

---

① 《通典》卷103,《凶礼·招魂葬议》。
② 《旧唐书》卷51,《中宗和思皇后赵氏传》。
③ 《旧唐书》卷60,《永安王孝基传》。
④ 《唐代墓志汇编》,第241页。
⑤ 《旧唐书》卷51,《中宗和思皇后赵氏传》。
⑥ 《旧唐书》卷193,《列女传》。
⑦ 《旧唐书》卷51,《睿宗昭成皇后窦氏传》。
⑧ 《旧唐书》卷51,《睿宗肃明皇后刘氏传》。
⑨ 《唐代墓志汇编》,第1849页。
⑩ 同上书,第1934页。
⑪ 同上书,第1850页。

乾陵　陕西乾县　唐

1. 土葬

以棺椁盛尸埋入土中的葬法称土葬。它是隋唐五代最盛行的主要葬法。大量文献记载和出土墓志铭、棺椁等考古文物证实：上起帝王，贵族官僚，下至平民百姓，死后一般都是择地垒坟而葬。个别僧尼也愿土葬。如法界寺尼正性，贞元六年（790）"殁，不建荼毗之塔"，而从俗礼，葬其父茔①。有些少数民族入唐者，因久居而渐习唐礼，死从土葬。如突厥三十姓可汗毗伽公主，开元十一年（723）殁于长安，葬龙首原，筑坟，"虽送终之礼，已启松茔；而推改之俗，虑为芜没"②。"大唐制，诸葬不得以石为棺椁及石室。其棺椁皆不得雕镂彩画、施户牖栏槛，棺内又不得有金宝珠玉"③。从已发掘的唐墓来看，只有永泰公主等少数人使用了石质棺椁。隋代也只有李静训墓出土石棺椁。一般人则使用木质棺，富有者加椁。唐代还有纸棺④、"桐瓦为棺"⑤。五代"天成、开运以来，俗尚巨棺。有停之中寝人立两边不相见者。凶肆号布漆山"⑥。南唐有桐棺⑦。在有些少数民族中，也流行土葬。吐蕃"人死，杀牛马以徇，取牛马头周垒于墓上，其墓正方，

---

① 《唐代墓志汇编》，第1858页。
② 《唐代墓志汇编》，第1280页。
③ 《通典》卷85，《凶礼·棺椁制》。
④ 吐鲁番阿斯塔那墓出土了大量唐代纸棺。它是用细木杆搭成棺形，外糊以当时废弃文书，即成无底棺。再以废弃文书铺上苇席糊成棺底，二者合而为一完整纸棺。
⑤ 《新唐书》卷188，《杨行密传》。
⑥ 《清异录·丧葬》。
⑦ 《南唐近事》卷1。

乾陵蹲狮　陕西乾县　唐　　　　　　　宝帐内出银椁金棺　西安临潼　唐　庆山寺地宫释迦如来舍利

垒石为之，状若平头屋"①。乌蛮酋长死，葬骨于山。黑水靺鞨死者埋葬，无棺椁。

2. 火葬

隋唐五代僧尼基本上都实行火葬②。火化后，取骨灰起塔。《续高僧传》、《宋高僧传》等佛教典籍所载僧人，莫不如此。少林寺唐僧人塔等，至今犹存。俗人实行火葬者也不乏其例。边氏，元和七年（812）遗愿死后"权于府君（丈夫）墓侧，别置一坟，他时须为焚身，灰烬分于水陆"③。乾祐二年（949），后晋安太妃临终前对石重贵说："当焚我为灰，南向飏之。"④ 三年，后晋高祖皇后李氏弥留之际对石重贵说："我死，焚其骨送范阳佛寺"，石重贵遵嘱"焚其骨，穿地而葬焉"⑤。安太妃和李氏要求火葬，与当时契丹灭后晋，晋帝、后等被俘北地，她们不愿埋骨异国他乡，而企望火化，"庶几遗魂得反中国"、无"为虏地鬼"有关，同时也反映了火葬在五代的流行。在少数民族中，火葬较盛行。隋代突厥"有死者，停尸帐中，家人亲属多杀牛马而祭之，绕帐号呼，以刀划面，血泪交

---

① 《唐会要》卷97，《吐蕃》。
② 有个别僧尼不火葬，如《全唐诗》卷606，林宽《哭造微禅师》云此僧"神迁不火葬"。
③ 《千唐志斋藏志》1000，《唐故边氏夫人墓记》。
④ 《新五代史》卷17，《安太妃传》。
⑤ 《新五代史》卷17，《皇后刘氏传》。

下，七度而止。于是择日置尸马上而焚之，取灰而葬，表木为茔，立屋其中，图画死者形仪及其生时所经战阵之状。尝杀一人，则立一石，有至千百者"①。及至唐初，突厥曾一度改火葬为土葬。唐太宗说：突厥"其俗死则焚之，今起坟墓，背其父祖之命"②。旋又复原。贞观八年（634）春，突厥颉利可汗死于长安，唐太宗命其国人以突厥俗"焚尸以葬之"③。焉耆"死者焚之，持服七日"④。末些蛮贵贱皆焚尸。

3. 层砖造塔葬

此葬法是不起坟，以层砖造塔而葬，源于天竺。主要在居士和佛教信徒中流行。营州都督上柱国渔阳郡开国公孙管真显庆四年（659）死，调露元年（679）十月十四日收骨于鸱鸣埠禅师林左起塔⑤。绵州万安县令管均，乾封元年（666）死，调露元年（679）十月十四日"息弘福寺僧嗣泰收骨起塔于终南山鸱鸣埠禅师林左"⑥。营州都督上柱国渔阳郡开国公孙管俊，乾封二年（667）死，调露元年十月十四日于鸱鸣埠禅师林左起塔⑦。从孙管真等不同年死，而同年同日收骨起塔来看，显系僧人嗣泰所为。赵氏之子开元十九年（731）塔殡于龙门菩提寺山。次年，居士孙节死前预造仙塔。肃王详建中三年（782）死，唐德宗"不令起坟墓，诏如西域法议层砖造塔"⑧。兴元元年（784）又"欲为唐安公主造塔"⑨。

4. 风干葬

这种葬法主要流行于少数民族中。隋代室韦，"部落共为大棚，人死则置尸其上。居丧三年，年唯四哭"。唐代室韦也是如此⑩。《隋书》卷84《奚传》云："死者以苇薄裹尸，悬之树上"。契丹"父母死而悲哭者，以为不壮；但以其尸置于山树之上，经三年之后，乃收其骨而焚之，因酹而祝曰：'冬月时，向阳食，若我射猎时，使我多得猪鹿。'"⑪契丹风干葬不同于室韦和奚之处，在于风干后还要收骨火葬。

---

① 《隋书》卷84，《突厥传》。
② 《册府元龟》卷125。
③ 《旧唐书》卷194，《突厥传》。
④ 《隋书》卷83，《焉耆传》。
⑤ 《唐代墓志汇编》，第661页。
⑥ 同上书，第659页。
⑦ 同上书，第661页。
⑧ 《旧唐书》卷150，《肃王详传》。
⑨ 《资治通鉴》卷230，兴元元年四月。
⑩ 《隋书》卷84，《契丹传附室韦传》；《唐会要》卷96，《室韦》。
⑪ 《隋书》卷84，《契丹传》；《新唐书》卷219，《契丹传》；《新五代史》卷72，《四夷附录第一》。

5. 饲鸟兽葬

此为唐代个别地区的葬法。"太原俗为浮屠法者,死不葬,以尸弃郊饲鸟兽,号其地曰'黄阬'。有狗数百头,习食胔,颇为人患。"开元年间,李暠任枯校太原以北诸军节度使,"遂革其风"①。

6. 裸葬

唐代个别人实行裸葬。唐初太史令傅奕临终诫其子曰:"古人裸葬,汝宜行之。"②

7. 杀身殉葬

在隋唐五代丧葬中,尽管广泛使用各种陶俑代替古代活人殉葬,但也残存着以活人殉葬的现象。隋末起兵反隋的杜伏威,其"士有战死者,以妻、妾殉葬"③。贞观八年(634),突厥颉利可汗焚尸长安灞水东,"其旧臣胡禄达官吐谷浑邪自刎以殉"④。贞观二十三年(649)唐太宗殡葬,"阿史那社尔、契苾何力请杀身殉葬"⑤。乾元二年(759)回纥毗伽阙可汗殁,"回纥欲以宁国公主为殉。公主曰:'回纥慕中国之俗,故娶中国女为妇。若欲从其本俗,何必结婚万里之外邪'"⑥。会昌六年(846)唐武宗崩,王才人自缢而死⑦。吐蕃也有杀人殉葬的丧礼。"其臣与君自为友,号曰其命人,其数不过五人。君死之日,共命人皆日夜纵酒;葬日,于脚下刺血,出尽及死,便以殉葬。又有亲信人,用刀当脑缝锯。亦有将四尺木,大如指,刺两肋下,死者十有四、五,亦殉葬。"⑧在一些少数民族和国家中,有的人虽未杀身殉葬,但要毁容以表其哀。唐太宗驾崩,"四夷之人入仕于朝及来朝贡者数百人,闻丧皆恸哭、剪发、剺面、割耳,流血洒地"⑨。宝应元年(762)太上皇李隆基崩,"蕃官剺面割耳者四百余人"⑩。宁国公主虽拒绝殉葬,"然亦为之剺面而哭"。所谓剺面而哭,乃"漠北之俗。死者停尸于帐,子孙及亲属男女各杀牛马,陈于帐前祭之,绕帐走马七匝,诣帐门,以刀剺面,且哭,血泪俱流,如此者七度,乃此"⑪。

---

① 《新唐书》卷78,《宗室传》。
② 《旧唐书》卷79,《傅奕传》。
③ 《资治通鉴》卷183,义宁元年正月;《新唐书》卷92,《杜伏威传》又说他后来"除殉葬法"。
④ 《旧唐书》卷194,《突厥传》。
⑤ 《资治通鉴》卷199,贞观二十三年八月;《旧唐书》卷109,《契苾何力传》。
⑥ 《资治通鉴》卷221,乾元二年四月。
⑦ 《新唐书》卷77,《后妃传下》。
⑧ 《唐会要》卷97,《吐蕃》;《旧唐书》卷196上,《吐蕃传上》云:"赞普死,以人殉葬。"
⑨ 《资治通鉴》卷199,贞观二十三年五月。
⑩ 《资治通鉴》卷222,宝应元年建巳月。
⑪ 《资治通鉴》卷221,乾元二年四月。

（八）扫墓烧纸钱

王建《寒食行》云："寒食家家出古城，老人看屋少年行。丘垅年年无旧道，车徒散行（一作车趴散乱）入衰草。牧儿驱牛下塚头，畏有家人来洒扫。远人无坟水头祭，还引妇姑望乡拜。三日无火烧纸钱，纸钱一作哀哀那得到黄泉。但看垅上无新土，此中白骨应无主。"所谓"三日无火烧纸钱"，是说寒食节禁火三日，无法在扫墓时烧纸钱。此外，人们上坟祭奠已故亲人时，是有火烧纸钱的。

过去，一般认为烧纸钱始自唐玄宗时王屿。《旧唐书》卷130《王屿传》云："屿专以祀事希倖，每行祠祷，或焚纸钱，祷祈福祐，近于巫觋，由是过承恩遇。"《事物纪原》卷9曰："汉葬者有纸寓钱，谓昏晚埋钱于圹中，为死者之用。至唐王屿，乃于丧祭焚纸钱以代之也。"就是说，由瘗钱转为烧纸钱，始于唐。至唐德宗时，烧纸钱"自王公逮于匹庶，通行之矣"①。李山甫《项羽庙》"停分天下犹嫌少，可要行人赠纸钱"、吴融《野庙》"古原荒庙掩莓苔"，"野风吹起纸钱灰"，说明直至唐末，烧纸钱的风俗仍很盛行。

唐代民间盛行的烧纸钱风俗，至五代十国时，不仅继续流行于民间，甚至有些帝王也用于祭祀已故亲人②。

三 各阶层的丧葬

隋唐五代的丧葬，尊卑贵贱不同，葬礼有异，不得僭越。法令明确规定了从皇帝、贵族、文武官员及平民百姓的丧葬礼仪。它是封建制度在丧葬上的体现。

（一）皇帝的丧葬

《新唐书》卷20《礼乐志十》曰："《周礼》五礼，二曰凶礼。唐初，徙其次第五，而李义府、许敬宗以为凶事非臣子所宜言，遂去其《国恤》一篇，由是天子凶礼阙焉。至国有大故，则皆临时采掇附比以从事，事已，则讳而不传，故后世无考焉。"实际上，李义府、许敬宗后唐代天子凶礼并不阙，现据《通典》、新旧唐书等有关记载论述于下。

1. 皇帝殡葬程序

唐代自高宗修成大明宫，天子听政及起居于此后，太极宫已失去建唐以来政治中心的地位，不少皇帝的丧事在此办理。唐天子凶礼的过程大体是：（1）属纩。天子初丧，用新绵置其口鼻，如无动静，则证其确崩。（2）复。即招魂，使其复魂。高品五人常服，左手持大行皇帝衮冕服，升太极殿屋，北面西上，三呼而止，投服于下，接于篚中，覆大行皇帝尸上。（3）设床。设御床于殿内楹间，迁大行皇帝于

---

① 《封氏闻见记》卷6，《纸钱》。
② 《新五代史》卷17，《晋家人传第五》。

床，南首，以衣覆体，去掉死衣。用角柶楔齿，以便饭含。燕几缀足，以防诈尸。殿内东西哭位，嗣皇帝以下舒草荐。（4）奠。置酒、脯、醢祭奠。（5）讣告。遣使至诸州，向地方官、僧、道和百姓宣布皇帝驾崩、新天子即位，并服丧。（6）沐浴。垒灶殿西廊下，为大行皇帝浴，理须发，剪指甲，盛小囊中，大敛时置棺里。浴罢覆以大敛衾，嗣皇帝等入内，依礼就位哭。（7）含。嗣皇帝奠玉贝于大行皇帝口中，大臣一人纳粱饭，次含玉。（8）袭。陈袭衣，天子十二称，覆以大敛之衾，设充耳，著握手及手衣，纳舄。（9）设冰。为防暑热尸腐，于尸床下置冰。（10）设铭。以绛色幡，长二丈九尺，上书"某尊号皇帝之柩"。（11）悬重。重由长一丈二尺木、横木六尺，横木上悬盛米粥的幂疏布的八鬲，并以苇席北向屈两端交于其上，下缀竹篾制成，设在殿西南。（12）小殓。丧次日行小殓礼。给大行皇帝加衣十九称，结绞而衾，嗣皇帝及王公贵族临哭。（13）小殓奠。小敛后，斋郎以酒奠跪，嗣皇帝等哭踊。（14）大殓。皇帝等依礼哭踊再拜，陈大殓衣百二十称，绞纻衾及珪、璋、璧、琮、琥、璜六玉，奉大行皇帝于梓宫，宫内置七星板，加盖，覆以夷衾。（15）大殓奠。皇帝及王公贵族等依礼就位哭。皇帝以酒奠于馔前，太祝读祝文，皇帝等再拜哭踊，十五举声。（16）殡。大殓后，殡梓宫于西阶。设熬黍稷，盛八筐，加鱼腊等。在礼官导引下，皇帝等就位哭。（17）将葬筮宅。既定陵地，择地，太常卿祭服涖卜，祝及卜师、筮师吉服为大行皇帝度兹陵兆，卜筮讫，若不从，又择地卜筮。（18）启殡朝庙。除皇帝贵族百僚外，还有蕃客、酋长、僧道等，依礼于太极殿及承天门拜奠。（19）祖奠。皇帝、贵族和百官依礼就位，皇帝跪奠于龙輴东南馔前，太祝北面跪读文，皇帝及贵族百官哭踊再拜。（20）遣奠。于承天门外将梓宫抬上辒辌车，皇帝跪奠，向陵墓进发，有挽士虎贲1000人，挽郎200人，挽歌2部（各64人），代哭150人，均白布丧服。（21）葬仪。皇帝亲临，太尉跪奠，将梓宫安御榻褥上，奉宝绶、谥册、哀册和玉币，陈明器。闭玄宫，司空复土九锸。（22）虞祭。虞为安神之意。皇帝及群臣祭奠大行皇帝神主。（23）既虞饫尸及卒哭祭。既虞之后，卒哭而祭。（24）袝祭。卒哭次日，将神主依礼袝于太庙。（25）小祥变。周年举行小祥祭，皇帝跪奠。（26）大祥变。小祥后周年举行大祥祭，皇帝及群臣拜奠。（27）禅变。大祥后一月而禫祭。皇帝及群臣哭拜。明日皇帝改服惨吉服。至此，天子丧事完毕。

隋唐五代诸帝，因各种原因，丧礼有繁有简，并非都按上述27个程序办理，有的还有所不同。如后周世宗丧礼有道祭。显德六年（959）后周世宗庆陵攒土发引之日，"百司设祭于道。翰林院楮泉大若盏口，予令雕印字文，文之黄曰泉台上宝，白曰冥游亚宝"[①]。

---

① 《清异录·丧葬》。

唐三彩镇墓俑　故宫博物院藏　　　　　　彩绘人面镇墓兽　西安灞桥　唐　金乡县主墓

2. 皇陵的修建

贞观九年（635）五月，太上皇李渊死。时值唐初，各项典章制度（包括丧葬制度）未遑齐备。太宗下诏："山陵依汉长陵故事，务存隆厚。"期限既促，功不能及。秘书监虞世南上疏谏，认为"圣人薄葬其亲，非不孝也，深思远虑，以厚葬适足为亲之累，故不为耳。昔张释之有言：'使其中有可欲，虽锢南山犹有隙。'刘向言：'死者无终极而国家有废兴，释之之言，为无穷计也'。其言深切，诚合至理。伏惟陛下圣德度越唐、虞，而厚葬其亲乃以秦、汉为法，臣窃为陛下不取。虽复不藏金玉，后世但见丘垄如此其大，安知无金玉邪！且今释服已依霸陵，而丘垄之制独依长陵，恐非所宜。伏愿依《白虎通》为三仞之坟。器物制度，率皆节损；仍刻石立之陵旁，别书一通，藏之宗庙，用为子孙永久之法。"唐太宗置之不理。虞世南复上疏，进一步指出："汉天子即位即营山陵，远者五十余年，今以数月之间为数十年之功，恐于人力有所不逮。"① 有的公卿奏"请遵遗诏，务从节俭"。唐太宗对中书侍郎岑文本说：朕欲依遗诏，但又不忍心，厚葬复恐遭后人废毁，难以自决。遂将虞世南疏交有关机构，命其详议妥善处置，不要置自己于不

---

① 《资治通鉴》卷194，贞观九年七月。

孝之地①。房玄龄等认为："汉长陵高九丈，原陵高六丈，今九丈则太崇，三仞则太卑，请依原陵之制。"②此事遂定。一个月后，陵墓筑成于京兆三原县东18里，名曰献陵。陵前立有石虎、石犀和华表，陪葬墓25座③。

贞观十年（636）十一月，唐太宗在葬文德皇后时，"为文刻之石称：皇后节俭，遗言薄葬，以为'盗贼之心，止求珍货，既无珍货，复何所求。'朕之本志，亦复如此。王者以天下为家，何必物在陵中，乃为己有。今因九嵕山为陵，凿石之工才百余人，数十日而毕。不藏金玉，人马、器皿，皆用土木，形具而已，庶几奸盗息心，存没无累，当使百世子孙奉以为法"④。次年正月，太宗"以汉世豫作山陵，免子孙苍猝劳费，又志在俭葬，恐子孙从俗奢靡。二月丁巳，自为终制，因山为陵，容棺而已"⑤。实际上，昭陵的修筑，"因山为陵"是也；"容棺而已"则不确，而是相当奢华。该陵是唐太宗自选之地，"因九嵕层峰，凿山南面深七十五丈，为元宫，缘山傍岩，架梁为栈道，悬绝百仞，绕山二百三十步，始达元宫门，顶上亦起游殿，文德皇后即元宫后。有五重石门，其门外于双栈道上起舍，宫人供养如平常"⑥。墓内"宫室制度闳丽，不异人间。中为正寝，东西厢列石床，床上石函中为铁匣，悉藏前世图书，钟（繇）、王（羲之）笔迹，纸墨如新"⑦。游殿之下修有紫府观⑧。南有供祭祀与朝拜的献殿，其遗址出土的鸱尾，宽0.65米，高1.5米，长11米，重300斤，献殿之庄伟，不言而喻。陵后建有寝殿、司马门和祭坛。寝殿是祭祀墓主之所。司马门内东西庑，立有唐太宗赞文⑨、欧阳询书字的"昭陵六骏"浮雕。它由六块高2米半、宽18米石板拼合而成，犹如一道屏风。六骏，是隋、唐之际唐太宗为秦王时逐鹿中原骑过的六匹战马。浮雕六骏，均有辔头，鬃剪三花，缚尾，神态则异。

昭陵西南的下宫，亦称寝宫，是守陵官吏和宫人的住址。其南为陪葬墓地，共有魏徵等陪葬墓155座⑩。昭陵后"司马门内，又有番首勇卫轩禁者一十四人石像，皆刻其官名"⑪。

---

① 《通典》卷79，《凶礼一》。
② 《资治通鉴》卷194，贞观九年七月。
③ 《唐会要》卷21，《陪陵名位》。
④ 《资治通鉴》卷194，贞观十年十一月。
⑤ 《资治通鉴》卷194，贞观十一年正月。
⑥ 《唐会要》卷20，《陵议》。
⑦ 《新五代史》卷40，《温韬传》。
⑧ 《新唐书》卷204，《薛颐传》云：唐太宗"为筑观九嵕山，号曰'紫府'，拜（薛）颐太中大夫，往居之"。
⑨ 《金石萃编》卷139，《游师雄题六骏碑》。
⑩ 此据《唐会要》卷21，《陪陵名位》。
⑪ 《炙毂子杂录》；《资治通鉴》卷199，贞观二十三年八月。

唐太宗所说"因山为陵",继承并发展了魏晋以来"依山为陵"的修建方式。墓室凿于山南之腰,墓借山势,居高临下,气概非凡,充分显示了墓主唯我独尊的大唐天子气魄与威严。武则天为唐高宗所修乾陵,使这种"因山为陵"的陵墓模式日趋完善。

乾陵坐落于今陕西乾县梁山,海拔1047.5米。墓室筑于梁山最高的北峰中。其南东西对峙的二峰,犹如乳房,俗名奶头山,三峰鼎足屹立,使乾陵更显宏伟。该陵周约80里,分内、外两城。378间殿堂宅舍点缀其间。内城有东青龙、南朱雀、西白虎、北玄武四门。献殿。外城在朱雀门外。从此门往南延伸的长达8里的起伏笔直的神道上,先后对称地排列着一组巨型石雕:石狮。高约3.4米。昂首,圆目,张嘴,突胸,卷云纹毛。斜立前腿粗短,后腿屈踞,威猛异常。61座王宾像。神道东29尊,西32尊,是据参加唐高宗葬礼的外国使节及国内少数民族首领,雕成像后刻有国名、姓氏及官爵,今仅存束腰袍服残体。无字碑。矗立神道东,高7.05米,宽2.10米,厚1.49米,八条相交螭(龙子)首,盘于碑顶,碑身饰有大云龙纹及如意云头纹。碑面无字①。传说武则天遗嘱:自己功过让后人评说,故不置一辞。也有人说,罄人间笔墨难述其功。宋、金以后,始有游客挥毫其上。述圣纪碑。立于神道西,高6.3米,边宽1.86米,屋形碑顶,线刻兽纹碑座,五节碑身,故又称七节碑。颂扬唐高宗丰功伟绩的碑文由武则天亲撰、唐中宗李显楷书,字填金屑,灿然富丽。石人。高4.10米,胸宽1米。头冠,浓眉,突目,闭嘴,隆鼻,短胡,丰颐,硕耳,广袖,长袍,双手握剑柄于胸。形体高大,神态威严。共十对。雁立于神道两旁。石马。高1.80米,长2.45米,宽0.80米。马首较小,目光炯炯。剪鬃,粗颈,膘肥,腿壮。鞍蹬俱全。马夫伫立于马首(头残),共五对。朱雀。又名鸾鸟,即鸵鸟。浮雕于立石之上。头小,颈细长,腹圆如鼓,尾宽而短。右腿立,左腿残。翼马。高3.17米,长2.80米。翘首,目上视。嘴闭。鬃长,体壮,腿短。翼饰缠枝卷叶忍冬纹。华表。高8米,直径1.12米。为上小下大八棱柱形,上托球体摩尼宝珠。表身饰狮子、云、蔓草纹,这一组石刻群,造型新颖,雕刻精致,形神兼备,气势恢弘,是唐代陵园石雕艺术的精粹,在中国古代石雕史上占有重要地位。石刻群东南一带还有16座陪葬墓②。

从昭陵到乾陵的修建格局来看,唐代皇陵鲜明地昭示着天子至高无上的封建等级观念,永享极乐的心态。内城象征皇宫禁苑,外城那一系列肃立神道两边的

---

① 宋人张师正说:"唐诸陵皆无碑记,惟乾陵西南隅有碑,高三十余尺:螭首龟趺,岿然表里无一字,不知其何为而立。"(《倦游录》,载《说郛》卷37)

② 此据《唐会要》卷21,《陪陵名位》。

石人、石兽之类,宛如恭谨侍奉皇帝的文官武将。就是说,皇帝驾崩后,从尘世的京都长安,君临于冥间,继续统治着进入这个神秘王国的臣民。无怪乎有人曾发生幻觉:开元十七年(729)唐玄宗谒昭陵时,"陪葬功臣尽来受餐,风吹飀飀,若神祇之所集。陪位文武百僚皆闻先圣(指唐太宗)叹息、功臣蹈舞之声,皆以为至孝所感"①。这种内涵的陵墓符合李唐天子口味,故肇自昭陵、完善于乾陵的"因山为陵"模式,为其后的多数唐代皇帝承袭。尽管由于时代不同等原因,后建诸陵的范围大小、人兽等石刻风格等有所差异,但其基本框架,则无出其臼,唐式皇陵,成为中国古代丧葬史上具有独特风采的皇家陵园之一。

唐代皇帝陵墓深埋山中,用意之一,在于防盗。但无济于事。耀州节度温韬,"唐诸陵在境者悉发之"。诸陵以"昭陵最(坚)固",也被打开,"取所藏金宝"②。传说仅乾陵幸免,是因温韬掘乾陵,辄雨,复掘又雨,无奈而罢。此说荒诞无稽,建国后实地勘查却证明乾陵确未被盗。永泰公主墓被盗可见唐人盗墓一斑:该墓甬道东洞口下曾有人骨一副。据专家鉴定,死者为盗墓贼,可能死于同伙灭口。墓门左上方破损处,是盗墓贼进入墓室所凿,因惧墓门有防盗暗器,不敢直入墓内。唐代有的墓中确有暗器之类防盗设施。唐德宗时,高陵盗发一古冢,"开时箭出如雨,射杀数人。众惧欲出,某审无他,必机关耳。乃令投石其中,每投箭辄出,投十余石,箭不复发,因列炬而入。至开第二重门,有木人数十,张目运剑,又伤数人,众以棒击之,兵仗悉落"。南壁悬棺"两角忽飕飕风起,有沙迸扑人面","一人复为沙埋死"③。

3. 皇陵的管理与祭祀

隋唐五代对皇陵非常重视,设置专门机构负责已故天子的日常祭祀、陵园的修葺和守卫。《唐六典》卷14《诸陵署》云:"令各一人,丞一人,录事一人,府二人,史四人,主衣四人,主辇四人,主药四人,典事三人,掌固二人,陵户。""献陵、昭陵、乾陵、定陵、桥陵、恭陵署(令各一人,从五品上……隋令:'诸署每陵令一人。'皇朝因之。开元二十五年,诸陵、庙隶宗正寺丞一人,从七品下……隋诸陵丞各一人,有主衣、主辇、主药等员,皇朝因之)。录事一人(皇朝置)。陵户(乾陵、桥陵、昭陵各四百人,献陵、定陵、恭陵各三百人)。陵令掌先帝山陵,率户守卫之事;丞为之贰。凡朔望、元正、冬至、寒食,皆修享于诸陵。若桥陵,则日献羞焉。凡功臣、密戚请陪葬者听之,以文武分为左右而列(坟高四丈已下,三丈已上)。若父、祖陪陵,子、孙从葬者,亦如之(若宫人陪

---

① 《旧唐书》卷25,《礼仪志五》;《唐会要》卷20,《亲谒陵》所载有所不同:"上入寝宫,闻室中謦欬之音。上又令寝宫门外设奠,以祭陪陵功臣将相萧瑀、房玄龄等数十人,如闻其抃蹈之声。"
② 《旧五代史》卷73,《温韬传》;《资治通鉴》卷267,开平二年十月。
③ 《酉阳杂俎》前集卷13,《尸穸》。

唐桥陵　陕西蒲城

葬，则陵户为之成坟。凡诸陵皆置留守、领甲士，与陵令相左右。兆域内禁人无得葬埋，古坟则不毁）。"

《唐六典》卷3《尚书户部·户部尚书》云："凡京畿充奉陵县及诸陵墓及庙邑户，各有差降焉。桥陵尽以奉先；献陵以三原，昭陵以醴泉，乾陵以奉天，定陵以富平，各三千户。若献祖、懿祖二陵，各置洒扫户三十人；兴宁、永康二陵各置一百人，恭陵亦如之"。《唐六典》成书于开元二十七年。故上述反映的是开元以前唐代皇陵的管理制度，其间已有些变化。如永徽二年四月"秩太庙令及献、昭二陵令从五品，丞从七品"[1]。天授二年（691）废唐兴宁、永康、隐陵署官，唯量置守户。开元十七年玄宗谒桥陵，"制奉先县同赤县，以所管万三百户供陵寝，三府兵马供宿卫"[2]。开元二十五年（737）敕诸陵庙并隶宗正寺，其宗正寺官员，自今并以宗枝担任。守陵户称陵户、墓户，一般由陵园附近民户充当，洒扫、守护陵寝。

开元二十八年（740）建初、启运陵如兴宁、永康陵置署官、陵户。天宝十三载（754）制：献、昭、乾、定、桥五署改为台令，各升一阶。自后诸陵，例皆称台。至德元年（756），前兴定陵署焦士炎上表，请永康、兴宁二陵为署。元和十

---

[1] 《旧唐书》卷4，《高宗纪上》。
[2] 《旧唐书》卷8，《玄宗纪上》。

五年（820）山陵使奏：准崇陵例，当使合置副使两员，从之。

陵令有的是以孝著称者。如武后稷州奉天令独孤思贞，丁家艰、"孝极君亲"而被朝廷"特赐龟，加一阶，除乾陵署令"①。守陵人有些是已故皇帝的宫人，诸帝驾崩，宫人无子者全部遣送皇陵，供奉朝夕，"具舆梐，治衾枕，事死如事生"②，像生前一样侍奉已逝之帝。每天为其洒扫、铺床叠被，供奉食物。有些是"因谗得罪配陵来"（白居易《陵园妾》）的宫女。总之，这一套陵寝制度完全是依照皇帝生前的君臣关系安排的。有些是被贬黜官员。如咸通十三年（872）五月，阁门使田献铚因国子司业韦殷裕于阁门上疏论郭淑妃弟阴事，懿宗怒，夺其紫衣，"改桥陵使"③。有些是受处分的宦官。如宝历二年（826）十一月受杖打三十的太监李奉义、王惟直、成守贞，分配诸陵。大中九年（855）监军王宗景因浙东观察使李讷被逐而"杖四十，配恭陵"④。也有个别是自愿的。唐德宗韦贤妃，"言无苟容，动必由礼，德宗深重之，六宫师其德行。及德宗崩，请于崇陵终丧纪，因侍于寝园"⑤。

后唐同光二年（924）停废诸陵台令、丞，以本县令兼知陵台事。同光三年敕：关内诸陵，顷因丧乱，例遭穿废，多未掩修。其下宫殿宇法物等，各令奉陵州县府据所管陵园修制，仍四时各依例荐享。逐陵各差近陵百姓二十户放杂差役，充陵户，以备洒扫。其寿陵等一十陵，亦一例修掩，量置陵户，仍授尚书工部郎中李途京兆少尹，充奉修诸陵使。后周广顺元年敕文：唐庄宗、明宗、晋高祖，宜各置守陵十户，以近陵人户充。河南洛阳特置一令、丞各一员。

唐代诸陵平时的修葺，由陵官负责，有些较大缮修，则由朝廷临时委任大臣专管。贞元十四年（798），以右谏议大夫、平章事崔损充修八陵使。"献、昭、乾、定、泰五陵，各造屋三百七十八间，桥陵一百四十间，元陵三十间，惟建陵不复创造，但修葺而已。所缘寝陵中帷幄床褥一事以上，并令制置"⑥。献陵等五陵，一次各造屋即多达378间，其陵园规模之大可以想见。大和八年（834）七月大雨雹，定陵东廊下地裂137尺，深5尺，诏宗正卿李仍叔启告修塞。《唐会要》卷21《诸陵杂录》云：会昌二年（842）"敕节文诸陵柏栽"，今后每至岁

---

① 《唐代墓志汇编》，第921页。
② 《资治通鉴》卷249，大中十二年二月。
③ 《资治通鉴》卷252，咸通十三年五月。
④ 《资治通鉴》卷249，大中九年九月。
⑤ 《旧唐书》卷52，《德宗韦妃传》。
⑥ 《唐会要》卷20，《陵议》；《旧唐书》卷13《德宗纪下》所载不同："献、昭、乾、定、泰五陵，各造屋三百八十间，桥、元、建三陵据阙补造。"《旧唐书》卷136《崔损传》也异："献、昭、乾、定、泰五陵造屋五百七十间"，桥、元、建三陵修建同于《唐会要·陵议》所载。

首,委有司于正、二、七、八四个月内,择吉日,命奉陵诸县百姓栽种,典折本户税钱。

唐代诸陵还有上食制度。守陵官员和宫人照章行事。"凡国陵之制,皇祖以上至太祖陵,皆朔望上食,元日、冬至、寒食、伏腊、社各一祭。皇考陵,朔、望及节祭,而日进食。又荐新于诸陵,其物五十有六品,始将进御,所司必先以送太常与尚食,滋味荐之如宗庙"①。永徽二年(651)有司言,献陵三年之后每朔望上食,冬夏至伏腊、清明、社节等日,亦准朔望上食,来月之后,始复平常。昭陵依献陵故事。神龙二年(706),太常博士彭景直,以为诸陵每日奠祭乖于古礼,请停。中宗曰:"乾陵宜依旧朝晡进奠。昭献二陵每日一进,必若所司供办辛苦,可减朕膳,以为常式。"② 据《唐会要》卷21《缘陵礼物》载:开元二年(714)敕:高宗时所置诸陵所有供奉鹰狗等停。二十三年,敕献、昭、乾、定、桥、恭六陵③,朔望上食,岁冬至寒食日,各设一祭,如节祭共、朔望日相逢,依节祭料,桥陵除此日外,仍每日进半口羊食。二十八年④敕其建初、启运、兴宁、永康四陵,每年四时八节,委所司判与陵署相知,造食进献。天宝二年敕:自今以后,每至九月一日,荐衣于陵寝,贻范千载。大历十四年(779)礼仪使颜真卿奏请元陵除朔望及节祭外,每日更供半口羊充荐,准祠部式供拟。泰陵、建陵则但朔望及岁冬至、寒食、伏腊、社日,各设一祭,每日更不合上食,代宗认可。元和元年礼仪使杜黄裳奏引故事,丰陵日祭,崇陵唯朔望节日伏腊各设一祭,宪宗认可。十五年礼仪使奏:按礼文令式,皇祖以上,至太祖陵寝,朔望上食,其元日、寒食、冬至、腊社日,各设一祭,皇考陵朔望及节祭外,每日进食,今丰陵合停日祭,景陵日祭如式,宪宗认可。此外,还有天宝二年始以九月朔荐衣于诸陵。又常以寒食荐饧粥、鸡毯、雷车,五月荐衣、扇。凡有异物宝货,或战胜敌国获取战俘,都要献祭,以告慰列祖列宗。永徽元年五月吐火罗遣使献大鸟如驼,食铜铁,上遣献于昭陵。同年九月,右骁卫郎将高侃执车鼻可汗诣阙,献于社庙及昭陵。显庆二年(657)唐俘阿史那贺鲁,次年"献于昭陵"⑤。总章元年辽东道行军总管李勣等攻克平壤,虏高丽王高藏等。高宗命李勣"以高藏等献于昭陵"⑥。礼毕,备军容入京城,献太庙。有司尝献新荔、樱桃,文宗命献陵寝

---

① 《新唐书》卷14,《礼乐志四·拜陵》。
② 《唐会要》卷21,《缘陵礼物》。
③ 《通典》卷108《开元礼纂类三·序例下·杂制》、《新唐书》卷14《礼乐志四·拜陵》均云"五陵"。
④ 《新唐书》卷14《礼乐志四·拜陵》云"二十年",误。
⑤ 《资治通鉴》卷200,显庆三年十一月。
⑥ 《资治通鉴》卷201,总章元年十月。

宗庙。

唐朝皇帝还不定期地亲自拜谒皇陵。拜陵后，皇帝有时发布大赦，减免赋役，以示隆重。

(二) 贵族官僚的丧葬

1. 贵族、官僚丧葬与皇帝丧葬的同异

相同之处，在于二者都是依据传统丧礼属纩等一整套程序办理的。不同之处：

(1) 规格不同。如复。已故皇帝称大行皇帝。而已故贵族官僚男呼字及伯仲，妇人称姓，六品以下男子称名。前者以箧接投下大行皇帝衣，后者六品以下用箱接衣。含。大行皇帝饭粱、含玉。三品以上饭粱、含璧。四品、五品饭稷、含碧。六品以下饭粱、含贝。陈袭衣。天子十二称。五品以上袭三称。六品以下袭一称。此外，旌、重、引、披、铎、翣、挽歌等均不同。

(2) 告丧不同。皇帝驾崩，要向全国发出诏告。贵族官僚死，据《开元礼》规定，六品以上必须遣使至京，向朝廷报丧："臣某之父某官臣某薨若母若妻（各随其称。四品以下言死，余同），谨遣某官姓某奉闻。"① 此外还要向亲朋故旧发讣书，称"凶讣"。有的讣书很快。如大中五年八月癸卯（初四），尚书刑部员外郎余从周死，"甲辰，讣于尚书"。甲辰为初五，即第二天尚书省就收到了"凶讣"。凡收到者，则要奔丧，以示哀悼。吉州长史卢娄思开元十二年死，"及属纩之文远近亲识，前后佐吏，望柩而奔讣者，日以百十矣"②。许州长葛县尉郑铼妻孙氏，元和二年死于东都，当"其丧之讣于郑也，自长及幼，物哀共叹"③。贞元二十年故侍御史裴琚殁于南海，"凶讣远到襄阳，（其子）承章哀号，几灭天性，将奔迎焉"④。有的人还自动聚会，吊唁死者，追思其生平功业道德。如余从周凶讣至尚书省，其生前同列诸郎立即聚而相吊。吊讫，共语与余从周同为贡士者、集仙之职者、博士者、秘书官者、王畿尉者、刑部之属者等，分别缅怀其当时政绩、德才，叹息久之。然后各往余从周家哭祭，其中一人应家人之求，撰墓志铭。如出于各种原因匿丧不报，一经查出，或为人所告，则被视为"十恶"中的第七恶"不孝"⑤。《唐律疏议》卷10《职制中》云："诸闻父母若夫之丧，匿不举哀者，流二千里。"安史之乱后，一些藩镇，尤其是河朔三镇，现任节度使殁，其子弟或部将，为继袭节钺，往往匿丧，而以其病为幌子，或伪造死者表章上奏朝廷，

---

① 《通典》卷138，《开元礼纂类三三·凶礼五》、《赴阙》。
② 《千唐志斋藏志》644。
③ 《千唐志斋藏志》994。
④ 《唐代墓志汇编》，第1954页。
⑤ 《唐六典》卷6，《尚书刑部》云："七曰不孝……闻祖父母、父母丧匿不举哀。"

索取任命①。朝廷知其内幕，却无力绳之以法，往往只好姑息。

（3）服丧与守孝不同。隋唐五代，沿袭古代传统"五服"制，服斩衰、齐衰、大功、小功和缌麻等五种丧，其中以为父母所服之丧最重，丧期为三年。皇帝是天下之主，国家不可一日无君。因此新即位的皇帝不可能按照传统凶礼的规定不理朝政而为已故天子服丧守孝三年之久。以唐代而言，新皇帝一般是在大行皇帝柩前即位后，三日就上朝听政了，二十七日释服。当然，在整个治丧期间，他还是要按凶礼规定，参加必须亲自到场的有关祭奠活动。也有些皇帝，并不受丧礼各项要求约束，为所欲为。而贵族、官僚居官遭丧，则必须解官服丧。"凡斩衰三年、齐衰三年者，并解官。齐衰杖周及为人后者，为其父母，若庶子为其母者，解官，申其心丧。皆为生己。若嫡继慈养改嫁或归宗三年以上断绝者，及父为长子，夫为妻并不解官，假同齐衰周"②。

（4）定谥号不同。"自汉魏以来，虽道德之重，先无爵者不加谥。晋代王遵上疏，称'武官有爵必谥，甚失制度之本'。自是公卿无爵皆谥"③。所谓定谥号，是依据死者生前的功过、品德，予以评定一个称号，盖棺论定。谥号名目众多，有褒有贬，内容复杂④。在唐代，只有皇帝及"职事官三品以上，散官二品以上"死后才定谥号⑤。皇帝的谥号由大臣与礼官拟定。皇帝谥号与贵族官僚谥号的不同，在于前者的谥号几乎都是褒的，因为大臣与礼官为当今皇上的先帝拟谥号，谁敢说个不字呢？所以李唐二十一帝，除哀帝外，每个皇帝的谥号都是褒的，尤其是都有一个孝字，这是中国历史上少见的。甚至还给祖宗增谥。如大历十四年（779）七月，礼仪使、吏部尚书颜真卿上言："上元中，政在宫壸，始增祖宗之谥。玄宗末，奸臣窃命，累圣之谥，有加至十一字者（按天宝十三载，加祖宗谥号并庙号皆为九字，而群臣上玄宗尊号凡十四字，未知颜真卿所谓加至十一字何帝也）。按周之文、武，称文不称武，言武不称文，岂盛德所不优乎？盖群臣称其至者故也。故谥多不为褒，少不为贬。今累圣谥号太广，有逾古制，请自中宗以上皆从初谥（初谥，高祖太武皇帝，太宗文皇帝，高宗天皇大帝，中宗孝和皇帝），睿宗曰圣真皇帝，玄宗曰孝明皇帝，肃宗曰宣皇帝，以省文尚质，正名敦本。"上命百官集议，儒学之士，皆从真卿议；独兵部侍郎袁傪，官以兵进，奏

---

① 这种事例颇多。如贞元十二年（796）魏博节度使田绪暴薨，左右匿之，使其幼子领军事。建中二年（781）正月成德节度使李宝臣死，其子李惟岳匿丧二十余日，并诈宝臣表章，求朝廷令惟岳继袭其职。同年七月，平卢节度使正已薨，其子李纳秘不发丧，擅领军务，奏请袭父职。元和九年（814）闰月彰义节度使吴少阳殁，子吴元济不报天子，自领军务。
② 《通典》卷108，《开元礼纂类三·序例下·杂制》。
③ 《封氏闻见记》卷4，《定谥》。
④ 《唐会要》卷79，《谥法上》；同书卷80，《谥法下》。
⑤ 《唐会要》卷79，《谥法上》。唐代民间还有私谥。

言："'陵庙玉册，木主皆已刊勒，不可轻改'，事遂寝。不知陵中玉册所刻，乃初谥也"①。

贵族官僚定谥号就不同了。唐制太常博士掌王公以下拟谥。根据本人功德决定褒贬。职事官三品以上、散官二品以上身亡后，由其生前佐吏录行状申报考功，责历任勘校，下太常寺拟谥后，再申报考功。都堂集省官议定，然后奏闻皇上。因谥号关系本人盖棺，直接影响子孙后代的前程，家族的荣誉。家人对逝者的谥号极为关注。若谥不符实，或认为不公，都要提出修改，甚者不惜诉诸法律，对簿公堂。争持不下，则由天子出面裁定。天子认为某人议论不当，或有司拟谥欠妥，则予以贬官等处分。仅《通典》卷104《凶礼·单复谥议》所载，从武德至代宗时，太常所谥有异议者，即有咸亨三年谥赠扬州大都督许敬宗曰缪、景云元年谥赠荆州大都督韦巨源曰昭、开元七年谥赠工部尚书宋庆礼曰专、开元十八年谥赠燕国公张说曰文贞、永泰中谥赠凉州都督郭知运曰威、谥赠吏部尚书吕諲曰肃、大历十三年谥赠司徒杨绾曰文贞、及赠左卫大将军宇文士及初谥为恭等。其中以定许敬宗之谥争议最为激烈。许敬宗死，太常将定其谥。博士袁思古认为他弃子荒徼，嫁女夷落，事绝趋庭，纳采问名，唯闻黩货，请谥为缪。"敬宗孙太子舍人彦伯不胜其耻，与思古大相忿竞，又称思古与许氏先有嫌隙。请改谥官。"太常博士王福畤请依思古谥议为定。诏令尚书省五品以上重议。礼部尚书杨思敬议称"按谥法，既过能改曰'恭'，请谥曰'恭'。诏从其议"②。这场风波才平息下去。

原定谥号不符本人情况者，一经查出，则另改其号。《旧唐书》卷63《封伦传》载：右仆射封伦贞观元年（627）殁，谥曰"明"。数年后，唐太宗始知封伦生前阴附太子李建成等事。贞观十七年（643）治书侍御史唐临追劾封伦"罪恶既彰，宜加贬黜"。唐太宗命百官详议。民部尚书唐俭等议曰："'（封）伦罪暴身后，恩结生前，所历之官，不可追夺，请降赠改谥'。诏从之，于是改谥'缪'"。"缪"者，"名与实爽"③。

（5）寒食扫墓不同。文献不见记载唐代皇帝寒食节扫墓陵园的。官僚却每年寒食节出城上坟，为已故父母等亲人扫墓，培垒新土，蔚然成风。"寒食上墓，复为欢乐，坐对松檟，曾无戚容"④，见于龙朔二年（662）诏令，说明唐初寒食扫墓尚不正规。这或许与"寒食上墓，礼经无文"⑤ 有关。至开元二十年唐玄宗鉴

---

① 《资治通鉴》卷225，大历十四年七月。
② 《旧唐书》卷82，《许敬宗传》。
③ 《唐会要》卷80，《谥法下》。
④ 《唐会要》卷23，《寒食拜扫》。
⑤ 同上。

于"近世相传,浸以成俗"①,下诏"寒食上墓,宜编入五礼,永为恒式"②。但"凡庶之中,情礼多阙,寒食上墓,便为燕乐者"③,说明直到开元年间,寒食对已故亲人的祭扫,仍不严肃。为矫其弊,玄宗敕令不严肃者,"见任官与不考前资,殿三年,白身人决一顿"④。唐后期,官员对寒食拜扫比较重视。鉴于近来常参官,请假东郊拜扫,多旷职事,影响正常行政工作,贞元四年德宗下诏,"自今以后,任遣子弟,以申请礼"⑤。为防止有关衙门或人妨阻官员寒食拜扫,使其能表达对已故亲人的哀思,长庆三年穆宗下敕:"自今以后,文武百官有墓茔域在城外,并京畿内者,任往拜扫。但假内往来,不限日数,有因此出城,假开不到者,委御史台勾当,仍自今以后,内外官要觐亲于外州,及拜扫,并任准令式年限请假"⑥。太和三年(829)唐文宗敕令:"文武常参官拜扫,据令式,五年一给假,宜本司准令式处分。如登期未经五年,不在给假限。"⑦ 八年八月又敕:"厘革应缘私事,并不许给公券,令臣等商量,惟寒食拜扫,著在令式,衔恩乘驿,以表哀荣。遽逢圣旨,重颁新命,其应缘私事,及拜扫不出府界,假内往来者,并不在给券限,庶存经制,可久遵行,从之。"⑧ 开成四年(839)中书门下奏:"常参官寒食拜扫奉进止,准往例给公券者,臣等谨案旧制,承前常参官应为私事请假,外州往来,并给券牒。"⑨ 五代则有一些皇帝寒食野祭。庄宗每年寒食出祭,谓之破散。后汉承袭其制。乾祐三年(950)寒食,隐帝奉皇后幸南御园家祭。后周广顺元年(951)寒食,太祖出元化门至蒲池,设御帐遥拜诸陵⑩。北宋史学家欧阳修将这种"寒食野祭而焚纸钱,天子而为闾阎鄙俚之事"⑪,斥之为五代三纲五常之道礼乐崩坏的表现。

2. 贵族官僚丧葬所受优待

隋唐五代,贵族官僚去世,朝廷按其职位高低,赐予等级不同的财物,名曰"赗赙"。赗者,补也;助送葬也。《通典》卷86《赗赙》曰:"大唐制,诸职事官薨卒,文武一品,赙物二百段,粟二百石;二品物一百五十段,粟一百五十石;三品物百段,粟百石;正四品物七十段,粟七十石;从四品物六十段,粟六十石;

---

① 《唐会要》卷32,《寒食拜扫》。
② 《旧唐书》卷3《玄宗纪》。
③ 《唐会要》卷23,《寒食拜扫》。
④ 同上。
⑤ 同上。
⑥ 同上。
⑦ 同上。
⑧ 同上。
⑨ 同上。
⑩ 《五代会要》卷3,《寒食拜扫》。
⑪ 《新五代史》卷17,《晋家人传第五》。

正五品物五十段，粟五十石；从五品，物四十段，粟四十石；正六品物三十段；从六品物二十六段；正七品物二十二段；从七品物十八段；正八品物十六段；从八品物十四段；正九品物十二段；从九品物十段。（行若守从高）王及二王后若散官及以理去官三品以上，全给；五品以上，给半。若身没王事，并依职事品给。其别敕赐者，不在折限。诸赗物应两合给者从多给，诸赗物及粟，皆出所在仓库。服终则不给。"此外凡五品以上薨、卒及葬合吊祭者，应须布深衣、帻、素三梁六柱轝均官借之，其内外命妇应得卤簿者亦如之。还给五品以上已故官员修造坟墓的民夫，一品100人，二品80人，三品60人，四品40人，五品20人，修坟10天。"凡以理去官及散官三品已上，与见任职同，其五品已上减见任职事之半，致仕者同见任。"① 甄官署则供给明器："三品以上九十事，五品以上六十事，九品以上四十事。"②

在实际实行过程年，贵族官僚得到的助葬费用等，与法律规定是出入较大的，请参阅下表。

表中显示：

（1）赗赠未完全按朝廷规定兑现。赗赠由绢粟组成。表中诸人或赠绢未赠粟，或绢粟均未赠而给丧具夫役等。除娄敬、魏靖、李仁德等少数人符合规定外，大多数人或多或少。如孙处约少粟40石。阿史那忠少绢布100段，粟多500石。泉男生段粟均多500。王伓多900段，粟400石。马怀素多220段，220硕。高延福多240段，少粟60石。杨执一多米100石。张去逸多500段，少粟100石。瞿昙譔多绢100匹，少粟100石。曹景林绢布多50匹，少粟100石。

唐朝廷给予部分贵族官僚赗赠表

姓名	官爵	死亡时间	赗 赠	出 处
温彦博	尚书右仆射	贞观十一年	"前后赗赠二千段，丧事所须，并令官给"，"赐以秘器及茔地一区"。	《唐代墓志汇编》第42页。
张士贵	镇军大将军	显庆二年	"赗绢布七百段，米粟七百石"。	《考古》1978年第3期《陕西醴泉唐张士贵墓》
尉迟敬德	鄂国公	显庆三年	赠绢一千五百段，米粟一千五百石。	《唐代墓志汇编》第292页。

---

① 《唐六典》卷18，《司仪署》。
② 《唐六典》卷23，《甄官署》。开元二十九年玄宗敕令：明器、墓田等，令于旧数内减（详见《通典》卷86《凶礼·荐车马明器及饰棺》）。元和六年品官明器又恢复到三品九十事等（《唐会要》卷38《丧》）。

续表

姓名	官爵	死亡时间	赙 赠	出 处
郑仁泰	凉州刺史	龙朔三年	"丧事所资,随由官给"。	《唐代墓志汇编》第407页。
娄 敬	游击将军	乾封二年	赠"帛四十段,粟四十石,夫二十人"。	《唐代墓志汇编》第477页。
孙处约	司成	咸亨二年	"敕赐绢布等一百段,粟六十石,还□□造□□仍给□粮"。	《考古与文物》1983年第1期。
阿史那忠	右骁卫大将军	上元二年	"赗绢布一百段,米粟七百石,赐东园秘器,凶事葬给,并宜官给,物从优厚。"	《考古》1977年第2期《唐阿史那忠墓发掘报告》
泉男生	右卫大将军	仪凤四年	"赠绢布七百段,米粟七百石,凶事葬事所须,并宜官给,务从优厚。"	《唐代墓志汇编》第668页。
李孟姜	临川郡长公主	永淳元年	"凶丧葬事,并令官给,赐绢布五百段,米粟副焉","将葬之日,又遣内给使斋衣裳一副。"	《唐代墓志汇编》第704页。
成 忠	飞骑尉	垂拱四年	"敕赠绢五定、布五端"。	《千唐志斋藏志》366。
韦 洞	韦后之弟	如意元年	"赗物□千段,米粟五百石,衣等九袭"。	《文物》1959年第8期。
逯 贞	夏官郎中	万岁登封元年	"有制赠物卅(四十)段,官给灵轝"。	《唐代墓志汇编》第914页。
崔玄籍	利州刺史	圣历元年	"奉敕吊祭,并许度家三人。常赗之余,别加优赠。"	《唐代墓志汇编》第930页。
泉献诚	左卫大将军	天授二年	久视元年昭雪,"赐特一百段,葬日量□缦幕手力"。	《唐代墓志汇编》第985页。
王 㒧	枯校胜州都督	长安二年	"赗襚特异古今"。"食邑一千户,赐物一千段,米粟五百石,所在为造灵轝,并家口量给"。又"存问家口,赐绢一百定,钱五十贯"。	《唐代墓志汇编》第1013页。
皇甫文备	姚州都督	长安四年	"赐物二百段,粟一百石"。	《唐代墓志汇编》第1035页。
束 良	永州刺史	景龙元年	"敕赐东园秘器、鼓吹、挽歌、卤簿、牲牢、酒醴致祭,威仪夫役等一千余人"。	《唐代墓志汇编》第1088页。
马怀素	秘书监	开元六年	"赠物三百廿(二十)段,米粟三百廿硕;丧事所须,并令官给"。	《唐代墓志汇编》第1206页。

续表

姓名	官爵	死亡时间	赙赠	出处
高延福	中大夫	开元十一年	"赙绢三百匹"。	《唐代墓志汇编》第1287页。
裴沙	忠武将军	开元十二年	"官给葬事,并赐班剑鼓吹,赙粟帛"。	《唐代墓志汇编》第1304页。
杨执一	行鄜州刺史	开元十四年	"赐绢百匹,米粟各百石,官给灵轝递还葬日官借手力幔幕"。	《唐代墓志汇编》第1338页。
魏靖	右锷将军	开元十四年	"加赠物一百段,粟一百石"。	《唐代墓志汇编》第1323页。
李氏	太子中舍人刘潜妻	开元十七年	"赙绢布六百段"。	《唐代墓志汇编》第1366页。
李仁德	冠军大将军	开元二十一年	"特敕赠绢二百匹,赙物一百段,米粟一百石,供丧事也"。	《唐代墓志汇编》第1412页。
崔三丐	东都副留守	开元二十七年	"赗以粟帛"。	《唐代墓志汇编》第1800页。
杨思勖	骠骑大将军	开元二十八年	"赙绢三百匹,布三百端"。	《唐代墓志汇编》第1510页。
张伏生	左龙武军中郎将	天宝元年	"赙绢布一百二十段米粟七十石",陪葬给仪仗鼓驾,赗馔设祭。	《唐代墓志汇编》第1538页。
张去逸	太仆卿	天宝七载( )	"常式赙赠之外别敕赐绢三百疋,布三百端,俾给丧事"。	《唐代墓志汇编》第1621页。
王训	光禄卿	大历二年	"中使吊赙,度僧尼追福"。	《唐代墓志汇编》第1763页。
瞿昙譔	司天监	大历十一年	"赙绢二百疋,以备哀荣之礼"。	《唐代墓志汇编》第1791页。
崔祐甫	宰相	建中元年	"德宗册赠太傅,以其从子为后,锡后曰植","赗襚有加","赐洛阳腴田一顷,甲第一区,殊常之泽也"。	《唐代墓志汇编》第1823页。
曹景林	左龙武军将军	建中三年	"赠绢、布壹佰伍拾疋。"	《唐代墓志汇编》第1831页。
王大剑	骠骑大将军	元和四年	"赠钱五十万,布绢五十端匹"。	《唐代墓志汇编》第1974页。
吕让	秘书监致仕	大中九年	"赙一月俸"。	《唐代墓志汇编》第2334页。

（2）赙赠相差悬殊。多者温彦博2000段,尉迟敬德绢1500段,米粟1500石。王侁1000段,米粟500石。少者成忠绢五匹、布五端。根据"凡赙匹帛,言段不

朱雀人物图　陕西三原　唐　李寿墓石椁浮雕

言端匹，每二丈为段，四丈为匹，五丈为端"① 计算，则成忠绢五匹为10段，布五端为12.5段，共22.5段。温彦博是他的88.8倍，尉迟敬德是他的66.6倍（不包括米粟），王㤚是他的44.4倍（不包括米粟）。

（3）所得赙赠的多少，主要是由死者官爵高低决定的，个别官爵不高者所得赙赠偏高，则有特殊原因。

（4）皇帝对宠信之臣，赙赠之外，另加优赠绢、钱、腴田、甲第、度僧尼追福等。

（5）不少人的赙赠不见于新、旧唐书本传，而载于墓志铭中。

有些贵族官僚，因当朝天子的特别宠信，或立有殊勋，或出于其他特别原因，在丧葬上还获得制度以外的特殊哀荣：

（1）皇帝亲自临丧。唐朝皇帝一般不亲临贵族官僚之丧，只有极个别人才能享此殊荣。贞观十六年魏徵死，"太宗亲临恸哭"②。唐代宗特爱华阳公主，公主病危，代宗亲往探望，"属纩之际，啮伤上指"③。

皇帝登楼目送丧车出殡，以示哀悼。魏徵出殡时，"上登苑西楼，望哭尽哀"④。贞观二十一年（647）高士廉死，唐太宗将亲往哭悼，房玄龄以皇上病刚好，极力谏阻。"上曰：'高公非徒君臣，兼以故旧姻戚，岂得闻其丧不往哭乎！

---

① 《五代会要》卷8，《丧葬上》。
② 《旧唐书》卷71，《魏徵传》。
③ 《旧唐书》卷52，《代宗贞懿皇后独孤氏传》。
④ 《旧唐书》卷71，《魏徵传》。

公勿复言'。帅左右自兴安门出。长孙无忌在士廉丧所,闻上将至,辍哭,迎谏于马首,曰:'陛下饵金石,于方不得临丧,奈何不为宗庙苍生自重?且臣舅临终遗言,深不欲以北首、夷衾,辄屈銮驾'。上不听。无忌中道伏卧,流涕固谏,上乃还入东苑,南望而哭,涕下如雨。及柩出横桥,上登长安故城西北楼,望之恸哭。"① 总章二年(669)李勣卒。葬日,唐高宗"幸未央(宫)古城,登楼临送,望柳车恸哭,并为设祭"②。

（2）不避忌讳。襄州都督张公谨殁,唐太宗"闻而嗟悼,出次发哀。有司奏言:'准《阴阳书》,日子在辰,不可哭泣,又为流俗所忌。'太宗曰:'君臣之义,同于父子,情发于衷,安避辰日',遂哭之。"③

（3）按天子规格安葬。上元二年(675)四月皇太子李弘薨于合璧宫绮云殿。五月追谥为孝敬皇帝。令修恭陵。

（4）特加鼓吹。武德六年平阳公主死。唐高祖诏令加前后部羽葆、鼓吹、大辂、麾幢、班剑40人虎贲甲卒。"太常奏议:'以礼,妇人无鼓吹'。高祖曰:'鼓吹,军乐也。往者公主于司竹举兵以应义旗,亲执金鼓,有克定之勋。周之文母,列于十乱,公主功参佐命,非常妇人之所匹也。何得无鼓吹!'遂特加之,以旌殊绩。仍令所司按谥法'明德有功曰昭',谥公主为昭"④。

（5）墓上起山。贞观十四年卫国公李靖妻卒,唐太宗预为李靖修坟,"诏坟茔制度依汉卫(青)、霍(去病)故事,筑阙象突厥内铁山、吐谷浑内积石山形,以旌殊绩"⑤。总章二年太子太师李勣死,"所筑坟一准卫、霍故事,象阴山、铁山及乌德犍山,以旌破突厥、薛延陀之功"⑥。

（6）墓内立人马。贞观十二年左武卫大将军秦叔宝死,"太宗特令所司就其茔内立石人马,以旌战阵之功"⑦。

（7）在家斋僧造道像。贞观十二年,弘文馆学士虞世南去世,唐太宗"于其家为设五百僧斋,并为造天尊像一区"⑧。

（8）命大臣送葬。唐太宗诏百官为李勣送葬至故城西北。李光弼死,诏宰臣送于延平门(长安外郭城西面南门)。

（9）配享庙庭。获此皇恩者有房玄龄、殷开山、刘政会、张行成、李勣、李

---

① 《资治通鉴》卷198,贞观二十一年正月。
② 《旧唐书》卷67,《李勣传》。
③ 《旧唐书》卷68,《张公谨传》。
④ 《旧唐书》卷58,《柴绍传附平阳公主传》。
⑤ 《旧唐书》卷67,《李靖传》。
⑥ 《旧唐书》卷67,《李勣传》。
⑦ 《旧唐书》卷68,《秦叔宝传》。
⑧ 《旧唐书》卷72,《虞世南传》。

神通、李孝恭等。

（10）特别辍朝。唐代凡三品以上大臣去世，均有辍朝，一般是一日①。对立有殊勋或宠臣，则破例辍朝数日。开元十八年左丞相张说薨，"辍朝五日"②。开元二十九年宁王宪薨，辍朝十日。大中十一年（857）右羽林统军郑光卒，因是宣宗元舅，特诏辍朝三日，经御史大夫李景俭上疏谏，犹改罢朝两日。天福三年，前兴元节度使张筠殁，太常礼院奏称：准故事，前节度使无礼例辍朝。后晋高祖敕特辍一日朝参。

但是，唐朝皇帝对已故有罪之臣，则毫不手软地给予严惩。嗣圣元年（684）李敬业等在扬州起兵反武则天。武则天"追削敬业祖、父官爵，剖坟斫棺，复本姓徐氏"③。太子通事舍人郝象贤，垂拱年间坐事伏诛，临刑言多不顺，武则天大怒，"令斩讫，仍支解其体，发其父母坟墓，焚蓺尸体，（其祖侍中郝）处俊亦坐斫棺毁柩"④。天授二年（691）辅国大将军岑长倩因不同意立武承嗣为皇太子，忤武则天意，下制狱，被诛，父祖坟墓被发掘。《旧唐书》卷7《中宗纪》云：神龙元年（705）制令"其酷吏刘光业、王德寿、王处贞、屈贞筠、刘景阳等五人，虽已身死，官爵并宜追夺"。丘神勣等"虽已身死，并宜除名"。景云元年（710）追废皇后韦氏为庶人，安乐公主为悖逆庶人⑤。武三思父子"斫棺暴尸，平其坟墓"⑥。天宝十二载（753）杨国忠说安禄山诬李林甫等谋反，唐玄宗"制削林甫官爵，子孙有官者除名，流岭南及黔中"，"剖林甫棺，抉取含珠，褫金紫，更以小棺如庶人礼葬之"⑦。大历十二年（777）杀宰相元载，毁其祖及父母坟墓，斫棺弃柩和私庙木主。

（三）平民百姓的丧葬

朝廷对平民百姓的丧礼，如丧车的种类、装饰、明器的数量等，都有明确规定，不得逾制。如唐元和六年（811）规定："庶人明器一十五事，共置三舁。丧车用合辙车，帾竿减三尺，流苏减十道，带减一重。帏额魌头车魂车准前，挽歌、铎、翣、四神、十二时各仪，请不置。所造明器，并令用瓦，不得过七寸。"⑧庶人的明器，比三品以上少75事、47舁，五品以上少45事、27舁，九品以上少25事、7舁。长庆三年（823）浙西观察使李德裕奏："今百姓等丧葬祭，并不许以

---

① 《唐会要》卷25，《辍朝》。
② 同上。
③ 《旧唐书》卷67，《李勣传附敬业传》。
④ 《旧唐书》卷84，《郝处俊传》。
⑤ 《旧唐书》卷51，《韦庶人传》。
⑥ 《旧唐书》卷183，《武承嗣传附三思传》。
⑦ 《资治通鉴》卷216，天宝十二载二月。
⑧ 《唐会要》卷38，《丧》。

金银锦绣为饰及陈设音乐,其葬物涉于僭越者勒禁",建议"自今以后,如有人却置,准法科罪。其官吏以下,不能节级惩责,仍请常委出使郎官御史访察,所冀遐远之俗,皆知宪章。"穆宗敕依①。会昌元年(806),御史台奏得到武宗敕准,规定"工商百姓诸色人吏无官者,诸军人无职掌者,丧车魌头同用合辙车,丧车不用油幌流苏等饰,兼不得以缯彩结络,及金银饰。挽歌、铎、翣并不得置。丧车之前,不得以鞍马为仪。其明器任以瓦木为之,不得过二十五事,四神、十二时并在内,每事不得过七寸、舁十舁"②。这一规定的明器事、舁数量,比元和年间规定有所放宽,而挽歌等仍不许设置,它们还是贵族官僚等的特权专利。朝廷将此条流散发张榜于城市及城门,如有违反,先罪供造行人贾售之罪,以杜绝僭越。后唐天成元年(926)敕令规定:"庶人丧葬,宜令御史台委两巡御史点检,假赁行人,须依条例,如有违越,据所犯重轻,临时科断,台司不得妄有搅扰。"③百姓丧葬,只能使用鳖甲车,无幌、襆和画饰。长兴二年(931)规定:"庶人使八人舁罂车,竿高五尺五寸,长一丈,阔四尺。男子以白绢半幅为带额。妇人以紫绢半幅为带额,周回遮蔽。魂车一,香舉子一,并使结麻网幕。明器一十四事,以木为之,不得过五寸,共置五罂,不得使纱笼、金银、帖毛发装饰。除此外,已上不得使结络绵绣等物色,如人户事力不便,八人已下,任自取便。其丧罂车已准敕不全废,任陈灵罂之前者。"④

平民百姓也不像贵族官僚那样从朝廷获得赙赠与丧具。所需葬具只能到市场去买。唐代长安有专门出售丧葬用品的店铺——"凶肆"。唐文宗"开成初,东市百姓丧父,骑驴市凶具"⑤。有的凶肆除售"輀罂威仪之具"外,还提供唱挽歌者,凶肆之间竞争激烈⑥。在唐后期,有的地方平民百姓结社互助办丧事⑦。

在吐鲁番出土的大量唐墓中,从今存部分随葬衣物疏来看,随葬品一般是死者生前服用的生活用品,数量不多,少数所列绢千万匹、黄金等,疑非实数,而是一种供奉死者丰厚物品的象征性数字。死者穿的寿衣、寿鞋,盖的寿衾也都是用废弃文书裁制而成。唐代战乱期间,人们有穿纸做衣服的⑧。死后无钱制备新的寿衣等,而以废纸来代替,聊以遮盖尸骨而已。这种丧葬现象表明,吐鲁番墓葬

---

① 《唐会要》卷38,《丧》。
② 同上。
③ 《五代会要》卷8,《丧葬上》。
④ 《五代会要》卷9,《丧葬下》。
⑤ 《酉阳杂俎》前集卷15,《诺皋记下》。
⑥ 《李娃传》。据该传记载,长安有东西二凶肆,为争胜负,于天门街比赛二肆所卖诸种丧葬用品,不胜者罚钱五万并签署符契。市民观者数万,巷无居人。最后,东肆以唱挽歌薤露之章获全胜。
⑦ 《唐会要》卷38,《丧》。
⑧ 《资治通鉴》卷222,宝应元年十月。

大体上属于平民百姓的墓葬。

由于平民百姓在丧葬上受到许多限制，经济状况又不富裕，所以办丧事比较简略。

（四）服丧与守孝

丧葬完毕后，人们还要进一步地服丧与守孝。服丧与守孝有一整套的制度和礼仪，为官者并需辞官。

武德二年（619），李唐草创，唐高祖就"初令文官遭父母丧者听去职"①。七年"以天下大定，诏遭父母丧者听终制"②。开元年间宰相李林甫主持修撰《唐六典》，将丧假正式列入典章制度。《唐六典》卷2《尚书吏部·吏部尚书》云："内外官吏则有假宁之节……（齐衰周，给假三十日；葬，三日；除服，二日。小功五月，给假十五日；葬二日；除服，一日。缌麻三月，给假七日；葬及除服皆一日。周已上亲皆给程。若闻丧举哀，并三分减一。私忌给假一日，忌前之夕听还）。"③ 唐律还规定：国忌日天下州县不得饮酒，官员不视公事，不行鞭笞。"诸国忌废务日作乐者，杖一百，私忌减二等"④。"诸父母死，应解官，诈言余丧不解者，徒二年半"⑤。在为父母服丧期间，如果"身自嫁娶，若作乐、释服从吉"，被视为"十恶"中的第七恶"不孝"⑥。对于诸种违反丧礼的行为，唐律也规定了处罚："丧制未终，释服从吉，若忘丧作乐自作遣人等徒三年，杂戏徒一年，即遇乐而听，及参预吉席者，各杖一百"⑦。"诸居父母及夫丧而嫁娶者，徒三年。妾减三等，各离之。知而共为婚姻者各减五等"⑧。神龙元年禁婚娶之家父母亲亡停丧成礼。居父母及夫丧而嫁娶者，徒三年，已婚无效。居父母丧为人主婚者，杖一百；充当媒人者，杖八十。服丧期生子，处徒刑一年。五代关于服丧守孝规定：后唐长兴二年（931）敕令："朝臣居丧终制，委御史台具姓名申奏。诸道宾从除丧后，合宣行恩命。州县官才授新命及到任一考前丁忧者，服阙日除官。"⑨ 清泰二年（935）规定：应州县官新授及到任一考前丁忧服阕，准格取文解南曹磨勘，申中书门下，当与除授，不得经堂陈状。后周广顺三年（953）敕令规定："应内外文

---

① 《旧唐书》卷1，《高祖纪》。
② 同上。
③ 《通典》卷108，《开元礼纂类三序例下·杂制》所载有所不同。
④ 《唐律疏议》卷26，《杂律上》。
⑤ 《唐律疏议》卷25，《诈伪》。
⑥ 《唐六典》卷6，《尚书刑部》。
⑦ 《唐律疏议》卷10，《职制中》。
⑧ 《唐律疏议》卷13，《户婚中》。
⑨ 《五代会要》卷8，《丧葬上》。同书卷9《夺情》载后唐应顺元年（951）敕令："凡在苴麻，并须终制。""内诸司使副官带西班正官者，宜候过卒哭起复授官；不带正官者，及供奉官、殿直承旨等，便过卒哭休日赴职；其有带东班官者，只以枯校官充职，服阙日加授前职。"

武臣僚幕职，州县官、举选人等，今后有父母亡殁，未经迁葬，其主家之长，不得辄求仕进，所由司亦不得申举解送。如是卑幼在下者，不在此限。""犯者必行典法"。"其中有兵戈阻缩，或是朝廷特恩除拜，起复追征，及内外管军职员，并不拘此例。"①

不少人能够按照丧礼要求，为父母等服丧和守孝。隋文帝时，汉王府参军姚思廉，丁继母忧，庐于墓侧，毁瘠加人。游击将军韩逻永徽四年（653）死，"诸子攀号，绝浆七日，苦庐枕块，泣血三年，府僚兵士，匍匐临哭"②。唐初，梁文贞父母死后，"泣血庐墓三十余年"，"不言三十年"，以尽孝心③。淮安王神通死，其子道彦"丁父忧，庐于墓侧，负土成坟，躬植松柏，容貌哀毁，亲友皆不复识之"④。苏州嘉兴县令燕秀，"丁内艰去职，执丧逾礼"，"因兹寝疾，邊而灭性"⑤，死于永淳元年（682）。唐高宗时，右卫铠曹参军吕方毅，"母终，哀恸过礼，竟以毁卒。布车载丧，随母辒车而葬"⑥。武则天时，右领军卫将军薛璿，父母去世，"哀号罔极，终朝一溢，泣血三年，不尝菜果，不衣缣纻，毁瘠之貌，可以鸡支；摧咽之容，还闻鹤吊"⑦。文林郎田待夫妇相继逝世，嗣子为报双亲抚养之恩，"遂截左耳，当父终之辰；复割右耳，以母丧之日。缅窥泣血，鬻身无以加也"⑧。开元年间，新安县令张炅，赴任途中丧亲，"捧叩屍柩，口舐涎唾，不怖腐坏"。回家后，"七日苦块，不食水米，少不九旬，行坐泣血"⑨，以致而殁。开元二十三年去世的开州刺史郑忻，自三岁迄于终年76岁，"每常为先人追福，礼拜不阙"⑩。颍川人陈周子，"丁内艰再月，号泣过度，天宝二年十月廿（二十）四日，春秋廿，不胜疾而终"⑪。嗣曹王李戢，开元二十九年（741）"丁父忧，三年不言，三日不食"⑫。乾元元年（758）年十二的元潜长，为父服丧，"涉旬绝浆，三年之中，曾不见齿，亲族以为难"⑬。唐德宗时，窦群母卒，"哀踊不已，挈一指置棺中，结庐墓次"⑭。元和八年（813）殿中监石神福死，"男乃泣血，女孝

---

① 《五代会要》卷9，《丧葬下》。
② 《唐代墓志汇编》，第193页。
③ 《旧唐书》卷188，《梁文贞传》。
④ 《旧唐书》卷60，《淮安王神通传》。
⑤ 《唐代墓志汇编》，第699页。
⑥ 《旧唐书》卷79，《吕才传》。
⑦ 《唐代墓志汇编》，第1396页。
⑧ 同上书，第1133页。
⑨ 同上书，第1777页。
⑩ 同上书，第1459页。
⑪ 同上书，第1555页。
⑫ 同上书，第1613页。
⑬ 同上书，第1939页。
⑭ 《唐才子传》卷4，《窦群》。

绝浆，号天叩地"①。唐穆宗时，度支郎中王竞，丁父艰，"勺浆不入口七日"，"哭无常声，宾不忍吊"。丁太夫人忧时，"泣血六年，几不全者数（次）"②。会昌二年，文林郎杨宇述妻杜氏丁父丧，"毁灭号泣"，"每声一发，未尝不绝于地，或血流于鼻口间，闻之者咸为出涕"，以致翌年初，因悲伤过度而死③。奉天人赵隐，以父死于军乱，"与兄鹭庐墓几十年"④。兵部尚书柳公绰"居丧毁槖，三年不澡沐"⑤。池州人何澄粹，亲人病，他"剔股肉进"，"后亲没，伏于墓哭踊无数，以毁卒（死），当时号'青阳孝子'"⑥。寿州民李兴。也割股肉治父病，父死，"昼夜哭诉"，柳宗元为作《孝门铭》⑦。河阳军节度押衙张亮，大中元年患病。其三子"躬执饮膳汤药，昆季必先尝之，面垢体羸，不饰冠带"。张亮死时，三子"发哀陨血，号扣天地，一哭三绝"⑧。试殿中监刘自政，大中五年（851）死，三子"公余皆蓬首糜粒，毁容垢貌，几至灭性"⑨。节度副将吴清咸通二年（861）死，其子"攀号昼夜，泣血绝浆，人子之道备矣"⑩。

以上史实表明：人们为父母服丧时，亲手掘土垒坟，种植松柏等树木，在墓旁搭草庐，披麻戴孝，不衣鲜华衣饰，卧苇蓆，枕土块，和衣而眠，三、五、七、十日或更长时间不尝菜果，不饮水米，茹荼⑪，有的三年不沐浴，蓬首垢面，行坐泣血，有的三十年不开口说话，"攀号昼夜"。有的守在父母坟旁几十年。如果父母先后而死，则其子就再重复上述行为一次，不仅浪费了几年甚至几十年宝贵时光，而且精神和肉体都受到极大摧残，有些人因悲伤过度而染病，乃至身亡。孝敬父母是应该的。但采取上述方式并不合适，口舐尸水、截指置棺、割掉耳朵之类更属愚昧，而在当时却被说成"人子之道备矣"的"美德"加以颂扬。那些被誉为"孝子"者，备受社会舆论赞美，朝廷封官赐物，录其事迹于史馆，垂名青史。开皇二年（582）鄜州刺史达奚长儒母丧去职，"水浆不入口五日，毁悴过礼，殆将灭性。天子嘉叹，起为夏州总管、三州六镇都将军"⑫。太子千牛备身田

---

① 《唐代墓志汇编》，第1991页。
② 同上书，第2134页。
③ 同上书，第2226页。
④ 《新唐书》卷182，《赵隐传》。
⑤ 《新唐书》卷163，《柳公绰传》。
⑥ 《新唐书》卷195，《孝友传》。
⑦ 同上。
⑧ 《唐代墓志汇编》，第2256页。
⑨ 《考古与文物》1983年第5期，《刘自政墓清理记》。
⑩ 《唐代墓志汇编》，第2388页。
⑪ 荼是一种苦菜。茹荼意为断绝荤食，以表哀思。仅据《唐代墓志汇编》所载，父母去世，子女等"茹荼"即多达36例。
⑫ 《隋书》卷53，《达奚长儒传》。

德懋,开皇初"丁父艰,哀毁骨立,庐于墓侧,负土成坟。上闻而嘉之,遣员外散骑侍郎元志就吊焉。"复降玺书褒美,赐缣二百匹,米百石,复下诏表其门闾①。司隶从事李德饶丁父母忧,水浆不入五日。"送葬之日,会仲冬积雪,行四十余里,单缞徒跣,号踊几绝"②。纳言杨达巡察河北,特至其庐吊慰,并改所居乡村为孝敬村、和顺里。楚丘人翟普林,大业初年服父母孝极诚,擢升孝阳县令。唐高宗时,苑西面副监房惠琳"丁太夫人忧去官,蓬发垢容,绝浆泣血,毁过于礼,殆无人形",乡党誉其节,"朝廷式其门焉。既免服,诏以忠臣资于孝子,除延州延水县令"③。稷州奉天令独孤思贞"丁家艰,三年斋居,七日不食,戴纤纶邈,荣问苦庐,爰命入阁,赐绢、帛、缯、綵三百段,衣裳数袭,礼阕,以孝极君亲,量能昭洽,特赐龟,加一阶,除乾陵署令"④。

　　隋代尽管官员大多能遵守丧礼,但实际上朝廷出于需要,往往夺情起复,使大多数官员不能服满三年之丧。隋文帝夺情起复的有尚书右仆射苏威、左仆射高颎、太府少卿张煚、东南道行军元帅长孙览、左武卫将军杜整、扬州总管椽张衡、判兵部尚书事柳述、司农少卿崔仲方、尚书虞部侍郎柳彧、考功侍郎薛濬、民部侍郎郎茂、著作佐郎王劭、嵩州刺史樊子盖、泾州刺史周罗睺、尚书右丞皇甫诞等。隋炀帝夺情起复的有侍御史陈孝意、殿内丞阎毗、内史诗郎虞世基、辛公义等。这些被夺情起复者,上起宰相,下至地方长吏;既有文官,也有武将。有些以父母丧去职岁余,有些则是刚刚服丧,即被诏令强制起复,他们请求、甚至有人流涕哀诉服满三年丧,均不允许。

　　唐代官员丁忧服丧期间被朝廷夺情起复也常有发生。如高宗宰相李义府、武则天夏州宁朔府折冲阎虔福、中宗昭容上官氏、苏颋、开元左金吾大将军陈伯献、宰相张九龄、宪宗正议大夫梁守谦、宣宗郑镳字(任常州参时)、前右金吾将军郑汉璋、前鸿胪少卿郑汉卿等。他们被迫中断服丧,主要原因是军国事需要。如阎虔福丁父忧旋起为平狄军大使,是"属寇扰河西"⑤。陈伯献丁内艰"特命起复",他"匍匐号诉,表请终礼",但天子"以亲巡朔垂,金革不避,公(陈伯献)不得已,力哀扈跸"⑥。梁守谦"以其内相权重,夺情起复"⑦。

　　有些官员被夺情起复后,在可能范围内,仍尽量按丧礼规定服丧和守孝。太

---

① 《隋书》卷72,《田德懋传》。
② 《隋书》卷72,《李德饶传》。
③ 《唐代墓志汇编》,第1410页。
④ 《唐代墓志汇编》,第921页。
⑤ 同上书,第1087页。
⑥ 同上书,第1488页。
⑦ 同上书,第2103页。

子詹事于志宁贞观十五年起复后犹寝苫块服母丧。《唐会要》卷38《夺情》云：调露二年中书舍人欧阳通为母服丧，被高宗强令起复本官，而他入朝"必徒跣至城门外"然后穿鞾韈上朝。在中书省值班，"则席地籍藁，非公事不言，亦未尝启齿。"在家里，"必衣衰绖，号恸无常"。西平郡王李晟子，甚至公然违反唐德宗不许其庐亡父墓侧诏令。

有些官员，为保官、升迁或其他原因，千方百计谋求尽快结束服丧和守孝。大历五年（770）荆南节度使卫伯玉为保其职，指使大将杨铁等留己起复①。王叔文丁母忧，正值以他和王伾为首的"永贞革新"派处于生死存亡关头，为摆脱困境，王叔文"与其党日夜谋起复"②。元和四年昭义节度使卢从史遭父丧，朝廷久未起复；卢从史惧，通过左军中尉吐突承璀请求发本军讨伐擅自立为成德节度使的王承宗，以讨天子欢心，"起复从史左金吾大将军，余如故"③。

为解决起复中的弊端，大中五年（851）宰臣奏称："伏以通丧三年，臣庶一致，金革无避，军旅从权。近日诸使及诸道，多奏请与人吏职掌官并进奏官等起复，因循既久，讹弊转深，非惟大启幸门，实亦颇紊朝典。臣等商量，自今以后，除特敕及翰林并军职外，其诸司诸使人吏职掌官并诸道进奏官，并不在更请起复授官限，其间或要藉驱使官任。准旧例举追署职，令句当公事，待服阕日，即依前奏官。"④ 得到唐宣宗的批准。

五代十国服丧守孝及官员丁父母忧解职、"夺情起复"，与隋唐基本相同。如后唐兴唐少尹龙敏丁母丧，退居邺下，赵在礼反，逼敏起视事⑤。后晋枢密使刘处让母亡，起复为彰德军节度使⑥。原州刺史王殷母殁服丧，起复为宪州刺史。宰相李崧丁内艰，起复。

不能按丧礼要求服丧守孝者，则不为社会舆论所容，会受到弹劾、处罚。隋初礼教凋敝。父祖死后，也不行三年之丧。治书侍御史李谔说："如闻朝臣之内，有父祖亡没，日月未久，子孙无赖，便分其妓妾，嫁卖取财。有一于兹，实损风化。妾虽微贱，亲承衣履，服斩三年，古今通式。""复有朝廷重臣，位望通贵，平生交旧，情若弟兄。及其亡没，杳同行路，朝闻其死，夕规其妾，方便求娉，以得为限，无廉耻之心，弃友朋之义。"⑦ 开皇初，永宁令李公孝，四岁丧母，九

---

① 《资治通鉴》卷224，大历五年六月。
② 《资治通鉴》卷236，永贞元年七月。
③ 《资治通鉴》卷237，元和四年四月。
④ 《唐会要》卷38，《夺情》。
⑤ 《旧五代史》卷108，《龙敏传》。
⑥ 《旧五代史》卷94，《刘处让传》。
⑦ 《隋书》卷66，《李谔传》。

岁外继。其后父更别娶后妻，后妻死后，河间刘炫以无抚育之恩，认为李公孝不应辞官服丧。侍御史刘子翊驳道：继母齐杖之制，如同亲母，刘炫违礼乖令，有亏风俗。隋文帝采纳了刘子翊的意见。应州刺史唐君明居母丧，娶雍州长史库狄士文的从父妹，遭到治书侍御史柳彧弹劾，"二人竟坐得罪"①。郢国公王谊子奉孝娶兰陵公主，死后一年，王谊上表说公主年少，请除服。御史大夫杨素弹劾王谊不遵三年丧礼，"恐伤风俗，请付法推科"②。永徽元年（650）唐太宗女衡山公主将于金秋婚于长孙氏，于志宁奏称"公主服本斩衰，纵使服随例除，岂可情随例改，请俟三年丧毕成婚"③。从龙朔二年（662）诏"如闻父母初亡，临丧嫁娶，积习日久，遂以为常"④ 来看，唐初临丧嫁娶的现象是较多的。圣历元年（625）凤阁侍郎王方庆奏称："准令：期丧大功未葬，并不得参朝贺，仍终丧不参宴会。比来朝官不依礼法，身有哀惨，陪列朝贺，手舞足蹈，公违宪章，名教既亏，实玷皇化，请申明更令禁断。诏曰：可。"⑤ 贞元十二年（796）驸马郭暧及诸亲，唐代宗忌辰时于宅中欢乐。唐德宗大怒。特下诏书曰："先圣忌辰，才经叙慰，戚里之内，固在肃恭。而乃邀从燕游，饮酒作乐，既乖礼法，须有所惩。"⑥ 驸马郭暧、王仕平勒归私第，前邠州长史郭煦于袁州安置，前南郭县尉郭晅柳州安置，教坊音声人曹自庆配流冰州。元和十二年（817），驸马都尉于季友居嫡母丧，与进士刘师服欢宴，"季友削官爵，笞四十，忠州安置；师服笞四十，配流连州；于頔不能训子，削阶"⑦。开成二年（837）以前忠武军节度使杜悰为工部尚书、判度支。当时杜悰既除官，久未谢恩。户部侍郎李珏奏杜悰为岐阳公主假内。说："'比来驸马为公主行服三年，所以士族之家不愿为国戚者以此。'帝大骇其奏。即日诏曰：'制服轻重，必资典礼。如闻往者驸马为公主行服三年，缘情之义，殊非故实，违经之制，今乃闻知。宜行期周，永为定制。'"⑧ 后唐天成年间，原州司马聂屿丧妻未及于半年别成姻媾，被朝廷勒令本处赐死。

有些皇帝不遵守丧礼。贞元十三年（797），张茂宗将尚义章公主，太常博士裴堪上疏曰："伏见驸马都尉张茂宗犹在母丧，圣恩念其亡母遗表，许公主今年八月出降，仍令茂宗借吉就昏。"因夫妇之义是人伦大事，借吉就婚，是以凶渎嘉，

---

① 《隋书》卷66，《柳彧传》。
② 《隋书》卷40，《王谊传》。
③ 《资治通鉴》卷199，永徽元年正月。
④ 《唐会要》卷23，《寒食拜扫》。
⑤ 《唐会要》卷38，《杂记》。
⑥ 《唐会要》卷23，《忌日》。
⑦ 《旧唐书》卷15，《宪宗纪下》。
⑧ 《旧唐书》卷17下，《文宗纪下》。

不符礼法。"伏愿抑茂宗亡母之诚","待其终制,然后赐昏"①。八月,唐德宗起复茂宗为左卫将军同正,许其完婚。左拾遗蒋乂又上疏谏。德宗派中使告谕他,他仍坚持己见。德宗召对于延英,说人间多借吉成婚,你为何坚决反对?蒋乂还是认为婚姻丧纪,人生大伦,吉凶不可渎。太常博士韦彤等复上疏谏,德宗"不悦,命趣下嫁之期,辛巳,成婚"②。元和十五年(820)正月,唐宪宗死。继位的穆宗违反丧礼,多次观赏百戏,作乐不辍。九月,大合乐于鱼藻宫,观竞渡。又召李愬、李光颜入朝,欲于重阳日宴群臣,拾遗李珏等上疏谏:"'元朔未改,园陵尚新,虽易月之期,俯从人欲;而三年之制,犹服心丧。夫遏密弛禁,盖为齐人,合乐内庭,事将未可。'不听"③。

五代十国一些帝王和大臣也无视丧礼。如后晋开运元年(944),"帝居丧期年,即于宫中奏细声女乐"④。后汉殇帝"高祖在殡,作乐酣饮,夜与倡妇微行,倮(裸)男女而观之"⑤。宰相苏逢吉"继母死不行服,妻死未周,其子并授官秩"⑥。闽王王延翰,父丧"未期,撤其几筵,又多选良家女为妾"⑦。

---

① 《唐会要》卷38,《夺情》。
② 《资治通鉴》卷235,贞元十三年八月。
③ 《旧唐书》卷16,《穆宗纪》。
④ 《资治通鉴》卷284,开运元年二月。
⑤ 《资治通鉴》卷283,天福八年三月。
⑥ 《旧五代史》卷108,《苏逢吉传》。
⑦ 《新五代史》卷68,《王审知传附延翰传》。

第四章 社会风俗与精神生活

第一节 文化教育

隋唐五代时期教育种类、形式多样，就其性质，大致可分官学、私学两种。国子监诸馆、崇文及弘文二馆、宫内习艺馆、太常寺诸署为国家经营的儒学及科技专业教育；太子保傅侍读、诸王侍读及翰林院侍读侍讲官，负责对帝王及其子孙教育；州县的五经学、医学、道学为地方所设官学。家学（塾学）、乡村启蒙学、私人讲学、隐居游学及寺学均属私学类。官、私学发生发展不同，其间消长，各具特色，它们共同维系着隋唐五代的教育体系，促进了这一时期文化的发展。

● 官学

（一）国子监

这一时期最主要的官学教育机构为国子监。隋初国子寺隶太常，统国子、太学、四门、书算学，每学置博士、助教，国子、太学、四门各5人，书、算各2人，由国子祭酒统领，属官有主簿、录事等。其学生额，国子140人，太学、四门各360人，三学生分别视从七品、从八品、从九品，书学40人，算学80

辟雍青瓷砚　西安　唐

箕型陶砚　唐　西安碑林博物馆藏

人①。开皇十三年（593）将国子寺教育行政系统从太常移于礼部，开启了唐以降学校建置的规模②。仁寿元年（601）罢国子学，惟立太学一所，置博士5人，学生72人。炀帝大业三年（607）定令，改国子学为国子监，依旧置祭酒，增置司业与丞③。同时，改革了开皇以来的贡举制度，增为四科（秀才、明经、进士、俊士）④。唐五代的学校及贡举，均为大业制的沿袭及发展。

武德元年（618）唐高祖李渊继位，即开始着手学校建置，设置的国子学、小学、郡县学奠定了大唐近三百年来官办儒学教育学校的模型。其中国学生取三品以上子孙，72员，太学生取五品以上子孙，140员，四门生取七品以上子孙，130员⑤，无庶民子弟，这是初设时的国子学规模。

武德七年（624）各方战事平息，唐重颁律令，学校的建置，又被提到日程。

---

① 《隋书》卷28，《百官志》。
② 参见高明士：《隋代的教育与贡举》，《唐代研究论集》第4辑，台北：新文丰出版公司1992年版。
③ 《隋书》卷28，《百官志》。
④ 参见高明士：《隋代的教育与贡举》，《唐代研究论集》第4辑。
⑤ 《旧唐书》卷189上，《儒学传序》。

开成石经局部　西安碑林博物馆藏　唐

《唐大诏令集》卷105《置学官备释奠礼诏》要求"诸生胄子,特加奖劝","其有吏民子弟性识开敏,志希学艺,亦具名申送入京,量其差品,并即配学。"国子监三馆为官吏子弟习学之所,自隋已然。武德七年诏令的意义,在于要百姓子弟凭学艺入学,这批学生,就是四门俊士生。此前,俊士与进士、明经、秀才一样,为贡举科目人,《唐摭言》卷15《杂记门》记载,武德四年(621)敕诸州贡明经、秀才、俊士、进士,五年(622)十月,诸州贡明经143人,秀才6人,俊士39人,进士30人,考试结果,并通者秀才1人,俊士14人,"放选,与理人官,下第人给绢五匹为归粮,使勤修业。"可见俊士及第即放与官,与秀才、明经同。武德七年,俊士成为州县所举入四门的学生,此后,俊士由贡举科目变为俊士生。开元二十一年(733),又放宽了俊士生的年龄限制,"诸州县学生,年二十五已下,八品九品子若庶人生年二十一已下,通一经已上及未通经,精神通悟、有文词史学者。每年铨量举选,所司简试,听入四门学充俊士"[①]。这实际上放宽了俊士的简择标准。国子监为国家所设教育机构,其中允许百姓子弟入学,

---

① 《唐会要》卷35,《学校》,开元二十一年五月敕。

是历史上一大进步。入学子弟由隋唐初贡举俊士发展而来，招收俊士始于武德七年，其后简择标准宽松，这反映了贵胄子弟不愿入国学，国学大量吸收庶民子弟的趋势。

贞观年间，国子监设备充实，学官极一时之选，"大征天下儒士，以为学官，数幸国学，令祭酒、博士讲论"，"又于国学增筑学舍一千二百间，太学、四门博士亦增置生员"①，最为兴盛。国子监位于长安朱雀门街东第二街，尽一坊之地②，是惟一不设于宫城、皇城内的中央机构。国子监置于外郭城，根本原因在于生徒云集、学舍林立，皇城容纳不下。太宗增筑学舍，所辖范围更为广阔。高宗之后，儒学渐衰，"其国子祭酒，多授诸王及驸马都尉"，"生徒不复以经学为意，唯苟希侥幸"③。但这期间也有两项建置对后来国学产生了影响。其一为东都国子监的设置，这也是武后要将政治重心从长安移至洛阳的措施之一。其二为增设研究学官——大成。大成为博士、助教、直官之外另设的学官，"依色令于学内习业，以通四经为限"④，同时也参加一些教学辅导工作，如李元轨在任大成期间，被征为北门学士，教授御林军飞骑⑤。大成是国子监内部的研究人员。九经研究人才大成由国子监培养，使国子监同时具有了综合性大学及九经研究院的性质。

玄宗比较重视儒学教育，国子学在开天年间再度兴盛。其学官、生员，简择标准如下表⑥：

	学　官	生员数	简择标准
国子学	博士二人，正五品上 助教二人，从六品上	300人	文武官三品以上及国公子、孙，从二品以上曾孙
太　学	博士三人，正六品上 助教三人，从七品上	500人	文武官五品以上及郡县公子、孙，从三品曾孙
四　门	博士三人，正七品上 助教三人，从八品上	1300人	文武官七品以上及侯、伯、子、男，庶人子为俊士生

入国子、太学、四门生需要一定条件，除四门800名俊士生以才入选外，国子、太学、四门生凭门荫入选，这是魏晋以来门阀制度、等级制度对学校教育的影响，但与前朝不同的是，俊士生的出现使庶民子弟也可与官僚子弟一样入国子

---

① 《旧唐书》卷189上，《儒学传序》。
② 《唐两京城坊考》卷2，《西京·外郭城》。
③ 《旧唐书》卷189上，《儒学传序》。
④ 《唐六典》卷4，礼部尚书侍郎条。
⑤ 《唐代墓志汇编》，第690页。
⑥ 据《唐六典》卷21，《国子监》。

监受教育，而且随着科举制的发展，国子监的等级制逐渐被打破，大量落第举子、州县学生补入国学使其成为寒士受教求举之地，开元以后的国子监呈现出与此前不同的特色。

国子监除学生及博士助教等学官外，尚有祭酒1人，从三品，司业2人，从四品下，分别为国子监长官、通判官，他们是国家教育事务的最高领导，一般皆选淳儒博学者担任。唐代大儒孔颖达、贾公彦、张後胤、令狐德棻、徐坚、杨绾、韩愈、柳公权等均任过国子祭酒。此外，尚有丞1人，从六品下，主簿1人，从七品下，录事1人，从九品下，掌监内常务及勾检。直讲4人，专以经术讲授，与明五经直、文章兼明史直①同为国子监直官，以才入选。负责监内杂务的胥吏有府7人，史13人，亭长6人，掌固8人，庙干2人，典学12人等。

在学官督导下，诸生习《周易》（郑玄、王弼注），《尚书》（孔安国、郑注），《周礼》、《仪礼》、《礼记》（郑玄注），《毛诗》（郑玄注），《左传》（服虔、杜预注），《公羊》（何休注），《谷梁》（范宁注），同时兼习《孝经》（孔安国、郑玄注，后改为开元御注），《老子》（河上公注，后改为开元御注），《论语》（郑玄、何晏注）。其中《礼记》、《左传》三年成，为大经，《毛诗》、《周礼》、《仪礼》二年成，为中经，《周易》、《尚书》、《公羊》、《谷梁》一年半成，为小经。学生可在大、中五经中任选一班，习经有暇，则学隶书及《国语》、《说文》、《字林》、《三苍》、《尔雅》等选修科目。每旬前一日考试，分试读、试讲两项，全不通者，酌量处罚②。每年考试所习，分上、中、下三等，三次在下则勒令退学，考试制度严格。同时也有田假、授衣假，平日十天一假③，此为学校管理制度。

能通两经（一大一小或两中经）的学生可要求参加贡举，由监司考试，合格者贡于考功，开元二十四年（736）改为礼部。诸生可应明经、进士、秀才（高宗时因科试较难，遂停）举。参加明经举者有明两经、三经（大中小各一经）、五经（大经并通，余经各一）等多种。由于诸经长短难易不一，明经人可自己按大中小选择，稍难记诵的《左传》及《周礼》、《仪礼》、《公羊》、《谷梁》人罕习之。唐多次优奖习上述五经者，但诸生多为获得出身，研习五经者仍不踊跃。诸经研习不平衡，诸生多弃难从易，是明经举对教育的一个影响。

第二个影响则为明经帖试的考试方法，促使学生死记硬背，不求甚解，甚至抱有侥幸心理。唐代经学理论不发达，与明经考试之弊，紧密相连。重帖试的考

---

① 《唐六典》卷2，吏部郎中条。
② 《唐六典》卷21。
③ 《新唐书》卷44，《选举志》。

试方法严重地影响了唐代的教育风气。代宗时，国子司业归崇敬上书，称"自艰难已来，取人颇易，考试不求其文义，及第先取于帖经，遂使专门业废，请益无从，师资礼亏，传受义绝"①。实际上，这种不求文义、只重帖经的考试方法并不始于安史之乱，唐前期亦然。受这种考试方法影响，诸生不从师，不问道。传统意义上的师生请益关系逐渐消亡，而座主、门生这种功利的师生关系盛极天下，"专门业废"，"师资礼亏"，导致了儒学中衰。韩愈在《师说》中虽大声疾呼并身体力行，但收效甚微，究其根本，明经的考试方法当是造成这种风气的原因之一。

明经举的第三个影响是促使儒家经典的整理统一。太宗时，统一教科书的工作已开始进行，贞观十二年（638），国子祭酒孔颖达等撰《五经义训》（后改为《五经正义》），以此来作为教学及科举的官方定本。由于诸经为手抄本，诸生所习，文字不同，开元以来，省司试人，皆先纳所习之本，文字差互，以习本为定，文义可通，虽与官本不合，亦放通过，颇为麻烦。天宝十载（751）诏儒官校定经本，撰《五经字样》②。唐后期石经及五代时的雕板九经都是为统一教科书而制。

应进士举者除习经外，尚需习文史。唐初，进士只试策，贞观八年（634），加试读经史一部③。调露二年（680），刘思立为考功员外郎，奏进士加帖经及杂文④。永隆二年（681），敕令进士先帖经，然后试杂文两首，其次试策⑤。九经的学习成绩对进士是否及第的影响逐渐减小，而文学、诗赋的影响则逐渐增大。中唐以后，第一场诗赋，第二场帖经，第三场策文⑥，帖经居于第二位，已不受重视。其后帖经被放入最后一场，帖落之后，尚许以诗赎帖⑦，进士可以完全不习九经，专以文章为务了。唐代文学（尤其诗）极盛，这与进士从重儒学到重文学的发展互为影响。进士考试内容及要求标准的转变也引起了国学变化，广文馆的出现，以儒学为主要教授内容的国学不再是进士的产生地，私学及游学的兴盛等，都与之有关。

天宝九载（750），专门培养应进士业生的学馆广文馆建立。广文馆为进士考试的补习班，但补习者不是贵胄子弟，广文生一向以孤寒著称。广文馆的出现并未改变国子进士不景气的局面。唐后期广文进士排在榜末，广文馆建立不起来，一直借寓国子馆⑧。

---

① 《旧唐书》卷149，《归崇敬传》。
② 《封氏闻见记》卷2，《石经》。
③ 《通典》卷17，《选举》5，杂议论中。
④ 《唐会要》卷76，《贡举中进士》。
⑤ 《唐会要》卷75，《贡举上·贴经条例》。
⑥ 《权载之文集》集41，《答柳福州书》。
⑦ 《太平广记》卷179，阎济美条。
⑧ 《唐国史补》卷中。

中国中古社会礼仪贯穿于人们的社会生活中，国子监作为国家教育场所，同时也是行礼场所。唐代国子监所行之礼有四，其一为束修礼，学生向学官献一定数量的匹段、酒、修等①，为拜师礼，是重师道的体现。其二为视学礼，皇帝皇太子亲入国学，以行论讲，百官从观②，是振兴学校教育的一种方式。其三为皇太子释奠礼，是唐国学为庙学制的体现③。其四为乡贡谒先师礼，乡贡进士明经到国子监谒先师，学官开讲，质问疑义④，也是加强学校教育的措施。

安史之乱后，国学转衰，"自至德后，兵革未息，国学生不能廪食，生徒尽散，堂庑颓坏，常借兵健居止"⑤。广德二年（764）重聚生徒⑥，国学渐复。元和二年（807）重定诸馆生徒，两监三馆生530员，广文生70员⑦。文宗较重视国学，除诏令公卿子弟不入国学习业不能参加进士明经举外⑧，置五经（《左传》、《礼记》、《周易》、《尚书》、《毛诗》）博士，⑨用奖专门之学，但这一设置并未起到振兴国学、改良学风的作用。武宗时，再次下令要求公卿百官子弟及京畿内士人寄客必须隶国子受业⑩，可见当时官吏子弟不愿入学。宣宗登基，一反武宗之政，国学更为衰落。

五代之时，战乱频仍，再加上"权臣执政，公然交赂。科第差除，各有等差"，《侯靖录》记载五代的情形为"及第不必读书"。国学内"多有未曾受业辄取解送者，往往乱离之际，其居学者亦皆苟贱冒滥之士耳"⑪。这是一个方面，但五代教育也并非完全没有成果。后梁的学校建置与唐同，崇政副使吴蔼乾化二年（912）自右散骑常侍迁刑部侍郎，与宣徽副使右散骑常侍李𨯖并充侍讲学士⑫，可见梁太祖在设宫中比较重视儒学教育官。后唐的国学教育是五代最盛的。段颙天成二年（927）三月奏，请国学五经博士各讲本经，以申横经齿胄之义。四年（929）十二月国子监上奏，要求不但加强国子监生诸经教育，而且尚书博士田敫（敏）讲《论语》、《孝经》，四门博士赵著讲《春秋》，"如有京中诸官子弟及外

---

① 《唐会要》卷35，《学校》。
② 《通典》卷117，《开元礼纂类》12，吉礼9。
③ 详见高明士：《唐代的释奠及其在教育上的意义》，载《大陆杂志》61—5，1980年，并参其《唐代东亚教育圈的形成》，台湾：国立编译馆中华丛书编审委员会，1984年。
④ 《唐会要》卷76，《缘举杂录》。
⑤ 《旧唐书》卷24，《礼仪志》。
⑥ 《新唐书》卷44，《选举志》。
⑦ 同上。
⑧ 《唐会要》卷35，《学校》，太和七年（833）八月敕。
⑨ 《唐会要》卷66，《东都国子监》。
⑩ 《唐会要》卷35，《学校》。
⑪ 《文献通考》卷41，《学校》2。
⑫ 《册府元龟》卷599，《学校部》，侍讲门。

道举人"，"若有听人，从其所欲"，扩大了国学教育的范围，有益于教化及教育普及。同年五月，左补阙吕或休也上疏请敕诸道兴崇学校。不但学校恢复，而且也广为搜求图书，天成二年刑部郎中王骞奏请采访图籍，长兴元年（930）著作郎李超因秘书监无屋无书，请求创修①。文化教育事业逐渐兴盛。后汉乾祐三年（950），礼部侍郎司徒诩又上言，"请国家开献书之路"，献书者酬以缗帛、官资，"自然五六年间，庶几粗备"，帝"从之"②，可见后汉也比较注意图书搜集及文化教育。同时随着印刷术的发展，雕板印经由国家校刊颁行。长兴三年（932）四月，"宰相冯道以诸经舛谬，与同列李愚委学官等取西京郑覃所刊石经雕为印板，流布天下，后进赖之"。后汉乾祐元年（948）四月国子监因雕印板九经中《周礼》、《仪礼》、《公羊》、《谷梁》四经无印板，"集学官校勘四经文字，雕造印板"。周田敏判国子监事，广顺三年（953）献印板书《五经文字》、《五经字样》各两部。显德二年（955）国子监又集当朝鸿儒，校勘《经典释义》，雕造印板③。这些书籍的校刊印刷，促进了当时文化教育的发展。

十国的情形很不一致。南唐保大十年（952）二月，翰林学士江文蔚知贡举，用唐故事，开科取士④，其后士人以登第为荣，后主时宰相严续就"力教群从子弟，砥砺儒业，诸子及孙举进士者累累不绝"⑤。吴越、前后蜀都行科举考试制⑥，南汉乾亨四年（920）"始立学校，置选部、贡举"⑦，这些小国由于经济政治形势相对稳定，文化教育也有一定程度的发展。

隋唐五代（尤其是唐代）文化教育对于境内少数民族及周边邻国都产生了巨大影响。在唐西北的吐谷浑国官有长史、司马、将军等，"盖慕诸华为之"，贞观年间太宗平吐谷浑后，派侯君集管理，"始请颁历及子弟入侍"，至龙朔三年（663）吐蕃取其地，遂融为中华民族的一部分⑧。吐蕃也深受唐文化影响，如其大臣仲琮年少时曾充质入朝，"诣太学生例读书，颇晓文字"⑨，开元十九年（731）吐蕃还遣使来求《毛诗》、《春秋》、《礼记》⑩，加强了文化交流。东北渤海国王"数遣诸生诣京师太学，习识古今制度"，遂为海东盛国⑪。高丽"人喜

---

① 《册府元龟》卷604，《学校部》，奏议门。
② 同上。
③ 《册府元龟》卷608，《学校部》，刊校门。
④ 《资治通鉴》卷290。
⑤ 《十国春秋》卷23，《严续传》。
⑥ 参见郑学檬：《五代十国史研究》，第二章，上海人民出版社1991年版，第88—89页。
⑦ 《十国春秋》卷58，《南汉高祖本纪》。
⑧ 《新唐书》卷221，《吐谷浑传》。
⑨ 《册府元龟》卷962，《外臣部》，才智门。
⑩ 《资治通鉴》卷213。
⑪ 《新唐书》卷219，《渤海传》。

学，至穷里厮家，亦相矜勉，衢侧悉构严屋，号扃堂，子弟未婚者曹处，诵经习射"①。新罗多次遣子弟入唐习业，贞观二十二年（734）真德遣子文王及弟伊赞子春秋来朝，诣国学观释奠，讲论，帝赐所制《晋书》。玄宗时新罗子弟多入太学学经术，开成时鸿胪寺籍质子及学生岁满105人②。日本人唐习业者很多，开元初粟田来朝，请从诸儒受经，诏四门助教赵玄默即鸿胪寺为师。其副朝臣仲满慕华不肯去，后易名为朝衡，与当朝士大夫多所往还。橘免势与空海在贞元末留唐肄业，历20余年③，为中日文化交流做出了贡献。南方诸族中，施蛮、顺蛮、磨蛮、些蛮等贞元年间以大臣子弟质于韦皋，韦皋"乃尽舍成都，咸遣就学"④，习书算，业成而去⑤。南诏也重视儒学教育，唐官郑回在巂州被攻陷时，成了南诏的俘虏，"阁罗凤重其惇儒，号'蛮利'，俾教子弟，得箠搒，故国中无不惮"⑥。可见唐文化教育在境内少数民族及邻边诸国中普及之广，影响之大。

国子监尚有律学、书学、算学三馆。贞观六年（632）二月，初置律学⑦，显庆元年（656）十二月，置算学，三年（658）九月，废书、算、律学，龙朔二年（662）五月复置，三年（663）二月，诏以书学隶兰台（秘书省）、算学隶秘阁（太史局）、律学隶详刑（大理寺）⑧，寻复旧，隶国子监。

律馆学生50人，取"文武官八品以下及庶人之子"为之，以律、令为专业，格、式、法例亦兼习之。⑨律生年龄限制在"十八以上，二十五以下"⑩，与十四以上、十九以下的其他诸馆生不同，这是因为律学馆是为国家培养法律专业人才之所，法学生与其他学生不同。其他学生要求有对经义、书、算等的记忆力，法学生则要求社会阅历及有对当朝令式制度、人情世故的理解力，故而学生年龄较大⑪。

律学生业成应明法举。后期律生减少，元和初西京律馆20人，东都10人⑫。五代时律馆废，后唐大理正宋升请置律学生徒，未能实行，长兴二年（931）和凝

---

① 《新唐书》卷220，《高丽传》。
② 《新唐书》卷220，《新罗传》。
③ 《新唐书》卷220，《日本传》。
④ 《新唐书》卷222上，《南蛮传》。
⑤ 《新唐书》卷215上，《突厥传》。
⑥ 《新唐书》卷222上，《南蛮传》。
⑦ 《旧唐书》卷3，《太宗纪》。
⑧ 《旧唐书》卷4，《高宗纪》。
⑨ 《唐六典》卷21，《国子监》。
⑩ 《新唐书》卷44，《选举志》。
⑪ 参见西充黄绶：《唐代地方行政史》第十章（北京：永华印刷局，1927年）。
⑫ 《新唐书》卷44，《选举志》。

建议，委诸州各荐送一二人入京就学，业成放出身，明法同《开元礼》选数①。重置的明法科反而高于明经了。

书学馆生30人（元和二年西京10人，东都3人，共13人），取文武官八品以下及庶人子为之，以《石经》、《说文》、《字林》为专业，兼习其他字书。《石经》三体书限三年成，《说文》二年，《字林》一年，学习期限六年，九年不堪贡举者解退②。考试方法包括帖经、口试、墨策二十条③。口试时，着重兼通训诂，会杂体。明书习业属文字学的范畴。

算学生人数及选拔标准与书学生同。分为两班，分别学习《九章》、《海岛》、《孙子》、《五曹》、《张丘建》、《夏侯阳》、《周髀》、（《五经算》）和《缀术》、《缉古》，同时两班兼习《记遗》、《三等数》。其中《缀术》限四年业成，《缉古》三年，《孙子》、《五曹》共一年，《九章》、《海岛》共三年，《周髀》、《五经算》共一年，《张丘建》、《夏侯阳》各一年，两班生均要学习七年才能卒业，是国子监诸馆生习业时间最长的。算学生业成后应明算举，九年不堪举者放归④。后期算馆生员减少，元和二年西京10员，东都2员，共12人。

明算考试包括帖经及问大义两道程序，考试内容按班不同⑤。算学教材像儒家经典一样，在贞观年间经过整理勘定注释。太宗末年，"太史监候王思辩表称《五曹》、《孙子》十部算经理多踳驳，（李）淳风复与国子监算学博士梁述、太学助教王真儒等受诏注《五曹》、《孙子》十部算经。书成，高宗令国学行用"⑥。《新唐书》卷59《艺文志》有"（李淳风）注《五曹》、《孙子》等算经二十卷"，可能就是校改后的国子算学馆教材。

（二）弘文馆、崇文馆

高祖始受命，"诏宗室、功臣子弟就秘书外省，别为小学"⑦。为贵胄子弟单独设学。小学授经与国子同，盖文懿武德初为国子助教，被派到小学教授王公之子，他为学生讲《毛诗》，发题时，公卿咸集，更相问难⑧，教育方法也与国学无二。武德四年（621）正月，于门下省置修文馆，其后秘书外省小学不见于史籍，可能移至馆中。九年（626）三月改为宏文馆，九月太宗初继位，大阐文教，于宏文殿聚四部书，殿侧置宏文馆，精选天下贤良文学之士兼学士，引入内殿，讲论

---

① 《册府元龟》卷642，《贡举部》条制4。
② 《唐六典》卷21。
③ 《唐六典》卷2，考功员外郎条；《新唐书》卷44，《选举志》。
④ 《唐六典》卷21。
⑤ 《唐六典》卷2，考功员外郎条，卷4，礼部侍郎条；《新唐书》卷44，《选举志》。
⑥ 《旧唐书》卷79，《李淳风传》。
⑦ 《新唐书》卷198，《儒学传》上；《唐会要》卷35，《学校》。
⑧ 《旧唐书》卷189上，《盖文懿传》。

文义①。贞观元年（627）又招收一批习书生，有24人入馆，敕虞世南、欧阳询教示楷法。黄门侍郎王珪奏请习书之暇，兼习经史，二年（628）又请置讲经博士，准式贡举②，转为以儒家经典为主了。宏文馆习书生只招收了一批，此后仍为王公子弟习业的宫廷学校，但习业范围为经、史、书，则仍延续下来。

崇贤馆置于贞观十三年③（639），显庆元年太子宏请于崇贤馆置学士，并置生徒20员，上元二年（675），避章怀太子讳改为崇文馆④。崇文馆置于东宫，为太子学馆，初置时，简择东宫高级官僚子弟为生，"其东宫三师、三少、宾客、詹事、左右庶子、左右卫率及崇贤馆三品学士子孙，并宜通取"⑤。其后由于贵胄子弟争入，弘文馆容纳不了皇亲及高官子孙，崇文生的简补并不局限于东宫官僚子弟，贵胄子弟也可入崇文馆⑥。

弘文崇文生由学士、直学士教授，其出路为应举，但另行考试，题目简单，"弘文、崇文生虽同明经进士，以其资荫全高，试亦不拘常例"⑦。二馆生试经、史，应明经、进士举，"多有不专经业，便与及第"⑧。唐多次下敕令严格二馆生考试方法，如广德元年（763），强调二馆生所习经业，务须精熟，"楷书字体，皆得正样"⑨，贵胄子弟则由人替代来应付考试⑩。太和七年（833）又订立了二馆生的复试制度⑪，但实施效果令人怀疑。可能"已补者自然登第"一直是二馆生的常态。

（三）州县学

武德元年五月，唐高祖设国子、太学、四门学的同时，也制定了州县生员数，"上郡学置生六十员，中郡五十员，下郡四十员。上县学并四十员，中县三十员，下县二十员"⑫。当时戎马倥偬，郡县学可能只有规模并未认真建置。七年战事平息，二月己酉诏："州县及乡皆置学"⑬。学生规模可能沿袭元年的规定，开元年间，根据地方等级不同，略有变动，京兆、河南、太原三府生80人，大中都督府

---

① 《唐会要》卷64，《宏文馆》。
② 《唐六典》卷8，"弘文馆学生三十人"下注。
③ 《新唐书》卷49上，《百官志》，弘文馆条。
④ 《唐会要》卷64，崇文馆门。
⑤ 同上。
⑥ 《唐六典》卷8，弘文馆学生下注；《唐会要》卷64，宏文馆门，"补弘文、崇文生例"。
⑦ 《唐会要》卷77，《宏文崇文生举》。
⑧ 同上。
⑨ 同上。
⑩ 同上。
⑪ 同上。
⑫ 《旧唐书》卷189上，《儒学传》。
⑬ 《资治通鉴》卷190。

60人，下都督府50人，上州60人，中州50人，下州40人，京县50人，三府县、上县40人，中县25人，下县20人①，全国生员有60710人②。

府州县学设博士、助教；以五经教授诸生。州县学生入学标准无等级限制，四品子可入③，庶人子亦可入④，入学年龄比国子的最高界限19岁大一些⑤。他们由州县长官补⑥，取郭下县人替⑦，吐鲁番出土"贞观二十二年西州高昌县史口备牒为隆达等遭丧以替人入学事"⑧就记录了州县学生请替、拣补的手续。

与国子监一样，州县学也是行礼习礼之地。"州县学生，专习正业之外，仍令兼习吉凶礼，公私礼有事处，令示仪式"，此外不得差使⑨。州县生习礼与行礼超过国子生，这是因为中央有掌礼仪与行礼事的机构——礼部与太常寺，而地方上礼在学校。州县学生习礼行礼，是国家推广礼仪教化的措施，事物名数、降登揖让、拜俛伏兴之节从礼部、太常推广至民间，通过学生示仪式，走入民间百姓家，州县学比国学更具有兴教化的意义。

州县学内所行礼有束修、释奠、乡饮酒礼三种。束修为拜师礼，乡饮酒贡举时行于学校，最初设礼时叙尊卑长幼的目的已居于其次，而饯行送别鼓励金榜题名则成了主要目的。释奠为学礼中最为重要的一种，"凡州县皆置孔宣父庙，以颜回配焉，仲春上丁，州县官行释奠之礼，仲秋上丁亦如之"⑩。释奠礼在州县学内长行不衰，安史之乱后，"州县博士学生，惟二仲释奠行礼而已"⑪。学校经业授受退居其次，只行释奠礼了。

唐州县学教育水平因时因地不同，它与州县长官的重视、提倡密切相关。总的说来，唐前期国家兴盛，州县学普遍设置，时有贡人，乾元元年（758）州县学生放归营农⑫，此后，州县学普遍不振。德宗初即位，"思弘教本，吏部尚书颜真卿奏请改诸州博士为文学，品秩在参军之上，其中下州学一事已上，并同上州，每令与司功参军同试贡举，四季同巡县检点学生，课其事业"⑬。此前博士无吏职，

---

① 《唐六典》卷30。
② 《通典》卷15，《选举》3。
③ 伯三五五九（二）唐天宝差科簿64行张元嵩"四品子，学生"。
④ 《唐代墓志汇编》，第34页。
⑤ 同上。
⑥ 《唐会要》卷35，《学校》，开元二十一年五月敕。
⑦ 《唐摭言》卷1，《两监》。
⑧ 《吐鲁番出土文书》第6册，文物出版社1985年版，第132页。
⑨ 《唐会要》卷35，《学校》，开元二十一年五月敕。
⑩ 《唐六典》卷4，祠部郎中员外郎条。
⑪ 《封氏闻见记》卷1，《儒学》。
⑫ 《唐大诏令集》卷69，乾元元年南郊赦。
⑬ 《封氏闻见记》卷1，《儒教》。

惟主教授，改博士为文学，不仅提高其品秩，而且确立了文学试贡举、巡检学校的行政职务，文学不再专主教授，而是地方教育长官。但此制并未长久实行，元和六年（811），废中下州文学①，国家通过确立州县学行政官以提高州县学的努力并未成功，州县学的置否兴废完全仰赖于地方长官了。

（四）帝王家族教育

帝王家族包括皇帝、太子、王子、公主、王子妃、后宫诸种。

三师（太师、太傅、太保）名义上为帝师，但隋唐多以为赠官，"或亲王拜官"②，位高地崇，一般人臣罕能及之，更不用说发挥帝王师之职了。

侍讲、侍读官真正执行了帝师之职。太宗常与侍臣谈论，共观经史③，这些人有侍读之职，无侍读之名。开元三年（715），玄宗读书有疑，无从质问，遂选儒学之士，入内侍读。马怀素、褚无量应选，更日侍读，劝讲禁中④。十三年（725）设立集贤殿书院，置侍讲学士⑤。内庭经筵讲论成为定制，侍讲官正式设立且制度化。此后，历代帝王因人因才置侍讲、侍读官，无定员。穆宗即位，以韦处厚、路随为翰林侍讲学士，召入太液亭命分讲《毛诗·关雎》、《尚书·洪范》等篇⑥，使帝师从集贤殿书院移入翰林院，学士列于内署。此后，翰林侍讲在敬、文宗时常置且发挥了访问经义、规谏激劝之职⑦。文宗时翰林侍讲与政治关系犹为密切，柳公权因书法精妙被文宗选为侍书学士⑧，这在唐后期是很难得的。

太子三师（太子太师、太傅、太保）、三少（少师、少傅、少保）是皇太子道德老师，但隋唐三师三少多为赠官或赏功臣，与令式规定的职务不符。太子的儒学教育由侍读完成。太宗时置侍讲，崇贤馆学士马嘉运、洗马秦晖数次侍讲宫中，徐齐聃、孔颖达也任过太子侍讲⑨。后侍讲、侍读、侍文（辞学）、侍书（书法）等均为侍读⑩，太子侍读为所有给太子讲经艺的官员的统称。

诸王皆有侍读，无定员，分侍讲、侍读、侍文、侍书四种，包括经义儒学、文辞、书法诸种。开元二十四年（736）敕令规定，王子未出阁，侍讲、侍读、侍文、侍书并取现任官充，经三周年放选⑪。王子侍读因才艺而择，为兼官。开成元

---

① 《新唐书》卷49下，《百官志》。
② 《唐六典》卷1，三师职掌条。
③ 《玉海》卷26，唐太宗观经史、唐禁中劝讲、侍读门。
④ 同上。
⑤ 《唐六典》卷9，集贤殿书院。
⑥ 《册府元龟》卷599，《学校部·侍讲门》。
⑦ 同上。
⑧ 《玉海》卷124，唐侍读门。
⑨ 《玉海》卷128，唐太子侍读。
⑩ 《新唐书》卷49上，《百官志》。
⑪ 《唐会要》卷74，《吏曹条例》。

年（836），改诸王侍读为奉诸王侍读，大中初（847）复旧①。

出阁开府王子之师则多了傅、友、文学三种，其中傅从三品，掌傅相训导而匡过失，友陪侍左右，规讽道义，文学仇校典籍，侍从文章②。他们对诸王进行儒术文艺及道德教育。

公主的侍读官不常置。据临川郡长公主墓志③，太宗女孟姜贞观初随父避暑甘泉，上表起居，皆手自缮写。太宗览之，以为文词、书艺均妙，于是"令宫官善书者侍书，兼遣女师侍读"，专门派人教书法及学艺。公主侍读官当由宫官有才艺者如司籍等或因人而遣充。

亲王国内置学官长、丞各一人，"掌教授内人事"④，对亲王嫔妃宫人等特设教官，教以儒术及伦理道德等。

皇帝后宫内人由司籍及诸色内教教育。宫官尚仪局司仪二人，正六品，典籍二人，正七品，掌籍二人，正八品⑤。司籍等主要掌经籍，同时也兼教授内人习经业的任务，教学成绩好坏，要记入簿中，以备审核⑥。

后宫内人更主要地由诸内教教授。唐初，中书省置内文学馆，以儒学者一人为学士，掌教宫人。武后如意元年（692），改为习艺馆，又曾改为万林内教坊，有内教博士18人，其中经学5人，史子集缀文3人，楷书2人，庄老、太一、篆书、律令、吟咏、飞白书、算、棋各1人⑦，所教内容包括儒家经典、文史、道、律、算、诗、棋等众艺，授业范围广，书、艺成分居多。习艺馆内教官，也择才学之士充，著名诗人杨炯、宋之问在武后时均直习艺馆⑧。开元二十四年要求习艺馆诸色内教，通取前资及常选人充，二年以上，选日减选⑨。至此时，诸色内教还是由宫外士人担任，这也是唐代社会开放的表现。开元末，习艺馆废，内教博士以下隶内侍省，中官为之⑩，这与宦官势力增强同步。此后，宫人书、算、众艺的教授者只剩下内侍省掖庭局博士2人，除非特殊情况（如宋廷棻因五女若昭若宪等以才学入宫而被擢为饶州司马，习艺馆内教⑪），一般不再由士人充内教。

内侍省宫闱局有小给使学生50人，择宦者为之，国家为其置博士，教授艺

---

① 《新唐书》卷49下，《百官志》。
② 《唐六典》卷29。
③ 《唐代墓志汇编》，第703页。
④ 《唐六典》卷29；《旧唐书》卷44，《职官志》；《新唐书》卷49下，《百官志》。
⑤ 《唐六典》卷12。
⑥ 《新唐书》卷47，《百官志》。
⑦ 《新唐书》卷47，《百官志》，内侍省。
⑧ 《唐才子传》卷1。
⑨ 《唐会要》卷74，《吏曹条例》。
⑩ 《新唐书》卷47，《百官志》，内侍省。
⑪ 《新唐书》卷77，《尚宫宋若昭传》。

业。小给使学生所受教育当包括儒家经典及众艺等多项内容，是附于皇族之中的宦官教育。

（五）其他诸学教育

太史局、太常寺及道学馆也为文化教育机构，天文历法、医学、阴阳学、乐舞、道学教育在这里举行。

"天文玄远，不得私习"①，天文历法，学在官府。太史局有历生36人，装书历生5人，天文观生90人，天文生60人，漏刻生360人，太子率更寺漏童60人，共661人。历生学习国家历法，参加造历、测影。天文生由天文博士教授天象及占天文变异法。天文观生由天文生年深者转补，掌昼夜在灵台伺候天文气色。漏刻生习漏刻之节，漏生唱漏②。

历生、观生为流外七品③，八考入流④，漏生、漏童可转补典钟、典鼓，天文生转补观生，也可逐渐入流，但入流后只能在本司迁转⑤，不能随便与外官交往⑥。习天文历法诸生不同于习其他诸科者，身份特殊，限制严格，仕途狭窄。

太常寺太卜署有卜筮生45人，习阴阳占卜之法，由博士、助教、教授⑦。贞观时天下流行的阴阳书共百卷。太卜署所习多，卜筮之法分龟占、五兆占、《易》占及式占四种，龟占九类、五色；兆占视五行十二气，五兆有三十六策；《易》有四十九策，式有《雷公式》、《太一式》、《六壬式》，另有历注之用六，禄命之义六，皆需辨象数，通消息，然后定吉凶⑧。这是卜筮生的习业内容。

唐乐舞教习对象是宫人及类似奴婢的乐人、音声人。太常寺散乐音声人万余，置师以教之⑨，开元二年（714）置教坊于蓬莱宫侧，乐舞教习不再隶属太常⑩。乐舞教育是唐教育体系中的一个组成部分，由乐人、音声人习乐舞表现了轻视乐人与礼乐不可或缺的矛盾思想。

唐封老子为玄元皇帝。开元二十九年（741），于玄元皇帝庙置崇玄学，令习《道德经》、《庄子》、《文子》、《列子》，业成申省，准明经例考试，通者准及第人

---

① 《唐律疏议》卷5，《名例律》。
② 《唐六典》卷10，《太史局》卷27，太子率更寺。
③ 《通典》卷40，大唐官品流外条。
④ 《唐六典》卷10，历生、天文观生下注。
⑤ 《唐会要》卷67，《伎术官》。
⑥ 《唐会要》卷44，《太史局》。
⑦ 《唐六典》卷14，太常侍太卜署。
⑧ 《唐六典》卷14，太常寺太卜署令条。
⑨ 《唐六典》卷14，太乐署令条。
⑩ 《新唐书》卷48，《百官志》，太常寺太乐署条。

处分，并为此专门在诸州设一员博士①。崇玄生"京都各百人，诸州无常员"②，数量不少。道学是唐皇帝尊崇道教的产物。

二 私学

开元二十一年（733）五月敕，"许百姓任立私学，欲其寄州县受业者亦听"。③ 这里的私学指狭义的私人讲学，广义的私学是相对于国子、二馆及地方州县等官学而言的。私人讲学不始于开元二十一年，这条敕令允许私人讲学寄于州县官学中，即允许私人讲学走入官学课堂，这是很开放的举动。广义而言，私学包括童蒙学、寺学、私人讲学、家族学院、隐居游学、妇女教育等多种形式，今按教育内容分童蒙、青年及妇女教育三部分。

（一）童蒙教育

儿童的启蒙教育因家庭环境而不同，有的在家学，也有的在寺学、乡里村学中。唐国子监及州县学均相当于"大学"教育，启蒙教育完全由家学形式进行。

1. 家学启蒙教育

在家学中接受启蒙教育的儿童一般出身于官宦或知识水平较高家庭。他们受教的方式无外于父母兄长亲授或延师教授两种。

史籍墓志中不乏母兄亲行启蒙教育之例。元稹④、李绅⑤、杨收⑥均由其母教授，李知⑦、苗蕃⑧均受业于母夫人，李通理夫人独孤氏，"专以诗礼之学，训成诸孤"⑨，这些都是母亲授业之例。瞿令珪幼孤，兄弟更相诲训，未尝从师⑩，由其兄任教，郑当侨寄吴中，与兄邻孺相依，学无师傅，由其兄启蒙⑪，苗善物父以诸父凋逝，谢绝衣冠，垂训子侄二十余人⑫，则是父伯教授。这种亲授家庭一般为仕宦贫寒者，而更多的富家或官宦子弟则在家学中由师傅进行启蒙教育。

2. 寺学启蒙

唐寺院多置义学，延引俗家子弟习经史文学。严耕望据《旧唐书·裴休传》

---

① 《唐会要》卷77，《崇元生》。
② 《新唐书》卷44，《选举志》。
③ 《唐会要》卷35，《学校》。
④ 《旧唐书》卷166，《元稹传》。
⑤ 《旧唐书》卷173，《李绅传》。
⑥ 《旧唐书》卷177，《杨收传》。
⑦ 《唐代墓志汇编》，第1475页。
⑧ 同上书，第1964页。
⑨ 同上书，第1793页。
⑩ 同上书，第1888页。
⑪ 同上书，第2197页。
⑫ 同上书，第1401页。

及《圆觉经大疏抄》指出义学院与佛寺有关①，实际上，义学是私学的一种，也就是寺学。吐鲁番阿斯塔那363号墓出土"唐景龙四年卜天寿抄孔氏本郑氏注《论语》"末题："景龙四年三月一日私学生卜天寿"，"学开觉寺学景龙四年五月"、"西州高昌县宁昌乡淳风里义学生卜天寿年十二"②，可见卜天寿既是私学生，义学生，也是开觉寺学生，唐代的义学多为寺院开办的私学。

3. 乡村蒙学

最富特色且史籍中记载最多的是乡村蒙学。《唐摭言》卷10记载顾蒙"避地至广州，人不能知，困于旅食，以至书千字文授于聋俗，以换斗筲之资"，他很可能在广州乡村做了一名讲授《千字文》的教师，教学所得，仅能糊口。又如《太平广记》卷44"田先生"条记载田先生元和中隐于饶州鄱亭村，作小学以教村童十数人，据《玄怪录》卷3齐饶州篇，知田先生所建小学校址为草堂，每日要到学生家"转食"，以充糊口，学校设施简便，教书先生穷困潦倒。《因话录》卷6记载窦易直幼时家贫，受业于村学，一日近暮，风雨暴至，学生归家不得，宿于漏屋之下，漏屋显然是学生学堂，漏屋与田先生的草堂，参差相似。有的村学为方便孩童白日田间劳作，夜晚上课，《太平广记》卷494记载的开元二十九年（741）修武县的一所村中小学就是夜学，生徒夜晚多宿于学舍内。

这些乡村小学所授除《千字文》等字书蒙书外，多授当代诗文。如皮日休为童在乡校时，于简上抄杜牧文集③，元稹于水市中，"见村校诸童，竞习歌咏，召而问之，皆对曰：'先生教我乐天、微之诗'"④，杨绾对唐高宗后的教育内容概括为"幼能就学，皆诵当代之诗，长而传文，不越诸家之集"⑤，即使在边远穷困的乡村小学，其习业内容也是如此。

（二）中、大学教育

唐国子监、地方州县学均为大学教育，优秀毕业生可直接应中央举行的科举考试，然后步入仕途，未入国子监、州县学者，也可由私学接受类似中、大学教育，参加贡举，走入仕途。提供中、大学教育的私学种类也很多，大致而言，可分为家族学院、隐学游学及私人讲学三类。

1. 家族学院

唐代官宦子弟不入国学者，一般在家族学院内接受中、大学教育。学院为仕家子弟讲学食宿之地。学院在唐后期尤盛，《唐语林》卷1言语门记载"李德裕太

---

① 《唐人习业山林寺院之风尚》，《唐史研究丛稿》，香港：新亚研究所1969年版，第374页。
② 《吐鲁番出土文书》第7册，文物出版社1986年版，第548—551页。
③ 《唐诗纪事》卷66，严挥条。
④ 《白氏长庆集序》。
⑤ 《旧唐书》卷119，《杨绾传》。

尉未出学院，盛有词藻，而不乐应举"，学院成为唐后期官宦子弟家学的统称。

崔祐甫《穆氏四子讲艺记》① 详细记载了穆家学院的建造及作用，其文略云："使君有四子，曰赞曰质曰赓曰赏……方欲以六经百氏播礼乐，务忠孝，正名器，导人伦……于是考州之东四十里，因僧居之外，阶庭户牖，芳草拳石，近而幽，远而旷。澶漫平田，霶沸温泉，可以步而适，可以濯而蠲，谓尔群子息焉游焉。"穆赞、质、赓、赏四子的学院建于僧居之外的幽盛之地，穆宁令其陶冶性情、专心讲学，以传家业。择盛地建院花费较多，一般仕宦子弟学院皆设于家户之内，如《唐国史补》卷中记载裴佶至其姑父宅视姑，其姑父令憩于学院中，《唐语林》卷6记载裴佶姑父令其憩外舍，可见学院在外舍中，并未与家宅分开，因而裴佶于学院内可看到其姑父的一系列活动。

仕家子弟除在学院习书论讲外，饮食起居皆在学院之内，《太平广记》卷467崔税条记载，崔税游学时，往姑家，夜与诸表昆季宿于学院，同书卷170郑细条记载，郑细让刘景与子弟同处书院，寝馈一切，无异于子弟，可见学院除书房教室之外，尚有卧室及食堂，只有一般官宦人家才可置备。

学院又可称为学舍、书室、书院，上引《太平广记》郑细条郑氏子弟的书院，显然就是学院，同书卷175路德延条记载其"居学舍中，尝赋芭蕉诗"，这里的学舍就是路家学院，又如《唐语林》卷3赏誉门记载毕諴"至李氏子书室中，诸子赋诗，諴亦为之"，这里的书室，即李氏子弟读书的学院。学舍、书室、书院都是对学院的不同称呼。

子弟于学院中所习内容无外乎经书、诗文、书法三项。唐墓志记载，张宁"幼习经籍，乡举孝廉，早工翰墨，迹近羲献"②，所习包括儒家经典及书法，明经及第。李琚"百氏图书之学，八分篆隶之能……或庶几于古人"，因做诗"词理甚鲜"，进士及第③，所习业主要为诗文、书法。宋遏"善卿君之笔札，有文举之辨谈"④，也是长于文学、书法。鲁谦"年七岁，好读诗书，旰食忘寝，勤学不辍。师喻以文义，皆记之心腑。未逾十五，《孝经》、《论语》、《尔雅》、《周易》皆常念，《礼记》帖尽通过。又为文章，格韵清峻，罕有其俦者。学钟王欧褚之书，并得妙绝"⑤。这一例，更明确地体现了唐代学院子弟的习业内容。经籍、文章、书法，三足鼎立，应明经者更重经，求进士贡者更重文，但书法不论明经士都必须要学。

---

① 《唐文粹》卷77。
② 《唐代墓志汇编》，第1954页。
③ 同上书，第1619页。
④ 同上书，第1899页。
⑤ 同上书，第2354页。

唐学院为仕宦子弟家学,为其讲论经义、创作诗文之所,学院子弟大多怀有明确的应举入仕目的,所习业也与贡举考试密切相关。

2. 私人讲学

唐代私人讲学与前代相比,并不兴盛,著名的讲学家不多,但也代有其人,贞观初,马嘉运退隐白鹿山,"诸方来授业者至千人"①。规模较大,盖蕃"博览经传,尤精王易",唐初以隋官降授文林郎,"遂安之无复宦情,唯以讲授为事,洛中后进李大师、康敬本等,并专门受业,其后咸以经术知名"②。他的讲学也取得了一定的知名度。太宗时曹宪在江淮间讲《文选》,其后许淹、李善、公孙罗复相继以《文选》教授,专门形成了《文选》学③。曹宪教授时,"学徒数百人,公卿多从之学"④,高宗武后时李善授业,"诸生多自远方而至"⑤。李善讲学于荥阳墅,文宗时,其曾孙李正卿又修复了其讲习遗址⑥。高宗时,王义方因弹劾李义府,被贬为叶州司户,"秩满,于昌乐聚徒教授",总章二年卒,门人何彦先、员半千制师服三年,毕丧而去⑦,这在唐代是很罕见的。开元年间,卢鸿隐于嵩山,广精舍讲学,"从学者五百人"⑧,规模也较大。唐后期王质"寓居寿春,躬耕以养母,专以讲学为事,门人授业者大集其门",元和六年登进士第⑨。晚唐时,东海徐先生以讲经学书法知名,余从周少时从其学,因家贫亲老,五日一归。居数年,尽得徐先生业。徐先生特善草隶书,从周亦传其能。其后余从周明经及第⑩。徐先生讲学在当时也是较为著名的。唐五经咸通中于荆州聚徒五百人讲授,以束修自给,有西河济南之风⑪。以上为史籍中记载的规模较大的私人讲学。

3. 隐学游学

隐居读书在唐代尤其是唐后期十分普遍。据严耕望先生考证,士子隐居习业大抵以名山为中心,北方的嵩山、终南山、中条山,南方的庐山、惠山、会稽、青城及闽中诸山皆为书生渊薮。唐后期宰相如韦昭度、张镐、徐商、房琯、李逢吉、朱朴、杨收、李泌、刘瞻、段文昌、王播、李藩、李绅、张濬、齐抗、裴垍、柳璨,一代文章宗伯陈子昂、李白、白居易,一代名臣颜真卿、孔巢父、李栖筠、

---

① 《新唐书》卷198,《儒学传》。
② 《唐代墓志汇编》,第519页。
③ 《旧唐书》卷189上,《儒学传》。
④ 《大唐新语》卷9。
⑤ 《旧唐书》卷189上,《儒学传》。
⑥ 《唐代墓志汇编》,第2240页。
⑦ 《唐语林》卷3,《方正》。
⑧ 《唐才子传》卷1。
⑨ 《旧唐书》卷163,《王质传》。
⑩ 《唐代墓志汇编》,第2295页。
⑪ 《北梦琐言》卷3。

崔从、卢群，诗文名家徐彦伯、刘长卿、岑参、李华、孟郊、李贺、吕温、符载、刘轲、杜牧、李商隐、温庭筠、李端、王建、顾云、杜荀鹤等都加入了隐居山林习业的队伍①，隐居山寺读书是唐代教育的一大特色。

　　隐居山寺读书之人各有所图，山中清净，远离喧哗都市，可潜心读书，且山中自然风光好，花鸟林泉，可陶冶读书人心情，更可促进多习进士业的士子的文思，这是山林吸引唐士子隐居读书的自然条件。其次山中隐有贤者，隐于山中可得良师益友，切磋进益。如皎然初入道，肄业杼山，与灵彻、陆羽同居妙喜寺，李端在匡岳，依止称门生②，李端依皎然读书，正是求指点。又如杨衡与符载、李群、李渤同隐庐山，结草堂于五老峰下，号"山中四友"，往来多山僧道士③，贞元中庐山结草庐于岩谷间读书属文者有一二十人。④ 这些人成群结庐为友，与僧道频繁往来，比自己在学院中读书气氛更浓厚，交流更活跃，更广泛，这是隐居山寺读书的第二个原因。再次，唐寺观多建于山林，寺院盛极一时，这些寺院食宿条件好，有的寺院也有一般士家甚至官府无法比拟的图书收藏，有的贫家子弟为求食宿，入寺读书，随僧洗钵，也有的为阅寺院藏书，于寺中寄学，这是学子隐居山寺读书的第三个原因。总之，进士科的发达、儒释道三教的融合及佛教的兴盛，是隐居山林读书蔚然成风的主要原因。而后期战乱频仍，官学不发达也更促进了隐学的普遍。

　　游学也是唐士子求学的一种方式。如南卓"吴楚游学十余年，衣布缕，乘牝卫，薄游上蔡"⑤，"番禺举子李汇征，客游于闽越，驰车至循州"⑥，元载听其妻王韫秀之劝求学，"乃游秦⑦"等，这种例子不胜枚举，这就导致客居、寄学更加普遍。从边塞至首都长安，唐各地均有游学的学子。他们有的不远千里，访师求友，游宴于著名学者文士之门；有的投卷求荐，往来于达官贵人之第；有的寻求名胜，游览名山大川，增强阅历，振奋文辞。科举取士，是唐代游学兴盛的直接原因。每年十月，数以千计的各地举子解送长安，落第后或回原籍或沿路览胜，这本身就促进了士子游学，而重文辞的进士科兴盛，士子可与别州求解，也是导致游学普遍的重要原因。游学使唐学子交流频繁，也使师徒关系更为活跃，更不固定，终唐一代，很少有严格的重师承的师生关系，游学的兴盛也是一个原因。

---

① 严耕望：《唐人习业山林寺院之风尚》，《唐史研究丛稿》，第367—423页。
② 《唐才子传》卷4。
③ 《唐才子传》卷5。
④ 《白居易集》卷43，《代书》。
⑤ 《云溪友议》卷中，《南黔南》。
⑥ 《云溪友议》卷下，《江客仁》。
⑦ 《云溪友议》卷下，《窥衣帷》。

隐学与游学对唐代的教育及唐代的文化交流都有较大影响。

（三）妇女教育

除宫人、乐人及公主外，其他妇女教育皆有家学承担。妇女所受教育的内容，唐墓志中记载："七岁读《女史》，十一就妇功，岂织纴组紃，不废事业，将前言往行，以成规矩"①，"夫人习《礼》言《诗》，尤专《论语》，崇奉释教，深味佛经，诵读讲磨，咸得要妙。洞知声律，不学而能，笔札雅琴，皆所尽善。"② 总结以上两人学习内容，可知妇女教育包括道德、女功、儒家经典、文学、书算、音乐、宗教等几方面。

1. 女德教育

道德教育是妇女教育中的一项重要内容，有关妇德的教科书有《女史》、《女仪》、《女诫》、《女则》、《女孝经》、《女论语》等，《太平广记》卷70记载，戚逍遥十余岁，"父以《女诫》授逍遥，逍遥曰：'此常人之事耳。'遂取老子仙经诵之。" 逍遥虽好道而不诵《女诫》，但常人则以《女诫》为妇女首选读物。《唐代墓志汇编》记载陆字英"辍卷《女诫》，深好佛经"，李金"常读《孝经》、《论语》、《女仪》、《女诫》"③，可见《女诫》、《女仪》为唐代妇女常读之书。

唐太宗长孙皇后作《女则》30卷，陈邈妻郑氏作《女孝经》18章，宋廷棻女若华、若昭、若伦、若宪、若荀等著《女论语》④，均为妇女伦理道德教育之书，内容包括立身，事父母、舅姑、夫，训男女，营家等等。在敦煌文书中发现的《崔氏夫人训女文》三卷（S4129、S5643、P2633）为女训类蒙书，内容包括敬事翁姑、顺从丈夫、和睦戚党邻里等⑤，可见庶民教育中也很重视妇女的道德教育。

2. 女功

李商隐《义山杂纂》教女项十则中，其一为习女工，其二为议论酒食，可见女工及烹调是妇女必习的手工劳作。《唐代墓志汇编》记载，王京"织纴组紃，艺实天成"⑥，郑炼夫人孙氏"组紃文绣之事，精能而不怠"⑦，苗夫人张氏"粢盛豆登，针管线纩之外，考协声律"⑧，可见纺织、刺绣、针线及烹饪等也是妇女教育中的重要内容。

---

① 《唐代墓志汇编》，第1688页。
② 同上书，第2351页。
③ 《唐代墓志汇编》，第1671页。
④ 《新唐书》卷77，《尚宫宋若昭传》。
⑤ 详见郑阿财：《敦煌写本崔氏夫人训女文研究》，《法商学报》1984年6月，第19期。
⑥ 《唐代墓志汇编》，第1681页。
⑦ 同上书，第1959页。
⑧ 同上书，第2212页。

3. 经史等儒家经典

据李金墓志,知妇女常读《孝经》、《论语》,二书为儒家经典中的启蒙书,妇女也常习。此外,仕宦人家的女子还习其他经书和史籍,如陈照"雅好《史》、《汉》、《诗》、《礼》,略通大义"①,又如卢氏崔夫人"习《礼》、言《诗》"②,南川县主"威仪取诸《礼》,风雅取诸《诗》,稽古取乎《书》,拗谦取乎《易》"。除《春秋》外,妇女所习包括其他全部儒家经典,尤以习《诗》、《礼》者更普遍。

4. 文学

唐代妇女习文习诗很普遍,女文学家、女诗人也不乏其人。唐代妇女比较重视文学教育,如张夫人梁氏"少习《诗》、《礼》,长闲音律"③。"音律",即诗歌的代名词,崔攀"务习丝麻之职,闲于蘋藻之事"④,"蘋藻"即指文学。陈照"女功余力,而乃学文",苗夫人张氏"考协声律",崔都都"女工之暇,尤嗜诗典"⑤。李夫人宇文氏"组绣奇工之暇,独掩身研书,偷玩经籍,人不能探。工五言七言诗,词皆雅正"⑥。可见受进士科影响,文学教育,工诗属文,也成为妇女教育的重要内容。

5. 书数音乐

卢氏崔夫人"笔札雅琴,皆所尽善","笔札"指书法,"雅琴"指音乐。王京"音律书数,不习生知",李黎"喜书习工"⑦,李从质女"及五、六岁,能诵书学书"⑧,《义山杂纂》教女项目中亦有学书学算。可见,书、数、乐也为妇女常习,从墓志看,书法教育更为普遍。

唐代"男则就学于外,女乃亲训于内,使动静合礼,阃则有仪"⑨,女子教育以母亲为主。妇德、女功等皆由母教,但女子亦可从伯仲、父兄习经、习文,如王仲建妻张氏,"及成童,伯仲以《孝经》授"⑩,这是兄授经之例,杨芸"诸兄所习史氏经籍子集文选,必从授之"⑪,这是从兄一起习经史文学之例。唐代社会开放,女子可与其兄弟共同学习,甚至有的官宦势家还为女子特置师傅,如南川

---

① 《唐代墓志汇编》,第 1583 页。
② 同上书,第 2351 页。
③ 《唐代墓志汇编》,第 453 页。
④ 同上书,第 1495 页。
⑤ 同上书,第 2382 页。
⑥ 同上书,第 2426 页。
⑦ 同上书,第 2455 页。
⑧ 同上书,第 2457 页。
⑨ 同上书,第 2433 页。
⑩ 同上书,第 2414 页。
⑪ 同上书,第 2491 页。

县主即有师。唐代妇女教育内容极广，除女德妇功外，经史、文学、书艺都是女子所习的内容，虽除习艺馆外，官府未置女学，但唐代妇女在才、艺、文等方面受的教育并不低。

第二节　风俗习惯

风俗习惯，是一个国家或民族在长期社会生活中逐渐形成的共同的礼节、风尚和习惯等，是其文化心理和风貌的一种结晶，具有鲜明时代特色的一幅色彩斑斓的民俗风情画卷。

隋唐五代的社会风俗习惯，贯穿在这个时代的各个方面，如人们的衣食住行、婚丧嫁娶、祭祀礼仪等。除本书其他章节已经讲过的某些风俗习惯外，还有以下风俗习惯。

一　爱牡丹

唐人爱花。"若待上林花似锦，出门俱是看花人"（杨巨源《城东早春》）。宰相贾耽撰《百花谱》。在所爱的牡丹、梅、杏、桃、莲、梨、桐、菊、茶、桂、玉蕊、樱桃、玫瑰及芍药等花卉中，牡丹独占鳌头。唐人赞美牡丹的诗文难以数计。誉其为"雅称花中为首冠"[1]。"牡丹独逞花中英"[2]。"看遍花无胜此花"，"天下更无花胜此"[3]。故徐凝说："何人不爱牡丹花，占断城中好物华。疑是洛川神女作，千娇万态破朝霞"（《牡丹》）。李咸用说，没有任何绝尤物，能与牡丹比美。

牡丹如此名贵，故每当阳春三月，牡丹怒放时，长安人为之发狂[4]。"唯有牡丹真国色，花开时节动京城"[5]。"花开花落二十日，一城之人皆若狂"[6]。李肇说：

---

[1] 殷文圭：《赵侍郎看红白牡丹因寄杨状头赞图》，《全唐诗》卷707。
[2] 李咸用：《远公亭牡丹》，《全唐诗》卷644。
[3] 徐夤：《牡丹花二首》，《全唐诗》卷708；归仁：《牡丹》，同书卷825。
[4] 唐长安的牡丹，始植于开元末。"开元末，裴士淹为郎官，奉使幽冀回，至汾州众香寺，得白牡丹一窠，植于长安私第，天宝中，为都下奇赏"（《酉阳杂俎》前集卷19《草篇》）。
[5] 刘禹锡：《赏牡丹》，《文苑英华》卷321。
[6] 白居易：《牡丹芳》，《全唐诗》卷427。

"京师贵游，尚牡丹三十余年矣。每暮春，车马若狂，以不耽玩为耻。"①

唐人对牡丹的喜爱，在有唐一代近三个世纪，始终如一。他们处处种植牡丹。其中尤以宫廷、府邸、官署和寺观等处为胜，以供观赏。

（一）宫廷

唐中宗宴赏后苑双头牡丹，群臣所吟诗中，上官婉儿的"一联为绝丽，所谓势如连璧友，心若臭兰人"②。风流天子唐明皇喜赏牡丹。宫中初得四本牡丹，有红、紫、浅红和通白诸色，后移植兴庆宫沉香亭。开元年间，牡丹花盛开，玄宗乘照夜白，杨贵妃步辇从，赏花于兹。玄宗诏李龟年等奏乐助兴，说：赏名花，对妃子，焉用旧辞？命龟年持金花笺赐翰林待诏李白更作新词，李白立赋《清平调》三章以进，梨园弟子抚丝竹以促歌，玄宗自调玉笛倚曲；杨贵妃以七宝杯酌西凉州葡萄酒笑领歌词③。唐文宗特爱牡丹。太和年间，文宗于内殿赏牡丹，问以书进见的程修已曰："'今京邑人传牡丹诗，谁为首出'？对曰：'中书舍人李正封诗：天香夜染衣，国色朝酣酒'"④。誉牡丹为天香国色。文宗自夹城出芙蓉园，路幸慈恩寺，见佛殿东颊唇壁之上，有裴兵部《怜白牡丹诗》："长安豪贵惜春残，争赏先开紫牡丹。别有玉杯承露冷，无人起就月中看。"吟玩良久。复命宫嫔讽念，及暮归宫，该诗已满六宫。文宗还植牡丹于内殿，以供朝夕赏玩。

（二）府邸

长安一些达官贵人宅中，种植牡丹成风。花开时节，除自己欣赏外，有时邀亲友共赏，或饮酒品花，或以花入诗，为"牡丹之会"⑤。司马扎《卖花者》云："长安甲第多，处处花堪爱。"刘禹锡曾在平章宅、思黯南墅、唐郎中舍、浑瑊等宅中赏过牡丹。他比较后认为诸家牡丹虽各有千秋，但最好的还是浑瑊家牡丹："径尺千余朵，人间有此花。今朝见颜色，更不向诸家。"⑥元稹植牡丹数本于靖安坊宅，欣然赋诗赞曰："敝宅艳山卉，别来长叹息。吟君晚丛咏，似见摧颓色。欲识别后容，勤过晚丛侧"⑦。姚合吟诗《和王郎中召看牡丹》。武元衡《闻王仲周所居牡丹花发因戏赠》："闻说庭花发暮春，长安才子看须频。花开花落无人见，借问何人是主人？"通义坊李进贤第有牡丹数丛，覆以锦幄。韩愈宅阶前有牡丹。

---

① 《唐国史补》卷中，《京师赏牡丹》；《南部新书》丁也说："两街看牡丹，奔走车马。"
② 《龙城录》。
③ 《杨太真外传》。《开元天宝花木记》云：开元时，"禁中呼木芍药为牡丹"。沉香亭前木芍药，"其花一日忽开一枝两头，朝则深红，午则深碧，暮则深黄，夜则粉白；昼夜之内，香艳各异"（《开元天宝遗事》卷上《花妖》）。
④ 《南部新书》甲。
⑤ 《酉阳杂俎》前集卷19，《草篇》。
⑥ 刘禹锡：《浑侍中宅牡丹》，《文苑英华》卷321。
⑦ 元稹：《和乐天秋题牡丹丛》，《全唐诗》卷401。

裴给事中宅白牡丹洁白冷艳，别具一格。新昌坊给事中窦易直宅南亭牡丹飘香。有人盖了新居，还要"带花移牡丹"①。《辇下岁时记》曰：新进士牡丹宴，或在永达亭子。昇道坊进士谢翱宅，庭中多牡丹。《宣室志》载：曾有美人来此，谓翱曰："闻此地有名花，故来与君一醉耳。"在长安众多府邸中，开化坊尚书左仆射令狐楚宅牡丹最盛②。

（三）官署

有些官署种有牡丹，以美化环境，供官员休息时赏玩。《南部新书》丙："岁三月望日，宰相过东省看牡丹"。翰林院北厅有红牡丹。

（四）旅店

有的旅店种有牡丹。王建《题所赁宅牡丹花》云："赁宅得花饶，初开恐是妖。"

（五）寺观

长安牡丹多在佛寺、道观。《唐语林》卷7《补遗》云："京师贵牡丹。佛宇、道观多游览者"。慈恩寺的牡丹最负盛名。《南部新书》丁云："慈恩寺元果院牡丹，先于诸牡丹半月开，太真院牡丹，后诸牡丹半月开。"它既比长安诸处先开，使独钟牡丹的京师人先睹为快；又迟于诸处牡丹后谢，让京师人在此得以欣赏到当年最后一批牡丹。慈恩寺的牡丹还以名贵著称。其浴堂院有牡丹两丛，每开及五六百朵。权德舆赞慈恩寺清上人院的牡丹："浓芳深院红霞色，擢秀全胜珠树林。结根幸在青莲域，艳蕊鲜房次第开。含烟洗露照苍苔，庞眉倚仗禅僧起，轻翅萦枝舞蝶来。"③ 据慈恩寺僧思振说：唐武宗会昌年间，朝士数人同游慈恩寺僧舍，当时东廊院有白花可爱，都叹道："'世之所见者，但浅深紫而已，竟未见深红者！'老僧笑曰：'安得无之？但诸贤未见尔！'众于是访之，经宿不去。僧方言曰：'诸君好尚如此，贫道安得藏之？但未知不漏于人否？'众皆许之。僧乃自开一房，其间施设幡像，有板壁遮以幕后，于幕下启关，至一院小堂，甚华洁，柏木为轩虎栏槛，有殷红牡丹一丛，婆娑数百朵。初日照辉，朝露半晞。众共嗟赏，及暮而去。僧曰：'予栽培二十年，偶出语示人，自今未知能存否？'"这样名贵牡丹，一旦为人所知，果难保存。后有数少年诣僧，邀至曲江看花，藉草而坐。"弟子奔走报：有数十人入院掘花，不可禁。坐中相视而笑。及归至寺，见以大畚盛之而去。少年徐谓僧曰：'知有名花，宅中咸欲一看，不敢豫请，盖恐难舍。已留

---

① 白居易：《伤宅》，《全唐诗》卷425。
② 《唐两京城坊考》卷2云："按《酉阳杂俎》，楚宅在开化坊，牡丹最盛。而李商隐诗多言晋阳里第，未详。"
③ 权德舆：《和李中丞慈恩寺清上人院牡丹花歌》，《全唐诗》卷327。

金三十两、蜀茶二斤，以为报矣。"① 崇敬寺的牡丹也很出名。《霍小玉传》曰："生与同辈五、六人诣崇敬寺玩牡丹花，步于西廊，递吟诗句。"唐末宰相张濬尝与朝士赏万寿寺牡丹。元稹是牡丹迷，写过六首赞美诗，涉及牡丹的诗尚有六处。长安以牡丹出名之地他几乎都游遍了，并吟诗赞之。如《与杨十二李三早入永寿寺看牡丹》云："蝶午香暂飘，蜂牵蕊难正。笼处彩云合，露湛红珠莹。结叶影自交，摇风光不定。"《西明寺牡丹》诗曰："花向琉璃地上生，光风炫转紫云英。自从天女盘中见，直至今朝眼更明"。兴唐寺的一窠牡丹，元和年间"著花一千二百朵，其色有正晕、倒晕、浅红、浅紫、深紫、黄白檀等，独无深红。又有花叶中无抹心者，重台花者，其花面径七、八寸"②。兴善寺素师院，"牡丹色绝佳，元和末，一枝花合欢"③。

长安以外，不少地方牡丹也盛。东都洛阳的牡丹仅次于长安。洛阳外郭城尊贤坊成德军节度使兼侍中田弘正宅中门外，有紫牡丹成树，发花千余朵。宣风坊安国寺"诸院牡丹特盛"④。太原、汾州（治今山西汾阳）有牡丹。西北边陲西州（治今新疆吐鲁番西南）也有牡丹。"下苑他年未可追，西州今日忽相期。水亭暮雨寒犹在，罗荐春香暖不知。舞蝶殷勤收落蕊，佳人惆怅卧遥帷。"⑤ 至德年间，"马仆射镇太原，又得红紫二色"牡丹⑥。

过去有牡丹为性疏南国之说，即南方难种牡丹。有的僧人刻意要将此花移植江南。张祜《杭州开元寺牡丹》云：该牡丹"浓艳初开小药栏，人人惆怅出长安。风流却是钱塘寺，不踏红尘见牡丹。"虚白堂前牡丹相传为太傅手植在钱塘⑦。张蠙《观江南牡丹》："北地花开南地风，寄根还与客心同。群芳尽怯千般态，几醉能消一番红。举世只将华胜实，真禅元喻色为空。近年明主思王道，不许新栽满六宫。"尚书白居易初到钱塘，"令访牡丹花，独开元寺僧惠澄，近于京师得此花栽，始植于庭，栏圈甚密，他处未之有也。时春景方深，惠澄设油幕以覆其上，牡丹自此东越分而种之"⑧。可见钱塘迟至唐宪宗前后，才由长安移植牡丹。为此尚有如下一段佳话：会稽诗人徐凝自富春来，不识白居易。先题诗曰："此花南地知谁种，惭愧僧门用意栽；海燕解怜频睥睨，胡蜂未识更徘徊。虚生芍药徒劳妬，

---

① 《唐语林》卷7，《补遗》。
② 《酉阳杂俎》前集卷19，《草篇》。
③ 同上。
④ 《唐两京城坊考》卷5，《东京·外郭城》。
⑤ 李商隐：《回中牡丹为雨所败二首》，《全唐诗》卷541。
⑥ 《酉阳杂俎》前集卷19，《草篇》。
⑦ 《全唐诗》卷664。
⑧ 《云溪友议》卷中，《钱塘论》。唐末五代，仍有牡丹自越中移植（徐夤《尚书座上赋牡丹花得轻字韵其花自越中移植》）。

羞杀玫瑰不敢开。唯有数苞红萼在,含芳只待舍人来。"① 白居易寻到寺中看牡丹,乃命徐凝同醉而归。卓英英在成都培植牡丹数年。尽管牡丹移植南方不久,人们就被强烈吸引:"少见南人识,识来嗟复惊。始知春有色,不信尔无情。恐是天地媚,暂随云雨生。缘何绝尤物,更可比妍明。"②

唐人喜牡丹,引其入日常生活。有的绣牡丹于鞋。"彤云犹拥牡丹鞋"③。大历年间,蜀州刺史章仇兼琼家妓真珠姬,脚着"牡丹鞋"赴宴④。有的衣袖绣牡丹。有的画牡丹于扇。有的用牡丹比喻时间的聚离。有的以白牡丹比人。有的仕女乐于发髻插牡丹,名画《簪花仕女图》即其例。有的点心饰牡丹:"中尉明朝设内家,一样金盘五千面,红酥点出牡丹花"⑤。有的刻牡丹于印章,"金印耀牡丹⑥"有的器皿刻牡丹,一出土银匜上,刻花涂金牡丹双鸭纹。有的建筑物上以牡丹为装饰。敦煌莫高窟唐窟佛教经变壁画除释氏特有的莲花外,花卉很少,但以牡丹作纹饰。如盛唐所建320窟,主室窟顶藻井画云头牡丹花井心。初唐建第331窟,主室窟顶藻井画牡丹团花井心。初唐建第335窟主室窟顶藻井画牡丹团花井心,龛上画牡丹花瓣边饰。有的以牡丹挽留知己⑦。

唐人爱牡丹,固然是爱其雍容华贵,富丽堂皇,说"美人如白牡丹花"⑧。但不仅此而已,人们还寓情于此。有的以牡丹寄托相思情。"传情每向馨香得,不语还应彼此知。只欲栏边安枕席,夜深闲共说相思"⑨。有的自比残牡丹。张建封妾关盼盼,寡居彭城十余载,有人赠诗讽其死,盼《和白公诗》曰:"自守空楼敛恨眉,形同春后牡丹枝。舍人不会人深意,讶道泉台不去随。"有的比喻年少求名:"始知年少求名处,满眼空中别有花。"⑩ 有的视其"花艳人生事略同"⑪。有的将华丽词藻形容为牡丹花⑫。有的从观赏牡丹中悟禅:"举世秪将华胜实,真禅元喻色为空"⑬。有的借牡丹浇愁。"甘露事变"后,唐文宗闷闷不乐,于内殿看牡丹,

---

① 《唐语林》卷3,《品藻》。
② 李咸用:《牡丹》,《全唐诗》卷645。
③ 胡嘏:《戏题》,《全唐诗》卷551。
④ 范元凯:《章仇公(兼琼)席上咏真珠姬》,《全唐诗》卷311。同书卷551卢肇《戏题》文字稍异。
⑤ 王建:《宫词》,《全唐诗》卷302。
⑥ 岑参:《左仆射相国冀公东斋幽居》,《全唐诗》卷198。
⑦ 《全唐诗》卷708,徐夤《东归出城留别知己》云,"相留拟待牡丹开"。
⑧ 贯休:《富贵曲二首》,《全唐诗》卷826。
⑨ 薛涛:《牡丹》,《全唐诗》卷803。
⑩ 李益:《牡丹》,《文苑英华》卷321。
⑪ 杜荀鹤:《中山临上人院观牡丹寄诸从事(一作弟)》,《全唐诗》卷692。
⑫ 《云仙杂记》卷5《坐间牡丹花》云:"宋旻语常带华藻,李蠙安曰:'时方三月,坐间生无数牡丹花矣'。"
⑬ 张蠙:《观江南牡丹》,《文苑英华》卷321。

"诵舒元舆《牡丹赋》云：'俯者如愁，仰者如悦，开者如语，合者如咽'。久之，方省元舆词，不觉叹息泣下"①。

有的人到长安，是为了欣赏牡丹。张祜说，他至京师，不是为了求名入仕，而是"唯待春风看牡丹"②。有的人离开长安，最难舍者牡丹也。令狐楚赴东都，与牡丹告别，马上回望，叹何年再赏。刘禹锡送浑大夫赴丰州，说"其奈明年好春日，无人唤看牡丹花"③。有的人离长安后，怀念当年赏牡丹。有朝士在外地睹野花追思京师："曾过街西看牡丹，牡丹才谢便心阑。"④

唐人因酷嗜牡丹，不惜重金抢购名品。"此物疑无价"⑤。"牡丹一朵值千金"⑥。"一夜轻风起，千金买亦无"⑦。"牡丹妖艳乱人心，一国如狂不惜金"⑧。"破却长安千万家"⑨。甚至王侯家为牡丹贫。白居易目睹这种社会风习，曾慨然赋诗曰："帝城春欲暮，喧喧车马度。共道牡丹时，相随买花去。贵贱无常价，酬直看花数。灼灼百朵红，戋戋玉束素。上张幄幕庇，旁织巴篱护。水洒复泥封，移来色如故。家家习为俗，人人迷不悟。有一田舍翁，偶来买花处。低头独长叹，此叹无人喻。一丛深色花，十户十人赋。"⑩

种牡丹可一本万利，养花卖花为业者应运而生。"少壮彼何人？种花荒苑外。不知力田苦，却笑耕耘辈。当春卖春色，来往经几代"⑪。已开始凋谢残的牡丹也可出售，价高人不惜，因稍纵即逝难再买。有的官吏也植牡丹求利。唐中叶，执金吾铺官围外寺观，种牡丹出卖，一本有值数万者。为种出更多更好的牡丹，唐人栽培此花的技艺已达很高水平。韩愈侄韩湘向其表演了将牡丹花变青、紫、黄、赤色。"乃竖箔曲，尽遮牡丹丛，不令人窥。掘棵四面，深及其根，宽容入座，唯赍紫矿、轻粉、朱红，旦暮治其根。凡七日，乃填坑。白其叔曰：'恨较迟一月'。时冬初也。牡丹本紫，及花发，色白红历绿，每朵有一联诗，字色紫分明，乃是韩出宫时诗。一韵曰：'云横秦岭家何在？雪拥兰关马不前'十四字，韩大惊

---

① 《唐语林》卷4，《伤逝》。
② 张祜：《京城寓怀》，《全唐诗》卷511。
③ 刘禹锡：《送浑大夫赴丰州》，《全唐诗》卷359。
④ 唐末朝士：《睹野花思京师旧游》，《全唐诗》卷784。
⑤ 裴洗：《牡丹》，《全唐诗》卷720。
⑥ 张又新：《牡丹》，《全唐诗》卷479。
⑦ 王建：《赏牡丹》，《文苑英华》卷321。
⑧ 王叡：《牡丹》，一作王毂诗，《全唐诗》卷505。
⑨ 徐夤：《牡丹花二首》，《全唐诗》卷708。
⑩ 白居易：《买花》，《全唐诗》卷425。
⑪ 司马扎：《卖花者》，《全唐诗》卷596。

异。"① 此事虽涉神话，但曲折反映了唐人颇谙养花之道。

五代十国，牡丹仍为人们所喜爱。后梁创立者朱全忠喜爱牡丹。私第植牡丹，每年花开、谢朵数，均一一申报于他。后梁宰相能画牡丹。无名氏题诗云："看时人步涩，展处蝶争来。"② 所画牡丹逼真，竟引来蝴蝶竞相"采蜜"。洛阳大内临芳殿有后唐庄宗所建牡丹千余本，其名品有百叶仙人（浅红）、月宫花（白）、小黄娇（深黄）、雪夫人（白）、粉奴香（白）、蓬莱相公（紫花黄绿）、卯心黄、御衣红、紫龙盉、三云紫、盘子酥（浅白）、天王紫、出样黄、太平楼阁（千叶黄）和火焰奴（正红）等③。前蜀"成都绝少牡丹"，赵国公徐延琼风闻秦州董成村僧院有红牡丹一株，"遂厚持金帛，历三千里取植新苑"④。后蜀宫廷牡丹是从外地移入的。"牡丹移向苑中栽，尽是藩方进入来。未到末春缘地暖，数般颜色一时开"⑤。嫔妃喜欢折枝，红牡丹插入云鬟。为装饰新建的小殿，将苑中的牡丹采摘。至五代末，蜀川牡丹仍受人青睐。曾任荣州刺史的刘兼，"去年曾看牡丹花，蛱蝶迎人傍彩霞。今日再游光福寺，春风吹我入仙家。当筵芬馥歌唇动，倚槛娇羞醉眼斜。来岁未朝金阙去，依前和露载归衙"⑥。楚王宫中"内人晓起怯春寒，轻揭珠帘看牡丹"⑦。楚还有合欢牡丹⑧。湘中的春天，"更无轻翠胜杨柳，尽觉浓华在牡丹"⑨。南唐金陵僧谦光从牡丹中悟出了佛门所说的"空"："拥衲对芳丛，由来事不同。鬓从今日白，花似去年红。艳异随朝露，馨香逐晓风。何须对零落，然后始知空。"⑩ 南唐"豪家重牡丹"，严相公宅牡丹怒放时，友人争来欣赏，"数朵已应迷国艳，一枝何幸上尘冠"⑪。吴越有"玲珑牡丹"佳馔，"鲊以鱼叶，斗成牡丹状。既熟，出盆中，微红如初开牡丹。此制始自钱氏据杭州时"⑫。据《旧五代史》卷13《朱瑾传》载，吴有"白牡丹妓院"。吴人张翊"尝戏造《花经》，以九品、九命升降次第之"，在其所列一品九命之花中，兰花独占花魁，牡丹屈居

---

① 《酉阳杂俎》前集卷19，《草篇》。《唐才子传》卷6《韩湘》云其"能开顷刻花"，"公（韩愈）为开樽，湘聚土，以盆覆之，嘿水良久，开碧花二朵"。
② 《全唐诗》卷796。
③ 《清异录》。
④ 《十国春秋》卷46，《徐延琼传》。
⑤ 花蕊夫人：《宫词》，《全唐诗》卷798。
⑥ 刘兼：《再看光福寺牡丹》，《全唐诗》卷766。
⑦ 徐仲雅：《宫词》，《全唐诗》卷762。
⑧ 《全唐诗》卷762，徐仲雅《句》："平分造化双苞去，拆破春风两面开（合欢牡丹）。"
⑨ 齐己：《湘中春兴》，《全唐诗》卷846。
⑩ 《全唐诗》卷825，《赏牡丹应教》。《十国春秋》卷115《拾遗·南唐》云作者为僧文益。诗亦有异。
⑪ 徐铉：《严相公宅牡丹》，《全唐诗》卷755。
⑫ 《十国春秋》卷115，《拾遗·吴越》。

第二,"时服其允当"①,说明吴人虽爱牡丹②,但深度已逊于唐人了。

二 折柳等送迎亲友

唐代国家统一,经济发达,文化昌盛,中外经济文化交流频繁,对外开放,唐人因谋生、经商、求学、科举、寻师访友、求仙学佛、旅游、赴任、办事、从军和服役等,亲友家人经常离别,人口流动性大。为表达离情别绪,往往折柳等赠别。折柳赠别,柳与留谐音,赠柳有留客之意。"人言柳叶似愁眉,更有愁肠似柳丝。柳丝挽断肠牵断,彼此应无续得期"(白居易《杨柳枝》)。柳树易活。地无南北,插下即生,故赠柳寓有随处而安的祝福意。"依依送君无远近,青春去住随柳条"(刘商《柳条歌送客》)。此外,长长的柳丝,在微风中摇曳,犹如向远行亲友招手致意,寓有依依惜别难尽之情。雍陶为官雅州,送客至情尽桥,问桥名来历,左右答称送迎亲友止此。雍陶命笔题其柱云折柳桥,并吟诗曰:"从来只有情难尽,何事名为情尽桥。自此改名为折柳,任他离恨一条条。"③ 正因为折柳送别内涵丰富,在唐人诗文中才留下大量记载。西陲敦煌莫高窟第217窟,还有一幅盛唐一人折柳赠人壁画。唐人几乎将柳视为离别代名词。一提到柳,便油然想到离愁别恨"几处伤心怀远路,一枝(柳)和雨(喻泪也)送行尘"(杜牧《新柳》)。

折柳送别以长安最为突出。这是因为长安是唐朝京城,人们的一切离别大多与此有关,以其为起点或终点。而长安东郊灞水上的灞桥,则是最有名的送别之地。水畔桥边垂柳依依,人们送别亲友,常在这里置酒、茶饯行,然后折下一柳枝相赠,寄托无限的深情。刘驾《送友人下第游雁门》云:"相别灞水湄,夹水柳依依"。李益《途中寄李二》云:"杨柳含烟灞岸春,年年攀折为行人"。真个是"年年柳色,灞陵伤别!"④

唐人折柳赠别有不同表现手法。有的比较隐晦。如李商隐《赠柳》:"章台从掩映,郢路更参差。见说风流极,来当婀娜时。桥回行欲断,堤远意相随。忍放花如雪,青楼扑酒旗。"诗中虽未直言赠柳,但"章台从掩映","来当婀娜时","忍放花如雪",是喻柳的。元稹《遣行十首》:"褒县驿前境,曲江池上情。南堤衰柳意,西寺晚钟声。"用含蓄的艺术手法,暗示折柳送客。有的送别诗,以咏柳喻送人。如贾岛《送神邈法师》:"柳絮落濛濛,西州道路中。"温庭筠《送李亿东归》:"别路青青柳弱"。

---

① 《十国春秋》卷115,《拾遗·吴》。
② 如吴宗正郎孙鱼方咏牡丹诗即多至八首,赏牡丹万事全忘,牡丹之美令西施丧气。
③ 《全唐诗》卷518《题情尽桥》。《鉴诫录》卷8,《改桥名》。
④ 李白:《忆秦娥》,《全唐诗》卷890。

（一）折杨柳送迎人

施肩吾《山中送友人》云："欲折杨枝别恨生，一重枝上一啼莺。"更多的人则是杨、柳一起折，或许这是为了加强惜别之情。杜牧《送别》："溪边杨柳色参差，攀折年年赠别离。"柳氏《答韩翃》："杨柳枝，芳菲节，可恨年年赠离别。"鱼玄机《折杨柳》："朝朝送别泣花钿，折尽春风杨柳烟。"由于人们经常折杨柳，故其树枝多短，人们从短枝上又抒发了思念远方亲友之情。李频《酬姚覃》："年年送别处，杨柳少垂条。"孟郊《折杨柳》："杨柳多短枝，短枝多别离。赠远屡攀折，柔条安得垂""莫言短枝条，中有长相思。朱颜与绿杨，并在别离期。"有的人希望人们"为报行人休尽折，半留相送半迎归"[①]。为使亲友不再离别，有人甚至"愿得西山无树木，免教人作泪悬悬"[②]。唐人又衍生出征人归来折杨柳相赠习俗，但它与送别充满悲凉氛围相反，而是寓以喜庆之情，以扫除归来游子的多年疲累与艰辛。卢肇《杨柳枝》："青鸟泉边草木青，黄云塞上是征人。归来若得长条赠，不惮风霜与苦辛！"《折杨柳》成为唐诗中体裁之一，吟此类诗者还有卢照邻、沈佺期、乔知之、刘宪、崔湜、韦承庆、欧阳瑾、张祜、张九龄、余延寿、李白、孟郊、李端、翁绶、王建和张籍等诗人。说明当时社会生活中这种现象和风俗已成为诗人们关注的一个重要问题。

（二）折花为赠

张籍《送从弟删东归》："春桥欲醉攀花别"。郑准《江南清明》："延兴门外攀花别"。折花相赠，花式众多，主要是视送别处有何花可折而定。有折江花的。朱放《江上送别》："共折江花怨别离"。有折芍药的。元稹《忆杨十二》："去时芍药才堪赠"。有折樱桃花的。元稹《折枝花赠行》："樱桃花下送君时，一寸春心逐折枝。别后相思最多处，千株万片绕林垂。"有折牡丹的。元稹《赠李十二牡丹花片因以饯行》。

此外，唐人送别还有赠马鞭者，祝愿亲友尽快平安到达。岑参《送杨子》："惜别添壶酒，临岐赠马鞭。""惜别倾壶醑，临分赠马鞭"（李白《送别》）。也有以言相赠的。元稹在送崔侍御至岭南，承袭古人离别赠言之俗，也赠道途所记等二百言。更有以歌为送的。李白诗："暂就东山赊月色，酣歌一夜送泉明"（《送韩侍御之广德》）。

五代承袭唐人折柳赠别之俗，韩溉《柳》云："世间惹恨偏饶此，可是行人折赠稀。"狄焕《题柳》云："天南与地北，此处影婆娑。翠色折不尽，离情生更多。"折杨柳赠别在江南诸国颇为流行。萧彧《送德林郎中学士赴东府》曰："离

---

① 李商隐：《离亭赋得折杨柳二首》，《全唐诗》卷539。
② 鱼玄机：《折杨柳》，《全唐诗》卷804。

内侍图　陕西乾县　唐　懿德太子墓壁画

隋唐五代社会生活史

隋唐五代社会生活史

上：海船图　敦煌莫高窟45窟　壁画
下左：铜牛车　山西翼城　唐
下右：唐三彩载物驼　西安中堡村

上左：贴花壶 故宫博物院藏 唐
上右：镶金兽首形玛瑙杯 西安何家村 唐
下左：褐绿彩飞凤纹壶 湖南望城 唐长沙窑
下右：鹦鹉纹提梁壶 唐

隋唐五代社会生活史

上左：越窑青瓷执壶
　　　浙江宁波
上右：刻花莲花碗及托
　　　江苏苏州出土　五代
下左：刻花金碗
下右：褐釉盘口穿带瓶

隋唐五代社会生活史

隋唐五代社会生活史

上：步辇图（局部）
下：彩绘牵马胡俑　西安灞桥　唐　金乡县主墓

隋唐五代社会生活史

卓歇图（局部） 五代胡瓌

■ 隋唐五代社会生活史

上左：彩绘人面镇墓兽　西安灞桥　唐　金乡县主墓
上右：双羊纹锦覆面　新疆吐鲁番　唐墓出土
下：唐代金棺　陕西临潼　庆山寺遗址出土

上：盛丹砂银药盒　西安何家村　唐
下：盛次上乳银药盒　西安何家村　唐

情折杨柳。"南唐人谢仲宣则吟松为别。他说："送人多折柳，唯我独吟松。"因为"若保岁寒在，何妨霜雪重。森梢逢静境，廓落见孤峰。还似君高节，亭亭斮继纵"（《送钟员外》）。

(三) 投刺

唐人拜谒别人，或与人相见，首先投刺，成为一种时代风尚。所谓刺，又称"名刺"、"名纸"、"门状"、"门启"[1] 等，即类今日之名片也。

"汉时未有纸。书姓名于刺，削竹木为之，后用名纸代刺也。"[2] 名纸的形式似今卡片纸，尺寸大小不一。上书本人头衔和姓名。如皮日休往谒归仁绍，多次不得见，遂吟诗一首，发泄不满。仁昭子"乃于刺字皮姓之下，题诗授之曰：'八片尖裁浪作毬，火中爆了水中揉。一包闲气如长在，惹踢招拳卒未休。'"[3] 刺上写上28字的一首七言诗，此刺实不算小。

刺由使用者自制，以备使用。较讲究的名纸，则选用彩色笺纸。裴思谦状元及第后，"作红笺名纸十数"[4]。上述唐宣宗使用的名纸也是用红笺制作的。则天朝上林令侯敏出为涪州武隆令。至涪州投刺参谒州将，错题一张尾后有字的纸，州将大怒说：修名不了何以为县令，不放上任。说明唐人的名纸有的是临用时在纸上写的，并不规范。

在唐代，人们社会交往中较普遍地使用名纸，它起着介绍本人身份的作用。每当人们去拜访别人时，首先叩门、投刺。主人览刺后，始决定是否接见来客。唐洛阳恩恭里唐参军，性格内向，为人谨慎，不大与人交往。赵门福和康三投刺谒。"唐未出见之，问其来意。门福曰：'止求点心饭耳。'唐使门人辞，云不在"[5]。司勋郎中崔彦融通刺谒左丞崔荛，后者以其贿赂宦官、行止鄙杂而不见。元稹以明经中第，愿与当时被韩愈、皇甫湜推崇而誉满长安的李贺交友。李贺见其刺，不容其进门。仆人对元稹说："明经及第何事来见李贺。"元稹"惭愤而退"[6]。文章供奉僧鸾，曾受到租庸张滂和柳玭等人的爱敬。他还俗后，"修刺谒柳（玭），柳鄙之，不接（见）；又谒张（滂），张亦拒之。于是失望"[7]。

---

[1] 李济翁《资暇集》。
[2] 《续事始》。
[3] 《太平广记》卷257，《皮日休》。《全唐诗》卷871归氏子《答日休皮子诗》与上诗有一字不同，即"爆"为"烽"。
[4] 《唐摭言》卷3，《慈恩寺题名游赏赋咏杂纪》。
[5] 《太平广记》卷450，《唐参军》。
[6] 《太平广记》卷265，《李贺》。
[7] 《太平广记》卷264，《僧鸾》。

官场拜谒必需投刺。皮日休路过江夏,"困投刺"鄂州观察使刘允章①。温庭筠失意江东,途经广陵,怨令狐绹在位时不助其成名,"久不刺谒"②。太傅天水昭公镇守河中,河中人胡证建节赴振武,"备桑梓礼入谒,持刺称百姓"③。前巢县主簿房观持刺谒庐州刺史裴谞。温庭筠《和段少常柯古》:"称觞惭座客,怀刺即门人。"

在科举中,考中进士的儒生谒见考官等,先通名纸。状元以下,到主司宅门下马,缀行而立,"敛名纸通呈"④。谢恩后,至期集院,"出抽名纸钱,每人十千文,其敛名纸见状元"⑤。同年于光范门东廊候宰相上堂后参见,宰相既集,堂吏来请名纸。

在士大夫的交往中,少不了刺。贞元年间,牛僧孺初至长安,持刺谒名望很高的韩愈、皇甫湜,二人与谈,大为赏识。后署其门曰:"韩愈、皇甫湜同访几官先辈不遇。"翌日,自拾遗、补阙而下,"观者如堵。咸投刺先谒之,由是僧孺之名,大振天下"⑥。才子卢延让旅舍言怀诗云:"名纸毛生五门下,家僮骨立六街中。"⑦

唐代僧人与士大夫过从甚密,刺是媒体。有些僧人与俗人一样自制名纸,以便随时投刺。宝历中,姚合守钱塘,诗僧清塞"携书投刺以丐品第"⑧。唐昭宗时,司空图为避祸,辞官归隐中条山王官谷,僧虚中寄诗曰:"门径放莎垂,往来投刺稀。"⑨ 这里讲的"往来投刺"虽未明确说僧虚中自己,而唐人交往多用刺于此亦可见。

唐末敬翔为人作笺刺,传于军中。唐昭宗时,赵王镕选将御燕军,"陈立、刘干投刺于军门"⑩。军中用刺足见一斑。

投刺之风在五代十国大为衰退,仅在某些王朝流行于人们交往中。后唐明宗时,进士张沆"以刺谒"秦王⑪。尚书右仆射李琪"刻牙版为金字曰'前乡贡进士李琪',常置之坐侧"⑫。这种用牙版并填金的东西,已非唐代纸质的刺可比了。

---

① 《太平广记》卷265,《崔昭符》。"困"当为"因"之误。
② 《太平广记》卷265,《温庭筠》。
③ 《因话录》卷3,《商部下》。
④ 《唐摭言》卷3,《谢恩》。
⑤ 《唐摭言》卷3,《期集》。
⑥ 《唐摭言》卷6,《公荐》。同书卷7,《升沈后进》文意同。
⑦ 《唐才子传》卷10,《卢延让》。
⑧ 《唐才子传》卷6,《清塞》。
⑨ 《唐才子传》卷8,《僧虚中》。《全唐诗》卷848,《寄华山司空图二首》。
⑩ 《太平广记》卷217,《黄贺》。
⑪ 《旧五代史》卷131,《张沆传》。
⑫ 《新五代史》卷54,《李琪传》。

宋灭南唐，袁州刺史刘茂忠"入宋，舟次淮口，谒关吏，称袁州刺史。吏掷刺于地，曰：'此亡国之俘，何刺史也'。叱令执杖庭参"①。

（四）黥体

黥体，是在人体上黥刻花纹和字等。唐人段成式在《酉阳杂俎》中专辟一节《黥》，论述此俗的由来与发展。他引用唐以前古人记载说："周官，墨刑罚三百。郑言，先刻面，以墨窒之，窒墨者使守门。《尚书刑德考》曰：'涿鹿者，凿人颡也。黥人者，马羁笮人面也。'"说明黥体风俗起源很早。其作用主要有二：一是"缕身（可）以避蛟龙之患"；二是对罪犯的一种处罚，即黥刑，刻凿花纹或字于额、面、颊等，作为犯人的标志。

隋唐五代承袭古代黥体风俗，并有所发展，有以下特点：

（一）唐以前黥体作用依然存在

"越人习水，必镂身以避蛟龙之患。今（唐中叶）南中绣面佬子，盖雕题之遗俗也"②。江淮一带端午节竞渡，健儿多文身③。黥刑在唐代也存在。武则天时，上官婉儿"忤旨当诛，则天惜其才不杀，但黥其面而已"④。后来唐代妇人面饰用"花子"（以彩纸、金箔剪花等）沾于眉心，就是"起自昭容上官氏所制以掩点迹"⑤。

（二）黥体范围扩大

黥体由原先对罪犯的刑罚，演化为一种广泛爱好，如蜀小将韦少卿"嗜好割青"⑥。宝历年间"长乐里门有百姓刺臂"⑦。长安百姓三王子，"遍身图刺，体无完肤"⑧。武陵人雷满，"文身断发"⑨。从盛行的南方，延伸至北国。上起朝廷，下至民间，从男到女，军民人等，均不乏黥迹。

（三）黥体内容更加丰富多彩

唐以前黥体较为简单。唐人在其基础上新增诗词歌赋、亭台楼阁、飞禽走兽、山水花卉、神仙鬼怪、傀儡戏文，图文并茂，万象毕陈。如韦少卿胸刺树鸟字等。

---

① 《十国春秋》卷27，《申屠令坚传附刘茂忠传》。
② 《酉阳杂俎》前集卷8，《黥》。《新唐书》卷222下，《南蛮下》云，"有绣脚种，刻踝至胕为文。有绣面种，生逾月，涅黛于面。有雕题种，身面涅黛。"
③ 《全唐诗》卷275，张建封《竞渡歌》云：竞渡儿"竞脱文身请书上"。
④ 《旧唐书》卷51，《上官婉儿传》。
⑤ 《酉阳杂俎》前集卷8，《黥》。
⑥ 同上。
⑦ 同上。
⑧ 同上。
⑨ 同上。

287

树杪集鸟数十。其下悬镜，镜鼻系索，有人止于其侧率之，寓以张说"挽镜寒鸦集"诗意。荆州街子葛清，自颈以下，遍刺白居易诗，凡30余首，体无完肤，被人呼为"白舍人行诗图"。其诗旁又配以丹青。长安人王力奴胸腹"为山、亭院、池榭、草木、鸟兽，无不悉具，细若设色"①。赵武建，"劄一百六十处蕃印、盘鹊等，左右膊刺言'野鸭滩头缩，朝朝被鹘梢。忽惊飞入水，留命到今朝'"②。高陵县人宋元素，"刺七十一处，左臂曰：'昔日以前家未贫，苦将钱物结交亲。如今失路寻知己，行尽关山无一人。'右臂上刺葫芦，上出人首，如傀儡戏郭公者。县吏不解，问之，言葫芦精也"③。

（四）黥体动机五花八门

隋唐五代黥体者广泛，出发点也不一。有的作为处罚别人的手段。唐代宗大历年间以前，士大夫妻对待婢妾，"小不如意辄印面，故有月点、钱点"④。房孺复妻崔氏，不许侍婢浓妆高髻。新买一婢，妆稍好，崔氏大怒。说：你好妆，我为你妆。"令刻其眉，以青填之，烧锁梁，灼其两眼角，皮随手焦卷，以朱傅之。及痂脱，瘢如妆焉。"⑤

有的以黥体吓唬人。长安街肆恶少，"率髡而肤札，备众物形状"⑥，为非作歹。大宁坊张干，"札左膊曰：'生不怕京兆尹'，右膊曰'死不畏阎罗王'"⑦。蜀市人赵高好斗，常入狱。"满背镂毗沙门天王，吏欲杖背，见之辄止，恃此转为坊市患害"⑧。韦昭度招讨陈敬瑄，王先主为都指挥使。"先主侍从，髡发行瞵，黥面札腕，如一部鬼神。"⑨

有的以黥体戏弄人。黔南观察使崔承宠年轻时，遍身刺一大蛇，"始自右手，口张臂食两指，绕腕匝颈，龃龉在腹，拖股而尾及骻"。他对宾客朋友，常以衣掩盖其手，然而一旦酒兴大发，则"努臂戟手，捉优伶辈，曰：'蛇咬尔！'优伶等即大叫毁而为痛状，以此为戏乐"⑩。

有的以黥体泄私愤。蜀将尹偃，曾因其麾下卒喝酒误点卯而杖卒数十。卒弟"乃以刀劐股作'杀尹'两字，以墨涅之"，以泄对尹偃的不满。"偃阴知，乃以

---

① 《西阳杂俎》前集卷8，《黥》。
② 同上。
③ 《西阳杂俎》前集卷8，《黥》。
④ 同上。
⑤ 同上。
⑥ 同上。
⑦ 同上。
⑧ 同上书。毗沙门天五，为佛教"护世四天王"之一。
⑨ 《北梦琐言》逸文卷3。
⑩ 《西阳杂俎》前集卷8，《黥》。

他事杖杀"卒弟①。

有的企望以黥体获神力。段成式门下驺路神通，"每军较力，能戴石簦戟六百斤石，齧破石栗数十。背刺天王，自言得神力，入场神助之则力生"，因此常在初一、十五日，设置乳糜作为祭品，焚香祖坐，"使妻儿供养其背（天王）而拜焉"②。

有的以黥体作为控制麾下的工具。从唐后期至五代十国，战乱颇多。一些藩镇军阀和当权统治者，为让麾下兵将死心塌地的供其驱使，或逼所辖地盘百姓从军，采用黥体之法。唐天祐三年（906），朱全忠攻打沧州，盘踞河北一带的刘仁恭悉发男子15岁以上者为兵，"涅其面曰'定霸都'，士人则涅于臂曰：'一心事主'，卢龙闾里为空，得众二十万"③。燕王刘守光，"尽率部内丁夫为军伍，而黥其面"④。朱全忠东击兖郓，泰宁军节度使朱瑾募骁勇数百人，"黥双雁于其额，号为'雁子都'"⑤。朱全忠也选勇士数百人，号"落雁都"，与之相抗。开平元年（907）后梁太祖"尽赦逃亡背役髡黥人，各许归乡里"，是因当时"征讨未罢，调补为先"⑥。同光二年（924）后唐庄宗也大赦天下，"男子曾被刺面者，给予凭据，放逐营生"⑦。说明唐末以降，因犯罪等原因被黥者不少⑧。为把这些人从逃亡中搜括出来，从事农业生产，或招入军中，以巩固并扩大自己统治，后梁太祖等当权者，才接连发布赦令。

有的以黥体预示未来。后周太祖郭威发迹前，与冯晖"就一道士雕刺，以脐作瓮，中作雁数只，太祖项上作雀及谷，戒曰：'尔曹自爱，雀衔谷，雁出瓮，是尔曹通显时也'。后太祖登位，晖秉旄，所刺皆验"⑨。

（五）黥体技艺有所提高

黥体风气盛行，促进了技艺的提高。蜀中黥体术发达。史称"蜀人工于刺，

---

① 《酉阳杂俎》前集卷8，《黥》。
② 同上。
③ 《新唐书》卷212，《刘仁恭传》。《新五代史》卷39，《刘守光传》云：卢龙军节度使刘仁恭，"调其境内凡男子年十五已上、七十已下，皆黥其面，文曰'定霸都'，得二十万人"。
④ 《旧五代史》卷67，《赵凤传》。
⑤ 《旧五代史》卷64，《朱汉宾传》。
⑥ 《旧五代史》卷3，《太祖纪三》。
⑦ 《旧五代史》卷31，《庄宗纪五》。
⑧ 如北汉主刘旻"尝黥为卒"（《新五代史》卷70《刘旻传》）。
⑨ 冯晖：《答妻》，《全唐诗》卷870。《新五代史》卷70《刘旻传》云："周太祖少贱，黥其颈上为飞雀，世谓之郭雀儿"，自称"自古岂有雕青天子？"

分明如画"①。有人认为，以黛色黥体则色鲜②。原因在于"用好墨而已"③。黥墨浸体，深者及骨。贞元年间，段邆从者曾从黄坑拾得的一片髑颅骨上有"逃走奴"三字，"痕如淡墨，方知黥踪入骨也"④。而黥墨也，可随时除去。唐武宗时，薛元赏任京兆尹，将30余黥体恶少捕杀，暴尸于市，"市人有点青者，皆炙灭之"⑤。荆州市场上有卖刺的人，有印，"印上簇针为众物状，如蟾蝎杵臼"，随人所欲。印后刷上石墨，则"细于随求（永）印疮愈后，细于随求印"⑥。

（六）有些少数民族有黥体风俗

黠戛斯，"男子有勇黥其手，女已嫁黥项"⑦。契丹主耶律德光，"每获晋人，刺其面，文曰：'奉敕不杀'，纵以南归"⑧。

五 旅游

唐人爱好旅游。这与唐代、特别是唐前期国家统一，疆域辽阔，经济繁荣，交通便利，对外开放，民众充满进取精神，国内各民族互相往来密切，中外经济文化交流频繁有关。旅游之风在士大夫中尤为突出。

唐代读书人年已及冠，学业初就，往往离家周游天下名山大川，访师问道，广交朋友，以开阔眼界，作为进一步学习与仕进的方式。唐人传记显示，许多人都有过这样的经历。如李白，出川游云梦，览山东、江淮，而入京师。从长安被赐金还山再下江南，一生几乎都是在漫游神州中度过的。李白之所以"口吐天上文"⑨，能吟出那么多名垂千古的优秀诗篇，与他长期饱览锦绣河山，从丰富多彩的现实生活中汲取营养与灵感是密不可分的。杜甫《壮游》、《遣怀》和《昔游》，元稹的《遣行十首》，张籍的《羁旅行》，孟郊《别妻家》，都是这种时尚的表现。

唐王朝鼓励百官节、假日外出选胜游乐，并给予一定的经济补贴。开元十八年（730）二月，"初令百官于春月旬休，选胜行乐，自宰相至员外郎，凡十二筵，各赐钱五千缗；上或御花萼楼邀其归骑留饮，迭使起舞，尽欢而去"⑩。天宝八载（749）"赐京官绢，备春时游赏"⑪。贞元四年（788），唐王朝将鼓励、补贴百官

---

① 《酉阳杂俎》前集卷8，《黥》。
② 同上。
③ 同上。
④ 同上。
⑤ 同上。
⑥ 同上。
⑦ 《新唐书》卷217下，《回鹘传下》。
⑧ 《新五代史》卷72，《四夷附录第一》。
⑨ 《皮子文薮》卷10，《李翰林白》。
⑩ 《资治通鉴》卷213，开元十八年二月。
⑪ 《旧唐书》卷9，《玄宗纪下》。

旅游制度化。诏令曰："比者卿士内外，左右朕躬，朝夕公门，勤劳庶务。今方隅无事，丞庶小康，其正月晦日、三月三日、九月九日三节日，宜任文武百僚选胜地追赏为乐。每节宰相及常参官共赐钱五百贯文，翰林学士一百贯文，左右神威、神策等军每厢共赐钱五百贯文，金吾、英武、威远诸卫将军共赐钱二百贯文，客省奏事共赐钱一百贯文，委度支每节前五日支付，永为常式。"①

此外，未入仕和入仕的士大夫，在办私事（探亲、访友、谋生等）或公事（赴任、改官、出使等）时，也喜于所经之地顺便游览山川、寺观和访古探胜。

朝廷的倡导，文武百官的游乐成风，士大夫的寄情大自然，对民间旅游风俗的盛行，起了推波助澜的作用。每当春暖花开或硕果累累的金秋，唐人或个人，或结伴，或阖家，车马如云，冠盖相望，到风光绮丽的郊野、园林、寺观、名山、大川，踏青、赏花、斗草、烧香拜神，同时开展角觚、斗鸡、荡秋千、蹴鞠及手拉手脚击节地"踏歌"等文娱活动，以消除多日劳作的疲乏，陶冶情操，使生活更加充实多彩。

唐代的旅游风俗，以京师长安最盛。"都人士女，每至正月半后，各乘车跨马，供帐于园圃，或郊野中，为探春之宴"②。士女们"游春野步，遇名花则设席藉草，以红裙递相插挂，以为宴幄"③。"骑马傍闲坊，新衣著雨香，桃花红粉醉，柳树白云狂。"④ 有些年轻人，即使下雨也不放过春游的大好时光，随身携带遮雨的"油幕"，"或遇阴雨，以幕覆之，尽欢而归"⑤。因游人太多，"园林树木无闲地"，以致"飞埃结红雾，游盖飘青云"⑥。《唐国史补》卷下《叙风俗所侈》云："长安风俗，自贞元侈于游宴。"可称当时游风实录。

唐代长安人最喜欢旅游之处，是长安城内外的乐游原、曲江池、杏园、慈恩寺和终南山等胜地。

乐游原，位于长安东南隅，为全城最高点。它原为汉宣帝神爵三年（前59）所修乐游苑。武则天长安年间，太平公主置亭于原上，风景更加幽美。每年正月晦日、三月初三、九九重阳，长安士女蜂拥而至。登高北望滔滔渭水，南眺巍巍终南山，辉煌京华，尽收眼底。文人墨客，吟诗作赋，抒发胸臆，留下了无数动人佳作。大诗人杜甫曰："乐游古园宰（一作萃）森爽，烟绵碧草萋萋长。公子华筵势最高，秦川对酒平如掌。长生木瓢示（一作乐）真率，更调鞍马狂（一作

---

① 《旧唐书》卷13，《德宗纪》。
② 《开元天宝遗事》卷下，《探春》。
③ 《开元天宝遗事》卷下，《裙幄》。
④ 王建：《长安春游》，《全唐诗》卷299。
⑤ 《开元天宝遗事》卷下，《油幕》。
⑥ 《开元天宝遗事》卷下，《游盖飘青云》；《唐语林》卷2，《文学》。

雄）欢赏"①。李白云："乐游原上清秋节，咸阳古道音尘绝。音尘绝，西风残照，汉家陵阙"②。而"夕阳无限好"③，则是李商隐驱车登临此地的千古绝唱。

曲江池，因水流屈曲而得名。位于长安东南隅。本秦代隑州。唐开元中疏水道，引终南山黄渠水，筑紫云楼等台榭行宫、百司府署亭，从宫城至曲江池修夹城复道。当时的曲江池，芳竹青青花千树，蓝天白云映终南④，波光潋滟。莺歌燕舞，从天子至黎庶，无不乐游。"都人游赏，盛于中和、上巳节。即赐臣僚会于山亭，赐太常教坊乐，池备彩舟，惟宰相、三使、北省官、翰林学士登焉。倾动皇州，以为盛观。"⑤ 安史之乱和唐代宗时，曲江池毁坏殆尽。唐文宗重修。晚唐曲江池仍是帝城旅游胜景。新进士在曲江亭子举行关宴，宴罢则笙歌画舟悠游曲江。"公卿家率以其日拣选东床，车马阗塞。"⑥ 这是芸芸学子梦寐以求的"洞房花烛夜，金榜题名时"的生动写照。

新进士尽兴曲江后，乘坚策肥，鱼贯而入其西的名刹——慈恩寺，于"登临出世界"⑦ 的大雁塔下，同年推擅书者挥毫，题名塔壁，时人誉登"仙籍"。"雁塔题名"成为士大夫的殊荣⑧。慈恩寺竹修木茂，渠水南流，风光秀丽。那满壁吴道子等丹青高手的泼墨，玄奘西天取经的传奇故事，在晨钟暮鼓、香烟缭绕中别有一番超凡脱俗的神秘色彩。而该寺京华第一的牡丹，引人入胜的诸多戏剧演出，强烈地吸引着川流不息的游人。

杏园，在曲江池西，因杏树满园而得名。每当杏花怒放，如雪似霞，香飘十里，则游人如织，车马争来。在此举行的"进士杏园初宴谓之探花宴，差少俊二人为探花使遍游名园，若他人先折花，二使皆被罚"⑨。唐穆宗前后，历尽宦海浮沉的元稹、张籍和白居易等聚会杏园，刘禹锡赋诗曰："二十余年作逐臣，归来还见曲江春。游人莫笑白头醉，老醉花间有（一作能）几人。"⑩

终南山横亘于长安城南，山峻谷幽，林木参天，古迹名胜颇多。传说周代尹

---

① 《全唐诗》卷216，《乐游园歌》。
② 《全唐诗》卷890，《忆秦娥》。
③ 《全唐诗》卷539，《乐游原》。
④ 曲江水清如镜，"天静终南（山）高，俯映江水明"（储光羲《同诸公秋霁曲江俯见南山》）。
⑤ 《唐两京城坊考》卷3，《曲江》。
⑥ 《唐摭言》卷3，《散序》。曲江游赏，自神龙以来，然盛于开元之末。
⑦ 岑参：《与高适薛据登慈恩寺浮图》，《全唐诗》卷198。
⑧ 宋人戴埴说："予得唐雁塔题名石刻，细阅之，凡留题姓名僧道士庶前后不一，非止新进士也"（《鼠璞·雁塔题名》）。《鉴诫录》卷7《四公会》云："长安慈恩寺浮图，起开元至太和之岁，举子前名登游题纪者众矣。"《唐摭言》卷3《慈恩寺题名游赏赋咏杂纪》曰："进士题名自神龙之后过关宴后，率皆期集于慈恩塔下题名。"
⑨ 《秦中岁时记》。
⑩ 《全唐诗》卷365，《杏园花下酬乐天见赠》。

喜在山麓结草楼望气，观星修道。老子李耳西游于此撰五千言（即《道德经》）。授尹喜后出函谷关，莫知所终。北朝不少著名道士修道楼观，形成楼观派。隋末，楼观道士歧晖助李渊父子逐鹿中原，备受李唐青睐，道教更盛。在终南山与长安之间，丘原起伏，沃野苍莽，物产丰盈。岑参、王维、韩愈、元稹和牛僧孺等显宦名士于此相继修建了亭、台、庄、墅，作为休沐聚会游乐之所。王维、贾岛、张峤、王真白和裴说等人吟有游终南山的诗篇。赞美终南山"太一近天都，连天（集作山）到海隅。白云回望合，青霭入看无。分野中峰变，阴晴众壑殊"①，"半旬藏雨里"②，"带雪复衔春"③，"列翠满长安"④。天子及王公贵族纵鹰驰马畋猎山林。平民百姓也多喜来此登山览胜。

天下诸州进京之人，有些也要到乐游原等长安诸旅游胜地尽情游玩，以饱眼福。

六 三日洗儿

隋唐五代有三日洗儿风俗。小儿生下三天，要举行专门的庆祝活动。家人为小儿沐浴，亲友前来送礼、祝贺，为孩子祈福，主人设宴招待客人，称为"三日洗儿"。长寿元年（692）五月，右拾遗张德生男三日，同僚来贺。正值武则天禁屠杀、捕鱼虾。设宴岂能无肉，张德只好"私杀羊会同僚"。"补阙杜肃怀一飡，上表告之。明日，太后对仗，谓德曰：'闻卿生男，甚喜。'德拜谢。太后曰：'何从得肉？'德叩头服罪。太后曰：'朕禁屠宰吉凶不预。然卿自今召客亦须择人。'出肃表示之。肃大惭，举朝欲唾其面"⑤。张德为庆喜得贵子，不惜冒杀头风险抗旨杀羊，足证唐人对此风俗的重视。三日洗儿并不限于男儿，得了千金仍要庆贺一番。景龙年间，岐王生女，三日浴之。陈王掾张谔吟《三日歧王宅》，以示祝贺："玉女贵妃生，婴婗始发声。金盆浴未了，绷子绣初成。翡翠雕芳缛，真珠帖小缨。何时学健步，斗取落花轻。"⑥ 开元十八年（730）霍国公王毛仲妻产子，三日，唐玄宗命高力士"赐之酒馔、金帛甚厚，且授其儿五品官"。唐代五品已属高官品级。而毛仲恃宠骄恣，"抱其襁中儿示臣（高力士）曰：'此儿岂不堪作三品邪！'"⑦ 天宝十载（751）杨贵妃为其义子安禄山行"三日洗儿"礼，则纯系无

---

① 王维：《终山行》，《文苑英华》卷159。
② 贾岛：《晚晴见终南诸峰》，《文苑英华》卷159。
③ 张峤：《终南山》，《文苑英华》卷159。
④ 王真白：《终南山》，《文苑英华》卷159。
⑤ 《资治通鉴》卷205，长寿元年五月。
⑥ 《全唐诗》卷110。
⑦ 《资治通鉴》卷213，开元十八年十一月。《明皇杂录》卷上。

聊。正月二十日，安禄山生日，唐玄宗于三日后召其入宫，"贵妃以锦绣为大襁褓，裹禄山，使宫人以彩舆舁之。上闻后宫欢笑，问其故，左右以贵妃三日洗禄儿对。上自往观之，喜，赐贵妃洗儿金银钱，复厚赐禄山，尽欢而罢"①。洗儿时，要撒洗儿钱，以增喜庆气氛。此处金银钱，是专为各种喜庆特制的钱币②。"日高殿里有香烟，万岁声长动九天。妃子院中初（一作新）降诞，内人争乞（一作分得）洗儿钱"③，是宫人们争抢撒在地上（或分得）洗儿钱的欢乐情景的写照。唐肃宗为太子时，"生代宗，为嫡皇孙。生之三日，帝（唐玄宗）临澡之"④。姜莘以公主子生三日，唐玄宗说：他物无以饷我孙，赐六品官。

章敬吴后生李豫（后为唐代宗）三日，唐玄宗亲临澡浴。李适（后为唐德宗）降生三日，"色不白皙，龙身仆前。肃宗、代宗皆不悦"。"玄宗一顾之曰：'真我儿也'。"你们二人均不如他，"仿佛似我"⑤。崔侍御喜吟三日洗儿诗，并示白香山，白以"洞房门上挂桑弧，香水盆中浴凤雏。还似初生三日魄，嫦娥满月即成珠"⑥，诗相贺。天复二年（902），唐昭宗在凤翔（今陕西凤翔），皇女生三日，赐洗儿果子、金银钱、银叶坐子及金银铤子。后蜀也流行三日洗儿风俗。"东宫降诞挺佳辰，少海星边拥瑞雪。中尉传闻三日宴，翰林当撰洗儿文。"⑦ 东宫降诞是件大事，要开三日盛宴，翰林学士也要献上恭贺洗儿的锦绣文章。

在隋唐五代，民间产子三日，也要浴儿以示庆贺。唐代宗时，王氏妇三日浴儿，李源"往看新儿"⑧。白居易赋诗《谈氏外孙生三日喜是男偶吟成篇兼戏呈梦得》，以示祝贺。

七 灵鹊报喜

今日民间风俗"喜鹊报喜"，早在一千多年前的唐代就已流行。唐玄宗时，"时人之家闻鹊声，皆以为喜兆，故谓灵鹊报喜"⑨。张鷟的名著《游仙窟》也说

---

① 《资治通鉴》卷216，天宝十载正月。《安禄山事迹》，文意同。
② 这种钱币，用金、银、玉、玳瑁等贵重原料制成，作为赏赐使用，不在市场流通。1987年陕西扶风法门寺地宫出土了十三枚玳瑁开元通宝，即属此类特制钱币。它是唐懿宗、僖宗迎奉法门寺佛指舍利时献给佛祖的。
③ 王建：《宫词》，《全唐诗》卷302。同书卷798花蕊夫人《宫词》亦载此诗。
④ 《新唐书》卷77，《章敬吴太后传》。《次柳氏旧闻》云："代宗之诞三日，上幸东宫，赐之金盆，命以浴。"
⑤ 《太平广记》卷150，《玄宗》。
⑥ 《全唐诗》卷446。
⑦ 花蕊夫人：《宫词》，《全唐诗》卷798。
⑧ 《宋高僧传》卷20，《园观传》。
⑨ 《开元天宝遗事》卷下，《灵鹊报喜》。

"朝闻鸟鹊语，真成好客来"。"喜逐行人至"①。为让喜鹊多报亲人归来的佳音，人们特意在庭院为其准备了栖息之处。"神鹊神鹊好言语，行人早回多利赂，我今庭中栽好树，与汝作巢当报汝。"② 春回大地，少妇们看见灵鹊飞来，油然生出怀念远方亲人之情："庭前鹊绕相思树，井上莺歌争刺桐。含情少妇悲春草，多是良人学转蓬。"③ 清明之际，人们"想（一作料）得心知近寒食，潜听喜鹊望归来"④。七月七日牛郎织女相会，人们又想起灵鹊，"彩凤齐驾初成辇，雕鹊填河已作梁。虽喜得同今夜枕，还愁重空明日床"⑤。"思君常入梦，同鹊屡惊魂"⑥。一次次地期待，灵鹊"为对天颜送喜忙"⑦，但所报并不灵。"从军人更远，投喜鹊空。夫婿交河北，迢迢路几千。"⑧ 失望之余，永远收起"千金笑"。裴说《夏日即事》云："僻居门巷静，竟日坐阶墀。鹊喜虽传（一作还逢）信，蛩吟不见诗"。

第三节 礼仪

中国自古以"礼仪之邦"著称于世。从周公旦制礼作乐，经孔子及儒家进一步发展，逐渐形成一整套的礼仪。

礼仪，即礼节与仪式。在封建社会里，人们在社会交往中的礼仪，是维护上下尊卑，保持社会秩序稳定的手段，是法定的和传统习惯的行为规范。隋唐五代，一方面承袭了自周代以来的传统礼仪；另一方面，封建统治者根据这个特定时代的需要，扬弃或改造了某些旧的礼仪，创造了一些新的具有时代特色的礼仪。隋唐五代礼仪，繁富多样，贯穿于人们社会生活的一切领域。君臣、父子、亲朋、男女、夫妇、祭祀、衣食住行、婚丧嫁娶、送往迎来、称谓、对外交往等，都有

---

① 李峤：《鹊》，《文苑英华》卷 328。
② 王建：《祝鹊》，《全唐诗》卷 298。
③ 薛逢：《太和第三》，《全唐诗》卷 27。
④ 李绅：《江南暮春寄家》，《全唐诗》卷 483。
⑤ 沈叔安：《七夕赋咏成篇》，《全唐诗》卷 33。
⑥ 胡嘏：《惊魂同夜鹊》，《全唐诗》卷 27。
⑦ 薛能：《鄜州进白野鹊》，《文苑英华》卷 328。
⑧ 胡嘏：《恒敛千金笑》，《全唐诗》卷 27。

难以数计的礼仪，充分体现了尊卑、贫富、贵贱、长幼、亲疏、性别、场合、民族和国家的不同，所行礼仪也不同，有为国以礼的深刻内涵。

隋文帝非常重视礼仪。他说："礼之为用，时义大矣。黄琮苍璧，降天地之神，粢盛牲食，展宗庙之敬，正父子君臣之序，明婚姻丧纪之节。故道德仁义，非礼不成，安上治人，莫善于礼"①。仁寿二年（602），他命尚书左仆射杨素等"修定五礼"②。

李渊建唐，"未遑制作，郊庙宴享，悉用隋代旧仪"③。贞观初，唐太宗诏宰相房玄龄等修定《贞观礼》。高宗又令太尉长孙无忌等改定为《显庆礼》。开元年间，由萧嵩等撰成《大唐开元礼》，"由是，唐之五礼之文始备，而后世用之，虽时小有损益，不能过也"④。"唐律一准于礼"⑤，充分说明隋唐统治者是以礼与法相辅相成，以此维护封建统治。

唐肃宗乾元元年（758）十二月，平卢节度使王玄志死，李怀玉杀玄志之子，推侯希逸为平卢军使，朝廷因以希逸为节度副使，"节度使由军士废立自此始"。北宋史学家司马光就此事评论曰："夫民生有欲，无主则乱。是故圣人制礼以治之。"他结合唐代至宋代的历史，论述了礼在国家政治生活中的极端重要性。司马光说："自天子、诸侯至于卿、大夫、士、庶人，尊卑有分，大小有伦，若纲条之相维，臂指之相使，是以民服事其上，而下无觊觎"。"（唐）肃宗遭唐中衰，幸而复国，是宜正上下之礼以纲纪四方；而偷取一时之安，不思永久之患"，对藩镇实行姑息之策，"爵禄、废置、杀生、予夺，皆不出于上而出于下，乱之生也，庸有极乎！""唐治军而不顾礼，使士卒得以陵偏裨，偏裨得以陵将帅，则将帅之陵天子，自然之势也。"其结果，"祸乱继起，兵革不息，民坠涂炭，无所控诉"⑥。因此，"自唐末之乱，礼乐制度亡失已久"⑦。

这种礼仪的紊乱，至五代更加严重。"五代，干戈贼乱之世也，礼乐崩坏，三纲五常之道绝，而先王之制度文章扫地而尽于是矣"⑧。后晋高祖石敬瑭以契丹主耶律德光为父，而出帝称孙，于父则臣而名之。大臣冯道历仕"四朝、相六

---

① 《隋书》卷2，《高祖纪下》。
② 同上。
③ 《旧唐书》卷21，《礼仪志一》。
④ 《新唐书》卷11，《礼乐志一》。
⑤ 《四库提要·唐律疏议解》。
⑥ 《资治通鉴》卷220，乾元元年十二月。
⑦ 《新五代史》卷55，《崔梲传》。
⑧ 《新五代史》卷17，《晋家人传第五》。《新五代史》卷34《一行传第二十二》云：五代之乱世，"君不君，臣不臣，父不父，子不子，至于兄弟、夫妇人伦之际，无不大坏。""当此之时，臣弑其君，子弑其父，而搢绅之士安其禄而立其朝，充然无复廉耻之色者皆是也。"

帝"①；后汉宰相苏逢吉，妻死，令班行官及外州节制均送绢帛，"未周其子并授官秩"，"继母死不行服"②，皆为显例。

● 名目繁多的礼仪

（一）蹈舞礼

又名拜舞礼、舞蹈礼，是隋唐五代最尊贵的礼仪，仅用于臣民对皇帝。所谓蹈舞礼，就是手舞足蹈之礼也③。此礼创于隋。"开皇中，乃诏太常卿牛弘、太子庶子裴政撰宣露布礼。及（开皇）九年平陈，元帅晋王以驿上露布。兵部奏请，依新礼宣行。承召集百官四方客使等，并赴广阳门外，服朝衣，各依其列。内史令称有诏，在位者皆拜。宣讫，拜，蹈舞者三。又拜，郡县亦同"④。这原用于军中宣布露布所用的礼仪，此后至隋亡，朝廷正旦、冬至等重大庆典，臣下对天子都行此礼。"皇帝举酒，上下舞蹈，三称万岁。"⑤ 开皇二十年（600）废太子勇，勇"舞蹈而去"⑥。大业元年（605）二月，赐杨素等讨汉王谅有功将领，杨素等"再拜舞蹈而出"⑦。

封演在《封氏闻见记》中说：蹈舞礼被唐"因循至今不改"。唐代朝野内外蹈舞礼流传比隋代更广泛。大臣在皇帝面前行蹈舞礼的事例，从唐初至唐亡，不胜枚举。在上朝、军中、宣露布、宴会、畋猎、撰写诏令、接受诏书、获得天子嘉奖、拜谒皇帝、奏疏文中和在刑场赦免死罪等场合，有关人等均要行蹈舞礼。相当多的平民百姓也会行此礼。太上皇李隆基在兴庆宫"每置酒长庆楼，南俯大道，因裴回观览，或父老过之，皆拜舞乃去"⑧。百官即使重病缠身，不得特恩，还需手舞足蹈一番⑨。甚至殁后，仍须向冥间的天子行此大礼⑩。如果官员忘拜蹈舞礼，则要受到弹劾、处罚。上元年间，唐高宗召见韩思彦。"思彦久去朝，仪矩梗野，拜忘蹈舞，又诋外戚擅权，后恶之。中书令李敬玄劾思彦见天子不蹈舞，负气鞅鞅，不可用。时已拜乾封丞，故徙朱鸢丞"⑪。蹈舞礼还流传到唐周边某些

---

① 《旧五代史》卷126，《冯道传》。
② 《旧五代史》卷108，《苏逢吉传》。
③ 《大唐新语》卷7《识量》云："比来朝官不遵礼法，身有哀容，陪预朝会，手舞足蹈。"《全唐诗》卷258《云门山投龙诗》。
④ 《隋书》卷8，《礼仪志三》。
⑤ 《隋书》卷9，《礼仪志四》。
⑥ 《资治通鉴》卷179，开皇二十年十月。
⑦ 《资治通鉴》卷180，大业元年二月。
⑧ 《新唐书》卷208，《宦者传下》。
⑨ 宰相孔纬"久疾，拜蹈艰难，上（唐昭宗）令中使止之"（《旧唐书》卷179《孔纬传》）。
⑩ 《旧唐书》卷25，《礼仪志五》。
⑪ 《新唐书》卷112，《韩思彦传》。

少数民族及国家，并被采用。正因为此礼是臣民对君主所行最高礼仪，凡是觊觎皇冠的野心家，莫不垂涎其下向他们恭施蹈舞礼。而那些企盼飞黄腾达的趋炎附势之辈，则以此礼讨其欢心。如隋末宰相苏威，见逐鹿中原的"李密、王世充皆拜伏舞蹈"①。唐建中四年（783），发动叛乱的藩镇朱滔等，遣使劝李希烈称帝，并向他行君臣之礼，"拜舞于希烈前"②。五代十国时期蹈舞礼在一些王朝继续流行。唐哀帝逊位，遣宰相张文蔚等朝梁王朱全忠于金祥殿，向他北面舞蹈再拜贺。后梁末年，晋王李存勖图谋称帝，其将佐、藩镇乃至蜀、吴等国也屡以书劝进，但重臣张承业等极力反对。朱友谦遣前礼部尚书苏循专程谒见晋王，"呼万岁舞蹈，泣而称臣"，又献天子御用"画日笔"，晋"王大喜"，当即加官晋爵，命其以本官为河东节度副使③。后唐明宗即位初，安重诲用事，供奉官乌昭遇谒钱镠"行舞蹈之礼"，安重诲因怒钱镠曾无礼于他，而削钱镠元帅、尚父、国王之职，以太师致仕④。长兴四年（933）礼部贡院奏："今年放榜后及第人看毕，便缀行五凤楼前，列行舞蹈谢恩。"⑤ 五代入阁、开延英，均要行蹈舞礼⑥。南唐冯延巳《早朝》，"侍臣蹈舞重拜"。前蜀主王衍率百官向后唐庄宗东北舞蹈谢恩。

（二）趋步礼

这是孔夫子时代就存在的一种礼。所谓趋步礼，是小步快走，以示敬礼。在以下场合要行趋步礼：一是上朝。唐中宗封武攸绪巢国公，入朝，"攸绪趋就常班，再拜"⑦。二是在朝堂上。"大臣有被御史对仗劾弹者，即俯偻趋出，立于朝堂待罪"⑧。三是对权贵。景云元年（710）六月，临淄王李隆基发动诛韦后宫廷政变，当他潜入西京苑时，苑总监钟绍京"乃趋出拜谒"⑨。四是对上司。鲁山令元德秀"堕车伤足，不任趋拜"，汝郡守予以谅解⑩。曾为一代名将郭子仪麾下的仆固怀恩、李怀光和浑瑊，"虽贵为王公，常颐指役使，趋走于前"⑪。五是子对父。李源因其父李憕为安禄山叛军杀害，其父寝处，李源"每过必趋，未始践

---

① 《资治通鉴》卷189，武德四年五月。
② 《资治通鉴》卷228，建中四年正月。
③ 《资治通鉴》卷271，龙德元年七月。
④ 《旧五代史》卷133，《钱镠传》。
⑤ 《五代会要》卷23，《缘举杂录》。
⑥ 《五代会要》卷5，《入阁仪》；同书卷6，《开延英仪》。
⑦ 《新唐书》卷196，《武攸绪传》。
⑧ 《旧唐书》卷92，《萧至忠传附宗楚客传》。
⑨ 《资治通鉴》卷209，景云元年六月。
⑩ 《旧唐书》卷190下，《元德秀传》。
⑪ 《资治通鉴》卷227，建中二年六月。

阶"①。六是对尊者。建中元年（780），湖南观察使曹王李皋，在一名骑士随从下，直抵邵州王国良军营，鞭门大呼我曹王，来受降！王"国良趋出，迎拜请罪"②。贞元十二年（796），回鹘使臣梅录在太原闻河东行军司马李景略叱声，"趋前拜之"③。

由于趋步礼要小步快走，使行礼者倍增紧张，尤其是在天子面前，年老体弱的官员，颇感不便。有些皇帝对臣下有所体谅，特许个别人免行此礼。唐宣宗坐朝"对官趋至，必待气息平均，然后问事"④。濮王李泰"腰腹洪大，趋拜稍难"，唐太宗免了他，并允许他坐小舆上朝⑤。至于给予个别大臣入朝不趋殊荣，则是出于对权高震主者的无奈。如隋末对李渊、唐末对朱全忠。有的权臣，依仗宫闱后台而拒行趋步礼。显庆元年（656）侍御史王义方弹劾宰相李义府，自以为有武后撑腰的李义府，置叱其令下于不顾，"顾望不退。义方三叱，上（唐高宗）既无言，义府始趋出"⑥。景龙年间，监察御史崔琬弹劾宗楚客等纳西突厥阿史那忠节贿赂而奏请朝臣发兵讨伐西突厥娑葛，引起边患。宗楚客不遵制度，伛偻趋出立于朝堂等候治罪，反而"更咤鳃作色而进，自言以执性忠鲠，被琬诬奏。中宗竟不能穷覈其事"⑦。有的大臣利用趋步礼避祸。唐末，诗人司空图见朝廷纲纪大坏，为避祸而多次辞官。唐昭宗任命他为兵部侍郎，司空图"称足疾不任趋拜，致章谢之而已"⑧。

（三）叉手礼

这是一种表示特别恭敬的礼节。《事林广记》一书，较详细地记载了叉手礼的敬法，并附有图画。其文曰："凡叉手之法，以左手紧把右手大拇指，其左手小指则向右手腕，右手四指皆直，以左手大指向上，如以右手掩其胸，手不可太著胸，须令稍去胸二、三寸许，方为叉手法也。"

此礼一是用于臣下对皇帝。宋人李龙眠画君臣故宾八则。其四"唐明皇帝散步中立，拂髾握带，危中丽裳……又三辈鉴后，执仗者二，叉手者一，皆伛偻严畏"⑨。二是用于晚辈对长辈。华阴六岁少年杨牢，一日下学误入父友家。父友询

---

① 《新唐书》卷191，《李憕传附源传》，后唐穆宗擢李源为守谏议大夫，他却辞以年耄"不堪趋拜"。
② 《资治通鉴》卷226，建中元年七月。
③ 《资治通鉴》卷235，贞元十二年八月。
④ 《唐语林》卷2，《政事下》。
⑤ 《旧唐书》卷76，《濮王泰传》。
⑥ 《资治通鉴》卷200，显庆元年八月。
⑦ 《旧唐书》卷92，《萧至忠传附宗楚客传》。
⑧ 《旧唐书》卷190下，《司空图传》。
⑨ 《马嵬志》。

问其故,"杨(牢)登时叉手",足见此礼在社会上已蔚然成风,以致小小年纪的杨牢,耳濡目染,能熟练行此大礼①。王文公凝,清修重德,冠绝当时,"每就寝息,必叉手而卧,虑梦寐中见先灵也"②。三是用于平民百姓对官员。"绿罗裙下标三棒,红粉腮边泪两行。叉手向前咨大使,这回不敢恼儿郎"③。这里讲的是妇人向大使行叉手礼。

五代十国继续流行叉手礼。刘兼《贻诸学童》云"横经叉手步还趋",说明五代少年学子也会叉手礼。南唐著名画家顾闳中的不朽之作《韩熙载夜宴图》中,有三名站立的官员和一名僧人都作叉手礼,以示恭敬。宋人景焕《野人闲话》载:蜀人杨干度所养十余头猢狲,也会"拜叉手作行立"。后蜀宫廷行此礼,见于花蕊夫人的《宫词》:"日晚(一作晓日)宫人外按回,自牵骢马出林隈。御前接得高叉手,射(一作时)得山鸡喜进来。"后周大臣李涛参加婚礼时,"叉手当胸"④。宋代以后,迄今犹存的一些文献及图画中,行叉手礼更加普遍。

叉手礼源自何处?我们认为它可能来源于佛教⑤,因释氏典籍中僧人行叉手礼的记载颇多。如《佛说阿弥陀经》卷上云:佛言阿弥陀佛国,阿逸菩萨即大欢喜,"长跪叉手言,佛说阿弥陀佛国土,快善明好最姝无比"。阿难对佛行叉手礼。佛经还说,如果有人存慈悲心,叉手礼舍利塔,死后能往生阿弥陀佛极乐国土。唐僧石头刬草,隐峰禅师在侧"叉手而立"⑥,灵祐禅师与僧仰山、香俨谈佛事,二僧均叉手而立⑦。慧寂禅师见一僧问讯后,向东、西、中间三次叉手而立⑧。一僧叉手问光涌禅师如何是妙用一句?⑨

(四)特殊礼

这是在一定场合,先后施不同的礼,以示特殊敬重的礼仪。至德二载(757)十二月,太上皇李隆基由成都返回长安。至咸阳时,唐肃宗备法驾迎于望贤宫,"上释黄袍,著紫袍,望楼下马,趋进,拜舞于楼下。上皇降楼,抚上而泣。上捧上皇足,呜咽不自胜。上皇索黄袍,自为上著之。上伏地顿首固辞。上皇曰:'天数、人心皆归于汝,使朕得保养余齿,汝之孝也!'上不得已,受之。父老在仗

---

① 《唐语林》卷3,《凤慧》;《太平广记》卷342,《周济川》。
② 《北梦琐言》卷3,《王文公叉手睡》。
③ 张保胤:《示妓榜子》,《全唐诗》卷870。
④ 《旧五代史》卷119,《世宗纪六》。
⑤ 道教典籍中,也有个别叉手礼记载,如敦煌本《本际经》卷10云:童子宝光"长跪叉手,上白天尊"。又云:天尊为一名太虚的真人说法,讲他过去"擎拳叉手礼拜,归依弹指赞颂,未尝休息"。叉手礼是道教所有,还是从佛教学来,尚待研究。
⑥ 《五灯会元》卷3,《隐峰传》。
⑦ 《五灯会元》卷9,《灵祐传》。
⑧ 《五灯会元》卷9,《慧寂传》。
⑨ 《五灯会元》卷9,《光涌传》。

外，欢呼且拜。"上皇不肯居正殿，说"'此天子之位也。'上固请，自扶上皇登殿。尚食进食，上品尝而荐之。丁未，将发行宫，上亲为上皇司马而进之上皇。上皇上马，上亲执鞚。行数步，上皇止之。上乘马前引，不敢当驰道。上皇谓左右曰：'吾为天子五十年，未为贵；今为天子父，乃贵耳'。左右皆呼万岁"①。在肃宗迎太上皇的过程中，相继行了释帝服黄袍着三品以上官员的紫袍礼、趋步礼、拜舞礼②、伏地顿首礼、不居正殿礼、先尝御食礼、为皇帝执鞚礼、不敢当驰道礼③等。兴元元年（784）七月，李晟平定朱泚之乱，蒙尘梁州的唐德宗回京。"晟以戎服谒见于三桥，上驻马劳之。晟再拜稽首。初贺元恶殄灭，宗庙再清，宫闱咸肃，抃舞感涕。跪而言曰：'臣忝备爪牙之任，不能早诛妖逆，至銮舆再迁。及师于城隅，累月方殄贼寇，皆臣庸懦不任职之责，敢请死罪。'伏于路左"④。李晟对唐德宗依次行了戎服谒见、再拜、稽首、蹈舞、跪和伏于道左等六种礼。作为一介武夫，尚能依不同情况有条不紊地、得体地行施意义相异的诸礼，说明人们对礼仪的重视与娴熟。

（五）拜礼

这是最普通的礼节，用法广泛。拜时，双腿跪下，身子下拜，双手至地。从上起臣子对皇帝，下到普通庶民、男女老幼、少数民族，均通用此礼。一是用于臣拜君者。隋文帝欲斩以恶钱易好钱的人，大理少卿赵绰认为，此罪当杖，杀则非法。文帝坚持己见"绰拜而益前，诃之不肯退"⑤。一次宴会上，唐玄宗把所用金筋赐予宋璟，宋璟下殿拜谢。一是用于上拜下者。张延赏为河南尹。官吏有过，未尝屈辱。对那些犯法频繁而不可容的人，也只是将他们调走：先自下拜，与其告辞，再令郡官祖送。由是僚属敬惮，各处修饬，而河南大理。淄青节度使田神功，得知判官幕客，使主无受拜之礼后，向误受拜的判官等谢罪，"还判官拜，遂一一拜之"⑥。一是用于下拜上者。天宝时，杨国忠"谒林甫，拜于床下"⑦。一是用于女拜男者。"惟妇人之拜，自则天欲自尊，更而为跪。乐府曰：'长跪问夫君'"⑧。他的话是有根据的。因为武则天后，妇人见客待人行跪拜礼的记载很多：

---

① 《资治通鉴》卷220，至德二载十二月。
② 唐代君臣之间要行蹈舞礼。即使当了皇帝，如果太上皇还健在，他们之间仍是君臣关系，也就仍要行蹈舞礼。
③ 唐代宫殿中当正门为御道，人臣并不得行，其在宫殿中及宫城中而行御道者，各徒一年"（《唐律疏议》卷7，《卫禁上》）。
④ 《旧唐书》卷133，《李晟传》。
⑤ 《隋书》卷62，《赵绰传》。
⑥ 《封氏闻见记》卷9，《迁善》。
⑦ 《旧唐书》卷106，《李林甫传》。
⑧ 陈郁《藏一话腴》。而宋人王贻孙却说"唐天后朝妇人始拜而不跪"（宋叶□□《爱日斋丛钞》）。

"邻女夜春寒，跪进雕胡饭。"① "谁知苦贫夫，家有愁怨妻"，"何时见府主，长跪向之啼"②。王建《宫词》中的射生宫女"跪拜谢君王"。寒食步打球宫人，也是"争（一作齐）跪拜"。"出见丈人梳洗晚，掣曳罗绡跪拜时"③。唐德宗建中初年，魏博节度使田悦攻打临洺，军将张伾乏粮，召将卒于军门，"命其女出拜之"，愿卖她"为将士一日之费"④。一是少数民族也行拜礼。营州柳城杂胡人安禄山，请为杨贵妃养儿，"入对皆先拜太真（杨贵妃），玄宗怪而问之，对曰：'臣是蕃人，蕃人先母而后父'"⑤。韦弇"以其宝集于广陵市，有胡人见而拜曰：'此天下之奇宝也'"⑥。后唐庄宗时，从皇帝到平民都行拜礼⑦。

（六）再拜礼

一拜称奇拜，拜了一次，接着再拜一次，叫再拜，亦曰褒拜，表示极其尊敬。一是用于臣下对皇上者。王皇后被武则天迫害，"王氏初闻宣敕，再拜曰：'愿大家（高宗）万岁，昭仪（武则天）承恩，死自吾分'"⑧。孟浩然在王维家偶遇唐玄宗，惧匿床下。应诏而出，行再拜礼。唐肃宗欲免张均、张垍任安禄山官罪，向太上皇叩头再拜说情。后唐天成三年（928），中书奏称，冬至日，文武百寮诣东上阁门拜表称贺仪注：文武百官列班，典仪曰再拜，众官俱再拜。中书令跪受表，"典仪曰再拜，应在位官俱再拜舞蹈，三称万岁"，宣敕讫，又"再拜舞蹈，三称万岁"⑨。一是用于上对下者。开皇九年（589）隋平陈，陈主陈叔宝见隋将贺若弼，"股慄再拜"⑩。再拜礼也用于一般人。张鷟《游仙窟》里讲十娘向客人敛手再拜。唐仪凤中，儒生柳毅应举下第，途遇女子求其传书。柳毅答应，女"遂于襦间解书，再拜以进"⑪。中唐人李涉于九江皖口遇夜客，得其一诗后，厚遗牛酒，再拜相送。大居守李相家小吏，回答其问时再拜。"白首宫人前再拜"⑫。梁太祖打败朱瑾，纳其妻，妻见皇后行再拜礼。

（七）望门而拜再拜礼

天宝年间，李泌认为南岳僧明瓒是非常人，深夜"潜往谒焉，望席门自赞而

---

① 李白：《宿五松山荀媪家》，《全唐诗》卷181。
② 元结：《贫妇词》，《全唐诗》卷240。
③ 徐凝：《郑女出参丈人词》，《全唐诗》卷474。
④ 《旧唐书》卷187下，《张伾传》。
⑤ 《旧唐书》卷200上，《安禄山传》。
⑥ 《太平广记》卷403，《韦弇》。
⑦ 《新五代史》卷14，《皇后刘氏》。
⑧ 《资治通鉴》卷200，永徽六年十一月。
⑨ 《五代会要》卷5，《受朝贺》。
⑩ 《隋书》卷52，《贺若弼传》。
⑪ 李朝威：《柳毅》。
⑫ 元稹：《苦乐相倚曲》，《全唐诗》卷418。

拜"①。元和十二年（817）宰相裴度率唐军平淮西，宪宗御通化门饯行，裴度"望门再拜"②。

（八）三拜礼

即先后连续跪拜三次之礼，以示最敬重之意，也有对众客人行礼之意。方干谒见王大夫，"连跪三拜，因号方三拜"③。

（九）西向拜谢礼

唐代凡重大场合，如大型宴会、犒军等，臣下要向皇帝所在的西方礼拜，以示敬谢意。开元十三年（725），王毛仲嫁女，宰相至其府祝贺。他"先执酒西向拜谢"④。安禄山攻占东都，留台东都兼知武部选卢弈"临刑，西向再拜而辞，骂贼不空口"⑤。至德二载（757）十月，在安禄山叛军攻打下，睢阳即将陷落，守将张巡"西向再拜曰：'臣力竭矣，不能全城'"⑥。乾元元年（758）唐肃宗命将军乌承恩到范阳，伺史思明过失将其杀死。史思明识破乌承恩的来意后，"集军将官吏百姓，西向大哭曰：'臣以十三州之地、十万众之兵降国家，赤心不负陛下，何至杀臣'"⑦。咸通九年（868），桂林戍卒首领庞勋攻占徐州后，自称留后，每犒军，"必先西向拜谢"⑧。

（十）罗拜礼

向在场众人跪拜之礼，通用于汉族和少数民族，又名列拜、环拜、遍拜等。武德九年（626），突厥颉利可汗率大军兵临长安城下，秦王李世民诣渭水责其负约，"突厥大惊，皆下马罗拜"⑨。永淳元年（682），突厥余党阿史那骨笃禄等据黑沙城反，唐将薛仁贵击其于云州。突厥原以为薛仁贵已死，见他"相顾失色，下马列拜"⑩。大历四年（769）回纥可汗以市马钱不足为借口，威胁唐使判官董晋。董晋据理力争，回纥之众"皆环晋拜"⑪，表示歉意。大历十年（775）陕州军乱，观察使李国清不能禁，卑辞"遍拜将士"⑫。《十国春秋》卷35《前蜀高祖纪上》云：光启三年王建攻占德阳，田令孜慰谕，王建等罗拜。安重诲代石敬瑭

---

① 《宋高僧传》卷19，《明瓒专》。
② 《旧唐书》卷15，《宪宗纪下》。
③ 《唐摭言》卷10，《韦庄奏请追赠不及第人近代者》。
④ 《资治通鉴》卷212，开元十三年十二月。
⑤ 《新唐书》卷191，《卢弈传》。
⑥ 《资治通鉴》卷220，至德二载十月。
⑦ 《旧唐书》卷200上，《史思明传》。
⑧ 《资治通鉴》卷251，咸通九年十一月。
⑨ 《资治通鉴》卷191，武德九年八月。
⑩ 《资治通鉴》卷203，永淳元年十月。
⑪ 《资治通鉴》卷224，大历四年六月。
⑫ 《资治通鉴》卷225，大历十年三月。

率后唐军伐蜀，至凤翔，其帅朱弘昭"妻子罗拜"①。

（十一）拜手礼

亦名空首礼。《说郛》卷60（宋）陈郁《藏一话腴》云："古人皆席地而坐，只拜手而受其拜，亦非伏地也。"所谓拜手，"空首拜者，头至手，所谓之拜手也"。即跪地头俯于手，为男人所行之礼。"贾生年最少，儒行汉庭闻。拜手卷黄纸，回身谢白云"②。唐人认为汉代就有拜手。从"临川嗟拜手，寂寞事躬耕"③、"小臣惭下位，拜手颂灵长"④来看，拜手礼用于下对上、贱对贵者。拜手礼也用于书面语言，如于邵《为田仆射蓥谢制使问表》云："殒身难报，拜手增悲"⑤。"某官某谨拜手奉书献于相公"⑥。

（十二）拜伏礼

拜时先屈膝而跪，再俯伏于地之礼。武德元年（618）七月王世充杀元文都后见隋皇泰主，后者责前者擅杀。王世充"拜伏流涕谢"⑦。十二月，李密反唐被杀，其旧将李世勣"北面拜伏号恸，表请收葬"⑧。武则天时，禅宗北宗初祖神秀至京"时王公已下及京都士庶，闻风争来谒见，望尘拜伏，日以万数"⑨。从王公至士庶，都行拜伏礼，说明此礼颇为流行。

（十三）俯伏礼

整个身体俯伏于地之礼，表示特别敬意。武德元年（618）窦建德宴降将隋河间郡丞王琮，"琮言及隋亡，俯伏流涕"⑩。四年，王世充降唐。李世民以礼相待，王世充"俯伏流汗"⑪。唐肃宗欲免张均兄弟因降安禄山的死罪，请于太上皇，不许。肃宗"因俯伏流涕"⑫。有时，为进一步表达诚意，则特意走到台阶下行此礼。司勋郎中令狐绹值宿宫中，唐宣宗召见于便殿，说"迩来朝廷皆未睹其忠盖，绹降阶俯伏曰：'圣意如此，微臣便合得罪'"⑬。

（十四）伏地请罪礼

人们犯了过失，或比较重的罪，伏地请罪。隋末沈柳生杀徐德基，投奔占据

---

① 《旧五代史》卷66，《朱弘昭传》。
② 刘长卿：《淮上送梁二恩命追赴上都》，《全唐诗》卷147。
③ 李颀：《奉送漪叔游颍川兼谒淮阳太守》，《全唐诗》卷134。
④ 储光羲：《大酺得长字韵时任安宜尉》，《全唐诗》卷139。
⑤ 《文苑英华》卷597。
⑥ 白居易：《为人上宰相书》，《文苑英华》卷669。
⑦ 《资治通鉴》卷185，武德元年七月。
⑧ 《资治通鉴》卷185，武德元年十二月。
⑨ 《旧唐书》卷191，《神秀传》。
⑩ 《资治通鉴》卷185，武德元年七月。
⑪ 《资治通鉴》卷189，武德四年五月。
⑫ 《资治通鉴》卷220，至德二载十一月。
⑬ 《唐语林》卷2，《文学》。

巴陵（今湖南岳阳）一带的肖铣，肖铣责怪其自相屠杀，柳生"伏地请罪"①。

（十五）叩头流血礼

大臣为向皇帝表示衷心感谢，或谢罪的诚意，以头叩地，或其他地方出血的大礼。贞观十七年（643）李世勣染暴疾，药方说须灰可疗。唐太宗"自翦须，为之和药，世勣顿首出血泣谢"②。褚遂良一再反对唐高宗废王皇后立武则天，"因置笏于殿阶，解巾叩头流血曰：'还陛下笏，乞放归田里'"③。至德元载五月马嵬驿之变时，京兆司录韦谔对唐玄宗说，今众怒难犯，"'愿陛下速决'，因叩头流血"④。唐敬宗即位后，畋猎稍多，坐朝常晚，拾遗刘栖楚"以额叩龙墀出血苦谏"⑤。军吏不慎误碎广二尺玛瑙宝盘，"惶怖"向闻喜县公裴行俭"叩头流血"谢罪⑥。

（十六）以头击地礼

跪拜时，头要叩在地上（即响头），以示诚意。唐太宗姊长广公主子犯罪，唐太宗至公主宅，"公主以首击地，泣谢子罪"⑦。

（十七）顿首礼

又名叩头礼。拜法是双腿跪下，拱手于地，头向下拜至地，稍事停留即起。用于请罪者多。吏部尚书王世充杀太府卿元文都后，入谒隋越王侗，"顿首流涕而言"⑧。贞观三年（629）唐太宗批评中书、门下对诏敕惟事顺从，不提意见。房玄龄等"皆顿首谢"⑨。贞观二十一年（647）唐太宗平龟兹，责其王诃黎布失毕罪，"君臣皆顿首伏"⑩。至德二载（757），御史中丞崔器命令百官受安禄山官爵者，皆脱巾徒跣立于含元殿前，"搏膺顿首请罪"，环之以兵，使百官临视⑪。贞元年间，唐德宗与诸宰相议论与吐蕃清水结盟事，柳浑说，戎狄不讲信用，非盟誓可结。李晟也表同意。德宗变色发怒，大臣"皆伏地顿首谢"⑫。德宗曾指责宰相窦参"交通节将，蓄养刺客"，窦参"顿首"说，"抑乃仇家所为耳"⑬。德宗任

---

① 《资治通鉴》卷184，义宁元年十月。
② 《资治通鉴》卷197，贞观十七年四月。
③ 《资治通鉴》卷199，永徽六年九月。
④ 《资治通鉴》卷218，至德元载五月。
⑤ 《旧唐书》卷154，《刘栖楚传》。
⑥ 《新唐书》卷108，《裴行俭传》。
⑦ 《资治通鉴》卷197，贞观十七年四月。
⑧ 《隋书》卷85，《王充传》。
⑨ 《资治通鉴》卷193，贞观三年四月。
⑩ 《新唐书》卷221上，《龟兹》。
⑪ 《资治通鉴》卷220，至德二载十月。
⑫ 《资治通鉴》卷232，贞元三年闰月。
⑬ 柳珵：《上清传》。

宦官窦文场、霍仙鸣为护军中尉，窦讽宰相用白麻纸诏书，遭翰林学士郑絪反对，德宗告窦，窦"文场叩头谢"①。大燕皇帝刘守光，被俘见晋王时，"叩头请死"②。后唐灭后梁，梁臣刘玘朝见庄宗，"顿首谢罪"③。

（十八）稽首礼

原是古代印度佛教的礼节之一。随佛教传入中国。它与顿首礼不同之处，仅在于头拜至地停留时间长些而已。汉族和少数民族均行此礼。此礼是拜礼中最重之礼，用于臣民拜君王。

（十九）下阶叩头礼

是叩头礼中较重之礼。叩时要特意下到台阶下，以示特别的尊敬。一般用于下对上的尊贵者，乃至天子。开元时，供奉侏儒黄𩥇，一日入宫晚，玄宗奇怪。黄𩥇答称："臣曏入宫，道逢捕盗官，与臣争道，臣掀之坠马，故晚，因下阶叩头"④。

（二十）解巾带待罪礼

官员犯法，要去掉巾幅，解开腰带，等待处分。神龙初年，韦承庆以坐附推问武则天面首张昌宗事失实，配流岭表，"承庆去巾解带而待罪"⑤。

（二十一）避席礼

离开座位而拜的大礼，用于较庄重的场合，以示尊敬。天宝年间，李生知友人韩翊喜其妾柳氏，柳氏亦慕其才。遂设宴告以成全二人之意。韩翊"惊悸避席曰：'蒙君之恩，解衣辍食久之，岂宜夺所爱乎?'"⑥ 南唐张易为太弟宾客，曾侍宴昭庆宫。储后出所爱玉杯"亲酌易酒，捧玩勤至，有不顾之色"。张易大怒，说殿下重器轻人，并碎玉杯于殿柱，"一座失色，储后避席而谢之"⑦。

（二十二）揖礼

又名作揖礼。将两手掌平合于胸前，头稍低，属一般性礼节。华京在长安通衢碰见有一面之交的监军使，"马上相揖"⑧。建中末年，李仁钧等在京城走访僧神秀，神秀揖李仁钧于门扇后。《霍小玉传》云：黄衫豪士对李生揖，邀其至家。后梁大臣李振等，均拜末帝兄友谅，"独（崇政院直学士李）愚长揖"。末帝责备他。他说："陛下以家人礼见之，则拜宜也。臣于王（指友谅）无所私，岂宜妄有

---

① 《资治通鉴》卷235，贞元十二年六月。
② 《新五代史》卷39，《刘守光传》。
③ 《新五代史》卷45，《刘玘传》。
④ 《资治通鉴》卷213，开元二十一年三月。
⑤ 《旧唐书》卷88，《韦思谦传附韦承庆传》。
⑥ 《柳氏传》。
⑦ 《南唐近事》卷2。
⑧ 《唐摭言》卷9，《误掇恶名》。

所屈"①。后晋出使吴越的人，谒"见吴越王皆下拜，（太常卿龙）敏独揖之"②。说明揖礼比拜礼规格低。

（二十三）拱手礼

双手抱拳，左握右，拱手胸前，称拱手礼。上下男女通用此礼，多用于迎送宾客。隋唐墓葬出土不少男女拱手俑③。正是现实社会普遍行用此礼在丧葬上的反映。文献记载中有关拱手礼的事例也不胜枚举，如唐人柳仲郢"以礼法自持，私居未尝不拱手"。④ 麟德元年（664），天下大权，悉归武则天，"天子（高宗）拱手而已"⑤。

（二十四）鞠躬礼

身体直立，头向下躬之礼，是一种非常恭敬的礼节。会昌年间，唐军讨伐昭义藩镇，久未成功。唐武宗责成都统王宰、石雄限期破敌，二人鞠躬流汗。大中初年，令狐赵公从皇宫回学士院，院使已下，误以为天子驾临，"皆鞠躬阶下"⑥。唐代上朝，谏官"每就列位（即列入朝班），屏气鞠躬，不敢仰视"⑦。

（二十五）顿颡礼

顿有叩地之意，颡即额头，顿颡礼就是以额头叩地之礼。隋代契丹"遣使诣阙，顿颡谢罪"⑧。尚书右仆射虞庆则和长孙晟出使突厥，可汗陈兵列其珍宝，坐见庆则，称病不能起，并说"我诸父以来，不向人拜。"庆则责谕祸福，沙钵略"乃起拜顿颡，跪受玺书，以戴于首，既而大惭，与群下相聚恸哭"⑨。贞观初，朝廷以前朔州刺史张俭为使臣，安抚突厥思结部落，"咸匍匐启颡而至"⑩。贞观二十年（646），唐击败薛延陀，谕铁勒绥怀之意，其酋帅见唐使，"皆顿颡欢呼，请入朝"⑪。

（二十六）捧戴盘叫礼

是铁勒等少数民族所有的一种拜礼。贞观二十一年（647），铁勒等入唐朝见，唐太宗亲赐绯黄瑞锦及标领袍，铁勒等"睹而惊骇，以为未尝闻见，捧戴拜谢，

---

① 《新五代史》卷54，《李愚传》。
② 《新五代史》卷56，《龙敏传》。
③ 《考古通讯》1956年第6期，《湖南长沙唐墓清理记》；《考古》1962年第2期，《山西长治北石槽唐墓》。
④ 《旧唐书》卷165，《柳公绰传附柳仲郢传》。
⑤ 《资治通鉴》卷201，麟德元年十二月。
⑥ 《唐摭言》卷15，《杂记》。
⑦ 《资治通鉴》卷237，元和元年四月。
⑧ 《隋书》卷84，《契丹传》。
⑨ 《资治通鉴》卷176，至德二年九月。
⑩ 《旧唐书》卷83，《张俭传》。
⑪ 《旧唐书》卷199下，《铁勒》。

盘叫于尘埃中"①。

（二十七）呼跃礼

是契丹臣下对其主所行最尊贵的礼。"呼跃盖胡礼，犹华人舞蹈也"②。天福十二年（947）正月，后晋百官在大梁城北迎接契丹主耶律德光，"后晋左卫上将军安叔千独出班胡语，契丹主曰：'汝安没字邪？汝昔镇邢州，已累表输诚，我不忘也'。叔千拜谢呼跃而退。"③

（二十八）拜跪捧足礼

回纥礼节以拜跪捧足为敬。至德二载（757）九月，唐军从安禄山叛军手中收复长安，广平王俶拜于回纥叶护马前，请他不要抢掠，待收复东都后再履行原订允其抢掠之约，"叶护惊跃下马答拜，跪捧王足"④。

（二十九）剪发劈面割耳礼

是少数民族最尊贵的礼节，一般用于臣下对皇上。贞观二十三年（649）五月，少数民族入仕于朝及来朝贡者数百人，闻"天可汗"唐太宗崩，"皆恸哭，剪发、劈面、割耳，流血洒地"⑤。宝应元年（762）建巳月，上皇崩，"蕃官劈面、割耳者四百余人"⑥。

（三十）去帽披发礼

五代甘州回鹘"见可汗，则去帽披发而入以为礼"⑦。

（三十一）执鞭而拜礼

这是东谢蛮特有礼仪。"见贵人，执鞭而拜"⑧。

二 君臣之间礼仪

上朝时，文武百官都要遵照礼仪行事，违者要受到处罚。先天二年敕令文武官朝参"著袴褶珂缴者，其有不著入班者，各夺一月俸。若无故不到者，夺一季（俸）禄。其行香拜表不到，亦准此。频犯者，量事贬降"⑨。元和三年右仆射裴均上朝，"逾位而立，（御史）中丞卢坦揖而退之"⑩。长庆二年御史台奏："起今

---

① 《唐会要》卷96，《铁勒》。
② 《资治通鉴》卷286，天福十二年正月。
③ 《资治通鉴》卷286，天福十二年正月。
④ 《资治通鉴》卷220，至德二载九月。
⑤ 《资治通鉴》卷199，贞观二十三年五月。
⑥ 《资治通鉴》卷222，宝应元年建巳月。
⑦ 《新五代史》卷74，《四夷附录第三》。
⑧ 《新唐书》卷222下，《东谢蛮》。
⑨ 《唐会要》卷24，《朔望朝参》。
⑩ 《资治通鉴》卷237，元和三年四月。

以后，其文武常参官应有谏论，合守进状常例，有违，即请奏弹。从之。"① 显德五年，御史台奏："文武百官，每日赴朝参不到。如是常朝不到，于本官料钱上每贯罚二十五文；如是内殿起居、入阁行香、出城众集及非时庆贺、御殿横行参不到，并是倍罚。""又十六年条，准元和二年十二月内御史台奏：'文武常参官，准乾元元年三月敕，如有朝堂相吊慰、相跪拜，待漏行立失序，谈笑喧哗，入衙内执笏不端，行立迟慢，至班列行立不正，趋拜失仪，拜跪不俯伏舒脚，穿班仗出门，不即就班，无故离位，廊下食行坐失仪，拜起无度，抵夜退朝不从正衙门出，非公事入中书，每犯者夺一月俸。'今商量此旧条各减一半。如所由指挥，尚或抵拒，即准旧例录奏贬降。从之。"② 由于上朝礼仪繁琐严格，有些天子不按时上朝，有些年老体弱的大臣，因紧张和疲劳而倒地事时有发生。唐代宗时，裴冕已衰老，"受命之际，蹈舞绝倒，（元）载趋而扶起，代为谢词"③。唐敬宗即位后，坐朝常晚，"一日入阁，久不坐，群臣候立紫宸门外，有耆年衰病者几将顿仆"④。重大庆典礼仪有失，甚至被杀头。先天二年冬，唐玄宗讲武于骊山，给事中兼知礼仪事唐绍"以修仪注不合旨，坐斩。时今上既怒讲武失仪，坐绍于纛下，右金吾将军李邈邃请宣敕，遂斩之"⑤。《新五代史》卷54《李琪传》云："自唐末丧乱，朝廷之礼坏，天子未尝视朝，而入阁之制亦废。"

　　上朝之外，皇帝私下召见个别官员，有时也要行君臣之礼。开元年间，唐玄宗夜召宫中直宿的中书侍郎韦杭，入寝殿起草命相诏书。韦"杭跪于御前，援笔而成"⑥。天复年间，唐昭宗命中书舍人吴融"于前座跪草十数诏"⑦。即使狩猎这样的娱乐场合，官员也要行君臣之礼。开元元年（713）十月，唐玄宗猎于渭川，召见同州刺史姚崇，"公至，拜马首"，玄宗让他在宰相行列中行进，姚崇以"臣官疏贱，不合参宰相行"，犹走在宰相之后。当玄宗"命宰臣坐"，姚崇"跪奏"著名的十事获得玄宗同意后，"再拜"，"又再拜蹈舞称万岁者三"⑧。

　　非正式场合，皇帝与宗室贵族之间像寻常百姓一样行家人之礼。贞观初中书舍人高季辅上封事云："'比见帝子拜诸叔，诸叔亦答拜，王爵既同，家人有礼，岂合如此颠倒昭穆。伏愿，一垂训诫，永循彝则'。书奏，太宗称喜。"⑨ 贞观八

---

① 《唐会要》卷25，《百官奏事》。
② 《五代会要》卷6，《杂录》。《唐会要》卷24，《朔望朝参》所载有所出入。
③ 《旧唐书》卷113，《裴冕传》。
④ 《旧唐书》卷171，《李渤传》。
⑤ 《旧唐书》卷85，《唐临传》。
⑥ 《明皇杂录》卷上。
⑦ 《唐才子传》卷9，《吴融传》。
⑧ 《资治通鉴》卷210，开元元年十月。
⑨ 《旧唐书》卷78，《高季辅传》。

年（934）太上皇唐高祖宴西突厥使者于两仪殿，太宗与文德皇后"互进御膳，并上服御衣物，一同家人常礼"①。神龙元年（705），唐中宗针对皇室成员之间礼仪混乱，下诏革弊："君臣朝序，贵贱之礼斯殊；兄弟大伦，先后之仪亦异。圣人之制，率由斯道。朕临兹宝极，位在崇高。负扆当阳，虽受宗枝之敬；退朝私谒，仍用家人之礼。近代以来，罕遵轨度，王及公主，曲致私情，姑叔之尊，拜于子侄，违法背礼，情用恻然。自今已后，宜从革弊。安国、相王某及镇国、太平公主更不得辄拜卫王重俊兄弟及长宁公主姊妹等。宜告宗属，知朕意焉。"② 此前，诸王及公主都以亲为贵，"天子之子，诸姑叔见之必先致拜，若致书则称为启事，上志欲敦睦亲族，故下制革之"③。开元初，唐玄宗幸宁王宅，"叙家人礼"，说大哥好作主人，自称上客④。

皇帝是封建时代最高统治者，普天之下臣民对他都要行最尊重的礼节。皇帝为其江山永固，治理国家的需要，对那些为其立下卓著功勋的臣僚、宠臣及学识渊博的人，则施以有别于一般臣民的特殊优礼。

（一）肩舆上殿

贞观二十三年（649），司空房玄龄年迈有病，唐太宗征其赴玉华宫，"肩舆入殿，至御座侧乃下"⑤。太子少师李纲有足疾，唐太宗赐以步舆，使他乘至阁下，多次引入禁中，问以政事。唐玄宗选文儒之士为侍读，以备读书有疑滞时咨问。马怀素和褚无量为侍读，"每至阁门，令乘肩舆以进；或在别馆道远，听于宫中乘马"。"以无量羸老，特为之造腰舆，在内殿令内侍舁之"⑥。一次，玄宗甚思姚崇论时务，苦雨不止，"令侍御者抬步辇召学士来"⑦。

（二）步迎赐坐

天宝元年（742），吴筠荐李白。唐玄宗召见时，"降辇步迎，如见绮皓，以七宝床赐食，御手调羹以饭之，谓曰：'卿是布衣，名为朕知，非素著道义，何以及此'"⑧。安禄山每来朝，玄宗"特异待之，每为致坐于殿，而遍张金鸡障其下，来辄赐坐"⑨。

（三）临轩迎送

唐玄宗执政前期励精图治，礼贤下士。宾礼故老，对贤相姚崇、宋璟，"引见

① 《旧唐书》卷1，《高祖纪》。
② 《旧唐书》卷7，《中宗纪》。
③ 同上。
④ 《唐语林》卷2，《文学》。
⑤ 《资治通鉴》卷199，贞观二十二年七月。
⑥ 《资治通鉴》卷211，开元三年七月。
⑦ 《开元天宝遗事》卷上，《步辇召学士》。
⑧ 李阳冰：《草堂集序》。
⑨ 李德裕：《次柳氏旧闻》。

便殿，皆为之兴（起立），去则临轩以送"①。马怀素和褚无量每次进宫，唐玄宗都"亲送迎之，待以师傅之礼"②。

在某些场合，臣下即使有某些违礼行为，也不治罪。贞观中，唐太宗曾宴三品以上官员于玄武门，"帝操笔作飞白字赐群臣，或乘酒争取于帝手，（散骑常侍刘）洎登御座引手得之。皆奏曰：'洎登御床，罪当死，请付法。'帝笑而言曰：'昔闻婕妤辞辇，今见常侍登床。'"③ 唐太宗闻洺州刺史程名振善用兵，召问方略，嘉其才敏。程名振失不拜谢，太宗假装发怒，责其言粗失拜，名振谢忘拜罪，举止自若。太宗叹道：宰相房玄龄在身边二十余年，每见朕谴责别人尚且颜色无主，名振真是奇才，当天升为右骁卫将军。开元初，玄宗平定内难，欲草制书，难觅其人。苏颋"文学该博，冠于一时"，玄宗召见。"至时，宿醒（醉酒神志不清）未解，粗备拜舞，尝醉呕殿下。"玄宗未治其罪，还"命中使扶卧于御前，玄宗亲为举衾以覆之"④。元和十三年（818），以聚敛得到宪宗宠信的宰相皇甫镈，在裴度奏其用内库陈年朽帛给边军事时，皇甫镈"于上前引其足，曰：'此靴亦内库所出，臣以钱二千买之，坚完可久服'"，引足于君前，不敬大矣。而宪宗出于聚敛钱财需要，没有责其傲慢，反而附合其言⑤。

三 官员之间礼仪

隋唐五代，同为朝廷命官，高低大小官爵不同，礼仪有别，在不同场合有相应礼仪，必须依礼而行，违者处罚。"凡文武官三品以下，拜正一品。东宫官拜三师，四品以下拜三少。自余内外属官于本司，四品拜二品，五品拜三品，六品拜四品，七品拜五品，八品拜六品，九品拜七品。卫判曹拜长史，局署丞拜令，助教拜博士，诸州别驾、长史、镇将、县令拜刺史，县丞拜县令。其准品应致敬而非相统属，则不拜。凡致敬者，若非连属应敬之官相见，或贵或贱悬隔，或有长幼亲戚者，任随私礼。"⑥ 诸官人在路相遇者，四品已下遇正一品，东宫四品已下遇三师，诸司郎中遇丞相，均须下马，以示致敬。太和六年（832），御史中丞李汉奏论仆射上事仪，认为不合受四品已下官拜。唐文宗下诏曰："仆射上仪，近定所缘拜礼，皆约令文，已经施行，不合更改，宜准大和四年十一月十六日敕

---

① 《次柳氏旧闻》。
② 《资治通鉴》卷211，开元三年七月。
③ 《旧唐书》卷74，《刘洎传》。
④ 《明皇杂录》卷上。
⑤ 《资治通鉴》卷240，元和十三年八月。
⑥ 《通典》卷108，《开元礼纂类三·序列下·杂制》。

处分"①。

低官遇高官，必须回避，否则受罚。大和年间，御史中丞温造路遇左补阙李虞于街，怒其不避，捕袛承人决脊十下。据《旧唐书》卷42《职官二》载：御史中丞正五品上阶，而左补阙从七品上阶，故温造怒责李虞未避。唐宣宗时，御史冯缄与三院退朝入台，路逢集贤校理杨收，不为退却；冯缄笞责杨收仆人。集贤大学士马植奏论："开元中幸丽正殿赐酒，大学士张说、学士副知院事徐坚以下十八人，不知先举酒者。说奏：学士以德行相先，非其员吏'遂十八爵一时举酒。今冯缄笞收仆，是笞植仆隶一般，请黜之。'御史中丞令狐绹又引故事论救。上两释之。始著令：三馆学士不避行台"②。元和十一年（816）柳公绰任京兆尹，走马上任，"有神策小将跃马横冲前导，公绰驻马，杖杀之"③。后唐明宗时，枢密使安重诲擅权，"重诲前驺过御史台门，殿直马延误冲之，重诲即台门斩延而后奏"④。这两位低官不慎误冲高官即被杀死，可见封建礼仪的严酷。也有个别权贵家豪奴，仗势不回避。天宝十载（751）杨国忠家族五宅夜游，与广平公主随从争长安西市门，"杨氏奴挥鞭及公主衣，公主坠马。驸马程昌裔下扶之，亦被数鞭。公主泣诉于上，上为之杖杀杨氏奴。明日，免昌裔官，不听朝谒"⑤。有的官员因互不让道而发生斗殴，甚至兵戎相见。光启三年（887）天威军都头杨守立，与凤翔节度使李昌符争道，麾下相斗。唐僖宗命中使晓谕，无效。杨守立发兵攻打李昌符，两军战于通衢。

四 官民之间礼仪

一般百姓道遇官员，必须回避，否则被处罚。侍郎李纾"尝朝回，以同列入坊门。有负贩者呵不避。李骂云：'头钱价奴兵辄冲官长'"⑥，这是小贩未避一般官员挨骂。小贩被打者，如长安宣平坊一官人归，卖油者未让道，被官人的开道随从痛打。百姓若是冲撞了长安的京兆尹，那就更不得了了。唐代诗人贾岛，曾骑驴过长安天街。时值秋风劲厉，落叶飞舞，诗兴大发，吟得"落叶满长安"、"秋风吹渭水"，沉浸在喜悦中，竟忘了回避路过的京兆尹刘栖楚，被投入铁窗一夕。不久，他又在大街上琢磨"鸟宿池边树"下，僧"推"月下门好还是僧"敲"更好，忘乎所以，又冲撞了京兆尹韩愈。韩愈驻马捋须沉吟久之，脱口敲字

---

① 《旧唐书》卷17下，《文宗纪下》。
② 《唐语林》卷7，《补遗》。
③ 《资治通鉴》卷239，元和十一年十一月。
④ 《新五代史》卷54，《李琪传》。
⑤ 《资治通鉴》卷216，天宝十载正月。
⑥ 《因话录》卷4，《谐戏附》。

佳！贾岛不仅未遭处罚，反而与这位爱才的大官结为布衣交。李绅坐镇宣武军，"有士人遇于中道，避不及，为前驺所拘"，因士人为唐宗室，才幸免治罪①。

五 社会交往礼仪

《唐六典》卷4《尚书礼部》云："凡行路之间，贱避贵，少避老，轻避重，去避来。"唐代谒见尊者，都说"'谨祗候起居'。起居者，动止也"②。"见贵当须避"③，只有特殊情况，才不拘泥贵贱礼仪。大居守李相，其家侍从小吏纠正了他"读《春秋》误呼叔孙婼（敕略）为婼（敕晷）"，李相大惭愧，"命小吏受北面之礼，号为'一字师'"④。

对尊贵客人到来，主人要打扫房间，洒扫庭院，造成一种干净整齐的氛围，在大门口恭迎。贞观二十年（647）十二月，房玄龄知唐太宗将至其宅，命子弟打扫门庭。长安富商王元宝，"每至冬月大雪之际，令仆夫自本家坊巷口扫雪为径路，躬亲立于坊巷前，迎揖宾客，就本家具酒炙宴乐之，为暖寒之会"⑤。

对知心客人则较随便。杜甫对友人崔明府来访，就不大拘泥礼数。"花径不曾缘客扫，蓬门今始为君开。盘飧市远无兼味，樽酒家贫只旧醅。肯与邻翁相对饮，隔篱呼取尽余杯"⑥。从诗中可见，杜甫既未特意为客人扫除，也未伫立门口恭迎。因离市区远，家贫，饭菜十分简单。盘中熟食仅有一种，酒是家里的旧酒。如不嫌弃，可唤邻居老翁共饮剩余的酒。在《有客》和《宾至》等诗中，也反映了杜甫对这类客人的态度。

对志同道合朋友热情相待。韦陟门弟高贵，世代为关中著姓，无视达官贵人。而"如道义相知，靡隔贵贱，而布衣韦带之士，恒虚席倒屣以迎之"⑦。

对不受欢迎的客人，则或敷衍，或不为礼。卢杞貌丑而奸佞。郭子仪闻其来访，遂让家人回避，仅留老丑妇人侍候。人问其故，他说惧家人见卢杞丑陋而笑，招祸于家。武则天时诸武擅权，宰相韦方质染病，武承嗣等前往探视，"方质据床不为礼"⑧。

"主人相屈至，客莫先入门。若是尊人处，临时自柠门。亲家会宾客，在席有尊卑。诸人未下筋，不得在前椅。亲还同席坐，（知）卑莫上头。忽然人恇责，可

---

① 《侯鲭录》。
② 《唐语林》卷8，《补遗》。
③ 《全唐诗外编》上；《全唐诗补逸》卷2，《王梵志》。
④ 《唐摭言》卷5，《切磋》。
⑤ 《开元天宝遗事》卷上，《扫雪迎宾》。
⑥ 《杜工部集》卷11，《客至》。
⑦ 《旧唐书》卷92，《韦安石传附韦陟传》。
⑧ 《资治通鉴》卷204，天授元年十一月。

不众中羞。尊人立莫坐,赐坐莫背人。存坐无方便,席上被人嗔。尊人对客饮,卓立莫东西。使唤须依命,弓身莫不齐。尊人与须吃,即把莫推辞。性少由方便,园隔莫遣知。尊人同席饮,不问莫多言。纵有文章好,留将余处宣。巡来莫多饮,性少自须监。勿使闻狼相,交他诸客嫌。坐见人来起,尊亲尽远迎。无论贫与富,一概惣(兑)须平。"① 唐初著名诗人王梵志的这首诗,比较集中地反映了当时民间社会交往中的作客待人之道。主要有以下几点:1. 应邀到人家作客,不要先入门。2. 宴席坐位按尊卑,不能随便坐。知道自己位卑,就不要坐上头。尊人站立,自己不要坐。让你坐时不要背对人。3. 诸人未下筋,自己不能先下。4. 尊人对客饮,要弓身听使唤,不要东张西望。如果尊人给你吃的,千万莫推辞。5. 席间尊人没问你,不要多发言,即使有好的文章,留到别处宣讲。6. 酒巡过来不要贪杯多饮,以防酒醉失态,招诸客人嫌弃。7. 看见有人来赶紧起身。8. 尊人亲属来了,尽量远迎。9. 来人无论贫富,一律平等对待。

唐人在宴席等场合坐何处是颇有讲究的。根据人们不同身份坐不同的座位。尤其是首座,必须由德高望重的长辈或高官坐。吴国公尉迟敬德侍宴庆善宫,"时有班在其上者,敬德怒曰:'汝有何功,合坐我上?'任城王道宗次其下,因解喻之。敬德勃然,拳殴道宗目,几至眇。(唐)太宗不怿而罢"②。武则天时,"(宋)璟尝侍宴朝堂。时(张)易之兄弟皆为列卿,位三品。璟本阶六品,在下座"③。开元元年(713),唐玄宗在渭川拜姚崇为宰相。让其坐,姚崇"坐于燕公(张说)之下,燕公让不敢坐。上问,对曰:'元崇是先朝旧臣,合首坐。'公曰:'张说是紫微宫使,今臣是客宰相,不合首坐。'上曰:'可紫微宫使居首坐'"④。

"制举出身,名望虽高,犹居进士之下"。御史张璟兄弟八人,七人进士出身,一人制科擢第:"亲故集会,兄弟连榻,令制科者别坐,谓之'杂色',以为笑乐"⑤。袁州宜春人彭伉进士擢第,妻族为置贺宴,都是官人名士。彭伉居客人右边,一座尽倾。

六 对外交往礼仪

在国与国之间交往中,礼仪常常关系到和战,国家尊严。对礼仪采取何种态度,反映关系的好坏,是否尊重对方。处理好坏,直接影响到双方的关系。不是无关紧要的形式问题。

---

① 《全唐诗外编》上,《全唐诗补逸卷二》。
② 《旧唐书》卷68,《尉迟敬德传》。
③ 《旧唐书》卷96,《宋璟传》。
④ 《开元异平源》。
⑤ 《封氏闻见记》卷3,《制科》。

隋大业四年（608）正月，裴矩闻西突厥处罗可汗思其母，请遣使招怀。二月，炀帝遣司朝谒者崔君肃斋诏慰谕。"处罗见君肃甚倨，受诏不肯起"。君肃晓以利害："'奈何爱两拜之礼，绝慈母之命；惜一语称臣，使社稷为墟乎！'处罗矍然而起，流涕再拜，跪受诏书，因遣使者随君肃贡汗血马。"①

凡来唐的外国人，在朝见唐朝皇帝时必须按照唐朝规定的礼仪行事。为此，入唐者，由负责外交事务的鸿胪寺等接待，教以谒见天子的礼仪。从文献记载来看，大多数外国人这样做了。也有人不这样做。开元初，大食遣使来朝。谒见唐玄宗时，"唯平立不拜。宪司欲纠之，中书令张说奏曰：'大食殊俗，慕义远来，不可置罪。'上特许之。寻又遣使朝献，自云在本国惟拜天神，虽见王亦无致拜之法，所司屡诘责之，其使遂请依汉法致拜"②。

外国和少数民族入唐使节，也很重视坐位，视为对其国尊重与否的标志之一。开元十八年（730），突骑施遣使入贡，唐玄宗于丹凤楼设宴，突厥使者预宴。突厥使者说："'突骑施小国，本突厥之臣，不可居我上。'突骑施曰：'今日之宴，为我设也，我不可以居其下。'上乃命设东、西幕，突厥在东，突骑施在西。"③其实这样做并不平等，因唐人尊右，待客于东，主人在西，故突厥在东，仍尊于突骑施，只不过突骑施不知而已。回鹘人也像唐人一样讲究坐次。贞元十二年（796）八月，回鹘梅录入贡，路过太原。河东节度使李说设宴招待。"梅录争坐次，说不能遏。（行军司马李）景略叱之，梅录识其声，趋前拜之曰：'非丰州李端公邪！'又拜，遂就下座"④。

乾元元年（758）五月，回纥使多亥阿波八十人，黑衣大食酋长阁之等六人朝见唐肃宗，"至阁门争长，通事舍人乃分为左、右，从东、西门并入"⑤。唐朝百官上朝，至宣政门和阁门，文东武西分门而入⑥，无尊卑之别。故回纥、黑衣大食从东西门而入是平等的。

❼不遵礼仪

有些帝王，只要求臣下遵守礼仪，自己则有时不遵。贞观十二年（638）正

---

① 《资治通鉴》卷181，大业四年正月。
② 《旧唐书》卷198，《大食传》。
③ 《资治通鉴》卷213，开元十八年。
④ 《资治通鉴》卷235，贞元十二年八月。梅录识李景略事："先是，回鹘使者入中国，礼容骄慢，刺史皆与之钧礼。梅录至丰州，刺史李景略欲以气加之，谓梅录曰：'闻可汗新没，欲申吊礼'。景略先据高垒而坐。梅录俯偻前哭，景略抚之曰：'可汗弃代，助尔哀慕'。梅录骄容猛气，索然俱尽，自是回鹘使至，皆拜景略于庭，威名闻塞外。"（《资治通鉴》卷233，贞元六年六月）
⑤ 《旧唐书》卷195，《回纥传》。《旧唐书》卷10，《肃宗纪》云："诏其使各从左右门入"。
⑥ 《唐会要》卷25，《文武百官朝谒班序》。

月,礼部尚书王珪奏:"'三品已上遇亲王于路皆降乘,非礼。'上曰:'卿辈苟自崇贵,轻我诸子。'特进魏征曰:'诸王位次三公,今三品皆九卿、八座,为王降乘,诚非所宜当。'上曰:'人生寿夭难期,万一太子不幸,安知诸王他日不为公辈之主,何得轻之!'对曰:'自周以来,皆子孙相继,不立兄弟,所以绝庶孽之窥觎,塞祸乱之源本,此为国者所深戒也。'上乃从珪奏"①。楚王马希萼宠小门便谢彦颙。"故事,府宴,小门使执兵在门外;希萼使彦颙预坐,或居诸将之上,诸将皆耻之。"②

礼仪,在某种意义上讲,是皇权的象征之一。在封建王朝兴盛时,礼仪得以遵行。而在皇权衰弱时,有些擅权的大臣和跋扈的地方军阀,目无礼仪,天子也奈何不得。唐玄宗幸蜀时旧宫,后置为道士观,内有玄宗铸金真容及乘舆侍卫图画。"先是,节度使每至,皆先拜而后视事。(郭)英乂以观地形胜,乃入居之。其真容图画,悉遭毁坏"③。玄宗从蜀回京后,毫无实权。权阉李辅国矫诏强迁其于太极宫。玄宗"惊欲坠马数四,左右挟持得免"④。李辅国还对唐代宗私奏曰:"'大家但内里坐,外事听老奴处置'。代宗怒其不逊,以方握禁军,不欲遽责,乃尊为尚父,政无巨细。皆委参决"⑤。中和二年(882),唐僖宗知高骈拥兵江淮,无讨黄巢勤王之心,便任命王铎为都统、韦昭度领江淮盐铁转运使。高骈"既失兵柄,又落利权,攘袂大诟,累上章论列,语词不逊"⑥。杨复恭,在与兴元节度使杨守亮私书中说:"吾于荆榛中援立寿王(即昭宗),有如此负心门生天子,既得尊位,乃废定策国老。'其不逊如是"⑦。吴宰相徐知训"狎侮吴王,无复君臣之礼"⑧。孟昶即后蜀王位,将相大臣均其父故旧,骄蹇枉法,不把孟昶放在眼里。昭武军留后李肇来朝,杖而入见,称疾不拜。

僧尼和某些隐士不向皇帝行礼。按照佛教教义,作为出家人的僧尼是不拜世俗君王和父母的。唐朝初年,太史令傅奕上疏高祖,指责"佛以世嫡而叛其父,以匹夫而抗天子"⑨。皇帝曾多次发布诏令,要僧尼致拜天子和双亲⑩,遭到僧尼及佛教信徒的反对而始终未能实行。天子只好让步。上元二年(675)敕:"自今

---

① 《资治通鉴》卷195,贞观十二年正月。
② 《资治通鉴》卷290,广顺元年二月。
③ 《旧唐书》卷117,《郭英乂传》。
④ 柳珵:《常侍言旨》。
⑤ 《旧唐书》卷184,《李辅国传》。
⑥ 《旧唐书》卷182,《高骈传》。
⑦ 《旧唐书》卷184,《杨复恭传》。
⑧ 《资治通鉴》卷270,贞明四年六月。
⑨ 《资治通鉴》卷191,武德九年四月。
⑩ 贞观五年正月,唐太宗诏僧尼、道士致拜父母。显庆二年诏令指出:僧尼受父母等拜,"有伤名教,实敷彝典。自今以后,僧尼不得受父母及尊者礼拜"。玄宗也下过此类敕令。

以后，僧尼等朝会，并不须称臣及礼拜"①。有的皇帝甚至亲拜僧尼。武则天将禅宗北宗创始人名僧神秀"追赴都，肩舆上殿，亲加跪礼"②。景龙二年（706）唐中宗在两仪殿召见隐士武攸绪，允许他"不名不拜"③。唐玄宗召隐士卢鸿一至长安，"谒见不拜"④。但磬折而已。《入唐求法巡礼行记》卷2云：开成五年（840）三月敕使至登州宣布天子诏书，官民均拜，"但僧尼道士不拜"。后唐"庄宗及（皇）后率诸子诸妃拜，（僧）诚惠端坐不起，由是士无贵贱皆拜之"⑤。

有些人不拘礼仪。《开元天宝遗事》卷上《颠饮》云："长安进士郑愚、刘参、郭保衡、王冲、张道隐等十数辈，不拘礼节，旁若无人。每春时，选妖妓三五人，乘小犊车，指名园曲沼，藉草裸形，去其巾帽，叫笑喧呼，自谓之颠饮。"

第四节　文娱活动

唐代的文娱活动，春深时节最为活跃。白居易在《和春深二十首》一诗中，分门别类地叙述了在大好春光里，上起帝王、宗室贵族，文武百官，下至平民百姓的各种文娱活动⑥。他说，方镇家"飞絮冲球马"。上巳家"齐桡争渡处，一匹锦标斜"。寒食家"玲珑镂鸡子，宛转彩球花。碧草追游骑，红尘拜扫车。秋千细腰女，摇曳逐风斜"。博弈家，"一先争破眼，六聚斗成花。鼓应投壶马，兵冲象戏车。弹棋局上事，最妙是长斜"。诗里讲了打马球、竞渡、抛彩球、荡秋千、下围棋、斗花草、投壶、象戏、弹棋和长斜。白居易的概括并不全面。唐人的文娱活动还有斗鸡、斗鸭、拔河、蹴鞠、樗蒲、双陆、泼寒胡戏。

以上诸种文娱活动，有些隋代已有。五代十国沿袭唐风，不少文娱活动仍旧流行，有些则逐渐衰落了。当然，这些文娱活动并非都始于隋唐五代，而是此前早已有之，隋唐五代继承并加以发展。

---

① 《通典》卷68，《僧尼不受父母拜及立位》。
② 《旧唐书》卷191，《神秀传》。
③ 《资治通鉴》卷209，景龙二年十一月。
④ 《旧唐书》卷192，《卢鸿一传》。《新唐书》卷196，《卢鸿传》。
⑤ 《新五代史》卷14，《皇后刘氏》。
⑥ 刘禹锡：《同乐天和微之深春二十首》。

317

● 百戏

《唐会要》卷33《散乐》云："散乐历代有之，其名不一，非部伍之声，俳优歌舞杂奏，总谓之百戏。"隋以前，百戏水平已很高。尽管隋唐两代开国之君不喜欢它，但其后继者大多好之，故百戏在隋唐五代近四个世纪里，无论种类、技艺，均比以前有所发展、创新，内容更加丰富多彩。它是上起宫廷，下至民间举行庆典、宴饮不可或缺的助兴娱乐节目。

隋文帝励精求治，提倡节俭，不喜散乐。即位伊始，即发布大赦，"悉放太常散乐为民，仍禁杂戏"①。开皇九年（589）平陈后，制礼

彩绘骑马架鹰狩猎胡俑　西安灞桥　唐　金乡县主墓

作乐，又诏"郑卫淫声，鱼龙杂戏，乐府之内，尽以除之"②。炀帝为了追求享乐，对外炫耀富强，十分重视百戏。宴请周边少数族酋长，往往娱以百戏。如大业二年（606）为突厥染干来朝所演百戏有"舍利、绳柱等，如汉故事。又为夏育扛鼎，取车轮、石臼、大盆器等，各于掌上而跳弄之。并二人戴竿，其上舞，忽然腾透而换易。千变万化，旷古莫俦"③。大业五年（609）六月，炀帝御观风行殿，大备文物，宴高昌王麹伯雅、伊吾吐屯设及二十余国使者，"奏九部乐及鱼龙戏"④。翌年正月十五日，以诸蕃酋长毕集洛阳，于端门街盛陈百戏。戏场周围五千步，执丝竹者一万八千人，"声闻数十里，自昏至旦，灯火光烛天地，终月而

---

① 《资治通鉴》卷175，太建十三年四月。
② 《隋书》卷2，《高祖纪下》。
③ 《通典》卷146，《散乐》。
④ 《资治通鉴》卷181，大业五年六月。

罢，所费巨万"。从此将每年正月十五日盛陈百戏的娱乐方式，定为制度①。

武德元年（618）六月，万年县法曹孙伏伽上谏："百戏散乐，本非正声。有隋之末，大见崇用，此谓淫风，不可不改。近者，太常官司于人间，借妇女裙襦五百余具，以充散妓之服，云拟五月五日于玄武门游戏。臣窃思审，实损皇猷，亦非贻厥子孙谋，为后代法也。""请并废之，则天下不胜幸甚"②。唐高祖大悦，下诏褒称，擢为治书侍御史，赐帛三百匹，仍颁示远近。高祖虽不欣赏百戏，其后皇帝及百姓并未遵行其诏。百戏以其高超技艺，娱乐性强，始终深受各阶层广泛爱好。唐王朝在举行国家重大庆典，赐宴百官，或招待外国和国内少数民族贵宾时，往往娱以百戏。永徽二年（651）

杂伎俑　新疆　唐

二月，高宗御安福门楼观赏百戏。开元元年（713）太上皇睿宗与玄宗御门楼观燃灯、大酺，大合伎乐，昼夜相继一月余之久。左拾遗严挺之上疏谏，以为"损万人之力，营百戏之资，非所以光圣德美风化也"③。开元、天宝年间，天下太平，百戏盛行。每酺宴，便"大陈山车、旱船、寻橦、走索、丸剑、角觝、戏马"④。德、宪、穆、敬、文、宣等宗都喜看百戏表演。

百戏在民间、尤其是军中，也深受青睐。杜甫《陪柏中丞观宴将士二首》云："一夫先舞剑，百戏后歌樵"。敦煌莫高窟第156窟《张议潮统军出行图》壁画，

---

① 《资治通鉴》卷181，大业六年正月。
② 《旧唐书》卷75，《孙伏伽传》。
③ 《资治通鉴》卷210，开元元年二月。
④ 《明皇杂录》卷下。

描绘宣宗时沙州归义军节度使张议潮出行的盛大场面,其队前面,有乐伎表演的歌、舞、顶竿等百戏。长安有专门百戏班子,收费演出。天宝五载(746)七月,玄宗从杨铦它召回因妬悍忤旨的杨贵妃,"召两市杂戏以娱贵妃"①。乾符元年(874)唐僖宗将因谏懿宗滥杀御医而被贬的宰相刘瞻,召为刑部尚书,"长安两市人率钱雇百戏迎之"②。

"大抵散乐杂戏多幻术。幻术皆出西域;天竺尤甚"③。隋代幻术的色彩还较浓。及至唐代,百戏中这种幻术色彩逐渐淡化,适合民众

女舞俑　江苏江宁　南唐李昪陵出土

口味更实在的节目增多,并在继承前代伎艺基础上,向前大大发展了一步。五代十国时期,只有少数国家宫廷和王府中,才能见到百戏艺人的身影。历仕后唐、后晋、后汉的和凝《宫词百首》云:"坐定两军呈百戏。"后蜀"三月金明柳絮飞,岸花堤草弄春时。楼船百戏催宣赐,御辇今年不上池"④。

百戏名目繁多,内容丰富,大抵可分为以下两大类:

(一) 歌舞戏

《旧唐书》云:"歌舞戏有大面、拨头、踏摇娘、窟礧子等戏。玄宗以其非正

---

① 《杨太真外传》。
② 《资治通鉴》卷252,乾符元年二月。
③ 《旧唐书》卷29,《音乐志二》。
④ 花蕊夫人:《宫词》,《全唐诗》卷798。

声，置教坊于禁中以处之"①。

1. 大面。又称代面。源于北齐。说的是北齐兰陵王高长恭勇武而貌美，认为难以威慑敌人，常戴上相貌狰狞的假面具作战。"尝击周师金墉城下，勇冠三军，齐人壮之，为此舞以效其指麾击刺之容，谓之《兰陵王入阵典》"②。久视元年（700）"岐王年五岁，为卫王弄兰陵王"③。

2. 钵头。又名拔头、拨头。出自西域。讲某人之父，被虎所伤，他上山寻找父尸。也有人说，胡人被猛兽吞食，其子杀兽。表演者头戴面具，披发持短桴作人兽搏斗。唐人张祜为弄钵头的容儿写过一首诗："争走

男舞俑　江苏江宁　南唐李昪陵出土

金车叱鞅牛，笑声唯是说千秋。两边角子羊门里，犹学容儿弄钵头。"④

3. 踏摇娘。生于隋朝末年。当时河内有人貌恶而嗜酒，自号郎中，"醉归必殴其妻"。其妻漂亮、善歌，"为怨苦之辞"。"河朔演其曲而被之弦管，因写其妻之容"。妻悲哀诉说时，每每摇顿身体，因此称为踏摇娘，"近代优人颇改其制度，非旧旨也"⑤。

4. 窟礧子。《旧唐书》卷29，《音乐志二》云：窟礧子，亦云魁礧子，"作偶人以戏，善歌舞，本丧家乐也。汉末始用之于嘉会。齐后主高纬尤所好。高丽国

---

① 《旧唐书》卷29，《音乐志二》。
② 《通典》卷146，《散乐》。
③ 郑万钧：《代国长公主碑》，《全唐文》卷279。
④ 张祜：《容儿钵头》，《全唐诗》卷511。
⑤ 《旧唐书》卷29，《音乐志二》。

白陶打马毬俑　陕西临潼　关山唐墓

亦有之。"窟礧子是用绳索在幕下牵动木制傀儡人表演歌舞，并有音乐伴奏，颇类今之木偶戏。在民间丧葬时，其节目有汉初"鸿门宴"、唐尉迟恭和"突厥斗将"等。唐太宗不喜欢窟礧子，将其视为淫巧。贞观七年（633）工部尚书段纶奏征巧工杨思齐，唐太宗令试之。段纶使思齐先造傀儡。太宗说："'得巧工庶供国事，卿令先造戏具，岂百工相戒无作淫巧之意邪！'乃削纶阶"①。由于窟礧子表演相当精彩，很受人们欢迎。崔侍郎安潜，"频于使宅堂前弄傀儡子，军人百姓，穿宅观看，一无禁止"②。甚至送葬时，有些大丧在身的人，辍哭忘悲观赏此戏③。安史之乱中，唐明皇从成都回到长安后，任何权力皆无，遂吟"刻木牵丝作老翁，鸡皮鹤发与真同。须臾弄罢寂无事，还似人生一梦中"④。借窟礧子以浇心中块垒。唐人杜佑说，"今（唐代宗大历年间以后）闾（乡村）市（城市）盛行焉"⑤。

5. 参军戏。此戏表演时，有音乐伴奏，男女演员。"此日杨花初似雪，女儿弦管弄参军"（薛能《吴姬》）。"忽复学参军，按声唤苍鹘"（李商隐《骄儿》）。这是唐代妇女、儿童学演参军戏的情景。此戏在民间颇为流行。天宝末年，蕃将阿布思被朝廷诛杀，其妻因善弄参军戏，收配掖廷后，充当乐工，"遂令为此戏"⑥。

---

① 《资治通鉴》卷194，贞观七年十二月。
② 《唐语林》卷7，《补遗》。
③ 《唐语林》卷8，《补遗》。
④ 明皇帝：《傀儡吟》，《全唐诗》卷3。同书卷202云此诗为梁锽所作，题为《咏木老人》。
⑤ 《通典》卷146，《散乐》。
⑥ 《南部新书》己。

参军戏是宫廷宴饮助兴节目之一。政和公主下嫁柳潭,唐肃宗"宴于宫中,女优有弄假官戏,其绿衣秉简者,谓之参军桩"①。吴宰相徐知训利用参军戏狎侮吴王:"尝与(吴)王为优,自为参军,使王为苍鹘,总角弊衣执帽以从。"② 这里的参军和苍鹘两个角色,"以一人幞头衣绿,谓之参军;以一人鬌角弊衣,如僮奴之状,谓之苍鹘"③。

(二)杂技

隋唐五代杂技有寻橦、绳伎、踢毬、角觝、舞马、舞象犀、幻术、鱼龙漫衍戏、筋斗、山车、旱船、夏育扛鼎、腰背船、跳丸。

釉投壶 陕西礼泉 唐

1. 寻橦。百戏中,寻橦难度最大,也最精彩。"人间百戏皆可学,寻橦不比诸余乐。重梳短髻下金钿,红帽青巾各一边。身轻足捷胜男子,绕竿四面争先缘。习多倚附攲竿滑,上下蹁跹皆著袜。翻身垂颈欲落地,却住把腰初似歇。大竿百夫擎不起,袅袅半在青云里。纤腰女儿不动容,戴行直舞一曲终。回头但觉人眼见,矜难恐畏天无风。险中更险何曾失,山鼠悬头猿挂膝。小垂一手当舞盘,斜惨双蛾看落日。期须改变曲解新,贵欲欢他平地人。散时蒲面生颜色,行步依前无气力"④。上述显示,当时的寻橦,是头戴红帽青巾的女艺人们,绕着百夫擎不起高入青云的大竿争先恐后地攀缘,穿着袜子上下蹁跹起舞,有如机灵的山鼠悬着脑袋,猿猴挂膝林梢,险中更险也不曾闪失。王邕《勤政楼花竿赋》所描写的戴竿女伎表演,更加惊险:"忽升河汉,低首而下指楼台","徘徊晴空,乍临若虚仙之踊出片云,时映若仙女之飞来"。其技艺之高超无与伦比。故深受观众的特殊喜爱。

寻橦,亦名竿木、戴竿、顶干等。隋炀帝时,"二人戴竿,上有舞者,欻然腾

---

① 《因话录》卷1。
② 《资治通鉴》卷270,贞明四年六月。
③ 《资治通鉴》卷270,贞明四年六月。
④ 王建:《寻橦歌》,《全唐诗》卷298。

323

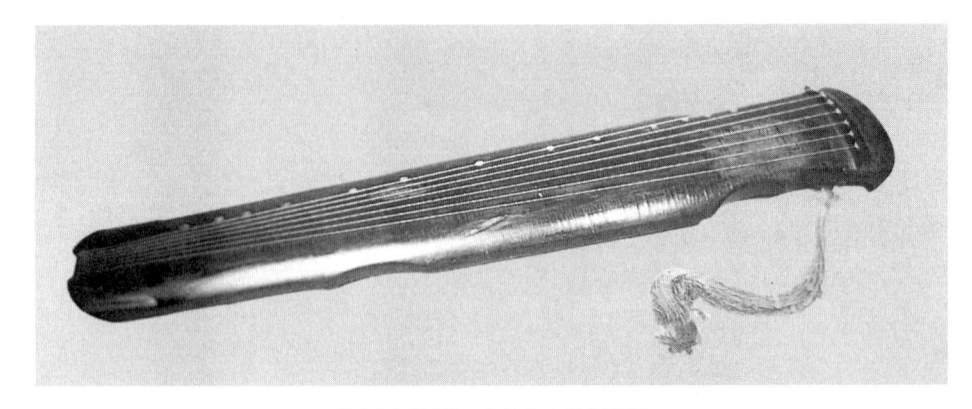

唐九霄环佩琴　北京故宫博物院藏

过，左右易处"①，十分惊险。唐代这种杂技更加流行。在宫廷、贵族官僚府邸、寺院和达官贵人出行中，都有寻橦表演。唐明皇时寻橦最为盛行。著名戴竿艺人王大娘，戴百尺少竿，上置小山，拟方丈、瀛州等神山。令小儿手持绛节，出没其中，并歌舞不辍。时年十岁的神童秘书正字刘晏，奉杨贵妃令咏王大娘戴竿："楼前百戏竞争新，唯有长竿妙入神。谁谓绮罗翻有力，犹自嫌轻更著人。"② 八月五日唐明皇生日千秋节，宴群臣于花萼楼，表演戴竿等，"八月平时花萼楼，万方同乐奏（一作是）千秋（节）。倾城人看长竿出，一伎初成赵解愁"③。东都洛阳为庆贺千秋节而赐大酺（酒宴）三日，也有竿木表演："小儿一伎竿头绝，天下传呼万岁声。"④ 从两京倾城人看和天下传呼万岁声中，道出了唐人对戴竿的特殊喜欢之情。戴竿艺人除上述女子、小儿外，小儿还有章仇兼琼在蜀佛寺设大会时，一位年仅十岁童儿于竿杪的舞蹈。男子则有刘交。"戴长竿高七十尺，自擎上下"，有个生得甚为端正的12岁女孩，于长竿上"置定，跨盘独立"，观众看到如此场面担心危险，而"女无惧色"⑤。当时有名的竿木艺人还有侯民汉及其女大娘子等。唐中叶后，唐人对寻橦的兴趣仍然不减，技艺水平依旧很高。建中年间，戴竿"妇人王大娘，首戴二十八人而走"⑥。宝历年间，幽州人石火胡是一位著名竿木女伎。唐敬宗生日，命天下百戏于殿前演出助兴。石火胡挈养女五人，才八九岁，于百尺竿上张弓弦五条，令五女各居一条之上，衣五色衣，执戟持戈舞《破

---

① 《资治通鉴》卷180，大业二年十二月。
② 《杨太真外传》。
③ 张祜：《千秋乐》，《全唐诗》卷511。
④ 张祜：《大酺乐二首》，《全唐诗》卷511。
⑤ 《朝野佥载》卷6。
⑥ 《南部新书》癸。

阵乐曲》，俯仰来去，赴节如飞。当时，观者目眩心怯。而火胡立于十重朱画床上，又令诸女迭踏至半空，手中均执五彩小旗，床大者只一尺余，她们手足齐举，踏《浑脱歌》，如履平地①。唐宣宗时，归义军节度使张议潮妻宋国夫人出行队伍前面，也有戴竿表演②。唐人因独钟寻橦，故吟咏歌赋不少，有人还以寻橦缘高之险警告作威作福的权贵。如唐代宗时宰相元载，"擅权累年，客有为《都卢缘橦歌》，讽其至危之势，元载览而泣下"③。

2. 绳伎。又名溺巨索、走索，犹如今走钢丝。表演时，"先引长绳，两端属地，理（埋）鹿卢以系之。鹿卢内数丈立柱以起，绳之直如弦"。表演者自"绳端蹑足而上，往来倏忽，望若飞仙"。在绳上表演各种惊险动作："有中路相遇，侧身而过者；有著履而行，从容俯仰者；或以画竿接胫，高六尺；或蹋肩、蹋顶至三四重，既而翻身有倒至绳，还往曾无蹉跌，皆应严鼓之节，真可观也。"④ 唐明皇喜观绳伎。开元二十四年（736）生日，御楼设绳伎。卫士胡嘉隐作《绳伎赋》献上，"词甚宏畅"，明皇大悦，擢其为金吾卫仓曹参军。安史之乱后，伶官星散，"外方始有此（绳）伎，军州宴会，时或为之"⑤。由此观之，绳伎在明皇以前，主要为皇家演出。安史之乱后，始流传到民间，成为地方

舞狮俑　新疆吐鲁番　唐墓出土

---

① 《杜阳杂编》卷中。
② 晚唐修建的敦煌莫高窟第156窟东壁宋国夫人出行图壁画。
③ 《唐国史补》卷上，《都卢缘橦歌》，都卢，指合浦南有都卢国，其人善缘高。
④ 《唐语林》卷5，《补遗》。
⑤ 《封氏闻见记》卷6，《绳伎》。

盛大宴会中助兴节目之一。从刘言史的《观绳伎》、胡嘉隐的《绳伎赋》和《杜阳杂编》等诗文中可以看到,唐代绳伎艺术水平确实非常高。表演者穿着屐倒着走,还能应着鼓点的节奏而不乱。两边丸剑逐渐迎面相刺的一刹那,表演者,异常轻盈地侧身而过,毫无损伤。同时似乎一闪欲跌落下来,又忽然收起,吓得观众"万人肉上寒毛生"。"危机险势无不有,倒挂纤腰学垂柳"①,"既如阿阁之舞凤,又如天泉之跃龙,徘徊反复,交观夺目","应鼓或跃投绳,或翔婉奕兮","陵波不足矜其术,行雨未可比其方"②。这些精彩的表演,博得观众喜爱,"垂肩接立三、四层"③地围观。唐文宗"恶其(绳伎)太险伤神,遂不复作"④。

3. 蹴球。是在特制球上表演的节目。隋突厥"女子好踏鞠"⑤。《封氏闻见记》卷6《打球》云唐代"乐人又有蹴球之戏,作彩画木球,高一、二丈。伎女登榻,球转而行,萦回去来,无不如意,盖古蹴鞠之遗事也。"唐人王邕也说:"球,犹求也;展转驰逐兮将求人而得人(一作仁)",宫廷嫔伎踢球,"扬袂叠足(一作色)徘徊踯躅,虽进退而有据,常竞而自晶。球体兮似珠,人颜兮似玉。下则雷风之宛转,上则神仙之结束。无习斜流,恒为正游。球不离足,足不离球。弄金盘而神仙欲下,舞宝剑则夷狄来投","疑履地兮不履其地,疑腾虚兮还践其实"。这位嫔伎球足忽而交合,忽而上下闪腾,并伴以舞剑,"来往倏而复归于云霄"的精彩表演,博得"万人瞻仰,洛神遇而耻乘流,飞燕逢而惭在掌"⑥。

4. 角觝。又称角力、校力、贯交、争交和相扑等,是一种摔跤运动。"角抵戏史记秦二世在甘泉宫作乐角抵俳优之戏。其后汉武帝好此戏,即今之相扑也"⑦。

大业三年(607)隋炀帝在东都征天下奇技,"作鱼龙曼延角觝于洛邑,以夸诸戎狄,终月而罢"⑧。

唐代皇帝中、玄、宪、穆、敬、文、武、懿、僖、昭等宗,都好观赏角觝,常于宫中举行表演,或去左、右神策军看此戏。中宗于人日宴大明宫,演出角觝。玄宗设酺百戏后,大陈角觝,左右神策军擂大鼓,引壮士裸袒相搏。从"撞钟角觝陈"⑨来看,角觝时有撞钟。唐宪宗在麟德殿宴群臣,并娱以角力戏。唐穆宗

---

① 刘言史:《观绳伎》,《全唐诗》卷468。
② 胡嘉隐:《绳伎赋》,《文苑英华》卷82。
③ 刘言史:《观绳伎》,《全唐诗》卷468。
④ 《杜阳杂编》卷中。
⑤ 《隋书》卷84,《突厥传》。
⑥ 《文苑英华》卷81,《内人踢球赋》。
⑦ 《续事始》。
⑧ 《旧唐书》卷63,《裴矩传》。
⑨ 唐明皇:《春中兴庆宫酺宴并序》,《全唐诗》卷3。

即位伊始，即幸左神策军"观角觝"①。唐敬宗"以钱万缗付内园，令召募力士，昼夜不离侧"②，随时表演。唐文宗幸勤政楼观角觝。一次，他将有事南郊，有关衙门进相扑人。文宗说，我方清斋，不宜观此戏，左右侍者说："旧例皆有，已在门外祗候"③。即在某些祭祀场合有相扑。懿、僖、昭三朝还特置相扑棚，供角觝表演。咸通初年，以擅辞赋的周缄作《角觝赋》："前冲后敌，无非有力之人；左攫右拏，尽是用拳之手。"可见唐代角觝，对垒者除相摔外，还用拳击。

角觝在军中盛行。因角觝是一种力气较量并有观赏价值的竞技活动，有助军事训练。左、右神策军经常举行角觝比赛，虽为皇帝表演，也由于它有利提高军人体质和格斗技能，活跃军营气氛。宰相李绅督大梁（治今开封市），听说镇海军所进健卒富苍龙、沈万石、冯五千和钱子涛等四人，"悉能拔橛角觝之戏"，便于球场犒劳，命试角觝戏。苍龙等不利，冯五千获胜，"十万之众，为之披靡"④。段成式门下驺路神通"每军较力，能戴石簦载六百斤石，趯破石粟数十"⑤。光启年间，左神策军四军军使王卞出镇振武军，置宴，乐戏既毕，乃命角觝，有一夫甚魁岸，自邻州来此较力，军中十数人均不能敌，主师便选三人，先后与其对敌，同样败北。

由于天子和贵族官僚钟情角觝，有些地方长吏为博取皇帝等欢心，搜罗和豢养角觝力士进献朝廷或贵族官僚，以利自己飞黄腾达。如宝历二年（826）河中献力士八人。"禁军及诸道争献力士"⑥给唐敬宗。一些以角觝为职业者应运而生。这些职业角觝手，因其力大，有时充当打手。大和二年（828），长安休祥坊三百百姓，向宰相诉苦：该坊右龙武军地，"赐百姓，经四十余年不纳税，今被辟仗使田全操并却征索。时全操会角觝者五十人，分捕所诉者，遂斗于通衢，久之方散"⑦。有的角觝手恃力横行不法。京兆府云阳县角觝张莅，负羽林官骑康宪钱，宪被张莅打死。

5. 舞马。唐代舞马以开元天宝时最盛。玄宗盛饰马百匹，分为左右，教以舞蹈，唐玄宗生日千秋节，或朝廷宴会，以其助兴。曾于勤政楼设酺会，"内闲厩引蹀马三十匹，为倾杯乐曲，奋首鼓尾，纵横应节。又施三层板床，乘马而上，抃转而飞"⑧。郑嵎《津阳门诗并序》云："又设连榻，令马舞其上，马衣纨绮而被

---

① 《旧唐书》卷16，《穆宗纪》。
② 《资治通鉴》卷243，宝历二年十一月。
③ 《因话录》卷1。
④ 《唐语林》卷4，《豪爽》。
⑤ 《酉阳杂俎》前集卷8，《黥》。
⑥ 《资治通鉴》卷243，宝历二年十一月。
⑦ 《唐两京城坊考》卷4，《休祥坊》。
⑧ 《旧唐书》卷28，《音乐志一》。

铃铎，骧首奋鬣，举趾翘尾，变态动容，皆中音律。"西安何家村出土的一鎏金壶，腰间有一饰马，口衔酒杯而舞，乃是源自舞马"衔杯上寿"[1]。唐人咏舞马诗词颇多。如张说《舞马千秋万岁乐府词》，将舞马的精彩表演，描绘得淋漓尽致："圣王至德与天齐，天马来仪自海西。腕足齐行拜两膝，繁骄不进蹈千蹄。髵鬑奋鬣时蹲踏，鼓怒骧身忽上跻。更有衔杯终宴曲，垂头掉尾醉如泥。""壮士举榻，马不动。乐工少年姿秀者十数人，衣黄衫文玉带，立左右"[2]。安禄山曾于长安观赏过舞马，非常喜欢它。在发动叛乱攻占长安后，将舞马等送到洛阳，供其享乐。舞马因训练有素，一闻金鼓之乐，便翩翩起舞。田承嗣代安禄山后，舞马尚有存者。"一旦于厩上闻鼓声，顿挫其舞。厩人恶之，举箠以击之，其马尚为。怒未妍妙，因更奋击，宛转，曲尽其态。厮恐，以告。（田）承嗣以为妖，遂戮之，而舞马自此绝矣"[3]。舞马此后仍活跃于宫廷宴会。贞元四年（788），唐德宗宴群臣于麟德殿，踏着九部乐的优雅节奏"内出舞马"，婆娑起舞，德宗乘兴"赋诗一章"，群臣纷纷唱和[4]。

6. 舞象犀。唐玄宗时，还训练象、犀，与舞马一起作为千秋节和朝廷宴会的娱乐节目。每当祝寿、醑宴，"引犀象入场，或拜，或舞"，"动容鼓旅，中于音律"[5]。"岁以为常"[6]。唐代宗在麟德殿宴百僚，"蛮夷陪作位，犀象舞成行"[7]。陆龟蒙《杂伎》："拜象驯犀角觝豪，星丸霜剑出花高"。表明象犀有时也和角觝等杂技一起演出。象有时还单独表演斗象。神龙元年（705），唐中宗"御洛城南门观斗象"[8]。

7. 幻术。原出西域。汉代已传入。隋代继续流行。大业二年（606）隋炀帝欲以富乐夸于突厥启民可汗，召集四方散乐，"有舍利兽先来跳跃，激水满衢，鼋鼍、龟鳖、水人、虫鱼，遍覆于地。又有鲸鱼喷雾翳日，倏忽化成黄龙，长七、八丈"，"又有神鳌负山，幻人吐火，千变万化"[9]。唐高宗恶幻术惊人，敕西域关津不令继入。而幻术以其惊世骇俗的高超技艺，赢得人们的喜好。幻术师米宝，能在长尺余、宽二寸蜡烛上施五色光，显现台殿楼阁，彻夜不灭。有的幻术师能让枯树开花，所绘之龟，摇头摆尾，蹒跚而行。唐睿宗时，婆罗门献乐，"舞人倒

---

[1]《资治通鉴》卷218，至德元载八月。
[2]《全唐诗》卷87。
[3] 郑嵎：《津阳门诗并序》，《全唐诗》卷567。
[4]《旧唐书》卷13，《德宗纪下》。
[5]《资治通鉴》卷218，至德元载八月。
[6]《新唐书》卷22，《礼乐志》。
[7] 卢纶：《奉和圣制麟德殿宴百僚》，《全唐诗》卷276。
[8]《旧唐书》卷7，《中宗纪》。
[9]《资治通鉴》卷180，大业二年十二月。

行，而以足舞于极铦刀锋，倒植于地，低目就刃，以历脸中，又植于背下，吹筚篥者立其腹上，终曲而亦无伤"①。"又伏伸其手，两人蹑之，旋身绕手，百转无已"②。在外有婆罗门胡等，"每于戏处，乃将剑刺肚，以刀割舌"③。"吞刀之术斯妙，吐火之能又玄。噏却锋铓，不患乎洞胸达腋；嘘成绝赫，俄惊其飞焰浮烟。"④

8. 鱼龙漫衍戏。是散乐中带有幻术色彩的节目，主要用于宫廷宴会。隋炀帝颇喜此戏。在重大节庆和宴请外来贵宾时，常以鱼龙曼戏为表演节目之一。如大业五年（609）六月，高昌王麹伯雅来朝，伊吾吐屯设等献西域数千里之地。炀帝十分高兴。御观风行殿"设鱼龙曼延，宴高昌王、吐屯设于殿上，以宠异之。其蛮夷陪列者三十余国"⑤。大业十一年（615），"大会蛮夷，设鱼龙曼延之乐"⑥。唐代旧制："三、二岁，必于春时内殿赐宴宰辅及百官，备太常诸乐，设鱼龙曼衍之戏，连三日，抵暮方罢"⑦。唐中宗时，人日宴于大明宫，演出鱼龙漫戏。从"伐鼓鱼龙杂"⑧来看，唐明皇时演出鱼龙戏有伐鼓助兴。直至晚唐，宫廷仍有"鱼龙排百戏"⑨。

9. 腰背船。唐末，绵竹人王俳优，有巨力，每遇府中飨军宴客，"王生腰背一船，船中载十二人，舞《河传》一曲，略无困乏"⑩。

二 其他文娱活动

（一）斗鸡

斗鸡作为一种娱乐，起源很早。唐初御史大夫杜淹在李世民平定内难时，以咏斗鸡寄意曰："寒食东郊道，扬鞴竞出笼。花冠初照日，芥羽正生风。顾敌知心勇，先鸣觉气雄。长翘频扫阵，利爪（一作距）屡通中。"⑪李世民览后，"嘉叹数四"，立即擢用他。"花冠"是鸡冠上戴漂亮的头饰⑫。"芥羽"，是在鸡羽涂芥粉，这是一种有特殊气味的粉。斗鸡时，鸡振翅，以芥粉迷敌鸡之目，并熏之，

---

① 《旧唐书》卷29，《音乐志二》。
② 《通典》卷146，《散乐》。
③ 《全唐文》卷12，《禁幻戏诏》。
④ 王棨：《吞刀吐火赋》，《全唐文》卷770。
⑤ 《隋书》卷3，《炀帝纪上》。
⑥ 《隋书》卷4，《炀帝纪下》。
⑦ 《唐语林》卷7，《补遗》。
⑧ 唐明皇：《春中兴庆宫酺宴并序》，《全唐诗》卷3。
⑨ 李商隐：《谢往桂林至彤庭窃咏》，《全唐诗》卷541。
⑩ 《北梦琐言》逸文卷2。
⑪ 杜淹：《咏寒食斗鸡应秦王教》，《全唐诗》卷30。《大唐新语》卷8《文章》所记该诗有出入。
⑫ "红罗系项（一作顶，一作缠项）斗回鸡"（王建《春日五（一作午）门西望》）。

所谓"唯将芥羽害同群"①，就是如此。"利距"，亦曰"金矩"，距或作"矩"、"钜"，如"金距花冠气遏云"②，指在鸡爪戴金属套，斗鸡时抓击对方。一场恶斗，往往"飞毛遍绿野，洒血渍芳丛"③。惨不忍睹，却极富刺激性，别具竞技魅力，故爱好斗鸡的热情在有唐一代始终不衰。

唐代皇帝喜斗鸡者以玄宗为最。在藩邸即染此好。长安小儿贾昌，因善弄木鸡被出游的玄宗见而悦之，召入宫廷，为鸡坊小儿，专门训练皇家斗鸡。玄宗于两宫间治鸡坊，索取长安雄鸡"千数"④，选六军小儿五百，以供饲养教训。贾昌聪慧，解鸟语，入鸡群如狎群小。鸡之壮、弱、勇、怯、病，均了若指掌，使鸡如人，颇中玄宗意，擢为五百小儿长。贾昌驯鸡有方，伶俐谨密，"金帛之赐，日至其家"⑤。每当千秋节、元会和寒食节，均有斗鸡表演。届时，贾昌穿上华美的特制"斗鸡服"——"冠雕翠金华冠，锦袖绣襦裤"⑥，执铎⑦拂道，"群鸡叙立于广场，顾眄如神。"贾昌"指挥风生，树毛振翼，砺吻磨距，抑怒待胜，进退有期。随鞭指低昂不失"⑧。胜负已分，则强鸡在前，弱鸡殿后，尾随贾昌雁行而去，归于鸡坊，十分壮观，以致同时参加演出的"角觝万夫、跳剑、寻橦、蹴球、踏绳、舞于竿颠者，索气沮色，逡巡不敢入"⑨。寒食节斗鸡与击球等同时进行。"斗敌鸡殊胜，争球马绝调"⑩。

开元初，玄宗退朝后即与诸王"相从宴饮、斗鸡"⑪。还有专门陪皇帝斗鸡的侍臣。卫尉少卿王準，为玄宗"斗鸡供奉"⑫。外出巡幸，有时也携鸡随行。以备消遣。开元十三年（725）封禅泰山，贾昌携三百鸡随侍。其父贾忠，以长刀备天子亲卫。殁。玄宗特恩贾昌以子礼奉其尸归葬雍州故里，县官供葬器丧车，乘传洛阳道。民谣曰："生儿不用识文字，斗鸡走马胜读书。贾家小儿年十三，富贵荣华代不如。能令金距期胜负，白罗绣衫随软舆。父死长安千里外，差夫持道挽丧

---

① 韩偓：《观斗鸡偶作》，《全唐诗》卷681。
② 同上。
③ 杜淹：《咏寒食斗鸡应秦王教》，《全唐诗》卷30。《大唐新语》卷8《文章》所记该诗有出入。
④ 此据《东城老父传》。《异闻录》（《说郛》卷3）云"唐明皇喜斗鸡，养数千于鸡坊"。
⑤ 《东城老父传》。
⑥ 《东城老父传》。斗鸡有时也穿其他服装。玄宗"生于己酉鸡辰，使入朝服斗鸡"。
⑦ 铎，"如钟而大"（《通典》卷144，《乐四》）。
⑧ 《东城老父传》。
⑨ 同上。
⑩ 张说：《奉和圣制寒食作应制》，《全唐诗》卷88。
⑪ 《资治通鉴》卷211，开元二年五月。
⑫ 《旧唐书》卷105，《王銲传》。

车"①。玄宗为贾昌娶梨园弟子潘大同女为妻,男所服佩玉,女所着绣襦,皆出御府。天宝年间,贾昌妻潘氏以轻歌曼舞博得杨贵妃青睐,"夫妇席宠四十年,恩泽不渝"②。杨鸿撰《东城老父传》,以记贾昌生平。为斗鸡之徒树碑立传,实属罕见,足证贾昌事在当时社会上影响之大。李白对玄宗溺情声色,贾昌者流趾高气扬十分不满,吟诗以讽之:"大车扬飞尘,亭午暗阡陌。中贵多黄金,连云开甲宅。路逢斗鸡者,冠盖何辉赫。鼻息干虹蜺,行人皆沐惕。世无洗耳翁,谁知尧与跖"③。

玄宗以后不少皇帝也喜斗鸡。代宗好斗鸡,宫中养有供玩乐的斗鸡。顺宗在东宫就迷此戏,对神鸡童贾昌格外欣赏,"舍钱三十万,为(贾)昌立大师影堂及斋舍。又立外屋,居游民。取佣给"④。威远监军向穆宗进献斗鸡,高常鸡数寸,无敌手。曾敌十余诸王所蓄鸡,"犹擅场怙气。穆宗大悦,因赐威远监军帛百正"⑤。文宗喜"赏观斗鸡"⑥。僖宗好"斗鸡为乐"⑦。唐代皇宫建有斗鸡楼。大明宫"九仙门之外有斗鸡楼"⑧。华清宫外东北隅观风楼也有斗鸡楼。

"上之好之,民风尤甚。诸王世家,外戚家,贵主家,侯家,倾帑破产市鸡,以偿鸡直(值)。都中男女,以弄鸡为事"⑨。

唐高宗时诸王好斗鸡。一次,他们斗鸡,互有胜负,沛王府修撰王勃"戏为檄英王鸡文,高宗览之,怒曰:'据此是交构之渐。即日斥勃,不令入府"⑩。李隆基为皇太子时,与诸王"击鞠、斗鸡,驰鹰犬为乐,如是岁月不绝"⑪。即位后,依然如故。

贵臣、外戚对斗鸡的嗜好不亚于诸王。开元天宝年间,"贵臣外戚皆尚之"⑫。范阳、平卢、河东三镇节度使安禄山到京师朝觐,识斗鸡童贾昌于横门外,就迷上了斗鸡。"及乱两京,以千金购昌长安、洛阳市"⑬。每年春天,斗鸡最盛。"百官朝下五门西,尘起春风过玉堤。黄帕盖鞍呈了马,红罗系项(一作顶,一作缠

---

① 《东城老父传》。
② 同上。
③ 李白:《古风》,《全唐诗》卷161。
④ 《东城老父传》。
⑤ 《酉阳杂俎》续集卷8,《支动》。
⑥ 《因话录》卷1。
⑦ 《北梦琐言》卷1。而《唐语林》卷7《补遗》云其好"斗鸭",不是斗鸡。
⑧ 《唐两京城坊考》卷1。
⑨ 《东城老父传》。
⑩ 《旧唐书》卷190,《王勃传》。
⑪ 《旧唐书》卷81,《让皇帝宪传》。
⑫ 《新唐书》卷34,《五行志一》。
⑬ 《东城老父传》。

项）斗回鸡（或云斗鸡回）"①。驸马都尉郭暧，"青春都尉最风流，二十功成便拜侯。金距斗鸡过上苑，玉鞭骑马出长楸"②。威远军子将臧平喜斗鸡。

有些王孙公子和"轻薄少年"视"斗鸡走狗家世事"③。"斗鸡走狗夜不归"④。杜陵狂少年，"斗鸡寒食天"⑤。"斗鸡走狗五陵道"⑥。五陵杜陵少年均指贵族官僚等子弟。"日日斗鸡都市里"⑦。还有一些游侠少年热衷斗鸡。冯燕"少以意气任侠，专为击球斗鸡戏"，"与滑中少年鸡球相得"⑧。游侠"东郊斗鸡罢"⑨。

士大夫也不乏醉心此戏者。唐诗中咏观斗鸡之作颇多，即是明证。韩愈和孟郊还以斗鸡为题，饶有兴味地联句，你几句我几句地吟诗，生动地描述了唐人斗鸡的情景："大鸡昂然来，小鸡竦而待（愈）。峥嵘颁盛气，洗刷凝鲜彩（郊）。高行若矜豪，侧睨如伺殆（愈）。精光目相射，剑戟心独在（郊）……"⑩

斗鸡寒食节最为兴盛。在这"行乐三春节，林花百和香"⑪的大好时光，人们"笙歌达曙钟，喧喧斗鸡道，行乐羡朋从"⑫，携鸡出游者，"先占斗鸡场"⑬；爱好者则"争场看斗鸡"⑭。"民间清明节（有）斗鸡戏"⑮，直至唐末，寒食节仍有"锦袖斗鸡喧广场"⑯。

有的妇女因好斗鸡，便将其绣在枕头上。"枕绘鸳鸯久与栖，新裁雾縠斗神鸡。与郎酣梦浑忘晓，鸡亦留连不肯啼"⑰。阎立德、张萱和周昉等著名画家，也把斗鸡的形象绘在丹青上。

斗鸡盛行，有些人就做起了驯鸡出售的买卖。威远军子将臧平的一只善斗鸡，获得唐穆宗青睐后，"主鸡者想其踡距，奏曰：'此鸡实有弟，长趾善鸣，岁岁卖

---

① 王建：《春日五（一作午）门西望》，《全唐诗》卷 300。
② 李端：《赠郭驸马》，《全唐诗》卷 286。
③ 秦韬玉：《贵公子行》，《全唐诗》卷 670。
④ 贯休：《轻薄篇》，《全唐诗》卷 826。
⑤ 王贞白：《少年行二首》，《全唐诗》卷 701。
⑥ 罗隐：《所思》，《全唐诗》卷 659。
⑦ 张籍：《同前》（《少年行》），《全唐诗》卷 24。
⑧ 沈亚之：《冯燕传》。
⑨ 陈子良：《游侠篇》，《全唐诗》卷 39。
⑩ 《韩昌黎集》卷 8，《斗鸡联句》。
⑪ 张仲素：《春游曲三首》，《全唐诗》卷 367。
⑫ 孟浩然：《李少府与杨九再来》，《全唐诗》卷 160。
⑬ 张仲素：《春游曲三首》，《全唐诗》卷 367。
⑭ 李益：《紫骝马》，《全唐诗》卷 283。
⑮ 《东城老父传》。
⑯ 李山甫：《寒食二首》，《全唐诗》卷 643。
⑰ 史凤：《神鸡枕》，《全唐诗》卷 802。

之，河北军将获钱二百万"①。

有些爱好斗鸡的"贫者"，当然无法购买高价的名鸡，只有"弄假鸡"②，"贫者或弄木鸡"③。

五代十国仍流行斗鸡。五代入宋人刘兼《咸阳怀古》"七国斗鸡方贾勇，中原逐鹿更争雄"，实乃借古喻今之作。后蜀斗鸡风较盛。"寒食清明小殿旁，彩楼双夹斗鸡场。内人对御分明看，先赌红罗被十（一作满担）床"④。

（二）斗草花

斗草源于古代荆楚人。唐五代妇女、儿童颇爱此戏。妇女中有桑妇（刘驾《桑妇》："归来见小姑，新妆弄百草"）、少妇（崔颢《王家少妇》："闲来斗百草，度日不成妆"）、年轻姑娘（司空图《灯花三首》："明朝斗草多应喜"）、妇人（韩偓《倒押前韵》："斗草常更仆"）、妓女（孙棨《题妓王福娘墙》："无端斗草输邻女"）。"弄尘斗百草，尽日乐嘻嘻"（白居易《观儿戏》）、"斗草当春迳"（路德延《小儿诗》），则是儿童斗百草的情景。陆龟蒙卧疾种药草，担心年幼之子分不清草与药，误将药草随春草被拔去斗输赢。刘禹锡曾在《白舍人曹长寄新诗有游宴之盛因以戏酬》诗中诙谐地说："若共吴王斗百草，不如应是欠西施"。有的唐人认为神仙也喜斗百草。张籍和严给事风闻长安唐昌观玉蕊花开，引得神仙来赏，忽发奇想："应共诸仙斗百草，独来偷得一枝归。"⑤

如何斗百草，史载阙如。从"斗草倩裙盛"⑥来看，既用倩裙来盛，说明采的草较多。这或许证明唐代斗百草法，与唐以前看谁采的和认识的种类多为胜的斗草法一样。而安乐公主却用晋谢灵运鬚当斗草。"何如斗百草，赌取凤皇钗"⑦，则显示唐代也有人将斗百草当作赌博。南汉宫人斗花也是这样。南汉主刘𬬮，"春深令宫人斗花"。凌晨开后苑，任便采择，不久，敕令还宫斗花，"负者献耍金耍银买燕（宴）"⑧。后唐、后晋时人和凝《宫词百首》中的"花下贪忙寻百草"，是这个时期有斗百草风习的写照。而后蜀宫人"斗草深宫玉栏前"⑨，显然也有斗草之习。

斗花也是唐五代妇女和儿童喜好的游戏。唐代斗花是斗花的鲜艳、美丽。为

---

① 《酉阳杂俎》续集卷8，《支动》。
② 《东城老父传》。
③ 《新唐书》卷34，《五行志一》。
④ 花蕊夫人：《宫词》，《全唐诗》卷798。
⑤ 《全唐诗》卷386，《同严给事闻唐昌观玉蕊近有仙过因成绝句二首》。
⑥ 吴融：《个人三十韵》，《全唐诗》卷685。
⑦ 郑谷：《采桑》，《全唐诗》卷674。
⑧ 《清异录》。
⑨ 王建：《宫词一百首》，《全唐诗》卷302。一说此诗为花蕊夫人所作。

了弄到艳丽的花，富人用重金市名花，植于庭苑中，以备春时斗。也有人是斗花的时新，而不在于花的艳丽。"水中芹叶土中花，拾得还将避众家。总待别人般数尽，袖中拈出（一作捻得）郁金芽（一作艾心芹叶初生小，一只斗时新不斗花。总待大家般数尽，袖中拈出郁金芽）"，一名宫女在斗花时，将一芹叶先藏起来，等别人把好花都亮出之后，她才突然从袖中拈出，出奇取胜。为了获得更多更新奇的美丽花儿，有些人到处乱采，以致有些花园遭到损坏。"莫怪杏园憔悴去，满城多少插花人"①。

（三）秋千

传说秋千原为山戎之戏。春秋战国时，齐桓公伐山戎，带回此戏，其后逐渐在中原地区流行。秋千以彩绳悬树立架而成，故又名彩索、彩绳，有的绳是用丝线做的，有紫的，碧色的秋千搭的较高，唐人常用百尺来形容其高。秋千是隋唐五代妇女、儿童喜爱的体育活动。寒食节荡秋千最盛。每当清明前后，妇女们就竞相在庭院里、草地上或树下竖起秋千架，缀上各种彩色丝线制作的彩绳，有的秋千高达百尺。唐明皇时，每至寒食节，宫中"竞竖秋千，令宫嫔荡秋千，呼为半仙之戏"。从宫中传出后"都中士民相与仿之"②。在兴庆宫勤政楼前，"每年三日作千秋（一作千秋）"③。民间"秋千竞出垂杨里"④。"万里秋千习俗同"⑤，即寒食荡秋千是全国一致的习俗。

唐中、后期"寒食秋千满地"⑥。在濛濛百花里，身着罗绮的姑娘们争强斗胜："傍人送上那足贵，终赌鸣珰斗自起。回回若与高树齐，头上宝钗从坠地。眼前争胜难为休，足踏平地看始愁。"⑦ 有的人荡得很高，依稀云里见秋千，来疑神女从云下，去似姮娥到月边，虽为诗人的夸张，其高也足以惊人。姑娘们往往要荡到兴尽力竭才肯下秋千架。"力尽才瞵见邻圃，下来娇喘未能调。斜倚朱阑久无语，无语兼动所思愁，转眼看天一长吐"⑧。有的人解开罗裙"指点醍醐索（一作酒）一尊"⑨。即饮一杯从牛奶里精炼的饮料或酒解乏。没有荡上秋千的人，则愁怨不已。韩偓《闺怨》云："初坼秋千人寂寞，后园青草任他长。"

有些人白天荡秋千尚不尽兴，还继之以月光下荡。"花笼微月竹笼烟，百尺

---

① 杜牧：《杏园》，《全唐诗》卷521。
② 《开元天宝遗事》。
③ 王建：《楼前》，《全唐诗》卷301。"三日"当为"三月"之讹。
④ 王维：《寒食城东即事》，《全唐诗》卷125。
⑤ 杜甫：《清明二首》，《全唐诗》卷233。
⑥ 王涯：《宫词》，《全唐诗》卷346。
⑦ 王建：《秋千词》，《全唐诗》卷298。
⑧ 韩偓：《秋千》，《全唐诗》卷683。
⑨ 韩偓：《偶见（一作秋千）》，《全唐诗》卷683。

(一作丈）丝绳拂地悬，忆得双文人静后，潜教桃叶送秋千"①。"秋千悬在月明中"②。有时还在夜雨中荡："夜深斜搭秋千索，楼阁朦胧烟（一作细）雨中"③。

荡秋千的活动各地多有。唐京城长安荡秋千最盛。韦庄《长安清明》云："绿[杨]（阳）高映（一作影）画秋千。"其《丙辰年鄜州遇寒食城外醉吟五首》说，当地"女郎撩乱送秋千"。曹松在《钟陵寒食日与同年裴颜李先辈郑校书郊外闲游》，目睹"云间影过秋千女"。光启三年（887），郑谷进京参加科举擢第后，旅居洛阳南郊村舍，看到农村年轻幼女也喜秋千："村落清明近，秋千稚女夸"④。

寒食荡秋千在五代十国某些国家仍很流行。"月明阶下伴秋千"⑤，显然南唐也有晚上荡秋千的。有的人还陪着幼小的儿女玩此戏："濛濛堤畔柳含烟，疑是阳和二月天。醉里不知时节改，漫随儿女打秋千。"⑥ 后蜀有所谓水秋千。"内人稀见水秋千，争擘珠帘帐殿前。第一锦标谁夺得，右军输却小龙船。"⑦ 这真是别开生面的新创造。曾为官后蜀的王周《无题二首》云："冰雪肌肤力不胜，落花飞絮绕风亭。不知何事秋千下，蹙破愁眉两点青。"诗中虽未讲这位冰雪肌肤的美女为何愁眉不展地坐在秋千架下，但当时有荡秋千则是无疑的。

（四）投壶

投壶是中国古代游戏，常在宴会上玩，以助酒兴。投法是将特制的箭，投进壶里，投中多者为胜。士大夫喜玩投壶。给事中丁公著说："前代名士，良辰宴聚，或清谈赋诗投壶雅歌，以杯酌献酬，不至于乱。"⑧ 唐代士大夫也喜投壶。有的人投艺很高。唐初人薛眘惑，"善投壶。背后投之，龙跃隼飞，百发百中，时推为绝艺"⑨。开元时人戴令言"好投壶"⑩。"黄金每留客，投壶华馆静"。（高适《钜鹿赠李少府》）唐代士大夫投壶，也伴以饮酒、赋诗。"阍令促传觞，投壶更联句。"（唐彦谦《游南明山》）武后时，冠军大将军马神威"响杂投壶之乐"⑪，军中宴客席上同样少不了投壶。"他日观军容，投壶接高宴。"（李白《江夏寄汉阳辅录事》）投壶是宫人消磨时光的娱乐。"分朋闲坐赌樱桃，收却投壶玉腕劳。"（王建《宫词》）后蜀宫人学投壶，"箭倚腰身约画图。尽对君王称妙手，一人来

---

① 元稹：《杂忆五首》，《全唐诗》卷422。
② 薛能：《寒食日题》，《全唐诗》卷561。
③ 韩偓：《夜深（一作寒食夜）》，《全唐诗》卷683。
④ 郑谷：《旅寓洛阳村舍》，《全唐诗》卷674。
⑤ 成彦雄：《柳枝辞九首》，《全唐诗》卷759。
⑥ 徐铉：《柳枝辞十二首》，《全唐诗》卷752。
⑦ 花蕊夫人：《宫词》，《全唐诗》卷798。
⑧ 《旧唐书》卷16，《穆宗纪》。
⑨ 《全唐诗》卷45，《薛眘惑》。
⑩ 《唐代墓志汇编》，第1157页。
⑪ 同上书，第979页。

射一人输。"（花蕊夫人《宫词》）

（五）围棋

围棋是中国古代有悠久历史的文娱活动之一。传说它是尧舜发明的。汉魏南北朝时，已在社会上日益流行。1959年河南安阳隋代张盛墓出土了一个青瓷棋盘①。棋盘作为随葬品进入墓室，说明墓主是一围棋爱好者。尚书主爵郎皇甫绩，年轻时"尝与诸外兄博弈"②。大业年间，太原留守李渊，与晋阳宫副监裴寂，"时加亲礼，每延之宴语，间以博弈，至于通宵连日，情忘厌倦"③，可见李渊对围棋爱好之笃。

唐人下围棋极其普遍。下棋者有天子、宫人、宗室贵族、士大夫、武将、僧人、道士、樵者、民间妇女。不分白天夜晚在皇宫、官邸、林间、窗下、竹里、僧舍、观中、旅店、阶前和驿馆等，几乎是无处不对弈，甚至有的三尺童子也深解棋艺。京城长安更是下棋成为风俗，自唐德宗贞元年间"侈于博弈"④。唐朝不少皇帝喜欢围棋。唐太宗与吏部尚书唐俭对弈，唐俭因固与争道，遭到斥责。开元十六年（728），唐玄宗与宰相张说观弈，命其试验年方七岁的李泌的才能。张说让李泌赋"方圆动静"。李泌"逡巡曰：'愿闻其略'。说因曰：'方若棋局，圆若棋子，动若棋生，静若棋死'。泌即答曰：'方若行义，圆若用智，动若骋材，静若得意'。说因贺帝得奇童。帝大悦曰：'是子精神，要大于身'。赐束帛，敕其家曰：'善视养之'。张九龄尤所奖爱，常引至卧内"⑤。玄宗因喜围棋，故于所置翰林待诏中，围棋是其一。见于记载的翰林待诏王积薪，是名噪一时的围棋大师，自谓天下无敌。他常陪玄宗对弈，"或言王积薪对玄宗棋局毕，悉持（一日时）出"⑥。有时与张说等宰臣下棋。名僧一行本不懂弈。在张说宅"观王积薪棋一局，遂与之敌，笑谓燕公（张说）曰：'此但争先耳。若念贫道四句乘除语，则人人为国手'"⑦。皇帝置专职棋待诏，前所未有。此后一些皇帝因袭其制。贞元末年"翰林待诏王伾善书，山阴王叔文善棋，俱出入东宫，娱侍太子"⑧。宣宗朝棋待诏顾师言，与日本王子对弈故事尽人皆知。唐懿宗前后，新罗人朴球，任唐棋待诏。僖宗朝翰林待诏滑能"棋品甚高，少逢敌手"⑨。

---

① 《考古》1959年第10期，《安阳隋张盛墓发掘记》。
② 《隋书》卷38，《皇甫绩传》。
③ 《旧唐书》卷57，《裴寂传》。
④ 《唐国史补》卷下，《叙风俗所侈》。
⑤ 《新唐书》卷139，《李泌传》。
⑥ 《酉阳杂俎》前集卷12，《语资》。
⑦ 同上。
⑧ 《资治通鉴》卷236，贞元十九年六月。
⑨ 《北梦琐言》卷10。

唐内侍省掖庭局设宫教博士二人，从九品下，掌教习宫人书、算、众艺。众艺包括棋①。张籍《美人宫棋》描写宫人下围棋情景："红烛台前出翠娥，海沙铺局巧相和，趁行移手巡收尽，数数看谁得最多。"王建《夜看美人宫棋》云："宫棋布局不依经，黑白分明子数停，巡拾玉沙天汉晓，犹残织女两三星。"由此可见，她们对弈随心所欲，不那么讲究棋经，甚至几乎通宵达旦地鏖战。

达官贵人除经常陪侍天子对弈外，有的公余以弈消遣。相国魏铉镇守淮扬时，"公以暇日，与二客私款，方弈"②。此即其例。

琴棋书画是中国古代士大夫喜好的四大技艺。唐代不少士大夫深谙其技。如高测，琴棋书画等，"率皆精巧"③。姚合自称棋罢嫌无敌。张南史"工弈棋，神算无敌"④。不少人好棋成癖，嗜棋如命。吴融说："万事悠然只有棋"⑤。田处士有爱酒耽棋田处士之称。杜甫自称以棋度日。鱼玄机告诫外出丈夫休招闲客夜贪棋。许浑诗中11次提及对弈。李洞除有一首诗专讲棋外，另有八首诗涉及棋。为下棋，差点误了前程。宰相令狐绹奏荐李远为杭州刺史。唐宣宗说："朕闻（李）远诗有'青山不厌千杯酒，白日惟销一局棋'。是疏放如此，岂可临郡理人？"令狐绹说：诗人托此以写高兴，未必属实，宣宗才勉强同意⑥。每当"酷尚弈棋"的仆射李讷急躁发怒，家人就密置棋具，李讷"忻然改容，以取其（棋）子布弄，都忘其恚矣"⑦。因迷恋下棋，有的人做官失职。东都留守吕元膺，常与处士对弈，以至文簿堆拥。有的人丢了乌纱和脑袋。唐太宗说："'吾常禁囚于狱内，（大理丞张）蕴古与之弈棋，今复阿纵（李）好德，是乱吾法也。'遂斩于东市。"⑧

唐代道士爱下围棋。唐诗中描写颇多。许浑寻周炼师不遇，而他夜晚下棋的残局还摆在那里。卢纶到终南山楼观访道士，道士正在下棋。"漱玉临丹井，围棋访白云"（刘长卿《过包尊师山院》）。"古观逢（一作寻）仙看尽棋"（贾岛《欲游嵩岳留别李少尹益》）。周贺与李道士是棋友。罗道士与人对弈不赌钱。玄都观道士李尊师与人对弈，杀得难解难分。李群玉《别尹炼师》时，"一罢棋酒欢"。道士勤尊师"晚携棋局带（一作就）松阴"（许浑《题勤尊师历阳山居》）。

---

① 《新唐书》卷47，《百官志二》。
② 《北梦琐言》卷6。
③ 《北梦琐言》卷5。
④ 《唐才子传》卷3，《张南史》。
⑤ 《全唐诗》卷684，《山居即事四首》。
⑥ 《唐才子传》卷7，《李远》。《北梦琐言》卷6所载有所不同："先是，李远以曾有诗云：'人事三杯酒，流年一局棋'。唐宣宗以其非牧人之才，不与郡守。宰相为言，然始俞允。又云'长日惟消一局棋'，两存之"。
⑦ 《南部新书》庚。
⑧ 《旧唐书》卷50，《刑法志》。

唐代僧人也喜欢对弈。胡嘏曾与剡溪僧对弈，在西明寺僧院看僧人下棋。韩愈与僧灵师斗黑白子。李商隐《幽人》"棋罢正留僧"。李远《闲居》时，"留僧尽日棋"。白居易与"山僧对棋坐"（《池上二绝》）。刘禹锡的僧友儇师，棋艺高超。张乔与山僧对弈。

唐人的棋局，不少是刻画在林间、竹中或府邸别墅的石或石桌上，随时可下。"松间石上有棋局"（《妙乐观》）。"石上铺棋势"（李洞《赠宋校书》）。"雪压围棋石"（贾岛《怀博陵故人》）。下棋时呼呼作响。"棋添局上声"（杜荀鹤《新栽竹》）。有的棋局用珠玉装饰。马举镇淮南日，"有人携一棋局献之，皆饰以珠玉，举与钱千万而纳焉"①。有用响玉、楸玉、珉玉等优质玉制作的弈局，用贵重的紫檀木并镶象牙的棋盘。还有用纸画的棋局。"老妻画纸为棋局"（杜甫《江村》）。1949年后，出土了一些隋唐围棋盘，棋局有15、17、19等条线②。唐末人裴说《棋》云"十九条平路"，讲的也是19条线。这纵横各19条线的棋局，则与今之围棋基本相同。出土棋具中也有棋子。"三百枯棋弈思沈"③。棋子分黑白。

唐人下围棋，开枰对垒，犹如两军作战，既有攻势凌厉的博战，也有不动声色的斗智。有时是以静制动，有时是深入虎穴，出奇制胜。行棋布局，千变万化。围棋虽小，涵蕴的学问很大，是智力竞赛。元稹有"运智托围棋"之说。他在家中聚诸棋友对弈，"鸣局宁虚日，闲窗任废时。琴书甘尽弃，圆井讵能窥。运石疑填海，争筹忆坐帷。赤心方苦斗，红烛已先施。蛇势萦山合，鸿联度岭迟。堂堂排直阵，衮衮逼羸师。悬劫偏深猛，回征特险巇。旁攻百道进，死战万般为。异日玄黄队，今宵黑白棋。斫营看回点，对垒重相持。善败虽称怯，骄盈最易欺。狼牙当必碎，虎口祸难移。乘胜同三捷，扶颠望一词。希因送目便，敢恃指纵奇。退引防边策，雄吟斩将诗"④。此诗比较全面生动地描绘了唐人下围棋的真实情景。从中可以看到，这盘棋下得十分精彩：棋手非常投入，琴书之类全都抛弃不顾，集中精力下棋。以棋为兵，布阵鏖战。或以蛇势将敌包围；或"堂堂排直阵"，进逼其羸弱之师；或傍攻百道俱进，欲置敌于死地。同时，又讲究谋略，"斫营看回点，对垒重相持。"这场苦斗，从白天厮杀到红烛高照。杜荀鹤"对面不相见，用心同（一作如）用兵。算人常欲杀，顾己自贪生。得势侵吞远，乘危打劫赢。有时逢敌手，当局到深更"⑤。短短几句诗，将唐人对弈如你死我活的兵

---

① 《太平广记》卷371，《马举》。
② 《文物》1972年第11期，《湖南湘阴唐墓清理简报》。《考古》1959年第10期，《安阳隋张盛墓发掘记》。吐鲁番阿斯塔那墓围棋仕女帛画。
③ 胡宿：《寄昭潭王中立》，《全唐诗》卷731。
④ 《全唐诗》卷406，《酬段丞与诸棋流会宿弊居见赠二十四韵》。
⑤ 《全唐诗》卷691，《观棋》。

家之争，刻画得入木三分。唐人吴大江《棋赋》也说博弈"似将军之出塞，若猛士之临边。及其进也，则乌集云布，陈合兵连"。用心盘算如何吃掉对方的棋子，小心翼翼地保护自己，一旦得手，就乘势穷追猛打，置敌于死地；如棋逢对手，则一局杀到深更半夜。但棋局的发展是曲折的。"百变千化无穷已，初疑磊落曙天星，次见搏击三秋兵，雁行布阵众未晓，虎穴得子人皆惊"（刘禹锡《观棋歌送儇师西游》）。要想取胜并非易事，所以对弈双方均极专注，"傍人道死的还生，两边对坐无言语，尽日时闻下子声"①。决定胜负关键在于"围棋斗黑白，生死随机权"②，即智谋。"幽人斗智棋"（李洞《对棋》）。实际上，对弈斗智，是双方心计的对抗。"不害则败，不诈则亡，不争则失，不伪则乱，是弈之必然也"③。棋局虽小，变幻无穷，学问很大。人们"运智托围棋"（元稹《酬翰林白学士代书一百韵》）。尽管围棋有消遣作用，同时也可以弈会友，修身养性，"园棋出专能"④，故持久不衰。

唐人下棋有的从清晨下到掌灯，甚至夜漏欲尽，天汉星残。"棋残漏滴终"（吴融《赴阙次留献荆南成相公三十韵》）。"观棋不觉暝，月出水亭初"（岑参《虢州卧疾喜刘判官相过水亭》）。"春酒夜棋难放客，短篱疏竹不遮山"（李昭象《题顾正字溪居》）。有时一局未下完，就封棋暂停，来日再对。"昨日围棋未终局"（马戴《期王炼师不至》，一作秦系诗）。"棋局不收花满洞"（胡皓《赠曹处士幽居》）。"窗下覆棋残局在"（许浑《夜归驿楼》）。所以有人说："知叹有唐三百载，光阴未抵一先棋"（李洞《赠徐山人》）。虽系夸张之词，亦足见对弈鏖战时间之长。

唐人下围棋有的一面对弈，一面饮酒。饮酒一是为了助兴，一是可以赌酒。"一杯春酒一枰棋"⑤。钱塘青山李隐士客来则于林间扫石安棋局，岩下分泉递酒杯。《游仙窟》里讲五嫂"即索棋局共少府赌酒"。杜荀鹤在新栽竹林里，赋诗、酌酒、对弈。李洞与宋校书对弈，船峻上赌酒分高低。迎送亲友宴饮时，有的对弈助兴。章孝标送进士陈岊去睦州，为其饯行，对弈至夜漏无声时。友人相逢乘兴下上一局。李咸用《和友人喜相遇十首》："数杯竹阁花残酒，一局松窗日午棋"。

唐人因爱棋，故常以下围棋比喻事物。白居易以棋盘比长安街坊："百千家似围棋局，十二街如种菜畦"（《登观音台望（一作贤）城》）。杜甫"闻道长安似弈

---

① 王建：《看棋》，《全唐诗》卷301。
② 韩愈：《送灵师》，《全唐诗》卷337。
③ 《皮子文薮》卷3，《原弈》。
④ 《全唐诗外编》上，《全唐诗补逸》卷2《王梵志》。"园"当为"围"之误。
⑤ 徐夤：《温陵残腊书怀寄崔尚书》，《全唐诗》卷709。

棋"(《秋兴八首》)。陆龟蒙说,满目山川似势棋。皮日休"水似棋文交度郭"(《吴中书事寄汉南裴尚书》)。元稹以珠玉布如棋,贤俊若布弈,形容朝廷人才济济。杜牧喻万国象棋布。王维《春园即事》曰:"开畦分白水,间柳发红桃。草际成棋局,林端举桔槔",则是以棋局类田园。唐五代人还因喜欢棋局线条纵横整齐、美观,将其用于建筑装饰。显著实例是敦煌莫高窟的藻井、龛顶、窟顶和甬道盝形顶等处,画有棋格雁衔璎珞、棋格千佛、棋格团花等图案。有此类图案装饰的初唐窟有67、78、328,盛唐窟有23、25、27、38、46(五代画)、74、83、84、87、88、113、121(五代画)、126、164、165、170、171、199、223、347、353、460,中唐窟有7、92、112、151、154、159、191、197、200、222、231、234、236、237、238、240、358、359、360、361、363、368、369、449、467、471、474、475,晚唐窟有8、9、12、14、16、29、30、34、94、106、136、142、147、161、178、183、192、195、196、198、232,中唐晚唐窟有144,盛唐中唐窟有188,中唐五代窟有468,唐窟有65、81、169、344,五代窟有6、22、35、99、100、351,凡87窟[①],其中初唐、五代较少,盛、中、晚唐较多,中唐最多。

唐代妇女爱好围棋,并有令国手惊叹的高手。新疆阿斯塔那墓出土《仕女围棋图》绢画,说明即使边陲妇女也耽此乐。王积薪深夜闻棋的故事,更是千古美谈。王积薪棋艺高超,"自谓天下无敌"。一次在入京途中旅舍,夜"闻主人媪隔壁呼其妇曰:'良宵难遣,可棋一局乎?'妇曰:'诺。'媪曰:'第几道下子矣!'妇曰:'第几道下子矣。'各言数十。媪曰:'尔败矣',妇曰:'伏局'。积薪暗记,明日覆其势,意思皆所不及"[②]。

唐代吐蕃人也喜"围棋陆博"[③]。

围棋是中日友好往来纽带之一。唐宣宗时,日本王子入贡,擅长围棋。宣宗命围棋待诏顾师言与其对弈。王子出本国如楸玉局,冷暖玉棋子。行棋至三十三下时,顾师言"惧辱君命,汗手死心,始敢落指"。王子"亦凝目缩臂数四",方才出棋,仍未获胜。他问礼宾院官员,这位棋手是大唐第几位棋手。答曰:"胜第三,可见第二;胜第二,可见第一。"王子抚局叹道:"小国之一,不及大国之三"[④]。

围棋在五代十国时期仍十分流行。后唐人高辇《棋》说:一些野客下围棋极为认真,视对手似仇人,为赢棋绞尽脑汁,下完一局棋,"白却少年头"。南汉曹郎张泍赠琴棋僧诗云:"我又看师棋一著,山顶坐沈红日脚。阿谁称是国手人,罗

---

① 此据《敦煌莫高窟内容总录》。凡由五代、宋、西夏和清等朝代重修的唐窟,仍以唐窟视之。
② 《唐国史补》卷上,《王积薪闻棋》。《集异记》所载此事有所不同。
③ 《旧唐书》卷196上,《吐蕃上》。
④ 《北梦琐言》卷1,《日本国王子棋》。

浮道士赌却鹤。输却药葫芦，斟下红霞丹，束手不敢争头角"[1]。后蜀欧阳炯《句》说："古人重到今人爱，万局都无一局同"。蜀王起床前，宫人们闲暇无事，就在房里学下围棋，为赌金钱争路数，专忧女伴怪来迟。留传至今的《李后主观棋图》，传为出自五代著名画家周文矩之手。描绘了南唐后主李煜正在观看两人对弈的情形。翰林学士徐铉有五首诗咏及围棋，主张下棋"何必计输赢"，因"睹墅终规利，焚囊亦近名"，实在俗气，"不如相视笑，高咏两三声"，来得高雅[2]。淦阳宰李中咏棋诗多至七首。"自乐清虚不厌贫，数局棋中消永日"（《春晚过明氏闲居》）。他与羽人在清凉的竹林里安排棋局。又"留僧覆旧棋"（《赠朐山杨宰》）。李中还将自己的石棋局献给时宰。柴朗中也爱好围棋。茅山道士对弈。南唐下围棋同样饮酒。考功员外郎伍乔，与处士史虚白"棋玄不厌通高品（一作通霄算）"（《寄落星史虚白处士》）。闽人詹敦仁，以围棋比当时走马灯式的政局，说"争霸图王事总非，中原失统可伤悲。往来宾主如邮传，胜负干戈似局棋"（《劝王氏入贡宠予以官作辞命篇》）。楚天册府学士徐仲雅认为："棋妙子无多"（《赠江处士》）。

（六）弹棋

弹棋是唐代十分流行的棋类之一。关于它的起源，唐人留存说："弹棋《世说》曰始自魏宫内戏也"[3]。段成式也曰："《世说》云：弹棋起自魏室，妆奁戏也。《典论》云：予于他戏弄之事少所喜，唯弹棋略尽其巧。京师有马合乡侯、东方世安、张公子，恨不与数子对。起于魏室明矣。"[4] 而《续事始》却不同意这种看法，认为弹棋始作俑者为汉武帝。"《事始》引《世说》始自魏。《白氏六帖》亦误也。按《两京杂纪》汉武帝好蹴鞠。言事者为劳体非至尊所宜。帝曰：'朕好之可择，似而不劳者奏之'。家君作弹棋贡"。"弹棋之戏甚古，法虽设，鲜有为之。其工者，近有吉逵、高越首出焉。"[5] 由此可见，似乎唐代会弹棋者寡，至唐中叶才有工于此戏者吉逵、高越首先脱颖而出。其实不然，史实证明，开元年间前后弹棋就十分流行于社会各阶层中，唐中叶后继续流行。好此戏者有士大夫（张谓隐囊纱帽坐弹棋、岑参读书复弹棋。礼部尚书裴宽，年轻时"工骑射、弹棋"）[6]、道士（"道士席谦善弹棋"，杜甫《存殁口号二首》）、宫女（夏夜烛光下，"丛丛绿鬓坐弹棋"，王涯《宫词》"弹棋玉指两参差，背局临虚斗著危。先

---

[1] 《唐才子传》卷10，《张泌》。
[2] 《全唐诗》卷756，《棋赌赋诗输刘起居关》。
[3] 《事始》，载《说郛》卷10。
[4] 《酉阳杂俎》续集卷4，《贬误》。
[5] 《唐国史补》卷下。
[6] 《新唐书》卷130，《裴漼传附宽传》。

打角头红子落,上三金字半边垂",王建《宫词一百首》)、官员("花落弹棋处,香来荐枕前,使君停玉马,行乐此中偏",孙逖《和常州崔使君咏后庭梅二首》)、军人("弹棋夜半灯花落",岑参《与独孤渐道别长句兼呈严八侍御》。"饮酒对春草,弹棋闻夜钟。今且还龟兹,臂上悬角弓",岑参《北庭贻宗学士道别》)。唐人弹棋有时日以继夜,伴以美酒、歌乐。"弹棋击筑白日晚,纵酒高歌杨柳春"(高适《别韦参军》)。"吾徒在舟中,纵酒兼弹棋"(岑参《敬酬杜华淇上见赠兼呈熊曜》)。甚至六岁童儿也知此棋。华阴学童杨牢信口咏弹棋诗的佳话就是一例①。

关于弹棋的玩法,唐人留存说:"魏文帝于此技(弹棋)好之,用巾拂之,无不中者"②。而唐人玩弹棋的方法,段成式说,"今弹棋用棋二十四,以色别贵贱,棋绝后一豆。《座右方》云:白黑各六,棋依六博。棋形(一云依大棋形)颇似枕状。又魏戏法,先立一棋于局中,余者闻(一作斗)白黑围绕之,十八筹成都"③。他们认为魏文帝时弹棋玩法是先立一棋在棋局中间,用巾拂棋子,其余白黑棋子围绕它相斗。唐人玩法则是用棋 24 枚,用颜色分别贵贱。韦应物为弹棋高手刘生,李顾为另一高手崔侯撰写了《弹棋歌》,生动地描绘了唐人弹棋艺术:"园天方地局,二十四气棋子。刘生绝艺难对曹,客为歌其能,请从中央起。中央转头破欲阑,零落势背谁能弹。此中举一得六、七,旋风忽散霹雳疾。履机乘度安可当,置之死地翻取强。不见短兵反掌收已尽,唯有猛士守四方。四方又何难,横击且缘边,岂如昆明与碣石,一箭飞中隔远天,神安志惬动十全,满堂惊视谁得然"④。"崔侯善弹棋,巧妙尽于此。兰田美玉清如砥,白黑相分十二子。联翩百中皆造微,魏文手巾不足比。缘边度陇未可嘉,鸟跂星悬危(一作正)复斜。回飙转指速飞电,拂四取五旋风花(一作拂取四五如旋花)坐中(一作上)齐声称绝艺,仙人六博何能(一作曾)继,一别常山道路遥,为余更作三五(一作两)势"⑤。

上述两诗显示:弹棋局是个上圆下方中间凸起的器物,"魁形下方天顶凸,二十四寸窗中月"⑥,"莫近弹棋局,中心最不平"⑦,也证明了这一点。有二十四枚棋子,白、黑各十二枚,有的棋子是用兰田美玉制成。有的是"玉作弹棋局"⑧。

---

① 《唐语林》卷 3,《凤慧》。
② 《事始》。
③ 《酉阳杂俎》续集卷 4,《贬误》。
④ 韦应物:《弹棋歌》,《全唐诗》卷 194。
⑤ 李顾:《弹棋歌》,《全唐诗》卷 133。
⑥ 《唐语林》卷 3,《凤慧》。
⑦ 李商隐:《无题》,《全唐诗》卷 539。
⑧ 李商隐:《柳枝五首》,《全唐诗》卷 541。

（七）击球

击球，亦名击鞠、打球、打马球。马球，又名波罗球。它是盛行于唐五代宫廷、军中和民间的一种群众性体育活动。关于唐五代击球的球体及击球规则等，我们从诗文、壁画、铜镜、陶俑等，可以看出大致情况：鞠，"以韦为之，实以柔物，今谓之球子"①，彩绘其面，球大若拳，"坚圆净滑"（鱼玄机《打球作》），故有"彩球"、"画球"、"七宝球"、"香球"和"珠球"等美名。球杖，木质，长数尺，杖头曲似初月（"珠球忽掷，月杖争击"，阎宽《温汤御球赋》），彩绘，颇类今之冰球棍。击球场平坦"新扫球场如砥平"（杨巨源《观打球有作》），以便策马驰骋、球的滚动。场地大小不拘。从诸州球场除打球外，尚可用于大的集会、练兵习武等活动来看，球场较大。长安王公贵族宅院虽广，面积毕竟有限，所以筑球场不可能很大。有些讲究的球场，还洒上油，使之更加光滑（唐中宗时"驸马武崇训、杨慎交洒油以筑球场"②）。民间百姓无条件筑球场，便在大街等处击球。如洛阳一些少年，在里巷"或差肩追绕击大球，里言谓之打棍谐论"③。长安大街上也有群胡击球④。球门为一木板，板心挖一圆洞，后接以网盛球，立于球场。设一球门，或二球门。正式赛球穿特制打球衣。长庆四年（824）二月，"西川节度使杜元颖进罨画打球衣五百事"⑤。这是供皇家所用球衣。长安少年"数换打球衣"⑥。一般是骑马击球（李濬《抚异记》：玄宗"好走马击球"。章怀太子墓壁画《马球图》击球者均骑马）。所骑之马尾打结，或剪尾，以防马尾相互缠绕。上述《马球图》中马均缚尾。阎宽《温汤御球赋》："细尾促结。" 有骑驴赛者⑦。有步行击球者（王建《宫词》："寒食宫人步打球"）。比赛"分朋"（分两队）进行（张建封《酬韩校书愈打球歌》："护军对引相向去，风呼月旋朋先开。" 王建《宫词》："对御难争第一筹"）。对垒双方人数多少不一。景云年间临淄王李隆基"与嗣虢王邕、驸马杨慎交、武秀等四人，敌吐蕃十人。"⑧ 有裁判。如唐末神策军击球表演："都教练使放球于场中，诸将皆骑马趋之。"⑨ 这都教练吏就是这场比赛的仲裁人。有音乐助兴。唐人乐曲中有《打球乐》，王建《宫词》云："内人唱好龟兹急。" 有击鼓助威（韩愈《汴泗交流赠张仆射》："击鼓腾腾树赤旗"）。

---

① 《资治通鉴》卷199，永徽三年二月。
② 《资治通鉴》卷209，景龙二年七月。
③ 李绅：《拜三川守》，《全唐诗》卷482。
④ 《资治通鉴》卷199，永徽三年二月。《封氏闻见记》卷6，《打球》。
⑤ 《旧唐书》卷17上，《敬宗纪》。
⑥ 李廓：《长安少年行》，《全唐诗》卷479。
⑦ 《旧唐书》卷17上，《敬宗纪》："分朋驴鞠"。
⑧ 《封氏闻见记》卷6，《击球》。
⑨ 《资治通鉴》表253，广明元年三月。

以射进球门为胜（张建封《酬韩校书愈打球歌》："齐观百步透短门，谁羡养由遥破的"。"以先得球而击过球门者为胜"①）。球被射进门时观众叫好（杨巨源《观打球有作》："动地三军唱好声"）。优胜者获奖。凡击球，设赏格，赛前读赏格，唐宪宗在三殿宴侍中田弘正，击球胜者赐折样锦。

唐朝皇帝中、玄、宪、穆、敬、宣、僖、昭诸宗均喜击球，其中玄、敬、宣、僖等是球艺出众的高手。唐代宫廷经常举行击球比赛，作为庆典宴饮的助兴节目之一。宫中多处建有球场，以便随时观赏。长安太极宫承香殿北有球场亭②，大明宫东内苑有球场亭子殿和鞠场③。大和九年（835）"填龙首池以为鞠场"④。大明宫出土马球场碑。唐敬宗即位初，"御中和殿击球"，旋又"击球于飞龙院"⑤，禁苑有球场亭子⑥。华清宫外观风殿有球场，唐宣宗时犹存⑦。

《封氏闻见记》卷6《打球》云："太宗常御安福门，谓侍臣曰：'闻西蕃人好为打球，比亦令习，会一度观之。昨异仙楼有群胡衔里打球，欲令朕见。此胡疑朕爱此"，便"焚此球以自诫"。说明当时长安已有打球，太宗并不提倡。唐中宗"好击球，由是风俗相尚"⑧。唐玄宗常与诸王及大臣姜皎击球。唐德宗与诸将击球于内殿。唐宪宗不仅喜观击球，还亲挥杖上场。唐穆宗常御马与内官击球⑨。唐敬宗"善击球"，设击球军将。御麟德殿"观两军、教坊内园分朋驴鞠"⑩。长庆四年（824）四月，当染坊工人张韶率百余人造反攻入皇宫，他正在清思殿击球。唐文宗为革敬宗弊政，令本军处置击球军将于登等人，"球场宜却还龙武军"⑪。谋诛擅权宦官的"甘露事变"失败后，文宗心情不好，将"两军球鞠之会什减六、七"⑫。唐武宗好击球。大宦官仇士良看到皇帝玩物丧志，会昌三年（843）退休前，向宦官们传授博取天子"恩礼不衰"和荣华富贵的秘诀：让他们"日以球猎声色蛊其心"⑬。唐宣宗即位前，武宗曾欲乘召他击球之机杀害。即位后，常与诸王击球于十六王宅。他"弧矢击鞠，皆尽其妙。所御马，衔勒之外，不加雕饰，

---

① 《资治通鉴》表253，广明元年三月。
② 《西京宫城图》（载《唐两京城坊考》）。
③ 《西京大明宫图》（载《唐两京城坊考》）。《唐两京城坊考》，第29页。
④ 《唐两京城坊考》，第29页。
⑤ 《旧唐书》卷17上，《敬宗纪》。
⑥ 《唐两京城坊考》，第30页。
⑦ 郑嵎：《津阳门诗并序》，《全唐诗》卷567。
⑧ 《资治通鉴》卷209，景龙二年七月。
⑨ 《旧唐书》卷16，《穆宗纪》；《新唐书》卷8，《穆宗纪》。
⑩ 《旧唐书》卷17上，《敬宗纪》；《唐鉴》卷10，《敬宗》。
⑪ 《旧唐书》卷17上，《文宗纪上》。
⑫ 《唐鉴》卷10，《文宗》。
⑬ 《新唐书》卷207，《仇士良传》。

而马尤矫捷。每持鞠杖，乘势奔跃，运鞠于空中，连击至数百，而马驰不止，迅若流电。二军老手，咸服其能"①。僖宗常击球。广明元年（880）大宦官田令孜见农民起义军在关东一带日益发展壮大，唐王朝的统治已岌岌可危，"阴为幸蜀之计，奏以（陈）敬瑄及其腹心左神策大将军杨思立、牛勖、罗元杲、镇三川。上（僖宗）令四人击球赌三川。敬瑄得第一筹，即以为西川节度使"②。如此昏君，唐朝岂能长久。

击球是一大乐事。而剧烈的对抗，飞驰的奔马，有时还隐藏着杀机，经常出现死伤，"小者伤面目，大者残形躯"③。唐玄宗三殿打球，荣王坠马闷绝。安史之乱初常山太守王俌"欲降贼，诸将怒，因击球，纵马践杀之"④。长庆二年（822）唐穆宗与内官击鞠禁中，"有内官欻然坠马，如物所击。上恐，罢鞠升殿，遽足不能履地，风眩就床。自是外不闻上起居者三日"⑤。宝历二年（826）唐敬宗御三殿，观左右军、教坊、内园击球、角抵，"有碎首折臂者"⑥。周宝以善击球，唐武宗"称其能，擢金吾将军。以球丧一目"⑦。成德节度使李宝臣弟李宝正，与魏博节度使田承嗣子田维"击球，马骇，触维死"⑧。军将刘悟与平卢节度使李师古击球，刘悟驰突，误冲倒师古马。朱全忠留其子朱友伦宿卫皇宫，伺察唐昭宗行动。"友伦击鞠，坠马死。"⑨抨击耽于击球的言论不断见于大臣奏疏和其他诗文。黄幡绰劝谏唐玄宗曰："'大家年几不为小，圣体又重，倘马力既极，以至颠踬，天下何望！何不看女壻等与诸色人为之？如人对食盘，口眼俱饱，此为乐耳。傍观大家驰逐忙遽，何暇知乐？'上曰：'尔言大有理，后当不复自为也。'"⑩永泰年间，山人刘钢，上书刑部尚书薛公："打球一则损人，二则损马，为乐之方甚众，何乘兹至危，以邀晷刻之欢耶。"⑪韩愈说："以击球事谏执事者多矣。谏者不休，执事不止"，这不是因为"其乐不可舍，其谏不足听故哉。谏不足听者，辞不足感心也；乐不可舍者，患不能切身也"。他们说："进若习熟则无危堕之忧，避能便捷，则免激射之虞，小何伤于面目，大何累于形躯"。韩愈认为关键在于"马之与人，情性殊异，至于筋骸之相束，血气之相持，安佚则适，劳

---

① 《唐语林》卷 7，《补遗》。
② 《资治通鉴》卷 253，广明元年三月。
③ 韩愈：《上张仆射第二书》，《全唐诗》卷 553。
④ 《资治通鉴》卷 218，至德元载七月。
⑤ 《旧唐书》卷 16，《穆宗纪》。
⑥ 《旧唐书》卷 17 上，《敬宗纪》。
⑦ 《新唐书》卷 186，《周宝传》。
⑧ 《新唐书》卷 211，《李宝臣传》。
⑨ 《新五代史》卷 13，《梁家人传》。
⑩ 《唐语林》卷 5，《补遗》。
⑪ 《唐语林》卷 5，《补遗》。《新唐书》卷 111，《薛仁贵传》记此事为蹴鞠。

顿则疲者，同也。"以马驰球场，"荡摇其心腑，振挠其骨筋，气不及出入，走不及回旋，远者三、四年，近者一、二年，无全马矣。"球之害人道理相同①。天祐元年（904）四月，权臣朱全忠胁唐昭宗从长安东迁洛阳，与昭宗同行者有"击球供奉、内园小儿共二百余人"②。七月，朱全忠在洛阳宴于文思球场。

五代十国帝王，对击球的爱好虽不如李唐天子浓烈，但嗜好此戏者亦不乏其人。后梁开平三年（909）改东京大内球场为兴安球场。同光三年（925）后唐庄宗至东京，"毁即位坛为鞠场。二月己巳，聚鞠于新场"③。后唐明宗始为太原将帅"二主军职未高，因击鞠入赵襄子庙"④。和凝《宫词百首》"两番供奉打球时，鸾凤分厢锦绣衣。虎骤龙腾宫殿响，骅骝争趁一星飞"。反映了击球仍为后唐及其以后皇家喜爱。南唐主李璟即位初，"击鞠略无虚日"⑤。听政之暇，命亲王及东宫旧僚击鞠极欢，赏赐财物。

后蜀君臣也对击球十分青睐。宫中曲池头附近筑有球场。后蜀主孟昶在画廊搭起御幄，观赏勋臣击球。击时管弦齐奏，获头筹的胜者赐酒，马上球手齐呼万岁。孟昶"或采戏打球"⑥。高兴时还亲自教宫娥学打球。翰林学士辛寅逊上疏谏道："奈何博戏击球妨怠政事，奔车跃马，轻宗庙社稷。"⑦

隋唐五代帝王爱好击球，贵族官僚常陪侍其间，故也热衷击球。唐朝一些贵族官僚家里专为击球筑有球场。唐中宗时，驸马杨慎交在长安靖恭"坊西隙广鞠场"⑧，平康坊原隋李穆宅，为唐长宁公主及鞠场，景云中废，并球场散卖与居人。唐睿宗废光福坊永泰公主庙，赐姜皎为鞠场。太尉李晟永崇坊宅前有一小宅，"晟欲并之为击球之所"，宅主窦乂献房契⑨。章怀太子墓壁画《马球图》、《宁王调马打球图》⑩、长安县韦洞墓出土打马球陶俑群，都是他们嗜好击球的表现。唐后期击球在贵族官僚中仍较流行。"贵主骄矜盛，豪家恃赖雄，偏沾打球彩。"⑪"击鞠王孙如锦地。"⑫徐夤吟诗赞美尚书打球所骑小马步骤骑妙："善价千金未可论，燕王新寄小龙孙。逐将白日驰青汉，衔得流星入画门。步骤最能随手转，性灵多

---

① 韩愈：《上张仆射第二书》，《全唐文》卷553。
② 《资治通鉴》卷264，天祐元年四月。
③ 《新五代史》卷5，《庄宗纪》。
④ 《北梦琐言》逸文卷3。
⑤ 《南唐近事》卷2。
⑥ 辛寅逊：《谏孟昶击球驰骋疏》，《全唐文》卷891。
⑦ 同上。
⑧ 《唐两京城坊考》，第86页。
⑨ 《太平广记》卷243，《窦乂》。
⑩ 《新唐书》卷59，《艺文志三》。
⑪ 元稹：《春六十韵》，《全唐诗》卷408。
⑫ 皮日休：《洛中寒食二首》，《全唐诗》卷613。

恐会人言。桃花雪点多虽贵，全假当场一顾恩。"① 南唐权臣徐知训镇守广陵时，观赏杨氏会鞠于广场。吴越中书令杜建徽"击球于广场"②。

击球需要高超的骑马术，缺乏勇敢机智是难以取胜的，同时它又是一项剧烈的竞技活动，体力消耗极大，没有众人的协调配合，也是不可能战胜对手的。因此军中把击球作为训练军队的项目之一。中央禁军中的左、右神策军，开展击球最活跃，涌现不少技艺高超的健将。当然这与唐代诸帝经常命其表演也有密切关系。天下诸军从士卒至将帅，乐于和擅长此戏者史不绝书。"中兴名将"李光弼，与敕使在军中击球消遣。黔南观察使崔承宠，年轻时从军"善驴鞠逗脱，杖捷如膠焉"③。魏博节度使田季安"自恣击鞠"④。邠宁邢司徒击球，"箭头破帖浑无敌，杖底敲球远有声"⑤。仆射张建封以击球训练麾下将卒。剑南节度使郭英乂教女伎乘驴击球。

军中盛行击球，还与它是军中一种深受将士青睐的娱乐活动有关。有些将士击球技艺相当娴熟高超。有"俯身、仰击、复傍击，难于古人左右射"⑥。建中初年，河北夏将军，"尝于球场中，累钱十余，走马以击鞠杖击之，一击一钱飞起六、七丈，其妙如此"⑦。由于军中击球高手多，唐代不少皇帝常至宫中左右神策军观赏比赛击球。

为了便于训练军队，同时作为大的集会宴客、犒军等需要，许多地方筑有球场，如幽、扬、荆、宣、徐、泗、汴、魏、营等州，及成都、桂林、常山等。唐穆宗时，李渤为官桂林，于球场宴请友人吴武陵。咸通九年（868）庞勋军抵泗州，"刺史杜慆飨之于球场"⑧。庞勋在徐州，宴朝廷使臣康道伟于球场⑨。李绅督大梁，于球场犒军。

文人不甘示弱，为显示他们击球技艺并不亚于赳赳武夫，唐代京师长安每当开科考试天下文士，那些荣登金榜的进士等辈，照例要去浐水西岸的著名球场月灯阁，挥球杖上场，一展风采。咸通十三年（872），新进士集于月灯阁为蹙鞠之会。击拂既罢，痛饮于佛阁之上，四面看棚栉比，全部骞去帷箔而纵观。乾符四年（877），月灯阁打球之会，同年进士悉集，与两军军将数辈私较。刘覃对同年

---

① 徐夤：《尚书打球小骢步骤最奇因有所赠》，《全唐诗》卷 708。
② 杜建徽：《自叙》，《全唐诗》卷 763。
③ 《酉阳杂俎》卷 8，《黥》。
④ 《新唐书》卷 210，《田承嗣传附田季安传》。
⑤ 贾岛：《上邠宁邢司徒》，《全唐诗》卷 574。
⑥ 张建封：《酬韩校书愈打球歌》，《全唐诗》卷 275。
⑦ 《酉阳杂俎》卷 5，《诡习》。
⑧ 《资治通鉴》卷 251，咸通九年九月。
⑨ 《资治通鉴》卷 251，咸通九年十一月。

说："'仆能为群公小挫彼骄，必令解去，如何？'状元已下应声请之。覃因跨马执杖，跃而揖之曰：'新进士刘覃拟陪奉，可乎？'诸辈皆喜。覃驰骤击拂，风驱电逝，彼皆瞪眙。俄策得球子，向空磔之，莫知所在。数辈惭沮，儴俛而去。时阁下数千人，因之大呼笑，久而方止。"①

因唐代盛行击球，所需用器具较多，有人遂以制作球具牟利，如苏校书，"善制球杖"，好酒而无钱时，"即以球杖干于人，得所酬之金以易酒"②。魏豪人冯燕"专为击球"③。有些地方长吏为附和天子击球癖好，向皇上奉献擅长此技之人。宝历二年（826）郓州进驴打球人石定宽。

（八）蹴鞠

"刘向《别录》曰：蹴鞠，黄帝所造，本兵势也。或云起于战国。案：鞠与球同，古人蹋蹴以为戏。"④唐人也认为它是"黄帝所作，或曰起战国时"⑤。两汉、三国时代，蹴鞠已广泛流行于社会。

及至唐代，蹴鞠有很大发展。鞠由过去"以革皮为之，中实以毛"的实心球，改为"以胞为里，嘘气闭而蹴之"⑥的充气的球。气不能充得太足，否则蹴时费劲。又不可充得太少，少则蹴不起来。这种充气球富有弹性、轻便，能蹴得很高："蹴鞠屡过飞鸟上。"⑦由唐以前的不设球门，而是将鞠蹴入"鞠域"（小坑），变为设立鞠门。"植两修竹，络网于上为门，以度球"⑧。球赛分左、右朋，以角胜负。

唐代皇帝喜蹴鞠者不多。史载仅有文宗幸勤政楼观"蹴鞠"⑨。武宗喜鞠球。唐僖宗"好蹴球"⑩。

蹴鞠以寒食节为盛。在军中，在各地，直至唐末均在此时与斗鸡、击球、角觚和荡秋千等活动一起进行。如"遥闻击鼓声，蹴鞠军中乐"（韦应物《寒食后北楼作》）。"隔街闻筑（一作蹴）气球声"（韦庄《丙辰年鄜州遇寒食城外醉吟五首》）。"地上声喧蹴鞠儿"（曹松《钟陵寒食日与同年裴颜李先辈郑校书郊外闲游》）。仲无颜《气球赋》云："广场春霁，寒食景妍。交争竞逐，驰突喧闹。或

---

① 《唐摭言》卷3，《慈恩寺题名游赏赋咏杂纪》。
② 《录异记》。
③ 沈亚之：《冯燕传》。
④ 《初学记》卷4，《寒食第五》。
⑤ 留存：《事始》。
⑥ 《文献通考》卷147，《乐考·散乐百戏》。
⑦ 王维：《寒食城东即事》，《全唐诗》卷125。
⑧ 《文献通考》卷147，《乐考·散乐百戏》。
⑨ 《旧唐书》卷17下，《文宗纪下》。
⑩ 《北梦琐言》卷1，《宣宗称进士》。

略地以丸走，乍凌空以月圆"，生动地描绘了唐人蹴鞠情景。秦川公子蹴鞠。人们平时则在宅院或大街上蹴鞠。唐文宗时，翰林承旨学士王源中，暇日与诸昆季蹴鞠于太平里第，球子击起，误中源中之额，薄有所损[1]。"天街时蹴踘"[2]。由于蹴鞠十分盛行，唐代，妇女也跻身其间了。并涌现了蹴艺颇高之辈，如一次军中少年在长安胜业坊蹴鞠，一十七八岁的女子接鞠送高数丈，引起围观。

南唐名将王崇文，"临武昌日，阅兵于蹴鞠场"[3]。后蜀主王衍"雅好蹴鞠，引锦布障以翼之，往往击球其中，渐至街市而不知"[4]。

（九）抛球

是隋唐五代人尤其是妇女喜爱的互相用手抛接彩球的球类活动。球，又称"彩球"、"花球"、"绣球"，是用五彩线绣成的小圆球。抛球是寒食节宴会上的助兴节目。人们一面饮酒，一面抛球，伴以歌舞。小小的彩球，在高照的红烛光影中，从人们的手中迅速抛传，倒也别有一番情趣。隋代宫廷宫妓抛球见于李真言《抛球妓》："隋家宫殿锁清秋，曾见婵娟飏绣球。""侍宴黄昏晓未休，玉阶夜色月如流。朝来自觉承恩最，笑倩傍人认绣球。堪恨隋家几帝王，舞裀揉尽绣鸳鸯。如今重到抛球处，不是金铲旧日香。"[5] 至唐五代，抛球乐成为一种诗歌题材，不少著名诗人以其为题吟诗填辞，显示抛球颇受青睐。景云元年（710）正月，唐中宗御梨园球场，"命文武三品以上抛球"[6]。皇后、妃、主临观。开元、天宝年间，宫中行乐项目之一是抛球。"素女鸣珠珮，天人弄彩球"[7]。唐中期以后，抛彩球更加流行。早春时节，"暖催衣上缝罗胜，晴报窗中点彩球。每度暗来还暗去，今年须遣蝶迟留"[8]。刘禹锡《抛球乐词》云："五彩绣团圆，登君玳瑁筵。最宜红烛下，偏称落花前。上客如先起，应须赠一船。春早见花枝，朝朝恨发迟。及看花落后，却忆未开时。幸有抛球乐，一杯君莫辞。""怜香占彩球"（杜牧《后池泛舟送王十秀才》）。"罗袖拂球轻"（张祜《投太原李司空》）。南唐抛球见于徐铉《抛球乐辞二首》："歌舞送飞球，金觥碧玉筹。管弦桃李月，帘幕凤凰楼。一笑千场醉，浮生任白头。灼灼傅花枝，纷纷度画旗。不知红烛下，照见彩球飞。借势因期赳，巫山暮雨归。"从诗中可以看出，南唐抛球的方式及其情趣，与唐一脉相承。

---

[1] 《唐摭言》卷15，《杂记》。
[2] 储光羲：《贻王侍御出台掾丹阳》，《全唐诗》卷138。
[3] 《南唐近事》卷1。
[4] 《十国春秋》卷37。
[5] 李谨言：《水殿抛球曲二首》，《全唐诗》卷770。
[6] 《资治通鉴》卷209，景云元年二月。
[7] 李白：《宫中行乐词八首》，《全唐诗》卷164。
[8] 王建：《长安早春》，《全唐诗》卷300。

（十）拔河

古称"拔絙"、"牵钩"。襄汉风俗常以正月十五日为此戏。相传楚将伐吴，以牵钩为教战。"梁简文临雍部，禁之而不能绝。"① 牵钩用篾缆。及至唐代，改名拔河。用具和规则也有所变化。唐人封演说："今民则以大麻絙，长四、五十丈，两头分系小索数百条，挂于（胸）前。"拔时，"分二朋，两相齐挽。当大絙之中，立大旗为界，震鼓叫噪，使相牵引，以却者为胜，就者为输"②。拔河的绳除麻絙外，也有用"巨竹"的③。二朋人数不一定相等④，一方或多或少一点。

唐代上自宫廷，下至民间，均好拔河。景龙三年（709）二月，唐中宗幸玄武门，"与近臣观宫女拔河"⑤。景云元年（710）二月，唐中宗御梨园球场，命文武三品以上分朋拔河，"韦巨源、唐休璟衰老，随絙踣地，久之不能兴（起）；上及皇后、妃、主临观，大笑"⑥。唐明皇亦喜观拔河。"数御楼设此戏，挽者至千余人，喧呼动地，蕃客庶士，观者莫不震骇。进士河东薛胜为《拔河赋》，其词甚美，时人竞传之"⑦。唐明皇也吟有《观拔河俗戏并序》："壮徒恒贾勇，拔拒抵长河。欲练英雄志，须明胜负多。"唐人写拔河的诗赋颇多。如张说《奉和圣制观拔河俗戏应制》云："今岁好拖钩，横街敞御楼。长绳系日住，贯索挽河流。斗力频催鼓，争都更上筹。春来百种戏，天意在宜秋。"

民间爱好拔河，不仅在于它是一项群众性的体育活动，而且传说拔河能祈丰年。隋代以前即有此说。《隋书》卷31《地理志下》云："俗云以此厌胜，用致丰穰。"唐代也有类似说法："俗传此戏，必致年丰，故命北军，以求岁稔。"⑧

（十一）樗（一作摴）蒲

又名五木、呼卢（因掷时多呼叫，以求获胜，故名呼卢）。《博物志》曰："老子入胡作摴蒲，用以卜"⑨。类似骰子。"魏陈思壬曹子建制双陆局置骰子二。

---

① 《唐语林》卷5，《补遗》。
② 《封氏闻见记》卷6，《拔河》。
③ 《资治通鉴》卷209，景龙三年二月。
④ 同上。
⑤ 同上。
⑥ 此据《资治通鉴》卷209，景云元年二月。《旧唐书》卷7《中宗纪》所载有所不同："令中书门下供奉官五品已上、文武三品已上并诸学士等集于梨园球场，分朋拔河，帝与皇后、公主亲往观之。"《唐语林》卷5《补遗》未言时间，但从内容可知，也是讲此事，又有所不同："中宗曾以清明日，御梨园球场，命侍臣为拔河之戏。时，七宰相、二驸马为东朋，三宰相、五将军为西朋。东朋贵人多，西朋奏胜不平；请重定，不为改，西朋竟输。"
⑦ 《唐语林》卷5，《补遗》。
⑧ 唐明皇：《观拔河俗戏并序》，《全唐诗》卷3。
⑨ 《事始·摴蒲》。

至唐末有叶子之戏，末知谁置，遂加骰子至于六"。"又老子度函谷关，置摴蒲戏"①。魏晋南北朝时已为人所好。至隋唐五代，它仍广泛流行于社会，"谁人不道解摴蒲"②。隋代杨素"尝经蕃客馆，庭中有马屎。又众仆于毯上摴蒲，以白帝。帝大怒，主客令及摴蒲者皆杖杀之，棰（鸿胪少卿）陈延几死"③。突厥"男子好摴蒲"④。

在唐代，有的人按古代方法玩摴蒲。洛阳令崔师本"好为古之摴蒲。其法：三分其子三百六十，限以二关，人执六马，其骰五枚，分上为黑，下为白。黑者刻二为犊，白者刻二为雉。掷之全黑者为卢，其采十六，二雉三黑为雉，其采十四；二犊三白为犊，其采十；全白为白，其采八；四者贵采也。开为十二，塞为十一，塔为五，秃为四，撅为三，枭为二；六者杂采也。贵采得连掷，得打马，得过关，余采则否。新加进九退六两采"⑤。这种玩法较为复杂，不少人喜欢用比较简便的掷骰子法，即以掷骰子决定胜负。骰子的六面用数字么、二、三、四、五、六。骰子上的四饰以朱色，乃是出自唐玄宗与杨贵妃一次掷骰子的故事：二人掷骰子，玄宗不利，"惟重四可转败为胜。上掷连呼咤之，骰子宛转良久而成重四，上大悦，命将军高力士赐四绯"⑥。

摴蒲是唐代宫中常玩游戏之一。尤以玄宗时最盛。杨贵妃从兄杨钊"善摴蒲"⑦。"杨钊侍宴禁中，专掌摴蒲文簿，钩校精密。上赏其精明，曰：'好度支郎'"⑧。他后来飞黄腾达，虽主要得力于贵妃裙带，以摴蒲邀宠也不无关系。当时五王、杨氏家族等陪驾华清宫，就少不了摴蒲："十家三国争光辉，绕床呼卢恣摴博，张灯达昼相谩欺，相君偻拟纵骄横。"⑨ 通宵达旦地玩，足见迷恋之深。

军中玩摴蒲。岑参《玉门关盖将军歌》云："红牙缕马对摴蒲，玉盘纤手撒作卢，众中夸道不曾输。"唐僖宗流亡汉中，禁军都头王建与麾下在僧院掷骰子，"六只次第相重，自么至六，人共骇之"⑩。"巡关海傍摴蒲局，望月还登乞巧楼。第一莫教娇太过，绿人衣带上人头。"⑪

摴蒲具有赌博性质，又富于刺激性，不务正业的少年迷恋较多。"君不见，淮

---

① 《续事始·骰子》。
② 李远：《友人下第因以赠之》，《全唐诗》卷519。
③ 《资治通鉴》卷178，开皇十七年三月。
④ 《隋书》卷84，《突厥传》。
⑤ 《唐国史补》卷下。
⑥ 《续事始·骰子》。
⑦ 《资治通鉴》卷115，天宝四载八月。
⑧ 《资治通鉴》卷115，天宝四载十月。
⑨ 郑嵎：《津阳门诗并序》，《全唐诗》卷567。
⑩ 《北梦琐言》逸文卷3。
⑪ 薛能：《嘲赵璘》，《全唐诗》卷561。

南少年游侠客,白日球猎夜拥掷。呼卢百万终不惜"①,成百万地赌,实在惊人。杨开府少年时为无赖,"朝持樗蒲局,暮窃东邻姬"②。"十岁荒狂任博徒,捘莎五木掷枭卢"③。"少年流落在并州……床上樗蒲宿未收"④。

樗蒲的流行,使有些自命清高的士大夫也被吸引。唐中期侍御史殷尧藩,旅行也难忘樗蒲,其《旅行》诗云:"烟村寒林半有无,野人行李更萧疏,堠长堠短逢官马,山北山南闻鹧鸪。万里关河成传舍,五更风雨忆呼卢。"甚至连大诗人李白"五木思一掷,如绳系穷猿"⑤。后唐、后晋时宫中"宫娥分坐学樗蒲,欲教官马冲关过,呪愿纤纤早掷卢"⑥。

(十二)双陆

亦名双六。"双陆者,投琼以行十二棋,各行六棋,故谓之双陆。"⑦《说郛》卷5《谈选》也说:"尝考其(双陆)技,凡白、黑各用六子,乃今人所谓六甲是也。何以知其然?昔人有对云:'三个半升升半酒,两行双陆陆双棋'即是。"《续事始》曰:陈思王曹子建制"双六局,置骰子二,至唐末有叶子之戏","遂加骰子至于六"。从现存《双陆图》来看,双陆局分上下两层,上层层面呈长方形,画有二条线。局边上有短垣,下有壶门。棋子上尖下圆,白黑两种,有的是沈香木雕成⑧。玩双陆时先掷骰子,点多者先走棋。唐人朱湾《咏双陆骰子》云:"采采应缘白,钻心不为名。掌中犹可重,手下莫言轻。有对唯求敌,无私直任争。君看一掷后,当取擅场声。"

魏晋时,双陆已流行社会⑨。"双陆之戏,最盛于唐"⑩,上起宫廷,下至民间,都很流行。武则天"数梦双陆不胜"⑪,问宰相狄仁杰等原因,后者乘机劝她立亲子为皇位继承人,说:"双陆不胜,无子也。天其意者以儆陛下乎",从而使武则天感悟,打消了欲立侄武三思为后的想法,使庐陵王李显得以重新执政。狄仁杰还曾利用双陆羞辱武则天面首张昌宗。武则天让狄仁杰与张昌宗双陆,以武则天赐给张昌宗的由南海郡进献的珍贵裘服作赌注,狄仁杰获胜后,拿起裘服就走,后将此裘扔给其仆,以示对张昌宗之类的鄙视。唐中宗"使韦后与(武)三

---

① 李白:《少年行三首》,《全唐诗》卷24。
② 韦应物:《逢杨开府》,《全唐诗》卷190。
③ 元稹:《酬孝甫见赠十首》,《全唐诗》卷413。
④ 薛能:《并州》,《全唐诗》卷559。
⑤ 《全唐诗》卷169,《赠别从甥高五》。
⑥ 和凝:《宫词百首》,《全唐诗》卷735。
⑦ 《资治通鉴》卷208,神龙元年二月。
⑧ "各把沉香双陆子,局中斗累каждый谁高。"(《全唐诗》卷302,王建《宫词一百首》)
⑨ 《资治通鉴》卷162,太清三年二月。
⑩ 《说郛》卷5,《谈选》。
⑪ 《新唐书》卷115,《狄仁杰传》;《唐语林》卷8,《补遗》。

思双陆，而自居旁为之点筹"①。有的人爱双陆超过生命：咸亨年间，贝州人潘彦，"好双陆。每有所诣，局不离身"。曾在海上遇风船破。潘彦右手挟一板，"左手抱双陆局，口衔双陆骰子，二日一夜至岸。两手见骨，局终不舍，骰子亦在口"②。张鷟《游仙窟》讲张生游仙窟时，十娘叫使女"且取双六局来，共少府公赌酒"。可见双陆是二人对局，有赌博色彩，但它又是一种智力游戏③。

奈良时代，双陆传入日本。今日本正仓院尚有镶嵌花纹素木制作的博局及以象牙染红细雕龙凤装饰图案的博具。

（十三）泼寒胡戏

亦名乞寒胡戏。《旧唐书》卷198《康国传》云："十一月鼓舞乞寒，以水相泼，盛为戏乐"。武则天晚年始以季冬为此戏。唐中宗喜观此戏。神龙元年（705）十一月，中宗御洛城南楼观泼寒胡戏。清源县尉吕元泰上疏谏诤，说君能谋则时寒顺畅，"何必裸身挥水，鼓舞衢路以索之"④。中宗不听。景龙三年（709）十二月，令诸司长官至醴泉坊看泼胡王乞寒戏⑤。张说《苏摩遮》诗，将泼寒胡戏的服饰、戏形及本意，形象而全面地表现出来了："摩遮本出海西胡，琉璃宝服紫髯胡。闻道皇恩遍宇宙，来时歌舞助欢娱。绣装帕额宝花冠，夷歌骑舞供人看。自能激水成阴气，不虑今年寒不寒。腊月凝阴积帝台，豪歌击鼓送寒来。油囊取得天河水，将添上寿万年杯。寒气宜人最可怜，故将寒水散庭前。惟愿圣君无限寿，长取新年续旧年。昭成皇后帝家亲，荣乐诸人不比伦。往日霜前花委地，今年雪后树逢春。"景云二年（711）十二月，"作泼寒胡戏"⑥。左拾遗韩朝宗上睿宗《谏作乞寒胡戏表》云：民间传说"皇太子微行观此戏"，他认为"今之乞寒，滥触胡俗，臣参听物议，咸言非古，作事不法"。先天二年（713）中书令张说谏曰："乞寒，泼胡，未闻典故，裸体跳足，盛德何观；挥水投泥，失容斯甚。""愿择刍言，特罢此戏"⑦。开元元年（713）十月，玄宗下敕："腊月乞寒，外蕃所出。渐浸成俗，因循已久。自今已后，无问蕃汉，即宜禁断。"⑧

---

① 《资治通鉴》卷208，神龙元年二月。
② 《太平广记》卷201，《潘彦》云出《朝野佥载》。
③ "双陆智人戏。"（《全唐诗外编》上《全唐诗补逸》卷2《王梵志》）
④ 《资治通鉴》卷208，神龙元年十一月。
⑤ 《旧唐书》卷7，《中宗纪》。
⑥ 《新唐书》卷5，《睿宗纪》。
⑦ 《通典》卷146，《四方乐》。
⑧ 《唐会要》卷34，《杂录》。

第五节　医药卫生与保健

隋唐时期为我国古代医学事业高度发展时期。这期间，中央与地方设立了一系列医疗机构，医学教育相当普及，药物学和制药学有很大发展和提高，临证医学有显著进展，此外，中外医学交流的加强，释道二教的影响，也促使了隋唐医疗卫生事业的发展，这一切构成了隋唐医药卫生保健的特色。

一 医疗组织

医疗组织包括医政、医疗、医教三种机构，以唐代而论，涉及医政的机构有尚书省祠部、太常寺太医署，医疗机构包括殿中省尚药局、太常寺太医署，太子药藏局、病坊，医教机构包括太医署及州府医学。唐代医政、医疗、医教三者之间，无不可逾越的区别，中央太医署融三种职能为一，是医疗组织的核心[①]。

（一）中央医疗组织

唐医事制度由隋发展而来，隋文帝时期，门下省尚药局、太常寺太乐署、太子门下坊药藏局皆掌医事，其具体官员设置：尚药局典御2人，侍御医、直长各4人，医师40人，尚食局食医4人。太医署令2人，丞1人，主药2人，医师200人，药园师2人，医博士2人，助教2人，按摩博士2人，祝禁博士2人。药藏局监、丞各2人，又有侍医4人。炀帝继位，分门下太仆二司，以为殿内省，尚药局隶殿内，直长4人，又有侍御医、司医、医佐员。太医署置医监5人，正10人[②]。医官增多，向多等级发展。除医官设置稍简单外，与唐医事制度相比，隋尚有两个主要特色，其一为隋医师、医生比唐多，"隋太医有师二百人，皇朝置二十人，医工一百人"，"隋太医有生一百二十人，皇朝置四十人"[③]。隋医师、医生远远超过唐数额。究其原因，当为隋医师、医工不分，医师、针师不分，医生、针生不分。唐除医师、医工外，尚有针师10人，针工20人，针生20人，针从医中

[①] 参见任育才：《唐代的医疗组织与医学教育》，载《中央研究院国际汉学会议论文集》历史考古组上册，第449—473页。
[②] 《隋书》卷28，《百官志》。
[③] 《唐六典》卷14。

分出，医官又分师与工两级，师与工流外品级不同①。工多师少，唐不但医科设置更细，而且医官等级更为复杂了，但数量并未增加，反而比隋少了一些。其二，隋按摩师生数多，"隋太医有按摩师一百二十人，无按摩工，皇朝置之"。"隋太医有按摩生一百人，皇朝武德中置三十人，贞观中减置十五人也"②。唐太医署有按摩师4人，按摩工16人，殿中省尚药局有按摩师4人，两司师工相加，20人，与隋120人相差悬远，唐按摩生15人，与隋100人也相距悬殊。除唐又分出咒禁师工外，隋重按摩，按摩科发达可能是按摩师、生高于唐的主要原因，而这正构成了隋代医事制度的特色。

唐中央二十四曹中，有关医药的政令由隶属于礼部的祠部掌管③。名医子弟疗病，三年有成效者由祠部以名闻奏④，可见祠部掌握隶于官府及私自行医的名医名籍，掌政令的同时，还负责了解国家医疗人才及医官政绩，是国家医政的领导机构。

太常寺太医署相当于国家医学院，具有行政、治疗及教学三种职能。太医令（2人）、丞（2人）为太医署的正副长官，负责署内行政，医监4人，可能分判4科（医、针、按摩、咒禁）事务，职类判官。府、史（共6人）为流外主典，负责文书工作。

在治疗方面，太医署分医、药两个系统，药的系统由主药、药童、药园师、掌固4种人负责。主药、药童刮、削、捣、筛，和制药物，药园师掌药园内诸药的种植、收采；掌固之职，"主守当仓库及厅事铺设"⑤，太常寺本身有掌固12人，掌寺内铺设之事，太医署的4名掌固，为守当药库者。太医署不但有自己的药园、药剂师、药库，而且将药源扩展到诸州，"凡课药之州，置采药师一人"⑥。地方药材由采药师收采，有的置于药园，有的纳于药库，采药师是隶属于药库的散于诸州的采药者，他们的设置，扩大了国家药物来源，保证了太医署贮存丰富、齐全的药物。太医署有关采药制药人员并不多，而且没有一个流内官，主药、药园师都是低品流外官，但他们分工严密、职能合理，从中央到地方，隶属明确，已具备了完善的国家药库的规模。

"凡医师、医正、医工疗人疾病，以其全多少而书之，以为考课"⑦。师、工、

---

① 《通典》卷40，《职官》22，大唐官品流外条。
② 《唐六典》卷14。
③ 《唐六典》卷4。
④ 《新唐书》卷46，《百官志》。
⑤ 《唐六典》卷1，尚书都省掌固下注。
⑥ 《新唐书》卷48，《百官志》。
⑦ 《唐六典》卷14，太常寺太医令职掌条。

正分别负责治疗。除医正 8 人为从九品下流内官外，医师、针师 30 人，流外勋品，按摩、咒禁师 6 人，流外三品，医工、针工 120 人，流外三品，按摩工、咒禁工 24 人，流外四品①。师工共 180 人，其医疗范围包括宫人②、官奴婢③、丁匠防人④、囚徒⑤、外蕃首领在京师者⑥、南衙卫兵⑦、诸道大灾疾处百姓等⑧。此外，兼掌陵寝庙储药，同时也要向百姓颁药⑨。太医署师、正等。治疗范围广阔，人数众多，这种治疗职能是太医署的主要职能。

殿中省尚药局为宫中医疗机构，局中行政由正副长官（奉御 2 人、直长 4 人）及书令史（2 人）、书吏（4 人）负责。主药 12 人、药童 30 人、合口脂匠 2 人掌合制御药、口脂，掌固 4 人守御药库。御药合制要根据药的五味、三性、七情等分类及相反相成的原则，制成汤、丸、酒、散，视病之深浅所在服用。合和御药时，尚药奉御要与殿中监、中书、门下长官一人，当上大将军卫别一人，监视分剂。药成，医佐以上先尝，然后封印，写本方，方后具注年、月、日，监药者遍署名，俱奏。饵药之日，尚药奉御先尝，次殿中监尝，然后进御⑩。手续严格。

侍御医以下为皇帝专职医生，"掌诊候调和"，"司医、医佐掌分疗众疾"⑪，按摩师、咒禁师通过消息引导法及咒禁被除法医病。除特派御医为名官重臣治疗外，侍御医以下只负责为皇帝、诸王公主、后宫嫔妃及禁军等疗病。唐墓志记载临川郡长公甚得武后宠爱，在边陲生病时，恩敕遣其长子"前后驰驿，领供奉医人及药看疗"⑫。在京诸王公主也由供奉医人治疗。《新唐书》卷 47 尚药局条称"左右羽林军，给药；飞骑、万骑病者，颁焉。"可见禁军由尚药局供医药。诸王公主、后宫嫔妃为皇室成员，御医诊治，御库药治疗，理所当然。但禁军食尚药局药（即御药）确是值得注意的现象，它表明禁军不同于南衙兵的天子个人爪牙的性质。

侍医诊脉看病，"诊脉辨寸、关、尺之三部，以调四时沉、浮、滑、涩之节，

---

① 《通典》卷 40，《职官》22，大唐官品。
② 《新唐书》卷 48，《百官志》，太医署条。
③ 《唐六典》卷 6，都官郎中员外郎条。
④ 《唐律疏议》卷 26，《杂律》。
⑤ 《唐律疏议》卷 29，因应给衣食医药而不给条引《狱官令》。
⑥ 《唐六典》卷 18，鸿胪寺典客署条。
⑦ 《唐大诏令集》卷 114，《三卫彍骑病给食料敕》。
⑧ 《旧唐书》卷 3，《太宗纪》，贞观十年条。
⑨ 《新唐书》卷 48，《百官志》，太医署条。
⑩ 《唐六典》卷 11，尚药局奉御直长条。
⑪ 同上。
⑫ 《唐代墓志汇编》，第 704 页。

而知病之所在。"医疗方法："在胸膈者，先食而后服药，在心腹者，先服药而后食"①。御医以下为皇帝皇室治病，由医术最为精湛者为之，但他们的生命并无保证，皇帝、皇后或皇帝爱子病故，为其治疗的医官多有灭顶之灾，如同昌公主薨，懿宗"以待诏韩宗绍等医药不效，杀之，收捕其亲族三百余人，系京兆府"②。武宗遗诏要求"医人陆行周夺章服及官，与赵全素任从所适，医官郭玄已下三人释放，依前翰林收管"，陆行周等只被夺官，未被杀头，已属幸运。僖宗遗诏称"医官及伎术人等，昼夜劳苦，知无不为，宜各安存，勿或加罪"③。若无遗诏中的特赦，医官被加罪则属常态。

翰林待诏院有医卜伎术之流④，唐后期皇室御医多授予翰林医官，"贞元十五年四月敕：殿中省尚药局司医，宜更置一员。医佐加置两员，仍并留授翰林医官"⑤。加置的司医、医佐由翰林医官中授，可见翰林医官数额较多。此外，医术精湛者还可充另一种医官——医直官。太常寺有直官30人，尚药局直官10人⑥。太常寺直官中有若干医直，如朱玄俨在武周时为"朝请郎直司礼寺太医署"⑦，为太常寺太医署直官；显庆四年（659）孙思邈授承务郎，直尚药局⑧，成为尚药局十名直官中的一个。此外，左春坊药藏局也有直官，如武周时巢思玄为"司礼寺太医正直左春坊药藏局"⑨。直官是打破等级、循资格的选拔、储备人才制度⑩，三司医直也是医学专业的最杰出人才，著名医学家孙思邈曾任医直，表明直官科技水平之高。三司医直与太常、殿中、翰林及下论的左春坊医官一起，共同构成了唐代医疗官员体系。

除开元年间限制尚药局医官出外医疗王公以下官吏外⑪，诸医官皆可于民间行医。《唐语林》卷6与《唐国史补》卷中均记载了客求医而误入郑云逵家的故事。客拟访的医家为供奉王彦伯，《唐国史补》称为"国医"。王彦伯为国家供奉医官，百姓、官员可自由造访，请诊候药方，可见并没有限制医官。宣宗时，召罗浮山人轩辕集赴京师，"既至，馆于南山亭院，外庭不得见也。谏官屡以为言……

---

① 《唐六典》卷11，尚药局奉御直长条。
② 《旧唐书》卷19上，《懿宗纪》，咸通十一年八月条。
③ 《唐大诏令集》卷12。
④ 《新唐书》卷46，《百官志》。
⑤ 《唐会要》卷65，《殿中省》。
⑥ 《唐六典》卷2，吏部郎中条。
⑦ 《北京图书馆藏中国历代石刻拓本汇编》20册。
⑧ 《唐会要》卷82，《医术》。
⑨ 《北京图书馆藏中国历代石刻拓本汇编》19册，1995年版。
⑩ 参见拙作《唐代直官制初探》，《国学研究》第3卷。
⑪ 《唐会要》卷65，《殿中省》。

岁余放归"①。这当是特例，正因为轩辕集不可自由行医，谏官才多次进言。供奉医官在官府尽医职后，下班及休沐时间可在民间行医，也是唐代开放性的表现。

太子药藏局为东宫医院，设药藏郎 2 人，正六品上，丞 2 人，正八品上，书令史 1 人，书吏 2 人，侍医 4 人，典药 9 人，掌固 6 人，药僮 18 人。药藏郎、丞、书令史、书吏为行政官吏，郎、丞兼掌和齐医药之事，典药、药僮、掌固掌太子药库，侍医掌诊候以议方药②，其职能与殿中省尚药局相似。

此外，宫官有司药 2 人，正六品，典药 2 人，正七品，掌药 2 人，正八品，掌方药③。太子内官有"掌医三人，从八品，主医药"④，负责对宫人轻微疾病治疗及颁药工作，宫人重病者则送至患坊由太常救治。

兽医普遍设置为唐医事制度的另一特色。太仆寺有兽医 600 人⑤，殿中省尚乘局有兽医 70 人⑥。太子厩牧署兽医 20 人⑦，京都宫苑总监兽医各 5 人⑧，隶于中央的兽医共 700 余人。"兽医掌疗马病。"太仆与殿中兽医各有分工，殿中掌疗京都内外闲厩马，太仆寺兽医掌疗诸监牧马。《唐六典》卷 3 仓部郎官条称"诸牧监兽医上番日"给身粮，可见隶于太仆的 600 名兽医分于诸牧监，他们是大唐帝国马牧的保证。兽医治马方法，《唐六典》卷 11 尚乘局条记载，"凡马病，灌而行之，观其病之所发。疗马病有五劳：一曰筋劳，二曰骨劳，三曰皮劳，四曰气劳，五曰血劳。久步则生筋劳，久立则生骨劳，久汗不干则生皮劳，汗未差燥而饲饮之则生气劳，驱驰无节则生血劳。有伤寒者，有伤热者，有瘠者，咸据经方以疗焉"。可见有关兽医的治疗理论已建立起来，在医马的同时，注意探其原因，着重马的保养卫生等。由于唐帝国注重马政经营，所置兽医的人数也比较多。

有关五代时期医事制度的史料很少，中央医疗组织情况，《文献通考》卷 55 只提到一句："五代时有翰林医官使"。似医疗组织重心已不属太常。《新五代史》卷 31《扈载传》记载，周世宗时翰林学士扈载病，"赐告还第，遣太医视医"，这太医也许就是翰林医官，主要负责皇帝及皇室疾病治疗者。《旧五代史》卷 96《陈玄传》记载"家世为医"的陈玄，因侍后唐武王汤药，武皇甚重之，及还太原，日侍左右"，也应属翰林医官类。

---

① 《唐语林》卷 7，《补遗》。
② 《唐六典》卷 26。
③ 《旧唐书》卷 44，《职官志》，宫官条。
④ 《旧唐书》卷 44，《职官志》，太子内官条。
⑤ 《唐六典》卷 17。
⑥ 《唐六典》，卷 11。
⑦ 《新唐书》卷 49 上《百官志》东宫官条作"兽医十人"，可能唐后期又有所减少。
⑧ 《新唐书》卷 48，《百官志》。

（二）地方医疗组织

地方医疗与医教不分，州府置医博士、助教、学生，"医学博士以百药救疗平人有疾者"①。学生"掌州境巡疗"②，助教当与博士同，他们负责州府的医疗。

诸州府由功曹、司功参军负责采药、制药之事，"凡诸州每年任土所出药物可用者，随时收采，以给人之疾患（皆预合伤寒、时气、疟、痢等药，部内有疾患者，随须给之）"③。功曹采药有两种用途，其一为上贡，其二为本州自用。除采药外，还要合制大量的治伤寒、时气等传染病药，因须而给百姓。

除采造外，州府药物由市买获得。《吐鲁番出土文书》10册"唐蒋玄其等领钱练抄"记录了唐官府用大练235匹2丈4尺从行人蒋玄其处买药，这部分杂药可能就是西州储备的治疗传染病的药。

地方上设有福利医院疠人坊及悲田养病坊。疠人坊为专门隔离麻风病人的医院，由寺院设置，《续高僧传》卷25记载，唐智严在贞观十七年（643）后，"往石头城疠人坊住，为其说法，吮脓洗濯，无所不为"。可见病人在疠人坊可得到护理及治疗。悲田养病坊的设立也与释教有关，悲田坊原为寺院所设，唐长安（701）年间以来，置使专门管理，开元二十二年（734）年京师乞儿由病坊收管，官收本钱收利给之④。病坊成为官办医院。敦煌文书伯2862背、2626背唐天宝年间敦煌郡现在账中记载了病坊的财务状况，据文书91—103行，病坊有本利钱130.072贯，其中百贯本，30.072贯利，有杂药950斤20枚，什物94事，包括锅、盆、灌（罐）、锁、食具、斤、毡、席等，米1硕6斗8合，可供病人及无家可归者休息将养。尽管国家为病坊置本经营，但病坊仍由僧尼负责。会昌五年（845）武宗毁佛，令僧尼还俗，病坊无人主领，李德裕建议给病坊一定数额田土，以充粥食，并为其置本收利，选耆寿一人负责⑤。宣宗继位，一反武宗之政，恢复了被废的寺庙，病坊也应又由寺院管理了。

（三）军事医疗组织

战场上刀兵相见，多有杀伤，征行战士千里跋涉，栉风沐雨，更易患病，为了保持军队的战斗力，必须在军队中建立完备的医疗组织。中央军队中，南衙兵由太常供医药，禁军由殿中省尚药局负责，医疗救治有了保障。

行军征战之时，医疗组织更为重要，唐《医疾令》规定，"行军及作役之处，

---

① 《唐六典》卷30。
② 《新唐书》卷49下，《百官志》。
③ 《唐六典》卷30。
④ 《唐会要》卷49，《病坊》。
⑤ 同上。

五百人以上，太常给医师一人"①。可见太常医师要随军出征。此外，诸镇备有医药，由仓曹负责颁给②。征行时，随军也带有大量药物，作为军装的一部分，诸军要备有人药一分，包括"三黄丸，水解散，疟、痢药，金疮、刀箭药等五十贴"③，同时军队也保有治人马药方，《太白阴经》卷7所记治人药方有疗时行热病方，疗赤斑子疮，疗天行病方，疗疟疾方，当归六味散，疗温疟者可服鬼箭十味丸方，疗痢病方，疗谷痢方，疗脓血痢方，治霍乱方，治脚转筋方，入战辟五兵不伤人方，疗马齿毒方，疗马脓垢着人作疮方，疗金疮方，因发者及伤裂突出肠方，疗金刀中骨脉中不出方，疗金疮伤中破惊方，疗马坠损有瘀血在腹内方，疗马坠折伤手脚骨痛方等19种之多，"夫稠人多厉疫，屯久人气郁蒸"，故而随军备用药方多偏重于病瘟、瘅、疟、痢等传染病，另外，金疮、坠马等也是随军药方中的重要内容。

　　古代两军对战中，骑兵起着类似现代飞机、坦克的作用，骑兵的强盛关系着战场主动权，致力马政、加强监牧管理是唐政府强化骑兵的一个方面，而注重马的医疗及兽医建置则是另一方面。正如随军有医师一样，军队有马之处，就有兽医。《吐鲁番出土文书》10册"唐开元十九年康福等领用充料钱物等抄"20行记载"使西州市马官天山县尉"下有典1人，兽医1人，可见兽医出使为其常任，军队兽医当与市马使下兽医同一来源。诸行军也因马的数量而预备马药。《太白阴经》卷5人粮马料篇第60记载，马油药"取逃亡兵士残粮衣赐，兽医人于马押官都头中差取"，用逃亡兵士的回残衣赐由兽医人添置。同书卷7治马药方第81记载有"春夏常灌马方，马热不食水草方，治马漏蹄方，疗马内黄不食水草颤喘卧数起口张喘急颈微垂利方，疗马转胞不大小便方，疗马结草方，疗马虫颡方"等七种，由兽医人准备的马常备药当以上7种方为主。"马有四百八病，盖在调冷热之宜，适牧放之性，常加休息，不可忽视之也。马之系于军者至矣重矣。"正因为如此，随军有兽医，每马备有杂药，保证了军队中骑兵的战斗力。

　　除设医师、兽医等医疗人员外，对病伤士兵的护理，调养也有制度规定。《通典》卷149《兵典》引大唐卫公李靖兵法，"诸每营病儿，各定一官人，令检校煮羹粥养饲及领将行，其初得病及病损人，每朝通状，报总管，令医人巡营，将药救疗。如发，仰营主共检校病儿官，量病儿气力能行者，给傔一人；如重，不能行者，加给驴一头；如不能乘骑畜生，通前给驴二头，傔二人，缚举将行。如弃掷病儿，不收拾者，不养饲者，检校病儿官及病儿傔人各杖一百；未死而埋者，

---

① 《令集解·营缮令》近大水条集解引唐《医疾令》。见仁井田陞：《唐令拾遗》第727页，东方文化学院东京研究所，1993年。
② 《唐六典》卷30。
③ 《太白阴经》卷4，军装篇第42。

斩"。这是对军中病儿处理的制度规定。行军途中患重病兵士可放留地方安养，《吐鲁番出土文书》第7册载"唐西州高昌县下太平乡符为检兵孙海藏患状事"文书就记载了患病兵士放留地方的情况[①]，孙海藏因患风痫及冷漏，行至蒲昌病发，"检验不堪将行，蒙营司放留，牒送柳中县安养"，后"行至交河，患犹未除，交河复已再检，不堪前进，得留交河安养"，并向大军汇报了患者情况。病儿留放要经过验检、批准、安置与上报诸种手续，可见兵士放留已为定制。对病患兵士的处理制度较为完备，这也是保证兵士战斗力的一个措施。

二 医学教育

唐代医学教育较为普及。中央太常寺太医署为最高医学教育机构，太仆寺教授培养兽医，地方上有州医学，医学的普遍设置，奠定了唐医学发展的基础，同时也反映了唐人对医学的重视及医疗水平。

太医署医学教育分医、针、按摩、咒禁四科，其中医博士1人，助教1人，学生40人，针博士1人，助教1人，针生20人，按摩博士2人，生15人，咒禁博士1人，生10人。四科学生共85人，课业由博士、助教共同教授。博士月一试，太医令、丞季一试，太常丞年终考试，在学9年无成，勒令退学。

医学生习《本草》、《甲乙脉经》，要求识药形，知药性，不但要了解、而且要精熟有关医药及脉象等的基本知识。读诸经后，再分业教习，20人中以11人学体疗，7年成，3人学疮肿，3人学少小，5年成，2人学耳目口齿，1人学角法，两年成。学业简单者年限短，安排的学生少，年限长者安排学生多，由太医署掌握习各科人数及比例，均衡培养各科人才。

诸针生由针博士、助教教授经脉孔穴，使识浮、沉、涩、滑之候，又以九针为补泻之法。九针包括镵针，主热在皮肤者；员针，主疗分间气；锟针，主邪气出入；锋针，主决痈出血；铍针，主决大痈肿；员利针，主决四肢痛，暴痹；毫针，主寒热痹在络者；长针，主取深邪远痹；大针，主取大气不出关节。九针涵盖了各种疾病，通过不同形状、原料及进入不同层次，对人体各部疾病做疏导及治补。针生边习经边实习，实习时针师、针工佐博士、助教以教。针习《素问》、《黄帝针经》、《明堂》、《脉诀》，兼习《流注》、《偃侧》等图，《赤乌神针》等经，读《明堂》者，令验图识其孔穴，读《脉诀》者，令知四时诸脉状，读《素问》、《黄帝针经》者要求精熟。

按摩生习消息导引之法，通过按摩、使身体活动，治疗人的风、寒、暑、湿、

[①] 参见杨德炳：《关于唐代对患病兵士的处理与程粮等问题的初步探索》，载《敦煌吐鲁番文书初探》，武汉大学出版社1983年版，第486—499页。

饥、饱、劳、逸等八疾，人的肢、节、府、藏积而生病，则导而宣之，使内疾不留，外邪不入。如果损伤折跌，也用按摩来矫正、恢复。

咒禁生习以咒禁祓除邪魅之为厉者，主要为心理及气功疗法，含有一定程度的迷信。咒禁方式有道禁，出于山居方术之士，有禁咒，出于释氏，唐咒禁融合了释道而形成自己的医学方式，太医署教授巫师道士作法时的步法——禹步，道家修炼时的冥想方法——存思，释家诵咒时手指所构成的各种手形——手印等①。

太仆寺有兽医学生100人，兽医博士1人，兽医学生由庶人子补，考试其业，成者补为兽医，业优长者，进为博士②。兽医学生由博士教以治疗马病的方法及知识。诸医学生了解了马致病原因，"有伤寒者，有伤热者，有疡者，咸据经方以疗焉"③。兽医生不但学习马的治疗药方，还学习了有关马的病理及保健理论。

地方医学之设，始于贞观三年（629），至开元十一年（723）七月五日玄宗诏曰："远路僻州，医术全无，下人疾苦，将何恃赖，宜令天下诸州，各置职事医学博士一员，阶品同于录事，每州《本草》及《百一集验方》，与经史同贮。"九月七日，卒制《广济方》，颁示天下④。各州不但将医学博士升为品官，而且还贮存医书、药方，可见对医学的重视。据《唐六典》卷30，比较州府录事与医学博士阶品，可以发现上州医学博士品阶（正九品下）高于录事（从九品上）、中州、下州（从九品下）与录事同。《六典》所记可能为开元二十五年秩品，这时上州医学博士又比始有秩品的开元十一年上升了一级，医学博士品秩的不断提高，表明了唐对地方医学教育的重视。

据《六典》卷30，州府医学之设，京兆、河南、太原府，医学博士1人，助教1人，医学20人，大都督府医学博士2人，助教1人，学生15人，中都督府博士1人，助教1人，学生15人，下都督府博士、助教各1人，学生12人。上州博士、助教各1人，学生15人，中州博士、助教各1人，学生12人，下州博士助教各1人，学生10人。医学博士以百药救疗平人有疾者，同时也兼有教授诸医生、普及医药教育的职能。

敦煌吐鲁番文书中也有关于医学的史料。伯2005沙州都督府图经残卷记载，州医学"在州学院内，于北墙别构房宇安置"，因同是教育之地，被设于州学院内。伯3559（二）唐天宝敦煌郡差科簿62行记载，"令狐思珍载五十一，翊卫，医学博士"，51岁的翊卫兼医学博士，《吐鲁番出土文书》第九册"唐西州高昌县和义方等差科簿"记载29岁的刘威感为"医学助教"，可见沙州西州均有医学、

---

① 《唐六典》卷14。
② 《唐六典》卷17，太仆寺丞职掌条。
③ 《唐六典》卷11，殿中省尚乘局奉御直长条。
④ 《唐会要》卷82，《医术》。

医官之设。

诸州医生员数，据《六典》卷30可推算为4465人，但《唐会要》卷82医术门开元二十七年（739）二月敕作"十万户已上州，置医生二十人，十万户以下置十二人"，与《六典》数额不同，可能生员名额因时间不同而有变化。诸医生在从博士、助教习业同时，还要广泛实习，"各于当界巡疗"。诸州可采药物收贮颁给及预合伤寒等传染病药以给部内疾患者，同样也是州医学之职。医生在界内巡诊，颇类公众医疗，今天我们仍将主治大夫称为医生而不称医师，与唐医学生巡疗治病不无干系。

此外，私人习医也很普遍，如甄权因母病，"与弟立言专医方，得其旨趣"①，自学习医，又如王勃"尝言人子不可不知医。时长安曹元有秘方，勃尽得其术"②，杜鹏举"少与范阳卢藏用隐于白鹿山，以太夫人有疾，与清河崔沔同授医于兰陵萧亮"③，这些都是私人习医之例。名医子弟疗病验否由尚书省祠部掌握④，可见国家不但允许鼓励医药私学，同时注重选拔私学中优秀的医药人才。僧尼、道士也多治疗疾病，传授医学，永徽四年（653）四月敕，"道士、女冠、僧尼等，不得为人疗疾"⑤，但此敕令的具体实施结果令人怀疑，印度僧人及道士传授医术为人治病之例并不罕见。道士追求长寿养生，不少道士是医学家，采药制药到市场去卖，为人治病。著名的医学家孙思邈就是道士。刘禹锡《赠眼医婆罗门僧》云："师有金篦术，如何为发蒙。"⑥ 白居易《眼病二首》也云："医师尽劝先停酒，道侣多教早罢官。案上漫铺龙树论，合中虚撚决明丸。人间方药应无益，争得金篦试刮看。"⑦ "龙树论"即《龙树眼论》，是有关治眼疾的佛经⑧，白居易、刘禹锡都曾因眼疾求治于印度僧人。僧尼道士传授医术，扩大了医药范围及手段，不但增加了外国医药的输入，而且也更新丰富了中国固有医学的内容。

官医学生及私医学生均可走贡举之路，以医入仕。太常医学生若业术过于本官，即听补替⑨，一般业成者，同明经或明法例处分，乾元三年（760）正月十日金吾长史王淑奏，医术入仕人"各试医经方术策十道，《本草》二道，《脉经》二

---

① 《旧唐书》卷191，《方伎传》。
② 《唐才子传》卷1，王勃条。
③ 杨炎撰：《宋州刺史杜公神道碑》，《全唐文》卷422。
④ 《新唐书》卷46，《百官志》，祠部郎中员外郎条。
⑤ 《唐会要》卷50，《杂记》。
⑥ 《刘宾客文集》卷29。
⑦ 《白居易集》卷24。
⑧ 《文献通考》卷222。
⑨ 《唐六典》卷14，太医署令职掌条。

道,《素问》十道,张仲景伤寒论二道,诸杂经方义二道,通七以上留,已下放"①,以策问方式考试。医学可以说是明经、进士、明法、明书、明算之外的另一贡举入仕途径,这也促进了唐代医学及医学教育的普及、发展。

三 医学成就与卫生保健

（一）医学成就

隋唐时期医药学的发展使医药著作增加,其中最明显的为医方增多。一方面,政府搜辑验方,加以编录,推广至民间,如炀帝撰《四海类聚单方》,玄宗撰《开元广济方》,德宗撰集《贞元要广利方》等;另一方面,民间朝士也注意搜录药方,如甄权《古今录验方》,杨炎《南行方》,陆贽《集验方》,刘禹锡《传信方》,李绛《兵部手集方》等。五代时虽战事频仍,整理公布医方者仍不乏其人。陈玄"家世为医",后唐时因善医而日侍武皇左右,"长兴中,集平生所验方七十五首,并修合药法百件,号曰《要术》,刊石置于太原府衙门之左,以示于众,病者赖焉"②。这些医方方便百姓的同时,极大地丰富了我国古代的医学典籍。敦煌文书中有百余卷医药文书,其中医方30余卷,录方近千首,为隋唐五代医家经验效方,涉及临床各科,大多不知书名撰者,反映了隋唐五代的医学成就。

这一时期医学著作的另一特点为医学各科专业化,隋唐时期各科代表著作,病因科有巢元方等撰《诸病源候论》,儿科有《颅囟经》,全书有孙思邈撰《千金要方》、王焘撰《外台秘要》,药典有苏敬等撰《新修本草》,食疗科有孟诜撰《食疗本草》,伤科有蔺道人撰《理伤续断秘方》,产科有咎殷撰《经效产宝》等。

隋炀帝大业年间,由太医博士巢元方等奉诏编写的《诸病源候论》50卷,是我国第一部病因症候学专著。该书67门,1720论,分别论述了内、外、妇、儿五官等各科疾病的病源和症候。其特点为只论病因,不载方药,但附有导引法,对传染病、寄生虫病的病因、预防及小儿、孕妇的保健的论述,对许多症候的描述等有相当科学性,内容丰富,反映了我国临证医学及理论医学的水平,在唐以后引起多方面重视。

《新修本草》为唐显庆四年（659）编成的一部大型国家颁行的药典,由宰相李勣、许敬宗、辛茂将董领,具体编著者为苏敬、颜仁楚、吴师哲、蒋医方、贾文通、孔志约、李淳风、吕才、蒋元昌、许弘感、蒋季琬、吴嗣宗、蒋季瑜、巢孝俭、许弘真、蔺覆珪、蒋季璋、胡家、许孝崇等19位医药学专家,他们大部分

---

① 《唐会要》卷82,《医术》。
② 《旧五代史》卷96,《陈玄传》。

在，太医署、尚药局、太子药藏局等国家医疗机构内任职①，《新修本草》成为代表当时最高水平的药物学总结之书。该书共20卷，另目录1卷，药图25卷，图经7卷，分玉石、草、木、人兽、禽、虫、鱼、果、米谷、菜、有名未用11部，新增药物114种，共载药物844种，"详采秘要，博综方术，《本经》虽缺，有验必书；《别录》虽存，无稽必正"，同时采用绘图方法，"普颁天下，营求药物，羽毛鳞介，无远不臻，根茎花实，有名咸萃……丹青绮焕，备庶物之形容"②，《图经》是对《药图》的说明，图文并茂，超越前代。《本草》书成后，即成为诸医学生必修之书，他们据此"识药形、知药性"③，国家也据此考试诸生课业，直到10世纪《开宝本草》编成，才逐渐被取代。

孙思邈，京兆华原人，在民间行医多年，广泛搜集民间验方，以为"人命至重，贵于千金，一方济之，德逾于此"，故将其著作以"千金"命名。《千金要方》与《千金翼方》是我国医学界的两部巨著，代表了盛唐时期的医学水平。《千金要方》重视妇幼两科，"今斯方先妇人、小儿而后丈夫、耆老者，则是崇本之义"④，将妇人方，小儿婴孺方置于书首；重视食物疗法，收载食疗用品154种；重视医德及医生素质，"凡为医者，必须博极医源，精勤不倦"⑤，"凡大医治病，必当安神定志，无欲无求，先发大慈恻隐之心，誓愿普救含灵之苦"，不问贵贱，不计恩怨，不避寒暑、艰难，一心赴救，才能称得上"苍生之大医"⑥；重视民间药方等，是这部书很鲜明的特色。《千金翼方》30卷，是对《千金要方》的补充。该书充分记述了本草、伤寒、中风、杂病及疮痈等，发挥了张仲景的学说。孙思邈承袭传统医学理论，同时吸收道、佛两教思想杂糅发挥，形成了养生保健、预防医学、医药认知及医德等思想，开唐宋以降诸医家之规模，《千金要方》、《千金翼方》也成为我国古代医学界的宝典。

王焘《外台秘要》40卷，分1104门，载方6000首，保存了大量失传方书，所论疾病范围很广，包括伤寒、温病、天行、各种杂病、五官、外科痈疽、痔漏、创伤、妇产、小儿、乳石发动和明堂灸法等。每一门类之前，冠以《内经》或《诸病源候论》等有关论述，所列之方均注明出处来源，对后世学成研究，提供了便利条件。所引论述及医方，有不少反映了历史时代对疾病的认识和特点，如伤

---

① 日本仁和寺藏新修本草残卷，移录自池田温：《中国古代写本识语集录》，第202、203页（东京：大藏出版株式会社，1990年）。
② 孔志约：《唐本序》，《经史证类大观本草》卷1《序例上》。
③ 《唐六典》卷14，太常寺太医令职掌条。
④ 《千金要方》卷5，小儿婴孺方。
⑤ 《千金要方》卷1，序例大医精诚。
⑥ 同上。

寒、天行瘟疫、"瘿病"等，虽为纂辑之著，但保存了古代医方的功绩，汇集了许多宝贵资料，是中唐医学代表作。

（二）卫生与保健

隋唐五代时卫生保健已达到相当高水平，敦煌石窟壁画中有所记录和反映。如隋第302窟中绘有加盖水井，水井四周有护栏，表明当时人很注意饮水卫生，中唐第159窟《弥勒经变》中揩齿图，表明唐人刷牙已较普遍，五代第61窟《佛传故事》屏风画中的挤奶煮奶图，题记中有"二女煮乳"字样，表明当时已有饮用熟奶的卫生习惯。

卫生保健的思想也渗入了当时的社会风俗中。如《白氏六帖事类集》卷1腊53"持椒"条引《养生要》，"十二月腊夜，令人持椒卧井旁，无与人言，内椒井中，除温病。"同书同卷五月五日第46"蓄药"条引《荆楚岁时记》，"是日竞采杂药，《夏小正》云，此月畜药，以蠲除毒气也"。注意井水消毒及采药除毒气，为承前代而沿袭的习俗，在唐代最盛带有卫生保健目的的社会风俗则为药市吸药气与腊日赐口脂。《岁时广记》卷36置药市条记载："唐王昌遇，梓州人，得号元子，大中十三年九月九日上升。自是以来，天下货药辈皆于九月初集梓州城，八月夜于州院街易元龙池中，货其所赍之药，川俗谓之药市，迭明而散"，药市"尽一川所出药草、异物与道士毕集"，不但进行药材交易，而且士庶云集，于药市中"吸药气"以治病，摩肩接踵，热闹非凡。药市成为川蜀百姓的卫生保健活动地点。腊日唐帝多赐群臣口脂，这种腊日口脂由药膏制成，有养颜保健作用，如《全唐文》卷333苑咸为李林甫谢腊日赐药等状，云："赐臣腊日所合通中散驻颜面脂及钿合，并吃力伽丸白黑蒺藜煎揩齿药等……伏以嘉平旧节，炼药良辰，锡灵仙之秘方，均雨露之殊泽。金膏玉散，驻齿发于衰容。"可见腊日制药，赐药口脂，主要为养颜保健。史籍中关于腊日赐口脂记载极多，如同书卷418常衮谢敕书赐腊日口脂等表云："赐臣面脂、口脂、香药、澡豆并银饼子等"，卷443李舟谢敕书赐腊日口脂等表云："赐臣及军将腊日面脂、香袋、红雪、澡豆等"，卷444韩翃谢敕书赐腊日口脂等表云："并赐臣母申国太夫人口脂一合，面脂一合，澡豆一贴，并赐臣温香一合，兼赐将士口脂等"，知赐百官军将腊日口脂为定制，这一风俗的形成，反映了这一时期对卫生保健的重视。

《千金方》与《千金翼方》中也有许多内容涉及卫生预防与保健。孙思邈主张饮食要有节制，"先饥而食，先渴而饮，食欲数而少，不欲顿而多，则难消也。常欲令如饱中饥，饥中饱耳"，"每学淡食，食当熟嚼，使米脂入腹，勿使酒脂入肠"[1]，劝告人不宜过度饮酒。在卫生预防方面，主张人们应保持情绪稳定精神愉

---

[1] 《备急千金方》卷27。

快，同时要在日常生活各个方面注重卫生保健，如勤洗澡勤换衣服，选择正确睡眠姿势，屈膝而卧，选择背山临水、气候凉爽的居住环境等。对妇女、幼儿及老年人保健，孙思邈也极为重视，认为小儿不宜穿得过多，以免体质脆弱，经不起风寒，对乳儿、浴儿，亦注重预防致疾。《千金翼方》中撰写了"养老大例"与"养老食疗"专篇，对老年人的生理、心理、病理、疾病、治疗、饮食起居、卫生预防等许多方面作了全面论述，要求充分认识老年人各种生理心理变化及采取相应防治措施[1]。孙思邈的养生保健及预防医学思想是唐代卫生保健思想的反映。

日臻成熟的饮食疗法为这一时期卫生保健的一个主要特色。孙思邈的《千金要方》中专列"食治"卷，认为食能排邪而安脏腑，医者当先晓病源，以食治之，不愈，再用药。忽视食治，是可悲的，同时还推荐含多种营养成分与维生素、矿物质的牛乳、芝麻、蜂蜜等食物[2]。孟诜、张鼎的《食疗本草》为这一领域的集大成之作。该书确定了食疗为本，食疗为上的食治原则，使食物品种在临床治疗应用上不断增加，食疗形式更加多样化，不但食物原料增多，而且扩大到动物组织器官和激素剂，侧重于食物本身的医疗作用，同时强调因人、因时、因地而膳。唐代饮食疗法在理论上逐步提高，在实践中更加广泛地深入地应用到临床治疗及日常的预防保健中，是我国古代饮食疗法应用发展的重要历史阶段[3]。

第六节　宗教生活

隋唐五代是宗教兴盛的时代。西汉末传入中国的佛教，经三国魏晋南北朝的发展，至隋唐已臻极盛。由张道陵五斗米道发展而来的中国宗教——道教，到隋唐也十分兴盛，在唐代甚至被尊为国教。五代十国时期，佛、道二教均继续发展。在隋唐五代，尤其是唐前期，佛道二教既斗争，又融合，并与中国传统儒家互相渗透，其触角伸及社会各个角落，在人们的精神生活中占有重要地位。隋唐五代还有景教、伊斯兰教、火祆教和摩尼教等宗教。除摩尼教在民间有较大影响外，

---

[1]　参见傅维康：《杏林述珍》，上海古籍出版社1991年版，第45—51页。
[2]　同上。
[3]　参见陈伟明：《唐宋时期的饮食疗法》，载《隋唐史论集》，香港，1993年版，第271—279页。

其余诸教主要在来华的外国商人和使节等人中传播。因篇幅所限,本节仅论述隋唐五代各阶层人们的佛道二教生活。

一 佛教生活

(一)帝王的佛教生活

隋文帝是个虔诚的佛教信徒。由于他从小就在寺院过着佛教徒式的生活①,深受该教熏陶。当皇帝后,为报答佛祖庇佑之恩,使其江山永存,信仰佛教更加虔诚。"朕夙膺多祉。嗣恭宝命,方欲归依种觉,敦崇胜果"②。除采取广建寺塔,"普诏天下,任听出家"③,禁毁盗佛像等措施,大力扶植佛教外,自己的日常生活也佛教化。他自称"佛弟子",礼接僧人昙崇时,"自称师儿"④。请法师在大兴殿为其受菩萨戒。每天上殿,坐列七名僧人,转经、问道。每月常请14名僧人,随番上下转经,经师4人,大德3人,于大兴城大兴殿读一切经,日理万机而不忘耳餐法味。每夜行道,整天生活在浓厚的佛教氛围中。

隋炀帝在登基前扬州总管任上,就受了菩萨戒,希望优游于大乘。天台宗创始人僧智𫖮给杨广奉上"总持菩萨"的法号。后又献万春树皮袈裟。此后杨广则以菩萨戒弟子自居,通过度僧、建寺、造像、译经等措施,继续扶植释氏,声称要发扬大慈大悲的菩萨精神,普度众生,从而使上及有顶,下至无间,三涂地狱,六趣怨亲,善人与恶人,统统同至菩提,人人作佛成正果⑤。隋炀帝在外出巡游天下时,也不忘让僧尼侍从,谓之道场。可见他的生活离不开佛教。

唐朝皇帝的佛教生活比隋朝皇帝复杂、丰富得多,这是因为唐朝佛教比隋兴盛,唐国祚比隋长近八倍,天子多七倍。五代十国帝王大多崇佛,其佛教生活,总的来讲,比隋唐皇帝稍逊一筹。

隋唐五代十国皇帝的佛教生活主要是在内道场过的。所谓内道场,是天子在皇宫设置的专门祠佛场所,以便随时作佛事。唐"长生殿内道场,自古以来,安置佛像经教,抽两街诸寺解持念僧三七人,番次差入,每日持念,日夜不绝"⑥。

---

① 《隋书》卷1《高祖纪》云:隋文帝生于冯翊般若寺,由河东尼抚养于别馆"年至十三,方始还家"(《集古今佛道论衡》乙)。
② 《大正藏》卷52,《辨正论》;同书卷3,《十代奉佛篇》。
③ 《隋书》卷35,《经籍志四》。
④ 《大正藏》卷50,《续高僧传》卷17,《昙崇传》。
⑤ 《大正藏》卷57,《广弘明集》卷28,《启福篇》。
⑥ 《入唐求法巡礼行记》卷4。

就是说，内道场与民间佛寺一样，有佛像、佛经和僧人。不同的是，这些僧人是从京城左、右两街①诸名寺中抽调来的高僧大德，固定为 21 人，轮流持念佛经，日以继夜。内道场的僧人，有些则是从全国各地挑选的名僧。如资州僧处寂②、荆州僧神秀③、荆州僧道俊、恒景④、少林寺僧慧安与静禅师⑤、梓州慧义寺僧神清⑥、泗州普光王寺僧伽⑦等。这些进入内道场的僧人，被皇帝赐以内供奉、三教讲论、赐紫、引驾起居大德等称号，有些还授以左、右街僧录等僧官，待遇优厚。代宗时，内道场僧"馔供珍滋，出入乘厩马，度支具稟给"⑧，赏赐丰盛，武则天赐僧万迥"锦绣衣裳，宫人供事"⑨，对僧神秀"丰其供施"⑩。内道场有设在麟德殿的⑪，有设在长生殿的⑫，有设在笼统称宫中的⑬。有些宫外的名寺，如长安大安国寺⑭、大兴善寺、扶风法门寺等，实际上也是供天子做各种佛事的皇家内道场。唐代内道场高宗、武后时已相当盛行，中宗、睿宗、玄宗、肃宗、代宗时，宫中都设有内道场。唐德宗因"尤恶巫祝怪诞之士"，"罢集僧于内道场"⑮，旋又恢复。此后，除唐武宗"会昌毁佛"将僧内道场改为道教内道场外，顺、宪、穆、敬、文、宣、懿、僖诸宗也都置内道场，直至唐亡。

五代十国有些帝王也在宫廷、王府设置内道场式的场所，延纳京师内外名僧入内供奉，为他们的佛教生活服务。如僧道丕，"于梁朝后主、后唐庄宗、明宗，凡内建香坛，应制谈论，多居元席。及晋迁都今东京，天福三年诏入梁苑，副录

---

① 唐代西都长安、东都洛阳都有两街之分，如长安左街有寺慈恩、荐福，右街有寺西明、庄严（《资治通鉴》卷 248 会昌五年七月，《入唐求法巡礼行记》卷 3 会昌元年，勅于"左、右街七寺"开俗讲）。
② 《宋高僧传》卷 20，《处寂传》。
③ 《宋高僧传》卷 8，《神秀传》。
④ 同上书，《道俊传》。
⑤ 《宋高僧传》卷 18，《慧安传》。
⑥ 《宋高僧传》卷 6，《神清传》。
⑦ 《宋高僧传》卷 18，《僧伽传》。
⑧ 《新唐书》卷 145，《王缙传》。《大宋僧史略》卷中。
⑨ 《宋高僧传》卷 18，《万迥传》。
⑩ 《宋高僧传》卷 8，《神秀传》。
⑪ 《资治通鉴》卷 222，上元二年九月。"上于三殿（即麟德殿）置道场"。
⑫ 《入唐求法巡礼行记》卷 4。
⑬ 《宋高僧传》卷 8，《神秀传》、《道俊传》；同书卷 18，《慧安传》、《万迥传》；同书卷 3，《子邻传》；同书卷 6，《僧彻传》、《神清传》。
⑭ 长安大安国寺，唐睿宗为相王时旧邸，"即尊位，乃建道场焉"（《太平广记》卷 402《水珠》）。
⑮ 《旧唐书》卷 130，《李泌传》。

左街僧事"①。在吴越王宫里，内道场的佛事颇盛②。相国寺僧澄楚，"晋高祖闻而钦仰，诏入内道场，赐紫袈裟，寻署大师，号真法焉"③。

隋唐五代十国帝王在内道场所过佛教生活主要内容是：

1. 念经。唐懿宗"于禁中设讲席，自唱经，手录梵夹"④。"自为赞呗"⑤。吴越王钱弘俶自称"凡于万机之暇，口不辍诵释氏之书，手不停披释氏之典"⑥。南唐后主李煜与皇后"着僧伽帽，服袈裟，课诵佛经，胡跪稽颡，至为瘤赘，手常屈指作佛印"⑦。

2. 听僧讲经说法。内道场僧随时应召为帝王讲经说法，答疑解惑，消除他们各种烦恼。唐太宗常诏玄奘入宫为他讲经，使这位自称"至于佛教，非意所遵"⑧的天子，后来认识到"佛教幽微，岂能仰测"⑨。武则天向僧神秀"时时问道"⑩。中宗时，僧文纲"为二圣、内尼讲〈四分律〉一遍"⑪。顺宗"常承顾问"僧端甫⑫。唐文宗闻僧知玄名，"宣入顾问，甚惬皇情"⑬。唐僖宗避黄巢义军逃亡成都，遣专使"肩舆诏（僧知玄）赴行在，帝接谈论，颇解上心"⑭。佚名供奉僧"内殿谈经惬帝怀"⑮。此外，从唐开国起、尤其是天子诞节在宫中举行的儒、佛、道三教论议中，尽管主要目的在于调解佛道二教矛盾，也为了直接听僧讲经，了解佛理。"国风，每年至皇帝降诞日，请两街供奉讲论大德（僧）及道士，于内里设斋行香，请僧谈经，对释教道教对论义"⑯。后唐和后晋也曾诏僧道入宫论议。

3. 受菩萨戒和灌顶。有些帝王请僧在内道场为其受菩萨戒或灌顶，以示信佛之虔诚。僧道亮为唐中宗"受菩萨戒"⑰。僧崇业为唐睿宗"授菩萨戒"⑱，又请僧

---

① 《宋高僧传》卷17，《道丕传》。
② 钱俶：《黄妃塔记》，《全唐文》卷130。
③ 《宋高僧传》卷16，《澄楚传》。
④ 《资治通鉴》卷250，咸通三年四月。梵夹，即贝叶经，因以板夹之得名。
⑤ 《新唐书》卷181，《李蔚传》。
⑥ 《全唐文》卷130，《黄妃塔记》。
⑦ 陆游：《南唐书》卷15，《浮屠传》。
⑧ 《全唐文》卷8，《贬肖瑀手诏》。
⑨ 《全唐文》卷8，《答元奘法师进〈西域记〉书诏》。
⑩ 《宋高僧传》卷8，《神秀传》。
⑪ 《宋高僧传》卷14，《文纲传》。
⑫ 《宋高僧传》卷6，《端甫传》。
⑬ 《宋高僧传》卷6，《知玄传》。
⑭ 同上。
⑮ 李洞：《赠入内供奉僧》，《全唐诗》卷723。
⑯ 《入唐求法巡礼行记》卷4。
⑰ 《宋高僧传》卷8，《道亮传》。
⑱ 《宋高僧传》卷14，《崇业传》。

文纲"为菩萨戒师"①。唐代宗请僧良贲"为菩萨戒师"②。所谓受菩萨戒，就是受修行成菩萨的戒律。天宝初年，唐玄宗诏僧不空"入（宫）内立坛，为帝灌顶"③。乾元年间，唐肃宗又请不空入宫，"建道场护摩法，为帝受转轮王位，七宝灌顶"④。所谓灌顶，是佛教密宗嗣阿阇梨位时所行仪式。

4．为佛经作注撰序。开元二十三年，唐玄宗亲自为重要佛典《金刚经》作注、修义诀。中书令张九龄等赞其为"佛法宗旨，摄在此经"，"敷演微言，幽阐妙键，豁然洞达"，请"降出御文，内外传授"⑤。隋唐、尤其是唐前期诸帝，不仅为阇那崛多、达磨笈多、玄奘、义净、菩提流志和般若等中外僧人译经提供优越的物力和人力，有些皇帝还亲自过问译务，撰写序文。唐太宗为玄奘写《大唐三藏圣教序》。武则天为中印度僧释地婆诃罗译经"亲敷睿藻，制序冠首"⑥。实叉难陀译经时，她"亲临法座，焕发序文，自运仙毫，首题名品"。又诏实叉难陀译《大乘八楞伽经》，"天后复制序"⑦。为义净译经"天后制圣教序，令标经首"⑧。唐中宗也为义净"特抽睿思，制《大唐龙兴三藏圣教序》"，"又御洛阳西门，宣示群官新翻之经"⑨。这位天子"以昔居房部，幽厄无归，祈念药师，遂蒙降祉，荷兹往泽，重阐鸿猷，因命法徒更重传译于大佛光殿，二卷成文，曰《药师瑠璃光佛本愿功德经》，帝御法筵，手自笔受"⑩。唐代宗为不空所译《密严》、《仁王》二经"为序"⑪。代宗还"御承明殿灌顶道场躬执旧经，对译新本，而复为序冠于经首，仍敕（僧良）贲造疏通经"⑫。北天竺僧智慧译经，唐德宗亲"制经序"⑬。唐宪宗"敦崇佛门，深思翻译"。元和五年（810）诏工部侍郎归登等译经八卷，"帝览有敕：'朕愿为序'。寻颁下其文，冠于经首"⑭。

5．迎奉法门寺佛指舍利。这是唐朝皇帝佛教生活特有的重要内容。扶风（今陕西扶风）法门寺真身塔，相传是天竺阿育王在大千世界驱使神力建造的八万四

---

① 《宋高僧传》卷14，《文纲传》。
② 《宋高僧传》卷5，《良贲传》。
③ 《宋高僧传》卷1，《不空传》。
④ 同上。
⑤ 《册府元龟》卷51，《帝王部·崇释氏一》。
⑥ 《宋高僧传》卷2，《日照传》。
⑦ 《宋高僧传》卷2，《实叉难陀传》。
⑧ 《宋高僧传》卷1，《义净传》。
⑨ 同上。
⑩ 《宋高僧传》卷1，《义净传》。
⑪ 《宋高僧传》卷1，《不空传》。
⑫ 《宋高僧传》卷5，《良贲传》。
⑬ 《宋高僧传》卷2，《智慧传》。
⑭ 《宋高僧传》卷3，《般若传》。

千座舍利塔之一。史称法门寺创建于东汉，原名无忧王寺。寺内护国真身塔中藏有释迦牟尼佛指舍利，"相传三十年一开，开则岁丰人安"①，天下太平。唐高祖改名法门寺。贞观五年（631）岐州刺史张德亮（一说张亮）奏请开塔供养祭祀佛指舍利，得到唐太宗批准。此后，唐高宗、武则天、唐肃宗、唐德宗、唐宪宗、唐懿宗和唐僖宗等先后七次迎法门寺佛指舍利到长安和洛阳皇宫中供奉、礼拜。显庆四年（659）僧智琮等奏请弘护法门寺真身塔，高宗即予"钱五千贯、绢五千匹"以充供养②。旋以绢三千匹令造高宗等身阿育王像，余钱修塔。次年将佛骨迎于洛阳宫内供养。皇后武则天"舍所寝衣帐直绢一千匹，为舍利造金棺银椁，数有九重，雕镂穷奇"③。长安四年（704）武则天迎佛骨于神都，敕令"王公已降，洛城近事之众，精事幡华（花）幢盖，仍命太常具乐奏迎，置于明堂。观灯日，则天身心护净，头面净虔，请（僧法）藏奉持，普为善祷"④。景龙二年（708）唐中宗及皇后等剪下部分头发"入塔供养舍利"⑤。四年，他将法门寺"旌为圣朝无忧王寺，题舍利塔为大圣真身宝塔"⑥。上元初年，唐肃宗敕僧法澄等迎佛骨至内道场，他"躬临筵昼夜苦行"⑦。至德元载（756），唐肃宗再迎佛骨"入禁中，立道场，命沙门朝夕赞礼"⑧。贞元六年（790），唐德宗"诏出岐山无忧王寺佛指骨迎置禁中"⑨，"德宗礼之法宫"⑩。元和十四年（819）唐宪宗遣中使和僧人迎佛骨至长安，"留禁中三日"⑪，"宪宗启塔，亲奉香灯"⑫。咸通十四年（873），唐懿宗诏供奉官李奉建等虔请佛骨，"群臣谏者甚众，至有言宪宗迎佛骨寻晏驾者。上曰：'朕生得见之，死亦无恨'"⑬。佛骨至长安，唐懿宗亲"御安福门，降楼膜拜，流涕沾臆"⑭，供奉大批金银珠宝⑮。尽管李唐诸帝迎奉法门寺佛指舍利，

---

① 《资治通鉴》卷240，元和十三年十一月。
② 《法苑珠林》卷51，《敬塔篇·故塔部》，《古今图书集成·神异典》卷121《塔部》曰："给钱五千、绢五十匹。"
③ 道宣《集神州三宝感通录》。《大唐圣朝无忧王寺大圣真身宝塔碑铭》。
④ 《唐大荐福寺故寺主翻经大德法藏和尚传》。
⑤ 《唐中宗下发入塔铭》。
⑥ 《大唐圣朝无忧王寺大圣真身宝塔碑铭》。
⑦ 同上。
⑧ 《佛祖统纪》卷40，《法运通塞志》。
⑨ 《资治通鉴》卷233，贞元六年春。
⑩ 《佛骨碑》。
⑪ 《旧唐书》卷15，《宪宗纪下》。
⑫ 《大唐咸通启送岐阳真身志文》。
⑬ 《资治通鉴》卷252，咸通十四年三月。
⑭ 同上。
⑮ 《监送真身使随真身供养道具及恩赐金银衣物账》。

有其祈愿天子"圣寿万春，圣枝万叶，八荒来服，四海无波"①，具有鲜明政治色彩，也充分表明了他们对佛祖的崇敬。

6. 其他。唐高宗将会稽山妙喜寺僧印宗，"敕召入内，乃造慈氏大像"②。长寿二年（693）魏王武承嗣等五千人表请加武则天尊号曰金轮圣神皇帝。此后武则天就以佛教的金轮王自居，作金轮宝、白象宝、女宝、马宝、珠宝、主兵宝和主藏臣宝等七宝，"每朝会，陈之殿庭"③。天宝十载（751），唐玄宗以先帝忌日，"命女工绣释迦牟尼像，亲题绣额，稽首祈福"④。上元二年（761）天成地平节，唐肃宗于麟德殿置内道场，"以宫人为佛菩萨，武士为金刚神王，召大臣膜拜围绕"⑤。唐代宗在宫中曾问宰相元载、王缙和杜鸿渐"'佛言报应，果为有无？'（元）载等奏以：'国家运祚灵长，非宿植福业，何以致之。福业已定，虽时有小灾，终不能为害。所以安史悖逆方炽而皆有子祸；仆固怀恩称兵内侮，出门病死；回纥、吐蕃大举深入，不战而退，此皆非人力所及，岂得言无报应也'。"代宗"由是深信之（佛教），常于禁中饭僧百余人。有寇至则令僧讲仁王经以禳之"⑥。南唐后主"手书金字《心经》一卷，赐宫人乔氏"⑦。

（二）王公贵族的佛教生活

隋唐五代帝王大多崇佛，势必影响与其关系最为密切的王公贵族。后者信仰佛教的为数不少，其崇佛程度仅次于帝王，他们的佛教生活内容主要是：

1. 立寺修塔院。隋唐两朝王公贵族立寺成为时尚。隋薛国公长孙览为其父立资敬尼寺。内史舍人于宣道为其父母立阳化寺、鲁郡夫人孙氏立修慈寺。郧国公韦孝宽立法轮寺。独孤皇后为外祖崔彦珍立普耀寺，并为父立赵景公寺，为母立纪国寺，为尼华晖令容立法界尼寺。申国公李穆妻立修善僧寺。法济寺西禅院为房国公苏威所立。河间王弘立明觉尼寺。蜀王秀立大开业寺。亲王杨雄立灵觉寺。元德太子为尼善惠、元懿立慈和寺。宫人陈宣华和蔡容华立开善尼寺。万安公李园通立慈门寺。尉迟迥孙太师为其祖立乐善尼寺。细腰公主立功德尼寺。尉迟迥立妙象寺。楚公豆卢勋立罗汉寺。唐太子承乾立龙兴寺。大宦官吐突承璀营安国寺。太平公主为武太后立罔极寺、为昭成皇后追福改慈和寺为昭成寺。达官贵人等出钱重建大雁塔，塔高十层。"太平公主、武三思、悖逆庶人（韦后）、张夫人

---

① 法门寺地宫出土捧真身菩萨錾文。
② 《宋高僧传》卷 4，《印宗传》。
③ 《资治通鉴》卷 205，长寿二年九月。
④ 《册府元龟》卷 51，《帝王部·崇释氏一》。
⑤ 《资治通鉴》卷 222，上元二年九月。
⑥ 《资治通鉴》卷 224，大历二年七月。
⑦ 《南唐拾遗记》。

等，皆度人造寺"①。安乐公主修安乐寺，"用钱数百万"②。原将军尉迟乐宅立为奉恩寺。宰相王缙、杜鸿渐"造寺无穷"③。宰相裴度一贯奉佛，尽舍平淮西所得巨万赏钱再修福先寺。僧不空奏请造文殊阁，"贵妃、韩王、华阳公主同成之"④。魏博节度使田季安，进绢五千匹，助修长安开业寺。后唐明宗时，西京留守安重霸修葺唐末遭兵燹毁坏的大雁塔。吴越姑苏节帅钱仁奉为僧明彦建院。钱城戍将辟云峰山建清化禅院。大将凌超，以五云山新建华严道场，为志逢大师终老之所。

2. 舍宅为寺。隋唐五代，王公贵族竞相舍宅为寺。隋大司马窦毅舍宅为灵花寺。兰陵公主舍宅为资善尼寺。申国公李穆妻元氏舍别宅为济度尼寺。薛国公长孙览妻郑氏舍宅立温国寺。光德太子舍寝堂助造济法寺佛殿。淮南公元伟舍宅为沙门法聪立海觉寺。太保尉迟刚舍宅立褒义寺。昌乐公主及驸马都尉尉迟安舍宅立宣化尼寺。左仆射高颎舍宅立真寂寺。高颎妻舍别第为积善尼寺。驸马都尉元孝矩舍宅立空观寺。秦王俊舍宅立济度尼寺。开府仪同三司鲜于遵义舍宅立普集寺。宦者仪同三司宋祥舍宅立真心尼寺。江陵总管贺拔华为沙门法海舍宅立法海寺。荆州总管杨纪舍宅为定水寺。唐淮安王神通为沙门智凝舍旧宅立辨才寺。章怀太子舍宅立千福寺、嗣虢王邕娶韦庶人妹舍宅立极恩寺。尚宫柴氏舍宅立光德寺。太穆皇后舍归宁院施净域寺。高力士舍宅立保寿寺。鱼朝恩奏以先所赐庄为章敬寺。淮西节度兵马使李重倩舍宅为佛经坊，唐代宗赐名宝应经坊。卢龙节度使刘总以其私第为佛寺。宰相王缙舍宅为宝应寺。

3. 斋僧。李林甫每年生日，"常转请此寺（平康坊菩萨寺）僧就宅设斋"。大历二年（767）宰相杜鸿渐"饭千僧"⑤。两军容内司公主戚属之家，并以"上（穆宗）疾瘥平，诸寺为僧斋"⑥。卢龙节度使刘总"衣食浮屠数百人"⑦。闽建州刺史陈海"饭僧千人"⑧。后晋高祖皇后，于封禅寺"饭僧数万"⑨。

4. 写经造像。贞观十八年（644），金仙公主奏请太宗，赐幽州云居寺大唐新、旧译经4000余卷，充石经本。麟德年间，纪国大妃韦氏殁，其女临川郡长公主"自后年别手写《报恩经》一部，自画佛像一铺"⑩。

---

① 《旧唐书》卷96，《姚崇传》。
② 《朝野佥载》卷1。
③ 《资治通鉴》卷224，大历二年七月。《旧唐书》卷118《王缙传》云其"舍财造寺无限"。
④ 《宋高僧传》卷1，《不空传》。
⑤ 《资治通鉴》卷224，大历二年八月。
⑥ 《旧唐书》卷16，《穆宗纪》。
⑦ 《新唐书》卷212，《刘怦传附总传》。
⑧ 《佛祖统纪》卷42。
⑨ 《新五代史》卷17，《高祖皇后李氏》。
⑩ 《唐代墓志汇编》，第703页。

5. 持斋念佛。开元时，庄州都督李敬，"晚年焚香加趺，修菩提法，苦心自练，菜食而已"①。左金吾卫大将军刘昇朝，戎马一生，为萧、代、德三朝元从功臣，晚年"功成身退，持斋念佛，修未来因"②。崔侍郎安潜崇奉释氏，"鲜茹荤血，镇西川三年，唯多蔬食。宴诸司，以面及蒟蒻之类染作颜色，用像豚肩、羊臑脍炙之属，皆逼真也。时人比于梁武（帝）"③。

6. 诵持佛经。天宝时，上柱国段仲垣好游佛门，日诵陁罗尼廿一遍。代宗时，朔方节度使张齐丘，"酷信释氏，每旦更新衣，执经于像前念《金刚经》十五遍，积数十年不懈"④。汴州右厢虞侯王某，"读《金刚经》四十年"⑤。元和年间，浐阳镇将王沔常持《金刚经》。南唐永兴公主丧夫后，惟诵佛书"对佛自誓曰：'愿儿生生世世莫为有情之物'。"⑥

（三）士大夫的佛教生活

在隋唐五代各阶层佛教生活中，士大夫（儒生及其仕宦者）的这种生活内容最为复杂、丰富，最具时代特色。

隋唐士大夫普遍信佛。从传至今日的《全唐诗》和《全唐文》（包括唐人和五代十国人的诗文）里，绝大多数的作者是士大夫，他们或多或少都有与僧人酬唱的诗篇、为僧人撰写的碑铭、僧赞、经序等文章，足见士大夫与佛教关系的密切。唐代一些著名的士大夫，大多信佛。如白居易信佛极为虔诚。自称"余早栖心释梵"（《病中诗十五首并序》）。在他兼济天下政治抱负不能实现、贬为一领青衫的"天下沦落人"（《琵琶行》）、年老多病后，过着"身不出家心出家"（《早服云母散》）的生活。"白日持斋夜坐禅"（《斋戒满夜戏招梦得》），"山寺每游多寄宿"（《游丰乐招提佛光三寺》），"出作行香客，归如坐夏僧"（《行香归》）。不仅自己坐禅、守戒、学佛经都极认真，还带动全家学佛、劝人修行西方极乐世界⑦。遗嘱诗文施予佛寺⑧。王维"笃志奉佛，蔬食素衣，丧妻不再娶，孤居三十年"⑨。公余则焚香礼佛，坐禅诵经，以玄谈自娱。其诗亦禅僧化。裴休"家世奉佛。休尤深于释典。太原、凤翔近名山，多僧寺。视事之隙，游践山林，与义学

---

① 《唐代墓志汇编》，第1303页。
② 同上，第1894页。
③ 《唐语林》卷7，《补遗》。
④ 《酉阳杂俎》续集卷7，《金刚经鸠异》。
⑤ 同上。
⑥ 《玉壶清话》卷9，《李先主传》。
⑦ 《古今图书集成·神异典》卷207，《居士部》载白居易偈："极乐世界清净土，无诸恶道及众苦。愿如我身老病者，同生无量寿佛所。"
⑧ 《旧唐书》卷166，《白居易传》云："尝写其文集，送江州东西二林寺、洛城香山、圣善等寺，如佛书杂传例流行。"
⑨ 《唐才子传》卷2，《王维》。

僧讲求佛理。中年后，不食荤血，常斋戒，屏嗜欲。香炉贝典，不离斋中，咏歌赞呗，以为法乐"①。"性禀禅师，儿女多名师女、僧儿"（无名氏《讥裴休》）。李商隐在平山慧义精舍藏经院凿石壁五间，勒金字《妙法莲华经》。久慕名僧知玄"之道学，后以弟子礼事玄"。眼疾乞祷于玄，卧病"愿削发为玄弟子，临终寄书偈决别"。凤翔府知玄写真旁，"李义山（商隐）执拂侍立焉"②。柳宗元说："吾自幼好佛，求其道积三十年"（《送巽上人赴中丞叔父召序》）。他与不少僧人交往，写过较多有关释氏的文章。李群玉"好读天竺书，为寻无生理。焚香面金偈，一室唯巾水。交信方外言，二三空门子。峻范照秋霜，高标掩僧史。清晨洁蔬茗。"（《饭僧》）宰相王缙"素奉佛，不茹荤食肉，晚节尤谨。妻死，以道政里第为佛祠"③。

隋唐五代，尤其是唐代士大夫普遍信仰佛教的重要原因之一，就是佛教徒以诗歌、琴棋书画、建筑、雕塑、茶道、变文等技艺吸引士大夫。隋唐五代有不少"诗僧"，仅收入《全唐诗》者即有115人，僧诗成为唐人诗歌的一部分。他们的诗，如果不注明作者为僧，表面上是不大能看出它与世俗诗人的作品有多大区别的。而就其内容而言，则佛教思想充斥其间。僧诗艺术水平高者不多，然其特色却十分鲜明，即以较通俗的语言，宣扬佛理，争取更多的善男信女皈依释氏，扩大佛教影响。僧无可工五言诗。僧清塞擅长近体诗。后唐僧智晖"颇精吟咏"，"翰墨工外，小笔尤嘉，粉壁兴酬，云山在掌"④。唐代僧人独钟琴，韩愈、刘禹锡、吴仁璧、令狐宾客等作有赞美僧人抚琴、听其弹琴之诗。僧人工弈棋者多有，棋艺也很高，被誉为"历睹远代无伦比，妙绝当动鬼神泣"⑤的僧怀素的书法，赢得众多士大夫倾倒。仅以《怀素上人草书歌》为题吟诗的就有王颙、窦冀、鲁收、朱逵和任华等人。僧誉光的草书"一字千金值"，不下能者张颠⑥。

僧人虽少丹青高手，但许多著名画家都到寺院泼墨寺壁，一展才华。仅长安的慈恩寺、兴唐寺、菩提寺、元法寺、干福寺、赵景公寺和大兴善寺，就有吴道玄、尹琳、尉迟乙僧、杨廷光、郑虔、毕弘、王维、李果奴、张孝师、韦銮、周昉、董谔、杨坦、杨乔和韩干等人的杰作。如吴道玄的"礼骨仙人，天衣飞扬，满壁风动"⑦。"执炉天女，窃眄欲语"⑧。僧复礼"游心内典，兼博玄儒，尤工赋

---

① 《旧唐书》卷177，《裴休传》。
② 《宋高僧传》卷6，《知玄传》。
③ 《新唐书》卷145，《王缙传》。
④ 《宋高僧传》卷28，《智晖传》。
⑤ 《全唐诗》卷204，《怀素上人草书歌》。
⑥ 吴融：《赠誉光上人草书歌》，《全唐诗》卷687。
⑦ 《酉阳杂俎》续集卷5，《寺塔记上》。
⑧ 同上。

咏，善于著述"①。僧昙一"渔猎百氏，囊括六籍，增广闻见"②。僧刘彦范"虽为沙门，而通儒学，邑人呼为刘九经"③。慈恩寺国色天香的牡丹，"却怪鸟飞平地上，自惊人语半天中"④的大雁塔，荫覆半寺、风过娑娑、松涛之声不绝于耳而名满长安的"兴善寺松"，乐游原上青龙寺无限好的夕阳余晖，小雁塔声闻十里余音绕梁的雄浑钟声，法门寺神秘的五彩祥云，五台山奇异的佛光⑤，清衣江畔高耸入云的罗山大佛，龙门石窟卢舍那佛慈祥可亲的面容，敦煌莫高窟似流云仙女的飞天，及西方净土极乐世界的经变壁画，禅宗南宗"机锋"、"棒喝"的心学，"茶禅一味"的隽永"茶道"……这一切，对于受注重现实人世的儒家长期熏陶的士大夫来说，展现了一片超凡脱俗的新奇天地，具有极大的吸引力。既然僧浩初"为诗颇清，而弈棋至第三品，二道皆足以取幸于士大夫"⑥；那么，上述更多的"道"，自然更易使士大夫辈倾倒了。唐代士大夫就是这样由对佛教的好奇，逐渐产生好感，接近它，不知不觉地陷入这个宗教王国而难以自拔。佛教生活成了士大夫精神生活的重要组成部分。不了解这一点，很难弄清士大夫复杂的精神世界，及其诗文的某些实质性成分。

隋唐士大夫佛教生活的主要内容如下：

1. 与僧人交往。既然士大夫与佛教结缘首先始于上述那些释氏特有的东西，因此皈依佛门的士大夫的佛教生活自然还是从与僧人交往切入。

唐代士大夫主要是与一些有学问的高僧大德交往，而不是一般的和尚、尼姑。因为所谓高僧大德，大多出身官宦书香门第，有较高的文化修养，与士大夫有共通之处。唐五代诗中连篇累牍的送僧诗、怀僧诗、游寺诗、题寺壁诗、哭僧诗、赞僧诗等，乃是士大夫与僧人交往频繁、感情甚笃的反映。仅李洞交往的中外僧人就有云卿上人、行脚僧远上人、禅友、道微禅师、草堂禅师、无可上人、鸾公、栖白上人、吟僧、弘播上人、觉公上人、彻公上人、供奉僧、惠泽上人、南岳僧、三惠大师、可上人、庄严律禅师、智新上人、清演、印禅师和西天国三藏等。

2. 听僧讲经。除部分僧人主动上门拜访士大夫、食斋、住宿外，更多的则是士大夫到寺院去。因为寺院多建在山林，风景优美。有些寺院虽处繁华的两京（长安、洛阳）等地，但院以十计、屋以百千计的寺刹，仍较市井清静得多。入仕和未入仕的士大夫，喜欢在这幽雅的环境里读书、乞食、赋诗，同时厕身寺刹的

---

① 《宋高僧传》卷17，《复礼传》。
② 《宋高僧传》卷14，《昙一传》。
③ 《因话录》卷4，《角部》。
④ 章八元：《题慈恩寺塔》，《全唐诗》卷281。
⑤ 《入唐求法巡礼行记》卷3。
⑥ 《全唐诗》卷362，刘禹锡：《海阳湖别浩初师并引》。

法会,聆听高僧说法、讲经,咨询"苦空"真谛,以释读经中的疑义,解尘世苦难之惑,消除人生诸种烦恼,求得解脱。元稹"尽日听僧讲"①。李嘉祐说:"诗从宿世悟,(佛)法为本师传。能使南人敬,修持香火缘。"(《送弘志上人归湖州》)"僧家问苦空"(《书怀》)。孟郊《与二三友秋宵会话清上人院》,"扣寂兼探真,通宵讵能辍"。于頔病中仍不忘与僧"共话无生理,聊用契心期"(《郡斋卧疾赠画上人》)。高适同马太守听九思法师讲《金刚经》。孟郊《听兰溪僧为元居士说维摩经》。薛洪秀才南游访僧习业。四门助教欧阳詹《智达上人水精念珠歌》唱道:"我来借问修行术,数日殷勤美兹物。上人视日授微言,心静如斯即诸佛。"他确实学到了精要:心静即能去掉杂念成佛。士大夫"闻僧说真理,烦恼自然轻。"(方干《游竹林寺》)"鸿儒"杨茂孝向僧知玄"寻究内典,直欲效谢康乐注《涅槃经》,多执卷质疑,(知玄)随为剖判"②。

3. 研读佛经。士大夫学佛,除向僧人请教外,主要靠自学。孟郊本人读佛经,还"垂老抱佛脚,教妻读黄经。经黄名小品,一纸千明星。曾读大般若"③。从有关士大夫生平的记载显示:许多人都有学习佛经的经历,这虽与适应皇帝崇佛需要,如为官士大夫奉诏参与宫廷儒释道三教论议、协助译经、天子幸佛寺而应制吟诗及随时回答皇上询问佛理等有关。但也有他们佛教生活的需要。有些人学习佛经十分认真。亳州韦中丞长年精求释氏。裴宽"习诵其(佛)书,老弥笃云"④。有些人对佛教教义理解较深。如刘禹锡"晚读佛书,见大雄念佛之普级宝山而梯之。高揭慧火,巧镕恶见,广疏便门,旁束邪径。其所证入,如舟沿川,未始念于前而日远矣。夫何勉而思之耶? 是余知[突](突)奥于中庸,启键关于内典,会而归之,犹初心也。不知余者,消予困而后援佛。谓道有二焉,夫悟不因人,在心而已。其证也,犹暗人之享太牢,信知其味,而不能形于言以闻于耳也"⑤。杜荀鹤自称尽管未披僧衲,但他与僧同样领悟浮生自是无空性,"利门名路两何凭,百岁风前短焰灯。只恐为僧僧不了,为僧得了总输僧"⑥。他的这一领悟,是在钻研佛经基础上对人生思考的结晶。有些士大夫,在研读之余,还以注疏儒家经典的传统方式,诠释佛经,或撰写宣扬佛传故事、因果报应及信佛得好报护法等读物,以弘扬佛法。唐初太史令傅奕奏请废除佛教,东宫学士李师政撰《正邪论》和《内德论》,后书针对傅奕的观点,从三方面进行反驳:"辨惑第

---

① 《全唐诗》卷406,《答姨兄胡灵之见寄五十韵并序》。
② 《宋高僧传》卷6,《知玄传》。
③ 《全唐诗》卷380,《读经》。
④ 《新唐书》卷130,《裴漼传附宽传》。
⑤ 刘禹锡:《赠别君素上人诗并引》,《全唐诗》卷357。
⑥ 杜荀鹤:《赠僧》,《全唐诗》卷693。

一，明邪正之通蔽；通命第二，辨殃庆之倚伏；空有第三，破断常之执见"①。东宫学士陈子良，为僧法琳反击傅奕的《辩正论》作注解。唐高宗时，曾任刑、兵、吏三部尚书和度支的唐临，"撰《冥报记》二卷，大行于世"②。会昌三年（843）太子詹事韦宗卿撰《涅槃经疏》20卷，进献唐武宗，正欲"毁佛"的这位天子下敕斥其"溺信浮屠，妄撰胡书，辄有轻进"。该疏及草本一并"追索焚烧"，贬"成都府尹"③。

隋唐时代，佛教宗派众多，士大夫对天台、净土、华严、法相、律、禅、密等宗的经典，都有所涉猎，研读的结果，他们最欣赏的是禅宗南宗。这个肇源于嵩山少林寺天竺僧菩提达摩、创立于唐慧能、被称为心宗的宗派，摒弃烦琐清规戒律，倡导即心是佛，不假外求，自我解脱即能顿悟成佛。很适合向往自由自在生活方式的士大夫的口味，他们在禅宗南宗里找到了所需的东西。王建"归依向禅师，愿作香火翁"④。司空曙"素有栖禅意"⑤。元稹"自笑无名字，因名自在天"⑥。许浑说"心闲即无事，何异住山僧"⑦。又曰："何必老林泉，冥心便是禅。"⑧ 在他看来，只要心静无事，就无异僧人，在家出家无关紧要。李益自称禅弟子。杜牧"谢却从前受恩地，归来依止叩禅关"⑨。张乔"直夜清闲且学禅"⑩。韦庄劝人"何用辛勤礼佛名，我从无得到真庭。寻思六祖传心印，可是从来读藏经"⑪。李翱"练得身形似鹤形，千株松下两函经。我来问道无余说，云在青霄水在瓶"⑫。这首诗与禅宗南宗僧人探讨佛理所吟之偈如出一辙，说明作者对佛理的理解已步入堂奥，故其引佛道入儒，开宋明理学之先，并非偶然。

4. 舍宅立寺修塔像写刻经。开皇十年（590）冀州刺史冯腊舍宅立真化尼寺。大业三年（607），合州刺史崔凤舍宅将原弘业寺移置崇业尼寺。潞州刺史辛彦之"崇信佛道，于城内立浮图二所并十五层"⑬。天宝中，别驾李常打开禅宗三祖僧璨大师塔棺，取金身荼毗，收舍利，重起塔。王维在上朝廷的《请施庄为寺表》

---

① 《广弘明集》卷14，《内德论》。
② 《旧唐书》卷85，《唐临传》。
③ 《入唐求法巡礼行记》卷4。
④ 《全唐诗》卷297，《七泉寺上方》。
⑤ 李端：《忆故山赠司空曙》，《全唐诗》卷286。
⑥ 《全唐诗》卷409，《悟禅三首寄胡果》。
⑦ 《全唐诗》卷528，《晨起二首》。
⑧ 《全唐诗》卷531，《游果画二僧院》。
⑨ 《全唐诗》卷526，《将赴京留赠僧院》。
⑩ 《全唐诗》卷639，《省中偶作》。一说作者为郑谷。
⑪ 《全唐诗》卷696，《赠礼佛名者》。
⑫ 《全唐诗》卷369，《赠药山高僧惟俨二首》。
⑬ 《隋书》卷75，《辛彦之传》。

云:愿"施此庄(为崇佛之母建于兰田的山庄)为一小寺,兼望抽诸寺名行僧人七人,精勤禅诵,斋戒住持"。通议大夫崔璘,于龙门山广化寺构毗卢遮那塔一座,刻桷雕楹,曲尽其妙,至于写经图像,无不精勤。千福寺楚金禅师法华院多宝塔,为"千家献黄金"助修而成①。李绅出俸钱修葺已颓的龙宫寺。元稹、白居易等九刺史,在杭州永福寺集资七万凿石壁法华经。圣善寺银佛,安史之乱时为贼将截一耳。白居易用银三铤添补。处士许国"每年于诸寺常转一切经,温室盂兰盆供养家内,造弥勒尊容圣僧菩萨神王师子一塔,写法华经一部"②。一位"中丞舍宅为寺"(厉玄《寄婺州温郎中》)。闽漳州刺史王公为僧从展建保福禅苑。

5. 念经。士大夫信佛,在家过佛教生活,对妻子也有影响。有些士大夫的妻子,在长期潜移默化中皈依了释氏。由于这些人有一定的文化修养,他们佛教生活内容主要是念诵佛经、斋戒、写经图拜佛像等(详后)。吐鲁番阿斯塔那239号墓出土的《唐高昌县成默仁诵经功德疏》云:这位景龙四年(710)的沙州寿昌县令,"自记姓已来,每月六斋兼六时续诵《法花(华)经》壹佰遍,《金刚般若经》壹阡遍,《大方广仏(佛)名经》壹佰遍。诸杂经不成部袟(帙),不记遍数"③。天宝年间,南海番禺县主簿妻田氏,"中年悟道,雅契玄关,常读维摩、法华,诵金刚、般若,仙舟自超于法海,智刃久断于魔军"④。齐州禹城县令妻崔氏持般若经,诵陁罗尼咒。大历时,衢州司士参军妻独狐氏,"晚岁以禅诵自适,谓般若经空慧之筌,持而为师,视诸结缚"⑤。贞元时人著作佐郎崔某妻李金,"尤好释典,深入真空,诵金刚般若菩萨戒经"⑥。唐武宗时,试大理评事杨牢妻郑氏,诵"金刚、药师、楞伽(经),思益为常业,日不下数万字"⑦。唐宣宗时,剑南西川节度判官卢缄妻崔氏,"崇奉释教,深味佛经,诵读讲磨,咸得要妙","归诚慈氏,托志空门,临终加号曰上乘"⑧。

6. 斋戒。是佛教修行方式之一,即不茹荤,在家修行的佛教信徒按时持斋戒。唐玄宗时,苏晋"长斋绣佛前"⑨。齐州禹城县令妻崔氏,"常绝荤辛"⑩。大历时

---

① 岑参:《登千福寺楚金禅师法华院多宝塔》,《全唐诗》卷198。
② 《唐代墓志汇编》,第474页。
③ 《吐鲁番文书》第7册,第524页。
④ 《唐代墓志汇编》,第1542页。
⑤ 《千唐志斋藏志》933,《故衢州司士参军李君夫人河南独狐氏墓志铭并序》。
⑥ 《唐代墓志汇编》,第1881页。
⑦ 同上书,第2214页。
⑧ 同上书,第2351页。
⑨ 杜甫:《饮中八仙歌》,《全唐诗》卷216。
⑩ 《唐代墓志汇编》,第1746页。

上左：八棱人物金杯　西安何家村　唐
上右：鎏金舞马啣杯银壶　西安何家村　唐
下左：鎏金银质龟负酒筹筒　江苏丹徒　唐
下右：白瓷马镫形壶　西安文物局库房藏　唐

隋唐五代社会生活史

隋唐五代社会生活史

上：唐宫乐图（摹本） 宋绘
中：擀面女俑 新疆吐鲁番 唐墓出土
下：鎏金壶门座茶碾子 陕西扶风 法门寺出土

隋唐五代社会生活史

韩熙载夜宴图（局部） 五代 顾闳中

隋唐五代社会生活史

上：鎏金双鱼龙纹盘

下左：青釉印花带盖唾壶 故宫博物院藏 隋

下右：越窑青釉五瓣花口碗 浙江临安 唐水邱氏墓 唐

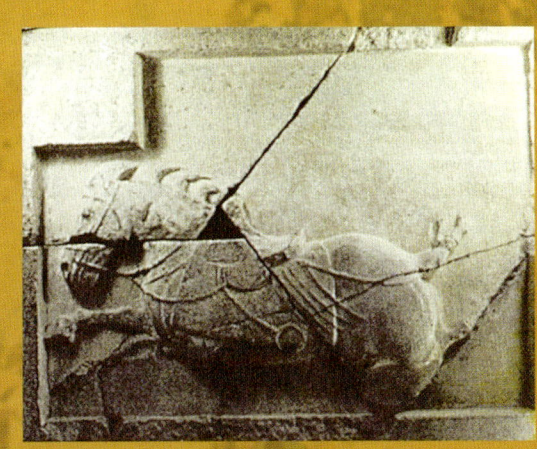

昭陵六骏　陕西礼泉　唐

隋唐五代社会生活史

隋唐五代社会生活史

上：商人遇盗图 敦煌莫高窟45窟 唐壁画
下左：女立俑 陕西西安 唐墓出土
下右：舞俑 南京博物馆藏 唐

隋唐五代社会生活史

上：弥勒经变（局部）嫁娶图　榆林25窟
下：彩绘武官俑　西安灞桥　唐　金乡县主墓

隋唐五代社会生活史

上：王妃剃度图　敦煌莫高窟445窟　唐壁画
下：佛指舍利影骨和宝珠顶单檐四门纯金塔及塔座银柱
　　陕西扶风法门寺地宫

遂安县尉李守虚之女李处子，"不尝荤茹，稍却铅华，数岁诵经，六时行道。金刚般若，草契于心；妙法莲华，常指于掌。口资法味，身得道腴，虽非落发比丘，直是在家菩萨"①。唐德宗时，殿中侍御史张府君妻源氏，"晚岁尤栖心禅寂，荤修不杂仅廿年"②。上邽县令豆卢氏妻魏氏，"归信释门，斋戒不亏，卅余载，顷曾授指趣心地于圣善寺大謷禅师，先登有学之源，口证无言之果"③。信佛的士大夫，除自持斋戒外，还斋僧，即施饭于和尚、尼姑。王维"日饭十数名僧"④。王建为僧特意在别屋炊香饭，按佛门习惯，不入薰辛，净手作素食，款待僧人，并"愿师常伴食"⑤。

7. 放生。佛教宣称以慈悲为本。不杀生是佛教徒的基本戒律之一。武则天时，监察御史王守贞乞求出家为僧，于京兆西市疏凿池，"支分永安渠水注之，以为放生之所"⑥。抚州有放生池，信仰佛教的刺史蔡京，禁民捕鱼。州人张顶乘舟垂钓，被其逮捕。试大理评事扬牢妻"晦朔又以缗钱购禽飞，或沉饭饱鱼腹"⑦。

8. 在家修行。有些士大夫虽信释氏，但不愿舍妻家别子，抛弃功名，遁于空门。如杜甫"未能割妻子，卜宅近前峰"⑧。而采取按照佛教戒律等规定的在家修行的方式，被称为居士。王维自号摩诘居士。白居易称香山居士，复"为白衣居士"⑨。大历才子司空曙有一位当居士的胡姓友人。王建"拟作读经人，空房置净巾……老病应随业，因缘不离身。焚香向居士，无计出诸尘"⑩。韩翃"远客陪游问真理，薄宦深知误此心。回心愿学雷居士"⑪。"巷南唯有陈居士，时学文殊一问来"⑫。高适"知君（陈十六）悟此道（佛教），所未搜（一作披）袈裟，谈空忘外物，持诫（戒）破诸邪"⑬。这位陈十六，实为没有披袈裟的居士。

9. 弃官出家。有少数士大夫，出于信佛、避祸、看破红尘等原因，抛弃官禄、妻子，过彻底的佛教生活。武则天时，监察御史王守慎，"属天后猜贰，信酷吏罗

---

① 《唐代墓志汇编》，第1772页。
② 同上书，第1890页。
③ 同上书，第2560页。
④ 《旧唐书》卷190，《王维传》。
⑤ 《全唐诗》卷299，《饭僧》。
⑥ 《全唐诗》卷875，《永安渠石铭》。
⑦ 《唐代墓志汇编》，第2214页。
⑧ 《全唐诗》卷231，《谒真谛寺禅师》。
⑨ 《全唐诗》卷459，《香山居士写真诗并序》。
⑩ 《全唐诗》卷299，《原上新居十三首》。
⑪ 《全唐诗》卷243，《题玉山观禅师兰若》。
⑫ 元稹：《酬孝甫见赠十首》，《全唐诗》卷413。
⑬ 《全唐诗》卷212，《同群公宿开善寺赠陈十六所居》。

织，乃避法官，乞出家为僧"①。中宗时，卫尉卿杨元琰知武三思擅权，请弃官为僧。天宝年间，户部尚书裴宽因惧宰相李林甫陷害而"上表请为僧"②。进士苏瞻出家。宝应中濮阳县丞柳某，"语及无生，喟然叹曰：'万法归空，一身偕幻，琐琐名位，曷足控搏"，遂抛弃官印。经神策都知兵马使王驾鹤奏请舍官为僧③。岑参"净理了可悟，胜因夙所宗。誓将挂冠去，觉道资无穷"④。在其他的诗中，他也表达过官场不顺，本无宦情，誓将弃官学佛之意⑤。南唐僧应之，原为进士。

10. 结社修行。白居易"本结菩提香火社，为嫌烦恼电泡身。不须惆怅从师去，先请西方作主人"。（《与果上人殁时题此诀别兼简二林僧社》）对于他在庐山搭草堂结僧社的宗教生活一直十分怀念⑥。在《重修香山寺毕题二十二韵以纪之》再次表示："南祖心应学，西方社可投。"即慧能所创禅宗南宗的"一切万法，尽在自身中"，"识心见性，自成佛道"⑦ 的"明心见性"顿悟心学应当学习，而共同追求西方极乐世界的香火社也可投入。白居易曾劝184人结上生会，"行念慈氏名，坐想慈氏容，愿当来世必生兜率"⑧。刑部杨汝士、左丞高元裕和长安杨鲁士都到名僧知玄门下"拟结莲社"⑨ 修行。

（四）平民百姓的佛教生活

隋唐五代，帝王崇佛，大力弘扬释氏，佛教盛行。僧人为扩大其影响，通过讲经说法、俗讲、壁画、雕塑和诗歌等方式，以通俗的语言，形象的画面，生动的讲唱手法，宣扬人生苦海、生死轮回、阿鼻地狱与西方极乐世界的鲜明对比，促使芸芸众生皈依佛门。

平民百姓，生活不富裕。一遇天灾人祸，境况更加艰难，生命不得保障。这样的社会地位，使他们容易受佛教的影响，认为现实的苦难，是前世注定的。今生只能逆来顺受，将幸福的希望，寄托在虚无缥缈的西方极乐世界。佛教在民间的影响与日俱增。

唐太宗指出：佛教"洎乎近世，崇信滋深"，"始波涌于闾里，终风靡于朝廷"⑩。"在外百姓，大似信佛"⑪。贞观十九年（645），玄奘从天竺求法回到长安。"道俗相趋，

---

① 《宋高僧传》卷26，《法成传》。
② 《旧唐书》卷100，《裴宽传》。
③ 《唐代墓志汇编》，第1917页。
④ 岑参：《与高适薛据登慈恩寺浮图》，《全唐诗》卷198。
⑤ 岑参：《自潘陵尖还少室居止秋夕凭眺》，《全唐诗》卷198。
⑥ 《旧唐书》卷166，《白居易传》云：他"与香山僧如满结香火社"。
⑦ 《坛经》。
⑧ 《佛祖统纪》卷28。
⑨ 《宋高僧传》卷6，《知玄传》。
⑩ 《唐大诏令集》卷113，《道士女冠在僧尼之上诏》。
⑪ 《唐会要》卷47，《议释教上》。

屯赴阗闾数十万众","致使京师五日，四民废业"①。他在朱雀街南陈列从西域所得经像舍利等。"在长安朱雀（街）至弘福寺十余里，倾都士女夹道鳞次"。麟德元年（664）玄奘死，"道俗奔赴（丧）者日盈千万"。以四月十四日葬于浐水东，"京畿五百里内送者百余万人"②。尽管这百余万人多为观热闹者，但佛教在唐初民间有广泛影响当为事实。武则天时，狄仁杰说：当时"里闾动有经坊，阛阓亦有精舍"③。唐玄宗《禁僧徒敛财诏》说百姓"流俗深迷至理，尽躯命以求缘，竭资财而作福，未来之胜因莫效，见在之家业已空，事等繫风，犹无所悔"。唐代宗时，"中外臣民，承流相化，皆废人事而奉佛"④。唐末三惠大师"诏落天王开夏讲，两街人竞礼长眉"⑤。吴越明州布袋和尚，时人以为弥勒佛显圣，"江浙之间，多图画其像"⑥。杭州耳相院僧行修至浙中，"倾城瞻望，檀施纷纷"⑦。西域僧至前蜀，"蜀人瞻敬如见释迦。舍于大慈三学院，蜀主复谒坐于斫，倾都士女就院，诸寺，必有断臂脔身，以为供养者"⑧。后来的事实证明他的忧虑不幸言中。十年后，咸通十四年（873）唐懿宗再次迎佛指舍利时，京城平民百姓的宗教狂热比之元和迎佛指舍利"又加甚，不啻百千倍"⑨。据《杜阳杂编》记载：佛指舍利至长安时，"四方挈老扶幼来观者，莫不疏素以待恩福。时有军卒，断左臂于佛前，以手执之，一步一礼，血流洒地。至于肘行膝步，齧指截发，不可算数"⑩。据《剧谈录》引《京城坊曲》载：长安"旧有迎真身（即法门寺佛指舍利）社，居人长幼旬出一钱，自（唐文宗）开成之后迄于（唐懿宗）咸通，计其资积无限。于是广为费用，时物之价高，茶米载以大车，往往至于百辆，他物丰盈，悉皆称是"。长安居民为迎佛指舍利，自发成立专门的民间社团，不分长幼，十天出一文铜钱，从开成元年（836）至咸通十四年坚持了37年之久，"计有资积无限"，他们对佛指舍利崇敬之虔诚不言而喻。从长安至扶风法门寺二百里地区，平民百姓对佛指舍利同样崇教，为迎奉而结社，如咸通十四年随监送真身使来法门寺的"武功县百姓社头王宗、张文建、王仲真等一百廿人，各自办衣装程粮，往来异真身佛塔"⑪。唐僖宗诏归佛指舍利于法门寺时，"京城耆耄士女争送别，执手相谓曰：'六十年一度迎真身，不知再见复

---

① 《续高僧传》卷5,《玄奘传》。
② 《大唐三藏大遍觉法师塔铭并序》。
③ 《唐会要》卷49,《像》。
④ 《资治通鉴》卷224,大历二年七月。
⑤ 李洞：《赠三惠大师》,《全唐诗》卷723。
⑥ 《释氏稽古略》卷3。
⑦ 《宋高僧传》卷30,《行修传》。
⑧ 《韩昌黎集》卷39,《谏迎佛骨表》。
⑨ 《唐阙史》卷下。
⑩ 《杜阳杂编》。
⑪ 《监送真身使随真身供养道具及恩赐金银衣物账》。

在何时？即伏首于前，鸣咽流涕"①。

结社奉佛。平民百姓聚结为社做佛事，在长安至扶风一带民间有此风习，其他一些地方也有此俗。开元初年，"同州界有数百家，为东西普贤邑社，造普贤菩萨像，而每日设斋"②。唐文宗时，兰田县人"贺兰进与里内五十余人相聚念佛"③。敦煌民间结社共同礼佛见于莫高窟供养人题记中④。

隋唐五代平民百姓佛教生活与前述帝王、贵族官僚和士大夫不同之处，在于经济条件差，缺乏文化，不可能广建寺庙，大量斋僧，写经造像，凿窟壁画，看不懂那些难读佛经。而修行方式简易的佛教宗派则受其青睐。净土宗宣扬的只要称念阿弥陀佛，就能往生西方极乐世界："无有众苦，但受诸乐"，"黄金为地"，楼阁饰以金银琉璃赤珠玛瑙等，想食得食，要衣得衣，年寿长得无法计算⑤。在著名的敦煌莫高窟壁画中，就有不少这样内容的壁画，即阿弥陀经变、弥勒经变等。如186窟（中唐）弥勒经变上有西方极乐世界"一种七收"⑥。240窟（中唐）弥勒经变上有"耕获，树生衣"⑦。在敦煌石室发现的变文中，也有同样说教⑧。这种无限美好的"佛国净土"，对一生穷困的平民百姓的吸引力，无疑是极大的。因此民间信仰净土宗的人很多。在净土宗名僧道绰传教的并州汶水（今山西文水）、太原一带，七岁以上人均称念阿弥陀佛，向往西方极乐世界。贞观年间，净土宗实际创立者善导，在长安大力弘扬净土法门，信徒不少。唐德宗时，有"后善导"之称的名僧少康，用"到睦郡入城乞食，得钱诱掖小儿，能念阿弥陀佛一声即付一钱"之法传教。"如是一年，凡男女见康，则云'阿弥陀佛'。遂于乌龙山，建净土道场"，"每遇斋日云集，所化三千许人"⑨。遂州（治今四川遂宁）村民号世尊的于某，与一女子传布净土信仰，"每夜会，自作阿弥陀佛，宫殿池沼，一如西方。男女俱集，念佛而已"，得到"数州敬奉，舍财山积"⑩。

二 道教生活

（一）帝王的道教生活

1. 求仙。与历代帝王一样，隋唐五代帝王享尽了人间荣华富贵，唯长生不老

---

① 《杜阳杂编》。
② 《太平广记》卷115，《普贤社》。
③ 《旧唐书》卷171，《高元裕传》。
④ 《敦煌莫高窟供养人题记》。
⑤ 鸠摩罗什：《阿弥陀经》。
⑥ 《敦煌莫高窟内容总录》，第64页。
⑦ 同上书，第84页。
⑧ 《敦煌变文集》下集，《佛说阿弥陀经讲经文》。
⑨ 《宋高僧传》卷25，《少康传》。
⑩ 《北梦琐言》逸文卷3，《于世尊妖妄》。

难求。道教宣扬的所谓长生久视的神仙说，正对其口味。东晋著名道士葛洪在有人问及"神仙不死，信可得乎？"时说："万物云云，何所不有，况列仙之人，盈乎竹素矣。不死之道，曷为无之？"①他在《抱朴子内篇》卷4《金丹》里说：有丹华等九丹，"但得一丹便仙"。金丹烧之愈久，变化愈妙。"一转之丹，服之三年得仙。二转之丹，服之二年得仙。三转之丹，服之一年得仙。四转之丹，服之半年得仙。五转之丹，服之百日得仙。六转之丹，服之四十日得仙。七转之丹，服之三十日得仙。八转之丹，服之十日得仙，九转之丹，服之三日得仙。"

隋炀帝迷信长生不死。在他为晋王时，就对绝谷修仙的道士徐则崇敬不已。"行辟谷，以松水自给"而求长生不老的道士宋玉泉、孔道茂和王远知，"皆为炀帝所重"②。即皇帝位后，命道士为他烧炼金丹。嵩山道士潘诞，"自言三百岁，为帝合炼金丹。帝为之作嵩阳观，华屋数百间，以童男童女各一百二十人充给使，位视三品；常役数千人，所费巨万。云金丹应用石胆、石髓，发石工凿嵩高大石深百尺者数十处。凡六年，丹不成。"被斩首③。

从唐太宗起，唐代皇帝就热衷炼金丹，以求长生。太宗于贞观二十二年（648）命天竺方士那罗迩娑寐"合长生药"④。"发使天下，采诸奇药异石"⑤炼丹。"饵金石"⑥。总章元年（668），高宗欲饵乌荼国婆罗门卢迦逸多所合不死药，被东台侍郎郝处俊谏止。开耀元年（681）他又"以服饵，令太子监国"⑦。当他得知道士刘道合私服为他炼的金丹尸解仙去，极其不满。武则天向胡惠超求遗一丸之药⑧。又先后命武什方、胡惠超、叶法善和张昌宗等为其采药炼丹。太宗和武则天曾遣使征召张果，均因"时人传（张果）有常年秘术"⑨。玄宗终将张果请至长安。张果进献仙药。玄宗派人在中岳嵩阳观炼丹⑩，又亲自在兴庆宫合炼院合长生药⑪。他"比年服药物，比为金灶，煮炼石英"；安史之乱时，"失其器用，前日晚际，思欲修营"，肃宗向他献烧丹灶⑫。宪宗诏求天下方士。宗正卿李道古

---

① 《抱朴子内篇》卷2，《论仙》。
② 《隋书》卷77，《徐则传》。
③ 《资治通鉴》卷181，大业八年正月。
④ 《资治通鉴》卷200，显庆二年七月。
⑤ 《旧唐书》卷198，《天竺传》。
⑥ 《资治通鉴》卷198，贞观二十一年正月。
⑦ 《资治通鉴》卷202，开耀元年闰七月。
⑧ 《道藏》第7册，《修真十书玉隆集》卷36，《胡天师》。
⑨ 《明皇杂录》卷下。
⑩ 孙逖：《为宰相贺中岳合炼处药自成兼有瑞云见表》，《文苑英华》卷562。
⑪ 孙逖：《为宰相贺合炼院产芝草表》，《文苑英华》卷563。
⑫ 玄宗：《赐皇帝进烧丹灶诰》，《全唐文》卷38。

荐柳泌。柳泌以天台山神仙所聚，多灵草，乞为该地长吏以便合长生药。宪宗令其权知台州刺史并赐金紫。服饵过当，得了狂躁之疾。穆宗饵金石之药。敬宗宠信以神仙说取媚的道士赵归真，召自称数百岁的道士周息元于禁中。派中使到湖南、江南等道及五台山采药。命道士孙准为他制长生药。武宗更加宠信赵归真，后者"请于内禁筑起仙台，练身登霞，逍遥九天，康福圣寿，永保长生之药"；武宗"宣依，敕令两军于内里筑仙台"①。武宗还在殿前种植仙草，"酷求长生之道"②。他因服食"方士金丹，性加躁急，喜怒不常"③，"遍体生疮，髭发俱脱，十日而崩"④。宣宗命方士作丹，服食后体热，不敢衣绵、拥炉，冬天冷坐殿中，仅御麸炭火少许，暖手而已。宣宗迎道士轩辕集于罗浮山，问以长生术。服食医官李玄伯、道士虞紫芝和山人王乐炼的丹药，"疽发于背"⑤而死。僖宗幸蜀时，梦神人教食云母粉可得轻身不死。

  唐代诸帝尽管知晓秦皇、汉武以降求仙无效，甚至亲历目睹父兄饵丹惨死，却不顾臣下一再谏阻，好之弥笃，前死后继。如贞观初，太宗说"神仙事本虚妄，空有其名"⑥。魏征撰《隋书》已指出："金丹玉液，长生之事，历代糜费，不可胜纪，竟无效焉。"⑦以虚怀纳其谏著称的他，却置忠告不理。高宗深知其父死于长生药，也说过"自古安有神仙，秦始皇、汉武帝求之，疲弊生民，卒无所成，果有不死之人，今皆安在？"⑧骨子里仍迷恋成仙。右卫骑曹宋务光、左拾遗李邕谏中宗，张蕴、李含光谏玄宗，起居舍人裴潾、宰臣李藩谏宪宗，处士张皋穆宗，浙西观察使李德裕谏敬宗，谏议大夫柳仲郢累谏武宗，左拾遗王谱、河阳三城怀孟泽节度使韦澳谏宣宗，有的皇帝虽曾纳谏，但不能与求仙一刀两断，有的则置之不理，有的还处罚进谏者⑨，其结果，在求仙的泥潭里愈陷愈深，直至中毒而亡。

  五代十国有些帝王也热衷于求仙。后梁太祖向方山道人"求延生之术"，服其所献金丹，"眉发立坠，头背生痈"⑩。后唐魏州人杨千郎，"自言有墨子术，能役使鬼神，化丹砂、水银。庄宗颇神之，拜千郎检校尚书郎，赐紫，其妻出入宫禁，

---

① 《入唐求法巡礼行记》卷4。
② 《鉴诫录》卷1，《九转验》。
③ 《资治通鉴》卷248，会昌五年正月。
④ 《鉴诫录》卷1，《九转验》。
⑤ 《资治通鉴》卷249，大中十三年六月。
⑥ 《旧唐书》卷2，《太宗纪上》。
⑦ 《隋书》卷35，《经籍志》。
⑧ 《资治通鉴》卷200，显庆二年七月。
⑨ 如元和末年，左补阙裴潾谏唐宪宗锐于服食仙药，"忤旨，贬为江陵令"（《旧唐书》卷171《裴潾传》）。
⑩ 《鉴诫录》卷1，《九转验》。

承恩宠，而士或因之以求官爵"①，足见庄宗相信神仙之笃。周世宗"召华山隐士真源陈抟，问以飞升、黄白之术"②。前蜀主王衍受道箓，以道士杜光庭为传真天师，醉心长生不老。他起上清宫，塑神仙"王子晋像，尊为圣祖至道玉宸皇帝，又塑高祖及帝像侍立于左右"③。又"起宣华苑，有重光、太清、延昌、会真之殿，清和、迎仙之宫，降真、蓬莱、丹霞之亭，飞鸾之阁，瑞兽之门"，"尝与太后、太妃游青城山，宫人衣服，皆画云霞，飘然望之若仙。衍自作《甘州曲》，述其仙状，上下山谷，衍常自歌，而使宫人皆和之"④。"闽王延钧好神仙之术，道士陈守元、巫者徐彦林与盛韬共诱之作宝皇宫，极土木之盛，以守元为宫主"⑤。闽王王昶也好神仙。道士陈守元为天师，"教昶起三清台三层，以黄金数千斤铸宝皇及元始天尊、太上老君像，日焚龙脑、薰陆诸香数斤，作乐于台下，昼夜声不辍，云如此可求大还丹"⑥。吴国主杨溥被迫逊位后，"服羽衣，习辟谷之术"⑦。南唐李昪"尝梦吞灵丹，且而方士史守冲献丹方，以为神而饵之，浸成躁急。左右谏，不听。尝以药赐李建勋，建勋曰：'臣饵之数日，已觉躁热，况多饵乎！'唐主曰：'朕服之久矣'群臣奏事，往往暴怒"。李昪临死前对其子李璟曰："吾饵金石，始欲益寿，乃更伤生，汝宜戒之。"⑧ 李璟没有接受教训。"女冠耿先生鸟爪玉貌，宛然神仙"，李璟"召见，悦之，常止于卧内"⑨。吴越王钱镠也羡慕神仙。《历世真仙体道通鉴》卷45云：道士钱朗，"师东岳道士徐钧，得补脑还元服炼长生之术。昭宗世，钱塘彭城王钱镠，慕朗得道长年，乃迎就钱塘，师事之"。道士刘哲为燕王刘守光演金液还丹之要，被任为宰相。

2. 烧炼黄白。所谓"黄者，金也。白者，银也。古人秘重其道，不欲指斥，故隐之"⑩。烧炼黄白就是制作黄金白银。这种黄金唐人称药金，白银称药银。只有行家才能从燃烧的火焰中是否有五色气，分辨出药金与黄金的真伪⑪。烧炼黄白，是为了服饵求仙和谋取钱财。汉朝人认为，以黄金为饮食器则益寿延年。抱

---

① 《新五代史》卷14，《太祖子·存义》；《旧五代史》卷51，《存义传》。
② 《资治通鉴》卷293，显德三年十一月。
③ 《十国春秋》卷37，《后主纪》。
④ 《新五代史》卷63，《五建传附王衍传》；《蜀梼杌》。
⑤ 《资治通鉴》卷279，长兴二年六月。
⑥ 《新五代史》卷68，《闽世家第八》、《王审知传》。
⑦ 《旧五代史》卷134，《杨溥传》。
⑧ 《资治通鉴》卷283，天福八年二月。
⑨ 《南唐书》卷24，《耿先生传》。
⑩ 《抱朴子内篇》卷16，《黄白》。
⑪ 《新唐书》卷196，《孟诜传》。

朴子说：" 仙药之上者丹砂，次则黄金，次则白银。"① 高宗"令广征诸方道士，合炼黄白"②。中宗时，郑普思、叶静能，"或挟小道以登朱紫，或因浅术以取银、黄"③。有些皇帝将黄白作为珍品赐给臣下，以示殊宠。如武则天赐凤阁侍郎刘祎之药金。玄宗赐中书舍人苑咸药金盏。苑咸在获得药金赏赐时，感激无限："赐臣江东成金二挺，若服之后，深有补益，兼延驻者。伏以仙方所秘，灵药称珍"，"赐九转之金，驻百年之命"，"泽如河海"，"宠若丘山，何伸灰粉之谢不任"④。宪宗赐岭南节度使孔戣药金、河中节度使郑絪食金，也使他们对浩荡皇恩感激不尽。服饵黄、白，对健康是很不利的。因为这种东西在人体中很难消化，必然导致丧命。所以"高宗朝刘道合、玄宗朝孙甑生，皆成黄金，二祖竟不敢服"⑤。

3. 修功德。通过造像铸钟，设醮投龙，抄写道经，以祈圣寿无穷，社稷久安，内外归心。

造像铸钟。如显庆六年（661），敕使道士陈兰茂等于泰山岱岳观"奉为皇帝、皇后七日行道，并造素像一躯，二真人夹侍"⑥。仪凤三年（678），道士叶法善等奉敕岱岳观绘壁画元始天尊、万福天尊像二铺。天授二年（691），道士马元贞等，奉圣神皇帝武则天敕，于岱岳观"敬造石元始天尊像一铺，并二真人夹侍"⑦。翌年马元贞复奉敕于济源县济渎庙造石元始天尊并夹侍二仙。万岁通天二年（697），道士孙文儁等奉敕于岱岳观祈请行道，并造石天尊像一躯式真夹侍。圣历元年（698），道士桓道彦等奉敕于岱岳观为金轮圣神皇帝武则天造等身老君像一躯，并二真人夹侍。长安元年（701），道士赵敬等奉敕于岱岳观造东方玉宝皇上天尊一铺并二真人仙童、玉女等夹侍。四年，道士邢虚应等奉敕于岱岳观以本命镇彩物"奉为皇帝敬造石玉宝皇上天尊一铺十事，并壁画天尊一铺廿二事"，"以兹功德，奉福圣躬"⑧。神龙元年（705），道士阮孝波等，于岱岳观以本命镇彩等物，为中宗、皇后造石玄真万福天尊像一铺。景龙二年（708），龙兴观道士于岱岳观为皇帝造镇国天尊。三年，杜太素等奉敕又造夹纻像一铺十事，二圣本命镇彩修造。景云二年（711），睿宗铸景龙观钟。先天二年（713），道士杨太希奉敕为皇帝造石元始天尊像一铺并二真人等。

---

① 《道藏》第47册，《抱朴子内篇》卷11，《仙药》。
② 《旧唐书》卷191，《叶法善传》。
③ 《旧唐书》卷37，《五行志》。
④ 苑咸：《谢赐药金状》，《文苑英华》卷630。
⑤ 《旧唐书》卷174，《李德裕传》。
⑥ 《道家金石略·唐》012，《岱岳观碑（一）》。
⑦ 《道家金石略·唐》026，《岱岳观碑（三）》。
⑧ 《道家金石略·唐》046，《岱岳观碑（九）》。

设醮投龙。如仪凤三年叶法善等奉敕于岱岳观修斋，设河图大醮。天授二年，马元贞等奉敕往"五岳四渎投龙作功德"[1]。三年，他又设投龙醮于济渎庙。圣历元年，桓道彦等奉敕于岱岳观设金箓河图大醮"漆日行道，两度投龙"[2]。久视二年（701）道士麻慈力奉旨赍龙璧、御词、缯帛及香等至岱岳观斋醮。长安元年赵敬等奉敕于岱岳观灵坛修金箓宝斋三日三夜。又于观侧灵场设五岳一百廿槃醮礼，金龙五璧并投山。四年，道士周玄度等奉敕于名山大川投龙璧，修无上高元金玄玉清九转金房度命斋三日三夜，行道陈设醮礼。道士邢虚应等奉敕于岱岳观建金箓大斋四十九日，行道设醮，奏表投龙荐璧。神龙元年，阮孝波等奉敕于岱岳观建金箓宝斋，四十九人九日九夜行道，设醮投龙。景龙二年，龙兴观道士等奉敕于东岳陈章醮蕙龙璧，又于岱岳观设金箓行道九日九夜，烧香燃灯，设五岳名山河图等醮。三年，杜太素等奉敕于岱岳观建金箓大斋"报赛前恩"，又追济、兖等州大德四十九人七日七夜转经行道，设河图大醮，"更祈后福"[3]。景云二年，睿宗敬凭道士杨太希于名山"斫烧香供养"，"所愿从今以后，浹宇常安，朕躬男女六姻，永保如山之寿，国朝官僚万姓，长符击壤之欢，鱼鸟遂性于飞沉，夷狄归心于边徼"[4]。又命道士吕皓仙往东岳及莱州东海投龙，并道次灵迹修功德。玄宗除继续在泰山投龙合练外，还多次派人赴济渎、大房山和南岳斋醮。代宗曾两次遣内侍等到岱岳观及瑶池斋醮投告[5]。上述斋醮，是道教的法事。所投之龙，并非真龙，因世界无此动物，而是象征物。

写经。如永徽五年（654），褚遂良"奉旨写一百廿卷"[6]。长安四年，邢虚应等奉敕于岱岳观书写《本际经》一部、《度生经》千卷。武则天为孝敬皇帝"写一切道经卅（30）六部"[7]。

（二）宗室贵族的道教生活

1. 求长生。宗室贵族也十分欣赏道教宣扬的神仙说。如玉真公主建安国观，"垒石像蓬莱，方丈，泛洲三山"[8]，寄托求仙之愿。金仙公主出家于华山仙姑观，修道，以期轻举。武则天侄武攸绪，师事道士王旻，习导养炼气之诀，"服赤箭、

---

[1] 《道家金石略·唐》028，《金台观主马元贞投龙记》。
[2] 《道家金石略·唐》035，《岱岳观碑（五）》。
[3] 《道家金石略·唐》053，《岱岳观碑（十二）》。
[4] 《金石萃编》卷53，《岱岳观碑》。
[5] 《道家金石略·唐》114，《岱岳观碑（十八）》；115，《岱岳观碑（二四）》；120，《岱岳观碑（十九）》。
[6] 《八琼石金石补正》卷35。
[7] 《敦煌道经·图录编》，《一切道经序》。
[8] 《剧谈录》卷下。

伏苓"①。赤箭是芝类植物，或曰天麻苗，"久服益气力，长阴肥健，轻身增年"②。太平公主服食赤箭粉，又赠给玄宗。玄宗赐诸王长生药，"愿与兄弟等同保长龄，永无限极"③。李秘希望青城山任山人不要把残药抛弃，送他一点以驻童颜。

2. 舍宅为道观。这是与佛教布施一样的信教行为，替自己祈福禳灾。宗室贵族舍宅为观者颇多。仅以京城长安而言，颁政坊昭成观，咸亨元年，太平公主把原杨士达宅立为太平观。景龙二年，韦后将原房玄龄宅立为翊圣女冠观。韦后被杀后，长宁公主随夫离京任外官，奏请舍宅为景龙观。景云元年，中宗女新都公主之子出家，遂以其崇业坊宅舍为福唐观。开元五年，金仙公主将道德坊原隋秦王浩宅改为女冠观。通义坊睿宗女蔡国公主宅，开元二十八年舍为九华观。安邑坊太真观是天宝五载（746）杨贵妃姊裴氏舍宅而置。翌年，崇业坊新昌观是新昌公主舍宅所立。七载，永穆公主出家，遂舍其宅置观。

3. 入道。信仰道教虔诚者往往出家入道，诵经、作斋醮等法事，过彻底的道教生活。唐宗室贵族中公主当道士者不乏其人。除永穆公主外，还有太平公主入道于咸亨元年。景云元年，睿宗第八女西宁公主，第九女昌隆公主，"并令入道"④。新昌公主"奏请度为女冠"⑤。"咸宣公主入道"⑥。当然贵为天子千金出家还有寡居、为亲人追冥福乃至政治⑦等原因。特别是李唐既以道教教主李耳为祖先，道士入管理皇族的机构宗正寺，被视为宗室成员。故公主入道，易为皇帝、皇后准许，不像入佛那样有夷教之嫌。入佛必削发，妇人最不愿者莫过于此。而入道却可保留青丝，这是唐公主入道多重要因素。公主入道，大多于由其府邸所舍道观修行，继续过往昔之优裕生活，无苦行僧式清苦，复可延年益寿，给其人生抹上了一层颇具魅力的玄妙色彩。

（三）武将的道教生活

1. 求仙。武将求仙者颇多。唐初名将尉迟敬德，晚年"笃信仙方，飞炼金石，服食云母粉"⑧。郑注"尝为李愬煮黄金，服一刀圭可愈痿弱重腿之疾，复能返老还童。愬与（王）守澄服之"⑨。金吾大将军张直方，"一旦开筵，命朝士看干水银，点制不谬，众皆叹美"。他说，这并非自己所能，而是任桂府团练使时，以死

---

① 《酉阳杂俎》前集卷2，《壶史》。
② 《资治通鉴》卷210，开元元年六月。
③ 《旧唐书》卷95，《让皇帝宪传》。
④ 《册府元龟》卷53，《帝王部·尚黄老一》。
⑤ 《唐会要》卷50，《尊崇道教·观》。女冠即女道士。
⑥ 同上。
⑦ 《唐两京城坊考》卷2；《唐会要》卷50，《尊崇道教·观》。
⑧ 《旧唐书》卷68，《尉迟敬德传》。
⑨ 《旧唐书》卷184，《王守澄传》。

胁道士所获成丹①。申生以化金药点甄瓦半叶献于元戎刘巨容，刘巨容"乘醉将药金夸炫于中使。中使回，闻于田（令孜）中尉"，田令孜因得不到申生而将其杀害②。荆南节判司空董太监得申生四粒药，"点四汞奉一百千"③。兵部侍郎张均"凤岁饵金丹"④。武将中最迷信神仙的是淮南节度使高骈。方士吕用之及其党诸葛殷、张守一和萧胜，以炉鼎之术投高骈喜神仙之好，各以其姓附会神仙。吕用之自称磻溪真君，诸葛殷为葛将军，张守一为赤松子，萧胜为秦穆公婿。吕用之还"每对（高）骈呵叱风雨，仰揖空际，云有神仙过云表。骈辄随而拜之"⑤，深信不疑，倚吕用之如左右手，将军政全委于他，自己专意炼丹求仙。"于道院庭中刻木鹤，时著羽服跨之，日夕斋醮，炼金烧丹，费以巨万计。"⑥自称"炼汞烧铅四十年，至今犹在药炉前"⑦。吕用之诡称神仙好楼居，劝高骈作迎仙楼，"费十五万缗。又作延和阁，高八丈"⑧。吕用之为掩其奢靡乱政劣迹，又诡称神仙不难致，但恨学者不能绝俗累。高骈便辞去宾客，谢绝人事，将吏皆不得见，后被毕师铎所杀。武将吃长生药死于非命者，有襄阳节度使孟简、东川节度使卢坦、金吾将军李道古和昭义军节度支度营田、泽潞磁邢观察使李抱真等。孟简屏人对韩愈说："我得秘药，不可独不死，今遗子一器，可用枣肉为丸服之。别一年而病，其家人至讯之曰：'前所服药误，方且下之，下则平矣。'病二岁，竟卒。"⑨卢坦殁时，"溺出血，肉痛不可忍，乞死乃死"⑩。李道古"以服丹药，欧血而卒"⑪。李抱真"晚节又好方士，以冀长生。有孙季长者，为抱真炼金丹，给抱真曰：'服之当升仙'。遂署为宾僚。数谓参佐曰：'此丹秦皇、汉武皆不能得，唯我遇之，他年朝上清，不复偶公辈矣。'""复梦驾鹤冲天，寤而刻木鹤，衣道士衣以习乘之，凡服丹二万丸，腹坚不食。将死，不知人者数日矣。道士牛洞玄以猪肪谷膝下之殆尽。病少间，季长复曰：'垂上仙，何自弃也！'益服三千丸，顷之卒"⑫。赵王王镕"专求长生之要，常聚缁黄，合炼仙丹"，道士王若讷，"诱镕登山临水，

---

① 《北梦琐言》卷11。
② 同上。
③ 同上。
④ 《宋高僧传》卷9，《义福传》。
⑤ 《资治通鉴》卷254，中和二年四月。
⑥ 同上。
⑦ 《全唐诗》卷598，《闻河中王铎加都统》。
⑧ 《资治通鉴》卷254，中和二年四月。
⑨ 《韩昌黎集》卷34，《故太子博士李君墓志铭》。
⑩ 同上。
⑪ 《旧唐书》卷131，《李皋传附李道古传》。韩愈说李道古"食柳泌药，五十（岁）死海上"（《故太子博士李君墓志铭》）。
⑫ 《旧唐书》卷132，《李抱真传》。

访求仙迹,每一出,数月方归"①。房山有西王母祠,"镕欲求仙,故数往游之"②。卢龙节度使刘仁恭"师道士王若讷,祈长生羽化之道"③。"与道士炼丹药,冀可不死"④。为供王若讷炼丹,特割蓟县分置玉河县。

2. 舍宅修观作功德。有些武将舍宅为观、修观作为功德,替自己祈福。如泾原节度使马璘,临终献宅为乾元观。镇海镇东两军节度使钱镠,"思报列圣九重之至德,兼立三军百姓之福庭",为天柱观"特与创建殿堂,兼移基址",全面修葺该观⑤。河阳行军张公,出资鸠工,将破败不堪的偃师缑山昇仙太子庙缮修得"胜事一新"⑥。

(四) 士大夫的道教生活

他们的道教生活在整个唐人中最典型,也最复杂。

1. 信神求仙。士大夫的神仙信仰,是因为他们惑于道教的宣扬,相信世上真有神仙,人通过修炼也可以长生不老。王季友说,遥信蓬莱宫,不死世世有。高适说,仙宫仙府有真仙。萧祐说,只要你虔诚地修道,就会感动神仙,派鸾鹤迎你成仙。著名道士毛仙翁,被人们视为活神仙。满朝将相门弟子,随毛仙翁尽愿抛尘渣,向他乞求九转金丹,以求不死。宰相李宗闵说,毛仙翁的残药如能沾朽质,愿将霄汉永为邻。另一宰相李绅也说,今朝稽首拜仙兄,愿赠丹砂化秋骨。元稹原不信道教,认为徐福、文成之事诞妄。毛仙翁登门拜访,元稹见其风貌愈少,确为神仙者流,他预言自己拜相之事也已应验,遂执弟子礼,师其道术。

既然真有神仙,又可求得,而神仙则被描绘成千变万化,无所不能,住金银宫阙,过着难以言喻的极乐生活,并且永远活着。因此士大夫中求仙成风。王勃"常学仙经,博涉道记"⑦,吟有多首《怀仙》、《梦仙》和《忽梦游仙》等⑧。卢照邻学道东龙门山精舍,又在太白山中"以服饵为事"⑨,若有神仙驾青虬乘白鹿而来,他"往从之游愿心足"⑩。陈子昂常愿事仙灵,永随众仙逝。李端少喜神仙术,拜柳处士为还丹师。王昌龄向焦炼师受长年药。孟浩然说,谁不仰神仙,愿从道士云公煮丹液。"童颜若可驻,何惜醉流霞"⑪。孟郊在《求仙曲》中说,"铲

---

① 《旧五代史》卷54,《王镕传》。
② 《资治通鉴》卷271,贞明六年十二月注。
③ 《旧五代史》卷135,《刘守光传》。
④ 《新五代史》卷39,《刘守光传》。
⑤ 《大涤洞天记》卷下。
⑥ 《道家金石略》160,《升仙庙兴功记》。
⑦ 《全唐文》卷281,《游山庙记》。
⑧ 《文苑英华》卷225。
⑨ 《旧唐书》卷190上,《卢照邻传》。
⑩ 《文苑英华》卷225,《怀仙引》。
⑪ 《文苑英华》卷226,《清明日宴梅道士房》。

惑有灵药，饵真成本源，自当出尘网，驭风登昆仑"，愿保金石志，无令有夺移。岑参少好金丹，从方士学得口诀，在终南山麓，一面读道书，一面垒灶炼药。李华早窥神仙箓，愿结芝术友，求取羡门方。张褐之子"闻说壁鱼入道经函中因蠹食'神仙'字，身有五色，人能取壁鱼吞之，以致神仙而上升。张子惑之，乃书'神仙'字，碎蕲实于瓶中，捉壁鱼以投之，冀其蠹蚀，亦欲吞之，遂成心疾"①。陆潜夫屡至道教圣地茅山访道，朝觐神真。储光羲家近茅山，认为王廷轩冕比不上长生，幻想与神仙王子晋同游太清仙境。又艳羡西王母千载美容颜，嘱咐辛道士乘龙升仙时，莫令他独留尘世。许浑采芝商岭，访道茅山，欲觅长生诀。刘言史在茅山仙台药院题诗，愿得仙药青芽散，长年驻此身。陆龟蒙因事无暇参加三月八日茅山朝觐神仙法会，犹驰神旦旦，忽若载升，并特吟二首朝觐词，表达心意。杜荀鹤游茅山，礼茅君。曹邺风闻嵩阳有仙客，欲持金简问长生。徐凝想诣华山师事潘道士，以寻仙方。于鹄入深山寻道士，询何处有琼液，"愿示不死方"②。祝元膺希望道友为他延岁华，得入不死乡。柳宗元公余从事服饵，采药东山阿。刘禹锡与道士切磋药石。韦应物写了不少咏西王母、安期生等神仙的诗，采炼服食黄精，对自己终将与天壤并存十分自负，觉得不屑与俗人议论，还劝人炼丹。项斯作梦仙、游仙诗，说他梦至仙山，不见死人，给他吃玉浆，服云叶之衣。王毂说他梦游仙境时，有人赠他一粒五色丹，吞之后天老，表示长生如可慕，愿弃功名，归隐林泉。司空曙将金丹看得比官职还重，对谷口道士表白：丹经如果相授，何用恋青袍。卢仝不仅自己求仙，还要使地上学仙的人都长生。还有不少人亲自炼丹，合长生药，并服食。如宰相袁恕己素服黄金。颜真卿"尝得神丹服之"③。李颀"饵丹砂"④。吴融也吃丹砂。郑居中烧丹，常梦想腋生双翼白日飞升。王明府在老松下金灶夜烧丹。张蠙与同伴隐居海山烧药。李位"与山人王恭合炼药物"⑤。李德裕"好饵雄朱，有道士自云李终南，住罗浮山，曰：相公可服丹砂"，"赞皇一一验之无差，服之"⑥。宰相陆希声，一炷清香两卷经，竹窗深夜诵丹经。刘商笃好"方术服炼之门，五金八石，所难致者，必力而求之。人有方疏，未合旋施效者，必资其药石，给其炉鼎，助使成之"⑦。翁承赞不但自己力学烧丹二十年，还要子孙把仙方次第传下去。在这种浓重的时代氛围下，连最重现

---

① 《北梦琐言》卷12。
② 《全唐诗》卷310，《山中访道者》。
③ 《次柳氏旧闻·补遗》。
④ 《王右丞集》卷1。
⑤ 《旧唐书》卷154，《孔巢父传附孔戣传》。
⑥ 《道藏》第9册，《历世真仙体道通鉴》卷44，《李终南》。
⑦ 《太平广记》卷6，《刘商》。

实的杜甫也说，虽然自己起步晚了，但要加紧学仙。

在求仙的士大夫中，有些人特别虔诚，孜孜不倦，甚至达到了不顾一切的地步。有些人弃官入道求仙。如贺知章告老还乡，入四明山修道。顾非熊慕其父顾况弃饶州司户参军隐茅山，也辞盱眙尉步其后尘。刘先生进士及第后，舍做官资历为道士。王季文辞秘书郎归九华山修行。李生弃官入道。施肩吾状元及第后隐西山习仙术。有些人舍家求仙。如河南人吕炅，抛下老母娇妻学仙王屋山，"白头老母遮门啼，挽断衫袖留不止；翠眉新妇年二十，载送还家哭"①。荥泽尉李某，"信道士长生不死之说，既去官，绝不营人事，弃其妻子不顾"②。有些人全家求仙。如辛少府，把家迁至天台山下，一家全作仙人。马少府世代奉还丹。郑员外举家到茅山定居求仙。顾况父子也将家人迁至茅山。在唐代士大夫求仙者中，最虔诚者当推李白。他极端崇拜神仙，寻仙不辞险远，采药穷山川，倾家事金鼎，一丝不苟地亲自炼丹，梦中也不忘求仙，诗中咏及求仙的篇章多达百余首。为求仙，安能摧眉折腰事权贵的李白，心甘情愿地向道士长跪问宝诀，为仙人扫落花。他一再鼓励友人学道，在他影响下，妻女也好乘鸾驾鹤，全家提携访神仙，炼金药。

士大夫炼丹求长生，与某些皇帝一样，不仅毫无结果，反倒有些人夭折。白居易说："微之炼秋石，未老身溘然。杜子得丹诀，终日断腥膻。崔君夸药力，经冬不衣绵。或疾或暴夭，悉不过中年"③。韩愈说："余不知服食说自何世起，杀人不可计。而世慕尚之益至。此其惑也。在文书所记，及耳闻相传者不说；今直取目见亲与之游而以药败者六、七公"④，其中士大夫有归登、李虚中、李逊和李建。韩愈还说，曾与自己同为董晋幕僚的陆长源、孟叔度、丘颖和杨凝，均因服食早已故去⑤。这些人死时有的极其痛苦。如归登，食水银染疾，"自说若有烧铁杖自颠贯其下者，摧而为火，射窍节以出，狂痛呼号乞绝，其茵席常得水银，发且止，唾血数十升以毙"。李虚中"疽发其背死"⑥。韩愈的兄孙女婿李干，服食后，"往往下血，比四年，病益急，乃死"⑦，抛下三个孤儿。韩愈说，这些人不信常道而务鬼怪，临死乃悔。李逊弥留之际对他讲，"我为药误"。然而那些暂时还未发病的人则云："彼死者，皆不得其道也；始病，曰药动故病；病去药行，乃

---

① 《韩昌黎集》卷5，《谁氏子》。
② 《韩昌黎集》卷28，《殿中侍御史李君墓志铭》。
③ 白居易：《思旧》，《全唐诗》卷452。
④ 《韩昌黎集》卷34，《故太学博士李君墓志铭》。
⑤ 《全唐诗》卷344，《寄随州周员外》。
⑥ 《韩昌黎集》卷34，《故太学博士李君墓志铭》。
⑦ 同上。

不死矣。"及至自己将死,"又悔"。韩愈叹息不迭地说:"可哀也已,可哀也已!"① 可是,戒人服食的韩愈后来也步了他们的后尘②。白居易说,韩愈服硫磺,一病不痊③。庄宗宰相豆卢革"自作相之后,不以进贤效能为务,唯事修炼,求长生之术,尝服丹砂,呕血数日,垂死而愈"④。南唐谏议大夫张义方命道士陈友炼还丹,数年未成。义方染病将死,"恨不成九转之功";后"取丹自饵一粒,瘠瘃而终"⑤。

像韩愈等人这样在求仙问题上的表现,反映了一些士大夫尽管从秦皇、汉武以降求仙失败,尤其是本朝唐太宗以来炼丹服食丧命的教训,使他们对道士吹得天花乱坠的神仙说和长生术逐渐产生了怀疑,如罗邺讲,若说神仙求便得,汉武帝的茂陵为何在人间?沈千运说,神仙缥缈难信。李商隐说,世上无灵砂,不能治病救人命。武元衡说,黄金化尽方士死,青天欲上无缘由。卢纶说,眼见仙丹求不得,常悲仙路赊欠。梁锽劝人莫向嵩山去,神仙多误人。可是,他们又羡慕神仙,向往仙山琼阁,存在侥幸心理,心情是矛盾的。表现在言行上,则是既有反神仙之言,又不乏求长生之行。如张籍说,楼观学仙人炼丹服食极其认真,而到头来,乘鸾驾鹤仍无灵应,寿夭身殁惧人见,夜里偷偷埋于山谷。他认为求道慕灵异,不如守寻常,先王知其非,告诫在国章。但他又说,丹砂如可学,便欲到幽林中去。张籍与施肩吾等名道士交游,向他们乞断谷方,读仙书,作仙药,教子学写道经。顾况学道非常虔诚,企望在仙人的"壶"中获得一席之地。可他缺乏信心,叹道:"君不见,古人烧水银,变作北邙山上尘。藕丝挂在虚空中,欲落不落愁杀人。睢水英雄多血刃,建章宫阙成煨烬。淮王身死桂树折,徐福一去音书绝。行路难,行路难,生死皆由天,秦皇汉武遭不脱,汝独何人学神仙。"⑥ 许浑劝欲奉道的栖玄不要为神仙所惑,因三神山不知所在。而当他看到八十余岁的道士萧炼师雪肤花颜,又认为龟鹤之寿乃是崇尚神仙所致,遂访仙茅山,采芝商岭。王建认为只要一丸金丹就能长生,吃金丹后,不怕刀枪利,体实常欺石榻寒,能断世间腥血味。然而能否炼成这神奇的东西却无把握,于是自我解嘲地说,何须服药觅升天,粉阁为郎即是活神仙。当白居易得知有人传说海山仙宫一院为他准备的,即吟《答客说》以明其志,说他学空门非学仙。他还撰《戒药》、《戒

---

① 《韩昌黎集》卷34,《故太学博士李君墓志铭》。
② "唐人之好服丹砂,虽韩文公亦不免焉"(宋顾之荐《负暄杂录·金石毒》)。
③ 《清异录》亦云:"昌黎公愈晚年颇亲脂粉。故事服食用硫磺末搅粥饭啖鸡男,不使交,千日烹庖名火灵库。公间日进一支焉,始亦见功,终致绝命。"
④ 《旧五代史》卷67,《豆卢革传》。
⑤ 《南唐近事》卷2。
⑥ 《全唐诗》卷265,《行路难三首》。

求仙》和《梦仙》等诗文,说道教教主的圣经五千言,不言药,不言仙,也不言白日升青天。"徐福文成多诳诞,上元太一虚祈祷。君看骊山顶上茂陵头,毕竟悲风吹蔓草。"①"徒传辟谷法,虚受烧丹经","百年终不成"②。自己不服食,老命反比饵仙丹的友人迟延③。然而,当白居易在政治上失意,尤其是暮年,他对求仙的看法有了改变。白居易被贬江州司马后,意气消沉,衰鬓忽霜白,愁肠如火煎,祈望神仙悯其厄运,拯其虚羼。著名道士毛仙翁来访,以世界对立物均虚幻的重玄之道,开导白居易为人要超脱物外,这样,形骸既无束缚,得失也就不会计较了。这一席话,使白居易茅塞顿开,欣然赋诗表白此后永远学道求仙。他向王屋山张道士咨疗衰老方,并叹恨逢其晚。居庐阜峰下作草堂烧丹。"吾好药,损衣削食,炼铅烧汞以至于无所成,有所误,奈吾何。"④遂借酒浇愁。而当杜录事炼伏火砂次时,白居易又希望他药成分其一粒,愿为他先去洒扫天坛。白居易"自制飞云履,焚香振足,如拨烟雾,冉冉生云"⑤。

也有一些士大夫逐渐从求仙的迷雾中解脱出来。李白五岁诵《六甲》,十五学神仙。为求仙,他付出了三十个春秋、心血、财产和天伦之乐,到头来还是一场空。故当其因永王璘事被流放夜郎,因于狱中时,心灰意懒,感慨仙人殊恍惚,羽化难期。李白在月下独酌时吐真言:何必求神仙,三杯通大道,一斗合自然,蟹螯即金液,糟丘是蓬莱。这也是他一生孜孜不倦求仙的苦涩总结。

炼丹服食造成的死亡和钱财浪费,激起了朝野的不断抨击。随着合药道士接连被诛,部分信徒开始觉醒,神仙说的魅力也日益减弱。尽管道士诡称死亡者并没有死,而是所谓尸解成仙,人们没能成仙,乃是不得其法,但是,严酷的现实无法改变。因此他们在继续鼓吹炼丹的同时,又更加提倡内丹养生术。司马承祯说:"金石之药,候资费而难求。"⑥斋戒存修易行。其"长生之要,以养气为根"⑦。吕岩说:息精息气养精神,精养丹田气养身,只要学得此术,便是长生不死人。炼丹是通过烧炼丹砂等合长生药,称为外丹。而所谓内丹,则主要是通过服气导引、辟谷和叩齿等修道方法,养气守静,达到成仙的目的。这种修炼法,唐以前即有。实际上是通过体育活动、修身养性,以求祛病去疾,延缓衰老,如方法对头,对体弱多病和中老年者康复和健康确有裨益。因此它得到人们、尤其

---

① 白居易:《海漫漫》,《全唐诗》卷426。
② 《全唐诗》卷424,白居易《梦仙》。
③ 《全唐诗》卷452,《思旧》。
④ 《文苑英华》卷796,《醉吟先生传》。
⑤ 《唐才子传》卷6,《白居易传》。
⑥ 《道藏》第36册,《服气精义论》。
⑦ 《道藏》第36册,《天隐子》。

是士大夫的青睐，他们根据自己的爱好，以不同方式进行修炼。应当指出的是，道士所说养生也能长生成仙，则是违反科学的宗教说教。储光羲说，公卿很赏识养生理。杜甫说，应当爱惜养生术。牛僧孺说："尝读嵇康《养生论》，曰导养得理，以尽性命，下可数百年。至于调节嗜欲，全息正气，诚尽养生之能者。"① 而岑文本在肯定嵇康《养生论》"实为笃论"的同时，指出"养生之术，固非一途。详求至理，语其大略，莫若顺阴阳之序，节寒温之中"。他说："仲长统曰：百年者，人之常寿之上者也。顺四时，节饮食，适衣服，远声色，避灾患者，济上寿之常道。至于吐故纳新，熊经鸱顾，此乃山林之术，非庙堂所行养生之要，唯斯而已。"② 独孤及说："凡养生者，以本为精，以物为粗，闭其外，慎其内，迹不践凶危之境，故兵不能容其刃，心不居冯暴之地，故武安得措其爪。苟守其精而遗其粗，故得于内而丧其外，外内无以持其分，则卫生之经悖矣。"③ 就是说，养生之道，在于顺乎自然，节制嗜欲，就能长寿。王建也喜读养生方，并说太清宫道士修行此术，近日即能形如鹤，导引多时骨似绵。张籍说，阎少保修养年久气力强，全家解说养生方。唐若山"饵芝术，嗛气导引"④。崔元综也"好摄养导引"⑤。所谓导引，是导气使和顺，引体令柔软，除疾健身。有些人好辟谷，如卢藏用昆仲隐终南、少室山。学辟谷及练气。李泌隐衡山，"绝粒栖神"⑥。郭林"有运气绝粒之术"⑦。丁公著"绝粒奉道"⑧。陈生习休粮术。姚合自种黄精，服食松花、芝草等。元稹将念道经与服食仙稻、仙桃和仙枣结合起来修行。韩偓说，绝粒曾经香一炷，心智无事即能长生。尹轨"常服黄精华，日三合，计年数百岁"⑨。韦应物希望饵黄精而与天地并存。可见辟谷就是不食五谷，但需吃其他药物。有时还与导引、服气等一起修炼。如陈生既休粮又服气⑩。顾况师事李泌，"得其服气之法，能终日不食"⑪。崔晦叔习服气。王希夷师事道士黄颐四十载，传其闭气导养术。李升师少室山道士，学炼气养形术。后晋少保李镛，"年将八十，善服气导引"⑫。南唐太子校书周延翰修服饵术。闭气、炼气也就是服气。所

---

① 《文苑英华》卷739，《养生论》。
② 《文苑英华》卷623，《论摄养表》。
③ 《文苑英华》卷477，《洞晓玄经策》。
④ 《唐语林》卷1，《言语》。
⑤ 《旧唐书》卷90，《豆卢钦望传附崔元综传》。
⑥ 《旧唐书》卷130，《李泌传》。
⑦ 《开元天宝遗事》卷上，《唤铁》。
⑧ 《旧唐书》卷188，《丁公著传》。
⑨ 《太平广记》卷13，《尹轨》。
⑩ 《太平广记》卷74，《陈生》。
⑪ 《唐才子传》卷3，《顾况》。
⑫ 《旧五代史》卷128，《卢损传》。

谓服气，"但令鼻纳口吐，所谓吐故纳新也"①。有些人修守庚申。如权德舆与道士同守庚申。道教宣称，人体有三尸神，庚申夜，乘人睡后上天告人罪，令其早夭。修守庚申就是该日不眠，三尸神无法上天，若连续三次，三尸神发抖，七次即亡，人便长生永存。有些人修房中术。这是讲节欲的养生术。葛洪认为，它应与服气和金丹术配合修行，才能长生。李德裕"修彭祖房中之术，求茅君点化之功"。夏侯孜"得彭（祖）、素（女）之术，甚有所益"。彭祖传说是帝颛顼之孙，因擅长房中术而长寿成仙。素女也是精通房中术的人。茅君是茅山宗的开山祖师。还有些人修坐忘法。如孟浩然渐逼玄妙理，深得坐忘心。坐忘是上清派倡导的修炼法，司马承祯撰有《坐忘论》，专门论述这一通过守静达到物我两忘虚无境界之法。

2. 烧炼黄白。李德裕在有人问及黄论变化时说："用天地之精，合阴阳之粹，济之神术，或能成之。"② 当时是用铁、铅、锡和水银等作原料，加上药，在炉中烧炼而成黄白。如一位老叟为唐若山用铁炼黄白："运铛斧铁器辇数事于药室间，使仆布席垒炉，曰：鼎铛之属为二聚，炽炭加之，烘然如窑，不可向视。叟于腰间解小瓠，出二丹丸，各投其一，阖扉而出，""凌晨开阅，所化之物（黄白），烂然照屋"③。尹轨用铅炼黄白："于炉火中销铅，以所带药如米大投铅中搅之，乃成好银。"他又用百两锡，"复销之，以药方寸七投之，成金"④。李虚中"能以水银为黄金"⑤。用上述方法炼黄白的还有卢南史，"卖铅烧黄白"⑥。王霸炼药点金。纥干泉"点化金银"⑦。邵谒烧黄金精。李端欲与卢纶共同炼黄金。炼黄白，铁等原料不难求得，关键是药，故刘得仁说有药点土亦成金。这种药究竟是何物，道士故弄玄虚，秘而不言，因此士大夫欲炼黄白者，只好以优厚待遇道士延至宅中，或不辞辛劳亲至深山，向道士卑词敬礼，乞求炼黄白方、药。如纥干泉延方士求龙虎丹。周贺向李道士乞药银。李虚中于蜀得秘方。炼黄白一是用于服食，以求长生。姚合对陕州司马说，要想在人世居处长久，就必须向山中学会煮金。李虚中炼服黄白，是为了不死。传说王霸服所炼点金的余药后蝉蜕而去。二是为了致富享乐。老叟对唐若山说："吾所化黄白之物，一以留遗子孙，旁济贫乏；一以支纳帑藏，无贻后忧。"⑧ 王霸以所炼黄金利济贫民。姚合打算用煮金偿还炼药

---

① 参阅《云笈七签》卷56—62，《诸家气法部》。
② 《文苑英华》卷739，《黄冶论》。
③ 《太平广记》卷27，《唐若山》。
④ 《太平广记》卷13，《尹轨》。
⑤ 《韩昌黎集》卷28，《殿中侍御史李君墓志铭》。
⑥ 《旧唐书》卷137，《赵涓传》。
⑦ 《云溪友议》卷10。
⑧ 《太平广记》卷27，《唐若山》。

的债。纥于泉则准备"多蓄田畴，广置仆妾"①。

3. 研究道教和道经。为了更好地求仙，烧炼黄白，士大夫十分重视研究道教和道经。王勃"常学仙经，博涉道记"②。刘巨敖好读老子、庄子。权德舆守庚申时也不忘看仙经。于鹄读茅山宗经典上清经③。钱起幽居里，道经盈箧，仙箓满床。萧颖士儒释道三教无不该通。朝散大夫崔昢"尤好老氏道德（经）"④。有些人不仅读道经，还撰道书。仅据《新唐书·艺文志》记载，唐士大夫所撰道德经注疏多达十七部，庄子《南华真经》八部，《道藏音义目录》、神仙传和内外丹等道书多部。从士大夫撰写的大量金石碑铭中可知，还有一些有关道书未被收入，如左仆射崔沔"注老子道德经"⑤。台州刺史陈皆，"凡著书用黄老为宗，以专气致柔注老子道德经两卷，以五形万灵撰黄庭内景经义一卷"等⑥。所有这些，均反映了士大夫对中国尤其是唐代道教的历史、教义和道术等，都有较深的了解与研究。

4. 与道士交往。在求仙、烧炼黄白和研读道经时，士大夫常有一些疑问，而不少道士擅长琴、棋、书、画、步虚和法术等，因而他们喜与道士为伍，游览充满名人手迹、丹青、奇花异卉及超凡脱俗氛围的道观。如睿宗时，著名道士司马承祯还天台山，"朝中诗人赠诗者百余人"⑦，徐彦伯"撮其美者三十一首，为制序，名曰白云记"⑧。司马承祯与李白、贺知章等号为"仙宗十友"。著名道士吴筠，"在剡与越中文士为诗酒之会"⑨。道士毛仙翁与公卿学士交游广泛，公卿学士们"或师以奉之，或兄以事之，皆以师为上清品人也，或美其登仙出世，或纪其孺质婴姿"，"歌诗志之，序述赞之"⑩。张果至东都，"公卿皆往拜谒"⑪。秦系与道士下围棋。李德裕追和颜鲁公同清远道士游虎丘。苏瓌"与东明观道士周彦云素相往来"⑫。钱起在郁林观设宴，通宵饮酒，与道士赏花赋诗。李宣古对蜀道士弹琴"从朝至暮听不足"，"吹我神飞碧霄里，牵我心灵入秋水。有如驱逐太古

---

① 《云溪友议》卷10。
② 《全唐文》卷181，《游山庙序》。
③ 《全唐诗》卷310，《山中访道者》。
④ 《唐代墓志汇编》，第1802页。
⑤ 同上书，第1800页。
⑥ 同上书，第1933页。
⑦ 《旧唐书》卷192，《司马承祯传》。
⑧ 《大唐新语》卷10，《隐逸》。
⑨ 《旧唐书》卷192，《吴筠传》。
⑩ 杜光庭：《毛仙翁传》，《全唐文》卷944。
⑪ 《大唐新语》卷10，《隐逸》。
⑫ 《明皇杂录》卷上。

来，邪淫辟荡贞心开"①。杜甫十分欣赏洛阳城北玄元皇帝庙里的吴道子写真。刘禹锡与友人不止一次去长安玄都观看桃花。章孝标誉其桃花乃神功所栽，装点该观如琼宫玉宇，似艳阳迷人。白居易、元稹等作诗盛赞唐昌观如琼林玉树的玉蕊花。不少士大夫喜去道观聆听道士吟唱宛若仙音神韵的步虚，陈羽、顾况、刘禹锡、韦渠牟、陈陶等还作了不少步虚词②。白居易寻访郭道士，"欲问参同契中事"③。自学老子、庄子之书。

5. 弃官学道入道。不少士大夫因信仰道教等原因而放弃功名利禄学道，甚至穿戴道袍、黄冠修行。未考中进士而入道的有张辞、杜光庭④；已进士及第而又放弃作官资历入道的有张志和、施肩吾、刘先生；辞官入道的有于评事、起居郎蒋曙、李生、唐中丞，唐中丞还不许其婢再梳俗人官样发，家僮也要改用道家名字；抛官习道的有马载、刘商；向朝廷上表请求度为道士的，有左仆射萧俛、容管都督戴叔伦⑤。长安"士大夫之家入道，尽在咸宜（观）"⑥。数量可观的所谓山人、隐士和处士，大多是仕途坎坷，看破红尘而退居山林或闭门从事学道修行的士大夫⑦。

（五）平民百姓的道教生活

求仙炼丹合药需要大量钱财和时间，平民百姓缺乏这种条件。由于唐代丹鼎兴盛，炼丹已由昔日在深山野岭秘密进行，发展到在道观、达官贵人邸宅乃至皇宫等地随意从事，加之烧炼黄白有利可图，故民间也不乏习此道的人。如长安风俗，自德宗贞元年间后，"侈于服食"⑧。侈者主要是有钱有闲者。个别其他人也是有的，如"有宗小子者，解黄白术"⑨。白衣田佐元，"能变瓦砾为金"，宪宗授其虢县令⑩。处士蔡畋，能"取瓦一片，研丹一粒，半途入火，烧成半截紫磨金"⑪。此外，还有些人修习养生术。眉州通义县民杨宠之女，服食茯苓。广州增城何泰之女，"梦神人教食云母粉，可得轻身不死，因饵之"⑫。果州南充县寒女谢自然，弃双亲学长生术，后轻举，郡守李坚奏闻，德宗下诏褒美。成都人刘无

---

① 《全唐诗》卷552，《听蜀道士琴歌》。
② 《全唐诗》卷29，《杂歌谣辞》。
③ 《全唐诗》卷440，《寻郭道士不遇》。
④ 《十国春秋》卷47，《杜光庭传》。
⑤ 《唐摭言》卷8，《入道》。
⑥ 《南部新书》丁。
⑦ 《文苑英华》卷230，《隐逸一》；卷231，《隐逸二》；卷232，《隐逸三》。
⑧ 《唐国史补》卷下，《叙风俗所侈》。
⑨ 《北梦琐言》卷11。
⑩ 《旧唐书》卷135，《皇甫镈传》。
⑪ 《北梦琐言》卷11。
⑫ 《道藏》第9册，《历世真仙体道通鉴》后集卷5，《何仙姑》。

名，少时即学服气，好服黄精白术。王希夷"孤贫好道"，"师事道士得修养之术"①。苏州昆山农家子王可交，奉母挈妻诣四明山修炼二十余载。每年春冬，"皆有数千人洁诚洗念"，去茅山朝山进香②，而一年一度的朝真大法会时，"学神仙有至自千万里者"③。

第七节 行第

行第本指家族内子弟（女）的排行次第，但在唐代却成为官场民间普遍流行的称谓。无论家人友朋、贵贱高低，无不以论称行第相为高尚，以至成为唐社会特有的风俗之一。已故史学家岑仲勉先生曾有《唐人行第录》一书，于唐人行第多所考证。然行第作为士族风习，如何迎合社会礼俗，在门阀制即将衰落的唐代社会传播，并为普通民众广为接受，仍是十分值得重视的问题。

● 行第之称的普及与发展

行第作为家内称呼，魏晋以来已有之。王鸣盛《十七史商榷》卷63，"七官"条言及《南史·武陵王纪传》与《梁书·河东王誉传》中纪与誉称湘东王绎为"七官"事，并引《资治通鉴》卷164胡三省注解释说："湘东于兄弟次第七，故云七官。纪，绎之弟；誉乃绎之侄也。"即足征南北朝时行第已可为亲友间称呼，然其称尚不十分普遍。

隋唐之际，称行第渐以成风。《隋书》卷44《滕穆王传》称文帝弟"瓉贵公子，又尚（周武帝妹顺阳）公主，美姿仪，好书爱士，甚有令名于当世，时人号曰杨三郎。……上（文帝）数与同坐，呼为阿三。"唐人家内称行第则更为平常。其可见于父子兄弟相呼，如《资治通鉴》卷209 睿宗景元元年（710）："每宰相奏事，上辄问：'曾与太平议否？'又问：'与三郎议否？'然后可之。三郎，谓太子也。"《旧唐书》卷106《王琚传》，"玄宗泣曰：'四哥仁孝，同气唯有太平。'"

---

① 《大唐新语》卷10。
② 柳识：《茅山白鹤庙记》，《全唐文》卷377。
③ 陆龟蒙：《句曲山朝真词二道并序》，《全唐诗》卷621。

"四哥"者，正指其父睿宗。《唐语林》卷1，荥阳郑还古弟齐古好博戏赌钱，"还古每出行，必封管钥付家人，曰：'留待二十九郎偿博'。"行第还可见于夫妻、中表乃至奴主相呼。《太平广记》卷157《李敏求》（出《逸史》）："敏求曰：'尔非我旧佣保耶？'其人曰：'小人即二郎十年前所使张岸也。'……又问曰：'尔何所事？'岸对曰：'自到此来，便事柳十八郎，甚蒙驱使'。"

不仅如此，行第之称显然也逐渐流行于社会。《太平广记》卷18《柳归舜》（出《续玄怪录》）一则记隋开皇二十年（600）柳归舜遇仙事。"又名武仙郎者问归舜曰：'君何姓氏行第？'归舜曰：'姓柳，第十二。'曰：'柳十二自何许来？'"① 同书卷193《虬髯客》（出《虬髯传》）记杨素红拂妓初见李靖，指吏问曰："去者处士第几，住何处？"下文又言虬髯客与李靖和张氏（即红拂）初识，张欲袂前问其姓。"问第几，曰第三。问妹第几，曰最长。遂喜曰：'今日多幸，遇一妹。'张氏遥呼曰：'李郎且来拜三兄。'"

常人初见面之际，先问姓氏行第，问后即以行第相称。此二则故事皆托言隋代事，但事出唐人小说，说是唐风应当更加可信。不过，《唐摭言》卷15记唐高祖李渊呼裴寂为裴三，而二人自隋末已为莫逆之交。《资治通鉴》卷192贞观元年（627）记"隋秘书监晋陵刘子翼，有学行，性刚直，朋友有过，常面责之"。李百药常称："刘四虽复骂人，人终不恨。"胡三省于此事下注曰："刘子翼第四，唐人多以行第呼之。"可见隋唐之交，朝廷同僚友朋间已有称呼行第的。高宗武则天以后，随着"郎"、"官"之称被带入朝廷，行第作为社会称谓也就更加普及。

《隋唐嘉话》下记载称："张易之、昌宗，初入朝，官位尚卑，谄附者乃呼为五郎、六郎，自后因以成俗。"《旧唐书》卷90《杨再思传》记其面谀张昌宗说："人言六郎面似莲花，再思以为莲花似六郎，非六郎似莲花也。"当时只有宋璟持正不阿。当天官侍郎郑善果问他何以不呼易之"五郎"而仅称"张卿"时，宋璟回答道："以官言之，正当为卿；若以亲故，当为张五。足下非易之家奴，何郎之有！"② "郎"称本为家奴呼少主，或妻妾呼夫婿。但六朝以来，也与"官"称一起，作为少年男子的美称流行于世。岑仲勉先生在《唐史馀瀋》一书中反对《隋唐嘉话》的说法，认为朋辈互称郎、官，不自易之、昌宗始，并举温大雅《大唐创业起居注》称建成、世民为大郎、二郎，初唐四杰如王勃集卷9《与契苾将军书》"适得韦四郎书，具承大郎雅意"，及诸集中诗句如"张二官松驾乘闲"，"杨八官金木精灵"等以证明③。其重点虽在说郎、官，但也兼及行第。不过贵介公子

---

① 此篇也收于明«应翔刻本《幽怪录》；即《玄怪录》。唯记年代为开皇九年与此不同。《玄怪录》与《续玄怪录》分别为唐人牛僧孺及李复言所编。
② 《旧唐书》卷96，《宋璟传》。
③ 见《唐史馀瀋》卷1，郎、官条。

乃至宠臣在朝中称行道第，必对于世俗有推波助澜的作用，所以武则天以前，行第之称仅限于家内或"亲故"，而武则天以后，却是流行于朝廷并更加社会化了。张鷟作《朝野佥载》，记武周令史韩令珪对朝士和王公贵人皆呼行第（详下），便是当时朝廷尚称行第的典型例子。

玄宗之际，已有朝廷权臣擅称行第的现象。如计臣御史中丞杨慎矜与户部侍郎王𫓧皆以行七称"七郎"。《通鉴》卷216记王𫓧得势，子王准率其徒过驸马都尉王繇，繇为置酒，使帝爱女永穆公主为之"亲执刀匕"。当人言恐帝闻非宜时，繇曰："上虽怒无害，至于七郎，死生所系，不敢不尔。"安禄山呼李林甫为十郎，而安禄山自己，也被亲近者称作"三兄"。权臣的相呼行第在当时的朝廷恐怕已可视为表率，所以行第之称在彼时前后应已十分盛行。

行第之称在朝廷官场流行后，其称用的范围便愈为广泛。以文人朝士而论，是平居宴贺、诗酒酬唱之际最好称行第。《唐语林》卷2载："沈佺期以诗著名。燕公张说尝谓人曰：'沈三兄诗，须还他第一。'"张说与他人贺诗有《同贺八送充公赴荆州》、《端州别高六戬》①。同样，李峤有《酬杜五弟晴朝独坐见赠》②，李白也有《早秋赠裴十七仲勘》。③白居易呼其友元稹为元九，其寄赠元稹诗有"闷劝迂辛酒，闲吟短李诗"句。自注云："辛大邱度性迂嗜酒，李二十绅短而能诗。"④足见四杰之后，文士友朋间呼行第已积习成风。这在唐后期，更发展为进士科举中相称行第。《唐摭言》卷3作者王定保自序以科第事访先达，"如丞相吴郡公兟，翰林侍郎濮阳公融，恩门右省李常侍渥。……从叔南海记事涣，其次同年卢十三延让、杨五十一赞图、崔二十七籍若等十许人"。其中同年进士均称行第。同书卷12："张曙拾遗与杜荀鹤同年，尝醉中谑荀鹤曰：'杜十五公大荣！'荀鹤曰：'何荣？'曙曰：'与张五十郎同年，争不荣？'"也反映进士同年中相称行第事。进士为流俗所尚，其称行第对流俗的影响也可想而知。

不仅文人如此，称行第之风，也波及武将宦寺。德宗时河北诸镇相联结以抗朝廷。诸叛师朱滔、王武俊、田悦、李纳合称"四王"。时朱滔呼王武俊为"二兄"、田悦为"八郎"、朱泚为"三兄"，田悦也称朱滔为"五兄"。《资治通鉴》卷229建中四年（783），记滔使虎牙将军王郅说田悦："日者八郎有急，滔与赵王不敢爱其死（下略），今太尉三兄受命关中，滔欲与回纥共往助之。愿八郎治兵，与滔渡河共取大梁。"《旧唐书》卷184《宦官传》高力士，"肃宗在春宫，呼为二兄"。李辅国"中贵人不敢呼其官，但呼五郎。宰相李揆，山东甲族，位居台辅，

---

① 《全唐诗》卷87。
② 《全唐诗》卷58。
③ 《全唐诗》卷168。
④ 《唐语林》卷4。

见辅国执子弟之礼,谓之'五父'"。程元振,"代宗即位,以功拜飞龙副使、右监门将军、上柱国,知内侍省事。……是时元振之权,甚于辅国,军中呼为十郎"。高、李、程都是宦官中炙手可热的人物,而李、程尤喜他人以行第而不是官称呼自己。

唐朝皇帝在非正式场合有时也以行第呼臣下。如上述高祖呼裴寂为裴三,德宗也呼宋济作宋五、陆贽作陆九。《唐语林》卷1记"宋济老于词场,举止可笑。曾试赋语失官韵。乃抚膺曰:'宋五又坦率矣。'因此大著。后礼部上甲乙名,德宗先问,'宋五坦率否?'"此可称是德宗呼宋五的底注。而翰林学士陆贽却是由于得到德宗赏识,才"有时宴语,不以公卿指名,但呼陆九而已"①。《太平广记》卷261《郑光》(出《卢氏杂说》)记宣宗问舅郑光在凤翔任节度使时判官是何人,光仅答曰:"冯三。"当枢密使解释说冯三即是冯兖时,宣宗非但以冯光所答为忤,反而顺口答曰:"便与冯三为副使。"

行第之称通行于社会后,看来也已不是某一阶级或阶层的专利。在《太平广记》等小说中,记载的称行第者有三教九流,各色人等。如相者冯七、梁十二,女商兼豪侠荆十三娘,广州织鞋业者何二娘,卖卜女巫包九娘等②。其中不仅有男也有女,且不仅良家妇女,即教坊倡优也多此称。《类说》卷7《教坊记》有"任二姑子容止闲和"、"庞三娘善歌舞"、"颜大娘亦善歌舞"及"魏二容色粗美"一类的记载。《北里志·海论三曲中事》称,唐妓女多自幼丐育,其母"多假母也"。诸妓"皆冒假母姓呼,以女弟女兄为之行第"。其后有《青楼集》一卷,专记元代女伶之盛。其中妓女乐人也多称行第。足见唐风不衰。又舞乐曲中,据说也有与行第相关情的。《乐府杂录》记有"离别难"曲:"天后朝,有士人陷冤狱,籍没家族,其妻配入掖庭。本初善吹觱篥,乃撰此曲以寄哀情,始名大郎神。盖取良人行第也。既具人知,遂三易其名。"还有日僧圆仁《入唐求法巡礼行记》一书,记见到的人中除扬州监军院要籍薰二十一郎、京兆万年县李侍御外甥阮十三郎是中国人称行第外,还有居住在泗州涟水县的崔晕第十二郎是新罗人。可见当时在中国的外国人也是入乡随俗。

唐人笔记小说中,凡对神怪也大都论称行第。《酉阳杂俎·续集》卷三记天宝中处士崔玄微于洛东宅中遇仙,内有封十八姨,"乃风神也"。《太平广记》卷433《姨虎》(出《独异志》)也言嘉陵江侧有一为虎所化的"十八姨"。卷340《卢项》(出《通幽录》)有神人杨二郎与木下三郎。卷341《韦浦》(出《河东记》)言韦浦自寿州士曹赴选,遇客鬼元昶。文中提到的人除韦浦自为二十二郎外,又

---

① 《权载之文集》卷33,《陆贽翰苑集序》。
② 参见《太平广记》卷62、卷196、卷222、卷363。

有巫者二娘、金天三郎、冯六郎、轩辕四郎以及卞判官等。元昶为韦浦释各人来历。当韦浦问道"冯何得第六"时，答曰："冯水官也（按文中言冯为河伯），水成数六耳。故黄帝四子，轩辕四郎，即其最小者也。"如此杜撰神仙行第，足见行第观念化俗之深。而这对于唐朝民间行第的流行，又是一个最充分的证明。

㈡行第的称用特点与排行依据

和名字、官称等唐人常见的称呼相比，行第由于是自家族排行中来，因此便显得更加亲切随便。如唐高祖宠待裴寂，每"视朝，必引之与同坐，入阁则延之卧内，言无不从，呼为裴监而不名。当朝贵戚，亲礼莫与为比"①。称呼"裴监"而不名，是视朝之际表示亲礼和尊重，无如私下的"裴三"显得更加熟稔而不拘礼。

《旧唐书》卷186《酷吏传》言玄宗时酷吏吉温曾治河南尹萧炅狱。当炅任京兆尹后，吉温却恰被任为万年丞，在炅治下，"人为危之"。但当吉温得知高力士每出宫禁，萧炅必谒时，便总是："先驰与力士言谑甚洽，握手呼行第"，使炅"觑之叹伏"。此事《资治通鉴》卷215天宝四载（745）记述更详。称"炅后至，温阳为惊避。力士呼曰：'吉七不须避。'谓炅曰：'此亦吾故人也。'召还，与炅坐，炅接之甚恭，不敢以前事为怨"。可见如能以行第相称，就表示彼此关系深厚，此正如宋璟所言："亲故当呼以张五。"所以朝中称行道第之际，便形成了逢迎、附会权势的小圈子。一些人也专以此为手段套近乎，谋进取。如吉温曾对安禄山言道："李右相虽观察人事，亲于三兄，必不以公为宰相，温虽被驱使，必不超擢。若三兄奏温为相，即奏兄堪大任，挤出林甫，是两人必为相矣。"吉温从称行第入手，使禄山感到亲近而"悦之"，对他产生特殊好感而结成政治联盟②。无独有偶，代宗时陈少游除桂管观察使，"以岭徼遐远，欲规求近郡"。企图走宦官董秀的门路予以调换，也是以先呼行第表示亲热："候其下直，际晚谒之，从容曰：'七郎家中人数几何？每月所费几何？'后以答允'以一身独供七郎之费'而获其欢心，终改美职，得从所愿。"③

战争之际，敌对双方交战始急。但以一方先向另一方称行第示弱，而竟能化解言和，转危为安。《资治通鉴》卷227建中三年《考异》引《实录》记李怀光、马燧领朝廷军被朱滔、王武俊所败，决河水断其西归之路。马燧和朱滔有外族之亲，呼滔为表侄，使人说滔，请求"司徒五郎（即滔）与商议，放老夫等却归太

---

① 《旧唐书》卷57，《裴寂传》。
② 《旧唐书》卷186，《酷吏传》。
③ 《旧唐书》卷126，《陈少游传》。

原，诸节度亦各归本道，当为闻奏，河北地任五郎收取"。其间虽主要以利诱作缓兵之计，但称行第仍不无软化敌心的作用。不久昭义节度使李抱真为分化王武俊助唐破朱滔，也与之"约为兄弟，誓同生死"。武俊称抱真"相公十兄"，请求"战日，愿十兄按辔临视，武俊决为十兄破之"。当李酣寝其帐以示不疑时，"武俊感激，待之甚恭，指心仰天曰：'此身已许十兄死矣。'遂连营而进"①。《旧唐书》卷181《罗弘信传》记罗弘信任魏博节度使，朱全忠为结其欢心，每岁时赂遗必卑辞厚礼，"对魏使北面拜而受之，曰：'六兄比予倍年已上，兄弟之国，安得以常邻遇之。'弘信以为厚己，亦推心焉"。由此得知称行第，便是示同兄弟之谊，而称呼之间，便不无联络感情的妙用。

但行第称用之际，也必须注意场合分寸。如不斟酌彼此关系深浅地位高下而乱称行第，也会适得其反，甚至被认为是轻薄无礼而遭人耻笑。《朝野佥载·补遗》记武周令史韩令珪厚颜无耻，凡对"王公贵人皆呼次第，平生未面亦强干之"。曾于陆元方手下办理铨选事，时舍人王剧因丧夺情，与陆同厅而坐。"珪佯惊曰：'未见王五。'剧便降阶悒然。令珪嚬眉蹙頞，相慰而去"。后想到陆、王原是旧交，将王留住一问，才知二人根本不相识。后韩令珪得罪，"于朝堂决杖，遥呼河内王（武懿宗）曰：'大哥何不相救！'懿宗目之曰：'我不识汝'。"催杖加鞭，反而将他打死。《唐语林》卷5记事略有不同，但也说韩令珪"起自微细，好以行第呼朝士。寻坐罪，为姜武略所按，以枷锢之。乃谓：'姜五公名流，何故遽行此？'姜武略应曰：'且抵承曹大，无烦唤姜五'。"这是嘲笑他临到受刑还乱呼行第攀交情。《太平广记》卷266《胡翙》（出《王氏见闻》）记胡翙为藩镇幕僚，瞧不起副将张筠及同僚，曾"被酒呼张筠曰张十六"，且"数以言语抵筠"，使筠含恨在心。终于找机会"构成其恶"，奏藩帅将他"坑于平戎谷口，更无噍类"。此可谓是由呼行第引至杀身之祸。这在唐代当然只是极少的例子。

一般地说，行第在同辈与长辈、上级与下级之间虽兼可呼之，但称用之际，仍有亲疏远近、长幼尊卑之别。唐人呼行第最常见者，一种是连姓氏或连姓名以称之。如前举刘四、张十六等即是。见于诗文则如骆宾王《送费六还蜀》、《在江南赠宋五之问》②，陈子昂《题居延古城赠乔十二知之》③ 以及王昌龄《山中别庞十》等④。这种称呼方法不太客气，唯相熟不拘礼得用之。

第二种方式是呼行第兼带表示关系的兄、弟、叔、伯、姐、妹、姨、丈及郎、官等称。其中兄、弟、郎、官等即可称用同辈亲属，也可兼呼同僚、晚辈或年龄

---

① 《资治通鉴》卷230，德宗兴元元年。
② 《全唐诗》卷77、卷78。
③ 《全唐诗》卷83。
④ 《全唐诗》卷140。

较少者。如《全唐文》卷323《萧颖士与从弟书》："再申意二十五官。"《全唐诗》卷125王维有《答张五弟》。上引《太平广记》柳归舜一则，白衣人在得知柳行第后说："柳十二官，偶因遭风，得臻异境，"也是对初相识者既亲切又有些客气的称呼。伯、叔、丈者毋庸说是称年长位尊者。如《权载之文集》卷37有《奉送韦十二丈长官赴王屋序》。

第三种方式是行第与姓氏官名合称，或更兼与名字及其他称谓合称。此种称谓较单称行第更显得郑重、客气，所以无论少长，相熟与否皆可称用，范围最广。当然官名别称也包括在内。如《全唐诗》卷475李德裕《奉送相公十八丈镇扬州》，是送诗与时宰王播。卷334令狐楚《将赴洛下旅次汉南献上相公二十兄言怀八韵》也类同此。韩愈《奉酬天平马十二仆射暇日言怀见寄之作》，奉酬中不无客套[1]；但如白居易《同王十七庶子李六员外郑二侍御同年四人游龙门有感而作》便纯是友朋赠和了[2]。因此从唐人关于行第的不同称呼，不难对其间的社会关系问题多一层深入的了解。

研究唐人行第，还有行第该如何排行的问题。此问题首先涉及男女。一家族之内，同辈兄弟姊妹是否统而论之，此点从唐人习惯而言，应当是否定的。唐代墓志中，称行第多言女不及男，或言男不及女。如《唐代墓志汇编》元和078《唐故洪州都督府武宁县令于府君墓志铭并序》："嗣子纵，年未弱冠；次子约，齿初胜服；长女六娘，适李弘简；次女七娘，适史璲；小女八娘，年尚童稚。"唯因名言及行第，而男之行第便不在其中。同书大中065孙景商为妹孙廿九女作墓志，自称："卅四兄"，是兄之行第反在妹下，由此而知唐人行第应男女各论。

其次唐人行第还有大小排行的不同。小排行即同父所生，大排行与小排行则不一致。如《唐代墓志汇编》大中131《唐故乡贡进士李君墓志铭》："君讳眈，字返威，景皇帝七代孙。……（其父）有子十三人，六人早亡。……君即当院第十二子也（按据墓志实为第六），以长伦排次第第八。""长伦"即相对同父所生而言。同书咸通069"唐知盐铁汴州院事监察御史里行乐安孙虬第二女二十五娘"，"第二女"与"二十五娘"的次第也明显有别。

一般地说，唐人称行第，按同父排行者虽有而不多。惟帝子帝女当然如是。如玄宗被朝廷内外称为"三郎"，其子寿王瑁宫中呼称"十八郎"即是[3]（但武则天子自排行第，故中宗、睿宗称"三叔"、"四哥"与其作为七子、八子行第不符，是其中的特殊现象[4]）。普通百姓也有之。如岑仲勉指出唐初有名孙贰朗

---

[1] 《韩昌黎集》卷10。
[2] 《白居易集》卷28。
[3] 《旧唐书》卷107，《玄宗诸子传》。
[4] 参见《资治通鉴》卷202，上元二年四月条《考异》。

(郎)、成三朗(郎)、雷四郎的,唐末朱全忠与其仲兄存也各称朱三朱二;唐士人行第以同产论称者,如对照《新唐书·宰相世系表》与两《唐书》诸传,也可发现如卢(二)藏用、崔(二)日知、裴(五)墉等例①,但其例甚少,其中尚不排除有大小排行偶然相同的情况。实际上,唐士人行第不按同产计者是大多数。

唐士人行第既不按小排行,则大排行中,又可分为按祖曾及按房、族排行者。按祖、曾排行者,据《新唐书·宰相世系表》,如李(三)华,同祖兄弟四人;崔(六)涯,同祖兄弟十三人;韩(十四)洄,同祖兄弟十四人;郑(十)澣,同祖兄弟十三人;都有按祖排行的条件②。其中韩洄是玄宗宰相韩休第九子,排行最幼,几乎可以肯定是按祖排行。而按曾祖排行则较按祖父排行为多。如岑仲勉在《唐人行第录》中已举《白氏长庆集》卷22《祭符离六兄文》及《祭乌江十五兄文》称"从祖弟",认为白居易之行第应是联从祖(即曾祖)兄弟以排行。又如张易之、昌宗据《新唐书·宰相世系表》卷72下同父、祖兄弟共五人,而同曾祖兄弟复加二人,则其称五郎、六郎也应是从曾祖。窦凝行第十五,新表卷71下记同祖兄弟仅四人,而同曾祖兄弟十七人,且排名多从"氵"或"冫"旁,可见行第也应从曾祖。颜真卿行第为十三,但在同祖兄弟中排行十一。他在为曾祖勤礼所作神道碑中提到曾祖辈兄弟有二十二人,③则行第同样应从曾祖。唐人论亲以五服为界限,但同祖、曾之大功、小功是服重之亲。其避讳也多自祖、曾,排行第应与之有关。

另外在一些渊源已久的大族中,还有按高祖甚或房、族论排行第的情况。如乐安孙氏孙逖家,自其高祖孝敏至父嘉之,"四世而传一子,故五服之内,无近属焉。逖兄弟四子,而逖为长子"。结合《新唐书·宰相世系表》卷73下及孙氏子孙墓志,则逖之家系(仅至曾孙辈)表大致如下:

孙逖曾孙辈据表载仅十五人,但其中孙简为从叔番象作墓志自称"卅三侄",查表虽可能有遗漏,但简作为长房长孙之第三曾孙,下且有四弟,在曾祖兄弟中排第三十三仍有可疑。查《唐代墓志汇编》咸通068《唐故武水孙府君(方绍)墓志》,称"秩满,授汝州司户参军,会竹林曲作之任。不行,因授与册四房弟。期年,册二房兄受虢州郎中辟命,到职未逾月毙。明年,又册四房弟又萦风疾。手足频伤,痛悼缠绵,无时暂解"。方绍即简同曾祖兄弟,志中称册二、册四,知其兄弟排行尚不止于上述之"卅三"。而既称房兄、房弟,说明其排行是依"房"而论。

---

① 本文唐人行第,均据岑仲勉《唐人行第录》,以下不再说明。此三人家系分见《新唐书·宰相世系表》卷73上、卷72下、卷71上。
② 参见《新唐书,宰相世系表》卷72上、卷72下、卷73上、卷75上。
③ 参《陕西金石志》卷14并毛昌杰跋。

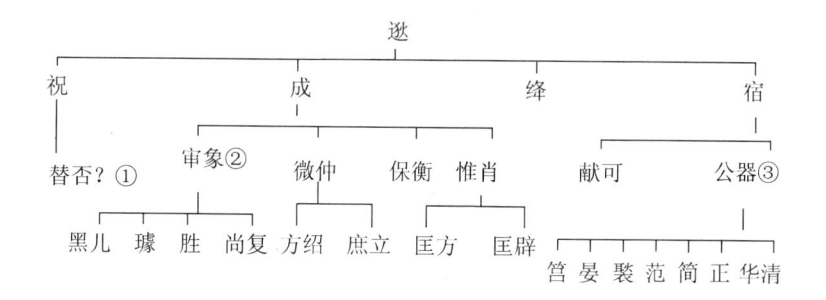

```
                                    逊
        ┌─────────┬──────────────┬──────────────┐
        祝        成             绛             宿
        │    ┌────┼────┬────┐    ┌────┐
     替否?①  审象② 微仲 保衡 惟肖  献可 公器③
          ┌──┼──┐  ┌──┬──┐      ┌──┬──┬──┬──┬──┐
         黑儿 璩 胜 尚复 方绍 庶立 匡方 匡辟 筥 晏 裘 范 简 正 华清
```

那么，何以为"房"呢？房者，与族相连。《资治通鉴》卷133宋苍梧王元徽二年（474）六月条关于"魏罢门、房之诛"，胡三省有注曰："门诛者，诛其一门；房诛者，诛其一房。时河北大族如崔如李，子孙分派，各自为房。"同书卷200唐高宗显庆四年（659）言及修《姓氏录》说："或一姓之中，更分某房某眷，高下悬隔。"《新唐书》卷72下《宰相世系表》载崔氏定著有十房："一曰郑州，二曰鄢陵，三曰南祖，四曰清河大房，五曰清河小房，六曰清河青州房，七曰博陵安平房，八曰博陵大房，九曰博陵第二房，十曰博陵第三房。"说明房是族姓之下的分支。房的划分或与宗族迁徙、官封爵位都有关系，也是宗族繁衍下的自然现象。房的划分具体在何时，从何人划分各家族不一。而具体到乐安孙氏，便至少应从逊父嘉之论起，甚至上溯孝敏。所以在孙简及孙方绍等的"房兄"、"房弟"则很可能是从高祖以上论。

《新唐书·宰相世系表》卷72上记赵郡李氏李绅、李纾为同高祖兄弟。李绅号称李二十，而李纾行第十七。二人行第接近，疑排行也从高祖。《唐语林》卷4言及李氏宰相："赵郡李氏，元和初，三祖之后，同时一人为相。藩南祖，吉甫西祖，绛东祖，而皆第三。至太和、开成间，又各一人前后在相位。德裕，吉甫之子；固言，藩再从弟，皆第九，珏亦绛之近从。"所说行第也是从李氏各房论起。同书卷3，记"韦夏卿有知人之鉴，因退朝，于街中逢再从弟执宜，从弟渠牟、丹三人，皆二十四，并为郎官"，因为三人言未来命运之事。三人查表应分属韦氏龙

---

① 《新唐书》卷73下《宰相世系表》载公器仅六子，第七子筥，据《唐代墓志汇编》大中163孙筥墓志补。

② 《新唐书》卷73下《宰相世系表》载审象六子：履度、方绍、簧、尚复、赟、俐。此处人名数据《唐代墓志汇编》会昌010孙审象墓志。又方绍应为微仲次子，见同书咸通068孙方绍墓志，俐为逊侄曾孙，见同书大中092孙俐墓志。

③ 《新唐书》卷73下《宰相世系表》，视为太常寺太祝，协律郎，有子替否。根据《唐代墓志汇编》显圣002《故太常寺主簿孙府君墓志铭并序》，言墓主为孙逊子，官"调补律郎，太常寺主簿"，与表合，但无嗣，疑表有误。

门公房、郧公房及东眷韦氏阆公房①。其行第所以能均称"二十四",显然也因房系不同之故。

由于围绕房、族排行第,所以也出现甚至一家族之内,各辈子孙行第排行依曾、高不同的情况。如岑仲勉《唐人行第录》从韩愈为兄作祭文自言"唯我皇祖,有孙八人"而其行第十八,从兄笈行第十二的情况,认为"殆亦合于曾祖所出记也"。假使韩愈如此,则愈子孙也不同。据韩愈侄孙滂文言:"吾上有三兄,皆不幸早世。"②但见于史载仅会、介二人。且会无子,介子百川、志成,孙仅湘、滂。愈亦唯昶一子,而有孙纬,绾、绲、绮、纨。是愈父仲卿共有曾孙七人。然据宋洪兴祖《韩子年谱》,湘行第二十一,滂行第二十三,绾行第二十五。是其排行明显不依曾祖,而至少在高祖之上。这种排行方式的不同,应正是以房、族为核心来统一的结果。

以上,说明唐人行第的排行有多种情况。其中既有按祖、曾论排者,也有按宗支、房系论排者。这增加了行第问题的复杂性。但是惟其如此,也才与士族的发展有关,从而成为唐人行第较为突出的特点之一。

㈢行第之称的流行原因及社会基础

行第作为"亲故"之称所包含的感情因素,使人们乐于接受,这固然是行第得以流行的一个原因。而行第之所以能在某种程度上取代名字而使用,其与社会礼法无疑也是相合的。

本节上面部分,曾引述《太平广记》柳归舜及虬髯客二则,说明唐人初见面之际即以问行第代替问名讳,而类似之例在唐史料中不胜枚举。如《太平广记》同书卷154《李源》(出《独异志》)载李源于暮春之际遇一少年,"问其氏行,但曰武十三"。卷309《张遵言》(出《博异记》)也言遵言遇一白衣人,"问白衣人何许人,何姓氏。白衣人曰:'我姓苏,第四。'"卷452载沈既济《任氏传》,内容为信安王祎外孙韦崟第九与从父妹婿郑六遇任氏女妖事。"女奴从者一人,留于门屏间,问其姓第。郑子既告,亦问之。对曰:'姓任氏,第二十。'"卷180《宋济》(出《卢氏小说》)记德宗微行,在西明寺僧院初遇宋济,也问他"作何事业,兼问姓行"。济答曰:"姓宋第五,应进士举。"

很显然,陌生人见面宁可问"姓第"或"氏行"而不问名。此种作法与其说是为表客气亲切,莫如说是因互相尊敬而不愿直接道及对方名讳。唐人重名讳,更重避讳,其避讳的程度已远胜前朝。当面直接称名道姓毋庸说是显得无礼,而

---

① 见《新唐书·宰相世系表》卷74上,并参《旧唐书》卷135,《韦渠牟传》。
② 《韩昌黎集》卷23。

称行第便可以不提名。此点或许更可以从岑仲勉先生在，《唐人行第录》中所提到的《讳行录》一书受到启发。《讳行录》也即行第录，源自于唐人《登科记》。《登科记》记进士名字、籍贯、排行、三代履历及妻子等。《讳行录》即依登科记而编，亦载进士族系、名字、行第、官秩及父祖讳、主司名氏等。洪兴祖《韩子年谱》记韩愈子孙用此书。如记韩绾称："《讳行录》云'咸通四年第进士，时右常侍萧倣知举，试谦光赋、澄心如水诗，中第八，行第二十五。"说明洪氏还见到咸通以前的《讳行录》。《讳行录》者，讳与行相连，且因进士登科而编，意味着进士及第与正式进入官场后，彼此的私讳、家讳和行第是必须周知的。这显然也是因为官场与士子交往中，不便冲犯名讳，此为当时社会所必备的礼节和修养。关于此点可参考本章"避讳"一节。因此称行第，可称是官场及士子交往中避讳的一个办法。

但仅从避讳出发，也仍然只是涉及行第之称的表面现象。行第既为一家族内子弟（女）的排行，且最初又是流行于士族贵胄之间，则与魏晋以来的门第观念显然不无关系。《世说新语·栖逸第十八》曾记曰："何骠骑弟以高情避世，而骠骑勒之令仕。答曰：'予第五之名，何必减骠骑。'"刘孝标于此下注称："中兴书曰：'何准字幼道，庐江灊人，骠骑将军充第五弟也。雅好高尚，征聘一无所就。充位居宰相，权倾人主，而准散带衡门，不及世事，于时名德皆称之。'"何准认为自己何氏第五的名声，足以抵得过何冲的骠骑之官，这里除了对自身道德修养价值的自信，也还包含着自己作为士族子弟的简傲。而这种简傲，在隋唐以后就更发展为士族对官势和高贵门第的炫耀，以及世人对两者的艳羡。

唐朝社会处在封建社会前后交替的变革时期，尽管魏晋大族如崔、卢、李、郑等至唐朝已渐次衰落，但门阀观念对世俗社会仍有影响。且其家世门第也仍为世人仰慕。唐太宗修《氏族志》，虽将"四海望族"，"一切降之"，但因房玄龄、魏征、李勣复与联姻，使之"故望不减"。后更因高宗朝李义府定陇西李宝等七姓十家"不得自为婚"而"皆称禁婚家，益自贵"①。官婚与族望俱美，方是唐人的最高理想。如《唐国史补》卷上记曰："四姓唯郑氏不离荥阳，有冈头卢、泽底李、士门崔，家为鼎甲。太原王氏，四姓得之为美，故呼为钑镂王家，喻银质而金饰也。"同卷又称："李积，酒泉公义琰侄孙，门户第一而有清名。常以爵位不如族望，官至司封郎中怀州刺史，与人书札，唯称陇西李積。"族望对旧族而言，无疑是一种骄傲。而行第加上贵族姓氏，便等于是族望的代名词。它在一定程度上可以反映本人的贵族身份，家世渊源，称用之际既显得潇洒亲切，又不失为对高贵门第的适当炫耀。所以很自然地在士族圈内成为一种风习。而由于借助这种

---

① 参见《唐会要》卷36，《氏族》；《新唐书》卷95，《高俭传》。

风习，颇能提高个人和家族之声望，所以隋唐之际更逐渐为取得"当世冠冕"的达官权贵所接受，于是便有了朝廷官场竞称行第之事，并由此在官人士子中形成时髦而进一步波及闾里。史称唐朝以降"士亡旧德之传，言李悉出陇西，言刘悉出彭城，悠悠世胙，讫无考按，冠冕皂隶，混为一区"①。在这种状况下，虽然世族们试图以宗支房系为核心严排行第以维系其血统高贵，一般人却通过对世族习俗之模仿，称姓第、氏行而鱼目混珠。至后，官、族相互提携而官、俗相互影响，称行第已意味着对自己和他人宗族姓氏的尊崇，所以久而久之，便自然演成为全社会的风尚。

这里，当然还不忽略与行第排行有关的宗族关系、存处状况等问题。南北朝至隋唐间由于战乱等原因，宗族流徙相当严重。然大姓聚族或聚房而居的情况仍部分存在。《唐国史补》卷上："杨氏自杨震号关西孔子，葬于潼亭，至今七百年。子孙犹在阌乡故宅，天下一家而已。"杨氏虽有在外居官的，但与族居故乡者，仍是"天下一家"的关系。有些家族如京城韦、杜，"去天尺五"，世居长安城南韦曲、杜曲，家族声势浩大②。有些家族是一人宦达，宗族繁衍。唐史料中还不乏有权贵提携族人事例，说明唐人宗族关系始终密切。这一点，对士族之排行第，当有便利。

不仅士人如此。即普通百姓由于重孝道等原因，聚族而居也颇有所见。《太平广记》卷401《宜昌郡民》（出《玉堂闲话》）记宜昌郡民章乙，"其家以孝义闻，数世不分爨……群从子弟妇女，共五百余口，江西郡内，富盛无比"。《旧唐书》卷188《孝友·刘君良传》言其家自大业末至唐"累世义居，兄弟虽至四从，皆如同气。尺布斗粟，人无私焉"。深州别驾杨弘业到其第，"见有六院，唯一饲，子弟数十人，皆有礼节，咨嗟而去"。又有"宋兴贵者，雍州万年人，累世同居，躬耕致养，至兴贵已四从矣。"这样的家族，也很难想象排行第不是以宗族来统一。

累世同居的情况，固然使行第从高排列比较容易。但这并不是行第排行的必须条件。事实上士族无论同居与否，已有族谱作为联系的纽带。南北朝以降，修纂族谱、家谱已日益受到社会重视。郑樵《氏族略序》言道："自隋唐而上，官有簿状，家有谱系，官之选举必由于谱系，历代并有图谱局。""自隋唐而上"应是包括隋唐一总论之。尽管研究者已指出其所说选举必由谱系，及图谱局之设与唐制不符③；但官谱家牒之修，在唐与前代是始终一致的。且官谱多来源于家牒，而私修之谱牒最初还是大族专利。唐代士族墓志，即往往有称其先世官职，备详于

---

① 《新唐书》卷95，《高俭传》。
② 《资治通鉴》卷209，景云元年六月条胡注。
③ 参张泽咸：《谱牒与唐代社会小议》，载《唐文化研究论文集》，1994年。

国史家牒的。唐中后期，私谱之修更为盛行，且已逐渐普及一般士人甚至多少有些根底的庶民之家（这一点，借助当时比较便利的交通及书信往来恐不难作到）。《新唐书·宰相世系表》称："诸臣亦各修其家法，务以门族相高。"而表的制作便来源于宰相的家族世谱。唐朝数百位宰相世系复杂，并不一定都是望族出身，但均通过家谱美化出身，标榜家世。结果便造成宰相表"承用诸家谱牒，故多有谬误"的情况。这至少说明修谱牒对士人而言已普遍化。唐士子通过修谱牒提高家族地位，正是门阀观念世俗化的结果。而行第之称便是伴随着这一世俗化的过程，由士族社会和官场向百姓推广，风靡了有唐一代，形成为这样一种由上而下的文化现象。但当唐末藩镇动乱叠起之时，世家大族进一步衰落，门阀观念淡薄，行第之称便不再有多少企羡的意义。它只是作为士族风习在五代宋以降继续存在。随着时代的变迁，它留给人们的只是宗族制的余韵，而其原始价值，或已无人再关心了。

第八节　避讳

避讳，是我国古代传统的社会礼俗。《册府元龟》卷863《总录部·名讳》称："生而制名，殁而是讳，盖孝子因心之道，先王立礼之方。"从儒家的孝义君亲出发，人们对于言谈书写中所遇到的君主或尊亲名讳必须有意回避，久而久之，便演成为避讳的礼则。在讲究门第与礼法的隋唐社会，尤成为人们注重和必须遵守的道德行为轨范。而避讳本身，不仅内容、要求日益复杂化，且对人们的社会交往与政治生活，也发生了愈来愈大的影响。

● 避讳的渊源发展及方式原则

（一）避讳的发展过程与国讳的颁定

避讳之法起于何时？曾是史家所关注的一个问题。宋周密作《齐东野语》以为，盖殷之前，尚质不尚文，故避讳之法始于周代。史家陈援庵（垣）先生也指出，避讳"始于周，成于秦，盛于唐宋"[①]。由此看来，讳法正是随着人类文明的

[①] 《史讳举例》。

进步而起源的。不过宗周之际，礼法尚简，所以"礼"虽有所谓"入门问讳"和"讳新（即新死者）"之说，但又有"礼不讳嫌名，二名不偏讳，逮事父母则讳王父母，不逮事父母则不讳王父母"，以及"诗书不讳，临文不讳，庙中不讳"一类的规定①。避讳须视具体情况而论，由此便可以有许多免讳之处。如史称文王名昌，箕子为武王述《洪范》曰："使羞其行，而邦其昌"；武王名发，穆王作《冏命》曰"发号施令"，又作《吕刑》曰："发闻惟腥"②，都是临文而直斥其父祖之名。孔子之母名征在，也有"言在不言征，言征不言在"之说，并因此而成为"二名不偏讳"的依据③。

但"秦汉以来，始酷讳矣"④。一方面以上原则已渐渐不都遵守，须避讳之处越来越多。另一方面从"君父"二者出发，避讳已明确发展为避国讳和避私讳两大系统。

避国讳即避皇帝、君主之讳，也称宗庙讳。如秦始皇名政，故读正月为征月；汉高祖名邦，《史记》、《汉书》改邦为国。文帝讳恒，恒山遂为常山。景帝讳启，微子启便改称微子开。武帝讳彻，臣下遂有蒯通，而彻侯也改通侯。王莽避元后父也即己祖之讳，改禁中为省中。东汉光武名秀，秀才改称茂才；明帝名庄，故《汉书》改庄助名严助，老庄之术也称老严之术。杜操以讳魏武曹操之名改称杜伯度，据说经史中昭穆之昭，也因避晋司马昭之讳而改音韶。梁武帝小名阿练，子孙竟呼练为白绢⑤。因避国讳触及的方面日益广泛。

避私讳或家讳也即臣民本人及父祖之讳。司马迁父名谈。《史记》称赵谈为赵同。范晔父名泰，故《后汉书》一切泰字均作太⑥。魏晋之际，已有因避私讳改官的作法。晋江统上疏称"故事"："父祖与官职同名皆得改选之例。"故王舒授会稽内史，以父名会求换他郡；而晋人也以羊祜为官深得民心，改称户曹为辞曹。其时大族重礼法，尤以恶闻己讳和不犯他人讳为禁忌。谢灵运孙超宗因客言其"有凤毛"，误触父名，"徒跣还内"⑦。桓玄也因客席间呼温酒犯父讳，以至"流涕呜咽"⑧。南朝王弘以善谱学，竟能"日对千客，不犯一人之讳"⑨。北齐徐之才

---

① 参见《白孔六帖》卷23，《讳》；《太平御览》卷562，《礼仪部·讳》。
② 《学林》卷3，《名讳》。
③ 参见《白孔六帖》卷23，《讳》；《太平御览》卷562，《礼仪部·讳》。
④ 《学林》卷3，《名讳》。
⑤ 参见《学林》卷3，《名讳》；《齐东野语》卷4，《避讳》。
⑥ 同上。
⑦ 以上均见《册府元龟》卷863，《总录部·名讳》。
⑧ 《世说新语·任诞第二十三》。
⑨ 《南史》卷59，《王僧儒传》。

则因客言"熊白"误犯父雄之讳,而故意道及客名反唇相讥①。避讳在朝廷及民间都成为不可忽视的礼法。

正因为避讳受到重视,故历代对此都有法令限制。特别是关于避国讳,犯者要受到律令处罚。《汉书》卷8《宣帝纪》元康二年(公元前64)诏已明确提到百姓触讳犯罪"令前者赦之",说明令后者罪在不赦。不过具体条文所见不多。隋唐讳法继承前代。其律令格式对于避讳更有严格划一的规定。

据《唐六典》等书记载,隋唐国家的"祠祀享祭、天文漏刻、国忌庙讳"等事是由尚书省礼部四司之一的祠部掌管。《六典》还于卷4礼部郎中关于"凡上表、疏、笺、启及判、策、文章,如平阙之式"一条下注曰:"若写经史群书,及撰录旧事,其又有犯国讳者,皆为字不成。"平阙式作为律令格式的一种,颇有法律性质。它规定在上书奏事中,对于天地神祇、国家君主、宗庙陵寝等一切与皇帝有关的事物必须采取阙字抬头法以示敬意。对于国讳的回避法也在其中。但"式"者,只是制度的具体条文。如有过犯,便要由"律"来行惩罚之责。

《唐律疏议》卷10《职制律》称:"诸上书若奏事,误犯宗庙讳者,杖八十。口误及文书误犯者,笞五十。即为名字误犯者,徒三年,嫌名及二名偏犯者,不坐。"此条法律规定对"误犯宗庙讳"者,视情节给以轻重不等的惩罚。其中"徒三年"者,已是较重之刑。它虽然作为职制律主要针对官吏,但对百姓也有约束作用。《唐会要》卷23《讳》,记开成元年(856)十一月,因崔龟从奏,选人宋昂,与文宗名同,十年不改,直至参选验明正身,"改更稍迟",被敕旨给了"殿两选"的处分。宋昂可能由于不是正职官而处分稍轻,但《职制律》的规定看来还是有效的。

不仅犯国讳、宗庙讳要治罪,《唐律疏议》卷3《名例律》还规定:"诸府号、官称犯父祖名,而冒荣居之,……免所居官。"同书卷10《职制律》对于同项罪名,又有"徒一年"的处分。此条是犯私讳而涉及居官也即国家事务者,其内容显然是继承发展了前述江统所称晋法令的精神、是对觍颜居官不避讳者的挟制和惩罚。可见国法对避私讳同样看重。不过,在"溥天之下,莫非王土"的社会观念之下,皇权高于一切。皇帝的私家宗庙讳即国讳,为全民共同遵守,其有罪处罚自然也要重于私讳。

国讳既称宗庙讳,则其范围的确定便首先涉及国家的宗庙建置。相传周制为天子祖先立七庙,但汉魏以来并不尽尊此制。晋孙毓始倡《七庙讳字议》,提出据礼,"天子诸侯皆讳群祖,亲尽庙迁,乃舍故而讳新"②。也即建七庙而避讳应与

---

① 《册府元龟》卷863,《总录部·名讳》。
② 《通典》卷104,《礼六十四》。

之统一。此后历朝之制皆本此原则。隋文帝即位后，参酌南北朝旧制，自高祖以下置四亲庙，唐初也沿此制，至唐太宗才仿古礼建七庙，玄宗时增至九室，武宗以后，常为九代十一室①。依礼入庙之主均需避讳。但易代之际，常依昭穆而迁祔。根据亲尽则毁，舍故讳新的原则，迁出之主，例不再讳。所以唐诸帝的避讳也往往不是从始而终，而是完全依据他在位或神主祔庙与否。《唐会要》卷23记高宗永徽二年于志宁"奏皇祖宏农府君（重耳）当迁，依礼不讳。从之"。《册府元龟》卷591也记元和初（806）礼仪使奏顺宗神主升祔。高宗、中宗迁出不讳和宝历初（825）玄宗依故事已祧不讳的事实。此外高宗子孝敬皇帝弘虽未真为帝，但中宗时曾尊为义宗祔庙，其名"避于神龙，废于开元"②。亦有迁出而再迁入者，则入后也仍依前避讳。

总的来看，隋唐史籍中最多最常见的避讳字，隋代有祯、忠、坚、广，唐代有虎、昺、渊、世民、治、曌、弘、显、旦、隆基、亨、豫、适（音括）、诵、纯、恒、湛、昂、湮、（炎）、忱、漼、儇、晔、枆等。但由于上述原因，史籍中对这些字也有不讳的情况，如韩愈《潮州刺史谢上表》，有"朝廷治平"、"为治日久"等语③。《十七史商榷》卷84"旧书避唐讳"所指出的唐临、刘文静等人传中有刘弘基，以及马燧、浑瑊等传"再隆基构，克殄昏氛"等语不避讳，实际上便都是与上面所说元和宝历中高宗、玄宗祧迁不讳相符和的④。

武则天的避讳，在唐朝是一特例。依照古礼"内讳不出门"，"妇人不讳"。但前朝已有为皇后、太后避讳的，如汉人避吕后名"雉"作"野鸡"，南朝刘穆之也避王后家讳，改称字⑤。然此均非国法。唯武则天改唐为周，不仅本名"曌"字要避，且公然为武氏诸祖于东都立七庙，以与唐之西京太庙抗衡。所以终武周一朝，武氏诸父、祖名也定为国讳。

帝名之外，又有避尊号之说。避尊号严格说来，不能算是国讳，但往往以帝王之命任意为之。如魏元忠本名真宰，天授中以避则天母太贞夫人之号，故改名⑥。洛阳宫则天门，神龙元年三月十一日，避则天后号改为应天门；唐隆元年七月，又因避中宗英王之号，改为神龙门⑦。姚元崇曾以则天不欲他与突厥叱利元崇同名，改为元之；后避开元尊号，而单名崇⑧。玄宗朝宁王成器也因避玄宗母昭成

---

① 《新唐书》卷13，《礼乐志三》。
② 陈垣：《史讳举例·已祧不讳例》。
③ 《韩昌黎集》卷39。
④ 陈垣：《史讳举例·已祧不讳例》。
⑤ 参见《学林》卷3，《名讳》；《齐东野语》卷4，《避讳》。
⑥ 《册府元龟》卷825，《总录部·名字二》。
⑦ 参见《唐会要》卷30，《唐两京城坊考》卷5。
⑧ 《旧唐书》卷96，《姚崇传》。

皇后尊号而改单名宪①。

太子作为储君，其名也在避讳之列。隋炀帝立为太子后的仁寿元年（601），凡郡县有"广"字均改名。如广福郡改浙阳，广昌郡改上谷，广长县改修成等②。唐高祖以建成为太子，《新唐书》卷40阆州晋安县下云："本晋城，武德中避隐太子名更。"《太平寰宇记》卷86："唐武德四年，割相如、南部二县置新城县，后以隐太子讳，改名新政县（属阆州）。"同书卷106："唐武德五年于此立靖州，又以建成避隐太子讳，故改为高安（属筠州）。"③唐太宗虽以玄武门之变杀死建成取而代之，但这些原有的避讳处却未能尽改，留下了建成任太子时的遗迹。高宗时，以太子弘之立，改弘教门为崇教门；其后沛王贤为太子，也改崇贤馆为崇文馆④。武则天时，太子左庶子王方庆，请仿晋尚书山涛称皇太子不言名的旧例，将东宫殿门有犯太子讳者皆改之⑤。而开元初，薛谦光也以名犯太子嗣谦（瑛）讳，"表请行字"，遂赐名登⑥。为太子避讳已逐渐制度化。

以上唐朝关于国讳的颁定既有常法，则五代统治者大体上也是萧规曹随，不过五代对此更为看重。朱全忠篡代前夕，唐朝在宣布使之"总百揆，建立魏国"和"入朝不趋，剑履上殿，赞拜不名"的同时，中书门下特奏令"天下州县名与相国魏王家讳同者，请易之"⑦。查《旧唐书》卷20下《哀帝纪》"天祐二年（905）七月敕，全忠请铸河中晋、绛诸县印，县名内有'城'字并落下，如密、郑、绛、蒲例，单名为文"。不久又敕改武成王庙为武明王庙，以及成、城、信等字，以这些字都犯其父祖之讳。当时朱氏尚未称帝已如此⑧。其称帝后，更追尊高祖以下四代庙号，全面更改天下管属州县官名犯庙讳者⑨，扩大了避讳范围。后唐庄宗灭梁，以唐高祖、太宗、懿宗、昭宗及己之曾祖以下立七庙，以示为唐子孙而避唐及本宗之讳。同光元年（923），下令将"天下官名府号及寺观门额曾经改易者，并复旧名"⑩。表明已复唐而革梁命。后晋石敬瑭亦追高祖璟以下四庙⑪。而后汉高祖刘知远，竟以西汉高祖、光武帝及曾祖以下建庙颁讳，表明远承汉

---

① 《旧唐书》卷95，《让皇帝宪传》。
② 《隋书》卷29，《地理志》。
③ 参见《唐史徐瀋》卷1，《地名避建成讳改》。
④ 《唐会要》卷30，《杂记》。
⑤ 《旧唐书》卷89，《王方庆传》。
⑥ 《旧唐书》卷101，《薛登传》。
⑦ 《旧五代史》卷2，《后梁太祖纪第二》。
⑧ 参见陈垣《史讳举例·五代讳例》。
⑨ 《旧五代史》卷3，《后梁太祖纪第三》。
⑩ 《旧五代史》卷29，《后唐庄宗纪第三》。
⑪ 《旧五代史》卷75，《后晋高祖纪第一》。

室①。虽颇有些不伦不类，但追根溯源，显然已将避讳本身作了兴灭继绝、改朝换代的标志。

"国家大事，在祀与戎"。宗庙国讳一旦颁行，作为国家权力的象征，便不仅是针对海内，且亦涉及到民族关系，及与他国之交往。《旧唐书》卷84《刘仁轨传》载他于高宗时平定百济，立刻"颁宗庙忌讳，立皇家社稷"。宣宗大中初南诏坦绰酋龙继立，号骠信，唐朝以其"名近（玄宗）庙讳，复无使朝贡，不告国丧，遂绝册立"。杜悰入相后，主张实行安抚，请求"诏清平官（南诏宰相）以下，谕其君长名犯庙讳"，使之"遣使谢恩，易名贡献"②。日僧圆仁"入唐求法巡礼"，被西明寺僧宗睿汉师告知"大唐国今帝讳昂，先祖讳纯（淳）、讼（诵）、括（适）、誉（豫、预）、隆基、恒、湛、渊、虎、世民。音同者尽讳。此国讳诸字，于诸状中总不著也"。这就是说，外国僧人进入唐境后，凡与官府打交道时，必须注意大唐国讳。以免在写书进状时，由触讳造成失礼违律，导致不必要的麻烦③。当然与外国君主书信往来及出使异域，也要注意避免触犯该国忌讳。如《封氏闻见记》卷10载御史苟曾曾任出使吐蕃判官，以吐蕃忌讳狗字而改姓为荀。出使回来，遂沿用荀姓不改。

五代南方政权，凡奉唐及北方中原王朝为正朔的，无不尊其国讳。洪迈《容斋随笔》卷4《孟蜀避唐讳》条，言及蜀本石九经避渊、世民诸字。又言前蜀王建已称帝，所立龙兴寺碑言及唐诸帝，亦皆半阙。《十国春秋》卷78《吴越世家》天宝元年（908）八月，"梁敕改唐山县为吴昌县，唐兴县为天台县。……复改新城县曰新登，长城县曰长兴，东成县曰乐清，避梁讳也"。所改皆吴越境内地名。后唐李克用父名国昌，亦改荆南高季昌名季兴。然各国又有本国之讳。《青箱杂记》避讳条称："钱武肃王讳镠，至今吴越间谓石榴为金榴，刘家为金家，留住为驻住。杨行密据江淮，至今谓蜜为蜂糖。"钱大昕《十驾斋养新录》郡望条指出，"今人姓金者，各称其望曰彭城，此承吴越避讳，改刘为金姓而族望未改。"与此正相合。对于南方属国之讳，北方中原王朝也给予一定尊重。后周显德三年（956）八月，"宣翰林学士院，今后凡与诸侯王诏书，除本名外，其文词内有与其名同者，宜改避之"④。五代节度使封王者颇多，但这里所说诸侯王者，主要指那些虽已向周俯首称臣，然尚保有小片国土的南方属君。

国讳的颁定既非常严格，而避讳的方式又有多种。唐人的避讳可称是前代讳

---

① 《旧五代史》卷99，《后汉高祖纪上》。
② 《唐语林》卷2，《政事下》。
③ 《入唐求法巡礼行记》卷1，并参徐连达《唐人礼法、习俗中的避讳行为及其社会效应》（《史林》1992年第3期）。本节参考徐文处甚多，特此说明。
④ 《全唐文纪事》卷1，引《五代会要》。

法的集大成。如清人赵翼在《廿二史札记》中已指出唐人修史避祖讳法有三：一是同名者可以改称字（可称以字代名法）。如《晋书》公孙渊称公孙文懿，而石虎称石季龙之类。二是删去所犯之字（可称删字法或阙字法），如《梁书》萧渊明、萧渊藻称萧明、萧藻，《陈书》韩擒虎作韩擒之类。三是以文义易其字（可称改字法）。如虎字可称猛兽，陶渊明称陶泉明等。此三种方法皆极常见。其中第二种方法，除可直接删字外，往往还可以空格或用"讳"字、"某"字取代。如《隋书》卷5《恭帝纪》载李渊义宁元年十一月己巳诏文曰："以唐王子陇西公建成为唐国世子，敦煌公为京兆尹，改封秦公，元吉为齐公。"敦煌公不言名，实指世民。又如《隋书》卷79外戚高祖外家吕氏，"有男子吕永吉，自称有姑苦桃，为杨忠妻"。忠字诸旧刻本多作空格或"讳"字①。《旧唐书》卷7《睿宗纪》有"临淄王讳与太平公主子薛崇简云云"，"临淄王讳"即李隆基。清人所见太原史匡翰碑，立于天福八年。碑中于"瑭"字多空文，应当是避石敬瑭讳所改②。至于作为第三种方法的改字法，实即《颜氏家训》所说的"凡避讳者，皆须得其同训以代换之"③。同训以代是要尽量找到同义字。此即唐人常以深代渊，以人代民，以理代治，以质代纯之类。不过因此也产生了一字可有多字取代。如渊既可为深，也可为泉；为避虎字，就有虎贲作武贲，白虎作驺虞、虎威作兽威。民既可改人，也可改甿，不一而足。

以上诸法外还有唐法令规定的缺笔之法。此即在字上缺少点画，《唐六典》所谓"为字不成。"此种作法唐以前不详，而唐人所用最多。如唐碑志中往往有"世"作"卋"或"丗"，"民"作"𡇈"等。又如今所见敦煌伯2504《天宝令式残卷》国忌部分载有帝讳，自皇六代祖景皇帝李虎至睿宗共七帝，其名多作缺笔④。其中"丙"作"丙"、"渊"作"渁"、"治"作"治"、"显"作"顯"，这正是其时以缺笔法避宗庙讳的一个具体实例。

（二）私讳的避讳要求与官场表现

在家国制的封建社会中，"家规"不过是"国法"的翻版和缩影。所以就避讳而言，臣民的私家避讳与国讳在形式的确定与具体内容方面都没有太多区别，只是涉及的范围要略小一些。

私讳首先是臣民避父祖讳。上面已引述《唐律疏议》对于官员不顾"府号官称"犯父祖名讳"冒荣居官"的处分。《疏议》解释律文说："府号者，谓省、台、府、寺之类；官称者，谓尚书、将军、卿、监之类。假有人父祖名常，不得

---

① 见《中华书局》点校本《隋书》校勘记。
② 《旧五代史》卷77，《后晋高祖纪第三》注。
③ 《颜氏家训集解》卷2，《风操第六》。
④ 参见刘俊文《敦煌吐鲁番唐代法制文书考释》录文。

任太常之官；父祖名卿，亦不合任卿职。"律文且将此条与祖父母、父母老疾无侍委亲任官、居丧生子娶妾、冒哀求仕和兄弟别籍异财等列于一处①。因此如果犯国讳可称作"大不敬"的话，犯私讳显然也是被视为大不孝的。也正是由于有了这样规定，所以唐人因避家讳而请求改官者甚多。

避家讳同样也有范围问题。唐律规定，"诸府号官称犯父祖名"是"选司唯责三代官名，若犯高祖名者，非"②。也即避讳一般要求避到曾祖。唐五代选人由历要注明三代③，敦煌户籍簿中凡官员也都特别注明身分及父祖三代之名。如伯3354《唐天宝六载（747）敦煌郡敦煌县龙勒乡都乡里籍》"户主程仁贞，"载柒拾柒岁"一行下即注明他为"志男翊卫"，"曾智、祖安、父宽"。户主程大忠，"载伍拾壹岁"下，也注明为"上柱国"、"曾通、祖子、父义"④。这与授官避私讳显然有关。而官员如授官犯父祖讳也须主动提出。如贾曾以父讳忠而不肯拜中书舍人；韦聿迁秘书郎，以父嫌名，换太子司议郎；柳公绰以礼部尚书犯祖讳改左丞，已是为人熟知之例⑤。又如李㻑除鄂州刺史，兼御史中丞、鄂岳等州都团练观察使，"㻑以父名史，上疏陈让，乃以为检校右散骑常侍，知鄂州事，使如故。"裴胄除京兆少尹，以父名换国子司业。冯宿除华州刺史，"以父名子华，拜章乞罢，改左散骑常侍，兼集贤殿学士"⑥。《全唐文》卷219，有崔融《为王起避父讳辞澧阳县令表》。《唐代墓志汇编》开元421《太中大夫使持节……卢府君墓志铭并序》："又迁邠州别驾，以父讳［汾］改泽州别驾。"五代陈观仕晋拜右谏议大夫，"观以祖讳义，乞改官，寻授给事中"。张铸在后周授光禄卿，"以卿字与祖名同，援令式上诉，寻改授秘书监判光禄卿事"⑦。避曾祖讳改官也颇有所见。如唐临除永州刺史，以犯曾祖讳为辞，改为潮州刺史；源乾曜罢侍中，迁太子少师，以曾祖名师，固辞，乃拜太子少傅⑧。

除任官须避讳，一般人在生活中，还要处处注意避讳以示自己懂礼。《颜氏家训》谓"梁世有蔡朗父讳纯，遂呼莼为露葵。"⑨隋刘臻"性好噉蚬，以音同父

---

① 《唐律疏议》卷3，《名例律》。
② 同上。
③ 参见《五代会要》卷21，《选事下》长兴元年五月敕。
④ 《敦煌社会经济文献真迹释录》。
⑤ 参见《新唐书》卷158，《韦聿传》；卷163，《柳公绰传》；《册府元龟》卷863，《总录部·名讳》。
⑥ 《册府元龟》卷863，《总录部·名讳》。
⑦ 同上。
⑧ 同上。
⑨ 《颜氏家训集解》卷3，《勉学第八》。

讳，呼为扁螺"①。又南朝刘缏兄弟以其父名昭，一生不为照字②；而唐李翱父名楚金，故为文也以今为兹。据说杜甫也因父名闲，故诗中不用闲字③。闻他人误道自己的私讳，虽用不着像桓温那样痛哭流涕，但也应"闻名心矍"，略有暗示。而为了向他人表示尊敬，交往宴见中也要特别注意避他人之讳。《世说新语》文学第四记晋时庾阐少作《扬都赋》，内有"温挺义之标，庾作民之望。方响则金声，比德则玉亮"之句。当庾亮要求看此赋时，阐特将"望"改为"儁"，"亮"改为"润"，以避其讳。无独有偶，《朝野佥载》卷4载苏逦五岁，裴谈过其父，使试诵庾信《枯树赋》。苏逦为避"谈"字，边诵边改其韵，令"谈骇叹久之，知其他日必主文章也"。可见士族从小就受到有关避讳方面的教育。唐文人避私讳者，又如司马承祯谥贞一，颜真卿书李玄靖先生碑作正一；玄靖先生父孝威，私谥贞隐，颜书也改作正隐④。常人见面，直呼其名者甚少，多以官职和行第等称代之（详："行第"节），此虽出于礼貌和习惯，但显然与避讳有关。

避私讳在君前与公事场合，古时与唐代已有不同。古时所谓"君所无私讳"。据载晋孔安国父名愉，安国除侍中，"表以黄门郎王愉名犯私讳，不得连署，求解"。但被有司驳回⑤。唐九代朝廷则对私讳有一定顾及。唐朝规定："翰林学士如当制日，遇将相姓名与私讳同者，即请同直替草，远讳不在此限。"⑥ 五代晋清泰初李郁为宗正少卿，"上言臣与本寺卿名同行，公事不便欲改名知新，从之"⑦。说明私讳在"公所"也可适当回避。

避私讳在"公所"中，比较突出的是属吏与百姓避长官讳的问题。长官讳即是真正的"官讳"，轻易触犯不得。《因话录》卷3记崔群为华州刺史，郑县尉陆镇以名与群近讳音同，便托故请假不参。崔得知后，认为县尉属朝廷旨授官，不应以避刺史私讳废公事，"召之令出。镇因陈牒，请权改名瑱。公（群）判准状，仍戒之曰：'公庭可以从权，簿书则当仍旧。台者（省）中无陆瑱名也。'"崔群是较为开明的一例，但官场中不顾忌长官名讳显然是十分不礼的行为，属吏于参见及簿书中避长官讳乃至改名恐怕已是当时常情。《南部新书》壬部记柳公绰在山南节度使任上，"有属邑启事者犯讳，纠曹请罚。公曰：'此乃官吏去就，非公文科罚。'退其纠状"。口头犯讳既属可纠，公文科罚尤不可免。所以日僧圆仁等入

---

① 《隋书》卷76，《刘臻传》。
② 《颜氏家训》卷2，《风操第六》。
③ 《齐东野语》卷4，《避讳》。
④ 《史讳举例·文人避家讳例》。
⑤ 《册府元龟》卷863，《总录部·名讳》。
⑥ 洪迈：《翰苑群书》卷5，《翰林学士院旧规》。
⑦ 《册府元龟》卷825，《总录部·名字二》。

唐后，除国讳外，沿路也被告知从节度使以至县令等长官之讳①。《册府元龟》卷863《总录部·名讳》"崔宁为剑南西川节度使，奏本管兵马使泸州刺史韩澄与先代名同，请改名潭，许之"。后唐郭彦夔为青州孔目吏，也以节度使霍彦威故，改名致雍②。此均带有强迫性质，如不服从便只能解官。后唐石昂被节度使符习署以临淄令，习入朝京师，监军杨彦朗知留后，石昂上谒公事，赞者以彦朗讳石，竟改石昂之姓为右。石昂遂趋庭面责彦朗。"彦朗大怒，拂衣而去，昂即趋出。解官还于家"③。后唐天成初，新除郎官于邺公参工部侍郎卢文纪。"文纪以父名嗣业同音不见，邺忧畏太过，一夕雉经于室"④。竟而自杀，可谓唐五代官场避讳中最荒唐无稽的例子。

㈡ 避讳涉及的范围与方面

避讳特别是避国讳，常常会涉及朝廷礼仪、国家制度等各个方面。《左传》记鲁桓公问名于申繻，答曰："不以国，不以官，不以山川，不以隐疾，不以畜牲，不以器币。以国则废名，以官则废职，以山川则废主，以畜牲则废祀，以器币则废礼。"⑤ 由此不难看出古代避讳注重的方面。隋唐避讳与古代类同而更有发展，所以，便难免会有如下方面的改易和影响。

（一）帝王与臣下姓名

名字作为避讳的本体，有自讳与讳他两个方面。《颜氏家训》从父名子讳出发，提出"凡名子者，当为孙地"，就是这个道理。如果所用字太容易在生活中触及，便会造成"交疏造次，一座而犯，闻者辛苦，无憀赖焉"的情况⑥。帝王的名讳必须为全民所遵守，且不得于国家事物有所冲突，因此选用何字便显得尤其重要。"虽臣子行者，重更名于已孤；而君父称尊，贵难知而易避"⑦。为了达到"贵难知而易避"的效果，唐五代诸帝对于自己的名字大都再三斟酌，他们常常于立为太子或即位后更名，甚至不惜两改三改。如肃宗初名嗣升，后曾改名浚与玙。开元二十八年（734）立为太子改名绍，至天宝三载（737）又改名亨。代宗初名俶，乾元元年（758）立太子改名豫。宪宗初名淳，立太子改名纯。穆宗初名宥，册皇太子改名恒。文宗初名涵，即位更名昂。武宗甚至在即位六年后，还将瀍字

---

① 《入唐求法巡礼行纪》卷1，卷2，并参徐连达文。
② 《册府元龟》卷825，《总录部·名字二》。
③ 《新五代史》卷34，《石昂传》。
④ 《容斋随笔》卷11，《唐人避讳》；并参《新五代史》卷55，《卢文纪传》。
⑤ 参见《学林》卷6，《改地名》。
⑥ 《颜氏家训集解》卷2，《风操第六》。
⑦ 《旧五代史》卷8，《后梁末帝纪上》乾化三年三月丁未诏。

改为炎①。是后诸帝也多效此为之。五代后梁太祖朱全忠称帝后，不满己名为唐所赐，且以不类帝王之名而下令改为晃②。末帝初名友贞，即位改名锽，贞明中又改名瑱③。后唐明宗原名嗣源，即位次年改名亶④，都是为了避讳的方便。

国讳既为至高无上，则臣下如姓名有所冲撞，即必须加以改易。唐律中关于名字误犯徒三年，是避讳问题上最重的惩罚。其改易的办法，是或由臣下主动奏改，或由皇帝赐姓名。唐五代姓氏因避国讳而改变者，如弘氏因避高宗太子弘（孝敬皇帝）讳，改称洪氏⑤。姬姓也于开元初，"以姓声同帝讳（基），遂改为周"⑥。宪宗以名纯，即位即改淳于氏为于氏⑦，啖氏也以避武宗李炎讳，改为澹氏⑧。后晋高祖讳敬瑭；析敬氏为文氏、苟氏，至后汉乃复旧⑨。《东都事略》陶谷传，谷本姓唐，也以避晋讳改姓陶。

臣下避君主讳改名者，采取的方法有二，一即前所说称字不称名，二是改名。如开皇初冯翊太守李孝贞字无操，以犯庙讳（祯）称字。韦贯之原名韦纯，避宪宗讳称字。郑瀚本名涵，避文宗藩邸旧名改为瀚，其子茂湛避武宗讳改名茂休⑩。杨檀唐末帝清泰中敕改光远⑪，李重俊避晋出帝（重贵）讳改李俊⑫，李从远避后汉高祖讳改从阮⑬，张彦威也以避周太祖讳，改名彦成⑭。至于个人因私讳改名者，如文宗时李仲和，以名与堂叔祖同，请改名训；袁光先辅后唐同光中以避叔父名，请改名义⑮。此皆事出特例，不在规定的范围之内。

（二）地理名称

古来帝王不能以山川命名，但山川之名太多而无法尽避，因此以避讳改易地理名称早见于史。如春秋之际鲁国以讳献、武二君之名，废具教二山⑯。汉魏诸帝

---

① 参见《册府元龟》卷3，《帝王部·名讳》；《唐会要》卷1、卷2，《帝号上、下》。
② 《旧五代史》卷1，《后梁太祖纪第一》。
③ 《旧五代史》卷8，《后梁末帝纪上》。
④ 《新五代史》卷6，《后唐本纪第六》。
⑤ 《元和姓纂》卷1，并参陈垣《史讳举例·避讳改姓例》。
⑥ 《唐代墓志汇编》开元312，《大唐故宣议郎行泾州阳盘尉骑都尉周君墓志铭并序》。
⑦ 《旧唐书》卷14，《宪宗纪上》。
⑧ 《元和姓纂》卷1，并参陈垣《史讳举例·避讳改姓例》。
⑨ 《齐东野语》卷4，《避讳》。
⑩ 以上见《册府元龟》卷825，《总录部·名字二》。
⑪ 《册府元龟》卷3，《帝王部·名讳》。
⑫ 《旧五代史》卷94，《李俊传》。
⑬ 《旧五代史》卷113，《后周太祖纪》注。
⑭ 《旧五代史》卷123，《张彦成传》注引《通鉴考异》。
⑮ 《册府元龟》卷3，《帝王部·名讳》。
⑯ 《春秋左传注》鲁桓公六年，并参《学林》卷6，《改地名》。

易山川地名也屡有所见。东晋博士因晋康帝讳岳而上议以为山川名与庙讳同应改变①，使地名避讳成为常法。

隋唐五代诸帝立太子或登基后，也多改州县山川之名。如隋炀帝立太子后改诸"广"字郡县已见前述。而隋因避"忠"字，亦改中牟为内牟、云中为云内、中乡曰真乡②。唐高祖李渊，除为太子建成避讳改州县名；武德二年还以避外祖独孤信名，改信州为夔州③。武则天垂拱初，避祖讳改华州曰大州，华阳县为仙掌、华原县为永安、华容县为荣城等④。玄宗先天二年（713）诏改隆州为阆卅，"自余州县等名有与皇帝名同者便令所司改定"。德宗讳适，即位改括州为处州，括苍县为丽水县。宪宗即位，敕改桂州淳化县为慕化县，蒙州纯义县为正义县；又改淳州为睦州，还淳县为清溪县，横州淳风县为从化县⑤。穆宗则改恒岳为镇岳、恒州为镇州、定州恒阳县为曲阳县⑥。武宗时，瀍水也以避讳改为吉水⑦。

五代除梁朱全忠以避祖讳改地名外，其如后晋石敬瑭亦将州县中有"唐"字者皆改换，而陕府甘棠驿也就此改为通津驿⑧。避讳改地名显然已成为讳法最主要内容之一。

（三）干支、年号、陵名、庙号、礼器等

干支、年号等一系列与国家礼体有关的事物在避讳中固然是首当其冲。唐朝讳昺，故以景字代之。丙子、丙辰在奏事、书写中便要称作景子、景辰。如《唐代墓志汇编》贞观024淮安靖王墓志："粤以五年岁次辛卯十二月景戌朔，十一月景申，葬于雍州三原县之万寿原。"《册府元龟》卷189《闰位部·奉先》记开平元年（907）六月癸卯"司天监奏，日辰内有戊字，请改为武，从之"。戊作武，《容斋续笔》卷6以为是朱梁避温父诚讳，"以戊类成字，故司天诣之耳"。但史家已多指出其误。如《云谷杂记》已说明戊是避梁祖曾祖茂林之茂字，《旧五代史·梁太祖纪》注也指出"今崇神侯庙碑立于开平二年，正作武辰，可见当时避讳之体"。

年号则涉及避讳者无论本朝或前代都要改称。如《新唐书·杂史类》有《崇安记》，崇安实为隆安，是晋安帝年号⑨。《旧唐书》也以承实录国史避讳，改显

---

① 《通典》卷104，《礼六十四》。
② 《十驾斋养新录》卷11，《避讳改郡县名》。
③ 同上。
④ 同上。
⑤ 以上参见《册府元龟》卷3，《帝王部·名讳》。
⑥ 《旧唐书》卷16，《穆宗纪》。
⑦ 《唐两京城坊考》卷5。
⑧ 《册府元龟》卷3，《帝王部·名讳》。
⑨ 《廿二史考异》卷45。

庆称明庆，永隆为永崇，唐隆为唐元。如卷76太宗诸子曹王明"永崇中，坐与庶人贤通谋，降封零陵王"。

武则天避"曌"字，改诏称制。玄宗也以避"基"改称期丧为周丧，期亲为周亲①。宪宗以顺宗讳诵，于元和二年八月，因刑部奏改斗讼律为斗竞律②。庙号、封号也可以改。代宗"登遐之后，议上庙号曰世宗，避太宗讳，改曰代宗"③。穆宗时，改宗室恒王房子孙为派王房④。太庙的器物也不例外。如哀帝讳柷，天祐元年（904）二月，中书门下奏太常寺有乐器"止敔"，上字犯御名，"请改曰肇，从之"。⑤后晋石敬瑭即位，以后唐庄宗雍陵犯曾祖绍雍之讳，改称伊陵⑥。

（四）两京宫城建筑、里坊、寺观等

两京宫城建筑、里坊街市，乃至"天下寺观门额"都在避讳的范围内，且宫殿城门及里坊等改名最为明显、经常。如前述洛阳宫则天门避则天号改应天门。长安宫城宏教门也以避讳改崇教门。《通鉴》卷203光宅元年（684）三月，"戊戌，举哀于显福门"。胡注："显福门，意即明福门。《唐六典》避中宗讳，改'显'为'明'耳。"徐松《唐两京城坊考》卷1，长安宫城内有白兽门，应为白虎门所改。又东宫正殿嘉德殿，"一曰显德，武德九年，太宗即位于显德殿，后避中宗讳，改明德"。以下是从宋敏求《长安志》与《唐两京城坊考》所集部分里坊名称的变化，从中可见一斑（详见下页表）。

五代京城宫室建筑的改易，如后晋高祖为避祖讳，改雍熙楼为章和楼⑦，晋少帝也改明堂为宣德殿⑧。又各地寺观之改易，如唐显庆二年（657）河南偃师县三藏圣教序碑，末云"奉敕弘福寺为招提寺"⑨（避太子弘名）。《文苑英华》卷858李邕《大唐泗州临淮县普光王寺碑》所云普光王寺，原名普照王寺，即因避则天讳而改名。由此可知全国之寺观乃至其他建筑，里坊名称等也同样是按照避讳之大例而随时改名的。

---

① 《唐六典》卷2，《吏部》。
② 《册府元龟》卷3，《帝王部·名讳》。
③ 《资治通鉴》卷222，"代宗睿文孝武皇帝上之上"胡三省注。
④ 《旧唐书》卷16，《穆宗纪》。
⑤ 《册府元龟》卷3，《帝王部·名讳》。"祝"，《旧唐书·哀帝纪》原作"柷"，误。参见《交翠轩笔记》卷3。
⑥ 《五代会要》卷1，《帝号》。
⑦ 《旧五代史》卷77，《后晋高祖第三》天福三年。
⑧ 《册府元龟》卷3，《帝王部·名讳》。
⑨ 《史讳举例·避讳改诸名号例》。

	原坊名	改易名	改易年代、避讳情况		原坊名	改易名	改易年代、避讳情况
长安	兴道	瑶林	景龙三年,以驸马都尉武攸暨父名改,景云元年复旧。	长安	隆政	布政	避玄宗讳改。
	安民	安仁	永徽元年避唐太宗讳改。		广恩	长寿	隋避炀帝讳改。
	弘业	大业	神龙中避孝敬皇帝讳改。		永隆	永平	玄宗即位改。
	显国	昭国	长安中避太子(中宗)讳改。		显行	昭行	长安中避太子(中宗)讳改。
	修华	修行	武则天避祖华讳改。		熙光	义宁	义宁元年改,应为避唐献祖李熙讳。
	隆庆	兴庆	玄宗即位改。		弘化	崇化	避孝敬皇帝弘讳改。
	光显	光行(一作光仁)	武则天长安中		贞安	修德	武则天避母号改
	怀贞	怀贤	武则天避讳母号太贞夫人讳改,神龙元年复旧。		淳和	永和	元和初避宪宗讳改。
洛阳	宜民	宜人	避唐太宗讳改。	洛阳	基化	敦化	景云初避太子(玄宗)讳改。
	民和	仁和	避唐太宗讳改。		弘教	宣教	神龙初避孝敬皇帝讳改。
	睦民	睦仁	避唐太宗讳改。		宁民	宁人	避太宗讳改。
	显义	明义	避中宗讳改。				

(五)官职与官署名

官名之避也自春秋而始,自秦汉至魏晋逐渐形成制度。隋代以避忠字,"凡郎中皆去中字,侍书为侍内,中书为内史,殿中侍御皆为殿内侍御,置侍郎不置郎中,置御史大夫不置中丞,以侍书御史为之"[1]。唐避太宗讳,民部改为人部,又改为户部,民部尚书为户部尚书。高宗讳治,即位后,治书侍御史改为御史中丞,而诸州治中为司马,治礼郎改奉礼郎[2]。后梁也以避成字讳,改城门郎为门局郎[3],后晋避瑭字,除将中书政事堂改称为厅,还将堂后官诸房头改为录事主事,后周也将左右屯卫大将军,改称威卫大将军,以避世宗郭威之讳[4]。

官员名字及祖讳如与所授官职冲突,即请奏请改官,但也有特例。如德宗时

---

[1] 《齐东野语》卷4,《避讳》。
[2] 《册府元龟》卷3,《帝王部·名讳》。
[3] 《旧五代史》卷3,《太祖纪第三》。
[4] 《册府元龟》卷3,《帝王部·名讳》。

进萧复为户部尚书行军长史，以复父讳衡，避嫌名改统军长史①。五代后唐也因郭崇韬父讳弘，改弘文馆为崇文馆②。

（六）官文书、奏章、修史、碑志及典籍文字

官文书、奏章中文字避国讳，是唐令式的规定。今所见敦煌吐鲁番文书经卷中，对此都有具体实行。涉及者最多即帝名、年号等。如上述敦煌伯2504《天宝令式表残卷》中帝讳多作阙笔。又如斯1344开元户部格残卷第56行，"唐元年七月十九日"之"元年"就是避玄宗李隆基之讳，而改唐隆元年为唐元元年，又省文而成的③。王重民先生《敦煌古籍叙录》指出，伯2542、伯2823《唐明皇御制道德真经疏》，卷中渊、民、治等讳字，"其在经文，皆阙末笔；在疏内，则以避讳之字代之。如第三章疏，'云自随龙，风常随武（虎）。'第八章经文，'心善渊'，疏作'心善泉'。"并由此断定"然则唐人避讳之例，旧文则缺笔，撰述则采用代字。斯其例矣"。其说正可补前述讳法之缺。

避讳还常常涉及文字的改易。如唐太宗贞观中，官私文书中已有因避"世"字而将"牒"字写作"諜"或"諜"的，但尚不固定。史载高宗显庆二年（657），改"昬""葉"字。此后史籍中"昬"常作"昏"，而"牒"字也常写作"牒"④。又有避武宗讳，谈字改为谭，淡改为澹的⑤。包括文字在内的避讳特征，常常可以作为一件年代未明文书断限的基本依据。如王仲荦先生即根据斯2052《新集天下姓望氏族谱》中，括州已称处州，而淳于氏尚未改称于氏的特点，断定它是大历十四年（779）以后，元和元年（806）以前的产物⑥。

避讳的要求还扩展到修史、碑志及典籍的抄写。在唐初修成的晋南北朝诸史中，避讳也涉及人名、年号、地理、干支等各个方面。有些避讳字相沿前朝，更多的则是避本朝讳。唐后期五代修史也沿其例。而后世人在抄写这些古书时，有些作了复原，有些则依旧不改，于是便造成了诸如一人误为二人、两地混为一地之类的混乱。此已多见于《十七史商榷》、《廿二史札记》等书的说明和校正中。修史不仅避国讳，史官相沿还避私讳。《东观奏记》一书记宣宗朝史，为裴廷裕所修。卷上"以左谏议大夫孙商为右庶子，行军司马驾部郎中知制诰蒋为左庶子"，"蒋"字下注明"名廷裕与私讳同"。由此例推，唐国史与实录中，避史官名与家

---

① 《册府元龟》卷863，《总录部·名讳》。
② 《齐东野语》卷4，《避讳》。
③ 参刘俊文《敦煌吐鲁番唐代法制文书考释》。
④ 《旧唐书》卷4，《高宗本纪上》，并参卢向前《牒式及其处理程式的探讨——唐公式文研究》（《敦煌吐鲁番文献研究论集》第三辑）。
⑤ 《因话录》卷5。
⑥ 《敦煌石室出残姓氏书五种考释》（《敦煌吐鲁番文献研究论集》第三辑）。

讳者恐不为少。

碑志文字避国讳，如《陕西金石志》卷14记颜真卿作颜氏家庙碑，"文中昭甫下注本名显甫，避中宗庙讳，非昭甫更名也"。昭甫即颜真卿父。《唐代墓志汇编》大中016《唐滑州匡城县尉博陵崔君故夫人彭城刘氏墓志铭并序》："曾祖讳与顺宗庙讳同，"大中059《唐故文林郎国子助教杨君墓志铭》："曾祖讳犯德宗庙讳，"均因此不直书名。当然也可采取阙笔法。但墓志对父祖及本人讳大多直书，或作讳某。唐人为了避免自书祖讳，还有自述先人行状，而使他人填讳的作法。唐徐浩碑，即有"表侄前河南府参军张平叔题讳"语①。《唐代墓志汇编》大历034《唐故大中大夫太常寺丞兼江陵府仓曹张公（锐）墓志铭》，也是由其"姊夫、朝议郎秘书丞兼邓州穰县令李西华题讳"。还有为表尊重，完全不书祖讳和用阙笔法填写祖先名讳的作法②。

典籍诗书的避讳，高宗朝曾专有规定。显庆五年（660）正月壬寅诏针对"比见抄写古典，至于朕名，或缺其点画，或随便改换"的问题，下令"自今以后，缮写旧典文字，并宜使成，不须随义改易"③。但显然并未起约束作用。高步瀛《文选李注义疏》认为，唐初李善注文选，尚依旧本，不避本朝庙讳，至开元五臣注，则易而避之。上述敦煌本《道德真经疏》便是抄写古典避讳的极好例证。

（七）铨选与贡举

以上诸方面多与避国讳关系密切，但涉及铨选与贡举却主要是避私讳问题，因而对于官员个人影响最大。前述官员如所授府号官职与父祖名同，即必须申请改官或辞官。是有关铨选避讳最基本的规定。由于父祖名卿，即不得为卿职，父祖讳中者，更不得进入中书机构，所以，无形中为士人进身增加了障碍，而有些人便得不到满意的官职，甚至终身宦途受阻。更重要的是，此条法令虽然似与贡举无关，但对于参加贡举的举子也完全有约束力。李贺因父名晋肃，遂终身不赴进士举，是尽人皆知的事实。唐制度还明白规定，凡进士入试，"遇题目有家讳，即托疾下将息状来出。云：'牒，某忽患心痛，请出试院将息，谨牒如的'"。④可见即使举子已参加了考试，仍然可能因避家讳的问题受挫折。

唐制度还有一条不成文的规定，这就是举子与选人必须避考官座主或典选官的私讳。彼此的名姓家讳也不得相冲犯。唐裴德融讳皋，高锴为礼部侍郎，典贡举。"德融入试，锴曰：'伊父讳皋，向某下就试。与及第，困一生事。'"后裴德

---

① 参见《十驾斋养新录》卷16，《题讳填讳》；《全唐文》卷79，引录《偃师金石遗文纪》。
② 可见《唐代墓志汇编》会昌042，《唐故柳氏长殇女墓志铭并序》，《千唐志斋藏志》964，《唐故朔方节度十将游击将军左内率府率臧君（晔）墓志铭并序》。
③ 《册府元龟》卷3，《帝王部·名讳》。
④ 《南部新书》丙。

融除屯田员外郎，与同除一人参见右丞卢简求，果然为此受到冷遇。崔殷梦知举，吏部尚书归仁晦向他请托自己的弟弟仁泽。殷梦先是唯唯拖延，"至于三四"。最后不得已"欷色端笏曰：'某见进表，让自官矣。'"仁晦这才醒悟到原来是己姓犯了殷梦父讳龟从的缘故①。举子家讳若与典举官姓名冲撞，便会"困一生事"，而如犯其家讳，更会被其以让官相要。由此可见，避讳一事在士人出身入仕之际亦当不可忽视。

㊂ 隋唐五代避讳的发展特点及社会反响

唐人政治、社会中，既无处不遇到避讳的问题，因此，正如陈援庵先生所说，"唐时避讳之法令本宽，而避讳之风尚则盛"②。其避讳的兴盛乃在于事实上的发展，而无论内容程度乃至社会影响都远远超过前代。如就上述典籍文字的避讳、庙中礼器的改名等，已表明古礼关于"诗书不讳"一类规定在唐五代已失去轨范的作用。而避讳如此影响士人进身在隋唐以前也几无先例，其进士科举避讳尤为唐朝首创。某些方面避讳的范围要求也在不断提高。如避太子讳更名的问题，唐初还只限于东宫臣僚，逐渐便发展到其他朝臣。顺宗广陵王李纯为太子，诏下数日，兵部尚书王纯即上书请改名绍。不久，朝廷下诏以陆纯为给事中，淳、纯同音，故改其名为质。《唐会要》史臣评论此事，认为"大臣溺于风俗，以为细事而不正之，非故事也"。当时对王绍的做法，虽"时议以为谄"，但毕竟"不可复正"而逐渐形成常制③。又私讳一般只避父祖，但因人而别，南北朝以来也有避及其他亲属，或由名字而避及谥号、尊号的。但"内讳"毕竟只是内讳，唐高祖李渊避舅讳改地名，武则天避母号改宫殿里坊之名，都是将内讳私讳当成国讳，事实上也是避讳的扩大。

唐五代避讳的发展还集中于最敏感的避嫌名与二名不偏犯问题上。此问题隋唐以前早有争论，但无定规。颜之推作《家训》提出"列字之下，即有昭音。吕尚之儿，如不为上；赵壹之子，倘不作一；便是下笔即妨，是书皆触也"④。对于避嫌名，实际上取批评态度。而他的后世孙颜惟真与真卿父子也是不避二名。可见世代大儒的颜氏是从古礼。唐太宗作为开明君主，即位后曾针对"近世以来，曲为节制，两字兼避，废阙已多。率意而行，有违经语"的情况，下令"其官号

---

① 以上参见《太平广记》卷181，《裴德融》（出《卢氏杂说》），《容斋续笔》卷11《唐人避讳》。
② 《史讳举例》。
③ 参见《唐会要》卷23，《讳》；《新唐书》卷169，《李藩传》，并参徐连达文。
④ 《颜氏家训集解》卷2，《风操第六》。

人名,及公私文籍,有世及民两字不连读者,并不须避"①。故终太宗之世,"臣有世男,官有民部,靡闻曲避,止禁连呼"②。高宗朝修《唐律疏议》,也规定犯宗庙讳"嫌名及二名偏犯者,不坐"③。并仍引孔子之母名征在,不言兼名的古义对二名偏犯作了明确的解释。但实际上高宗一即位,便开始避太宗二名,其后玄宗李隆基即位,其名也是无论连与不连,皆须兼避。如岐王隆范、薛王隆业即是由于避玄宗连名而改单称④。此外《唐律疏议》解释嫌名说:"礼云;'禹与雨',谓声嫌而字殊;'丘与区',意嫌而礼别。"是声嫌、意嫌均可不避。但事实上以此改名甚至改制者却愈来愈多。避嫌名尤集中于避声嫌,如隋避"忠"字改"中"字官称,唐玄宗改"期"为周;张仁亶以音近睿宗讳(旦)改名仁愿⑤,卢元裕避代宗李豫讳改正已⑥。武则天以后又渐多避部首的现象。如崔元晖本名暈,以字下体同于则天祖讳(華华)而改名⑦。避部首唐末五代更为普遍。如梁祖改戊辰为武辰,实讳"茂"字部首,后唐杨檀改名光远,也只是因"偏旁"犯讳而已。

嫌名及二名偏犯在律既不受惩罚,申请改官便应属自愿性质。玄宗时贾曾以父名忠,曾两度辞去中书舍人,"议者以为中书是曹司名,又与曾父音同字别,于礼无嫌。曾乃就职"⑧。但后来发展为如自己不提出就可能受到纠举。德宗时李涵为太子少傅礼仪使,吕渭劾涵,谓犯父讳少康,就是检举他不避兼名。但李涵只是被改官而已,并没有受到处罚⑨。《新唐书》卷146《李磎传》载磎(《唐会要》卷23作谿)咸通中劾奏内园使郝景全不法事,景全反指摘磎奏犯顺宗嫌名,坐夺俸。结果李磎上诉原奏中"因事告事,旁讼他人"一语乃是取自咸通诏书,而且引礼、律,嫌名不讳和不坐,才免于罚俸的处分。说明礼律对此类事虽有一定约束作用,但唐后期实际处理已与之不符而渐失章法。五代后唐明宗未改名前,下令"应文书内所有二字,但不连称,不得回避"⑩。其《申定回避庙讳诏》也规定此后"凡庙讳,但避正文;偏傍文字,不必减少点画"⑪。但末帝一即位,便修改了诏令,避连名也好,避偏旁也好,都逐渐成为常制。后晋天福三年(938)中书

---

① 《册府元龟》卷3,《帝王部·名讳》。
② 《旧五代史》卷36,《后唐明宗纪》,天成元年六月诏。
③ 《唐律疏议》卷10,《职制律》。
④ 《旧唐书》卷95,《睿宗诸子传》。
⑤ 《册府元龟》卷825,《总录部·名字二》。
⑥ 同上。
⑦ 同上。
⑧ 《册府元龟》卷863,《总录部·名讳》。
⑨ 同上。
⑩ 《旧五代史》卷36,《后唐明宗纪第二》,天成元年六月诏。
⑪ 参见《册府元龟》卷3,《帝王部·名讳》;《全唐文》卷107。

上言，提出"唐太宗二名并讳，玄宗二名亦同，人姓与国讳音声相近者，亦改姓氏，与古礼有异"①。诏令"所为二名及嫌名事，亦宜依唐礼施行"。说明避二名与嫌名已正式纳入国家法令。

唐五代避讳的不断升级，显然与统治者对避讳的态度分不开。隋唐帝国的建立和专制皇权的空前强大，已使统治者将避讳视为炫耀宗姓和统一独裁的象征。五代以武力建立的军阀强权小朝廷当然更仿而效之。皇帝可以随心所欲地确定避讳的范围和法则，甚至可以不顾传统礼仪的约束，公然宣称"道在人弘，礼非天降"②，以强调其立法定律的特权，这使讳法以人君意志为转移，本身就具有极大的权威性和震慑力量。

与此同时，也不能不看到避讳在实行过程中的社会影响。避讳之法，本依据古礼制定，但礼、律本身在发展中已有矛盾。上述后晋中书上言，指出唐礼与古礼有异，就是说唐朝现实的礼俗已与古不符。隋唐礼俗，受魏晋以来大族政治和社会风习的影响，标榜氏族，提倡孝道。事实说明，愈是达官显宦、世家巨族也就愈重视避讳，这是因为避讳执行的如何，是被当作继承传统而弘扬孝道的一个衡量尺度。所以避讳之严，实际上是被士族所提倡。前举诸事，不乏崔、柳、郑等巨姓大家重讳避讳的实例。到后来，许多官绅家不仅将避讳视作必行礼仪，而且当作家法来贯彻和炫示。《北梦琐言》卷4记赵康凝（即赵匡凝，宋人讳改，昭宗时为山南东道节度使）"世勋嗣袭，人质甚伟，酷好修容，前后重镜以整冠栉，往往以家讳刑人"。崔胤出镇湖南，路经襄阳曾从容规劝说："闻令公以文字刑人，甚无谓也。闻名也矍，但有蘉蘉，岂可笞责及人也。"这样一个好修饰边幅的人，对避讳也不惜斤斤计较，"笞责及人"，说明是把避讳当作自身修养与治家的一部分。在他们的提倡与力行之下，避讳之"礼"惟有向愈避愈严发展。这种礼法自然也会由于他们的赞许向全社会推动发扬。由此成为社会认同的礼俗而对律法的执行造成影响。这其中当然也不乏官场中对已形成之风气阿谀趋俯之影响，以及由于愚忠愚孝造成的宁避勿失心理等因素。

不过在人们的心目中，对于避讳的看法毕竟还有个"合度"问题。不知避讳让人瞧不起，而不顾礼法与舆论"冒荣进身"就更会遭到社会的谴责和唾弃。《独异志·补遗》记唐"长庆、太和中，王初、王哲，俱中科名，其父仲舒显于时。二子初宦，不为秘书省官，家讳故也。既而私相议曰：'若遵典礼避私讳，而吾昆弟不得为中书舍人、中书侍郎、列部尚书。'"于是商定只避"仲"字就可以，而且还任了宣武军掌书记之职。结果"未几，相次而殒"，被时人看成是"不遵典

---

① 《旧五代史》卷77，《后晋高祖纪第三》，天福三年二月。
② 同上。

礼"的报应。当然过分的媚俗也不为时人所许。特别是从现实出发,讳法过严影响仕进更引起许多士人不满。《唐语林》卷7记周瞻举进士,"谒李卫公（德裕）,月余未得见。阍者曰：'公讳吉,君姓中有之。公每见名纸,即颦蹙。'"周瞻很气愤。一日俟其归,"突出肩舆前,讼曰：'君讳偏旁,则赵壹之后数不至三。贾山之家语不言出,谢石之子何以立碑,李牧之男岂合书姓?'"李德裕未作回答,"论者以为两失之"。周瞻的一番话语调铿锵,不无道理,但态度过于激烈,被认为和李德裕讳偏旁同样不可取。在唐人看来,"闻名心瞿"、"但有颦蹙",是闻讳应有的态度,但也不能不近人情。如何在礼法与人情中讨个公道,便因此成为人们争论的焦点。当然矛盾仍集中于避嫌名及兼名。有识之士如韩愈即为此写出《讳辩》一文,其文据律法为李贺举进士申辩,并以"今上章及诏不闻讳浒、势、秉、饥（虎、世、丙、基同音字）,唯宦官宫妾乃不敢言喻及机,以为触犯",说明嫌名及兼名的不尽可避,讥刺流俗的无知与不合理①。但是正如他的《论佛骨表》一样,其文章一经出世即受到不少攻击。所以正义的看法很难阻挡媚俗的潮流。而在专制及唯心思想愈来愈占统治地位的唐五代,作为传统礼仪的避讳之法向着更加严酷的方向发展,也就成为不可避免的结果。

第九节　休假

秦汉以来,封建朝廷已建立了日益完备的休假制度,而休假生活也成为官吏生活中重要的组成部分。隋唐五代之际的官员休假,在传统基础上形成,既为礼律所约束,又受民俗之影响,无论内容形式都有新的发展。

● **各类公休常假的安排与活动**

（一）节假与旬休

休假作为一种休整和调剂,早已进入了古代官吏刻板的生活之中。史称"汉律五日一沐,晋令一月五给（急）"②。相传又有休谒、休请、从吉、休沐、请给

---

① 《韩昌黎集》卷12,《杂著》。
② 《白孔六帖》卷43,《休假》,并参《初学记》卷20,《假第六》。

长假等诸多名目①。隋唐定令三十卷，假宁令为其中之一。源自于唐令的日本养老令释义释假宁为"假者，休假，即每六日（按唐为十日）并给休假一日之类是也。宁者，归宁，即三年一给定省假是也"②。而据唐史料记载，则假宁令本身大致可分为两部分内容，即包括节日、旬休等在内的例行休假，与以婚丧、祭扫等为主体的事故假。其中节日、旬休等所占比重极大，也为官员的生活增添了不少乐趣。

节日的放假与庆贺活动大都源于民俗，并且总是与节气相关。据说至少在汉宣帝时，已有夏至、冬至各放节假五日的规定。《后汉书》志五《续礼仪志中》称："冬至前后，君子安身静休，百官绝事，不听政，择吉辰而后省事。"据说这一日还要"休兵，不兴事，闭关，商旅不行"，以应"阴阳气微"之变。蔡邕《独断》也有"腊者，岁终大祭，纵吏民宴饮"之说。可见由于重节气而放节假，自古已然。而由于各地风俗不同，节假的名目也就愈增愈多。《类说》卷41引《番禺杂记》称："岭表所重之节，腊一伏二，冬三年四。"隋唐的节假大概就是吸收了古代传统与各地风俗。所以《唐六典》卷2记唐开元假宁令规定说："元正、冬至，各给假七日；寒食通清明四日；八月十五日、夏至及腊各三日。正月七日、十五日、晦日、春秋二社、二月八日、三月三日、四月八日、五月五日、三伏日、七月七日、十五日、九月九日、十月一日，立春、春分、立秋、秋分、立夏、立冬，每旬，并给休假一日。"

这就是说，民间所重视如元日、冬至、上元、寒食、七夕、中秋、重阳及春秋二社与许多重要节气日都须放假。但时日多少各不相同。其中"元正，岁之始；冬至，阳之复，二节最重"③，故给假多至七日。而元正之节，又包括除夕在内，送旧迎新，格外隆重。所以白居易有"共知欲老流年急，且喜新正假日频"的诗句，即道出了其时年节多休的喜悦④。其次由于玄宗开元二十年（732）五月癸卯下令"寒食上墓，宜编入五礼，永为恒式"⑤，从此"寒食扫墓，著在令文"。文武百官，凡有墓茔在城外或京畿内者，便可以"任往拜扫"⑥。而为了给官民拜墓以方便，故规定"寒食通清明（给假）四日"，大历十三年（778）敕改五日，贞元中更增为七日⑦，成为唐五代每逢春季的一个大节。其他节假虽无此之多，但也同被遵行。惟德宗时以为"以晦为节，非佳名色"，故因李泌之奏，改定二月一日

---

① 《白孔六帖》卷43，《休假》，并参《初学记》卷20，《假第六》。
② 《令义解》卷9。
③ 《新唐书》卷13，《礼乐志》三。
④ 《白居易集》卷20；《全唐诗》卷443，《岁假内命酒赠周判官萧协律》。
⑤ 《旧唐书》卷8，《玄宗纪》。
⑥ 《唐会要》卷23，《寒食拜扫》。
⑦ 参见《唐会要》卷82，《休假》；《唐六典》卷2。

433

为中和节，取代正月晦日，并与上巳、重阳合为三令节①，成为唐中后期官民宴乐游赏的盛日。

玄宗开元十七年以后，皇帝的降诞日被命名为千秋节，"著之甲令，布于天下，咸令休假"。天宝七载，改名为天长节。此后直至五代，皇帝大都有名称不同的降诞节，诞日的休假一至三日不等，其庆寿与宴赐活动常常是隆重而热烈。

另除民间传统的节日，二月八日和四月八日作为佛诞日的休假被正式纳入开元假宁令，这可能与武则天以后推崇佛教有关。而道教相比也不逊色。玄宗以老子称元元皇帝为唐始祖，故天宝五年（746）因陈希烈所奏，将每年二月十五日定为道诞日也放假一天。此外，很可能在此之后，与道教有关的"三元节"便确定了。敦煌斯6537背郑馀庆元和中作《大唐新定吉凶书仪》，对于以上节日的变化均有记载。内提到"三元日，正月十五日上元，七月十五日中元，十月十五日下元；右件上元〔中元〕准令格各休假三日，下元日休假一日，并宫观行道，设斋役金龙"的规定，说明三元日是依据"令格"，按照道教的仪式来庆祝的。

节日在唐朝由于是官民同庆，所以民间的居作此时也多休止。圆仁《入唐求法巡礼行记》卷1记开成四年（839）正月一日甲寅，"是年日也，官俗三日休假，当寺有三日斋"。其书卷4还记载了会昌五年（845）由于未按令式规定，对为朝廷做工的"筑台夫每日三千官健"给假放出，以致遭到怨恨、几乎造反的事。据说当时"皇帝惊怕"，只好以每人赐三匹绢，放三日假，以示安抚了事。可见节假在官民心中的地位。一些节假甚至给到奴婢刑徒。《唐六典》卷6记对"官户奴婢，元日、冬至、寒食放三日假"，而刑徒腊日、寒食也给二日假休息②。节假日官衙自然更要停止一般的公务，所以官民至节假便可依照民俗，尽享其欢乐。

不过作为官员，节假也必须参加朝廷或官衙举办的国事活动及庆典，如京城元日、冬至的大朝会、"大陈设"③；冬至等日的祭祀、郊天活动④。圆仁《入唐求法巡礼行记》卷1还记述了地方于冬至日的拜官之仪。而四时佳节的官私宴会、游赏更是官员们假日生活中最有兴味的内容。特别是宴赏常常伴之以走狗斗鸡，歌舞赋诗，更使官员们情趣盎然，乐而忘返。开元中，由于皇帝的亲自提倡，使这类活动也扩大到了旬休。

旬休是节日外官员例行的休假。所谓"一月三旬，遇旬则下直而休沐"⑤。也即十日一休。旬休明显是渊源于汉代的"每五日休沐归谒亲"及晋令的"一月五

---

① 《类说》卷2，《中和节》（出《邺侯家传》）。
② 据《唐六典》，刑徒给假还包括旬休，但节假旬休都"不得出所役之院"。
③ 《唐会要》卷24，《受朝贺》。
④ 《新唐书》卷12，《礼乐志二》。
⑤ 《资治通鉴》卷244，大和五年胡三省注。

给"。不过"一月五给",是"有急假一月五急,一年之中六十日为限"①,似乎还留有临时性的特征。《新唐书》卷195《孝友传》记隋末张志宽"后为里正,忽诣县称母疾求急"。便尚有其遗意。而旬休相比却更为固定。《隋书》卷9《礼仪制四》记后齐制"学生每十日给假,皆以丙日放之"。隋制也是"学生皆乙日试书,丙日给假焉"。说明旬休早已有之②。但具体官吏的旬假,却是唐时始见。《唐会要》卷82:"永徽三年二月十一日,上以天下无虞,百司务简,每至旬假,许不视事,以与百僚休沐。"则至少高宗朝官吏旬休制已完全落实。

旬休本是官吏公务繁忙之余的休沐与小憩。汉晋以来,官吏休假往往喜欢追求简朴高雅的情趣。据说后汉许荆"家贫为吏,无有船车,休假常单步荷担上下,清节称于乡里"③。梁沈约"虽云万重岭,所玩终一丘",陈江总"洗沐惟五日,楼迟对一邱"。也以清幽恬淡的情思寄托怀抱④。《隋书》卷7《崔赜传》:"赜与洛阳元善、河东柳䛒、太原王劭、吴兴姚察、琅玡诸葛颖、信都刘焯、河间刘炫相友善,每因休假,清谈竟日。"唐人的休沐,似乎也不无耽享"归休乘暇日,馌稼返秋场"、"南涧泉初冽,东篱菊正芳"的山村野趣⑤;和欣赏"阶下群峰首,云中瀑水源"、"亭幽闻鹤唳,窗晓听鸡鸣"的林下风致⑥。

开元中期以后,旬节的宴乐便更多地取代了雅致的休闲。史称其时国家强盛,"海内富实","天子骄于佚乐而用不知节"⑦,宴游活动也为皇帝亲自倡导,大事铺张。开元十八年正月二十九日敕,"令百官不须入朝,听寻胜游宴。卫尉供帐,太常奏集,光禄造食",自宰相朝官乃至外州朝集使"皆会焉"⑧,从此一发不可收拾。不仅假日"赐钱造食,任逐游赏",置所谓"检校寻胜使"以助兴⑨;开元二十五、二十六年还连续下诏"百司每旬节假日并不须亲职事","美景良辰任百官追胜为乐"⑩。《资治通鉴》卷213记开元二十八年二月癸酉,"初令百官于春月旬休憩,选胜行乐",自宰相至员外郎,凡十二宴,各赐钱五千缗。"上或御花萼楼邀其归骑留饮,迭使起舞,尽欢而去。"时公私园林、乐游原、曲江池都成为游

---

① 参见《汉书》卷46,《万石君传》;《太平御览》卷634,《治道部·急假》。
② 参见丸山裕美子《假宁令和节日——古代社会的习俗和文化》,载池田温编《中国礼法和日本律令制》。
③ 《初学记》卷20,《假第六》。
④ 同上。
⑤ 卢照邻:《山林休日田家》,《全唐诗》卷42。
⑥ 参见《全唐诗》卷42,卢照邻《山庄休沐》;卷125,王维《同卢拾遗过韦给事东山别业二十韵给事首春休沐维已陪游及乎》。
⑦ 《新唐书》卷51,《食货志一》。
⑧ 《唐会要》卷29,《追赏》。
⑨ 同上。
⑩ 《册府元龟》卷110,《帝王部·宴享二》。

览胜地。特别是曲江池，"唐开元中，疏凿为胜境，南即紫云楼芙蓉苑，西即杏园慈恩寺。花卉环周，烟水明媚"①。每至上巳、寒食、重阳等节及百官休暇之日，无不是士女如云，车马若狂，显示了盛世的太平风光。

但天宝以前的节假旬休，还有是否朝参日的区别。《唐会要》卷24《朔望朝参》记贞元十二年（796）御史中丞王颜奏："伏以国朝故事，开元以前，旬假节日，百官尽入朝。至天宝五载，始放旬假节日不入。"《唐大诏令集》卷110天宝五载诏称："百工允厘，彰乎奉职，五日休澣，义在优闲……顷旬游宴赏，已放入朝，节假常参，未敷后命。公私叶庆，千载一时，上下同欢，自中及外。自今已后，每至旬节休假，中书门下及百官，并不须入朝。外官等其日亦不须衙集。"自此旬节假日不入朝参及不理官务成为常制。天宝十载，更下令百官不仅旬节，即使平日曹司无事后，也可"任追游欢宴"。为了助兴，朝廷不止一次的赏赐群臣，连外官也许可取当处官物，按郡大小及官员人数多少，"节级分赐。"② 至天宝十四载，常参官已经是"分日入朝，寻胜宴乐"③。朝廷内外，歌舞升平，享乐大盛。但这时朝政腐败，官务荒疏，醉生梦死的官员们已无法抵御国家突如其来的动乱。

安史之乱后，享乐之风不得不有所衰歇，例常节假也不能有所保证。但"诸司或以事简，或以餐钱不充"，竟将"每日入朝"改为"间日视事"（即隔日办公）④，实际上减少了办公时间。而战乱一旦平定，节假也随之恢复。代宗大历十四年（779）下令七月十五日中元节"宜准旧例休假"三日。德宗建中因对藩战争，官民宴会不得私自举行。贞元元年五月，"以兵革渐息，夏麦又登"，诏令朝官有假日游宴者，不须再经京兆府奏报⑤。当时皇帝诞日的庆典已如常进行。贞元五年中和节的颁布更倡导恢复了假日宴乐活动。《旧唐书》卷13《德宗纪》记贞元十四年二月戊午"上御麟德殿，宴文武百僚"的盛况："初奏破阵乐，遍奏九部乐，及宫中歌舞妓十数人列于庭。"是日奏御制中和乐舞曲直至日晏，德宗又亲自赋诗，百僚颁赐有差。中和节的宴会无异一声令下，将中央的宴会推广到地方："洎四方有土之君，亦得自宴其僚属。"⑥ 官员的假日生活已比较轻松。宪宗元和二年（807）二月，宰臣奉宣，百官士庶等亲友追游、公私宴会如须昼日出城饯

---

① 《太平广记》卷251，《裴休》（出《松窗杂录》、《剧谈录》）。
② 《唐会要》卷29，《追赏》。
③ 《唐会要》卷24，《朔望朝参》。
④ 《唐会要》卷57，《尚书省》贞元二年正月条。
⑤ 并参《唐会要》卷82，《休假》。
⑥ 欧阳詹：《鲁山令李胄三月三日宴僚吏序》，《全唐文》卷597。

送，都不用再经请示奏报，"自今已后，各畅所怀，务从欢泰"①。时朝廷对百官不仅"旬节已赐归休，常参又许分日，一月之间，才奉十日澣参"，而且寒势雨雪，也"皆蒙颁放"②。可见随着政治安定，不但旬节恢复正常，官员公事也有所松懈。唐后期以至辍朝日百官都不必入朝③，所以一年中倒有不少时日是无须办公的。

尽管如此，旬休仍为唐人所看重。旬休惟有急务暂停。大和五年（831）二月戊戌，宦官王守澄状告宰相宋申锡谋反，"是日，宰相路隋、李宗闵、牛僧儒、宋申锡旬休在私第，悉闻命赴召"④。此事明显是王守澄利用了宰相旬休不在朝的机会发动政变。《新唐书》卷180《李德裕传》称："元和后数用兵，宰相不休沐，或继火乃得罢。德裕在位，虽遽书警奏，皆从容裁决，率午漏下还第，休沐辄如今。"对于一些公务繁忙而担任要职的官员来说，"九日趋驰一日闲"的旬休仍必不可少⑤。韦应物《休暇东斋》诗，便抱怨"由来束带士，请谒无朝暮，无暇及私身，何能独闲步"的苦恼⑥，对于每日需辛苦坐衙的外官，旬休自然意义更大。圆仁《入唐求法巡礼行记》卷2称："唐国风法：官人政理一日两衙（朝衙、晚衙），须听鼓声，方知坐衙。公私宾客候衙时即得见官人也。"白居易曾有"白头老叟府中坐，早衙才退暮衙催"的形容⑦，所以他对旬休情有独钟。曾在大宴郡僚之际，以"公门日两衙，公假月三旬，衙用决簿领，旬以会亲宾"和"无轻一日醉，用犒九日勤；微彼九日勤，何以治吾民？微此一日醉，何以乐吾身"的诗句调侃假日陶然的心情⑧。而刘禹锡"新秋十日澣朱衣，铃阁无声公吏归"，和武元衡"旬休屏戎事，凉雨北窗眠"的描绘也同样为地方官吏的假日生活提供了真实自然的写卷。⑨

京司百官在平时与节假日期间均有当直之制以备急务。《类说》卷41引《南部新书》称："史旧例，初入台陪直二十五日，节假直五日，谓之伏豹直。百司州县初授官，陪直者皆有此名。"但当直并不仅限于初来者。宣宗大中十二年（858）七月十四日，以西南边乱，"三更三点追朝，唯宰臣夏侯孜独到衙。以大夫李景让

---

① 《唐会要》卷29，《追赏》，并参《旧唐书》卷13，《德宗纪》。
② 《唐会要》卷24，《朔望朝参》。
③ 《唐会要》卷82，《休假》。
④ 《册府元龟》卷670，《内臣部·诬构》。
⑤ 韦应物：《休暇日访王侍御不遇》，《全唐诗》卷190。
⑥ 《全唐诗》卷193。
⑦ 《白居易集》卷22，《舒员外游香山寺，数日不归，兼辱尺书，大夸胜事。时正值坐衙虑囚之际，走笔题长句以赠之》。
⑧ 《白居易集》卷21，《郡斋旬假命宴，呈座客，示郡寮》。
⑨ 参见《全唐诗》卷361，《谢窦员外旬休早凉见示诗》；卷316，《旬假南亭寄熊郎中》。

为西川节度使,时中元假,通事舍人无在馆者,麻案既出,孜受麻毕,乃召当直中书舍人冯图宣之。捧麻皆两省胥吏,自此始令通事舍人休澣,亦在馆俟命"①。

节假日当直期间,大约一般公务都是尽量少办的。据学者就《唐大诏令集》中有明记日次的诏令统计,每月十日、廿日、卅日比较前后日发敕数稍少,恐怕即与旬假有关②。《唐会要》卷82还记载了一件因旬休当直发生的纠葛。开元二十年九月二十一日,是当直的中书舍人梁昇卿私忌(私忌详后)。按规定二十日晚即可回家。"即令传制,报给事中元彦冲,令宿卫"。但此日彦冲以旬假正在家与亲朋宴聚。醉中与前来通知的昇卿相诟骂,结果当夜便不去替直。"其夜,有中使赍黄敕,见直官不见。回奏,上大怒,出彦冲为邠州刺史。"但彦冲赖与新昌公主有亲,反诬昇卿不报,事遂以昇卿被出为英州刺史告终。

(二) 田假与授衣假

《太平御览》卷634所引唐代假宁令称:"诸内外官,五月给田假,九月给受(授)衣假,为两番,各十五日。田假若风土异宜,种收不等,通随[便]给之。"

这条假宁令,没有注明时间,但与《唐会要》卷82所载开元二十五年正月定制完全相同。另外,《唐六典》所记上述假宁令与敦煌伯2504文书天宝假宁令(实为开元二十八年定)也都提到了田假和授衣假③。只是天宝假宁令中此两假只提到给外官,但敦煌斯6537背郑馀庆元和书仪却说到内外官都给。究竟如何?《全唐诗》卷61李峤《田假限疾不获还庄,载想田园,兼思亲友,率成短韵,用写长怀赠杜幽素》一诗有"迹驰东苑路,望阻北岩扉"句,似乎即非任职地方所作。但田假指明是按风土所宜,种收不等而给,说明与农事有关。这对于官职不高,而尚有薄田须料理的下级官吏可能更为必要。

授衣假的名目源自《诗·豳风》"九月授衣"。其意在"九月霜始降,妇功成,可以授冬衣矣"。授衣假与春季的田假相对,大致是在金秋与重阳节同时。"菊花避恶酒,汤饼茱黄香。云入授衣假,风吹闲宇凉"④。其安排不能说与农事收获无关。不过以授衣为名义,更可以表示朝廷对官员的眷顾:"且诗著授衣,今存休澣,在于臣子,犹及恩私。"⑤ 臣子们多可利用这段较长的假期,"授衣还乡里","澣濯遂其私"⑥,度过轻松的时光。不过,这个"乡里"不能离任所太远。

---

① 《南部新书》丁部。
② 参见池田温《东亚古代假宁制小考》(《中日韩唐史会议论集》,1983年,台北)。
③ 见刘俊文《敦煌吐鲁番唐代法制文书考释》录文。
④ 李颀:《九月九日刘十八东堂集》,《全唐诗》卷132。
⑤ 唐玄宗:《九月一日荐衣陵寝制》,《唐大诏令集》卷77。
⑥ 韦应物:《授衣还乡里》,《全唐诗》卷191。

因为田假和授衣假没有提到给"程",这和下面要谈到的觐省与拜扫显然不是一回事。

唐承隋传统,旬假亦放学生,而田假、授衣假,国子、州县学生同样可以享受。《旧唐书》卷87《裴炎传》:"少补弘文生,每遇休假,诸生多出游,炎独不废业。"《新唐书》卷44《选举志》称对诸生:"旬给假一日。……每岁五月有田假、授衣假。二百里外给程。"学生田假、授衣假给程,或因其无觐省假之故。日本养老假宁令多方面参照唐令。它没有授衣假,但五月、八月各给田假,"分为二番,各十五日"①,其实与唐令并无不同。

(三) 装束假与程假

《唐会要》卷58记唐太宗贞观三年(629),裴寂得罪还乡,"表乞住京师,久不肯去"。被韦挺所劾。魏徵为他辩护,认为裴寂虽受处分,但"惟解其官,止削半封。今流人尚得装束假,况寂放还乡宅"。武则天长授中,也曾敕"贬降官并令于朝堂谢,仍容三五日装束"②。

官员授任后要给予准备的时间,这就是装束假。与此同时还有到达任所需要的路程期限,也即程假。敦煌伯2504《天宝公式表残卷》记"装束式"称:"今年新授官,过谢[官]后计程不到任所者,宜解所职,仍永为恒式。"所记假宁令也规定"诸外官授讫,给假装束",按照千里、二千里乃至超过四千里的分别依次递增,给予卅日至八十日不等的时限,"并除程。其假内欲赴程者,听之,若有事须早遣者,不用此令"③。

根据规定,装束假主要授予赴外任及远任者。"京官身先在外者"还京,装束假就要减少一半。唐前期重内轻外,官员多不欲赴外任,装束假的授予却体现了对远任者的照顾。装束假不仅给予一般官员,即左降官与流贬者也多少可以享受。玄宗时,为了禁止流贬之人在路逗留,为郡县所姑息,许其停滞,故于天宝五载七月敕令"自今已后,左降官量情节稍重者,日驰十驿以上赴任。"同时还要派人押领,纲典画时,递相吩咐。如果还要因循,便要处分所由官员④。不过这并不包括犯有一般错误的贬官。

装束假之外的程假或称程限,即公式令规定的"马,日七十里;步及驴,五十里;车,三十里"等⑤。装束假加上程假给官员上任的时间是很充裕的。除必要的置装和临行亲朋宴饯之外,还大可沿路观赏风景,或甚至绕道觐省父母,探访

---

① 《令义解》卷9。
② 《唐会要》卷41,《左降官及流人》。
③ 见刘俊文《敦煌吐鲁番唐代法制文书考释》录文。
④ 《唐会要》卷41,《左降官及流人》。
⑤ 《唐六典》卷3,尚书省户部度支郎中,并参敦煌 P2504《天宝令式表残卷》。

亲友。如白居易元和十年（815）八月自太子左赞善大夫贬江州司马。出蓝田，经襄阳，乘舟经鄂州，冬初方到江州①。他贬官后，"草草辞家忧后事，迟迟去国问前途"。取道蓝田后，"朝经韩公坂，夕次兰桥水"。并寄诗赠好友通州刺史元稹，倾诉彼此相隔万里的苦闷。到襄阳后访问旧居，感伤时光的流逝与远贬的命运②。至江州至少已有约三个月，但显然并没有超过令式所规定的程限。宝历元年（825）三月四日，他自太子左庶子分司东都，除苏州刺史，当月二十九日，始发东都。过汴州，和宣武节度使令狐楚相会，作诗相酬，经常州，五月五日，到苏州任。是行也有二月之久③。刘禹锡长庆四年（824）夏自夔州刺史转和州，沿途游览名胜，并应宣歙观察使崔群之邀，至宣州游宴，至八月始抵和州。他在《历阳书事七十韵》序中写道："长庆四年八月，余自夔州转历阳，浮岷山（江），观洞庭，历夏口，涉浔阳而东。友人崔敦诗罢丞相，镇宛陵，缄书来招曰：'必我觌而之藩，不十日饮，不置子。'故余自池州道宛陵，如其素。"④唐人的游历之盛，前朝无如其比。官员远任的装束假，或即是便利条件之一，而许多脍炙人口的诗篇竟也是得益于此！

不过这种绕道的觐省却往往是耽延了上任的时间，特别是对边远州县官员的职务交接非常不利。所以元和三年下令"新授三千里外官人，请从甲下后，不计程限，但至十二月内赴上。如出十二月内，即按违程例处分"⑤。

由于唐制度规定对上任的官员要给公乘，而其绕道上任也增加了馆驿负担。特别是不少官员，受任后"显陈私便，不顾京国，越理劳人，逆行县道，或非传置，创设供承"，自己规定路线，弄得本来就数额不多、供馈有限的馆驿和州县疲于支应，使具体办事的人员很有意见。所以大和四年御史台奏，请求杜绝这类"展墓足以因行，赴官皆由枉道"的现象，对违越纪律的"公私行李"予以制裁⑥。

装束假的规定，有时也使对授任不满的官员有回旋余地。如代宗时陈少游除桂州刺史、桂管观察使；"以岭徼遐远，欲归求近郡"。为此贿赂了宰相元载与宦官董秀。董秀请他"从容旬日"，自己与元载内外引荐，终于使之得从所愿，换到宣州刺史的美差⑦。

---

① 参见朱金城《白居易年谱》。
② 以上参见《白居易集》卷10，《初出兰田路作》、《再到襄阳访问旧居》、《寄微之三首》；卷15，《初贬官过望秦岭》。
③ 朱金城：《白居易年谱》。
④ 参见卞孝萱《刘禹锡年谱》。
⑤ 《唐会要》卷69，《县令》。
⑥ 以上见《唐会要》卷61，《馆驿》。
⑦ 《旧唐书》卷126，《陈少游传》。

㈡ 礼律指导下的事故假及其执行

（一）庙祭与私忌

休假制由于内容广泛，所以就性质而言，也有吉、凶之分。《后汉书》卷46注引《汉书音义》称："告、宁，休谒之名，吉曰告，凶曰宁。"其对"宁"的解释，与唐令不同。但从此出发，对于这类由处理吉、凶等特殊事务而形成的事故假，长期以来，已有礼律作为依据。隋唐之际的事故假，具体名目依次有庙祭、私忌、婚冠、丧葬、觐省、拜扫乃至疾病、侍亲等等。

庙祭之礼在隋唐五礼中属吉礼的范畴。皇帝在改朝换代与即位登基之际，首先要有立庙祔庙之制，而四时又有拜祭之仪。官吏私家的庙祭比附公家进行，是官员崇礼自己的祖先。所以庙祭又有公私之分。《旧唐书》卷70《王珪传》载其"通贵日久，而不营私庙，四时蒸尝，犹祭于寝，坐为法司所劾。太宗优容，弗之谴也，因为立庙，以愧其心"。可见唐初官员即有立私庙及时祭制度。《新唐书》卷13《礼乐志》称："若诸臣之享其亲，庙室、服器之数视其品。"又记开元十年定令及开元礼，规定一品至五品立庙数三至五不等，"六品以下达于庶人，祭于寝"。寝就在家内，不单立庙。王珪祭于寝是六品以下至庶人之礼，所以受到弹劾。德宗时，权德舆为父立私庙，"择用二月二十日祔飨"，特上状请皇帝批准①。

庙祭给假按《唐六典》开元假宁令是"私家祔庙，各给假五日，四时祭，各四日。""各四日"，大约是指祭祀要"散斋二日于正寝，致斋一日于庙，子孙陪者斋一宿于家"②。据《太平御览》卷634《急假》载，此假是"百官九品"皆得享受，去任所三百里以内并"给程"。四时祭或称时享者，是"春秋以分，冬夏以至日"。但春分又往往为元日取代，因此乃是元日与秋分、冬至、夏至"通为四"③。四时与春秋二社之祭在民间很普遍，而祭祀假与假宁令中的某些节假又是合而为一的。

双亲或祖先丧亡之日，古代称为忌日。忌日有国忌与私忌之分。国忌乃是皇帝祖先的忌日。唐朝每逢国忌，百官都要到佛寺行香。中央地方别无例外。敦煌伯2504天宝令式国忌部分载唐诸帝后忌日，有设斋和废务与否的规定。此外，国忌日还有不举乐，不鞭笞，乃至官曹不得决断刑狱等制度。私忌乃是官员父母的忌日，意义与国忌大同小异。假宁令规定"给假一日，忌前之夕听还"④。前述梁

---

① 《全唐文》卷486，《请祔庙状》。
② 《新唐书》卷13，《礼乐志》。
③ 同上。
④ 《唐六典》卷2，尚书省吏部。

昇卿一事就是由于"忌前之夕听还"而与旬休当直发生了矛盾。所以私忌很为唐士人看重。但是国忌、私忌也有流于形式,甚至闹出笑话的。《朝野佥载》卷4谓武则天时考功令史袁琰,"国忌众人聚会,充录事勾当。遂判曰:'曹司繁闹,无时暂闲,不因国忌之辰,无以展其欢笑。'合坐哂之。"这是公然把国忌当成了欢聚的日子。同卷又载左卫将军权龙襄不知忌日,"谓府吏曰:'何名私忌?'对曰:'父母忌日请假,独坐房中不出。'襄至日,于房中静坐,有青狗突入,龙襄大怒,曰:'冲破我忌。'更陈牒,改作明朝好作忌日,谈者笑之"。这是完全不懂礼法。

但是忌日究竟应当怎样?古人颇有争论。《封氏闻见记》卷6认为,"忌日请假,非古也。"古代忌日仅仅是不饮酒作乐而已。并引沈约《答庾光禄书》为证,断定"忌日请假,应是晋、宋之间,其事未久"。忌日所以设假,"实由世人以忌日不乐,而不能竟日兴感,以对宾客。或弛懈,故过自晦匿,不与外接"。颜之推反对忌日徒具形式,以为"必能悲惨自居,何限于深藏也"①。而唐五代,在国家礼法方面,则是国忌、私忌并重。为了不使忌日流于浅俗,唐律规定:"诸国忌废务日作乐者,杖一百;私忌,减二等。"② "减二等",即杖八十。所以忌日不恭,实有罪也。唐人当此重法,忌日不能不严肃对待。

但私忌有时也与国事冲突。唐制庙祭等活动除官员有周亲、大功之丧或本人疾病,一般不得请假。贞元八年七月,将作监元亘,当摄太尉祭昭德皇后庙,即因私忌不受誓戒,为御史所劾。事下尚书省与礼官、法官集议,认为"春秋之义,不以家事辞王事",不应"以假宁常式,而废摄祭新命。"于是元亘坐罚③。贞元十二年九月庚子,又发生了"贾耽私忌、绝宰相班"的事。全天竟无宰相当直,只好由中使出召主书吴用承旨④。《旧五代史》卷46《后唐末帝纪》,清泰元年(934)五月戊申,中书门下以明宗祔庙,宰相摄太尉李愚却正当私忌,在祔庙致斋日内,诏礼官参酌。有司上言以为:"诸私忌日,遇大朝会入阁宣召,皆赴朝参。今祔庙事大,忌日属私,请比大朝会宣召例。"可见私忌请假虽不受限,但如与祔庙、祭祀等大事冲突,却要屈私奉公。

(二) 婚冠和丧葬

婚、冠二礼在五礼中属嘉礼。古者二十而弱冠,冠礼为成人标志。所谓"冠者礼之始也,嘉事之重也"⑤。按照传统仪式,冠者要行三加之礼,"皆祝而冠,又祝而醴,又祝而字"。并与父母宾朋、兄弟姐妹相互答拜以祝贺。冠者由此加成

---

① 《颜氏家训》卷2,《风操第六》。《封氏闻见记》,"必能悲惨自居"作"不能悲怆自居"。
② 《唐律疏议》卷26,《杂律》。
③ 《唐会要》卷26,《缘祀裁制》。
④ 《南部新书》丙。
⑤ 参见《初学记》卷14,《冠第六》;《新唐书》卷17,《礼乐志》。

人冠服并可称字①。《唐六典》卷2载开元假宁令，官员本人"冠，给三日；五服内亲冠，给假一日，不给程"。婚礼自纳采至亲迎程序复杂，不在本节的论述范围内，但婚假之给应以婚期为准。假宁令定官员本人"婚假九日，除程。周亲婚嫁，五日；大功，三日；小功，一日，不给程"。这说明官员不仅自己婚、冠（如在成人前已授官职）可请假，还可参加近亲的婚冠礼。不过冠礼必须在任官之地举行，官员本人婚礼却可不在任所而给程。"六月襄山道，三星汉水边。求凰应不远，去马剩须鞭"以及"词赋名高身不闲，彩衣如锦度函关"之类的诗句便是官员们远赴婚姻的真实记载②。

丧葬仪制在五礼中属"凶礼"。丧葬假在各类事故假中为第一要重。唐朝法令，一般百姓如作为侍丁，在为父母服丧的孝假内可不服差役③。已经执役的诸军校尉和卫士防人、亲勋翊卫备身等也有斩衰齐衰等重丧给假百日之制度④。而隋唐官员不但父母病重期间，可请假侍疾（详下）；如父母丧亡，也必须解职丁忧。唐丧葬令"凡斩衰三年，齐衰三年者并解官；齐衰杖周及为人后者为其父母，若庶子为其母者，解官申其心丧"就是指此⑤。解官服从于礼，而官员服丧依制度不受职务所限。据日本养老假宁令，如官员"远任及公使在外者"，须"听家人经所在官司陈牒告追"；奉敕出使及远任边要者，也要"申官处分"⑥，应也是唐朝制度。

服三年丧者，实为二十七个月⑦。按规定，"凡给丧假，以丧日为始，举哀者以闻丧为始"⑧。终服才能再由朝廷给官。唐皇帝宣扬以孝治天下，匿丧不举要受到法律处分，而丧期之内，也要惨服疏食，不茹荤酒，不娶妾生子等等。隋唐官员中虽不无按制行丧，甚至负土成坟、庐于墓侧、哀毁过制之例⑨，但真正能终礼者并不是很多。官员服丧期间，朝廷可行起复"夺情"之礼。如隋于宣道为内史舍人，丁父忧，"献皇后每令中使敦谕，岁余起令视事；免丧，拜车骑将军"。宰相高颎"母忧去职，二旬起令视事"。殿内丞阎毗有巧思，"以母忧去职，未期，起令视事"。都没有超过一年⑩。唐朝情况大致类同。武则天长安三年（703）正月敕令，"三年之丧，自非从军更籍者，不得辄奏请起复"⑪。但事实上，除非本

---

① 参见《初学记》卷14，《冠第六》；《新唐书》卷17，《礼乐志》。
② 岑参：《送陕县王主簿赴襄阳成亲》，《全唐诗》卷200；许浑：《送段觉之西蜀结婚》，卷536。
③ 《唐会要》卷82，《休假》。
④ 参见《唐令拾遗》，假宁令第二十九。
⑤ 参见《唐令拾遗》，假宁令第二十九；并参《通典》卷108，《礼仪·杂制》。
⑥ 《令义解》卷9。
⑦ 《新唐书》卷20，《礼乐十》。
⑧ 《令义解》卷9。
⑨ 《旧唐书》卷138，《孝友传》。
⑩ 并见《册府元龟》卷862，《总录部·起复》。
⑪ 《唐会要》卷38，《夺情》。

人特别要求，皇帝并不是都准假。玄宗时，张说为工部侍郎，丁母忧，固请终制。史称"累表固辞，言甚切至，优制方许。是时人多趋竞，或以起复为荣，而说能固节恳辞，竟终其丧制，自是尤为有识者所称"①。说明当时权臣达官能丁忧终制者已是少数。唐后期为对武人有土者表示安抚，节度观察使如郭英义、令狐彰、李纳、刘玄佐、王武俊辈丁忧无不即时起复，且使下职掌官也可奏请起复授官。"因循既久，讹弊转深，非惟大启倖门，实亦颇紊朝典"②。敦煌斯4473文书为《集贤相公厶遭母丧尽七后起复表和祭文》③，共六表并皇帝批答。据祭文所涉时间官职，应为后晋宰臣李崧所作④。李崧六表请终丧都未被允，所以三年孝假大体是因人而异，有名无实。不过，唐时倒是实行过驸马为公主行服三年的制度。这项制度直到开成二年（837）因文宗见杜悰为公主行服，授职后久不入朝谢官，感到不合礼法才予以取消⑤。

唐礼令对于祖父母及其他属于齐衰以下五服内亲属，虽规定不必解官，但也须请假行服。《开元礼》卷3《序例下·杂制》引假宁令称："凡齐衰周，给假三十日，葬五日，除服三日。齐衰三月五月、大功九月，并给假二十日；葬三日，除服二日。小功五月，给假十五日，葬二日，除服一日。缌麻三月，给假七日，出降者三日，葬及除服各一日。无服之殇，本品周以上给假五日，大功三日，小功二日，缌麻一日。若闻丧举哀，其假三分减一。师经受业者丧，给三日。"丧制长短服从礼的需要，以亲疏为等差。且周亲以上须给程⑥，改葬也按服轻重给予多寡不等的假⑦。但具体请假则需由朝廷酌情准给。贞观元年（627）十月，少府监阎立德妹丧，准令给假二十日。监司奏因其"专知羽仪，其作未丁"，所以只给三日。但太宗以为"同气之情，义不可夺。自丧乱以来，风俗弛坏，宜特敦奖"，命依令给全假，差人代其务⑧。德宗贞元初，库部郎中张濛独知制诰，"以姊丧给假，或草诏宰相，命他官为之。书省案牍不行十余日"⑨。元和十二年，山南西道节度使权德舆在朝廷允许下，将原在润州安厝的父母，迁祔于东都。"起四月二十日至

---

① 并见《册府元龟》卷862，《总录部·起复》。
② 《唐会要》卷38，《夺情》，大中五年八月。
③ 《敦煌社会经济文献真迹释录》。
④ 《敦煌社会经济文献真迹释录》；并参《旧五代史》卷80，《后晋高祖纪第六》，天福七年二月；卷108，《李崧传》。
⑤ 参见《旧唐书》卷17下，《文宗纪下》；《唐会要》卷6，《公主》。
⑥ 参见《唐令拾遗·假宁令第二十九》；《通典》卷108，《开元礼纂类三》。
⑦ 参见《令义解》卷9。
⑧ 《唐会要》卷82，《休假》。
⑨ 《南部新书》壬部。

七月十五日，合在准式假内"①。迁葬者由于是父母，并加程假，所以给假近三月；其间并遣子弟营护，兼由他官摄理公务。假期虽长，但"合在准式假内"；说明丧葬假基本依令式执行。但有时也有例外。后唐枢密使安重诲。"天成四年（929），奏堂兄应州副使晟卒，请给式假，有司给假一十五日"。但明宗以重诲"位重禁庭，日亲机务，与群官之有异，在常式以难拘"，所以自初闻日仅给了七日假②。

除令式规定外，有时对朝臣还有特殊照顾。高宗时李义府虽丁忧起复，但"朔望给哭假"③。文宗太和中，对"应请期年丧假者，除准式假满，连许请三日事故假。仍五个月内每朔望日各许请事故假一日。其大功丧假者，准式，假满连许请事故假两日，仍三个月朔望日，各许请事故假一日"④。

服丧虽从慎终追远的意义出发。但丧假有时也会中断或影响官员的政务活动。顺宗朝王叔文改革遭保守势力围攻而陷入困境。时适逢其母病重，叔义对诸学士及李忠言等宦官言道："叔文母病，以身任国事之故，不得寻医药，今将求假归侍。叔文比竭心力，不避危难，皆为朝廷之恩。一旦去归，百谤交至，谁肯见察，以一言相助乎？"结果果因母丧去位，虽"日夜谋起复"，但终因反对派的坚持而终归于失败⑤。他的丁忧不过是为朝廷政争的另一方提供了可乘之机而已。

从追求现实利益出发，唐官员面对必须服从的丧假也有诸种巧诈之举。《旧唐书》卷171《李渤传》渤"父钧，殿中侍御史，以母丧不时举，流于施州"。《朝野佥载》卷4记武周时有"张琮丁忧，自请起复。吏部主事高筠母丧，亲戚为举哀。筠曰'我不能作孝。'员外郎张栖贞被讼诈遭母忧，不肯起对"。此三人加上年老不肯致仕的夏官侍郎侯知一，皆被台中讥诮，引为无耻："皆非名教中人，并是王化外物。"其特点便是在丁忧上作文章。至于其他丧假，依令"期丧、大功未葬，不预朝贺。未终丧，不予宴会"。但武则天朝王方庆已奏朝官有"不遵礼法，身有哀荣，陪预朝会，手舞足蹈，公违宪章"的情况⑥。因此在耽慕荣利的世风影响之下，所谓"闻丧举哀"有时便不免流于形式。

（三）觐省与拜扫

省亲归觐父母在"登龙兼折桂"的举子们得第（或落选）后是经常的："充

---

① 权德舆：《缘迁祔请令弟子营护状》、《请迁举假内差官勾当状》、《迁举假内勾当公事状》，参见《全唐文》卷486。
② 《册府元龟》卷906，《总录部·假告》。
③ 《资治通鉴》卷201，龙朔三年。
④ 《唐会要》卷82，《休假》。
⑤ 《资治通鉴》卷236，永贞元年。
⑥ 《旧唐书》卷89，《王方庆传》。

445

赋名今遂，安亲事不违。"① 在官员们也是必须的。若久官在外不归觐父母，便会被认为不孝而宦途受挫②。因此，除了赴任途中可以便道探访，正式的觐省与拜扫假也恩准给予流外以上的文武官员："父母在三千里外，三年一给定省假三十五日（或作三十日）；五百里，五年一给拜扫假十五日，并除程，五品已上并奏闻。"③定省假有里途之限，且五品以上，还要由朝廷特批，说明虽有而并非十分易得。所以它在官员们看来，就不仅代表了皇恩浩荡，也是自己衣锦荣归的机会。"朝闻讲艺余，晨省拜恩初。训胄尊庠序，荣亲耀闾里"④。"诏许辞中禁，慈颜赴北堂。圣朝新孝理，祖席倍辉光"⑤。他们大都是带着"得意今如此"，"得意且宁省"的夸耀心情踏上阔别已久的归途的⑥。

大约是为了表示皇帝的眷顾及提倡以孝理天下，所以不知从何时起，又有了朝臣觐省而以皇帝名义赐衣药茶礼之事。《册府元龟》卷756载后梁鱼崇谅为工部侍郎、翰林院学士，以母年高多疾，思归陕州。"太祖不许解官，以本官给假归，赐母衣服钱绢茶药以遣之"。后唐时形成定制。《五代会要》卷12《休假》载天成四年（929）五月四日度支奏，对"朝臣时有觐省者，欲量赐茶药，奉敕宜依者"，下令按官员给以数量不等的各色茶药，"候辞朝之日，于阁门宣赐"。后晋天福二年（937），以诸库无物权停，至五年又重新恢复。

拜扫假，由于有寒食扫墓的风俗和规定，所以对于祖先坟茔距任所较近的官员，并非难事。长庆三年正月敕令："自今已后，文武百官，有墓茔域在城外，并京畿内者，（寒食）任往拜扫，但假内往来，不限日数。有因此出城，假开不到者，委御史台勾当。"放宽了京城附近寒食拜扫的限制。但对内外官要到外州拜扫和觐亲的，"并任唯令式年限请假"。大和三年正月敕，仍重宣文武常参官拜扫五年给假，登朝不至五年即不给的限制⑦，说明对觐省与拜扫始终是执行令式的规定。

寒食拜扫与官员的觐省诸假，原来均由朝廷颁给乘坐驿传的公券，"衔恩乘驿，用表哀荣"。在京常参官一应私事请假，外州往来，也是"并给券牒"。但公私不分，流弊太大。所以文宗大和八年八月，规定私事不再给券，唯有"事出特恩，不在此限"。开成四年（859）还规定"著在令文"的寒食拜扫，如"不出府

---

① 李瑞：《元丞宅送胡灌及第东归觐省》，《全唐诗》卷285；独孤及：《送虞秀才擢第归长沙》，卷247。
② 见《旧唐书》卷137《于公异传》，于公异因"游宦成名，不归乡里"，遭谴逐名位不振事。
③ 参见《唐六典》卷2，尚书省吏部；《太平御览》卷634，《急假》。
④ 苏颋：《送常侍舒公归觐》，《全唐诗》卷73。
⑤ 杜甫：《送许八拾遗归江宁觐省》，《全唐诗》卷225。
⑥ 钱起：《送陈供奉恩敕放归觐省》、《送虞说擢第南归觐省》，参见《全唐诗》卷237。
⑦ 以上并参见《唐会要》卷23，《寒食拜扫》。

界，假内往来者"，也不再给券，从此取消了私事公乘制度①。

（四）病假、侍亲与其他事故假

唐假宁令规定："诸本服周亲以上，疾病危笃，远行久别，及诸急难，并量给假。"②这类假可算是额外的事故假。唐朝廷允许一般情况下，官员每月可请这类临时假两日，大和八年九月，改为三日，但规定不能是在大朝会和百官毕集的日子。文武常参官且要在"每季终仍具请事故假日，录状闻奏，兼申中书门下"，对请假过多的人，则要在月终依品级给予罚俸的处分③。不过对为父母病重侍疾者以及官员本人确实有病者，不在这个限制之内。

据《唐六典》卷2吏部"凡职事官应觐省及移疾不得过限条规定，唐代官吏自身病假一般不超过百日，侍亲不超过二百日。"所以权德舆诗有《奉送韦起居老舅百日假满归嵩阳旧居》④，而白居易也称自己："长告初从百日满"，"长告今朝满十旬，从兹潇洒便终身"⑤。一般官员到时均应解职。如文宗大和四年，东都留守崔玄礼奏太子宾客分司崔从"请假一百日，准式停官"⑥。不过此种做法当然不是一概而论。自汉代以来，对大臣已有"赐告"之制："赐告者，病满三月当免，天子优赐其告，使得带印绶，将官属，归家治病。"⑦而隋唐之际，也不无对元老重臣及"应侍人才用灼然、要籍驱使者，令带官侍养"的优待⑧。《隋书》卷72《陆彦师传》："高祖受禅，拜尚书左丞，进爵为子，彦师素多病，未几，以剧务疾动，乞解本职。有诏听以本官就第。岁余，转吏部侍郎。……后复以病出为汾州刺史，卒官。"唐太宗许李靖，"患若小疗，每三两日至门下，中书平章政事"⑨。穆宗时，"御史台奏检校司空兼太子少傅严绶，疾病满百日，合停。[敕]严绶年位俱高，须加优异，宜依旧秩，未要举停"⑩。时右金吾卫大将军郭钊，也因是皇帝"仲舅"，许未停官⑪。当然对于一些年老重臣，还有授予散秩闲职（如白居易授太子宾客分司东都），令其归家侍养等办法。五代对病事假的处理，也略同于唐。除少数例外，一般均按百日假限执行。如后梁卢格为侍御史，乾化二年（912）御史台奏其"先请患假满一百日，准例停官"。后唐明宗时，右司郎中卢

---

① 以上引文并见《唐会要》卷61，《馆驿》。
② 参见《太平御览》卷634，《治道部·急假》；《唐令拾遗·假宁令第二十九》。
③ 《唐会要》卷82，《休假》。
④ 《全唐诗》卷323。
⑤ 参见《白居易集》卷24，《百日假满》；卷35，《百日假满少傅官停自喜言怀》。
⑥ 《册府元龟》卷906，《总录部·假告》。
⑦ 《汉书》卷1，《高帝纪注》。
⑧ 《唐六典》卷2，吏部。
⑨ 《旧唐书》卷67，《李靖传》。
⑩ 《唐会要》卷82，《休假》。
⑪ 同上。

导、司天少监李遘，也都曾因假满十旬，"奉敕宣停"、"准例合停"而被免官①。后晋天福二年，中书门下重申《唐六典》关于觐省移疾不得过限之制②，说明当时对此制仍很重视。

面对如此严格的侍疾与请假制度，官员们的处身方式及心情都是极端复杂的。内中虽不乏淡泊荣利，情愿解官充侍，或谢病退养之辈，但大多数人的"移疾请告"都往往是出自不得已。他们常常是因"谢病始告归，依依入桑梓"③，回到自己田园芜没，衰柳萧瑟的久别山庄，在寂寞离忧中打发岁月。即使达观的人也难以排遣"官情牢落年将暮，病假联绵日渐深"的愁苦④。更何况对许多人而言，费尽心机弄来的官职权限又何能轻易放弃。所以不到万不得已，是不言"告归"的。而恋栈者的办法，便是或谋散差，或拖延时限。后唐太子太保王延、太子洗马张季凝都是年老重臣，"每称疾请假最多"。为了对抗朝臣"百日假满落班簿"的旧制，王张二人每逢将满，便"一度赴拜表行香，俱是跪拜不任"。甚至在高祖神主祔庙之际，也是到后即走或称疾不出。终为有司所劾，遂不得不以本官致仕⑤。

隋唐官员的病事假请给，也有一套程序。除必报所在官司得知外，重要人员或特别假故常常还须通过吏部奏知中书门下，或由皇帝批准。如觐省与拜扫假，便是"五品以上并奏闻"，"五品已上请假出境，皆吏部奏闻"⑥。但吏部作为政令机构，对休假只是原则上掌握。具体的朝参考勤，及请销假制度就要由御史台负责。如前述寒食拜食请假出城，便是"委御史台勾当"⑦。《南部新书》戊部记贞元十三年，"始制文武官隔假三月并行横参"⑧。横参即横行参假，也即销假。三品以上尤有假满正衙参见之制。此类事务，一般也均由"台司纠勘"⑨。

尽管法令对官员请假有一定限制，但假给名目多。加之考勤制度松懈，给了官员托故不朝以可乘之机。天宝五载专知祠祭使王玙奏："诸色祭官等，并宽纵日久，不惧刑宪。当祭之日，或逢泥雨，或值节序，尽皆请假，曾无形迹。"王玙请求私自察访，将借故请假者录名闻奏⑩。安史之乱后，对常参官实行了前述夺俸甚

---

① 以上并见《册府元龟》卷906，《总录部·假告》。
② 《五代会要》卷12，《休假》。
③ 王维：《休假还旧业便使》，《全唐诗》卷125。
④ 《白居易集》卷26，《庞少尹携鱼酒相过》。
⑤ 《册府元龟》卷520下，《宪官部·弹劾三》。
⑥ 《唐六典》卷2，吏部。
⑦ 《唐会要》卷23，《寒食拜扫》。
⑧ 《南部新书》"三月"作"三日"，此处据《唐会要》卷24，《朔望朝参》改。
⑨ 《唐会要》卷82，《休假》。
⑩ 《唐会要》卷23，《缘祀裁制》。

至罚本司长官手力资钱的办法①。武宗时，左右金吾仗当直将军乌汉正、季玕不到，为御史台所奏，结果被罚了一月俸②。宣宗时，御史台针对当时文武官"多妄请假故，不妨人事，无废宴游，但务便安，有亏诚敬"的情况要求加重处罚，三次不到，便要"具名衔，奏听进止"③，可见问题严重。

请长假旷官也屡见不鲜。元和四年四月，率府掾沈达，徐肇各被贬为泉州和建州参军。原因是此二人任内分别请了演州、爱州婚姻假。御史台奏，这两州相隔万里之外，"量其秩满，犹有假程，请量黜以惩慢易"④。会昌二年（842）御史台奏，认为对诸司六品以下官"请外州婚礼、周亲以上侍省等假节日"，由于敕令"文非严切，致兹轻犯"，故请求"稍重科条，庶令知惧"⑤。可见当时由于给假不严，令不少人钻了空子。而官员们的在职慢官，也与他们当初的求职心切形成鲜明对比。

官员们的请假频繁，与其假期内俸料一般不受影响也有关系（不包括无故不朝的罚俸）。《唐会要》卷92《内外官料钱下》开成二年八月户部侍郎李珏奏，"京诸司六品官，请假往外府，违假不到，本官停给料钱"。只是超过时限才受罚。所以宣宗大中四年（850）制书直言当时州县官到任后，"多请远假，或言周亲疾病，或言将赴婚姻"，结果是"遂使手力俸钱，尽为己有，勤劳责罚，则在他人"⑥。还有一些县令在任满之年，"考秩向终，替人未到，请假便去"⑦，造成一些地方交替年终缺人的现象。这些都是由于俸钱到手便不再有后顾之忧。五代可能注意到这一问题，故后唐"文武两班，或请假归宁，或卧疾未损，才注班簿，便住料钱"⑧，可谓矫枉过正。长兴二年，因起居郎曹琛奏，敕令"文武官请准式归宁假及病疾者，并许支给本官料钱"。然对"托病不赴朝参，故涉旷忌者"仍申明要"如闻纠奏，当责尤违"⑨。

请假旷官在唐五代的发生，还时常有政治因素的影响。后唐明宗时，下令"今后应新授官员，朝谢后可准例随处上事，司长不得辄以私事阻滞。其新授官，仍不得因遭抑挫，托故请假"。这反映当时的托故请假与长吏跋扈、官场倾轧有

---

① 《唐会要》卷24，《朔望朝参》。
② 《唐会要》卷82，《当直》。
③ 《唐会要》卷60，《御史台》。
④ 《唐会要》卷82，《休假》。
⑤ 同上。
⑥ 同上。
⑦ 《唐会要》卷69，《县令》。
⑧ 参见《五代会要》卷28，《诸色料钱下》；《册府元龟》卷475，《台省部·奏议六》。
⑨ 同上。

关。五代政局不稳，官场腐败胜于唐朝，恐怕于此也尤有所见①。

以上，主要是隋唐五代官吏事故假实行的情况。与节假、旬休相同，事故假也涉及为官府执役的官户、奴婢等。"凡元（日）、冬（至）、寒食、丧、婚、乳咸与其假焉"。"产后及父母丧、婚放一月，闻亲丧放七日"。此类假并以婚、丧、生子为重，其中不无合理的因素。

总之，从上面的叙述，可了解到唐代的假宁令内容已十分细致完备，特别是假宁令使官员的休假有法可依，充分证明了唐朝法制健全的特点。它的制定从礼制和民情出发，既丰富了官员的物质文化生活，又体现了以孝为本的传统精神特色。在引导与约束社会礼俗方面作用不可低估。值得注意的是，假宁令随着大唐律令制的传播，也被移植到东亚和日本，从而对这些国家的社会政治生活，也产生了深远的影响②。

假宁令关于节假公休与事故假的双重规定，使唐朝休假名目众多，总体休假时间长。如仅节假即近五十日，约占全年八分之一，而如加旬休、田假等，即达百一十余日，几近全年三分之一左右③。事故假则体察人情，限制宽松，使官员遇事请假也比较容易。但开元、天宝之际经济繁荣导致了旬节宴会的盛行并助长了朝廷的腐败之风。唐后期考勤制度松懈，致使请假旷官屡禁不止，加之受追逐名利的社会思潮影响，丧葬等事故假已有了重形式轻内容的特点，所以实行之际，便常常会发生礼律与现实的冲突。从唐五代休假制对官僚制度及生活正负两方面的影响，不难看到唐朝政治由盛而衰的又一侧面。

第十节　节日

节日是指值得纪念和庆贺的日子。这里只扼要介绍诞节和若干重要的季节性

---

① 《全唐文》卷109，《禁新授官托故请假制》。

② 参见池田温《东亚古代假宁制小考》，载《中日韩唐史会议论集》，1983年，台北。《唐令和日本令——〈唐令拾遗补〉的编纂》，载《中国礼法和日本律令制》。

③ 同上。

节日①。

●诞节

每个人都有固定的出生时间。隋唐以前，很难看到生日庆贺活动。隋文帝、唐太宗都在自己生辰日，怀念父母生育之恩，不为自己庆贺生辰。唐前朝已有人庆贺生日，仍没有诞节。唐玄宗开元十七年（729）八月五日诞辰，正式设置诞节——"千秋节"庆贺寿诞。自此直至五代末年，除少数几位皇帝只庆贺生辰未置诞节外，其余诸帝照例为其生辰置诞节，正式形成制度。

建置了诞节，及时开展庆贺，全国在诞节时，休假一至三天，举行盛大宴会，赦免囚徒，赋诗作乐，将铜镜及绢帛等物赏赐亲近臣僚。各地臣僚届时进献名贵物产以申祝福。

玄宗以后，常在诞日广度僧道，暂停屠宰和宣判大辟罪，以示皇恩。德、顺、宪、穆、敬五朝没有设置诞节，但同样有休假，全国各地方政府照样进献礼物。德宗寿诞时，召集儒释道三教人士在内殿进行三教辩论会，且让他们吹捧自己如同三教圣人。

总之，唐玄宗为自己生日置诞节在我国是一个创举。在诞日举行盛大庆祝活动，突出皇帝个人威望。其时，广大民众生活在经济发展、政治安定的太平盛世，乐意同声歌颂好皇帝。安史之乱后，唐朝国力转衰，人们缅怀开元盛世，直至宪宗元和时，对玄宗"庆诞犹存"。号称小太宗的文宗时，恢复中断了五十多年的诞节建置。自此以后，即使是混乱的五代十国之世，诞节也没有中止。赵宋建国后，诞节进一步正规化，突出皇帝个人专制的趋向更为明确了。

大致与帝王庆贺诞节的同时，臣民也纷纷庆贺生辰。玄宗长兄李宪封让王，"每年至宪生日，必幸其宅，移时宴乐"。② 安禄山生日，玄宗与贵妃各送厚礼，大为庆祝。宰相李林甫生日，长安菩提寺僧人"就宅设斋"，"祝林甫功德"③。封演说："近世风俗，人子在膝下，每生日有酒食之会。"④ 是知中唐时，子女已广泛为父母生辰祝寿。其时，朋友、夫妻间，也多庆贺生辰活动，说明祝寿庆贺有深厚群众基础。有位张县令，利用群众的心理状态，竟然公开告白，某月日生辰，"诸县人不得献送"。县吏们知其本意，届时"各持缣献之，曰续寿衣。宰一无所

---

① 参看拙作《唐代的诞节》，刊《魏晋南北朝隋唐史资料》第11期，武汉大学出版社1991年版；《唐代的节日》，刊《文史》第37辑，中华书局1993年版。
② 《旧唐书》卷95，《让皇帝宪传》。
③ 《酉阳杂俎》续集卷5，《寺塔记》。
④ 《封氏闻见记》卷4，《降诞》。

拒"①。这是县令倚仗权势，借生辰为名，肆意搜刮下属（吏民）。

唐代佛教道教盛行，有关佛祖及老子的诞日，也附此简要提及。

关于佛祖生日，某些佛经及有关僧传记载：二月八日、四月八日、十二月八日都是佛诞日。唐以前，南北朝诸史多次记四月八日为释迦生辰。唐代，四月八日为官方法定佛诞节，但在民间，仍存在二月八日、腊月八日浴佛的记事。至宋代依然并存未废。

依托老子的道教，史传不记老子生辰日。唐玄宗时，确定二月十五日为老子生日。届时与佛祖生辰一样，也是休假一日，以申庆贺。

二 季节性节日

季节性节日均是就夏历而言。这些节日很能反映出历史时代的社会生活和民情风俗的许多方面。唐代的众多节日大致可区分为官方规定和民间传统两大支派。官定节日受到朝廷重视，民间节日长期存在于民间，有深厚群众基础。今按季节先后，分别简介于下。

（一）元正（元旦）

正月一日为一岁之始，除个别例外，是日天子坐早朝受祝贺。臣僚们在警卫森严状况下着礼服入朝，"一片彩霞迎曙日，万条红烛动春天"（杨巨源语）。官员们凭借灯烛的照明赴朝，长安如似火海，因有"火城"之称。

新年时，外地官吏都要拜表入贺，祝福而外，要谈时令政事，"大国礼乐备，万邦朝元正"（王建语）。边境诸族酋豪乃至邻国官员也常入朝共庆新年。日本国僧圆仁记开成四年（839）"正月一日甲寅，是年月也，官俗三日休假"。

民间对元旦也很重视，他们燃放爆竹以驱邪恶，来鹄《早春》诗云："新历才将半纸开，小庭犹聚爆竿灰。"人们相聚庆贺饮酒，并沿用汉以来的习俗，元日饮酒时，以年少者先饮为合礼。大家相互庆贺健康长寿，纷纷请客喜宴。农家从是日开始，便很关切气候的变化，谈论丰收，喜悦心情，溢于言表。古老相传，桃能驱除凶恶，乃"设桃梗"以辟恶，后来渐改用桃符，直至唐五代时未变。后蜀孟昶时，每当新旧年岁交关，乃使学士们题词，他本人也曾亲笔写上"新年纳余庆，嘉节号长春"名句②，成为后世以红纸写春联的开始。

（二）人日（正月七日）

正月七日为人日，唐以前就有了。人日毗连新年，一般是在立春节气前后，这时，梅花正迎着白雪开放，唐政府常在此日宴会群臣赏雪，或将彩绢赐给臣僚，

---

① 《类说》卷19，《骇闻录》。
② 《宋史》卷479，《西蜀世家》；参见《陔余丛考》卷30，《门帖》。

使他们赋诗助兴。阴沉沉天气往往给人不吉利的感受,"人日"若逢立春,春意盎然,给人以快感。"以阴晴占丰耗",人们深切关注一年收成的好坏。

人日气象一新,唐人盛行剪彩。民间剪彩为鸡、为树、为花,技巧都很高明。如遇人日兼立春,便剪双彩送人,别有一番情意。"人日春风绽早梅,谢家兄弟看花来"(鲍溶语),体现出人们对此际梅花开放的欣慰感。是时只要天气允许,唐人习惯于此日登高。韩愈写诗叙述他在亲朋子女陪同下携酒出游,跋山涉水,乐趣很大。多年悲观失望的乔侃在人日偶尔外出登高,看到野柳新发,心情顿生快感。

(三)上元(元夜、灯节)

隋唐以前,京师和外地已有一种习俗,"每以正月望夜……灯炬照地",聚戏朋游,锣鼓喧天,男女混杂,内外共观,欢乐无已[1]。

唐人将正月十五日称为上元,与七月十五日中元,十月十五日下元,合称"三元"。三元的称呼原出道家,每逢三元时,从十三至十五日,禁止宰杀渔猎。断屠宰,读道经,是和唐代佛、道二教的广泛传播密切相关。从唐人所写上元日的大量斋词,可知上元原是具有某种宗教色彩的,但从人们对节日的庆贺主流观察,已是远远超越了纯宗教的范围。

上元放灯、观灯,极具特色。隋炀帝大业时,正月十五夜,长安"大列炬火,光烛天地"[2]。唐制,城市在夜间要关闭坊门,禁人夜行。为了庆贺上元燃灯,例外允许每年正月十五日前后三晚,不闭坊门,以便人们外出燃灯、观灯。光若昼日,灯光极盛。唐中宗"放宫女数千人看灯,因此多有亡逸者"[3]。放灯时,数千名宫女和民间彩女手挽手,以足踏地有节奏地歌唱,歌舞联翩,令人兴味浓生。节日没有宵禁,人们自由来往观灯。张祜诗称,"千门开锁万灯明,正月中旬动帝京,三百内人连袖舞,一时天上著词声","公子王孙意气骄,不论相识也相邀",真正是"万人行乐"。灯火华灯与明月交相辉映,非常吸引人。唐人说,"新正圆月夜,尤重看灯时"。节日实在太美,人们难以宁静地在家闲坐而纷纷走出家门。其后,宋朝将上元放灯由三夕发展为五晚,更是盛况空前。

京师以外,外地如凉州、沙州、徐州、杭州、江陵、襄阳等地,同样是灯火辉煌。敦煌的众多寺院,南方的不少道观也都无例外地在上元夜大量燃灯。由于各地广泛放灯,遂使原为祭礼的灯火一变而为娱乐与兴趣盎然的节日增添光辉。

上元节时,白天上演歌舞戏剧。隋大业六年(610)上元日,"角抵大戏于端

---

[1] 《隋书》卷62,《柳彧传》;《资治通鉴》卷175。
[2] 《隋书》卷15,《音乐志》。
[3] 《旧唐书》卷7,《中宗纪》。

门街,天下奇伎异艺毕集,终月而罢"。"每岁正月,万国来朝,留至十五日,于端门外,建国门内,绵亘八里,列为戏场,百官起棚夹路,从昏达旦,以纵观之,至晦而罢。……于天津街盛陈百戏,自海内凡有奇伎,无不总萃……百戏之盛,振古无比,自是每年以为常焉"①。由此可知,几万人参加正月望日的演出,使节日庆祝达到了高潮。

上元节日,人们以精制的油与肉熬制豆粥作祭品,以祈求好的收成。节日食品,据《开元天宝遗事》卷下云:"都中每至正月十五日造面蚕……或赌筵宴,以为戏笑。"所称"面蚕"大概是相当南宋杭州在上元节日所食乳糖圆子之类,再加上某些特制的黏性食品。长安官员甚至以筵宴为赌,可知节日必多各种美食。

(四) 中和节

宋人周密《武林旧事》卷2云:"二月一日谓之中和节,唐人最重",所说极是。它和上巳、重阳,合称唐代三令节。

唐德宗贞元五年(789)正月诏,"自今宜以二月一日为中和节,以代正月晦日,备三令节数,内外官司,休假一日"②。是知在置新节之前,人们以正月晦日为节。这时寒冬已过,农作伊始,设置中和节,预示重农务本。

中和节日,百官进农书,司农献粮种,具有重视农业,以促生产的意味。贞元六年中和节,百官进献武则天时所制定的《兆人本业》三卷,司农进呈黍、粟各一斗。有人撰赋,颂赞"铸兵器为农器,更旧节为新节",高度评价设置中和节的重农意义。

那时,每逢中和节,禁屠一日,皇帝与高级官僚会宴,如遇雨雪坏天气,宴会乃改期举行。会上演奏破阵乐与九部乐,还演特制的中和乐舞曲,宴会延续至傍晚才散。德宗会作诗,他在节日韵歌,赞扬风和日暖,时日增长。大臣裴度、李泌等相继和诗。庆贺佳节良辰。

朝廷通知下属,分层次举行会宴庆祝中和节。德宗以后,庆贺的气氛逐渐有所淡化。但直至五代后唐时,仍是敕令"每年至于二月初",禁止弋猎,便于及时农作,重农务本。

(五) 社日(春社、秋社)

"社"是古代的土地象征。自汉至唐,历代都有社祭。通常是以立春和立秋后第五个戊日为春社和秋社。李渊初称帝,诏令"以吉日为戊,亲礼太社,率从百僚,以祈九谷……四方之民咸勤植艺……里闾相从,共尊社法,以时供祀,各申

---

① 《隋书》卷3,《炀帝纪》;又卷15,《音乐志》。
② 《旧唐书》卷13,《德宗纪》。

祈报，兼存宴醑之义，用洽乡党之欢……布告天下，即宜遵用"①。说明唐初存在太社和里闾之社。武则天如意元年（692），"改用九月为社，大酺七日"②。玄宗开元十八年（730），定秋社与千秋节（诞节）同日，村间间，"先赛白帝报田祖，然后坐饮"。明年下令，"天下州府春、秋二时社及释奠，停牲牢，唯用酒脯醢，永为常式"③。由此可见，春社、秋社致祭，乃是法定的节日。

社日也是民间的重要节日。元稹说："社公千万岁，永保村中民"。社祭时，通常是打鼓以聚众。社祭结束，众人坐饮社酒，"桑柘影斜春社散，家家扶得醉人归"（张演语），就是描写社日村民的景象。古老相传，"社日饮酒治聋"，有人在春社日乞酒，"为乞治聋酒一瓶"（李涛语）。社祭结束，还要分食祭肉，刘言史谈到嘉兴社祭，"今年社日分余肉，不值陈平又不均"，反映出唐代"社"的性质已不同于古代而有了质的变化。唐代皇帝在社日以羊酒、海味、酒面、粳米、蒸饼等赏赐给臣僚，有人为此上书，感谢朝廷对自己的额外赏赐。

一般说来，祭春社是为了祈求神助，使风调雨顺，以保丰收。秋社致祭则是欣悦庆丰收。杜甫《社日》诗称，"报效神如在，馨香旧不违"。民间在社日保留有某些特定习俗，如民间妇女在社日停止针线活，俗称"忌作"。这种习俗相沿至宋代未变。

（六）寒食、清明

每年冬至后一百五、六日是寒食节。寒食后一二天是清明。寒食、清明时间相近，庆祝活动也颇近似，因将二节合并叙述。

寒食禁火相传始于先秦时晋文公与介之推的故事，唐代仍广泛存在寒食禁火的习俗。节日来到，"处处无烟火，人家似暂空"（许棠语）。但也有例外，沈佺期谪居岭南，"岭外无寒食，春来不见饧"。方干说，在浙东，"野父不知寒食节，穿林转壑自烧云"。寒食要禁火，先要备好熟食。《唐六典》卷4记"节日食料，谓寒食麦粥"。唐人屡说，"杏花香麦粥"（柳中庸语），"杏子粥香如冷饧"（曹松语），杏酪麦粥，"锡餐冷酒"，成为寒食节的通常食品。

唐人重视寒食。《唐六典》卷2记假宁令，"寒食通清明四日（假）"。日僧圆仁《入唐求法巡礼行记》卷3记会昌二年（842）二月，"寒食节前后一日都三日假，家家拜墓"，这是官民的节假。《唐六典》卷6记"客户奴婢元日、冬至、寒食放三日假"，身受奴役的人也同样给予休假，这种情况至宋代仍然继续（《宋史》卷183记真宗诏）。

---

① 《唐大诏令集》卷73，《亲祀太社诏》。
② 《旧唐书》卷6，《则天皇后纪》。
③ 《旧唐书》卷8，《玄宗纪》。

寒食扫墓，久已有之。玄宗开元二十年（732）敕，寒食上墓拜扫，不得作乐，由此将它正式列入法典。人们在扫墓时，通常要为墓培植新土，垂挂纸钱，由于寒食禁火，纸钱未经焚化，春风吹拂，便到处飞扬。

寒食清明节，盛行各种文娱体育活动，如斗鸡、击鞠、玩弄绳索车盘的杂技、拔河、摔跤、球赛、玩秋千，如此等等。唐人诗歌中描述了这两个节日时，全国很多地方广泛存在有益身心健康的各种球赛。《开元天宝遗事》卷下记"天宝宫中，至寒食节竞竖秋千，令宫嫔辈戏笑，以为宴乐，帝呼为半仙之戏"。其实，宫内出现玩秋千的热潮只是社会上广为流行玩秋千的折射反映。

寒食节期间，唐人外出春游进入了旺季，不少踏青人携带酒食到城外就地野餐。人们兴致勃勃放风筝，沉浸在极度欢乐中。至清明时，春游仍在继续，有人离城下乡，有人泛舟远游，贪玩晚归，以致触犯了城市宵禁规定。每当春雨绵绵，大地回暖，梧桐竞开，柳絮纷飞，广大游人成群在外，半卧垂扬，乐而忘归，完全被大自然美好春光所陶醉。

清明节到了，官民要重新生火。唐代尚无今日所备火柴，清明日例由朝廷赐新火，开始熬煮寒食节前备好的榆羹杏粥，"出火煮新茶"，开始新的生活。唐代清明节不见有人扫墓，它和宋朝在清明节日，"凡新坟皆用此日拜扫"的气象大不相同（《东京梦华系》卷7）。

（七）上巳（三月三日）

先秦时，人们在每年三月上巳日去水边举行一种除灾求福的仪礼，称为"袚禊"。汉代官民也于三月巳日去水溪洗濯袚除，巳日尚未固定为某一天。《宋书》卷15《礼志》云："自曹魏以后，但用三日，不以巳也"。说明魏晋以来，袚禊已发生重大变化。卢思道《上巳袚饮》诗，表明隋代上巳已蜕变为季节性的聚会节日了。

唐代上巳节人们不再往水滨洗去俗垢，仍沿用"袚禊"一词。中宗于"三月三日，赐侍臣细柳圈，言带之免蛊毒瘟疫"①，即是具有象征性免除毒害的意思。

上巳节是唐朝三令节之一，官府支拨专款，让百官择地追赏为乐。皇帝照例要赐宴曲江亭，以歌舞升平。宪宗曾宣布停止中和、重阳节赐宴，上巳宴会依然照旧。开成元年（836）上巳节，适逢公主新婚，事务丛杂，上巳赐宴延至三月十三日进行②。这些事例说明，唐朝廷对上巳节是极为重视。

每逢上巳节，长安城内的人自发来到曲江边游玩，平日在城内，"相寻不见者，此地皆相逢"，人们都在此日出城，以至全城沸腾，热闹非凡。在洛阳和其他

---

① 《酉阳杂俎》前集卷1，《忠志》。
② 《旧唐书》卷14，《宪宗纪》；又卷17上，《文宗纪》。

很多地方，上巳修禊也是广泛进行，反映出唐人重视上巳节具有普遍性。

寒食、上巳间，唐人喜好外出踏青。杜甫《丽人行》云："三月三日天气新，长安水边多丽人。"唐彦谦《上巳》诗，"上巳接寒食，莺花寥落辰，微微泼火雨，草草踏青人"。农历三月初，天气不冷不热，自是春游的最理想季节。

（八）端午节（五月五日）

端者始也，夏历正月或称端月。唐代每个月的第五天都可称为端午。玄宗八月五日生，时人便称为端午日生。① 端午或称端五，称谓并不严格。现存唐人文字资料，绝大多数以五月五日为端午，那是和屈原以是日沉于汨罗的传说密切相关。"节分端午有讹言，万古传闻为屈原"。② 后人为了纪念屈原，逐渐出现了吃粽子和赛龙舟等活动。

端午吃粽子，至迟从晋代即已开始。《唐六典》卷4记"节日食料谓五月五日粽䉼"。《开元天宝遗事》卷上记"宫中每到端午节，造粉团、角黍，贮于金盘中，以小角造弓子，纤妙可爱，架箭射盘中粉团，中者得食，盖粉团滑腻而难射也，都中盛行此戏"。它充分说明唐代端午食粽已很讲究，皇宫内盛行高级粉团粽类食品。

端午竞渡源远流长。《隋书》卷31《地理志》简明概述了唐以前各地在端午赛舟的盛况。唐人白居易说，"竞渡相传为汨罗"。现存唐代端午竞渡资料主要是在江南，赛舟气氛紧张热烈。李群玉记赛舟时，"三十六龙冲浪飞"。刘禹锡说，沅陵赛船，"乱流齐进声轰然"，可知赛舟的人很多。观者摇旗助威，击鼓相应，场面非常壮观。在混乱的五代十国之世，端午竞舟依旧盛行，南唐政府对于取胜者还给予一定的奖赏。

端午节在大门前悬艾攘毒，早在南朝时已颇流行。唐人在沿用以外，进而用艾制作馄饨，用压邪气。

端午是唐代的重要官定节日，朝廷沿例行举例宴会，并有大量颁赏。这些赐物大都来自全国各地在四节时对朝廷的贡品③。

（九）七夕（乞巧节）

古老习俗相传，每年七月七日晚间，天上牛郎织女渡河相会一次，次晨分离。人们非常看重鹊桥会。隋人王眘诗云："欢逐今宵尽，愁随还路归，犹将宿昔泪，更上去年机"，便是对这一情节的抒怀。

---

① 《容斋随笔》卷1，《八月端午》；参《资暇集》卷中。
② 文秀：《端午》，《全唐诗》卷823。
③ 中唐以后，每年元日、端午、冬至和诞圣日，各地都在常赋外，另行向朝廷进贡大批物品，称为"四节进奉"。

唐人对七夕相会也很怀念。王湾说，"今年闰七月，应得雨回归"①。由于唐明皇与杨贵妃的恋爱故事，使七夕相会传说更增添了新意。白居易《长恨歌》云："七月七日长生殿，夜半无人私语时，在天愿做比翼鸟，在地愿为连理枝。"此语长期脍炙人口，在社会上广为流传。

　　《西京杂记》卷1记"汉彩女常以七月七日穿七孔针于开襟楼，俱以习之"，是为乞巧。《荆楚岁时记》云，"是夕，人家妇女结彩楼，穿七孔针"。《开元天宝遗事》卷下记"宫中以锦结成楼殿高百尺，上可以胜数十人，陈以瓜果酒炙，设坐具，以祀牛女二星，嫔妃各以九孔针、五色线向月穿之，过者为得巧之候，动清商之典，宴乐达旦，士民之家皆效之"。可见在宫苑内，在民间，七夕乞巧的习俗传播很广泛，祈求婚配好，实是乞巧最核心的主题。

（十）中元（盂兰盆节、鬼节）

　　唐代儒、释、道三教盛行，世俗人和释道信徒都以七月十五日为节日。《荆楚岁时记》载："七月十五日，僧民道俗，悉营盆供诸寺"。便是唐以前僧俗群众以是日为节的显著事例。

　　道教徒认为七月十五日地官下降，以定人间善恶，因于夜斋醮诵经，以使饿鬼囚徒都能解脱，还得人中②。中元之称便是始于道经。李商隐《中元作》称："绛节飘飘宫国来，中元朝拜上清回。"上清是道家们幻想的仙境，作者在诗中描写道观斋醮情景相当细腻。崔致远代高骈写了多篇三元斋词，它的核心是祈求三清帮助，早日击败黄巢农民军。卢拱《中元日观法事》大力吹嘘道法无边。或是目睹长安开元观的中元庆贺法事，"今朝欢称玉京天，况值关东俗理年"。玉京是道教天帝所居之地。或是说，庆贺中的舞姿优美如天仙，动听的歌声能吸引仙女停步，剑器舞的技艺有如双鹤飞翔，乐器所奏曲调优美，惊染群花而致飘落。道士们欢庆中元法事时，也正逢世俗广泛祭祀先祖亡灵之日。

　　盂兰盆原是西晋竺法护所译佛经名，它详细记载了盂兰盆法会。盂兰盆事和佛祖著名弟子目连救母于饿鬼道中的传奇故事密切相关③。后人因设盂兰盆以消灾厄。僧寺常于七月十五起盂兰盆法会，以百物供奉三宝。武则天大力崇佛，如意元年（692）七月，在洛阳城南大会，各地僧众，"陈法供，饰盂兰，壮神功之始物"。杨炯为此撰《盂兰盆赋》，对该会盛况称赞备至④。唐代宗于七月望日在内道场置盂兰盆，以金翠为饰，"所费百万"。其后，德宗虽停罢内道场与盂兰盆，中元祀会很虔诚，仍如以往。

---

①　《全唐诗》卷115，《闰月七日织女》。
②　《初学记》卷4，《岁时部·七月十五日》引《道经》。
③　《初学记》卷4，《岁时部·七月十五日》引《盂兰盆经》。
④　《文苑英华》卷125；《全唐文》卷190。按，佛家"三宝"是佛、法、僧。

中唐以来，中元日常有群众性的集会活动。岭南百姓在这一天于佛寺陈设珍异，集演百戏。在建康，有人于是日出游瓦官寺，所在"士女阗咽"，男女相杂。僧俗大众在节日集会于寺庙，既是祀会，又是共同观赏各种娱乐活动。

（十一）中秋节

八月十五日正值三秋各半之时，故称中秋。是夜月色最明，节候很好，中秋赏月习俗至迟在南北朝时业已存在。

唐人嗜好中秋赏月，白居易高唱"月好共传唯此夜"，"人道中秋明月好，欲邀同赏意何如"。司空图说，"此夜若无月，一年虚过秋"。每当中秋夜晚，碧空无云，月圆明彻，极好赏月。相传唐玄宗中秋在宫中赏月，神仙罗公远为导从，邀他上游月宫，"见仙女数百，皆素练宽衣，舞于广庭"。玄宗为此暗记仙人舞曲，返回人间后，依其音调，写成霓裳羽衣曲，极为优美动人①。

中秋节是民间节日，没有官节那么隆重。唐代中秋节时，尚无特殊节日食品，吃月饼习俗是宋元以后才逐渐出现的。唐人将中秋赏月与嫦娥奔月以及月中有桂树等传说挂钩，由是增添了赏月的某些浪漫气息。人们把传说中的月中桂世俗化，质问其成长异化过程。元稹说："谁人唤得嫦娥下，引向堂前仔细看。"皮日休云："殿前拾得露华新……应是嫦娥掷与人。"人们将嫦娥人格化，于是出现了中秋月夜，道士架梯取月以夺嫦娥等有趣的故事。

（十二）重阳节（重九、菊花节、茱萸节）

九月九日重阳节，民间久有庆贺习俗。但至唐代，才定为官节，是有名三令节之一。官府赏赐钱帛，让官员各自选胜地度假欢乐。

重九时，农作物大多收获。王维说，"四海方无事，三秋大有年，百生无此日，万寿颂齐天。……无穷菊花节，长寿柏梁篇"。德宗李适诗，"朝野庆年丰，高会多欢声"。"重阳有佳节，具物欣年丰"。重阳节候庆丰收，君臣上下无异词。

隋人杜公瞻说，"九月九日宴会未知始于何代，然自汉世以来未改"②。众多史例表明，汉魏六朝时，已盛行重九宴会。唐政府在重九节设宴招待百官。大和九年（835）因故延期至九月十一日，文宗认为"未失重九之义"③。德宗曾多次在重九日举行诗赛，重九节成了变相的赛诗节。

深秋天高气爽，碧空无云，适宜爬山野游。重九登高为时俗所向。南朝吴均《续齐谐记》载九月九日外出登高，得以免除灾难的故事，吸引人重九登高，很富有积极健身意义。景龙三年（709）重阳节，"诏懿戚，命朝贤"，君臣登高，饮

---

① 《太平广记》卷22，《罗公远》。
② 《太平御览》卷32，《时序部》。按，《荆楚风时记》载，"九月九日，四民并藉野饮宴"，下引杜公瞻云，"自汉至宋未改，今此人亦重此节。"所记小有异同。
③ 《唐会要》卷29，《节日》。

酒赋诗,"人题四韵,同赋五言,其最后成,罚之引满"①,君官在节日登高,且进行诗作比赛,实是其乐融融。

深秋百花凋零,唯独菊花迎霜开放,逗人喜爱。陶渊明爱菊,赏菊饮酒,乐在其中。唐人爱菊超越前代。白居易前后三年分别居于杭州、洛阳、吴郡,"三处菊花同色黄",令他兴奋不已。王勃说,"九月重阳节,开门有菊花"。刘眘虚说:"从来菊花节,早已醉东篱。"令狐楚云:"二九即重阳,天晴野菊黄。"唐人常邀请朋友赏菊,兴味无穷。人们赏菊爱菊,外出登高,"菊花须插满头归"(杜牧语)。"簪菊"习俗,此后留传了很久。

折插茱萸是唐人在重九时的又一重要爱好。周处《风土记》称,晋人已折茱萸插头,"云辟恶气御冬"。茱萸品种多,唐人陈藏器说,入药以吴地茱萸为好。张说云:"家居洛阳下,举目见嵩山,刻作茱萸节,情生造化间……菊酒携山客,萸囊系牧童。"②他将茱萸与菊花并提,为重九时所重。王维在重阳遥寄兄弟诗,"独在异乡为异客,每逢佳节倍思亲,遥知兄弟登高处,遍插茱萸少一人"。身插茱萸,在于"萸香更袭衣"(苏瓌语)。唐代众多青少年以至老年人,广泛将茱萸插于发间,成为时尚。茱萸辛热,能散能温,常以散寒温中,入药制酒。白居易说,重阳日"黍香酒初熟……浅酌茱萸杯"。常衮上表云:"茱萸清酒,常闻旧俗之传,薏苡调肠,今睹灵珍之味"③。重阳节饮茱萸酒,正是传之甚久的老习惯。白居易记重阳野宴时,"移坐就菊丛,馔酒前罗列,虽无丝与管,歌笑随情发"。他把饮酒菊丛中,虽无音乐伴奏,却是怡然自得,别趣横生的节日画图,活灵活现于读者面前。

(十三)除夕(岁除、守岁、除夜)

夏历岁末最后一天为除夕日,是世俗相传久远的民间节日。敦煌佛寺有"大岁日"。习俗常以除夕与元日一起庆祝。

赵彦卫《云麓漫钞》卷9云:"岁将除,乡人相率为傩,俚语谓之打野狐。"他按《论语》所言,认定先秦时,已有驱除疫鬼的习俗,人们在岁末扫除污秽,搞卫生迎新岁,实很合乎情理。汉代守岁时,以弓箭射杀疫鬼,清除灾难。隋代沿袭北朝旧制,选侲子240人,"逐恶鬼于禁中"④。唐朝在每年冬季仍有驱傩之类的仪式,"大傩者所以驱除群厉"⑤。《文献通考》卷88记唐代"诸州县傩"的诸种分式,仍维持着古老的传统。

---

① 唐中宗:《九日登高诗序》,《全唐文》卷17。
② 《张燕公集》卷4,《九日进茱萸山诗》。
③ 《文苑英华》卷631,《重九谢赐馔酒等状》。
④ 《隋书》卷8,《礼仪志》。
⑤ 《唐会要》卷71,《十二卫》。

除夕日象征一年即将结束，新岁就要来临。唐以前，已有岁暮家家具肴馔，相聚欢饮迎新年的习俗。人们往往通宵不寐，坐而守岁，隋人薛道衡说："故年随夜尽，新春逐晓生。"① 人们饮着柏叶浸泡的长寿酒，品尝美味佳肴，全家团聚，乃是岁末特有的欢欣。

唐代，自朝廷至民间都很重视除旧迎新。太宗召侍臣赐宴，欢饮至天明。正因为除夕和元正紧密相接，很难截然区分。孟浩然说，"守岁家家应未卧"，"续明催画烛，守岁接长筵"。在除夕夜，家门或开或关，或点灯烛，或烧红火，大都达旦不睡，延续至天明。阖家老小；相聚守岁，把酒笑歌，又吃又喝，并忙于准备新年筵席。罗隐除夕诗，"儿童不谙事，歌咏至天明"。时代赋予少年们特有的乐趣，古往今来例皆如此。

除夜来临，薛能说是，"爆竹和诸邻……驱傩看鬼神"②。爆竹声声除旧岁，驱除疫鬼，人人高兴迎新年。开成三年（838）除夕，圆仁在扬州所见，"暮际道俗共烧纸钱，俗家后夜烧竹与爆，声道万岁，街店之内，百种饭食，异常弥满"。即使是困难户，岁末时，"拾樵供岁火，帖牖作春书"。除夕夜生火辟邪，乃是古旧习俗。贫者拾柴薪生火以求吉利，门窗贴春书以迎接新年。

除夜过去，新年伊始。王湮《除夜》诗："今岁今宵尽，明年明日催，寒随一夜去，春逐五更来。"③ 时光点点流逝，即是新与旧的分野。张说《幽州亲岁作》云："边镇戍歌连夜动，京城灯火彻明开。"④ 昨夜与今晨，便划分了去岁与新年的元日。如此周而复始，遂出现了众多的节日界碑。

综上所述，只是隋唐五代节日的梗概，每一节日都是这一时期社会生活的重要组成部分。节日的数量比前代增多。诞节、中和节、佛诞、道日等节，都是唐朝新置，并为以后的赵宋王朝所沿用。众多季节性传统节日为隋唐五代增添了不少富有时代特色的内容，这是现实社会生活丰富多彩的反映。限于篇幅，还有若干季节性节日未能逐一介绍。即使已作了介绍的诸节，也有待继续探求，以使丰富多彩的民情风俗，五彩缤纷的节日气氛，通过深层次发掘，比较圆满真实地呈现在读者面前。

---

① 《隋诗》卷4，《岁穷应教诗》（逯钦立辑校本，中华书局）。
② 薛能：《除夜作》，《全唐诗》卷558。
③ 王湮：《除夜》，《全唐诗》卷145。
④ 张说：《幽州新岁作》，《全唐诗》卷85。

后 记

《隋唐五代社会生活史》是中国社会科学院历史研究所承担的1987年度国家社会科学基金资助重点科研项目《中国古代社会生活史》中的一卷。

《隋唐五代社会生活史》的撰写始于1987年。由于撰稿人中途有所变动等原因，迄今始定稿成书。

社会生活史是研究人类社会物质生活和精神生活等的专门历史，有助于人们更全面、更形象地认识历史原貌。社会生活史的研究工作虽从20世纪20年代已在海内外学术界逐渐展开，但研究成果与社会生活史的丰富内容，及社会需要，尚存在较大差距，许多问题有待进一步深入探讨。

本书以马克思主义为指导，结合隋唐五代的时代背景与特点，大致以现代中国疆域为准，从衣食住行、婚丧嫁娶、社会风俗与精神生活等方面，比较全面地论述了隋唐五代近4个世纪各族人民的社会生活，并尽可能地注意各个地区、不同阶级与阶层人们的社会生活。

本书不设主编，由所内外诸人集体撰写，排名以姓氏笔画为序。1987年至1988年，主要由张泽咸负责，章节由其拟定。1989年起，由李斌城和张泽咸共同负责。从1991年起，全书由李斌城统一负责，直至1996年8月定稿成书。

本书初稿大多由原执笔者自行修改，再由李斌城作全书统一加工。分工情况如后：第一章绪论，张泽咸。第二章衣食住行，黄正建。第三章婚丧，第一节冻国栋，

第二、三节李斌城。第四章社会风俗与精神生活，第一、五节李锦绣，第二、三、四、六节李斌城，第七、八、九节吴丽娱，第十节张泽咸。图版，黄正建。

  此次再版，又经全书作者的校订修改，并增加一部分图片。

  本书的撰写、出版乃至再版，始终得到中国社会科学出版社的大力支持与帮助。由于社会生活史是具开拓性的研究工作，本书难免不当之处，敬请读者指正。

李斌城
2004 年 11 月